U0036993

法鼓山年鑑

2008

◆聖嚴師父對2008年的祝福

好願在人間

2008年法鼓山以「好願在人間」為主題年，
在歲末年終、展望未來的同時，
每個人都應該要立志發願，
為自己、為家庭、為社會國家，甚至是為全世界發好願。
雖然每個人的願望不同，但所發的願都要從自心、日常生活、家庭誠心做起，
每個人、每個家庭都許好願、做好事、轉好運，
進而透過媒體擴大分享，使社會大眾乃至全世界好運齊轉。

今天的因緣很難得，能使台灣主要的15家媒體齊聚一堂，而且都站在相同的立場，非常不易。台灣今日的風土民情，無一不在媒體的掌握之中；台灣當代的文明與文化，也因媒體傳播，而一天比一天更好。

發願後，重在實踐

今天這個活動的主題是「好願在人間」，我們鼓勵大家都能夠發好願。發願的意思，可解釋成「立志」，孔夫子說：「吾十有五而志於學」，從十五歲開始，立下做學問的志向。從佛法的觀點來講，願是有層次的，有為個人發的願，有為家庭發的願，有為社會國家發的願，乃至為全世界而發願；更廣大的，則是發起無量無盡的大願心。如釋迦牟尼佛初發心時，發願要度盡一切眾生，度盡一切眾生後，方才成佛，即「眾生無邊誓願度」，成佛不是最優先的順序，度眾生才是最緊要的事；此外，《心經》講

「阿耨多羅三藐三菩提心」，也是發最廣大的大願心。

發願以後，重在實踐，從小處著手，存好心、做好事，才能轉好運。轉誰的好運？我們希望是轉家庭的好運，轉社會大眾的好運，轉這個世界的好運。發願，一定要從我們自己內心開始，從日常生活之中開始許好願。而好願是什麼？使得自己與家庭平安、健康、快樂、幸福，使得我們的社會平安、健康、快樂、和諧，便是好願。

分享好願、好運，力量倍增

但是，一個家庭許好願、做好事、轉好運，固然很好，卻還可以更好，那就是要分享。此時媒體的角色便非常重要，媒體報導，可使好願、好運的力量倍增擴大，使原來一個人、一個家庭的好運，擴大與整體社會分享，使社會大眾乃至於全世界，都一起來轉好運。

發願的另一功能，是使目標集中，確立一個清楚的大方向。比如我從小只想當和尚，所謂「做一日和尚撞一日鐘」，我的本分就是把和尚做好，因此我這一生所做所學，都是為了把和尚做好，這是我終身的目標。我想大眾的目標就是把人做好，好好做人。一生一世，不論在什麼職位、什麼時間、什麼環境，都能夠盡責、負責，就是把人做好；不妨礙人、不傷害人，同時也保護自己，讓這個社會由於我的存在而獲得一些利益，或者得到一些快樂、安慰，這就是把人做好了。

把自己的分內事做好，然後許好願、做好事，便一定能夠轉好運。也許過程之中會遇到挫折，以為自己走錯了路，但是堅持往下走，就會發現柳暗花明又一村。

中國有個「愚公移山」的故事。愚公的家，面前就是一座大山，出入極不便。他因此有個想法，不是自己遷走，而要家人齊心把大山移走。鄰人便笑他，把山移走是絕對不可能的事，但是愚公說沒有關係，我一個人移不走，還有後代的子子孫孫可以接續，相信總有達成的一日。事實上，古來任何一樁大事，大抵都是一代一代持續累積的，我也經常這麼說：「我個人無法完成的事，勸請大家共同來推動；今生做不完的事，冀望未來的一代一代能夠繼續推動。」這樣的時候，我們不論推動任何的好事、大事，一定可以完成。

勸請大眾每一個人，都來許好願、做好事，大家一起轉好運，好願在人間。祝福大家。

（2008年1月15日講於台北圓山大飯店「好願在人間」記者會）

編輯體例

一、本年鑑輯錄法鼓山西元2008年1至12月間之記事。

二、正文分為三部，第一部為綜觀篇，含括法鼓山創辦人（聖嚴師父）、法鼓山僧團、法鼓山組織體系概述，俾使讀者對2008年的法鼓山體系運作有立即性、全面性且宏觀的認識。第二部為實踐篇，即法鼓山理念的具體實現，以三大教育架構，放眼國際，分為大普化、大關懷、大學院、國際弘化。各單元首先以總論宏觀論述這一年來主要事件之象徵意義及影響，再依事件發生時序以「記事報導」呈現內容，對於特別重大的事件則另闢篇幅做深入「特別報導」。第三部為全年度「大事記」，依事件發生時間順序記錄，便於查詢。

三、同一類型活動若於不同時間舉辦多場時，於「記事報導」處合併敘述，並依第一場時間排列報導順序。但於「大事記」中則不合併，依各場舉辦日期時間分別記載。

四、內文中年、月、日一律以阿拉伯數字書寫，如：2008年3月21日。確定的人數、金額，除非個位數或萬以上的數字，皆以阿拉伯數字書寫，如101人、3,728元等。不確定、個位數及萬以上的數字，則一律以國字書寫，如一百多萬元、兩萬三千五百四十二本、約有三千多人、有近二十人、共約有八百多人。

五、人物稱呼：聖嚴法師皆稱聖嚴師父。其他法師若為監院或監院以上職務，則一律先職銜後法名，如方丈和尚果東法師、副住持果品法師。一般人員敘述，若有職銜則省略先生、小姐，如法鼓山社會大學校長曾濟群。

六、因應2008年7月1日法鼓山組織體系調整，將相關目的事業單位依功能整合為大普化、大關懷、大學院、護法會團及幕僚等五個體系。新增「普化中心」，原弘化院佛學推廣中心業務，以及原法鼓山基金會皈依關懷組業務均納入普化中心信眾教育院；原隸屬禪修中心的青年發展院，改隸普化中心。新增「關懷中心」，關懷院原隸屬寺院管理，改隸關懷中心；慈善基金會納入關懷中心。本年鑑行文皆依時間記錄稱名。

七、法鼓佛教研修學院自2008年8月1日起改名「法鼓佛教學院」，本年鑑行文皆依時間記錄稱名。

八、法鼓山各事業體單位名稱，部分因名稱過長，只在同一篇文章中第一次出現時以全名稱呼，其餘以簡稱代替，詳如下：

　　　法鼓山世界佛教教育園區簡稱「法鼓山園區」

　　　中華佛教文化館簡稱「文化館」

法鼓佛教學院簡稱「佛教學院」（2008年8月1日前稱法鼓佛教研修學院，簡稱「研修學院」）

中華佛學研究所簡稱「中華佛研所」

法鼓山僧伽大學簡稱「僧大」

金山法鼓山社會大學簡稱「金山法鼓山社大」

法鼓山人文社會基金會簡稱「人基會」

聖嚴教育基金會簡稱「聖基會」

法鼓山社會福利慈善事業基金會（法鼓山慈善基金會）簡稱「慈基會」

九、檢索方法：本年鑑使用方法主要有四種

其一：了解法鼓山弘化運作的整體概況。請進入綜觀篇。

自〈法鼓山創辦人——2008年的聖嚴師父〉、〈僧團〉、〈法鼓山體系組織〉各篇專文，深入法鼓山弘化事業的精神理念、指導核心，及整體組織概況。

其二：依事件分類，檢索相關報導。請進入實踐篇。

事件分為四類，包括大普化教育、大關懷教育、大學院教育，及國際弘化，可於各類之首〈總論〉一文，了解該類事件的全年整體意義說明；並於「記事報導」依事件發生時間，檢索相關報導。

各事件的分類原則大致如下：

・大普化教育：凡運用佛教修行與現代文化，所舉辦的相關修行弘化、教育成長活動。

例如：禪坐、念佛、法會、朝山、誦戒、讀經等修行弘化，佛學課程、演講、講座、讀書會、成長營、禪修營、教師營、兒童營、人才培育等佛法普及、教育成長，對談、展覽、音樂會、文化出版與推廣等相關活動，以及僧團禮祖、剃度，心六倫運動，法鼓山在台灣所舉辦的國際性普化、青年活動等。

・大關懷教育：凡對於社會大眾、信眾之間的相互關懷，急難救助以及心靈環保、禮儀環保、自然環保、生活環保等相關活動。

例如：關懷感恩分享會、悅眾成長營、正副會團長與轄召召委聯席會議等信眾關懷教育，佛化祝壽、佛化婚禮、佛化奠祭、助念關懷、心靈環保博覽會等社會關懷教育，以及海內外慈善救助、災難救援關懷，國際關懷生命獎等。

・大學院教育：凡為造就高層次的研究、教學、弘法及專業服務人才之教

育單位，所舉辦的相關活動。

例如：中華佛學研究所、法鼓佛教學院、法鼓大學、法鼓山僧伽大學等所舉辦的活動，包括佛教學院的「沉淪、懺悔與救度：中國文化的懺悔書寫」國際學術研討會、僧大的「生命自覺營」，聖嚴教育基金會主辦的「聖嚴思想研討會」等。

‧國際弘化：凡由法鼓山海外分院道場、據點等，所主辦的相關弘化活動、所參與的國際性活動；以及法鼓山於海外所舉辦的弘化活動等。

例如：美國紐約東初禪寺、象岡道場，加拿大溫哥華道場，以及海外弘化據點，包括各國護法會、分會，以及各聯絡處及聯絡點等。各地所舉辦、參與的各項活動。包括各項禪修、念佛、法會及演講、慰訪關懷等。

另有聖嚴教育基金會與美國哥倫比亞大學共同設立的「聖嚴漢傳佛學講座教授」，海外人士至法鼓山拜訪，海外學術單位至法鼓山園區參學等。

其三：依事件發生時間順序，檢索事件內容綱要。請進入大事記。

其四：檢索教學資源、成果，例行共修、例行關懷等相關資料統計或圖表。

請進入附錄依事件類別查詢所需資料。

例如：大學院教育單位的課程表、師資簡介、畢業人數等。大普化教育單位所舉辦的法會、禪修、佛學課程之場次統計，主要出版品概況等。大關懷教育單位的三節關懷人數、緊急救援成果、教育訓練場次統計等。國際會議參與情形以及海外弘化單位的例行共修概況等。

※使用範例：

範例1：查詢事件「第二屆大悲心水陸法會」

　　　方法1：進入實踐篇→大普化教育→於11月28日→可查得該事件相關報導

　　　方法2：進入大事記→於11月28日→可查得該事件內容綱要

範例2：查詢單位「法鼓佛教學院」

　　　進入綜觀篇→〈法鼓山體系組織〉一文→於大學院教育中，可查得該單位2008年的整體運作概況

範例3：查詢「法鼓山2008年各地主要法會暨場次一覽表」

　　　進入附錄→大普化教育／法鼓山2008年各地主要法會暨場次一覽表

489 大事記

597 附錄

大普化教育

● 法鼓山2008年各地主要法會暨場次一覽表

● 法鼓山2008年各地主要禪修活動暨場次一覽表

● 法鼓山2008年各地佛學推廣課程開課暨人數一覽表

● 法鼓山2008年各地佛學推廣課程班數統計一覽表

● 法鼓山2008年教育成長活動概況

● 法鼓山社會大學2008年開課概況

2008法鼓山年鑑

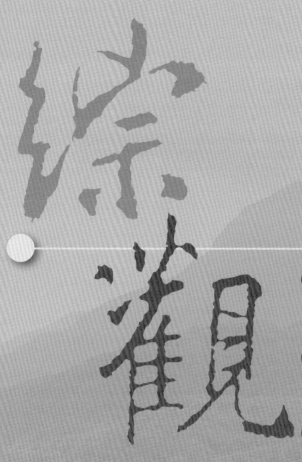

綜觀

法鼓山創辦人

2008年的聖嚴師父

曾經有媒體訪問聖嚴師父：「在你心目中最敬佩的人是誰？」

聖嚴師父說：「近代的人物之中，我最敬佩的是太虛大師。我佩服他一生都以宗教師的身分要求自己，他的生活不離戒律，他的言談不離佛法。」

——摘自《太虛·人生佛教的追尋與實現》序〈紀念一代宗教師〉

綜觀這數十年來，聖嚴師父不論在法鼓山的整體建設、國內外弘化、對社會的思想啟蒙等，始終依著宗教師入世濟世的本懷，善用有限的生命，為淨化人心、淨化社會而服務、奉獻。2008年的師父不僅以病弱之軀繼續實踐其濟世的悲願，更在許多場合呼籲團體內部，乃至社會各界人士能共同加入、推動淨化社會人心的工作。尤其在完備僧團的建制、強化僧教育上，相較以往，師父投注了更多的心力，不斷在早齋開

聖嚴師父於新春開示中，揭示法鼓山的年度主題「好願在人間」。

示、僧大的課程、僧團的各式集會等殷切叮嚀：建立與維持清淨的僧團、現代化的僧團，以之帶領法鼓山僧俗四眾為社會服務、奉獻。

聖嚴師父常說：「我個人無法完成的事，勸請大家來共同推動。」下文即從時間軸來看2008年師父對外隨緣應化、對內深化理念的足跡，以這兩方面來呈顯出其對社會建立良善風氣的影響力與成果，以及希望大家共同繼續努力的殷切盼望；並就各

聖嚴師父在許多場合，呼籲社會大眾共同推動淨化社會人心的工作。

開示文中，一一爬梳師父對法鼓山的理念、未來方向，乃至承接者的著力處等，所做的明確標示與指導。最後可以發現，師父對人類社會未來的前途是充滿希望的，只要有一人心存善念即能影響更多的人，故勸請每個人發願為人類的將來盡一份力。

對外隨緣應化　不離「淨化人心、建設淨土」初心

好願在人間　心存善念就能平安

2008年聖嚴師父以「好願在人間」為法鼓山年度的工作目標，期許大家能有一個和樂、穩定、成長的一年。除夕夜，在法華鐘前，師父期勉兩組總統候選人：馬英九先生、蕭萬長先生，謝長廷伉儷、總統府祕書長葉菊蘭，希望大家能許個「好願」，即是能「存好心、做好事、說好話，使整個社會的命運能朝向祥和、安定、富裕的方向轉」。如果每個人能做到「境隨心轉」，即是有智慧、有慈悲的人，進而能成就這個世界為人間淨土、人人就是在淨土中安樂的生活。在4月及7月的皈依大典中，師父也一再強

面對初皈依三寶的弟子，聖嚴師父諄諄勉勵大家善用報身修行，成就自他的佛國淨土。

聖嚴師父獲「文化貢獻獎」，由馬英九總統頒獎。

調：能皈依正信的佛、法、僧三寶，善用自己的報身修行，讓自己的法身慧命經常保持平靜、慈悲，不僅能不受附佛法外道的迷惑，也能漸漸成就自他的佛國淨土、朝向度化眾生的方向努力。

於5月4日文藝節，聖嚴師父獲頒中國文藝協會榮譽文藝獎章「文化貢獻獎」，亦代表受獎人致辭，顯見文藝界對師父長年致力於文化、教育的肯定。5月20日受邀出席總統、副總統就職典禮，一再顯示國家元首對佛教與師父的重視。另外，師父分別於10月9、21日受邀到中華航空教育訓練中心，以及國防部於國防大學所辦之「國軍97年重要幹部研習會」中演講，與會者皆是重要的高級主管、長官、幹部。師父以「生活與工作的安心之道」為主題，將自己生病後的經驗與華航各主管分享：在面對外在困頓的環境，生命的保障還是要靠自己，要對未來抱有信心，期勉各主管應「以身作則、自我規範、心存希望」，才能帶領部屬一起成長、創造業績。在面對軍中將領和幹部時，師父則以「心六倫與生命價值」為題，說明倫理主要是人與人的關係，能以誠懇的心、負責任的心面對與扮演不同的角色，即是真正實踐倫理的觀念與道德。師父也強調：我們個人的生命乃是存在於所有的群己關係之間，不僅僅是屬於個人的，所以要珍惜、善用自己的生命。

人溺己溺　心存希望就能離苦

2008年度最為國際矚目的事件，當數於5月12日中國四川發生芮氏規模7.8的強烈地震，造成數萬人喪生。在聖嚴師父的指示下，法鼓山於5月13日啟動救援系統，第一批救援團與物資於15日抵達成都，並展開了接下來連串的救災工作。16日在美國東初禪寺舉辦「彌陀超薦祈福法會」、17日在北投農禪寺舉辦「三時繫念法會」為罹難者超度、為傷者消災祈福。師父在出席「三時繫念法會」時表達了心情的沉重與悲切，但也明確指示出法鼓山三階段的救援行動：物資的發放、災區的重建、心靈的重建。同時呼籲各界患難與共、慷慨解囊，共同加入各階段的救援工作。除了派救援團隊進入災區，為了連結國內民眾持續對災區的關懷，6月1日法鼓山也安排了「安心、安身、安家、安業·重建希望」座談會，希望透過聖嚴師父、副總統蕭萬長、台積電文教基金會董事張淑

芬、壹基金創辦人李連杰等宗教、政商領袖與公益代言人的對談，共同探討如何面對災難，以及法鼓山所扮演的角色等。整個救災過程中，師父特別重視後續的「心靈重建」工程，殷切叮嚀要強化心理的、精神的輔導和關懷，一再呈顯出宗教師對

聖嚴師父與單國璽樞機主教（右一）對談生命的「再生與複製」，探討生死問題。

救拔眾生苦難的悲心，更展現出對世事應變的敏感度與靈活度，這也是師父非常強調的宗教團體、宗教師之濟世、化世的功能。

2008年聖嚴師父因為身體因素而無法出國弘化，卻也在台灣促成了多場跨宗教的國際對談。其中有5月31日與史上第六位登陸月球的著名太空人艾德格・米契爾（Edgar Mitchell）博士，就「宇宙的震撼」、「心識的奧祕」、「覺性・是未來世界的黎明」三大議題展開心靈對談。師父肯定米契爾博士在太空的身心與環境統一的體驗，並與之分享佛教的看法：萬物是真實存在，卻因為會變化、經常是「成住壞空」的，所以也是不真實的。由於佛法的最高層次是「離言語文字」、「心行處滅」，非科學所能完全理解的，但科學愈昌明，對佛法的幫助愈大。兩人對人類和地球的未來都抱持樂觀的看法，只要有一個人用心，世界是有希望的。同樣是探討科技的昌明對人類的影響，師父於6月14日與天主教樞機主教單國璽對談「人類生命的再生與複製」時，兩人異口同聲表明「不期待，也不願意」被別人複製。師父從修行上看，生、老、病、死是自然法則，平常就要隨時有面對死亡的準備，可以透過修行了解生命價值，做到「應無所住而生其心」，不要執著肉體的死亡，將害怕死亡的心用念佛菩薩聖號的方式轉化成正向的心念。

珍惜生命 只要用心因緣就會轉變

9月7日在法鼓山2008「國際關懷生命暨自殺防治論壇」上，聖嚴師父與布萊恩・米謝勒（Brian Mishara）博士深入探討防治自殺的因應策略，勉勵大家共同關懷周遭的人，一起防治自殺的發生。師父主張人應在活著的時候，就能夠享受佛國淨土的平安、幸福、快樂，人之所以會自殺就是認為這些沒有了保障、期待，對這個世界失去

希望。中國的禪宗就是要幫助人練習如何從心不平安變成平安、從浮動變成穩定、從憂慮變成快樂。若能明白與認定世界本來就不平安，就有勇氣面對所有不順暢的事。

年終最後一場對談，於11月25日與國際知名保育專家珍古德（Jane Goodall）展開一場「大悲心起：與地球生命體的深層對話」，分享兩人如何從日常生活中生起慈悲心，推動環保及全球倫理的工作。

聖嚴師父頒發「第二屆國際關懷生命獎」給國際防治自殺協會主席米謝勒，感念他奔走世界各地，長期研究防治自殺。

兩者都深刻體驗到：自己的生命與世間萬物都是相互連結而密不可分，師父特別從禪修觀點補充說明，當一個人觀照到自己和外在環境是連結的，自然會生起關懷利他的心，而不會去破壞大自然的一切了。

聖嚴師父與珍古德進行深層對談，右為台北縣縣長周錫瑋。

在例常性普化活動上，如每年的傳授菩薩戒、浴佛法會、青年活動等，則多以事先錄影開示的方式與大眾隨緣闡述法鼓山的理念與佛法的內涵。除了正式公開的弘化場合，聖嚴師父本著為眾生解惑、開啟眾生自性大悲的胸懷，乃以病弱之軀接受、面晤不少的拜訪者與請益者。其中包括華裔天才少年徐安盧越洋電話專訪，談師父刻苦堅韌的一生；以及台塑集團創辦人王永慶家屬在王永慶往生後的拜會，師父慰勉家屬們：真正的歸宿是無所有處，真正的功德是無相功德。11月底與國際刑事鑑識專家李昌鈺共敘彼此是南通同鄉的因緣，師父自陳對法鼓山的建設過程：把不可能變成可能在於一個「心」字，「只要有心、用心投入，因緣就會漸漸成熟」。

對內深化理念　以法鼓山的理念為生命著力點

聖嚴師父一向強調，法鼓山的創辦與建設，是集眾人之志而成，並不是師父一個人就可以成就的，當然，創辦人扮演著引領團體理念方向的重要角色，而團體成員在掌握正確的理念後，即成為理念的主要實踐者、推動者。是以，師父一直以來非常重

視法鼓山護法體系的組織運作、各層人員的佛法教育,尤其是對法鼓山理念的明確掌握,更是師父在出席各護法活動中念茲在茲、殷切叮嚀的重心。

在生活中用佛法化解困境

2008年的聖嚴師父仍循往例,在身體狀況許可下盡可能地參與各項活動與會議,如年度的「正副會團長、救災總指揮、召集委員成長營」,四次對體系內專職與義工的「精神講話」、「社會菁英禪修營共修會」,以及各層級的指示性大小會議等。在年初「成長營」中,師父相信大家是因接受、認同法鼓山的理念而來,體認到參與這個團體不僅對個人品德和觀念上,有正面的提昇;對世界環境而言,以推廣「心靈環保」的理念來安樂世界,希望這世界愈來愈好,更是大家共同的願心。為了這個願心,大家應時時用佛法來化解個人所面對的困境,將彼此的力量結合在一起,共同推動理念,打造人間淨土。也在4月、7月的「精神講話」中,提醒大家是為奉獻、為社會服務的義工,當用「因、緣、果」的佛法觀念看待一切順逆因緣,並用心讓彼此這一難得的法緣持續下去。

持續淨化人心的教育活動

1月29日的精神講話中,聖嚴師父特別說明「法鼓山的文化財」,指出「文化」的意義,必須是有人使用那個地方做有意義的事,並能廣泛引起社會注意與討論。進而揭示法鼓山的文化財,除了具有歷史意義與價值的中華佛教文化館與農禪寺,需要積極地維護與保存之外,金山的法鼓山更是重要的文化財。由於文化的創意是要在舊的基礎上開創出來,法鼓山上的建築正是集合許多人的智慧,以及師父用心所成就的,是朝著教育的功能而成,是現代化的宗教建築,卻又呈現其本來面目簡約、清淨,叮嚀大家要珍惜,切勿隨意重建、更改其用途。師父一再強調:「我的法鼓山已經建好,能不能走下去,就看你們了。」

在大學院教育方面,聖嚴師父在2月19日法鼓佛教研修學院「創辦人時間」中,期許師生們能延續中華佛學研究所的校風,不僅「立足中華,放眼天下」,更要以「實用為先,利他為重」。同時,也詳細說明了法鼓山四種環保的內涵,勉勵大家能在生活中落實四環。2008年的師父一樣非常關注法鼓大學的籌建工程,特別於11月的「法鼓大學董事會」中再次說明法鼓大學的辦學理念,一定是與法鼓山的理念相結合,與大普化教育、大關懷教育的人才培育為著力點。法鼓大學將建立書苑制度,師生於生活中實踐「倫理」,讓學校更有特色、讓社會更祥和、安定、和諧。

於5月25日舉行的「第二屆聖嚴思想研討會」中,共計有45位海內外學者齊聚一堂,分別以思想、禪學、弘法、心理治療、性別研究等當代佛教議題互相交流、研討。聖嚴師父在最後一天的閉幕式中開示:感謝大家所付出的時間與心力,期許透過這樣的

活動，能把傳統的佛教思想、理論與方法運用在現代社會，達到佛法淨化社會的功能。師父在會中表示其思想是屬於漢傳佛教的，專精在戒律學與明末的佛教。若要研究師父的思想，不能只看師父幾本著作，還要根據其他的文章、談話、言論、國際會議的發言等方屬完整，當然，研究聖嚴師父就是在推廣淨化人心的目標。

建僧的悲願——建立如法如律、清淨的現代化僧團

2008年的聖嚴師父對外是隨緣應化，對內不僅重視護法居士的培育，更對其所建立的僧團投注了相當多的心力，這可從其一年內的早齋開示多達26次、法鼓山僧伽大學五次的「高僧行誼」課程、兩次的「創辦人時間」等內部開示中可以證明。除了因師父自覺年老病弱，應及時為僧團未來發展多留下可供依循的教誡外，也是師父內心對「建僧」的悲心大願所致。師父在僧團內部一再強調要學習太虛大師的精神：「以入世的心態來救世，而不是以出世的心態來逃離世界」，同時希望自己能完成太虛大師「建僧」的心願，雖然自覺自己德行不夠，但抱持著有多少人出家，就建立多大的僧團，而且是依戒律而住的清淨僧團，不與社會脫節的「現代化的僧團」，即是透過建制完整的佛教教育體系，培養出大學院、大普化、大關懷教育的僧才，來為社會、為眾生服務奉獻，並能對世界發揮淨化人心、淨化社會功能的僧團。

此外，聖嚴師父在與西方法子及禪眾的兩次會晤中，亦明確解釋「傳法」只是一種「任務」的傳承，這是從釋尊時代即流傳下來的傳統；而接受傳法者的條件，首先對佛法要有正確的認知，其次要具備平穩的性格、正常的人格、過清淨的生活，並且胸懷度眾生的悲願，用願心實現慈悲心，讓佛法與生命結合。師父也在6月僧眾結夏的默照禪十中開示：法鼓山的禪風一定是根據師父的方法、教法、開示內容與程序，並能將禪堂的工夫用在日常生活中，這才是一脈相承的漢傳禪佛教的法統。以此來期許僧團常住大眾，能謹記師父的教誨，並時時練習著應用它，以它來度化眾生、淨化社會。

盡形壽獻生命 為佛法為眾生

回顧2008年的聖嚴師父，其行誼始終依著宗教師念念不離眾生的慈悲本懷，縱然這一年師父確實病得辛苦、色身也漸漸敗壞，仍秉持著「只要有人需要佛法，只要還有一口氣在，都要幫助眾生遠離苦難、幫助社會成為淨土」的悲心大願，極盡出家人的本分，一步一踐履地走過這一年。如此繁忙的一年，依然顯見晚年師父的思想，是在闡明人類生命的深層價值、對人類心靈淨化的方法指引，只要有一個人心存善念，這個世界就是有希望的。此一積極的身教言教，師父更是用其最後的生命力，殷切叮嚀出家弟子們要用心體會、要在生活中落實、要「盡形壽、獻生命，為佛法、為眾生」！

文／常慧法師（法鼓山僧伽大學女眾學務規畫組組長）

2008年著作一覽表

出版月	書名
1月	・《寶鏡無境——石頭希遷〈參同契〉、洞山良价〈寶鏡三昧歌〉新詮》（The Infinite Mirror）（大智慧系列／聖嚴師父著）
	・《真正的快樂》（人間淨土系列／聖嚴師父著）
4月	・《覺情書——聖嚴法師談世間情》（人間淨土系列／聖嚴師父著）
5月	・《法鼓山佛曲集（合唱譜）》（梵唄系列／聖嚴師父等著）
	・《智慧之劍——《永嘉證道歌》講錄》（The Sword of Wisdom）（大智慧系列／聖嚴師父著）
9月	・《工作好修行》（人間淨土系列／聖嚴師父著）
11月	・《用寧靜心擁抱世界（新版）》（智慧掌中書系列／聖嚴師父著，菊子繪）

2008年作序一覽表

書名	作者／譯者	出版者
《法鼓山佛曲集》	聖嚴師父	法鼓文化
《正信的佛教》、《學佛群疑》、《佛教入門》三書簡體版	聖嚴師父	法鼓文化
《林子青詩文集》	林子青	法鼓文化
《太虛——人生佛教的追尋與實現》	白德滿（Don A. Pittman）	法鼓文化
《四川的希望》		法鼓山慈善基金會
《戒律學綱要》韓文版	聖嚴師父／真目法師	天鼓出版社
《2008第二屆關懷生命獎大會手冊》		法鼓山人文社會基金會
2008廣達集團桌曆		財團法人廣達文教基金會

2008年參與之重要對談活動一覽表

時間	對談人	主題	地點	主辦單位
2月23日	天主教樞機主教單國璽	真正的自由：生命尊嚴及價值	台北安和分院	聯合報
5月31日	史上第六位登陸月球的美國太空人艾德格・米契爾（Edgar Mitchell）	「宇宙的震撼」、「心識的奧祕」、「覺性，是未來世界的黎明」	台北中正紀念堂	亞洲大學美國設計與流程科學協會
6月14日	天主教樞機主教單國璽	人類生命的再生與複製——倫理、宗教與法律探討	政治大學	政治大學公共行政與企業管理中心
9月7日	「國際關懷生命暨自殺防治論壇」與國際防治自殺協會主席米謝勒（Brian Mishara）	自殺防治的策略與佛法如何協助防治自殺工作	台大醫院國際會議中心	法鼓山
11月25日	國際保育專家珍古德（Jane Goodall）	大悲心起：與地球生命體的深層對話	台北縣政府國際會議廳	台北縣政府

2008年重要開示一覽表

主題	時間	活動	地點
行善沒有條件	1月6日	護法總會「正副會團長、救災總指揮、召集委員成長營」	法鼓山園區
好願在人間	1月15日	「好願在人間」記者會	台北圓山大飯店
法鼓山的文化財	1月29日	對法鼓山專職精神講話	北投雲來寺
法鼓山的藍海事業	1月31日	僧團辭歲禮祖	法鼓山園區開山紀念館
許好願、存好心、做好事、說好話	2月7日	「除夕回法鼓——禮佛撞鐘許好願」活動	法鼓山園區
大乘禪定的修行	2月17日	社會菁英禪修營第58次共修會	北投農禪寺
四種環保的法鼓校風	2月19日	法鼓山僧伽大學創辦人時間	法鼓山園區
邁向佛教高等教育新未來	4月8日	法鼓佛教研修學院週年校慶	法鼓山園區
皈依正信的佛、法、僧	4月20日	祈福皈依大典	北投農禪寺
以因、緣、果的佛法觀念來工作	4月22日	對法鼓山專職精神講話	北投雲來寺
佛教與文藝的關係	5月4日	「第49屆文藝獎章頒獎典禮」代表受獎致辭	台北三軍軍官俱樂部
慶祝2008年浴佛節、母親節	5月11日	「好願祈福感恩會」錄影開示	台北國父紀念館
提起共患難的心	5月15日	為四川震災做關懷開示錄影	台北中正精舍
迎向新未來　為人類幸福努力	5月17日	「慶祝東初禪寺30週年紀念」錄影開示	美國紐約東初禪寺
援助川緬　聖嚴師父的關懷和感謝	5月17日	「三時繫念法會」記者會	北投農禪寺
悲慟　哀悼　緊急救援川緬災難	5月17日	「三時繫念法會」	北投農禪寺
法行會與菁英禪修會再出發	5月18日	社會菁英禪修營第59次共修會	北投農禪寺
以研究「聖嚴」來推動淨化世界	5月25日	聖嚴教育基金會「第二屆聖嚴思想研討會」閉幕式	台灣大學集思國際會議廳
群我關係與全球倫理	5月31日	「李國鼎傑出經濟社會制度設計獎」頒獎致辭	台北中正紀念堂
傳承、創新，做安心的工作	7月8日	對法鼓山專職精神講話	北投雲來寺
傳法的條件與意義	7月26日	西方法子一行拜見師父	法鼓山園區
在艱苦中見其光輝	8月1日	《人生》雜誌300期特刊	
做自己的主人翁	8月16日	「卓越‧超越」青年成長營	法鼓山園區禪堂
禪宗的頓漸法門	8月17日	社會菁英禪修營第60次共修會	北投農禪寺
同心同願，為建設人間淨土而努力	8月23日	「北美發展研討會」錄影開示	美國紐約東初禪寺
來自四方的關懷與救援	9月1日	四川震災專刊《四川的希望》序文	
以宗教師應具備的涵養來教育學僧	9月4日	法鼓山僧伽大學教師與執事法師餐敘	北投農禪寺
生命，不只屬於我們自己	9月6日	法鼓山人文社會基金會《關懷生命獎大會手冊》	
老得智慧又健康	9月6日至10月12日期間	佛化聯合祝壽	（於活動中播放錄影開示）

主題	時間	活動	地點
參與建設法鼓大學的人都是創辦人	10月5日	法鼓山榮譽董事——禮聘‧感恩‧聯誼會	北投雲來寺
回顧過去，展望未來	10月7日	對法鼓山專職精神講話	北投雲來寺
生活在希望中	10月9日	中華航空教育訓練中心演講	中華航空教育訓練中心
不隨魔鬼起舞的工夫	10月19日	第五屆社會菁英精進禪三	法鼓山園區禪堂
心六倫中的生命價值	10月21日	國軍97年重要幹部研習會	國防大學
感恩發願興學的勇氣與信心	11月1日	護法會大願興學心得分享茶會	北投雲來寺
以「心靈環保」建構法鼓大學	11月27日	法鼓人文社會學院第四屆董事會第五次會議	台北安和分院
辦一所全人教育的國際化大學	11月28日	「法鼓大學開工灑淨典禮」錄影開示	法鼓山園區
在水陸法會中體驗人間淨土	11月29日	「第二屆大悲心水陸法會」三大士焰口	法鼓山園區
景氣愈不好，愈需要佛法	12月5日	「第二屆大悲心水陸法會」送聖儀式	法鼓山園區
抱持信心希望，迎向2009	12月18日錄影	2009新春活動	（於活動中播放錄影開示）

2008年電視弘法節目時間表

節目	頻道	時段	地區
大法鼓	華視IQ教育文化	每週六 09：00～09：30	台灣
	佛衛慈悲台	每週日 06：00～07：00 03：00～04：00	台灣
	澳門廣視	每週三 19：45～20：15 每週四 19：45～20：15 每週五 19：45～20：15	澳門
不一樣的聲音	JET頻道	每週六 06：00～06：30	台灣
新時代‧心倫理	佛衛慈悲台	每週日 06：00～07：00 03：00～04：00	台灣
	生命電視台	每週六、日 11：30～12：00	

法鼓山僧團

弘願度生 全方履踐

2008年可說是法鼓山僧團落實創辦人聖嚴師父所勉「以願導行，以行踐願」的一年，不僅從組織功能的制度面上加以整合、強化，同時教育與關懷、弘化各面向也順應著社會及國際之需要來推展，教理與實踐並重之下，僧眾的內修、外弘有了顯著的成長。

僧團法師深入四川震災受災地區，關懷災區民眾。

除夕撞鐘祈福活動揭開了「好願在人間」的新年祝福與期許，而僧團法師也許下了弘法利生的好願，為「提昇人的品質，建設人間淨土」的理念共同努力。在這一年當中，國際間面臨緬甸風災、四川震災及金融海嘯等一波波的衝擊，社會人心動盪不安之際，僧團法師在創辦人聖嚴師父的指導、方丈和尚果東法師的領導下，本著自利利他的精神，於海內外積極推動各項法務，期能充分發揮以佛法穩定社會人心的力量，同時讓「心五四」、「心六倫」等觀念方法能普遍推廣到社會各階層、深化到大家的日常生活當中。

為落實法鼓山三大教育的目標，法鼓山在組織及制度上，2008年有了較大幅的改變。特別將相關目的事業單位依功能整合為大學院、大普化、大關懷、護法會團及幕僚等五個體系，其中大普化體系除現有的文化中心、禪修中心、男／女眾寺院管理中心之外，為了大力推廣信眾教育體系及國際事務發展，分別新成立了普化中心及國際發展處，普化中心包括信眾教育院、青年發展院。大關懷體系則新增了關懷中心，整

合關懷院、慈善基金會及大事關懷等相關法務。在新的組織制度結構為基礎之上，僧團執事法師各盡其職，帶領法師、專職及義工們共拓弘法利生的事業。

為進一步凝聚僧團大眾對中華禪法鼓宗未來的共識，僧團三學院於9月份首次以World Café的方式邀請僧團及僧伽大學師僧共同研討，透過輕鬆的氛圍探討及發想中華禪法鼓宗的未來；北美地區則在8月下旬，於美國紐約象岡道場召開一次北美發展研討會，也是首次邀請東西方信眾齊聚一堂的研討活動，十多位僧團法師以及法鼓山佛教協會（Dharma Drum Mountain Association，簡稱DDMBA）、禪中心（Chan Meditation Center，簡稱CMC）、象岡道場（Dharma Drum Retreat Center，簡稱DDRC）三單位的董事、悅眾與佛法師資等，共同為法鼓山的國際發展及中華禪法鼓宗的弘傳進行研討，聖嚴師父也分別以預錄的開示影片及視訊方式與美國會場連線，關心並期勉加速法鼓山國際發展的腳步。

以下分別就法務推廣、僧才培育、僧眾教育、道場建設及國際參與等五個面向，介紹如下：

法務推廣

法務推廣一向是僧團的重點工作，2008年尤其就青年發展方面進行了跨國際的發展，除了青年發展院於1月22至26日在法鼓山園區舉辦「法鼓山卓越・超越青年成長營」，共有174位來自台灣、馬來西亞及美國的學員參加外，更在溫哥華、新加坡、

在聖嚴師父指導及僧團法師的努力下，大悲心水陸法會儀軌修訂，展現大乘漢傳佛法的精神意涵。

馬來西亞等地舉辦各項青年活動，內容包括菁英論壇、創意課程、團體成長及禪修體驗，活動相當成功，也引起了青年族群的熱烈回響。

新春活動從除夕撞鐘儀式開始一系列活動。自2006年舉辦以來，除夕撞鐘已蔚然成為北台灣民眾在除夕夜以撞鐘、聞鐘聲做為歲末新春的祈福活動。2008年，在「好願在人間」年度主題下，聖嚴師父特別勉勵大眾以「許好願、做好事、轉好運」的具體行動來建設人間淨土。在新春活動中，結合法鼓山園區的七座佛像，規畫出「點燈祈願到法鼓」活動，期盼透過對佛菩薩的禮敬，祈願家人及社會，平安、健康、自在。

繼2007年第一屆水陸結合環保、藝術與人文精神，推動數位牌位及不燒的環保理念以來，為發揚大乘漢傳佛法精神意涵，回歸佛法本意，僧團特於2月成立了《水陸儀軌會本》儀軌修訂研討小組，邀請法師、居士深入探討總壇儀軌的內容，在學者專家的指導下，逐步分析討論，期能將水陸儀軌中不符佛法精神、原則的內容重新審議。

11月底於法鼓山園區所舉辦的第二屆大悲心水陸法會，對僧團來說別具有一番歷史意義，這是學習水陸以來首次由僧團法師正式擔任主法、正表、助表三師及悅眾、香燈，唱誦起來似乎特別有默契，而參與法會共修的信眾也十分攝受與感動。

至於針對信眾的推廣教育，除原有在各地舉辦的巡迴說明會外，又新闢了「水陸講座」，於農禪寺、台中分院及台南分院依序開講，由僧團講師連續四週分四次授課，此一規畫目的在於讓社會大眾在參與水陸法會之前，就能對整體的水陸法會精神及義理內涵，有更進一步的了解。法會期間，總壇也特闢時段，恭請法師陞座開示總壇儀軌及義理，此舉效果良好，預計下屆也將繼續進行。

僧才培育及教育

法鼓山僧才培育的搖籃——僧伽大學，2008年入學招生考試錄取了男眾學僧5位、女眾學僧11位，而僧大及養成班應屆畢業生則進入僧團領執，成為僧團執事法師當中的一批生力軍。

聖嚴師父與僧大教師餐敘，期許掌握辦學的理念。

8月30日的剃度典禮，在法鼓山大殿舉行，此次受戒者，共有法同沙彌5位、法同沙彌尼13位；行同沙彌3位、行同沙彌尼11位。2008年僧大佛學系、禪學系及養成班總人數計有88名。

僧眾教育

僧團為新領執的法師及其他執事法師，依不同任務層級開設一系列相關的培訓課程，包括管理、弘講、溝通領導、禪修監香等基礎培訓及進階課程，增長溝通協調、關懷信眾及領眾能力，讓僧眾能不斷在學習中成長，以便在各自功能崗位上順利推展法務並發揮所長。

僧團法師在第二屆大悲心水陸法會中，在在展現安定、攝受的精神。

為凝聚對中華禪法鼓宗的未來的共識，僧團首次依World Café形式，邀請僧眾及僧大師生，共同加入研討，與會的近百位僧眾共聚一堂，研討交流中華禪法鼓宗的內涵及未來發展方向。此外，為讓僧眾更深入了解水陸的義理與佛法內涵，特別邀請法鼓佛教學院副教授陳英善，為儀軌修訂研討小組及僧眾們講授華嚴及天台思想課程。

僧團的結夏安居不同以往的是，首度邀請到聖嚴師父的法子繼程法師，為全體住眾指導精進禪修，以為期將近一個月的時間帶領住眾打「默照禪十」、「話頭禪十」及開示禪修課程，讓此次6月份的結夏安居別具精進禪味。

更難得的是，聖嚴師父的西方法子約翰・克魯克（John Crook）、賽門・查爾得（Simon Child）、查可・安德列塞維克（Žarko Andričević）及西方禪眾們，於5月及7月陸續來訪法鼓山，主要是為了拜見師父並聽取師父對禪修方法的指導開示，兩批禪眾分別在悅眾李世娟及俞永峰的協助翻譯之下，參觀了法鼓山道場的建設，與僧團法師進行座談，分享交流禪修心得。

道場建設

道場建設方面，2008年延續2007年已開始進行興建與維修案，分別有農禪寺改建規畫、桃園齋明寺古蹟維修、齋明寺增建工程及禪修中心新建工程、三峽天南寺安樑、台中寶雲寺興建籌備、台南安平精舍啟用灑淨、台南雲集寺籌備及美國紐約東初禪寺的增建計畫。

農禪寺

2007年9月6日通過都市計畫變更為保存區的農禪寺,其「方案設計」(Schematic Design)9月定案之後,報告書送台北市政府都市發展局進行「都市設計審議」。12月通過都審委員會的審議,完成核備,目前正在申請建造執照中,預定在2009年年底後開始動工。

法鼓德貴學苑

位於台北市中心中山堂附近的法鼓德貴學苑,目前正積極裝修中,預計2009年的3月29日青年節正式啟用。此棟大樓裝修完成後,進駐的單位,包括法鼓大學籌備處、法鼓山人文社會基金會及法鼓山世界青年會,一樓並設有法鼓書店及輕食區,未來啟用後將成為心靈環保的「心」地標,提供各種課程、講座活動等,為社會大眾服務。

桃園齋明寺及禪修中心

桃園齋明寺的建設整體上包括古蹟修復、增建工程及禪修中心新建工程三大部分,目前此三部分的建設照正常進度執行。古蹟修復的部分,主結構體已全部完成,目前正進行室內裝修,預計2009年8月底重新開放使用。

增建工程的部分,建築體已完成三分之一;而禪修中心新建工程的設計案,依原定預算標準,辦理變更設計,進行量體縮小。

台北縣三峽天南寺

預定做為未來法鼓山禪修教育中心的台北縣三峽天南寺,於1月31日舉行大殿安樑典禮。在完成安樑儀式後,天南寺整體工程也將進入最後完成階段,預定2009年正式落成啟用。

三峽天南寺於1月底進行安樑典禮,預定2009年啟用後做為法鼓山禪修教育中心。

台中寶雲寺及寶雲別苑

台中寶雲寺的興建籌備，目前在內部討論階段，尚未正式提出申請。至於寶雲別苑則在進行興建臨時大殿、臨時寮房，未來寶雲寺興建時期，可做為台中地區的共修、弘化據點。

台南安平精舍

10月10日台南安平精舍舉辦啟用灑淨法會，為台南地區的菩薩提供一處新的共修地點。

台南雲集寺

2008年最主要的是進行相關籌備工作，已完成的項目包括與建築師討論建築設計及細部規畫、完成送照圖及申請建照、施工圖製作、施工發包。2009年春預定與營照公司簽署合約之後，開工進行整地工作，期能在2009年年底完成硬體的部分，並在2010年1月完成內裝及家具進駐之後正式啟用。

美國東初禪寺增建計畫

2007年提出了增建計畫的構想並舉辦了數次籌募遷建款項的活動，2008年適逢東初禪寺創立30週年紀念，為繼續推廣漢傳佛教，接引更多東西方人士親近法鼓山，寬廣的活動空間及便利的地點將是重點考量，目前正積極整合未來的功能需求並尋覓合適的地點。

國際參與

法鼓山僧團依照創辦人聖嚴師父的指示，繼續朝向資訊化、年輕化與國際化的方向努力，2008年僧團代表出席國際性的交流與弘化活動亦可說此三項指標的具體成果。

僧團法師參加於印度舉行的「GPIW青年領導培訓營」，與各國青年對話。

首先，來自泰國的法身寺參訪團體，計有僧俗四眾48人至法鼓山參訪，除參觀行程之外，亦與僧團法師進行座談交流，並表達了對法鼓山僧伽教育議題的興趣與關心。

3月份法鼓山受邀出席全球女性和平促進會（The Global Peace Initiative of Women，簡稱GPIW）舉辦的各項活動，僧團法師及青年代表分別參加了包括於印度新德里舉辦的「青年領導培訓營」（Transformational Leadership Program）、於印度齋浦爾舉辦的「GPIW五週年大會」及GPIW與美國和平學院（The United States Institute of Peace，USIP）於印度達蘭莎拉舉辦的「伊拉克青年論壇」。另外，由美國中西部佛教會（Buddhist Council of the Midwest）與德保羅大學（Depaul University）合辦，於芝加哥舉行的「第三屆佛教女性論壇」，僧團亦派法師代表參加。

4月及11月，僧團派員出席由中國佛教協會和中華宗教文化交流協會主辦的「2008漢傳佛教講經交流會」，以及廈門南普陀寺的《災難危機與佛教慈善事業暨第二屆宗教與公益事業論壇》。另外，7月份在上海玉佛禪寺舉行的《2008佛教外語人才經驗交流會》，並以「面向世界的中國佛教」為題，參加英語組的演講。

由於5月份大規模的緬甸風災與四川震災，引發了國際救援行動，法鼓山僧團也派代表多梯次地進入災區，進行各階段的救援及關懷行動，同時也在農禪寺為罹難者舉辦一場三時繫念法會。

9月份方丈和尚果東法師率領僧團綱領執事及資深悅眾，組成了「法鼓山大陸佛教聖蹟巡禮團」，前往中國大陸北京廣濟寺、法源寺、靈光寺、焦山定慧寺、狼山廣教寺等佛教聖蹟進行參訪。這是繼2002年創辦人聖嚴師父率領500位悅眾菩薩至大陸禪宗祖庭巡禮朝聖之後，第一次由接任的方丈和尚親自帶領團隊至大陸佛教道場巡禮的活動，期望藉此機會促進法鼓山與大陸佛教界的交流互動。

此外，10月份泰國皇室禮贈法鼓山佛陀舍利與一尊釋迦牟尼佛坐像，僧團法師及居士們參與迎接及觀禮，於法鼓山大殿所進行的安座典禮由方

方丈和尚果東法師（前排左三）率領僧團法師，赴中國大陸進行聖蹟巡禮。

丈和尚果東法師、僧團副住持果暉法師與泰國高僧代表共同揭開佛幔,而創辦人聖嚴師父亦蒞臨現場致謝。

11月25日台北縣政府於市府國際會議廳舉辦「打造台北縣Eco-City暨聖嚴法師與珍古德博士心靈對話研討會」,法師參與非常踴躍,關心環保議題之餘,也開拓了僧團法師的國際視野。

結論

2008年僧團一方面在許多的課程及培訓中成長自我,另一方面積極參與以心靈環保為主軸而開展出的三大教育,在組織效能、教育、禪修、弘化、社會關懷及國際交流等各面向全方位履踐弘法利生的大願。

展望2009年,適逢僧團30週年、法鼓山創建20週年、護法會30週年、中華佛研所30週年及《人生》月刊60週年等,體系週年慶籌備大會已在2008年7月開始討論及運作,在創辦人指示下,各項動態活動及靜態展示,都將與回饋社會、關懷社會的功能相結合,讓週年慶更具深刻意義。

文/果見法師
(文化中心史料編譯處處長)

僧眾在朝山、禪修等各種培訓課程中,學習成長。

法鼓山體系組織

法鼓山體系組織概況

　　法鼓山整個弘化事業以僧團為精神指導核心，其下各單位，具體推廣事項含括「三大教育」——大普化、大關懷、大學院三個面向，由專職及義工人員各秉其專業，齊頭進行。

　　做為一個國際性的精神啟蒙團體，法鼓山強調專業管理，確保每一分人力、物力與財力都能運用地恰如其所，使每個事業體皆能善盡其功能，奉獻整體社會大眾。

壹、法鼓山體系組織概況

　　為因應三大教育的推展與需求，有效落實目標，2008年7月法鼓山進行組織調整，將相關目的事業群及事業單位，依關懷教育功能，統整為大普化、大關懷、大學院、護法會團及支援運籌等五個體系，整合人力及各項資源，使各事業的業務規畫重點更為清晰。調整後的組織架構圖，如下所示：

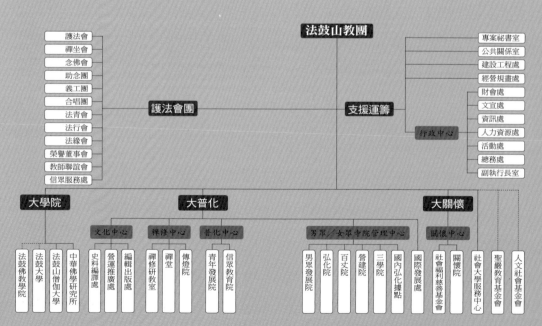

新增普化中心、關懷中心

體系組織主要的調整重點，其一，在大普化體系方面，新增普化中心，整合所有弘法產品的規畫、研發、行銷及推廣服務，期能普及、深化對所有信眾的佛法教育；其二，在大關懷體系方面，新增關懷中心，整合關懷院、法鼓山慈善基金會，及助念等相關業務，以強化大關懷體系整體功能。調整後的組織架構，兼顧組織垂直管理與平行溝通協調整合，以增加體系運作的整體效能與效率。

貳、各體系主要弘化功能概述

一、大普化體系

法鼓山大普化教育包括寺院管理中心、文化中心、禪修中心，以及2008年新增的普化中心、國際發展處，主要運用漢傳佛教的修行活動和各種現代化的文化活動，分享佛法惠人的利益。

（一）男眾／女眾寺院管理中心

法鼓山寺院體系遍布於台灣、海外各地，各地道場從事佛教教育、文化與社會關懷工作，弘揚正信佛法與漢傳佛教精神，平日舉辦各種法會，如大悲懺法會、淨土懺法會等；共修活動，如念佛、禪坐等；及佛學課程、禪藝推廣課程、教育活動等，以接引大眾學佛。

在台灣，包括法鼓山世界佛教教育園區、北投中華佛教文化館，及北投農禪寺、台北安和分院、桃園齋明寺、台中分院、南投德華寺、台南分院、高雄紫雲寺、台東信行寺等八個寺、分院，以及台北中山、基隆、台南安平、高雄三民等四處精舍，其中台南安平精舍於2008年10月落成啟用。

園區的例行活動，主要包括每週六的念佛共修、每月一次的大悲懺法會、每月兩次的景觀維護日等，還有因應各機關團體申請而辦的不定期景觀維護大出坡、朝山。其他尚有「第13屆佛化聯合婚禮」、「第六屆生命自覺營」、「第13屆在家菩薩戒會」等。

園區規畫完善的軟硬體建築與設施，也成為法鼓山事業體系舉辦大型活動與國際研討會的重要場地，如2月「數位佛學研究國際會議」、11月「第三屆漢文佛典語言學」國際學術研討會、12月「沉淪、懺悔與救度：中國文化的懺悔書寫」國際學術研討會等，提供各領域的學者專家進行對話交流；11月底的「第二屆大悲心水陸法會」，總計約五萬名信眾參與持咒、誦經等共修。

針對參訪活動，園區提供完善的導覽行程安排，2008年許多團體、民眾上山參加禪

修、法會或環山經行,體驗法鼓山的禪悅境教,總計全年參訪人數逾十萬人次,以教育單位及公民營機關團體居多。

　　而台灣其他各地的分院道場,主要藉由法會、共修的舉辦,從事佛教教育、文化與社會關懷工作。規模較大者,如農禪寺與台中分院的梁皇寶懺法會,分別有逾三萬及六千人次的參與;桃園齋明寺春秋兩季的報恩法會,共有近五千人次參加;文化館於新春期間舉辦千佛懺法會,由僧團果祥法師以台語帶領誦經,則頗受當地長者喜愛;台南分院並於清明期間,連續舉行七天的報恩地藏法會,每日與會信眾近三百位。

　　另一方面,各地分院道場也根據地區特性,規畫別具特色的活動,如農禪寺首度於

法鼓山全球各地主要據點

1. 台灣	**2. 美洲**	**3. 亞洲**	**4. 大洋洲**	**5. 歐洲**
·法鼓山世界佛教教育園區	·美國東初禪寺	·新加坡護法會	·澳洲護法會雪梨分會	·盧森堡聯絡處
·北投農禪寺	·美國象岡道場	·馬來西亞護法會		
·北投中華佛教文化館	·美國護法會紐約州分會	·香港護法會		
·台北安和分院	·美國護法會新澤西州分會	·泰國護法會		
·台北中山精舍	·美國護法會伊利諾州芝加哥分會			
·基隆精舍	·美國護法會加州洛杉磯分會			
·桃園齋明寺	·美國護法會加州舊金山分會			
·台中分院	·美國護法會華盛頓州西雅圖分會			
·南投德華寺	·加拿大溫哥華道場			
·台南分院	·加拿大護法會溫哥華分會			
·台南安平精舍	·加拿大護法會多倫多分會			
·高雄紫雲寺				
·高雄三民精舍				
·台東信行寺				

寒暑假期間，針對孩童舉辦「兒童禪修體驗營」與「心倫理數位創意體驗營」，前者是結合創意遊戲的二日禪修，後者是運用數位科技，將「心六倫」的精神導入音樂創作中；安和分院、紫雲寺的禪藝推廣課程，提供都會人士輕鬆學佛的

法會共修是各地分院道場的例行活動之一，圖為2008年農禪寺舉辦梁皇寶懺法會。

管道；齋明寺的「齋明鼓隊」、信行寺的「寧靜心鼓」，兩項鼓藝課程均含融禪修的觀念與方法；台中分院、台南分院的「兒童讀經班」，皆引領學童親近佛法；德華寺與慈基會合辦的多項關懷活動，如歲末大關懷、中秋關懷等，則動員義工至關懷戶家中發放物資與慰問金，傳達祝福；高雄紫雲寺6月起並開辦「每月講談」活動，推廣閱讀風氣，台中分院也繼於11月開始舉辦，引領大眾共享書香法味。

　　於海外分會部分，包括美國紐約東初禪寺、象岡道場與加拿大溫哥華道場。東初禪寺創寺至2008年屆滿30週年，5月週年慶活動與信眾共享喜悅，也展現其朝向漢傳佛教國際弘化中心邁進的願心；8月並於象岡道場展開一場北美發展研討會，齊聚東西方信眾共商法鼓山國際化未來發展的五大方向，為中華禪法鼓宗開創新機。

　　東初禪寺、溫哥華道場的例行共修以禪修、念佛為主，並定期舉辦大悲懺法會、觀音法會、菩薩戒誦戒會等；在特殊節慶日亦舉辦法會，如浴佛法會、地藏法會等。

齋明寺的「齋明鼓隊」，讓孩童在鼓藝練習中學習攝心與專心。

在佛學課程方面，東初禪寺於2008年安排多場講經活動，主要解說三部重要經典，包括2月行政中心副都監果光法師以聖嚴師父的著作為本，講解《如來藏經》、8月底至9月初果徹法師弘講六堂「中觀的智慧」、10月5日起，連續舉辦八週的《法華經》佛學講座，由果傳法師主講，帶領大眾進入法華浩瀚的成佛之道。

東西方信眾首次齊聚象岡道場進行北美發展研討會，探討法鼓山西方發展五大方向。

為了接引西方信眾，東初禪寺大多活動均以中、英雙語進行，除不定期舉辦英文初階、進階禪訓班及英文禪一，9月並邀請隨聖嚴師父習禪達16年的比爾‧萊特（Bill Wright）主講「三法印」英文講座，10月邀師父西方法子賽門‧查爾得（Simon Child）主講「佛法弘揚在西方」，探討佛法在西方社會弘揚的困境與利基。

以禪修為主的象岡道場，2008年共舉辦四場禪一、兩場禪二、四場禪三、二場禪五、二場禪七，以及四場禪十，其中除由常住法師帶領外，亦分別邀請馬來西亞佛學院院長繼程法師、聖嚴師父西方法子查可‧安德列塞維克（Žarko Andričević）各帶領兩場默照禪十，及約翰‧克魯克（John Crook）與賽門‧查爾得（Simon Child）帶領一場公案禪七。

禪七為溫哥華道場兩週年慶祝活動之一，圖為在戶外進行「快步經行」，展現法鼓山活力家風。

北美加拿大的溫哥華道場，於7月底至9月底，舉辦兩週年慶系列活動，包括僧團都監果廣法師、文化中心副都監果賢法師、果徹法師的佛學講座，及禪七、法會、園遊會等，以豐富內容展現道場活力；也於11月初及12月初代表法鼓山捐款予當地列治文醫院（Richmond Hospital）、麥當勞病童之家（Ronald McDonald House Charities），展現對於在地的關懷。

紐約法鼓出版社於每季仍定期出版《禪》雜誌（*Chan Magazine*），與西方禪眾分享禪修法要。10月，與美國雙日出版社（Doubleday）合作出版聖嚴師父的英文版傳記《雪中足跡》（*Footprints in the Snow:The Autobiography of a Chinese Buddhist Monk*），該書是第一本由西方出版界出版的師父傳記。

（二）禪修中心

禪修中心為法鼓山主要的禪修推廣單位，其下設有禪堂（選佛場）、傳燈院、禪修研教室。

禪堂以規畫進階禪修活動為主，亦協辦體系內各項禪修活動。2008年於禪堂舉辦的禪修共有30場，尤以禪七、禪三等場次最多。各場明細如下：

類別	禪一	初階禪二	話頭禪二	菁英禪二	初階禪三	菁英禪三	初階禪五	話頭禪五	初階禪七	中階禪七	話頭禪七	默照禪七	中階止觀禪七	話頭禪九	默照禪九	默照禪十	話頭禪十
場次	1	2	1	1	3	3	2	1	4	1	3	3	1	1	1	1	1

此外，11月法鼓山「第二屆大悲心水陸法會」的「般若壇」、「楞嚴壇」壇場，亦設於禪堂，法會期間，除持誦經典，並帶領信眾學習禪觀方法，遠離妄想執著。禪堂總計全年使用人次近七千人次。

傳燈院則為社會大眾設計各種禪修體驗活動，延續2007年「生活禪」的研發與推廣，2008年舉辦兩場生活禪；更廣開入門接引課程，首次舉辦五場「放鬆一日禪」、四場「舒活禪一」與一場「初級禪訓班二日營」。其中「放鬆一日禪」以法鼓八式動禪練習為主，並加入走路禪、吃飯禪、戶外禪、托水缽等生活動禪；「舒活禪一」以禪訓班結業的禪眾為對象，動靜搭配，讓初學者

「第二屆大悲心水陸法會」的「般若壇」壇場，設於禪堂。

練習體驗禪修時的放鬆與身心安定；「初級禪訓班二日營」則在兩天的密集課程中，完整研習基礎禪修方法。此外，傳燈院11月舉辦「法鼓八式動禪五週年慶」活動，邀集一百多位在全台各地推廣動禪的義工講師，共享法喜。

原屬護法會團的禪坐會會本部，2008年移至傳燈院統籌運作，以結合地區禪眾，讓禪修推廣更順暢與深入。

禪修研教室，則針對禪修的教學內涵，持續研議，研發多元課程。

（三）普化中心

普化中心為7月新增單位，整合所有相關佛學課程的規畫研發、推廣，及師資培訓、信眾學佛服務等，其下設有信眾教育院、青年發展院、數位學習系統組、活動組等四單位。

信眾教育院除規畫接引初佛者的皈依關懷活動，並延伸長期以來舉辦的佛學課程、心靈環保讀書會、地區弘講，2007年1月成立的「聖嚴書院」系統佛學課程，亦為重點工作。

聖嚴書院學程包括「初階班」、「精讀班」以及「專題班」進階課程，各班採三年六學期學制，全年共新開14班，總計63班，學員近三千七百人。地區弘講包括佛法概論、戒學、定學、慧學等課程，共38班，學員人數逾一千五百人。心靈環保讀書會截至年底共成立50個讀書會，遍布全台各分院支道場、辦事處等，皆由讀書會培訓課程的種子學員帶領，總計逾一萬七千人次參與。為接引大眾輕鬆學佛，信眾教育院開始在北部各辦事處、共修處試辦心靈茶會，全年共86場，參與人數達一千三百多人，各場茶會均由「心靈茶會帶領人培訓課程」結業學員帶領，6月舉辦一場，8、10月並有充電課程。

青年院呼應法鼓山「年輕化」的發展方向，發展青年組織，透過舉辦佛學、禪修及多元成長學習課程，為其建立正確的學佛觀念。主要例行活動為每週四晚上於台北中山精

傳燈院致力推廣各種禪修體驗活動，圖為在全台各定點推廣「法鼓八式動禪」。

舍進行的初階佛學課程、每週五晚上於北投農禪寺的法器練習等。大型成長活動，延續往年的「卓越‧超越」成長營，於寒暑假在法鼓山園區各舉行一場，8月也於溫哥華道場舉辦，全年合計海內外四百多位學員參加。

首次開辦的「心光講堂」系列講座，以「青年圓夢」、「自我超越」、

2008年共舉辦三場「卓越‧超越」成長營，拓展青年學習領域。

「靈活做人」三個主題進行九場演講，邀請各行各業傑出人士與青年分享心路歷程，讓青年的學習觸角深入社會各領域，總計逾八百人次參與。禪修活動方面，全年共舉辦一場禪七、八場戶外禪、兩場生活智慧禪，及7月於三義DIY心靈環保教育中心進行的青年禪修營，引導學員練習在生活的不同面向運用禪法。

而因應數位化的時代，現代人學習環境與媒介變革，普化中心發展數位學習系統，1月設立「法鼓山數位學習網」（網址：http://www.dharmaschool.com/ddm_max/），規畫友善的網路環境，囊括全面性、層次性的學佛觀念與落實、佛學知識課程，引領網友輕鬆學習佛法。

（四）國際發展處

國際發展處主要負責推廣海外弘化等相關業務，其功能涵括國際關係的建立與維護、國際弘化的規畫與推動、海外據點的開發與發展，與文宣推廣（含外文網站）等，期能與全球人士分享佛法。

2008年主要推展的國際活動，包括第二屆國際關懷生命獎、泰國皇室佛像捐贈法鼓山，聖嚴師父與太空人艾德格‧米契爾（Edgar Mitchell）、保育專家珍古德（Jane Goodall）的對談等；並安排美國長島大學（University of Long Island）師生前往法鼓山園區，進行禪修體驗。另一方面，亦有諸多國際人士，如韓國曹溪宗軍宗特別教區僧眾、多明尼加大使館公使兼參事葛瑞思（Grace Balbuena Zeller）、日本立正大學海外參學交流團等的來訪，與法鼓山進行交流。

此外，國際發展處也於法鼓山西文網站（網址：http://spanish.dharmadrum.org/）擴增園區線上導覽功能，強化國際弘化效益。

（五）文化中心

文化中心為法鼓山主要佛教文化推廣單位，透過文化出版、廣播電視、影音視訊、網路傳播等，與社會大眾分享佛法，含括單位包括編輯出版處、營運推廣處、影視暨史料保存編譯處，及產品開發部、行政資源部。

2008年編輯出版處共出版32項叢書類新品，包含31冊新書、1項桌曆，其中有6本聖嚴師父新著，而自2006年5月份起陸續出版的《大師密碼A～Z——經典人物故事系列》，亦於2008年出齊26冊，希望能成為兒童、青少年親近佛法與學習英文的最佳選擇。

2008年並出版了12期《法鼓》雜誌（217～228期）、12期《人生》雜誌（293～304期）。《法鼓》雜誌報導法鼓山多元面向的弘化工作，針對重要大事如「東初禪寺創寺30週年」、「西方禪眾參訪法鼓山」、「法鼓山北美發展研討會」、「第二屆大悲心水陸法會」等，進行深入報導。《人生》雜誌，則針對佛教修行（293、298、300、302期）、社會文化（299、303期）及現代生活（294至297期，301、304期）等議題，製作不同的專題內容，呈現佛法各面向的運用。

營運推廣處及產品開發部共開發、推廣了近百項生活用品，包括純棉背包、雙面外套，及棉布筷匙包巾、隨身餐具提袋等環保用品，與大眾分享心靈環保的生活理念。

影視製作部則自製了《聖嚴法師與太空人靈性對談》、《聖嚴法師與單國璽樞機主教會談——真正的自由》、《四川緬甸災難紀錄》等30支影片。

文化中心亦接受各單位委託製作產品，主要製作了15本智慧隨身書、3類書籍、5項刊物、87支影片拍攝製作、3類儀軌，及各類文宣品、結緣品等。

二、大關懷體系

關懷中心主要推廣法鼓山關懷教育，包含急難救助、信眾和社會關懷，及倡導各項環保活動等。

大關懷教育以法鼓山慈善基金會為主要執行單位，設有「百年樹人獎助學金」、「個人及弱勢團體關懷」、「安心家庭關懷專案」、「國內外緊急救助」等服務項目。其中，第12、13期「百年樹人獎助學金」共有2,678人次受益；「個人及弱勢團體關懷」包括「兒童暨青少年學習輔導專案」、「關懷列車」、「年節關懷」等項目，共關懷四萬多人次；「安心家庭關懷專案」中的個案慰訪工作達九千戶。

海內外緊急救助方面，國內包括7月卡玫基颱風中南部地區關懷、鳳凰颱風花蓮屏東地區關懷等，全年關懷人次近兩萬六千人次。國外部分，持續進行菲律賓土石流孤兒就學、南亞賑災兩項專案，新增中國大陸四川賑災專案，另有中國大陸廣西雪災救援、緬甸風災救援等，關懷人次逾三十萬人次。

甫於2007年11月於法鼓山園區啟用的「台北縣立金山環保生命園區」，2008年共植存258位，其背景遍及國內23個縣市，亦來自美國及香港；植存人士宗教信仰包括佛教、基督教、天主教、道教、民間信仰及無信仰者，可見環保自然葬的理念漸次獲各界人士的肯定。

三、大學院體系

大學院教育是法鼓山三大教育的基礎，透過正規教育的養成，中華佛學研究所、法鼓佛教學院、法鼓大學與法鼓山僧伽大學，四大院校建構成綿密的教育網絡，在研究、教學、弘法、社會服務上，培養具前瞻性與國際視野的現代專門人才。

（一）中華佛學研究所

2007年4月佛教學院成立後，中華佛研所即停止招生，轉型為學術研究單位，推廣漢傳佛教研究，目前的研究方向為宋代至明末的佛教。2008年中華佛研所的畢業生合計有13位，就讀的全修生有7位。

學務活動方面，延續每學期定期舉辦的「創辦人時間」，2008年聖嚴師父為師生開示「四

中華佛研所舉辦佛教藝術講座，邀請古正美教授主講「從經典談佛教藝術」。

種環保的法鼓校風」、「以漢傳佛教精神辦三大教育」。另舉辦了一場專題演講,邀請香港科技大學教授古正美主講「從經典談佛教藝術」,剖析佛教藝術的本質。

在學術研究方面,中華佛研所於5月7日舉辦研究生佛學論文發表會;19至24日舉辦教學評鑑,同時進行研究人員研究成果評鑑。為了推動「漢傳佛教研究」相關計畫,中華佛研所分別於3、7月於台北安和分院舉辦兩場專案會議,邀請國內相關學者參與討論。

學術交流部份,6月中華佛研所與美國哥倫比亞大學(Columbia University)共同簽定「漢傳佛教專書出版」計畫,期能推動漢傳佛教在西方學術界的研究出版風氣。

此外,中華佛研所支援相關學術單位,合辦多項國際學術活動,包括「數位佛學研究國際會議」、「第二屆聖嚴思想研討會」、「中印絲路文化交流研究國際會議」等,並與佛教學院共同組團參與國際佛教研究協會(International Association of Buddhist Studies,簡稱IABS)舉辦的第15屆國際佛學會議,為台灣爭取到下一屆(2011年)的主辦權。

(二)法鼓佛教學院

2007年4月揭牌成立的法鼓佛教研修學院,為免「研修」二字在與國際他校對等關係建立上產生混淆,經提報董事會後報請教育部核可通過,於2008年8月1日起更名為「法鼓佛教學院」,該校為首所通過校名變更行政程序的學校,此舉將利於未來的宗

法鼓佛教學院與政大合辦「第三屆漢文佛典語言學」國際學術研討會,開啟國內佛學界與漢學界新的合作模式。

教學院校務之長遠發展。

佛教學院2008年第二屆碩士班新生共17人，包含3名外籍生。2007年10月該校獲准增設大學部，2008年佛教學系學士班首次獨立招生，使佛教學院具備更完整的學制功能；13名入學新生中，包含1名外籍生，其中已具大學以上學歷者約占四分之一。

參與的重要學術交流，包括主辦（或合辦）四場國際會議：「數位佛學研究國際會議」、「第三屆漢文佛典語言學」國際學術研討會、「沉淪、懺悔與救度：中國文化的懺悔書寫」國際學術研討會、「中印絲路文化交流研究國際會議」。校長惠敏法師、副校長杜正民等也應邀出席多場國際性活動，並發表論文，如「第五屆聯合國衛塞節國際佛教大會」、「漢譯佛典新目錄建置工作坊」（Constructing the New Catalog for the Chinese Buddhist Canon Workshop）、「佛教與科學」（Buddhism and Science Symposium：Brain, DNA and the Metamorphosis of life）國際研討會等，展現該校在佛學研究的成果。

為擴大學生學習與研究的視野，該校延續2007年開辦的「大師講座」，邀請國際知名天文物理學家吳忠超教授演說「宇宙學家的宗教情懷」；也邀海外各領域專家蒞校演講，包括美國聖母大學（Madonna University）東亞語文學系佛學講座教授羅伯特·基米羅（Robert M. Gimello）、德國漢堡大學（Hamburg University）教授無著比丘（Bhikkhu Anālayo）、法國遠東學院（Ecole Francaise d'Extreme-Orient）研究員彼得·史基靈（Peter Skilling）等，提供學生多元學習管道。

在加強校際合作上，2008年佛教學院除維持原有締約學校的合作，並與八校進行新締約，如亞洲韓國東國大學、中國大陸南京大學、中山大學，歐洲英國布里斯托大學（University of Bristol），美國柏克萊加州大學（University of California, Berkeley），以及台灣科技大學等。

於學術研究方面，佛教學院承辦行政院國家科學委員會三項專案，包括台灣佛教數位工具資源的建構與研究、台北版電子佛典集成之研究與建構（Ⅱ）、數位典藏多媒體檔案之研究與建置——西藏珍藏語音檔案研究計畫（Ⅲ）；也承續中華佛學研究所各項數位佛學研究計畫，包括：佛教當代研究跨語文獻資料庫、佛學書目及全文資料庫、佛學專題研究資料庫之建置等。

佛教學院的佛學推廣教育中心所開辦課程，全年分三期共42項；自97學年度起，並開設「隨班附讀碩士學分班」，為有意進入佛教學系碩士班就讀者，提供先修管道。

（三）法鼓大學籌備處

法鼓大學籌備處2008年積極進行軟體籌設，包括舉辦五場公益論壇，論壇以公民社會為主軸，邀請專家學者、非營利組織負責人針對公益理論與實務經驗進行分享，讓

公益學院的學程規畫，能更貼近社會現況脈動與發展；以及舉辦八場「發現印度」佛教藝術講座，期能培養法鼓藝術志工種子，共同推廣佛教藝術。

為了讓各地信眾對法鼓大學的學院規畫有更多認識，籌備處主任劉安之於6月15日至11月9日期間，親赴北投雲來寺、農禪寺、台中分院、台南分院、高雄紫雲寺、花蓮、宜蘭等地進行了13場演說，針對法鼓大學的使命、願景、特色等，做完整說明。

硬體方面，法鼓大學第一期地面建築工程於年底正式開工。11月28日，開工典禮於法鼓大學預定地，與「第二屆大悲心水陸法會」灑淨儀式共同舉辦，象徵法鼓大學邁入實體建設的重要階段，預計2010年起招收碩士班學生。

（四）法鼓山僧伽大學

法鼓山僧伽大學目前設有佛學系、禪學系及僧才養成班三個學系，97學年入學方式沿用96學年度不分系招生，目前各學系學生可分成：佛學系一至四年級，養成班二年級，禪學系三年級；除佛學系四、三年級與禪學系二年級沒有男眾班外，其餘每一年級均分設男眾、女眾各1班，目前共有三個系11班學生。

截至年底在學學生人數共82人。入學新生有14位，包括3位男眾、11位女眾；剃度者共有5位男眾、13位女眾；另有17位畢業僧進入僧團領執，參與法鼓山體系各單位的弘法工作。

2008年法鼓山僧伽大學各學系學生人數

	一年級	二年級	三年級	四年級
佛學系		15人	8人	9人
養成班	13人	17人	X	X
禪學系		3人	17人	X
合計	13人	35人	25人	9人

（年底統計）

2008年佛學系第四屆畢業僧有四項畢業製作，獲得聖嚴教育基金會「聖嚴法師思想研究」獎助學金獎助，包括常隨法師〈「止觀禪期」中體現如來藏之探討——以中華禪法鼓宗為主〉、常灌法師〈聖嚴法師「菩薩戒」思想之研究〉、常潤法師〈數位學習課程——以淨行品為內容〉、常慶法師〈法鼓山默照禪教學的觀念與方法之研究——一本禪修筆記書〉，象徵僧大僧投入學術研究領域成果，獲得肯定。

僧大為接引民眾認識及體驗出家生活而舉辦的「生命自覺營」，2008年為第六屆共有98位學員圓滿參加。僧大並首度參與在北投農禪寺舉行的「祈福皈依大典會團展」，擴大推介「生命自覺營」，期能有更多參與學員藉此發起出離心和菩提心，進而進入僧大就讀。

而除了例行的教學、禪修課程，僧大還為學僧安排許多弘化實習，如寒暑假至全台各分院參與活動，支援總本山「第二屆大悲心水陸法會」前置作業，或參與聖嚴師父與國際保育專家珍古德（Jane Goodall）博士對話的座談會，擴大

僧大畢業學僧於7月完成領執培訓後進入僧團，參與各體系弘法利生工作。

學習視野。此外，僧大多位法師也參與法鼓山四川救援行列，關懷災區民眾。

僧大男眾學務長常悟法師並於4月代表法鼓山參加在中國大陸北京舉行的「2008漢傳佛教講經交流會」，參與研討；12月出席於福建廈門進行的「災難與佛教慈善事業暨第二屆宗教與公益事業論壇」，分享法鼓山的急難救援經驗。

四、護法會團體系

為落實法鼓山關懷與教育的功能，護法總會在全台各地設有辦事處及共修處，在亞洲、歐洲、美洲及大洋洲等海外地區，亦成立分會或聯絡處，服務全球信眾。

（一）會團本部

為接引大眾親近佛法，護法總會依不同功能成立各會團，包括護法會、禪坐會、念佛會、助念團、義工團、合唱團、法青會、法行會、法緣會、榮譽董事會、教師聯誼會及信眾服務處等，其中，信眾服務處2008年由行政中心改隸護法會團體系，以強化對護法體系的服務。

各會團以不同方式為信眾服務，是法鼓山弘化的最大後援力量，也是社會大眾學佛、護法的橋梁。各會團均定期舉辦共修活動，不定期舉辦成長課程，以提昇專業，凝聚共識。

2008年各會團的活動，舉其大者，如護法會的兩場「正副會團長、轄召、召委成長營」、六場「悅眾鼓手」成長營；禪坐會舉辦五場初階禪七、兩場中階禪七；念佛會兩場「誦戒梵唄研習營」；合唱團舉辦三場法音研習營，3月另新成立屏東分團，總計

全台有10個分團；教聯會分別於1、7月舉行寒假禪修營、暑假禪七，並舉辦各項成長課程的師資培訓，如繪本、佛曲帶動唱、書法禪研習營等；助念團全年舉辦12場大事關懷服務通識課程，2月更遠赴澎湖關懷，成就澎湖第一場佛化奠祭儀式。

其次，法行會4月改選會長，由原副會長張昌邦繼任會長，繼續接引更多社會菁英，推廣法鼓山的理念；法緣會5月承辦安和分院於台北國父紀念館舉行的「好願祈福感恩會」，並協助辦理慈基會舉辦的「第13期百年樹人獎助學金」頒發活動；榮譽董事會則於10月5日舉辦「法鼓山榮譽董事——禮聘‧感恩‧聯誼會」等，感謝榮譽董事發心護持法鼓山。

（二）各地辦事處及共修處

目前於全台各地計有40處辦事處及14處共修處，其中新莊辦事處於1月舉行落成灑淨典禮，蘆洲共修處於3月、屏東潮州辦事處於10月舉辦喬遷灑淨儀式，三處新址皆提供更寬敞的共修空間，新莊辦事處同時也是新莊法鼓山社會大學所在地。

這些共修據點的主要功能為各地區的行政辦公室、信眾聯誼共修之用，共修內容包括念佛、禪坐、讀書會、佛學課程、法器練習及誦戒會等活動，另提供助念關懷、誦經結緣等服務。不僅提供地區共修的良好環境，也讓信眾在此進行學佛分享與交流。

（三）海外護法會

法鼓山於海外的弘化據點，包括七個護法會，有北美的美國護法會、加拿大護法會，大洋洲的澳洲護法會，亞洲的新加坡護法會、馬來西亞護法會、香港護法會、泰國護法會；九個分會，有美國護法會紐約州紐約分會、新澤西州分會、伊利諾州芝加哥分會、加州洛杉磯分會、加州舊金山分會、華盛頓州西雅圖分會、加拿大護法會溫哥華分會、多倫多分會，澳洲護法會雪梨分會；以及12處聯絡處及二處共修點。其中泰國護法會於3月舉行新會址灑淨動土儀

美國護法會舊金山分會參與當地「青島工商展覽會」，與民眾分享法鼓山的理念。

式，預定於2009年中啟用，成為兼具弘法與禪修功能的漢傳佛教中心；馬來西亞護法會於12月中舉行新會所啟用祈福典禮，由僧團副住持果品法師前往帶領；多倫多分會則於8月舉行喬遷灑淨，新址增設圖書室服務當地信眾，12月中並舉行成立10週年慶祝活動。

為了讓海外地區信眾有更多元化的修學機會，各弘化據點多因應當地民眾需求，安排各種定期的共修，除了讀書會、禪坐，另有佛學課程、念佛、聯誼會、青少年活動等，提供民眾精進成長。

積極參與當地活動，也是海外道場的重要活動之一。例如美國護法會加州洛杉磯、西雅圖、舊金山三處分會於1月19至20日、5月10日、5月17至18日分別參與當地「華人工商大展」、華盛頓大學（University of Washington）的「台灣夜市小吃義賣」、「青島工商展覽會」，設置推廣攤位，發送法鼓山的文宣品、結緣書、《法鼓》雜誌，分享法鼓山理念；香港護法會、舊金山分會也分別至當地的黃鳳翎中學、中文學校推廣禪法及法鼓八式動禪等，引領校園學子學習禪修。

五、相關基金會、服務中心

法鼓山依各種社會服務工作內容，成立有人文社會基金會、聖嚴教育基金會、社會大學服務中心等，使各項不同性質的業務能順利推展，有效運作。

（一）聖嚴教育基金會

聖基會的宗旨為弘傳聖嚴師父思想與理念，主要工作為流通推廣聖嚴師父相關之平面書刊、影音資訊等著作，及獎助與漢傳佛教、師父思想理念相關的教育推動、學術研究、著作出版等。

2008年聖基會新出版的結緣品達19項；推廣的結緣品，總計140項，其中包括中文87項、外文14項、影音品38項，及掛曆1項，總發行量近一百六十萬份；在推廣據點方面，全台包括全聯社各地區賣場，共有676處。

聖基會另一重點活動為舉辦「第二屆聖嚴思想國際學術研討會」，於5月24至25日在台灣大學集思國際會議廳進行，邀集來自美國、歐洲與台灣等45位佛教學者參加，其中有12位中外學者發表論文。

在獎助聖嚴師父思想研究及漢傳佛教上，「聖嚴思想博碩士獎學金」由台北教育大學生命教育與健康促進研究所碩士班研究生林泰石，以「聖嚴法師禪學著作中的生命教育」為題獲得；「漢傳佛教獎學金」的補助，2008年共補助中文博士論文兩件、外文博士論文四件。

此外，為獎勵更多學者投身漢傳佛教的研究，聖基會暨中華佛研所共同贊助美國哥

倫比亞大學（Columbia University）成立出版專案，6月底哥大更派員來台簽約，期能帶動漢傳佛教在西方學術界的出版研究風氣。

（二）法鼓山人文社會基金會

人基會成立宗旨在於倡導建立優質人文社會，並獎勵各種與人文社會相關的學術研究，以及資助人才的培育。2008年的重點工作，包括「倫理專案」及「珍惜生命活動」等。

「倫理專案」方面，延續2007年提出的「心六倫」運動，2008年以更多元方式推廣，包括演講、戲劇表演等，如2月新春期間於北投農禪寺舉辦兩場講座，11月起至2009年3月間於全台各地共七場的「心六倫推廣列車」專題演講活動；以及於5月北投農禪寺的浴佛節慶典上，邀請紙風車兒童劇團表演「心六倫幻想曲」。12月起，展開第一期「心六倫種子教師培訓」課程，共有43位學員參加，經評鑑通過，將成為「心六倫」的種子教師，代表法鼓山接受各界邀約講授「心六倫」。

此外，人基會並邀集副總統蕭萬長、企業家嚴長壽、「壹基金」創辦人李連杰，以及表演工作者張小燕、林青霞、蔡依林等六人，參與代言，拍攝公益廣告及文宣品，並進行媒體公益託播，以進一步推廣「心六倫」。

「關懷生命方面」，人基會與農禪寺甘露門合作，成立「法鼓山人基會甘露門」，於3月起舉辦第一期義工教育訓練課程，透過協談，包括傾聽、陪伴、支持、分享、轉介等，鼓勵大眾珍視生命。為獎勵長期投入關懷生命、防治自殺工作的「關懷生命獎」，繼2007年首次舉辦後，2008年擴大為「國際關懷生命獎」，與國際防治自殺接軌，9月6日舉行頒獎典禮，翌日並舉辦「國際關懷生命暨自殺防治論壇」活動，由聖嚴師父與國際防治自殺協會（International Association for Suicide Prevention，簡稱IASP）主席布萊恩‧米謝勒（Brian Mishara）對談，分享防治自殺的策略。11月，獲邀協辦國防部「珍惜生命、迎向陽光──國軍自我傷害防治論文發表會」，分享精神疾病防治與心理衛生工作理念。

方丈和尚果東法師於「心六倫種子教師培訓」課程上，勉勵種子學員，在自己的專長領域中推動心六倫運動。

另一方面，人基會2008年總計舉辦28場「法鼓人文講座」，包括與亞洲大學合作7場，與中國大陸廣州中山大學合作9場、南京大學合作12場。

人基會因推動「心六倫」運動，並舉辦關懷生命獎、宣傳生命價值防治自殺等公益活動，獲頒教育部97年度「社教公益獎」；人基會網站則因宣導自殺防治、倡導「心六倫」等內容，獲頒行政院研究發展考核委員會「2008網際營活獎」的「網路內容貢獻獎」。

（三）社會大學服務中心

法鼓山社會大學的成立，乃為增加地區民眾多元化終身學習的機會，並與大眾分享心靈環保的觀念。依成立時間，先後於金山、大溪、台中、北投設立，2008年7月並於台北縣新莊開辦第五所，隨即展開暑期課程，也於10月進行秋季班課程，合計開辦25門課，學員共576人。而台中法鼓山社會大學則因台中寶雲別苑籌建工程進行，自2008年第二期秋季班起暫停招生。

總計全台法鼓山社大全年共開辦142門課，包括人文休閒55門、生活技能52門、生命關懷34門、農作栽培1門，學員達4,805人次。

六、支援運籌體系

行政中心是法鼓山體系的主要幕僚單位，以提供各事業體行政支援服務為主，工作內容包括體系內的人員召募、教育訓練、人事管理等，以及總務、財會、資訊系統的建置及維護，大型活動的企畫、執行，與國際事務的聯繫等。

參、結語

聖嚴師父曾表示，人間淨土的實現，必然在於人心的淨化，而法鼓山大普化、大關懷、大學院等三大教育體系，每一項弘化事業的本質，莫不以淨化心靈為最終主旨，落實關懷的多元面向。2008年法鼓山體系組織，因應時代環境需求，適時調整，讓各單位善盡其責，彼此互補，成為具有彈性及應變的組織，齊力推廣法鼓山「心靈環保」理念，為安定社會盡一分心力。

（※文中所提及的相關統計細目資料，請見597頁「附錄」）

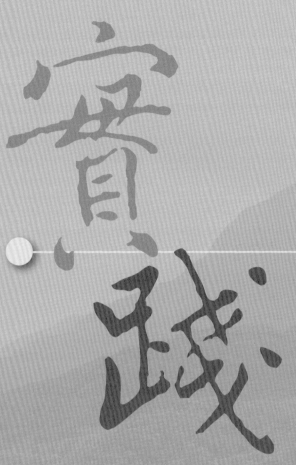

實踐

以好願帶動社會祥和之風

大關懷教育
發揮四安精神力量

大學院教育
全方位育才　厚植淨土

國際弘化
法鼓禪風　廣傳國際

壹【大普化教育】

大普化教育是啟蒙心靈的舵手，
引領眾生從自心清淨做起，
培養學法、弘法、護法的菩薩，
敲響慈悲和智慧的法鼓，
建設人間為一片淨土。

以好願帶動社會祥和之風

以融合現代化元素的佛教修行活動，為普化教育的推展方向。
「法鼓山數位學習網」開站，善用現代科技傳達佛法內涵；
首度培植「心六倫」種子教師，持續增益社會人心向上提昇的力量；
「許好願、做好事、轉好運」運動，帶動社會祥和風氣；
聖嚴師父英文傳記在美出版，首度與西方社會分享生命故事。
園區也透過「發現地宮特展」，展出台灣佛教發展的重要軌跡，
2008大普化教育與現代社會緊密連結，並獲相關單位的響應。

大普化教育是法鼓山三大教育中的一環，聖嚴師父說：「我們要以大普化教育，普及佛法對社會大眾人心的淨化及風氣習俗的淨化。」因此，如何運用佛法的觀念和方法來淨化人心、淨化社會，以達到「提昇人的品質，建設人間淨土」的理想目標，正是大普化教育的重要使命和功能。

聖嚴師父為大普化教育所提示的兩大方向是：運用傳統佛教的各種修行活動，或現代文化的各式活動，達成大普化的使命及教育功能。2008年法鼓山的大普化教育在這兩方面，都有豐碩的成果；其中，尤以元旦正式開站的「法鼓山數位學習

網」，最能代表不斷掌握時代脈動、配合時代趨勢、善用現代科技，以多樣化表達佛法內涵，達到普及佛法的大普化教育精神。

茲就修行弘化、佛法普及、教育成長、文化出版與推廣等四個面向，分別敘述2008年法鼓山大普化教育的具體成果：

新春期間，民眾上法鼓山園區撞響法華鐘，為新的一年許下好願。

各分支道場定期舉辦法會，領眾祈福共修。此為台中分院一年一度的梁皇寶懺法會。

修行弘化

2008年新春活動，仍由除夕撞鐘祈願拉開序幕，2008年法鼓山的主題是「好願在人間」，希望透過「許好願、做好事、轉好運」帶動社會風氣，促進社會的祥和、安定、和富裕。新年期間，全台各地民眾，不論是上總本山，在三佛三觀音以及法華鐘前祈福許願，或是參加各分支道場的新春活動，都透過「祈願、許願」而為自己帶來迎向未來的目標和希望。

在2008一整年中，無論是總本山或各分支道場，除了每個月定期舉行的大悲懺、觀音法會、藥師法會、菩薩戒誦戒會、禪坐共修、念佛共修等活動之外，還有配合傳統節日所舉辦的各項法會活動，例如清明報恩佛七，中元普度地藏法會等。其中，最具代表性的是總本山從11月28日至12月5日所舉辦的第二屆大悲心水陸法會，在法會正式開始前舉辦水陸特展以及壇場巡禮，讓一般民眾有機會現場感受與當代藝術結合之後的法會空間之美，也讓許多人因此更深入了解傳統水陸法會的現代意義。法會期間各壇都安排法師開示，引導信眾建立正確觀念，如法修行；總壇更安排了四堂講解水陸儀軌的課程，為大眾介紹內容、引導如法修觀。在法會現場為與會信眾開課，講授佛法，這是繼去年（2007年）法鼓山以數位牌位、電腦動畫取代燒化儀式之後的另一創舉，

第二屆大悲心水陸法會延續首屆環保、人文、藝術的精神,為社會帶來安定的力量。

具體實踐了聖嚴師父倡導的「法鼓山世界佛教教育園區的任何活動都要賦予教育功能」的理念。

禪修方面,除了持續定期在各分支道場開辦初級禪訓班,以及在總本山禪堂、三義DIY心靈環保教育中心、台東信行寺舉辦各種不同時程的精進禪修活動之外,2008年法鼓山更應邀到台灣體育大學技擊運動技術系武術班指導初階禪修。總本山禪堂除了繼續舉辦由各界推薦參加的社會菁英禪三之外,還為住商不動產公司的一百多位員工舉辦三天的禪坐共修。法鼓山的禪修指導,已日漸受到校園和民間企業團體的重視,相信禪修所帶來的安定力量,將更普及於社會各階層。

總本山2008年圓滿傳授了第13屆在家菩薩戒,兩梯次將近一千人發願共行利他為先的菩薩道,將成為「提昇人品,建設淨土」的生力軍。

總之,有效運用佛教傳統修行活動,使參與者能薰聞佛法、體驗佛法,進而發願自利利他,並且落實在日常生活中,為社會帶來祥和安定的力量,將是在聖嚴師父及僧團法師帶領下的法鼓山四眾弟子,持續努力的目標。

佛法普及

法鼓山的佛法普及工作,有兩大重點:一是佛學知識的推廣教育;一是佛法觀念和方法的運用推廣,即善用各種不同的方式和型態,將正確的佛法觀念和方法傳遞給社會大眾,以達到安定人心,安定社會的功能。

法鼓山的佛學推廣教育，除了傳統的講經之外，更發展出定期課程、讀書會，以及學院制的課程，社會大眾可依個人的因緣條件，選擇適當的課程；授課地點遍及海內外各分支道場以及各共修處，方便社會大眾就近研習佛法。

一百多位住商不動產公司的員工，於法鼓山園區中的禪堂體驗禪修。

2008年元旦，歷經三年規畫、測試的「法鼓山數位學習網」，正式開站。有心修學佛法的人，從此可以不受時空限制地自由選讀。這個數位學習網站的成立，使得法鼓山的佛學推廣教育，跨入了新的紀元。

在這一年，法鼓山也致力於運用各種不同方式來推廣佛法的觀念和修行方法。例如1月15日發起的「好願在人間——許好願、做好事、轉好運」運動，邀請國內15家平面和電視媒體共

同響應，藉此帶動社會祥和風氣，與全國大眾共同實踐心靈成長。

又例如聖嚴師父應邀至華航、國防部等地演講，或與不同宗教、不同領域的大師名人對談，都是將實用的佛法觀念和修行方法轉化成一般人能接受的語言，為解決人類共同關心的問題，貢獻佛法的智慧。因此，佛法觀念和方法的運用，不再局限於佛教徒，而遍及於不同宗教、不同國度、不同領域的各界人士之中。

而依循環保理念建設的法鼓山園區，已經成為政府推動節能減碳社區的典範，園區處處都在向世人開示著護生惜福、和樂清淨的無言之教。

於2007年推動的「心六倫」運動，2008年在推廣範圍、方法上更加強化，除了邀各界人士擔任推廣代言人，拍攝一系列「做好心六倫的奉獻，好願就會實

法鼓山推廣「心六倫」，邀請代言人之一的嚴長壽至北投雲來寺主講職場倫理。

現」公益廣告，並透過文宣手冊、舉辦活動廣泛推廣；此外，在7月農禪寺「心倫理數位創意體驗營」兒童暑期活動、10月聖嚴師父為國防部國軍高階將領演講「心六倫與生命價值」等活動中，均融入「心六倫」的精神；乃至體系內專職與義工成長活動，同樣加強「心六倫」的認識，除了師父精神講話倡談「心六倫」結合佛法的精神根源，12月還邀請「職場倫理」代言人嚴長壽，以實地職場經驗，演講職場倫理的觀念和內容。

藉由活動舉辦、媒體宣導，「心六倫」運動引發一波波回響，許多機關團體，公家單位如國安局、教育部，私人企業如統一超商等，紛紛向法鼓山提出授課需求。12月份，法鼓山正式開辦「心六倫種子教師培訓」課程，未來「心六倫」對社會人心發揮的正向影響可期。

教育成長

大普化教育的主要任務，就是要落實對社會大眾的整體心靈教育。因此，為不同年齡層、不同族群的社會大眾，提供各種不同類型的活動，以滿足大眾心靈成長的需求，正是大普化教育的主要工作。

在這一年中，法鼓山有特別為小學生舉辦的兒童營隊，也有針對青年舉辦的各種成長營隊，並且開辦「心光講堂」，邀請各行各業的傑出人士來和大家分享人生經驗。舉辦「一起哈佛趣」，引導青年輕鬆學佛。

另外，例如台北安和分院的「向名醫問診」講座，高雄紫雲寺的安寧療護課程，以及好書分享的「每月講談」，則是針對一般社會大眾所提供的社教活動。

鼓勵終身學習的法鼓山社會大學，

第一期「心六倫種子教師培訓」開辦，未來種子學員將傳遞「心六倫」理念至社會各個角落。

繼金山、大溪、台中、北投之後，於2008年1月成立「新莊法鼓山社會大學」，成為法鼓山第五所社大，為民眾提供豐富多元的成長課程。

在法鼓山體系內部也舉辦許多成長課程，例如聖嚴師父對僧團及全體專職同仁進行的四場精神講話，護法總會舉辦的首屆「預備委員成長營」、南區榮董Fun鬆禪聯誼會，以及合唱團的成長研習營等。而在硬體方面，2008年新啟用的有蘆洲共修處、台南安平精舍，以及搬遷新址的潮洲辦事處，增添了接引大眾共修的新據點。

無論是針對任何年齡層、任何族群，無論是傳統法會或現代文化的各式活動，法鼓山大普化教育的目的，是在提供機會，使得參與者都能在服務他人及參與活動的過程中，學習佛法的智慧，增長生活的趣味，陶冶出合群、和樂、積極，而又能尊重他人、體諒他人、協助他人，及向他人學習的謙虛精神；藉以提昇自己的人品，帶給所處社會環境正面的力量。

文化出版與推廣

文化出版

藉文化出版品推廣佛法、傳遞法鼓山理念，是大普化教育極重要的一環。2008年出版的聖嚴師父禪法教學的

兒童心靈環保體驗營引導學童練習專注，安定身心。

著作，有由英文原著翻譯的《寶鏡無境》（*The Infinite Mirror*）以及《智慧之劍》（*The Sword of Wisdom*）。另外，還有師父以佛法的智慧，提供給現代人面對生活中各種問題時的實用心法的三本書：《真正的快樂》、《覺情書──聖嚴法師談世間情》、《工作好修行》。

更值得一提的是由美國作家肯尼士・威普納（Kenneth Wapner）撰寫的第一本聖嚴師父的英文傳記《雪中足跡》（*Footprints in the Snow:The Autobiography of a Chinese Buddhist Monk*），2008年10月間在美國出版。而原來由美國香巴拉出版社（Shambhala Publications）出版的師父的英文著作《心銘》（*Song of Mind:Wisdom from the Zen Classic Xin Ming*）則於12月間在韓國發行韓文版；繼本書之後，韓國的探究社（Tamgusa Publishing）還計畫翻譯師父另兩本英文著作《信心銘》

與《寶鏡無境》，顯見師父為西方禪眾撰寫的禪修著作不僅風行歐美，同時也受到東方佛教國家的歡迎。

除了聖嚴師父的著作之外，分享創意人生故事的「人生DIY系列」、書寫各種情懷的「琉璃文學系列」各有二本好書面世。以名家著作為主的「智慧人系列」出版了中國佛學研究專家林子青居士的文集共四冊，以及馬來西亞佛學院院長繼程法師的《小止觀講記》。探討科學和佛學之間關係的「般若方程式系列」，則出版了台灣大學資訊工程系教授歐陽彥正的《科學家的佛法體驗》。

翻譯書方面，有《南瓜法師西遊記》（Saffron Days in L.A.）、《九歲的成年禮》（Uncovering the Wisdom of the Heartmind）、和《太虛——人生佛教的追尋與實現》（Toward a Modern Chinese Buddhism:Taixu's Reforms）三

本，而2007年出版的《正念戰役》則在2008年年初榮獲《中國時報》「開卷」好書獎。

專為國小中高年級、國中青少年量身訂做的中英雙語系列書——《大師密碼A-Z》繪本，全套26冊，2008年5月全部出齊，從130位大師的故事中萃取了大師的人格密碼，幫助讀者直接學習大師的成功特質。

從法鼓文化2008年的出版品，可以看出無論是內容或編輯方式，都愈趨向於多元化，能服務的讀者層面也愈寬廣了。

至於結緣書方面，令人矚目的是多語言版本書籍的出版，將弘化觸角延伸至海外，包括《建立全球倫理》，有中、英文版本；《聖嚴法師108自在語》全球版陸續出版了兩集，包括中文、英文、日文、印度文、西班牙文、韓文、法文、泰文、越南文、德文、印尼文等11種語言；此外，另有對話系列，如《世界盡頭的光明——聖嚴法師與戴維斯博士的對話》、《真正的自由——聖嚴法師與單國璽樞機主教的對話》、《真正的自由——聖嚴法師與單國璽樞機主教的對話》DVD等，佛教與跨領域、跨宗教的對談內

「穿越時空的祕寶——發現地宮特展」為台灣佛教發展留下見證。

容，受到許多讀者的關注。

其次，則是增訂版的部分，包括《皈依三寶的意義》、《佛教的修行方法》、《因果與因緣》、《坐禪的功能》、《家庭美滿與事業成功》、《生與死的尊嚴》等，均將系列內容進行整併，以利讀者閱讀；並新編有《方外看紅塵——社會關懷篇》、《方外看紅塵——自我成長篇》、《用四安重建希望家園》等結緣書。

文化推廣

有法鼓山百科全書之稱的《法鼓山年鑑》網路數位版，於3月4日正式上線，只要上法鼓山全球資訊網的《法鼓山年鑑》網頁，便可綜覽法鼓山各項弘化活動概況，一覽法鼓山的成長歷史。

4月，《大智慧過生活》校園贈書小組參與教育部「學習列車」募書活動，以《聖嚴法師108自在語兒童繪本（二）》、《自在生活阿米力》各20本，與捐書、換書的民眾結緣，並提供捐書者「心靈處方籤」，讓大家感受心靈法喜。

曾榮獲新聞局「第21次中小學生優良課外讀物」的《大智慧過生活》三冊系列套書。自2001年發行以來，累計校園贈書超過三百萬冊，全國80%以上的國中曾使用做為生命教育輔助教材或指定課外讀物；據問卷統計，有58%使用過的學生會運用書中的智慧來解決挫折與困境，足見心靈環保的種子已在校園中發芽、茁壯。2008年仍繼續贈送此系列套書給全國各國中。

2008年最重要的藝文展覽，首推開山紀念館的「穿越時空的祕寶——發現地宮特展」，展出法鼓山地宮典藏的備份品，並播放地宮簡介影片，讓民眾了解如何讓文物千年不壞的祕密，以及這些文物在文化意義上的價值和重要性。

結語

法鼓山在大普化教育方面的努力，在大眾有目共睹之下，也得到了社會的認同，因此獲得內政部及台北市政府的年度績優宗教團體表揚。法鼓山資訊網則獲頒「網路內容貢獻獎」，2008年元旦才開站的數位學習網，獲得「網際營活獎」優質網站第二名。而聖嚴師父因德品高超、致力推動國際文化交流卓然有成等原因獲中國文藝協會選為該協會第49屆年度「榮譽文化貢獻獎」。

這些獲獎紀錄，除了是對法鼓山大普化教育的肯定之外，更是一種敦促的力量，法鼓山僧俗四眾，將在聖嚴師父及僧團法師的帶領下，繼續為「提昇人的品質，建設人間淨土」而努力。

文／常延法師（僧團弘化院）

● 01.01

法鼓山數位學習網 On Line！
學佛無時空限制

「法鼓山數位學習網」1月1日開站。

為了掌握時代脈動的佛法傳輸及因應數位時代的趨勢，「法鼓山數位學習網」（http://www.dharmaschool.com）於1月1日開站，將法鼓山的佛法學習資源透過網際網路與全球讀者共享。

「法鼓山數位學習網」的成立緣起於1995年，聖嚴師父曾於美國紐約東初禪寺提出：「今後對於電腦網路的運用，應該要積極推動，密切配合並運用現代化的科技媒體及其專才，多樣化地表達佛法的內涵。」2004年僧團成立「數位學習專案」小組，歷經三年的運作、測試，「法鼓山數位學習網」於2008年1月1日正式對外開站。

整個數位學習網的教學核心，採取「知識銀行」的概念，除了將聖嚴師父早期的開示文及法鼓山原有的實體佛學課程數位化外，並提供一處讓使用者交流的園地。這些透過使用者互相問答激盪出來的資料，也將累積成切合民眾需求的佛學知識。

務求符合使用者的需要，是設計網站功能介面時最核心的考量。因此，「法鼓山數位學習網」採用符合大眾網路使用習慣的模式來規畫，共有「我的學堂」、「我的知識」、「我的諮詢」、「我的分享」四大單元。

整個網站架設主要有四個概念：學習、提問、延伸、回饋。民眾可以點選自己感興趣的課程，隨心所欲地學習，並可立即提問，且獲得來自世界各地的回應；更能將回答問題所延伸出的討論串，回饋到網站的知識庫中。若想進一步實地參與，也可以在網站內獲得法鼓山實體課程及各項法會活動的資訊，虛擬與實體相互支援，期能達到數位學習的最佳效果。

● 01.12

第一梯聖嚴書院學員結業
紫雲寺94位學員三年學習有成

聖嚴書院於1月12日上午，在高雄紫雲寺舉行「聖嚴書院96年度聯合結業典禮」，第一梯完成三年精進學習的學員，包括81位「初階班」學員、13位「學

佛五講精讀班」學員，領取結業證書；紫雲寺常住法師、書院授課老師、高屏地區召委會團長和親友共約四百多人觀禮祝福。會場一樓並展出學員的作業和各班活動花絮，與眾人分享學習成果。

典禮中，由紫雲寺監院果耀法師代表頒發結業證書，法師勉勵學員除了自己快樂，更應關心身邊親友，讓每個人同霑法益。接著頒贈全勤、作業精進及熱心服務等獎項，當主持人唱名三年全勤及作業精進的名單時，現場掌聲如雷。

在學員「心得分享」單元中，有學員表示雖然家中遭逢變故，家人陷入哀傷與困境，但也因此成就了全家學佛的因緣，從積極當義工開始，愈做愈歡喜；也有學員分享運用佛法管理情緒的心得，不再以自我為中心，與家人的互動更有彈性，和同事相處也愈加融洽。

典禮最後的「供佛祈福」儀式，由12位學員手捧象徵智慧、慈悲、平等普施的燈花、香果等供品緩緩步入會場，在觀世音菩薩聖號中，一一傳遞給在場的每位參與者，眾人發願迴向，願人間處處有好願，更祈祝法鼓山人間淨土的理念早日實現。

果耀法師頒發結業證書給「聖嚴書院」第一梯歷經三年精進學習的學員。

● 01.15

法鼓山發起「好願在人間」運動
15家媒體共同響應許好願、做好事

由法鼓山發起的「好願在人間——許好願、做好事、轉好運」運動，1月15日在台北圓山大飯店舉行聯合記者會，由資深媒體工作者葉樹姍主持，國內15家平面和電子媒體，包括《中國時報》、《聯合報》、《自由時報》三家平面媒體，台視、中視、華視、公視、民視五家無線電視台，以及東森、TVBS、三立、中天、年代、非凡、八大等七家有線電視頻道的媒體主管，都出席記者會以支持、響應「好願在人間」運動，聖嚴師父並親臨致辭。

聖嚴師父致辭時表示，在歲末年終、展望未來的同時，每個人都應該要立志

法鼓山「好願在人間」運動在國內15家平面和電子媒體共同響應下，於台北圓山大飯店啟動。

發願，為自己、為家庭、為社會國家，甚至是為全世界發願。每個人願望不同，但發的願都要從小處去實踐，從自心、日常生活、家庭做起，否則就只是空講妄想。至於如何讓好願實現？師父指出要與人分享，才會轉好運，不僅轉自己的好運，也能讓社會、國家轉好運。師父並以「社會需要媒體」，期勉所有媒體單位扮演社會中流砥柱的角色，把好事傳出去，讓好願在社會上不斷發酵，一起為社會轉好運。

《聯合報》社長王文杉認同聖嚴師父所說「許好願要從自己做起」，希望每個人都能善待身邊所有的人；TVBS總經理楊鳴期許媒體同業，多挖掘台灣的真善美；公共電視執行副總經理孫青則發願，要透過公視的兒童節目，灌輸兒童善的知識，讓他們從小就懂得發好願、做好事。其他多位媒體主管和電視台主播，也紛紛上台發願，表示未來在新聞播報上，將力求不搶獨家、不帶立場，以平衡客觀的報導，為社會營造祥和的氛圍。

15家媒體主管不但響應「好願在人間」運動，並表示將在各自服務的媒體上實際推動，透過每天報導許好願、做好事的新聞，與社會大眾分享正面向上、發人深省的美德價值與大好希望。

法鼓山希望透過「好願在人間——許好願、做好事、轉好運」的推廣，帶動社會祥和風氣，與大眾共同實踐心靈成長。這次邀集國內媒體共襄盛舉，希望讓好願一傳十、十傳百，讓世界一天比一天更美好。

● 01.18

《正念戰役》獲中時「開卷」好書獎
法鼓文化出版品普受肯定

由法鼓文化出版的《正念戰役：從軍人到禪師的療癒之旅》（*At Hell's Gate: A Soldier's Journey from War to Peace*）一書，榮獲《中國時報》「開卷週報」

2007年「開卷好書獎」，1月18日下午於誠品書店台北信義店舉行頒獎典禮。

這本獲得「開卷週報」20週年「美好生活書」獎的《正念戰役》，是由美國退役軍人克勞德・安信・湯瑪斯（Claude Anshin Thomas）所著，內容描述作者在越戰結束後，罹患創傷後壓力症候群，如何透過禪修與行腳，為自己內在的傷口找到癒合的管道。

本書於2005年在美國出版時，即囊獲「諾提勒斯書獎」（Nautilus Book Award）之「最佳傳記／回憶錄獎」、《心靈與健康》雜誌（*Spirituality and Health*）2005年「最佳心靈類書籍獎」等多項獎項肯定。如今再獲「開卷好書獎」，可見該書的吸引力不分國界。

擔任「開卷好書獎」評審之一的作家凌拂，說明《正念戰役》的得獎緣由：「戰爭和禪修的距離有多遠？就某些情況言，每個人都有傷口，而每個人也都能成為蠟燭頂端的火光。這本書以真實的經驗、正念的言詞，為我們平衡了刻骨的創痛。」

此次法鼓文化出版的書籍，能獲得以選書及評審嚴謹著稱的「開卷好書獎」，可說是讀者及文化出版界，對於長期致力於出版提昇現代人心靈食糧的法鼓文化，給予的肯定。

由法鼓文化出版的《正念戰役》，榮獲《中國時報》「開卷週報」2007年「開卷好書獎」。

● 01.22～26

青年院舉辦「卓越・超越」成長營
名人分享生命超越經驗

僧團青年發展院於1月22至26日，在法鼓山園區舉辦2008冬季法鼓山「卓越・超越」青年成長營，由監院果毅法師、常惺法師帶領；最後一天，方丈和尚果東法師到場關懷，共有174位來自台灣、馬來西亞及美國的學員參加。

這次營隊以「從心的超越，開創新的卓越」為主題，正式活動於23日開始，內容包括：每天上午的「名人有約」演講，邀請各界傑出人士分享生命經驗；下午有「佛陀有約」、「達摩有約」等佛學與禪坐課程，以及「心靈有約」、「法師有約」等交流討論課程。

「名人有約」演講中，23日首場邀請資深媒體工作者葉樹姍分享自己如何從態度出發，由一位內向的女生，轉變成在鏡頭前收放自如的主播；24日邀請

創業投資專家林富元分享「態度會創造自己的核心價值」,他強調在工作生涯中,專業知識不是首要考量,工作態度才是他最在意的。

25日最後一堂「名人有約」,邀請周大觀文教基金會第八屆世界熱愛生命獎得主,同時也是作家的余秀芷與即將接任德國圓覺寺住持的行戒法師,分享面對生命中重大的愛別離,讓生命態度產生轉變的經驗。

余秀芷述說自己罹患不明重症導致下半身癱瘓,後又失去重要依靠的父親,以及自己如何努力走過想要自殺的困境,令不少學員感動落淚,並向她請益如何走過喪父之痛;行戒法師則分享在法鼓山修學佛法及修行,讓他覺得一個強大且得力的方法,於自我精神及社會服務都能發揮正面的助益。學員從名人的分享中獲得許多啟發,也藉此了解到除了專業知識的充實,態度亦能決定生命的精彩度。

「名人有約」邀請行戒法師與余秀芷進行對談,分享生命經驗。

營隊最後一天,方丈和尚果東法師到場勉勵學員:「在困境中不要失去信心,調整心態,才有可能超越困境,也超越自己。」方丈和尚輕鬆幽默的關懷,讓成長營在充滿感恩及歡笑的氣氛中,圓滿結束。

● 01.26

新莊辦事處、法鼓山社大落成灑淨
法鼓山社大服務中心設置

護法會新莊辦事處與新莊法鼓山社會大學,於1月26日舉行落成灑淨暨成立典禮,方丈和尚果東法師、護法總會輔導師果器法師、護法總會總會長陳嘉男、副總會長黃楚琪、聖嚴教育基金會董事長施建昌、法鼓山社會大學校長曾濟群等蒞臨現場,新莊市市長許炳崑也到場觀禮祝賀。

灑淨暨成立典禮於二樓佛堂舉行,由果器法師主法。方丈和尚於儀式前致辭,首先感謝辦事處的捐贈者楊世村,圓滿了新莊地區兩年來沒有固定共修場地的困境;並指出「新莊辦事處的落成啟用亟具意義,代表『新』的『莊』嚴道場成立,社會又多了一處淨土」。方丈和尚除了歡喜辦事處的成立,並期許大家秉持願心、耐心與恆心,一起為如來家業努力。

灑淨儀式後,曾濟群校長致辭表示,新落成的辦事處,同時也是新莊法鼓山

社大所在地，新莊社大為法鼓山第五所社會大學，將為大台北地區的民眾提供更豐富的成長學習課程；而社大也將在此設立服務中心，統一服務各地對法鼓山社大課程有興趣的民眾。

隨後播放《法鼓山2007大事記》、《我們這一區》兩部影片，讓來賓了解過去新莊地區信眾在丹鳳國中共修、上課的情形，以及法鼓山在2007年舉辦「新時代心六倫」座談會、「大悲心水陸法會」等多場對社會造成廣大迴響的活動。

新莊辦事處落成灑淨當天，信眾紛紛前往祝賀。

新莊辦事處為五層樓建築，一樓為知客處、二樓為佛堂，三樓以上將做為社大上課教室，並於2008年秋季正式開課，提供民眾共修、上課，充實心靈、成長自我。

● 01.27 04.20 07.20 11.02

皈依大典全年舉辦四場
共五千多人皈依三寶

法鼓山2008年於北投農禪寺共舉辦四次「祈福皈依大典」，分別於1月27日、4月20日、7月20日及11月2日舉行，聖嚴師父親臨開示，由方丈和尚果東法師主持，並代師父授三皈依。活動中同時舉辦護法會團園遊會，展出介紹各會團的共修概況和活動內容等，總計四場皈依人數共有5,335人。

首場皈依典禮中，聖嚴師父開示勉勵大眾，受了三皈五戒就要遵守不悖，特別是「殺生戒」，強調不管是殺生或自殺都是不慈悲的行為。師父希望每個人都一起來防治，讓新的一年，社會更祥和。方丈和尚則期望信眾皈依後，能學習觀音菩薩尋聲救苦的精神，將慈悲、智慧運用到生活上，來幫助自己與他人平安快樂。此次1,373位皈依信眾中，有28位是來自台中縣東勢鎮八所國中、國小的學生，他們表示在皈依之後，將利用寒假至法鼓山園區做環保、景觀、香積義工，以感謝法鼓山長期結合社會資源、關懷偏遠地區學生生活的需要。

4月20日第二場皈依典禮中，聖嚴師父在開示時表示，台灣新興宗教繁盛，法鼓山雖不反對其他宗教，但仍期勉信眾皈依正統的佛教三寶，親近正信佛教。方丈和尚期勉皈依信眾盡其心力，遵守身為佛教徒應守的戒規，成為一位真正的佛教弟子。

皈依典禮上，方丈和尚果東法師關懷大眾。

在7月20日第三場皈依典禮上，聖嚴師父開示皈依就是從凡夫轉化成聖人的開始，並且詳加解說法身、報身、應化身的差別，希望信眾了解肉身不能長久，因此要培養自己的法身慧命，度化眾生。方丈和尚則鼓勵大眾念念不忘自我觀照，時時記取慈悲待人，自當下起就開始過著有所為、有所不為，不殺生、不偷盜、不邪淫、不妄語、不飲酒、不吸食麻醉毒品的生活方式。此場有1,341人皈依，其中包括一對78歲的日本籍夫婦，以及美國、馬來西亞籍人士。

最後一場皈依於11月2日舉行，聖嚴師父期勉在場皈依民眾，可以透過布施、持戒、忍辱、精進、禪定及智慧等六個步驟，持續漸進地修行佛法，為自己消除煩惱，並時時注入清涼智慧，消去災厄、化解煩惱及業障。方丈和尚則勉勵皈依信眾，受三皈依是為了要斷絕一切煩惱，開啟自己的智慧，而持受五戒則是為了幫助自己清淨精進，進而有利於自己對佛法禪定的修行，所以千萬不要對戒律感到有壓力，應該視為一種良善的助力。當天共有1,309位信眾成為三寶弟子。

法鼓山為推廣正信及生活化的佛法，俾益人心及社會之安定，2008年除了在農禪寺舉辦四場大型皈依大典，並於全球各分院道場分別舉辦地區型的皈依活動，總計全年共接引近六千五百位民眾皈依三寶，學習做個自利利他的菩薩。

2008年法鼓山皈依人數一覽表

時間	活動	地點	人數
1月27日	祈福皈依大典	北投農禪寺	1,373
4月20日	祈福皈依大典	北投農禪寺	1,312
7月20日	祈福皈依大典	北投農禪寺	1,341
11月2日	祈福皈依大典	北投農禪寺	1,309
1至12月	地區皈依儀式	全球各分院道場	1,100（約）
合計			6,435（約）

皈依正信的佛、法、僧

4月20日講於北投農禪寺「祈福皈依大典」

◎聖嚴師父

今天有近一千五百位新發心的菩薩來皈依三寶，首先我祝福諸位。

「一千五百」這個數字，恰好與釋迦牟尼佛在世時，經常跟隨他修學的常隨眾人數一樣，因此，將來如果我們之中有人先成了佛，那我們大家也都跟著他修學，這樣也是一千五百位常隨眾了。

誰先成佛是不一定的，有可能是師父，也有可能是諸位之中的某一位。就像釋迦牟尼佛在過去世時，跟他一起修行的人當中，就有人比他先成佛。不論先後，只要一起修行的人之中有一個成了佛，所有的人都會跟著沾光。即使如此，還是有很多人不易成佛，但是至少在大法會上也能成為大菩薩。所以，我先在這裡祝福大家。

皈依是皈依佛、法、僧三寶。佛，是一切諸佛，但是在我們這個婆婆世界，也就是這個時代、這個地球上，已經成佛的人只有釋迦牟尼佛。法，是釋迦牟尼佛說的道理，也就是「經」，以及佛的弟子們、歷代祖師大德們註解經的「論」。皈依法，就是根據釋迦牟尼佛所說的經典來修行，歷代祖師都是這樣解說。我們皈依三寶、學習佛法後，就是「初發心」菩薩。菩薩能不能成佛呢？能！但是在人類歷史上，除了釋迦牟尼成佛之外，未來將成佛的是彌勒佛。

雖然所有的三寶弟子都能成菩薩，但是如果有人自認是佛，並且借用佛教的名字、引用佛經，雖然他們自稱是佛教，但是其實是附佛法的外道。現在台灣像這樣的外道很多，有的自認是佛，有的則自認是在佛之上的佛！像這樣的都不是佛教。他們運用自己修行過程中的體驗來解釋佛經，但是他們的體驗，不過是身體上或心理上的一些反應，以禪法來講，叫作幻覺，都是虛幻的一種經驗，不是事實。

如果離開佛經，用自己的意見來解釋佛經，這在佛教來講，就是魔說，所謂「離經一字，即是魔說」。佛教主張以經解經，用佛的經典來解釋佛經，使得佛經義理更清楚，一般人才能聽懂、看懂，這是佛法。如果以自己修行的身心反應來解釋佛經，這就是魔，就是外道！因此，佛法是不能隨便講的。

今天是民主時代，只要有二、三十個人集合在一起，向政府登記，就能成為一個合法的團體，所以我們不會去取締這樣的外道團體，政府也不會這樣做。因此，在台灣說自己是佛的人很多，常有一個接一個的新興宗教出現。這些新宗教的發展，往往當第一代的創始人往生時，第二代大概就不容易繼續下去。因為第一代的人可能有一些異於常人的能力或辯才，因此有很強的號召力，但是如果第二代沒有那樣的能力，就會解散；或者是

有些人因此改邪歸正，成為真正的佛教徒。

幾年前，台灣有一個人宣布自己成道了，但他是在家居士，所以不好意思說自己成佛了。最後他臨終的時候，寫了一封信給諸山長老，說他過去一生之中所講的，都是由於他的傲慢所致，他既不是聖人，也沒有成佛，只是一個凡夫。如此表白後，他的信眾就不會再講自己團體的祖師是佛了。像他臨終時能反省，還是非常好的。我們不會否定這些人，因為我們沒有權利反對他人，可是他們到了第二代的時候，會自己反省。但是還有許多附佛法外道，到死為止都不會反省。

像這樣的新興宗教，在台灣有他們的市場，而且還滿興盛的。

台灣這些年來，尤其是在解嚴之後，新興宗教非常蓬勃。最近又有一個團體出現，他說自己就是釋迦牟尼佛，他的弟子們經常到許多著名的佛教道場鬧事，聲稱自己才是真正的佛教。

我們自佛教教主釋迦牟尼佛一代一代傳下來，是有傳承的，而他卻不需要傳承，這就是外道。他出道沒有幾年，真正得到的經驗也很少，在幾年之間，他們會變得很快。但是他的徒弟常常到這裡來找我們辯論，但我們是不辯論的，我們只要弘揚佛法。

跟外道辯論是毫無意義的，不要以為辯贏了，他們就能成為佛教徒，這是不可能的。因為他們是一種很狂熱的信仰，尤其是他們的創始人辯才無礙，也懂得許多經典和佛法，只不過他所詮解的佛法和我們不一樣。

經典中記載，釋迦牟尼佛規定皈依僧寶一定是皈依出家僧，而不是在家人。出家的團體叫做僧寶，由僧寶來傳持佛法、住持三寶、弘揚三寶，代表一代一代僧團的傳承。在家人是不是可以弘揚佛法？是！可以幫助僧團護持佛法、推動佛法，但是不能夠住持三寶。

我們受的是釋迦牟尼佛的戒，沒有受過戒的人不能成為僧團的一分子。所以，皈依的「佛」，是皈依釋迦牟尼佛，皈依的「法」，是釋迦牟尼佛說的經藏，皈依的「僧」，是釋迦牟尼佛後代的出家清淨團體，不是一個人突然間做了夢，或者有一個特殊的經驗，就覺得自己已經是佛、是菩薩了，否則以佛教的立場而言，這就是

聖嚴師父期勉信眾，要皈依正信的佛、法、僧。

外道；從現代的詞彙來講，則是新興宗教。

「新興宗教」這個名稱是相對於「傳統宗教」的。中國傳統的宗教有道教、儒家和佛教。宋、明之後有天主教、回教，這些都是傳統的宗教。其他還有民間宗教，譬如媽祖是民間宗教，民間需要有這樣的神來保護，尤其是自己不知道怎麼修行，只是以拜拜或作醮來得到保佑、得到平安，這就是民間的信仰。

有大多數的人是由民間信仰轉為正信的佛教。我們不反對民間信仰，就像我們不反對新興宗教一樣，我們不需要去反對、去辯駁、去取締，但是如果有人要來擾亂道場，那是絕對不容許的。

因為今天台灣宗教的複雜度，讓人不容易分清楚哪個宗教是正確的？哪個是不正確的？而且在沒有接觸之前，又怎麼知道正不正確呢？這就要看我們的善根了。如果親戚、朋友，或是你閱讀的文字，讓你正好接觸到佛教，你就有因緣來學佛了。

我們每年舉行四次皈依大典，每次都有一千二百到二千人參加，這可以說，正派的佛教在台灣還是非常受歡迎的。不正派的那些新興宗教即使再活躍，也沒有辦法被大眾肯定，更不會被正統的佛教所承認。只是非常可惜，我們沒有辦法把「佛教」兩個字申請專利，因為它是公共的名詞，任何人都可以使用。

今天我在皈依典禮上，跟大家說明要成為真正的佛教徒，就要皈依佛、法、僧，這三點非常重要。如果與這三項皈依不相應，就不能稱為佛教。這一點大家能夠記住，就不會再走錯路了。如果明天有人拉你去皈依別的，或是讓你去見什麼上師、活佛，你不要又去了。在台灣有一些自封為上師、活佛的土上師、土活佛，他們並沒有西藏的傳承，而這種人在台灣很多！所以，請大家不要走進佛門，又退出佛門，這是很可惜的事。最後，我為你們祝福，恭喜你們進入佛門了，真是很幸運、很有善根。

阿彌陀佛！

● 01.28～29

農禪寺舉辦兒童禪修體驗營
以創意遊戲帶領小菩薩禪修

小菩薩們在農禪寺體驗禪修，充實寒假生活。

1月28至29日，北投農禪寺首次在寒假舉辦「快樂兒童禪修體驗營」，共有87位國小三至六年級的學童參加，體驗結合創意遊戲的禪修活動。

禪修體驗營除了認識學佛行儀、法鼓八式動禪、禪坐、吃飯禪、戶外經行等基礎禪修課程，還結合多位專家的創意，讓禪法變成有趣的學習遊戲，相當受小朋友歡迎。例如由遠哲科學教育基金會李敏淑老師所設計的「科教藝鼠闖天關」遊戲，融入了聖嚴師父的法語，小朋友在闖十關的問答中，以活潑輕鬆的心情吸收佛法知識。活動並引導小朋友體驗「呼吸是我的好朋友」，在呼吸進、出之間，感受身在哪裡，心就在哪裡。

為了培養小朋友的國際觀與慈悲心，活動還播放台灣世界展望會提供的影片，藉此讓學童了解非洲、印度等世界各地貧童的生活影像。觀賞後，小朋友感受到自己的幸福，同時對影片中的孩童表達關切，合力完成一面地球拼圖，並在800塊拼圖上寫下對貧童的祝福。

活動最後，由農禪寺監院果燦法師主持傳燈儀式，在齊誦觀音菩薩聖號中，學童們將手中燈火一一傳遞給法師，圍繞著地球圖像，象徵課程的圓滿，也見證自己的成長。

● 01.29　04.22　07.08　10.07

聖嚴師父四場精神講話
勉勵專職同仁奉獻社會、成長自我

聖嚴師父每年都會對法鼓山體系的專職同仁進行精神講話，2008年分別在1月29日、4月22日、7月8日及10月7日於北投雲來寺展開，全台分院道場視訊連線，每場約有七百多人參與聆聽師父的開示。

第一季的精神講話於1月29日舉行,聖嚴師父以「法鼓山的文化財」為主題,完整解說法鼓山的文化財,包括「無形」的三大教育、四種環保、禪修推廣、道場制度、漢傳佛教弘傳;以及「有形」的環保建築、法華鐘、地宮、三佛三觀音等,都是法鼓山獨特的精神標幟和重要特色,同時也是法鼓山的文化財。師父勉勵眾人持續努力,讓法鼓山推動文化教育、淨化人心的理念,不斷對社會產生正面貢獻。

4月22日的精神講話中,聖嚴師父藉由唯識學來解釋「緣」的分類與內容。師父指出,緣可以細分為親因緣、所緣緣、等無間緣及增上緣四種,並說明不論是順緣、還是逆緣,都是增上緣,大家應該珍惜把握,藉由外緣來幫助自己學習成長;同時強調要以無私的心來奉獻社會,讓自己能夠用於社會,也被社會所用。

第三季的精神講話在7月8日舉行,聖嚴師父分別針對「平安」、「傳承與創新」兩個主題進行開示,搭配著現代時勢、新聞,讓所有專職、義工在「物價通膨」的時代中,學習如何安定自我,指出唯有導正觀念,平常勤於練習,踏踏實實地認真過每一天,才會平安。對於「傳承與創新」,師父強調法鼓山的價值在於創新,不創新就會被淘汰;不論是建築藝術、禪修,還是心六倫,法鼓山的理念都是朝因應全球需要,與世界接軌的目標前進。

10月7日第四季的精神講話,聖嚴師父表示,2009年法鼓山將邁入創立20週年,《人生》雜誌創刊60年,中華佛學研究所、護法會、禪坐會也進入第30年,都是非常重要的階段,也是一個歷史的里程碑,師父期勉眾人確實實踐「心六倫」,並接引更多人來親近法鼓山。

每一季的精神講話,聖嚴師父皆以長達一小時的時間,仔細分析、透徹解說當天主題,讓所有的專職、義工對於在法鼓山工作所應秉持的態度與觀念,能夠有更深刻的認識和體會。

1月29日聖嚴師父於北投雲來寺,以「法鼓山的文化財」為題,對專職同仁進行精神講話。

法鼓山的文化財

1月29日於北投雲來寺「精神講話」

◎聖嚴師父

法鼓山的源頭——中華佛教文化館

法鼓山的源頭是「中華佛教文化館」，它是我的師父——東初老人，在北投光明路創建的。這是佛教史上的一項創舉，因為一般佛教道場都以「寺院」、「庵」或「精舍」為名，從未有以「文化館」命名的。

「文化」是什麼？文化與「文明」不能脫節，剛開始流行或創始的時候是「文明」，而它留下來的成果、發揮出來的力量就是「文化」，最後步入歷史時，則是「文化的遺產」。但文化一定是對人類歷史或當時社會產生影響力，並且能夠持續下去的，才能稱為文化。而東初老人以「文化」命名，使佛教超越了一般宗教內涵，強調了化世的功能，可見東初老人的創意及先見之明。

中華佛教文化館很小，只有一百多坪，可是在台灣佛教史，甚至整個世界佛教史上，都留下了它的遺產。但這遺產指的不是東初老人這個人，而是他所做的事。在這些事當中貢獻最大的，莫過於在台灣佛教文化還非常落後的時候，發起影印日本的《大正大藏經》正、續兩部共計100冊，同時還創辦了《人生》月刊及《佛教文化》兩份雜誌。

我承接中華佛教文化館後，同時也繼承了這個文化使命，包括創辦中華佛學研究所和支持設立中華電子佛典協會（Chinese Buddhist Electronic Text Association，簡稱CBETA）。中華佛研所不但是目前台灣宗教學府中最具影響力的一所學校，在世界佛教教育學術上也有它的地位。它召開過好多次的國際學術會議，而歷屆畢業生中，有十幾位已經完成了博士學位，獲得國際性的佛教學術地位。此外，中華電子佛典協會的創辦，將《大正藏》電子化。這些作為都是以國際視野來思考，因此對全世界也慢慢地產生影響力。

而東初老人開辦的冬令救濟，目前已發展由專責機構——法鼓山慈善基金會統籌辦理，救濟的範圍，也從國內延伸到國外，從亞洲延伸到其他各洲，中東、非洲等國人較不熟悉的地方，都有我們的足跡。

像這樣一個小小的中華佛教文化館，所產生的功能卻那麼大，在佛教歷史上一定有它的地位。因此，即使建築物被拆掉了，也沒有關係，它的紀錄會永遠留傳下去，它的功能也會永遠存在，這就是「文化價值」。

法鼓山的文化重心——農禪寺

農禪寺也是東初老人創建的。一開始只建了50坪的兩層農舍，雖然這些

房子看起來多半像違章建築，沒有什麼價值，可是這二、三十年以來，我們以農禪寺為基地做了很多事：除了接引數十人出家，舉辦禪修、法會等修行活動，也辦了許多各種社會關懷活動，譬如「心五四」運動；另外，在台灣921大地震時，徹底發揮了安定人心的功能，受到社會很大的肯定。此外，還創辦東初出版社，後來擴大為法鼓文化。因此，在台灣提起農禪寺，很少人不知道，而且由於我們辦的活動擴及海內外，很多國際人士來到台灣，也都想來參訪農禪寺。所以，農禪寺不僅是我們文化史上的一個重心，而且對台北市地區、甚至是台灣佛教界都有很大的貢獻，因此，得到政府認可，被鑑定為台北市的「歷史建築」。

其實農禪寺只有三十幾年的歷史，並不算悠久，稱不上什麼歷史建築物；以它的建築來講，既不古老，也沒什麼特殊，但是因為有人使它發揮了相當大的功能，對於地方、社會，甚至於世界，都有很大的影響力，因此，是它的功能與價值使它成了歷史文化的建築。所以，文化必須是有人使用那個地方，有人運用那個地方來做有意義的事，並且能廣泛引起社會的注意與討論，使得人們自動自發地將它記錄下來。所以，我們常常可以在媒體上看到農禪寺在做些什麼、傳達些什麼的報導。

但如果文化館或農禪寺被拆掉了，也沒有什麼關係，因為在佛教史上、在台北市的市誌上，都會記上一筆，它所代表的文化一定會流傳下去。就像中國大陸西北絲路上的樓蘭古城，雖然現在已經沙漠化，看不到任何遺跡，但是由於歷史的記載，保留了它當時的文明，也成為現代人類的文化遺產。

文化有永恆的價值

但站在文化保存的立場，還是要積極維護文化史蹟，譬如中國大陸的「萬里長城」，它早已失去防禦的功用，對於不懂歷史文化價值的人，會覺得拆掉也無妨，但是人類曾經用它，它便有歷史文化的價值，因此懂得歷史文化價值的人，不但不會拆除它，還會維護和整修它。

聖嚴師父強調，法鼓山的文化財不只要保存，還要有開創性。

中國大陸有很多古蹟在文化大革命時被摧毀了，可是在一九七〇年代，中國大陸又漸漸把這些古蹟、曾有文化活動的地方給修復了，而且修得比過去更好，由此可知，中國大陸現在也很重視文化，以及文化的遺產。聯合國現在也設有教科文組織，主要是接受世界各國提出人類文化遺產的申請登記，每年許多國家都會將他們的古文物或古建築，也就是古文化申請做為世界人類的遺產，可見保護歷史文化已是全球的共識、時代的趨勢。

台灣應該也不能例外，但是近年來因為政治意識的問題，還是有拆除文化古蹟的事件發生，其實無論這座歷史建築是因為何種原因而建立的，是功或過，只要是世界性的，都具有歷史文化的意涵，是可以經過後人的檢驗的。

文化的鞏固與創新

除了具體的建築外，文化還有另一種表現方法，就是一個民族或者團體的特別紀念日。譬如在5月，中國人會吃粽子、賽龍舟，8月則會吃月餅、賞月，還有農曆春節，這些都是我們這個民族的一種風俗習慣，這些風俗雖然不是具體的東西，但也是中華民族的文化財。這些民族的習慣，別人想搶也搶不走，例如中國大陸發生文化大革命時，曾經放棄了一些習俗，但是現在仍舊與我們一樣在過這些傳統節日。

法鼓山的文化財，目前正漸漸形成，譬如每年春節的除夕夜守歲，我們都會撞法華鐘。另外，位於大殿底下的地宮，還有法鼓山的七尊佛像，其中除了開山觀音外，全都是我們的創意，這就是我們獨有的文化財。此外，制度也是，現在也有人開始觀摩學習我們的僧團制度、生活方式，這些全都有我們的特色，當建立之後，就不能經常改變！如果經常改變，我們的文化財就沒有了。

舉例來說，日本的寺院每年都會舉辦一次大活動，而這項活動就代表了這個寺院的特色。譬如明治神宮，它的四周與庭院全都種滿了不同種類的菖蒲花，很有特色，因此每年一到春天，就會舉辦菖蒲節，吸引民眾前來觀賞；還有明月院，寺院的前後，尤其是進門一直到寺院的位置，種的都是繡球花，因此每當繡球花的季節，大家就不約而同地來到明月院；再如日蓮宗的池上本門寺則是賞櫻花，春天時，整座寺院彷彿在一片櫻花海中，各式各樣的品種，真是繁花錦簇。除了舉辦花節外，古佛像、古建築也是特色之一，譬如法隆寺的五重塔、藥師寺的古佛像等，令人百看不厭。

每一個道場都有一個代表性的特色值得欣賞，國際人士到了當地，就會問：某某道場在哪裡？但是花到處都可以看，為什麼非得到那裡看呢？古蹟是不變的，為什麼每年都有人去參觀呢？因為他們有創意，年年不盡相同，時節到了，大家就會到那裡參觀。日本的創意是從舊的基礎上發展、推展出來的。創意並不是把舊的完全拋棄，而是要在舊的基礎上開發出新的創意來。所以，舊的絕對不能動，但是新的可以因應需要而改變。

法鼓山也是一樣，法鼓山的建築是集合許多專家的智慧，以及我的用心所成就的，到現在為止，台灣還沒有一間寺院是這樣建設的，而這就是法

鼓山的文化財。如果未來的子孫不重視文化財，就可能因為空間不夠用，或者其他因素而把它拆毀，重新來過，這就是破壞文化財了。

文化價值來自人的價值

我在台灣看過很多寺廟，因為本身沒有文化、不懂建築，也沒有去觀摩世界名建築，因此房子蓋得高高矮矮、參參差差、上上下下，對稱有問題，配置也有問題，看起來很不協調，像是一個雜貨店，或者是大賣場，裡面五花八門，零零落落很不好看。像這樣的寺廟，人住在裡面不舒服、不方便，時間久了，因為使用率不高，慢慢舊了，這便不能成為文化財。

但是如果這寺廟裡出了人才，或有人在那裡舉辦大活動，成就了大事業，那寺廟就有文化價值，能成為文化財了。可見房子的好壞並不是成為文化財的重要關鍵，重點在於能不能發揮功能、能不能善加運用。

譬如唐朝詩人李白的故居，我在四川曾參觀過，很多人來到當地也都會想看看這個文化古蹟。那裡本來已經被紅衛兵占用、摧毀，但是現在中國大陸當局已經把它整建好，並且特別指定某一間為李白住過的房間。至於李白當時是不是住在這裡？誰都不知道。

另外，蘇東坡到過的地方，只要是歷史上有記錄的，他們就用一種象徵性的東西把它標示出來，譬如江西廬山的西林寺，因為蘇東坡有一首〈題西林壁〉的名詩，於是他們就起了一面牆壁，然後把這首詩寫在上面。我去參觀時問他們：「這是蘇東坡題的嗎？」他們說：「詩是蘇東坡的，但是我們把它題上去的。」我又問：「蘇東坡題的就是這面牆嗎？」他們說：「並不是，原來的西林寺在文化大革命期間就已經沒有了，現在的西林寺是一位台灣比丘尼重建的。」這說明了因為蘇東坡在西林寺題了一首詩，西林寺因而出名，才變成了文化的古蹟。

最近，我曾經閉關的朝元寺也向我要求，這幾年到朝元寺遊覽的人愈來愈多，一到了朝元寺，就問：「聖嚴法師閉關的關房在哪裡？」但是關房早已經拆掉了，他們覺得很遺憾，當初沒有把它留下來，因此希望建一個紀念堂，不過被我婉拒了！

如果朝元寺沒有出人才，也沒有做什麼大事，本來不太可能在歷史上留名的，但是今天因為我曾經在那裡閉關，未來有可能因我而聞名，並且在歷史上留下紀錄。既然是因為我而有名，所以有沒有關房或紀念堂都沒有關係，只要說我在朝元寺閉過關就可以了，如果非要問我的關房在哪裡，就說是在法鼓山的開山紀念館裡吧！

其實，山上的複製關房對我來講沒有用，與我也毫無關係，即使有不肖子孫要把它打掉、蠟像毀掉，甚至是外道占據我們的道場也沒有關係，因為這個地方就是聖嚴法師建的。幾百年之後，法鼓山會變成什麼模樣誰都不知道，但是在歷史上、文化史上會有它的紀錄、有它的價值，這也算是文化財。

所以，文化財可分成兩類：一類是有形的，一類是無形的。有形的不能保持太久，無形的保持時間比較長。而佛教無形的文化財是什麼？就是對佛

教的貢獻。譬如《高僧傳》裡的高僧，提起他的師父，或是出家的寺院，雖然有名字，但是誰都不記得，可是這個寺院、他的師父都因為有這麼一位對佛教很有貢獻的弟子，所以留名青史。正是所謂「母以子貴」，母親因兒子的功勳而有價值。

文化是眾人所成

我今天講這個主題，主要是希望為佛教留下遺產，但是聽起來、看起來，好像只有我在創建法鼓山、繼承文化館，其實不是，我只是總其成的人。事實上，法鼓山、農禪寺、文化館，以及美國東初禪寺、象岡道場，還有海內外各地分支道場，有許多的創意與活動，都是我的僧俗四眾弟子幫忙完成的。今天法鼓山在社會上的形象很好，也都是法鼓山僧俗四眾共同護持，每位都是促成法鼓山文化價值的一分子，不只是我一個人。

譬如我不懂建築，但是法鼓山的建築卻建得非常好，這是因為我有很多幫忙和建議的人。還有我們的僧團維持得很好，這不是我一個人的功勞，我的弟子們也投注了很多的心血。

再如我們辦的很多活動，雖然出面的都是我，但事實上，一項活動的成功要結合很多人的智慧。我既不懂舞台，也不懂組織、策畫，我只知道一個原則，那就是辦活動必須對人有益，而且對自己不傷害。尤其每項活動都要能達到「教育」與「關懷」的功能，包括勸募活動、理念推廣等社會活動。

由於大家共同的努力，使我們的文化價值提昇，雖然不一定每位居士都能留下名字讓每個人知道，但是文化財本身就代表了大家共同的貢獻。

創新是文化的生命泉源

總之，文化要開創才有意義，才能延展它的生命。譬如一棟建築必須發揮功能，才能呈現它的意義，但是這個功能必須有創意，如果人家做我也做，那是剽竊，沒有價值，不能稱為文化財。像是論文，如果是自己寫的，提供了新的觀點，那這是一篇有價值的論文；如果是抄襲的，那只不過是多了一篇文章而已，不算是文化資產。

所以，我們要時時刻刻往前走，要有新的創意，以我們這個道場為基礎，開創出對社會、對世界有大影響的活動或成果，否則，房子蓋得再漂亮，也不能成為文化財。

現在法鼓山年年都會針對社會需求推出一項或者多項活動，這樣我們才有存在的價值。如果我們沒有致力於貢獻和關懷社會，那我們就會慢慢地消沉，然後消失，即使房子還在、古文物還在，但是它新的文化價值已經沒有了。

未來的社會，不管是任何事物，沒有創意就會滅亡，因為缺乏創意，容易變成保守，保守等於是走向衰敗，這是一件非常可惜的事。

以因、緣、果的佛法觀念來工作

4月22日於北投雲來寺「精神講話」

◎聖嚴師父

　　通常一個團體裡都有組織分工，每個組織單位都有一位負責人，主要的工作是要照顧自己這一整組的人。所謂「照顧」，就是隨時隨地幫助、協助、指導以及督促組員。當然自己也要做好，否則的話，是不能擔當負責人的。其實，只要願意奉獻、願意照顧他人、願意做好事情的人，都可以成為負責人。

　　一般人都是有惰性的、都是懶的，能偷懶就偷懶、能懈怠就懈怠、能不做就不做，因此，必須要一層一層地督導和觀察。通常一個不負責任的負責人，他下面的人也一定不負責；但是也有的負責人很認真、做得很辛苦，可是組員卻偷懶。然而，只要組員裡有一個人做不好，就表示負責人沒盡到責任。因為督導也是負責人的職責，若是屬下有問題，就表示自己沒有盡責將組員帶起來。

工作的心態和精神

　　一般人以為在我們這裡工作，工作量很多，薪水卻不多，其實並非如此。這幾年來，許多公司、團體經常是把薪水往下調的，而我們則是比照公務員的薪水漲幅來調漲，所以應該不算是薪水很低的地方。

　　我們不是營利單位，而是由社會大眾捐款來支持運作的。於是有人認為：如果我們的募款成長了，那麼薪水好像也應該要往上調。事實上，我們是一個非營利事業團體，不像一般大企業一年可以賺幾億，能夠從中拿出一部分來給員工做為紅利。

　　我告訴諸位，我們在這個地方是要為社會服務的，是為社會來找錢、來找人、來做事的，並不是為了我。我們僧團的法師一個月只有1000元零用錢，其他的什麼都沒有。我們吃的東西，多半是信徒們供養的，並沒有使用募款的錢，僧團的法師都是義工。其實諸位也一樣，只是因為諸位需要有生活費。所以我常常說，諸位是在這裡做義工，但是我們提供大家生活費，感謝諸位在這裡所做的奉獻。請諸位在這個地方工作，不是為了賺錢而來，是為了奉獻而來的。為什麼值得諸位來奉獻呢？是為了法鼓山的理念，不但自己可以運用，也可以分享給我們的家庭。

　　因此，諸位在這裡是奉獻的義工，也是支薪的義工，我們是這樣來看待諸位專職菩薩，諸位一定也要用這樣的心態來看待自己，就會過得很快樂，否則的話，觀念上沒有調整，你會過得不開心。

今天在座的諸位之中，有好多位是長期的義工、終身的義工，為我們這個團體付出、募款，不但自己出錢，也自己募款，虔誠地奉獻。而諸位擔任工作人員，就是專職的義工，所謂「專職」，是專門負責在這個地方奉獻，但是有領薪水。這一點要請諸位了解，不能因為認為薪水不高，工作的精神就不好，這是錯的。

實踐理念就能展現工作精神

雲來寺是法鼓山的門面，常常有人來參觀，若是看到辦公室很髒亂，就會覺得我們這個團體是沒有精神的。所以每一級主管，都要好好照顧自己負責範圍之內的組員，隨時要提醒他們，上班的時候，辦公桌上不應該有杯子、報紙、書籍或其他雜亂的東西，應該只有你正在用的文具物品，其他的東西不要放在桌面上；下班以後，辦公桌上則要收拾得乾乾淨淨的。

另外，辦公的時間不准聊天，否則就表示你這個職位工作很少，可能是不必要的。我們不需要人浮於事，若是人多而沒有事情做的話，那就把這個職位撤掉。

我們要常常注意團體裡的工作精神，這在任何一家企業，尤其是有前途的、有規模的企業，都要求得非常嚴格。我認識的企業界人士很多，如果他們來看到我們的辦公室很亂、工作很散漫，這些企業界人士還會來捐助我們、贊助我們嗎？不會了！他們會認為這個團體是沒有希望的，雖然辦公室建得很好，可是在裡面辦公的人沒有精神。

當然，並不是說每一位同仁都有這樣的問題，但是如果十個或是一百個人之中有一個這樣的人，那雲來寺大約四百位專職之中，就可能有四個人是這樣。雖然不多，但是其他人全都會受到影響，那我們這個團體的形象就被破壞了。所以，若是有這樣的人，一定要幫他糾正過來。剛開始要規勸他，因為我們希望能幫忙他，但若是規勸了一、兩次，甚至三次都相應不理，那就只有請他離開，不能因為一粒老鼠屎而影響了一鍋粥。或許是我們這個環境對他來講不理想，他離開後，可以找到自己理想的工作環境；而他對我們來講，也不是理想中的同仁。

不論是對領薪水或不領薪水的義工，我的要求都一樣。因為我們正在推行「心五四」、「心六倫」等社會運動，如果你真的能夠實踐的話，一定會是很有精神的，所以，到我們這裡是來受教育的，因為接受了我們的教育、我們的薰陶，受到我們環境的影響，漸漸就會變成一個非常優秀的人才；即使離開這裡到社會上，大家都會讚歎你是很好的工作伙伴。

人的本性是墮落的，覺得往下流是舒服的，因此沒有人管最好。雖然我們希望諸位成長，但是不會使用權威的方式。所謂「耳提面命」，就是指一般人經常需要有人提醒、每隔一段時間就要給你拉拉耳朵，所以諸位要我來精神講話，就是為了給大家精神，鼓勵大家、鼓舞大家。如果在精神講話之後，諸位的工作效率提高、工作情緒更好，心理狀況更安全、穩定，那麼精神講話就是有用的了。

佛法的基本觀念：因、緣、果

很多人見了面都會說：「因為我們有緣，所以在一起工作；因為我們有緣，所以能夠見面。」如果一見面就吵架，算不算有緣？算！是惡緣。怎麼辦？我們要改善它，把它改變成善緣。緣是能夠改變的。

在佛教經典中，將「緣」講得最徹底的是「唯識」。唯識提出緣有四種：一是因緣，二是所緣緣，三是等無間緣，四是增上緣。

因緣

第一，因緣又叫做「親因緣」，是指主要的一個因緣。緣開始的時候只有一種，就是親因緣。譬如對法鼓山這個團體來講，我就是親因緣。最早我們這個團體裡，只有我一個人，剛剛開始的時候，什麼也沒有。然後漸漸地有了團體，也有了道場和建築物。那最初的一個因是我，這就叫親因緣。

諸位也是一樣。在你出生的時候，只有你一個；結婚以前，父母手足不算在內的話，也只是孤家寡人一個；然後漸漸地，各種各樣的緣才聚集在一起。一個人的時候，就是單獨的、最初的這一個分子的存在，就是親因緣，簡單地講，即是因緣。

所緣緣

第二個所緣緣，就是因為你這個親因緣，漸漸地產生了各種各樣不同的關係，譬如你跟父母、夫妻、兒女、兄弟、姊妹、同事、同學，甚至社會大眾都跟你有互動的關係，所以你在這個世界上存在、在這個世界上活動、在這個世界上有功能和作用，而所有跟你有關係的人、事、物，都叫作所緣緣。

「所」是「被」的意思，那些被你接觸的、奉獻的、學習的，都是你的所緣緣。比如夫妻兩個互相學習，就是互為所緣緣，也可以叫作「互為因緣」。因為自己是親因緣，那麼所緣緣就是自己的對象。現在諸位在這個地方，就是我的所緣緣；而我則是你們的所緣緣。彼此互動之間的雙方，你的對象是我，我是你的所緣緣；我的對象是你，你就是我的所緣緣。

有的人很會運用所緣緣，讓自己在各方面成長；有的人不擅於運用所緣緣，那這個人在社會上將會是不受歡迎或重視的人。因為若是一個人只想到自己，不想為社會服務，不為家庭想、不為父母想、不為兒女想，這個人就是不擅於運用所緣緣的人，是個自私鬼，在家裡會受到歡迎嗎？到了社會上、到了團體裡，會受到歡迎嗎？不但不受人歡迎，也不能成長、增長自己。其實好好地照顧兒女、跟兒女互動，即使兒女的學問不如你、知識不如你，什麼都不如你，但是你自己一定會成長。在這裡，兒女就是你的所緣緣。所以，所緣緣很重要，人必須靠所緣緣才會成長，所以懂得運用所緣緣的人，一定是個非常努力、精進，為社會奉獻的人。

等無間緣

第三是等無間緣。「等」，是相等的等；「無」，是沒有；「間」，是間隔的間；總合起來就是「沒有間隔」。等無間緣是從時間上來講的，所緣緣則是以空間上來說的。等無間緣是指從前一秒到後一秒、前一念到後一念之間，在時間上沒有間隔、沒有間斷。

我們對一個人、對一椿事的用心，不能三心兩意、不能間斷，不能說今天我在這裡好好地工作一天，明天就不工作了。如果有了間斷，接下來要再做的時候，就會比較辛苦；同樣的，我們對於一個人的照顧，也不能說今天照顧一下，明天就不照顧了。所以持續不斷地繼續做下去，就叫等無間緣。

在時間的過程之中，我們的每一念都是念念不斷、時時不斷，不斷地維繫著自己前進，努力奉獻，不斷地持續下去，只要稍微間斷，要想再繼續接下去，可能會浪費時間，因為常常三天曬網、兩天打魚，就不能夠進步得很踏實。像這樣，就不是等無間緣。

等無間緣，是指你跟緣之間的關係不能斷掉。譬如你跟太太之間，不能今天愛，明天就不愛了，夫妻的愛是一輩子的；而愛也不光是用空口講，必須用事實來表現。怎麼表現？並不是每個小時給一塊糖吃，也不是每個小時念念不忘，而是真心誠意地把對方放在心上照顧、放在心上關懷，遇到事情要馬上了解，了解後要馬上解決，給予支援與處理，這樣才是愛。也就是說，雖然不在家裡，但是心中有家人。

譬如雖然我不在雲來寺，但我心中有雲來寺的人。這些人對我來講太重要了，因為我們這個團體的運作，是以雲來寺為核心，雲來寺是我的動力、是我馬達中心的一個線圈，當然我非常關心雲來寺，雖然我很少來，但是我一直是關心的，這就是等無間緣。如果我現在在雲來寺，說我關心你們，但是走了以後，心中就沒有雲來寺，那麼緣就間斷了。然而，這是不是佛法講的執著呢？不是，而是慈悲，慈悲的心會時時刻刻繫於某一些人的身上。譬如總統本來就要關心整個國家，但他只有對外時才關心國家，私底下卻貪污、腐敗、無能，不關心整個國家的命運，這個總統對國家的關心，在時間上沒有繼續下去，是經常間斷的，那就不是等無間緣。

增上緣

最後是增上緣。什麼叫增上緣？增是增添、增加；上，是向上的意思。向上是指我們的人格向上，或是技能、知識上升了、增長了。增上緣可分成兩類，一類是順增上緣，一類是逆增上緣。

順增上緣簡單地來講就是增上緣，是從正面來幫助我們的人、事、物。事物本身無所謂增上不增上，但是對我們來講，如果是讓我們得到利益、受到好處，譬如財富增加了、智慧增加了，或者是能力增加了，這就是增上緣。

在做事方面，有的人覺得做事好像是被榨取勞力，其實遇到事情時，

雖然不是你的責任，可是沒有人做，此時你若能勇於任事，負責把它做起來，你就會得到好處。不論在知識上、技能上、人品上，或是做事的經驗上都會有所增長，這就是順增上緣。

在人的方面，就是有人幫了你的忙。比如我留學日本的時候，身上沒有錢，可是有一位善知識，以匿名的方式資助我獎學金，讓我把博士讀完，而這個人就是我的增上緣。

在物的方面，包括動物、植物、礦物等，由於這些東西在我面前出現，使我得心應手，能夠左右逢源，這也是我的增上緣。譬如普通人遇到垃圾都是避之唯恐不及，認為是沒有用的東西，可是有的人卻將垃圾變成他們的財源，因為垃圾而賺大錢，成為企業家。像現在就有垃圾公司、垃圾企業。

逆增上緣是什麼呢？它是你的攔路虎，你要陞官它扯你後腿，你要發財它讓你破產，你做什麼事它都會給你打擊。它不一定是一個人，也不一定是一樁事。有一種人專打落井的人，就是「落井下石」，這種人應該是可惡的仇人，但是當我們被人打到井裡去的時候，首先不要放棄求生意志，並且想辦法在井裡活下來，然後等待機會讓人把自己從井裡救出來。這樣一來，反而成為一個磨練意志的好經驗，以後即使遇到再大的困難，也不會在困難面前求情、求饒或是放棄，一定會度過難關，而當時的仇人，也就成為逆增上緣了。

最近我看玄奘大師的《大唐西域記》，書中描述他從長安出發要去印度，一路上遇到的人、事、物，都給了他許多阻撓，一次又一次的艱難，真是九死一生。但是他從死亡邊緣一次又一次地走過來，因此將他的意志磨練成決不退縮，也不放棄，最後終於到達了印度。跟他同時去的人都受不了，不是往生了，就是在半路上退縮了。雖然玄奘大師跟他們面臨同樣的事情，可是所不同的地方，在於他不屈不撓的意志力，以及抱著絕對要到印度求法的決心，不論遇到任何困難，仍然求活不求死，最後終於完成了心願。這就是逆增上緣。

有人說「久煉成鋼」，也有人說「吃得苦中苦，方為人上人」，這都是指逆增上緣。像我這一生，遇到的逆增上緣比順增上緣還要多。有時候原本是順增上緣，卻一下子變成了逆增上緣：原來是支持我的，結果卻反對我；有的人跟了我好久，結果卻離開了我，甚至離開以後，還做了一些事情讓我很難過。但是也有一開始是逆增上緣，結果慢慢地卻變成了我的支持者，有時很難去區別順增上緣和逆增上緣，但是站在我的立場，這些全都是增上緣。諸位也應該學習、了解什麼是增上緣的意義。

傳承、創新，做安心的工作

7月8日於北投雲來寺「精神講話」

◎聖嚴師父

通常我們見到任何人都會先祝福平安，所謂「平安」，「平」是心裡的平靜，「安」則是心裡的安定。但是這個世界就是不平安，這個環境就是不平安。為什麼？因為人都是自私的。我們看到站在檯面上的公眾人物，特別是政治人物，他們自己不平安，也讓全國的老百姓不平安；而在各行各業中，自己感覺到平安、有安全保障，或是生活過得很平安的人很少。

自然環境攸關人類的平安

最近在報紙或新聞媒體上，我們所看到的鏡頭以及內容都不是平安的。譬如北極的冰帽，聽說本來要一百年到兩百年才會溶解，可是現在因為地球暖化愈來愈嚴重，大概再過五年或十年就會溶解了。太平洋上的許多小島、國家，本來彷彿是處在南海的天堂，都過得很快樂、無憂無慮，可是因為海水不斷上漲，未來這些島嶼都將沉到海裡去。而這些島民會到哪裡去？目前還沒有地方可去，大概五億到十億的人口全都變成了難民。可是人們仍然拚命地使用能源，而地球的暖化將因此更嚴重。另一方面，地球上的自然資源愈來愈少，大地的變化愈來愈快，引來的災難也愈來愈多、愈來愈嚴重，這樣持續下去，我們要想得到平安，很難！

而台灣呢？好像不會受到波及，其實不然。台灣有三分之一是平地可供人們居住，其餘三分之二是山林，不適宜居住，可是那三分之一的平地多在沿海，所以大概慢慢地也會陷入海裡去，譬如關渡平原，甚至桃園中正機場將來都可能會浸在海裡。

有人說：「我們移民到大陸好了！」其實大陸也有麻煩，大陸的沙漠愈來愈大，水資源愈來愈枯竭，地下水源愈來愈少，再這樣持續惡化，將會產生比四川大地震更嚴重的災難。大地震過後還可以重建，但如果陸地沉到海裡面，還能重建嗎？所以有人開始構想在海上建房子，如同浮在水面上的浮萍一樣。這樣安不安全？看起來安全，因為會隨著風、隨著水而漂浮，但其實人若是不能住在陸地上，將是一件非常痛苦的事。

安定人心是當務之急

大家都知道，現在全世界因為能源危機而導致物價飛漲、通貨膨脹，為什麼過去食物夠吃現在卻不夠吃？這是有連帶關係的。

能源一漲價，許多產品連帶會受到影響，因為物資多被挪去生產能源了。譬如大家喜歡吃牛肉、豬肉、雞肉、鴨肉，為了滿足人類需求，所

以大量飼養，而這些動物一出生就要吃飼料，等於是跟人類搶糧食吃了。所以生產一斤牛肉，可能需要用掉七、八斤或十來斤的飼料，而其他雞、鴨、羊也是一樣。飼料並不是完全在山上種植，否則會有發生土石流的危險，而在平地上大量種植的結果，影響了人類糧食的耕地面積，於是造成糧食短缺，物價上漲了。

根據新聞報導，物價還會繼續上漲，可是因為薪水沒有調漲，而人們還是需要飲食、居住、交通工具，因此大家開始擔心，慢慢地想辦法節省。譬如有些人本來是自己開車的，現在都改坐公共交通工具，或者是騎摩托車、腳踏車；還有許多上班族，本來中午都到餐館用餐，或是吃公司裡供應的午餐，但是實在太貴了，所以開始自己帶便當。

過去大家總是提倡節省、節約，可是想不到現在的生活是不得不這樣。收入少了，非得節省、精簡不可。現在一般大學畢業生，薪水只有兩萬多，不到三萬塊錢，若是想要存一點錢，會很困難，更何況要養家或者是買房子，就更難了！而且現在找工作也很不容易，譬如有的公司只招二十個人，可能有兩千、五千個人去競爭，即使得到了工作，待遇也不高。

這種狀況也影響到整個出版界。景氣好的時候，像當年報禁解除時，大家就搶編輯人員、新聞記者，而現在報業不景氣，廣告量很少，就開始裁員了。最近有一家知名報社裁員，幾乎裁掉了五百位員工，這些失業的員工一下子沒有了薪水，要馬上找到工作的可能性又不大，非常地痛苦。前些日子，另一家大報社的社長來看我，談到他們雖然勉強可以維持，但報紙本身其實是虧損的，只是用其他經營項目賺到的錢來彌補而已。

物價上漲，加上幣值貶值，存在銀行的錢因「負利率」而愈來愈薄。通貨膨漲了，利息沒有增加，錢放在銀行，變得不一定可靠。於是有人想去換人民幣保值，可是經濟不景氣是世界性的，金融的起落、股票的行情，都會影響整體的大環境，不是只有台灣有狀況。那麼未來究竟會怎麼樣？很多預言大趨勢的專家都不看好，因此做家長的人或者是做生意的人都在擔心，都沒有安全感。不過，我看到有一家雜誌報導未來台灣的景氣會大好。因為台灣企業界都很有創意，所以多半能夠避開低潮，發展成為另一波高潮。但是不是這樣呢？不知道。

現在我們的社會是處於不平安的狀態，因為社會上失業的人口很多，大家覺得十分艱苦，愈艱苦則「飢寒起盜心」，那我們社會的治安就麻煩了。所以，只要我們的物質生活一下子改變，人心就不能平安，社會也就不平安，因此，我們法鼓山必須做安心的工作。

心五四帶給人們平安

法鼓山提倡的心靈環保，在社會遇到了風浪，人們遇到了麻煩、災難，不管是人為的或天然的，都可以用得上。心靈環保裡面包括「心五四」，其中有四種平安——安心、安身、安家、安業，也都有運用的方法，只要看了「心五四運動」的內容，你就會安心、懂得安身，也能夠安家和安業了。

台灣罹患憂鬱症的人，比例愈來愈高，而憂鬱症到最後很可能會走上自殺的路。為什麼會有憂鬱症？就是因為不能安心，譬如有一些成功的企業家，常常生活在緊張害怕當中，擔心著旗下各個子公司的經營狀況。本來我們中國人講「百足之蟲，死而不僵」，因為一個大企業有許多賺錢的管道，就算這部分有了虧損，其他方面還是有盈餘可以彌補，生活沒有問題。可是有些做生意的人卻要不斷地膨脹擴張，追求利潤的高度成長，深怕財富縮水，結果很多企業擴大到最後，反而一下子就倒閉了！這是什麼原因？就是因為沒有安全感，既然沒有安全感，危機就會來了！

面對這樣的不安，我們可以用「心五四」來幫助自己糾正觀念、練習方法，那我們就會非常平安。曾經有一位企業界的女老闆前年來見我，她說：「師父，我的公司要被人家併購了。」我問她對方是誰？她說出他的背景，原來是國內一個擁有很強政治勢力的人。

我問她準備怎麼辦？她說：「我經營公司二、三十年，才有了現在的規模，財產大概有四十多億，實在是捨不得。」我又問：「如果公司被他併購後，會不會給妳留一些？」她說：「會，因為對方自己不懂營運，一定要我來經營，擔任他的總經理，只是我的股份就沒有原來這麼多了。」我問她：「這樣妳損失多少？」她說：「師父！損失可多了，是我全部財產的一半以上，我只剩下十多億了。」我說：「阿彌陀佛！妳還有十多億呀！」她又問：「那該怎麼辦？」我說：「妳就當總經理吧！要面對它、接受它、處理它、放下它。」她聽了以後說：「師父，我大概只有這條路可走，否則整個公司被拿走了，那我根本不能過生活啊！」我說：「妳聽得懂、想得開的話，還能留下一些，妳就放下吧！」而這就叫作「斷尾求生」。後來她真的放下了，現在還是總經理，生活也過得很好。她能度過難關，就是因為能夠用「心五四」的方法來處理問題。

因此，就算現在失業了，還不至於窮到連褲子、鞋子都沒得穿；或者是今天吃了早飯，卻不知道晚飯在哪裡的程度。在台灣做任何工作都能夠有飯吃的，所以應該沒有問題。因此，不要擔心，如果還沒有到擔心的時候，你老早就擔心了，那就是沒有平安。只要隨時隨地有了事情就面對它，然後接受它，接受了以後去處理它。若是能夠處理，很好，不能處理還是要接受，而接受了等於是放下了，也就是不管它，否則的話，你還沒有真的餓死，就已經愁死了！

所以，面臨現今這樣的環境，請大家要踏踏實實的，今天還有工作做，就要把今天的工作好好地做、全力以赴地做好，只要一天一天地把工作做好，我們法鼓山因你而穩定，因你而平安，你也會因而成長。

遇到困難仍然繞道前進

請大家體諒時局，共赴時艱，一起面對艱苦時代的來臨。假使我們的募款系統募不到錢，我們的大學還是要辦！我這個人是不會在困難、危險的面前退縮，也不會推卸責任不想做，但是我不會拿雞蛋硬跟石頭碰，而

會迂迴地轉一個圈子,但最終還是要往前走。我的方向就在我的前方,這是不變的原則,即使前方有一座山擋住了過不去也沒有關係,我會繞個圈子,不管從哪一邊繞,繞圈子是最合算的,因為要打一個洞過去不簡單,要往上爬過去也很累,不如繞個圈子過去,那就非常方便。

譬如從北投到金山,可以坐飛機,但是我們沒有飛機,如果打個山洞過去,可要費年、費月、費時,那我們可以從淡水繞過去,也可以從基隆繞過去呀!有山擋住了,雖然是阻力,但是並不等於就沒有辦法了。這不是執著,而是我堅持的願心,希望要做的事,至少可以做得成。

法鼓山創建的時候,我已經六十歲了,已經是活了一甲子的老人,那時候我尋尋覓覓地找法鼓山的建築用地,抱持著即使我往生了,法鼓山還沒有建設完成,有願心、有孝心的人會替我撐持起來,像愚公移山一樣,我做不起來的,我的兒孫會一代一代地把它做起來。否則,只要法鼓山有一個基礎在那裡,自然而然有人會把它接下去做。

我的身體不好,我常常跟信眾們說:「我的法鼓山已經建好了,下邊沒有建好的是你們的事。」我就用這種方式,一直堅持到現在。到現在為止,法鼓山已經有二十年了,我也已經八十歲了。這二十年之間,我常常認為自己要往生了,但最後都很平安。所以,辦大學是我最後的一個心願,希望能把它完成。

人一定要堅持著活在當下,要在這一天活得非常充實,不要被大環境、小環境所影響,而讓心裡變得不安。

在傳統中傳承與創新

我們法鼓山做任何事,樣樣都會考慮到傳承與創新。譬如山上的硬體建設,就考慮到傳統寺院的使用空間與功能,像是禪堂、齋堂、大殿等,但法鼓山建築的外觀是不是像一般廟宇呢?不是,而是更像一個佛教的教育園區。

在古代,寺院是一處教育的場所、一所學校,寺院的大師是校長,他的大弟子們是教師、職員,寺裡有幾千個或幾百個的出家人是學生,當時的體制就是這樣。因此,法鼓山是朝著教育的用途而發展,我們的建築並不像寺廟,但也不完全像學校,而是現代化的一座宗教教育建築物。

譬如大殿,傳統的大殿有迴廊、有大柱子、也有佛像,可是內面的空間很小,人能使用的地方很少,而我們的大殿主要是讓人辦活動用的,所以空間很大,這即是現代化的所在。也就是說,傳承結合創新是法鼓山所堅持的原則。

如果走傳統的路,法鼓山蓋起來以後,可能大殿裡面除了佛像之外,還有各種各樣的神像,甚至可能還會有牌位,擺放的東西很多。可是我們山上很明朗乾淨,大殿除了三尊佛像之外,沒有其他東西。當法鼓山落成的時候,原本佛教界以及許多朋友想要送我們一些牆壁上掛的或吊的擺飾,譬如匾額、對子或大花瓶等,於是我們向他們解釋,法鼓山講究本來面目,房子就是房子,再加上三尊佛像,不放其他的物品。

這是我們的傳統，也是創新，未來一定要從傳統之中不斷地創新。但是我們不能拋掉過去，而是根據古文化來創造今天的新文化。傳承過去實際上是傳承古人的經驗，也就是古文化的價值。現在世界上的企業或者是任何一種行業，都必須創新，否則不能與世界接軌，就會被時代淘汰，成了古蹟、古物，變作化石。所以我們要參考傳統，但是不能走同樣的路，那是死路一條，我們必須要走出新的路來。

弘揚佛法，推陳出新

法鼓山傳播的佛法、弘揚的佛法，是從理論上創新的，在實踐上也是創新的，但是創新並非無根，如果我們拋棄印度、拋棄中國、拋棄過去的台灣而談創新，那就成為外道了。你可以自己創造一個宗教出來，可是那不是佛教。我們無論怎麼創新但仍是佛教，因為佛法的根本原則是不會變的，基本的思想是不會變的，只是在應用上、呈現上是可以創新的。

法鼓山的價值就在於創新。法鼓山弘揚佛法，同樣也在做佛事，譬如大悲懺、梁皇寶懺，還有水陸法會等，可是我們做的並不像大陸時代那樣的法會，而且我們做佛事是要讓所有參與的人都跟著修行，而不是出錢布施、點燈、寫個牌位或吃一餐齋飯就走了。雖然這也是做功德，但是不夠，我們要求的是信眾來參加法會，就要一起誦經、拜懺、念佛、打坐，是一起來修行的。此外，我們也改良儀式，像水陸法會，原來是不環保的，也有一些儀軌不是佛教的，而我們將這些非佛教的、不環保的部分全部改良，即是與時代結合，將舊傳統改變得讓現代人能夠接受。自從我們改良水陸法會以後，其他的道場也就開始跟進了。

所以，我們法鼓山是一個教育的團體，是一個創新的團體，時時刻刻要想到從傳統之中創新，推陳出新，若是僅知保守，那是抱殘守缺，即使暫時有路可走，最後一定也是「此路不通」。譬如「心五四」運動已經推廣六、七年了，在社會上產生了很大的影響，當中有幾個方法，已經成為社會所熟知，廣為運用。現在我們又推動「心六倫」運動，這也是法鼓山的推陳出新。目前全世界都在講倫理，舊有的五倫是針對封建時期中國人所講的，「心六倫」則是適應世界的需要，是全球性的、現代化的倫理，雖然需要投入大量的資本，但是不要擔心，只要我們做對的事，做大家需要的事，就會募得到經費。

我們辦大學，也是在做對的事，而且是做別人沒有做過的事，因為我們的大學跟其他大學不一樣，因此一定會辦得起來，請諸位也替我打打氣。我想要做的事，做不起來的很少，但是我也不講大話；我明天還在不在，不知道，但是沒有關係，即使我往生了以後，我的大學一定還是有人會把它辦起來的。

回顧過去，展望未來

10月7日於北投雲來寺「精神講話」

◎聖嚴師父

法鼓山水陸法會的時代性意義

今年（2008年）我們規畫要做的工作大部分都已經完成，接下來規模最大的就是水陸法會了，其他還有一些例行工作，像是新年的活動及法華鐘的撞鐘儀式，這些都是我們每年必定舉辦的盛大活動。

我們去年（2007年）第一次舉辦水陸法會，與一般寺廟道場所做的佛事很不一樣。在舉辦法會之前，就先由法鼓佛教學院召開學術會議眾研討水陸的相關問題，然後對水陸的儀軌做了一些修正、改良和改善。水陸儀軌的發展，從宋朝四明知禮大師開始，經過明朝的蓮池大師，再經過民國的印光大師之後，就沒有再改變，這已經有很長的時間了。社會、時代改變了，思想也改變了，但是水陸法會的內容卻沒有改變，也就是說，其中還保留了不少君主時代的社會架構，以及與道教、儒家思想混合的部分，在這個時代，我們應該要修正一下。

我們今年還是要辦學術會議，在法鼓山還會舉行水陸法會文化的展覽，讓大家了解水陸法會的歷史、文獻，以及我們現在為什麼要改變它的原因。希望這個改變不僅是法鼓山的，而且是時代性的，代表在這個時代，漢傳佛教一項最盛大的佛事做了時代性的修正，這是一件具有重要意義的事情。今年我們推出的水陸法會，就是我們未來法會的藍本，也希望能成為漢傳佛教水陸法會的藍本。

持續推動「5475大願興學」專案

那麼明年（2009年）究竟是怎樣的年度呢？去年為了募款籌建法鼓大學，我們曾經推出「5475大願興學」的募款專案，本來是希望能夠在三年之內，募集一百萬人來參加，可是到本月（10月）為止，好像離目標還有一段距離，所以這個案子明年還要繼續推動下去，希望再推廣兩、三年就能圓滿，使法鼓大學順利建成。如果不推動而沒有辦法滿願，我們法鼓大學能建得起來嗎？還是建得起來，可是會很辛苦。「5475大願興學」是發大願而收小錢，應該比較容易，因此只要大家願意用心，當然可以滿願。

此外，我們去年也舉辦了諸多活動，譬如榮譽董事會的感恩會，還有我的書法展覽、義賣，對法鼓大學經費的籌募不無小補。

意義非凡的2009年

另外，明年對法鼓山來講，是一個非常重要的階段、一個歷史的過程。

首先，明年是法鼓山成立20週年。而我們不是才剛剛落成，怎麼馬上就二十年了呢？這是從買地、整地、動土開始算起的。

再來，《人生》雜誌是我的師父東初老人在台灣所創辦，到明年也已經是六十年了。其間雖然幾經停刊、復刊，但是一本佛教雜誌能夠延續六十年還持續發行，實在是非常值得紀念的事。此外，雜誌內容記錄了這一段時間台灣佛教的發展，相當有價值。

《人生》雜誌創辦之初，東初老人還沒有道場，於是他借靠近現在中華佛教文化館沒有多遠的北投法藏寺，做為出版的發行部。出版這份刊物的用意，主要是希望能夠為台灣的佛教文化，以及佛教人才的培養做些努力，因此這份刊物，對於台灣佛教的成長，具有相當大的意義、相當大的貢獻。

譬如過去整個台灣找不到一部大藏經，《人生》出刊之後，東初老人接著便開始推動影印《大正藏》，因此台灣才第一次有了大藏經。當時在全省，一共發行了五百多部。其實五百多部不算多，可是以台灣當時寺院的狀況來說，能夠請得起《大正藏》的很少。它一共一百冊，每一冊都很厚，因此請一部《大正藏》要花很多錢。那時候是靠許多老法師、中青代法師，一次一次地到台灣各地宣傳推銷，才把《大正藏》印起來的，真不簡單。《大正藏》印完了以後，台灣佛教算是比較有文化了，否則在此之前，台灣的佛經、佛書非常少，若希望找到一部《維摩經》、《法華經》，或是《楞嚴經》，很難！

雖然這部《大正藏》印起來以後，看的人很少，但這是法寶，也是一種莊嚴。或許你們看過，鄉下有一些寺廟，在佛龕的兩側各放了一個櫃子或架子，裡面裝的就是《大正藏》，只是這《大正藏》不是給人閱讀的，而是莊嚴道場。

寺院裡應該有三寶來住持：佛，當然是以佛像來代表；法，若是沒有弘法活動，就以藏經來代表；那僧呢？即是出家人。我想有好多人最初到寺院裡是看不到三寶的，最多看到一寶，就是佛殿上的佛像，有了《大正藏》之後，就有法寶了。至於僧寶，那時的寺院很少有出家人，多數是菜姑，就是在廟裡面吃素修行的齋姑，真正出家的比丘尼很少，比丘更少。

當時台灣佛教有兩種型態，一種是日本化的，而日本的佛教已是世俗化了的，變成了在家人世襲地住在寺院裡，也就是父親是住持，將來兒子之中也要有一個人來當住持，結果變成不像在家，也不像出家；另外一種型態是上述的齋教，那是台灣本地的宗教；齋教和日本式的佛教加起來，就是早期台灣佛教的現象。

東初老人有心把台灣的佛教，轉化成為正信的、三寶具足的佛教。因此，創辦《人生》雜誌後，便在雜誌上鼓吹人生的佛教、人間的佛教，提倡佛教要人間化，要有三寶來住持，才漸漸把日本式和齋教化的佛教，轉型為正信的、三寶俱全的佛教。現在像雲來寺有出家人，有說法也有講經，有流通、弘揚佛法的經典，也有佛像，三寶具足。

時間一晃，明年《人生》雜誌就滿60歲了。這段時間不算短，要有恆心，否則辦幾期雜誌以後就沒有了。我從大陸到台灣，到現在也有五十多年，快要六十年的時間了。現在我們編《人生》雜誌的編輯們還不到60歲，而我自己也是從編《人生》雜誌開始的。台灣的佛教雜誌，創辦六十年不間斷，或者是六十年以後還存在的，實在不多，而存在又還有影響力的，那更是少見了，《人生》雜誌可算是其中之一。

聖嚴師父勉勵大家珍惜過去，展望未來。

另外，明年也是我們法鼓山護法會30週年，雖然法鼓山落成20年，但是我們這個團體是從中華佛學研究所的創辦而開始的。因為有了研究所，需要有人護持、需要有人來經營，因此才成立了護法理事會及護法委員會。

中華佛學研究所的前身是中華學術院佛學研究所，位於陽明山中國文化學院內，是屬於文化學院的一部分，但真正經營的是誰呢？是由我們接辦的。我接研究所所長時，前面已有兩任所長，一位是張曼濤先生，另一位則是周邦道先生。他們雖然已經開辦研究所，但是還沒有招生，我接辦之後，因為中國文化學院創辦人張其昀先生希望我招生，所以才開始招生。但是招生之後，麻煩事就接著來了，學生要老師、老師要經費，學生還要吃飯，這些事情全部都要經費，怎麼辦？我不做生意、不種田、不做工，錢從哪裡來？因此我們就成立了護法會。當時每一個護法理事一年要出一萬元，那是筆不小的錢。那時我們自己的人數很少，於是請台北市華嚴蓮社的成一法師幫忙，他有幾十位信徒，結果他幾十位信徒全部變成我們理事會的理事。此外，還有護法委員，護法委員則是一年兩千元。我們就是這樣開始的。

所以明年，也是中華佛學研究所的30週年。然而，明年它就要轉型了，等最後一期學生畢業，學務全部轉移到法鼓佛教學院，也可以說是改名為「法鼓佛教學院」。為什麼改名稱呢？因為教育部不承認中華佛學研究所的學籍、也不承認老師的資格，這在過去三十年中，對我們來說是一椿非常痛苦的事。因此我們經常向教育部申請、要求、打交道，這很不簡單，需要一些耐力，否則是辦不到的。經過三十年不斷地周旋、奮鬥，一直到去年教育部才承認我們學生的學歷、師資的資格。這樣一來，我們的學院就是比照一般大學學院，譬如文學院，或者是藝術學院等，但我們是獨立的宗教學院、獨立的佛教學院。

法鼓佛教學院就這樣成立了。成立以後我們所有的師生編制就全部改變，進入法鼓佛教學院，而中華佛學研究所則功成身退。

另外，還值得紀念的是禪坐會成立三十年。我自己教禪修、主持禪七，到現在已經超過三十年了。時間過得很快，當時大家才剛剛開始學打坐，現在已經三十年了，這是想不到的事情。最初我們只有一個禪訓班、幾個蒲團，而現在我們有正式的禪堂，在全世界有幾十個分支道場，都舉行禪坐共修，連我們在美國的東初禪寺也已三十年了，所以這是明年要慶祝的一樁事。

以精進努力代替祝壽

昨天我俗家二哥的外孫打電話來，他說我俗家的二哥問起：「聖嚴法師明年應該是八十歲了，不知道明年做不做壽？」其實我每逢「十」，不管50歲、60歲、70歲，都有人問：「師父做不做壽？我們熱鬧一下，讓我們吃一碗麵！」我說：「吃麵哪個地方不能吃？外面小麵攤上就有麵吃，想吃就買幾碗回來，不就是吃麵了嗎？而且我師父一生不做壽，所以我是不敢做壽的。」

記得我師父70歲的時候，壽辰當天就到外面旅行去了，這叫作「避壽」。寺裡面幾個人偷偷地煮幾碗麵吃，師父回來以後，就罵他們：「你們吃什麼麵？吃的是誰的麵？是吃了常住的麵還是你們自己的麵？如果是吃常住的麵，你們要把錢還出來；若是吃自己的麵，那沒有事，只是吃自己的麵。」

還有一年我們到中國大陸，主要是把阿閦佛的頭像送回山東神通寺四門塔。有菩薩聽說我壽辰快到了，於是張羅了好多人一起去買麵、買蛋糕、買蠟燭，買了好多東西回來，準備要替我做壽。我一聽到之後，馬上把他們幾個人找出來罵一頓：「現在都用電燈了，蠟燭根本用不到；而我們每天都在飯店用餐，買麵做什麼？至於蛋糕，我們出家人不吃蛋，怎麼能吃蛋糕？」後來這些東西都沒有用到。他們本來想高興一下的，結果變得自討沒趣。

所以，我向我的信眾和出家弟子說明，我明年是80歲沒有錯，但是整年都是80歲——我每天過生日，天天過生日，難不成你們要吃麵吃整年，吃蛋糕吃整年嗎？這是藉題發揮。事實上我當然有生日，但形式上的生日是沒有的，不需要做紀念，也沒有必要做紀念。如果大家一定要紀念，不如把工作做好一些、做快一些，使法鼓大學的工程快一些完成，早一些招生，然後招生之後，將學校辦得更好一些，這樣我很感恩大家，對我也就有意義了。否則光吃一碗麵，有什麼意思呢？

將法鼓山理念推向未來

我們是正信的佛教團體，但是每次辦活動又常常創新，其實明明是在弘法，但是又不稱為「弘法」，而用另外的名詞，譬如「心靈環保」、「四種環保」，這些雖然不是佛學名詞，但它確實是佛教的內容。

還有「心五四運動」，我曾經編了一本《心五四的實踐手冊》來說明它

的具體內容。當時護法總會總會長陳嘉男還很用心，每天照著去記錄、照著去實踐，讓我很感動。因為團體中很少人有耐心，每天照著表格一天一天地記錄。雖然現在它已經變成了一項文獻，可是它的內容還是需要我們去實踐。我們不一定每天記錄，但是每天看一看，可以反省自己究竟實踐了多少項目。這是需要付出耐心的。

另外，去年我們正式推出「心六倫」，這個心是良心的「心」，它與倫理有關係，可是並不是中國五倫的內容，而是世界性的、現代性的，以及未來性的六種倫理運動。現在我們已經將這六種倫理很詳細地編成了六本小冊子，並且廣泛地推動。國內許多政府團體，包括內政部、教育部、勞委會等許多單位，都在幫忙推動，現在教育部高教司、國教司也都主動跟我們接洽，希望來推動校園倫理。

「心六倫」包括家庭倫理、生活倫理、校園倫理、自然倫理、職場倫理、族群倫理。這些倫理都是我們現在這個社會欠缺的，尤其是族群倫理。本來台灣沒有族群問題的，但這麼多年來，少數的政治人物為了選票，拚命製造族群的分裂，才產生了族群問題。所以台灣的人本來都是和平相處的，特別是佛教徒，譬如法鼓山就沒有族群問題。

有一次有人問我：「師父，您是哪裡人？」我說：「我是大陸人，可是我在台灣已經五十多年了。」我反問他：「你在台灣多少年？」他答：「我現在只有三十多歲。」我說：「那我比你更有資格說我是台灣人。」又有人問：「方丈和尚是哪裡人？」方丈和尚說：「我是基隆人。」對方聽了很驚訝地說：「怎麼法鼓山的方丈是台灣人？」其實法鼓山在台灣，法鼓山的方丈是台灣人有什麼稀奇呢？我雖然不是生在台灣，但是我已經在台灣五十多年了，可以說我這台灣人的資格比我們的方丈還要深。所以我們法鼓山並沒有族群問題。

之所以有族群問題，是你把別人當成外人了，即使他本來就是你的家人，但如果你把他當成外人，那他就變成了外人；反過來說，即使是不認識的人，但如果你把他當成家人，那他也就是你的家人。譬如家裡養的貓或狗，都是從外面抱回來的，養一養之後就變成家裡的狗、家裡的貓，而不是野貓、野狗了。所以，本來就沒有族群的問題，只有人心的問題。

法鼓山現在有幾十萬人，幾十萬人都是我們法鼓山的家人。但是要注意，應該避免使用「法鼓人」這樣的名稱，雖然它聽起來好像滿親切的，有一種自己人的感覺，但是容易讓其他團體的人，或是其他沒有大團體所屬的人聽起來不舒服，覺得「你們在成群結黨」。因此，我要求大家不要再用這樣的稱呼，否則等於把人排除在外，別人心裡就不會舒服，可能本來還想參與我們的團體，可是一看原來是「你們法鼓人」，就不進來了。這是我今年最後一個交代。

阿彌陀佛！

● 01.31

僧團大眾於法鼓山園區圍爐禮祖
聖嚴師父期勉開創藍海事業

　　法鼓山僧團於1月31日中午，在法鼓山園區第二大樓七樓國際宴會廳及五樓第二齋堂舉辦歲末圍爐，隨後並於開山紀念館進行禮祖。聖嚴師父出席開示，參加成員包括僧團常住法師、法鼓山僧伽大學學生、園區專職和義工，以及正在園區參加第六屆「生命自覺營」的學員，共約兩百多人。

　　聖嚴師父首先為僧眾開示「圍爐」的意義，說明「圍爐」表示團聚，貴在「凝聚」，不是吃吃喝喝；而團體內飲食的重點，食材不是要貴、精、美，而是新鮮、簡單、營養、自然，呈現簡樸卻溫馨的氛圍。師父並闡述「食輪不動，法輪不轉」的深義，所謂的法輪是指修行，食輪是指飲食，人如果沒有飲食就活不下去，飲食是很重要的一環；但也不可只顧衣食，而忽略道心。

聖嚴師父帶領全體僧眾進行禮祖儀式。

　　下午於圍爐結束後，方丈和尚果東法師帶領全體僧眾於大殿進行晚課，接著至開山紀念館祖堂禮祖，並向聖嚴師父、鑑心長老尼拜年。師父感謝大眾的努力學習與奉獻，說明法鼓山是一個推動三大教育的團體，強調人人都是教育者，也是受教者；並特別開示「法鼓山的藍海事業」。

　　聖嚴師父指出，法鼓山的藍海事業就是「四種環保」、「心五四」與「心六倫」，是師父的創始理念，也是法鼓山的品牌，更是持續性的、永遠做不完的工作；同時期勉僧眾勇於承擔與接受歷練，謹持法鼓山的理念、方向，跳脫紅海的競爭思惟，開創藍海的價值永續。

法鼓山的藍海事業

1月31日講於法鼓山園區開山紀念館「僧團辭歲禮祖」

◎聖嚴師父

本來辭歲是在農曆除夕，由於本山的常住大眾分散在各地，而各分院道場在除夕那天也都很忙，所以我們提早在今天舉行僧團的團拜，也利用這個時間來禮祖、辭歲。

首先我要慰勉及感謝我們的常住大眾，舊的一年就要結束，新的一年即將開始。在過去這一年，不管是老住眾，或者是新加入的沙彌、沙彌尼以及善男子、善女人，都非常地用心努力；佛學院的學僧以及常住眾，也很用心努力地學習成長。我們團體的運作，也漸漸制度化，我們要繼續在這個基礎上更加地成長及更加地努力，讓僧團運作更靈活，對佛教有更多奉獻，只有如此，我們團體才會立於千年萬年的不敗之地。

不僅辦教育，也在受教育

世俗人都說：「不成長就是落伍，不進步就是退步，不努力就會被社會淘汰。」台灣的寺院很多，建築也蓋得很大，就是沒有人。這是為什麼？因為留不下人來。我們的僧團和其他的道場不大一樣，當法鼓山園區建築建設完成以後，人是愈來愈多。這是什麼原因？因為我們這個團體是在辦教育，大家是來受教育的。不論是在法鼓山僧伽大學、中華佛學研究所、法鼓佛教研修學院，大家都是在讀書，僧團也是在讀書、在成長，不成長就會落伍，落伍就會被淘汰，所以我們是在辦教育，也是在受教育。

法鼓山推動三大教育——大學院教育、大普化教育、大關懷教育，我們這個團體不僅在辦教育，也是在受教育；每一個人都是在教育的崗位上努力。受教育會讓自己成長，辦教育可以教學相長。全山的人，都是大學院教育裡的教職員，也是大學院教育裡的學生；即使是在大寮也是大學院教育的一環，大寮的執事法師、菩薩對於如何配置飲食的經驗豐富，我們要向他們學習，那大寮的法師就是我們的老師，是大學院的教職員，而我們每一個人都是大學院裡的教職員，也是學生。所以在山上就是一個受教育的環境，這是我要向諸位勉勵的。

我從來不為錢的事擔心，但是隨時隨地要為我們團體事業的維持用心；也要請諸位用心、用頭腦。我現在是一個人在用頭腦，未來你們有很多人一起用頭腦，一定沒有問題。十年、二十年以後不知道會如何，但是我們只要用心，不要擔心。「只要用心，不要擔心」，這很重要。

我們這個團體，優秀的人才很多。未來也會有更多的人才進入僧團，或者是從僧團中培養出來，因此法鼓山是一個很有希望的團體。有一位宏印法師寫了一本書，他在書中指出，法鼓山僧團的制度、運作模式，以及

聖嚴法師所做的安排，使得法鼓山這個團體不會有問題。現在我們法鼓山的人力不多，應該要發揮自己的長處，以現有的資源，做我們能做的事，不要看到他人的成果就心生羨慕，就跟著學，那一定會上氣不接下氣，結果最後就沒有氣了。我們要站在自己的立場，對於其他的道場在做什麼，我們只要知道他們做的事情。對於我們自己能做的，需要往哪一個方向發展，就必須要審慎考慮清楚，這就是「藍海策略」。人家做什麼我們也跟進，這是「紅海策略」。

競爭的紅海，開創的藍海

　　法鼓山不大，力量很有限，人力資源、財力資源、社會資源都不是很龐大，因此我們只能選擇藍海策略，人家還沒有做的，但是社會需要，那我們就做；人家已經在做的，我們不要跟！法鼓山不跟人家比出家人數的多寡、比道場數量的多少、比事業的大小，我們站在自己的基礎上，做社會上需要做而還沒有人做的事情。如果人家已經做得轟轟烈烈了，我們還參與其事，那就是陷入「紅海競爭」。因此，我們要常常用心，清楚「今天這個社會需要什麼，而我們的能力能夠提供到什麼程度」，清楚自己的力量，量力而為，當力量不夠時，就要召募力量來成就藍海策略裡的事業。

　　藍海策略是最省力的。什麼叫作「藍海策略」？沒有人做，但是需要做，當我們投入做的時候，是第一棒，後來的人跟進的時候，他是第二棒，那時候我們在藍海裡，他變成了紅海。如果說我們正在做，可是其他人也跟著做，而他們的力量大，一下子就把我們做的事情全都做完了，那怎麼辦呢？我們絕對不跟他們比賽，如果有人搶去做，那很好！多一個單位來做這樣的事情，很好啊！我們就讓，讓了以後，再開出另外一條路來。我們要隨時隨地思考未來要做什麼，師父開出來的路，已經讓我們的團體做不完了。

　　我們的「四種環保」——心靈環保、生活環保、禮儀環保、自然環保，是永遠永遠做不完的，四種環保的內容是隨時隨地適應現代的世界。心靈環保就是我們的佛法，不可能有一個道場把所有佛法的工作統統做完。世界這麼大、人口這麼多，根據環保的理念來把佛法推廣到全世界去，讓大家都能夠用佛法來調心，這是永遠做不完的，一直到地球毀滅為止，這四種環保永遠需要。另外，「心五四」運動也是永遠做不完的，2006年我們提出關懷生命——「你可以不要自殺」，也是一項永遠做不完的工作，我們可以獨力推動，也可以結合社會上有共同性質的團體來推廣。還有，我們從2007年開始倡導「心六倫」運動，這個工作也是永遠做不完的。家庭的倫理問題非常重要的，而家庭倫理很難做好，因為上一代做好了，還要幫忙建立下一代的家庭倫理。同樣的，生活倫理、校園倫理、職場倫理、族群倫理、自然倫理都是做不完的工作，這是我們開創出來的，其他團體也在提倡推廣倫理教育，這是沒有問題的，他們在他們的範圍推廣，而我們在我們的範圍裡推廣，這是永遠做不完的。例如校園倫理，現在有很多學校，以及各地教育局，甚至於教育部，都願意協助推廣校園倫理，這個

工作做得完嗎？做不完的，這一班的學生畢業了，還有新生加入，校園倫理是持續永遠做不完的。

「心靈環保」、「心五四」、「心六倫」是法鼓山的藍海事業

所以，我們法鼓山已經開創出來的事業都是藍海，裡面沒有紅海的惡性競爭，也永遠做不完，而且我們的品牌做出來以後，沒有人會搶。例如「心靈環保」，大家都知道「心靈環保」是法鼓山首倡的，一提到法鼓山，大家都會聯想到「心靈環保」。全台灣所有的人都知道，我們提倡的「心靈環保」，是世間唯此一家，沒有其他分號。當然其他團體也可以宣揚心靈環保，但大家都知道他們只是第二、第三、第四；而做的時候，我們做的比他們好，因為我們在技術上、在觀念上以及資源上都比任何一個團體都強。「心靈環保」是法鼓山的品牌。其實「心靈環保」、「心五四」運動、「心六倫」就是佛法，但是這些工作在推動的時候，一定要配合現代社會，因應時地。例如在回教地區，我們就是講心靈環保、講心六倫。我們不說要念佛、看經、拜佛，不提皈依三寶，講了人家會嚇跑，但是我們講「心靈環保」、講「心六倫」、講心理的衛生、心理的健康，他們不會起反感，而且會很歡迎。等到他們了解以後，會實踐在生活上，而實踐到很深的程度，就知道原來這就是佛法，他們自己會抉擇佛法是不是比他們的宗教要好一些？這樣子，我們就可以把人間淨土在這個世界上建立起來。這時候，我們處處是藍海，沒有一個地方是紅海。其他的團體用紅海策略來對付我們，我們馬上從這一塊撤退，但是我們還是做藍海；如此一來，他們慢慢地也會接受我們、學習我們。

其他人願意學習我們很好啊！例如梁皇寶懺法會以及水陸法會，我們用現代環保的觀念改善不合時宜的部分，當我們改善了以後，其他道場雖然不會馬上全部跟進，但是會跟我們學習。最近中國大陸來了四位法師，都是中國佛教協會的高級幹部，看到法鼓山傳播佛法的方法以及文宣，包括大悲心水陸法會，都很感動，認為中國大陸應該要學習法鼓山的模式。至於台灣的其他道場，也許他們暫時不會跟著學習，但是時間一久，以環保的觀點來看，傳統的水陸法會是不符合環保的，我們站在環保的立場來辦水陸法會，這個是一項新的創舉，其他人沒有做的，我們做，這就是藍海。

法鼓山的方向與目標

法鼓山的方向、目標、方法，師父已經都有很明確的安排，除了進入我們僧團，接受我們僧團教育的少數人外，一般的信眾、訪客到法鼓山園區來，他們要學習什麼？有關信眾、遊客參訪的學習課程，我寫了三篇文章，可以援用。接引信眾、訪客，無論信不信佛，都可以請他們在園區上課，讓他們得到佛法的利益，也把這份利益帶回家去。這樣的話，來到園區的大眾，都是來受教育的，這是我的理想，也是我們的資產。參訪的人

來到法鼓山，就是跟一般的觀光景點不一樣，這樣子，我們法鼓山就是立於教導的不敗之地。否則，民眾來園區吃一餐飯，看一看景色，覺得這個地方的景色很好、地勢很好、建築物很漂亮，這不是我們的目標，我們的目標是要接引大眾接受佛法、護持佛法。參訪半天，有半天的課程，可能因此就得到了佛法的利益，進而護持我們的道場。

面對未來，請諸位不要悲觀，很多人只從悲觀面去思考，而不想辦法走出藍海的大道來。法鼓山這個道場，人才從「果」字輩的法師發展到「常」字輩法師，「果」字輩法師人數雖然很少，但是優秀人才不少，到了「常」字輩的時候，人數更多。一個道場需要培養人才、運用人才，還要吸收人才，發掘人才。培養人才的時候，要從兩個方向去培養，一個是從職務上去培養，給他承擔與歷練，本來只能負擔50公斤，給他60公斤、70公斤，培養他從能夠擔當50公斤，成長到可以負擔60公斤、70公斤。不要看他只能擔當50公斤，就給他少一些，這樣會糟蹋人才。害病的人要說：「我沒有病。」老是覺得自己有病，那就是心理有病。生理有病沒有什麼大礙，心理有病，心態就是消極的，老是從負面看，認為自己有病，認為這個團體沒希望，對自己是朝負面去發展，對團體是從負面去解讀。如果能從正面來處理自己，從正面來思考這個團體，如何為團體做奉獻，如何為團體擔當責任，那麼即使身體害病，也是沒什麼大礙的。

我在這兩年來害了嚴重的病，但是我說：「沒有事，我的願力還沒有完成，我還要把我們這個團體建立起來，教育事業完成起來。」我在的時候，方丈總覺得還有個靠山；我死了以後，方丈就有自己的辦法了。如果不懂就要去請教，請教老住眾，以前是怎麼處理的；也可以請教居士、顧問。

在既有基礎上向前開創

今天我講的這一些，是不是法鼓山的文化財？是。是智慧財、是文化財，這一些財產請大家能夠珍惜、能夠記住；用的時候，就能得心應手了。我們這個團體，已經有了基礎，未來可以從這個基礎上再往前開創，走出一個時代的道路來。外派分院的法師，可能會面臨著一些狀況、問題，那就可以用師父的智慧財，如果還是無法解決，那怎麼辦？「念觀音菩薩！」師父為我們這個團體，留下了很多的文化資產，就是智慧財。這個文化資產，能讓我們團體立於不敗之地。如果說自作聰明，不善用師父的文化財，而用自己的笨頭腦來運作，結果把這個團體弄得四分五裂、沒有生氣。這是為什麼呢？原因是個人要求表現啊！不相信師父的智慧，不相信師父的智慧財產。當你自己來的時候，你的智慧可能不及師父啊！

法鼓山這個團體未來要怎麼運作、怎麼維持，我都已經做了安排，所以我不會擔心我的弟子們可能沒飯吃，佛法可能沒有人傳下去了。建築物不稀奇，師父的智慧、師父做的種種安排，那才是珍貴的。這樣一來，我們這個團體，不會有負面的思考，當有負面聲音出現的時候，馬上就會有答案：「師父的智慧已經替我們安排好了。我們不必擔心，但是要用心。」

只要是在僧團裡就有希望，我們每一個人都有希望、都是大才，如果自

聖嚴師父於禮祖儀式上，勉勵全體僧眾開創法鼓山的藍海事業。

已放棄權利，離開僧團，那就沒有辦法了。在僧團裡，我們會一天一天成長，大家不要擔心，但是要用心。許多人都是在擔心而不用心，對未來往負面解讀，而不朝向正面思考，一昧往紅海裡頭鑽，而不轉向藍海努力求生存，這是失敗主義者。我希望我們的常住眾沒有一個人是失敗主義者，沒有一個人是從負面看問題，而都是從正面思考的。

　　阿彌陀佛！

● 01.31

天南寺舉行大殿安樑典禮
未來將成為法鼓山禪修教育中心

位於台北縣三峽鎮，未來將是法鼓山禪修教育中心的天南寺，於2007年2月11日動土灑淨後，歷經近一年的建設，2008年1月31日上午舉行大殿安樑典禮，由僧團果建法師主法，捐贈建地的邱氏家族代表、天南寺籌建主委黃平

果建法師主持天南寺大殿安樑典禮。

璋、法鼓山榮譽董事會執行長連智富等出席觀禮。

典禮首先由果建法師主持灑淨，隨後進行上樑祈福法會，法師與來賓在綁上金色佛字紅布的鋼樑上，安裝象徵性的螺絲釘，在「觀世音菩薩」聖號聲中，起重機將大樑緩緩拉到屋頂安放。

完成安樑儀式後，天南寺整體工程也進入最後完成階段，落成啟用的時間預定為2009年。

● 02.06～07

園區除夕撞法華鐘許好願
聖嚴師父期許帶動社會祥和風氣

法鼓山於2月6日農曆除夕晚上11點50分至7日大年初一凌晨1點30分，在法鼓山園區法華公園舉辦「除夕回法鼓──禮佛撞鐘許好願」系列之「撞鐘祈福」活動，共近三千位民眾參加。

「撞鐘祈福」活動首先由聖嚴師父、方丈和尚果東法師、法鼓佛教

民眾以虔敬歡欣的心情參加撞鐘儀式。

除夕撞鐘祈福典禮上，聖嚴師父邀請與會來賓共同發好願。

研修學院校長惠敏法師，以及兩組總統參選人馬英九、蕭萬長、謝長廷伉儷、總統府祕書長葉菊蘭、台北縣縣長周錫瑋伉儷、雲門舞集創辦人林懷民、藝術家王俠軍、台新金控董事長吳東亮等來賓，共同撞響六下法華鐘，以莊嚴宏亮的鐘聲迎接嶄新、希望的一年。

六聲鐘響後，聖嚴師父首先恭喜大家新年快樂，隨後闡明2008年法鼓山的主題是「好願在人間」，希望透過「許好願、做好事、轉好運」帶動社會風氣，建設人間淨土，使社會祥和、安定、富裕。最後，師父祝福兩組總統參選人競選順利，強調不論是哪一組當選都是好事，期許未來都能共同為整個台灣社會、人民努力。

2008年是法鼓山第二次在除夕夜晚，透過撞法華鐘儀式為社會大眾祈福。有鑒於2008年度的主題是「好願在人間」，因此典禮中，特別邀請與會來賓共同發好願。與會貴賓除呼應師父建設人間淨土的願望，許下祝福「國家昌盛、利益眾生」、「法鼓大學早日完成」等大願。

來賓許願祝福之後，近三千位民眾依序前往撞鐘，隨後前往大殿、祈願觀音殿禮佛參拜，在新春伊始，為新的一年許下好願。

許好願、存好心、做好事、說好話

2月7日講於法鼓山園區「除夕回法鼓——禮佛撞鐘許好願」活動

◎聖嚴師父

今天是新的一年開始，我們有新的希望，希望有一個和樂的、和諧的、穩定的，大家都有成長的一年。所以我在這裡，恭喜大家新年快樂，祝福大家新年如意、身體健康、所願必成。

從除夕晚上起到現在，天氣這麼冷，可是我們的心是熱的，因為這次很難得，我們同時邀請到國民黨、民進黨兩黨總統參選人：馬英九先生、蕭萬長先生、謝長廷先生和他的夫人，以及諸位貴賓共同來為大家祝福，來為我們自己許願，為我們的社會、國家，乃至於我們世界的和平來祝福、來許願。

我們法鼓山今年度（2008年）的工作目標是「好願在人間」，很多佛教徒在許願時，都是願生西方極樂世界，其他宗教則是願升天國。然而，我們法鼓山提倡「心靈環保」和「建設人間淨土」，因此我們許的願，是希望建設我們的人間淨土，使我們的社會更祥和、更安定、更富裕，所以我們許的就是「好願在人間」，我們希望大家先建設好人間，然後再到天國、再到西方淨土去。

我們所謂的「好願」，實際上就是存好心、做好事、說好話，然後使整個社會的命運跟著轉，如果我們自己也這樣來許願，我們的命運也會轉。如果讓「心隨境轉」，是沒有智慧的人；要讓「境隨心轉」，才是有智慧、有慈悲的人。我們許好願，就是要使我們的心轉；心轉，外面的環境也會隨著轉，所以說會轉好運。

所謂「說好話」，首先是不說惡話，不說挑撥離間、無聊的話，以及「口出刀劍」的話，而要說讚歎的、恭敬的、謙虛的、誠實的話，以及關懷的話，這些話都是好話。

那「做好事」是做什麼好事呢？不管是舉手之勞，或是一句美言，這都是在做好事。小小的好做得多了，就會變成一個大大的好。如果我們少數人做好事，進一步影響其他多數人都來做好事，那我們這個世界的人，都會是做好事的好人，這樣的話，我們的世界就是人間淨土。

● 02.06～21

「點燈祈願到法鼓」新春活動
禮拜七聖寶　祈許滿好願

　　為了迎接2008年鼠年新春，法鼓山園區於2月6日除夕下午至21日元宵節期間，舉辦新春系列活動，包括「點燈祈願到法鼓」、新春祈福法會，以及各種動靜態體驗活動與藝文展覽。聖嚴師父暨方丈和尚果東法師也於7日初一至11日初五親臨祝福，總計共有近七萬名來自各地的民眾參加。

　　聖嚴師父開示時，勉勵眾人向諸佛菩薩祈願，祈求保佑之餘，還要靠自己努力，依願履行實踐，如此就能有願必成。方丈和尚則期許大眾透過走訪法鼓山、禮拜諸佛菩薩，讓自己增福增慧。

　　新春系列活動中，「點燈祈願到法鼓」的活動設計，是為了配合2008年的主題「好願在人間」。參與活動的民眾，除了點燈祈願之外，也獲贈一張滿願卡及《祈願‧發願‧還願》一書，憑卡可前往園區三佛（大殿三寶佛、第一大樓副殿的釋迦牟尼佛、彌陀殿的藥師佛）、三觀音（開山觀音、祈願觀音、來迎觀音）及法華鐘共七個祈願區許下好願，然後在每一區蓋上祈願章，象徵來年滿願的意涵。在《祈願‧發願‧還願》書中，民眾也可習得如何祈願、發願並還願。此活動藉由活潑又不失莊嚴的方式，引領大眾了解佛前供燈的意涵。

　　法會方面，包括除夕晚間於大殿及祈願觀音殿舉辦的「感恩祈福法會」、除夕夜的跨年禮佛撞法華鐘許好願活動，以及7至11日於大殿、祈願觀音殿、彌陀殿舉辦的新春普佛法會、觀音祈願法會、藥師祈願法會，21日元宵節的燃燈供佛法會等，皆有不少民眾參與，接受法師的祝福。

　　藝文展覽方面，包括開山紀念館「穿越時空的祕寶──發現地宮特展」，展出地宮典藏的備份品，並播放地宮簡介影片，回顧當時奠基大典及地宮安寶的盛況；第一大樓四樓副殿則有「聖嚴師父墨寶展」、現代陶藝作品展「圓與願──茶藝曼荼羅特展」、「茶文化大展」等展覽。

　　動態體驗方面，在居士寮設置「親子動禪體驗區」，結合遊戲設計，讓上山參訪

小朋友在祈願觀音殿大悲水燈前，許下新年心願。

的大小朋友輕鬆體會動中禪；另有「繞行法華鐘」活動，於7日初一至9日初三上、下午各兩個時段，由法師帶領民眾繞行法華鐘，同霑法喜。

新春期間，園區準備了平安麵、平安米與大眾分享，四處洋溢著新春佳節的歡喜和熱鬧，以及發好願的虔敬和溫馨，祈願大家平安度過一整年。

● 02.06～21

各分院舉辦系列新春活動
邀請民眾歡喜過好年

2月6至21日新春期間，除了法鼓山園區舉辦系列的新春活動外，國內各分支道場也舉行法會及系列活動，同步迎接2008年新年。各分支道場的活動，概述如下：

北部地區方面，北投農禪寺5日小

大年初一各地前來的信眾，於農禪寺向聖嚴師父及方丈和尚拜年。

年夜舉行開燈儀式，在方丈和尚果東法師主持下，主燈大悲咒燈，以及大藥師燈、無量壽燈等祈願之燈逐一點亮，為新春系列活動揭開序幕。從大年初一至初五（7至11日）的新春期間，農禪寺舉辦了多項活動，其中有慈悲三昧水懺法會、新春園遊會、向聖嚴師父及方丈和尚拜年，以及結合茶禪與花藝的「遊心禪悅──聖嚴師父書法展」。園遊會現場，展出由各項回收物資做成的生活用品，也教導小朋友如何利用廢棄物做玩具，寓教於樂。方丈和尚並到現場揮毫，祝福眾人實現心中許的好願。

北投中華佛教文化館則延續往年的形式，於大年初一至初三舉辦千佛懺法會，由僧團果祥法師以台語帶領誦經，每天約有七、八十位民眾參加。

台北安和分院一系列的新春法會，從大年初一普佛法會開始，持續到大年初十的藥師法會，初一當天方丈和尚親臨分院關懷；期間並舉辦「荷光蓮影──高樹榮居士護法攝影展」，展出護法居士高樹榮所拍攝以荷花為主題的攝影作品，供義賣以護持道場。

桃園齋明寺從大年初一至初三，一連三天舉辦法會與園遊會。初一開春普佛法會前，首先安排一場和喜太鼓表演；新春園遊會則規畫了祈願、童玩、藝文、輕食四區，包括佛前供燈、叩鐘祈福、親子茶禪、彩繪昆蟲（模型）等活動，並以精緻的剪貼藝術及彩繪，重現傳統寺院的風貌。

中部地區的台中分院、南投德華寺均於大年初一舉辦普佛法會。台中分院和寶雲別苑還響應總本山「點燈祈願到法鼓」活動，設置了點燈供佛區，讓中部民眾點燈供佛，祈求好願實現。

南部地區的台南分院、高雄紫雲寺，分別舉辦普佛法會、大悲懺法會及千佛懺法會等。台南分院於大年初四舉行「佛一暨八關戒齋法會」，有120位信眾精進念佛，體驗一天的法喜。紫雲寺則安排祈願點燈、祈福樹、平安鐘、「六度四攝」闖關遊戲等活動；另有攝影作品義賣展、枯木山水展、筆禪書法展等，充滿人文藝術氣息。

東部地區的台東信行寺，於大年初一舉行普佛法會、初三舉行大悲懺法會；常住法師也以「心靈處方籤」——「聖嚴法師108自在語」與信眾結緣，祈願眾人身心平安自在。

2月21日的元宵節，農禪寺、齋明寺、紫雲寺皆舉辦燃燈供佛法會，台中分院、德華寺舉辦觀音法會，台南分院以「大悲祈願持咒法會」進行功德總迴向，為新春活動圓滿畫下句點。

2008年法鼓山全台分院、辦事處新春主要活動一覽表

地區	地點	日期（農曆）	活動名稱
北區	北投農禪寺	2月6至21日（除夕至十五）	燈的供養、「遊心禪悅」聖嚴師父墨寶展、「推動心六倫‧提昇好人品」（心六倫文宣海報展）
		2月7至9日（初一至初三）	新春三昧水懺法會
		2月7至11日（初一至初五）	新春園遊會、「菩提妙華‧花茶與禪」茶道表演
		2月21日（十五）	元宵燃燈供佛法會
	北投中華佛教文化館	2月7至9日（初一至初三）	新春千佛懺法會
	台北安和分院	2月7日（初一）	新春普佛法會
		2月7至16日（初一至初十）	荷光蓮影——高樹榮居士護法攝影展
		2月9日（初三）	新春大悲懺法會
		2月12日（初六）	新春菩薩戒誦戒會暨念佛共修
		2月16日（初十）	新春藥師法會

地區	地點	日期（農曆）	活動名稱
北區	桃園齋明寺	2月7日（初一）	新春普佛法會
		2月8日（初二）	新春大悲懺法會
		2月9日（初三）	新春三昧水懺法會
		2月7至9日（初一至初三）	新春園遊會
		2月21日（十五）	元宵燃燈供佛法會
中區	台中分院	2月6日（除夕）	除夕彌陀普佛
		2月7日（初一）	新春普佛法會
		2月8日（初二）	新春大悲懺法會
		2月9日（初三）	新春三昧水懺法會
		2月21日（十五）	元宵觀音法會
	南投德華寺	2月7日（初一）	新春普佛法會
		2月9日（初三）	新春大悲懺法會
		2月21日（十五）	元宵觀音法會
南區	台南分院	2月7日（初一）	新春普佛法會
		2月8至9日（初二至初三）	新春大悲懺法會
		2月10日（初四）	新春佛一暨八關戒齋法會
		2月21日（十五）	元宵大悲祈願持咒法會
	高雄紫雲寺	2月7至9日（初一至初三）	新春千佛懺法會
		2月21日（十五）	元宵燃燈供佛法會
	高雄三民精舍	2月10日（初四）	新春普佛法會
	屏東辦事處	2月10日（初四）	新春大悲懺法會
	潮州辦事處	2月11日（初五）	新春普佛法會
東區	台東信行寺	2月7日（初一）	新春普佛法會
		2月9日（初三）	新春大悲懺法會

● 02.07～08.07

穿越時空的祕寶──發現地宮特展
重現地宮意義 一窺佛教發展軌跡

　　自2月7日至8月7日，法鼓山於園區第一大樓開山紀念館舉辦「穿越時空的祕寶──發現地宮特展」，展出地宮寶物備份品，其中包括聖嚴師父恩師東初老人的舍利子，讓參訪的民眾了解地宮的意義，窺見佛教在台灣發展的軌跡。新春期間，共近五萬人次前往參觀。

　　此次地宮特展所展出的物品，都是1996年法鼓山奠基之初，地宮重要珍寶的備份品。主要分為「佛教藝術品」、「信仰文物與法器」、「供具與供品」及「衣物用品」等四大類，在「佛教藝術品」方面，有藝術家王俠軍雕刻的釋迦牟尼佛琉璃雕像、法鼓山琉璃山徽，以及雕塑家謝毓文的太子銅像等；「信仰

文物與法器」有來自印度恆河的「沙礫」、佛陀悟道時菩提樹上的「菩提葉」，以及東初老和尚的舍利子等具有深度歷史意涵的佛教文物；「供具與供品」方面，包括香爐、佛燈、燭台與20世紀末台灣通用的紙幣；「衣物用品」則展出佛教僧侶的七衣、長衫；以及法鼓山義工外套服、義工背心服等衣物。此外，這次展覽也展出用來典藏文物的黑花崗岩防護箱函的複製模型。

伴隨影片的詳細解說及箱函的複製模型，民眾可了解文物千年不壞的奧祕。

當年，聖嚴師父有感於對佛法傳承及弘揚的責任，以及為了讓後人認識20世紀末佛教在台灣發展的現況，因此特別在大殿正下方，典藏四眾弟子發心蒐集、能夠代表台灣當代佛教的文物。收藏於地宮的佛教文物計有三百多件，於西元3000年之後方能開啟。

為了這次展覽，聖嚴師父特地錄影開示說明這些珍寶的重要性。師父指出，這些寶物雖然都是目前常見的佛教文物，但隨著千年典藏，對後代卻有無限的文化意涵與價值。伴隨影片的詳細解說，及地宮模型、建築工程介紹，期能引領大眾重新發現地宮的意義。

● 02.10～11

人基會、法行會合辦「心六倫」講座
惠敏法師、盧蘇偉應邀主講

法鼓山人文社會基金會與法行會於2月10、11日兩天，於北投農禪寺共同舉辦兩場「心六倫」講座，分別邀請法鼓佛教研修學院校長惠敏法師、板橋地方法院少年調查官盧蘇偉主講。

2月10日，惠敏法師主講「倫理與方位：『心六

惠敏法師新春期間於農禪寺講「心六倫」。

倫」運動與《六方禮經》」，以《六方禮經》中「東西南北地天」六個方位，為「心六倫」進行新詮釋。惠敏法師剖析東西南北地天六個方位，分別代表職場倫理、家庭倫理、校園倫理、生活倫理、族群倫理與自然倫理，倫理與價值的關係，不是「本來如何」，而是「應該如何」；並勉勵大眾以方位來看六倫，看看自己是否執著於一倫而忽略其他，以獲得更全面的倫理平衡。

2月11日邀請盧蘇偉調查官以「從IQ70談起」為題，分享「心六倫」在青少年教養上的運用。盧蘇偉調查官強調，尊重每位青少年的獨立自主性，培養他們的自信心，就能發揮內在的潛能；並且說明「心六倫」就是平等對待周遭的人、事、物。

● 02.17

「社會菁英禪修營第58次共修會」舉行
聖嚴師父開示「大乘禪定的修行」

法鼓山「社會菁英禪修營第58次共修會」於2月17日下午在北投農禪寺舉行，共有172位會員參加，聖嚴師父特別到場關懷。

會中，聖嚴師父開示「好願在人間」的年度願

「社會菁英禪修營第58次共修會」於農禪寺舉行。

景，除了說明法鼓山提倡的「許好願、做好事、轉好運」運動，也勉勵社會菁英學員行大乘菩薩道，除了自己修行，還要將法益與大眾分享；師父並引用《神會和尚遺集》中的「不觀心、不觀境、不觀空」，說明大乘禪定「究竟空」的修行方式，即是不以自我為中心，在生活中體驗各種存在。

會中，並邀請知名漫畫家朱德庸分享加入法鼓山的因緣，從排斥學佛到愛上修行的過程，真摯的分享讓學員感受良深。

大乘禪定的修行

2月17日講於北投農禪寺「社會菁英禪修營第58次共修會」

◎聖嚴師父

今天是新年後第一次共修，祝福大家新年如意，身心健康、事業順利、家庭平安。

我們今年的主題是「好願在人間」，希望大家彼此祝福，互相鼓勵許願。發願、許願，有大有小，有好有壞，但我們希望大家都是發好願，對自己、對他人、對社會、對全世界都有好處的願。由自身開始做起，存好心、說好話、做好事、許好願，大家都這麼做的話，就能轉好運了。我們對別人的祝福要誠懇，用語言和行為真正鼓勵和讚美別人，祝福祈願佛菩薩為他帶來平安、好運。對自己要有信心，不要懷疑。

除夕夜法鼓山舉行了一項撞鐘的儀式，兩位總統候選人也都蒞臨現場，我做了一段簡短的開示，鼓勵他們說好話，做好事，把好願留在人間。我告訴他們，總統競選是君子之爭，雙方都要從自身的誠信做起。其實我們每個人都應該守誠信，無誠信不能取信於人，會造成社會問題，所以說好話、做好事，努力做一個好人是很根本的事。但是，何謂「好人」？何謂「壞人」呢？壞人有時也會做好事，而好人有時也會說壞話，所以我們經常要從內心反省自己、糾正自己，時常說好話、做好事，轉變自己的命運，然後社會的命運也會轉變，整體大環境轉好時，人人就都能受惠其中。我們不能只求自己升官發財，只希望自己好、家人好，有能力的人應該回饋社會，多參加慈善公益活動。不是只有有錢人才能夠做功德，有錢、沒錢的定義很難下，有的人有一千萬存款，但捨不得布施一分一毫；但有的人雖然沒有多少存款，卻懂得慷慨解囊。

希望諸位把「好願在人間」做為年度努力的目標，不僅在自身、家庭中實踐，也推廣出去，鼓勵他人在任何時間、任何地點都要發好願。當別人說我們的壞話時，請不要反擊，而是要反省，並且勸勉別人說好話、讚美的話、正面的話。人與人相處，口不出惡言，因為口不擇言，不但傷人，也傷害自己。別人傷害你，你不反擊，至少只有一方受傷；你體諒別人，不想傷害他，所以不用惡言反擊，甚且還以包容、理解的態度來對待他，與他人和睦相處，環境就會變得和諧平安。

大乘禪定的「究竟空」

今天我要講《禪宗語錄》中的一段話，這是胡適之先生在歐洲的圖書館參考敦煌文獻時，發現《神會語錄》的殘卷，加以整理而結集編成《神會和尚遺集》中的一段，這段話闡述了中國漢傳佛教的精華。神會禪師是唐朝六祖惠能大師的弟子，六祖在世之時，並未將中國禪宗建立起來，他這

一派是所謂的「南宗」。而當時的「北宗」乃由六祖的師兄神秀的弟子所執掌，他們在北方朝廷方面的影響力很大。當神會禪師到了北方以後，與北宗在佛法的見解上有了爭執、起了爭論，神會禪師辯倒了神秀弟子所講的佛法，後來神秀這一派到了第三代就不見傳人了。而惠能大師這一派，由於弟子神會禪師把禪宗帶到北方，並且在北方發揚光大，受到朝廷的重視，禪宗因此得以弘揚。後來在南方普遍流傳的《六祖壇經》，實際上是由神會禪師從北方傳出來的。

有人問神會，什麼是「大乘禪定」？神會回答：「大乘禪定者，不用心，不看心，不看靜，不觀空，不住心，不澄心，不遠看，不近看，無十方，不降伏，無怖畏，無分別，不沉空，不住寂，一切妄想不生，是大乘禪定。」

小乘禪定則一定要抓住一樣東西來修。比如修不淨觀，是以一項不淨的對象來觀，或是看自己的心是動或是靜。抓住心的動態和靜態，觀到最後，就變成空。佛法講空，空是空掉外境，也空掉內心的自我。小乘的人修行一定要在靜態之下，首先心要安靜，環境也要安靜，觀靜態，觀到後來，靜態也沒有了，身、心、世界合而為一，最後連合而為一都沒有，就成了空。小乘是從「有」觀到「空」。在沒有修行之前，被「有」困擾；修行之後，「有」已經不困擾自己，可是自己在哪裡？在空裡面，在空、空寂、寂滅之中，對小乘來講，這樣已經得到解脫。

而大乘否定一切執取，不觀心、不觀境、不觀空，也就是所有的有和沒有都放下。小乘是從有觀到沒有，但大乘既不抓有也不抓空，兩樣都不抓，那麼是在哪裡呢？是在日常生活中。在日常生活中體驗一切活活潑潑的存在，就是「禪」。但這與一般沒有修禪的凡夫所不同的是，少了一樣自我中心，因為自我中心會帶來煩惱，帶來麻煩，不管是有或是空，都會帶來煩惱，所以小乘不究竟。

聖嚴師父於「社會菁英禪修營第58次共修會」中，開示大乘禪修。

大乘既不觀空，也不觀有；既不住於空，也不住於有。那麼在哪裡呢？就是《金剛經》講的「應無所住，而生其心」。「應無所住」是不住於任何世間法、出世間法；有或沒有，空或不空，都不執著，但是心還是有智慧的功能。智慧的功

能是「應無所住，而生其心」，生的是智慧心。在平常生活中照樣活動，照樣有反應，但沒有自我中心的執著、煩惱，或者情緒的波動。小乘的解脫已經沒有情緒的活動，大乘的解脫也沒有情緒的活動，但還是有心態的活動。

神會禪師把六祖惠能大師的禪宗精神解釋得非常清楚。中國禪宗與西藏、南傳不同，中國禪宗非常簡單，而且活潑，不像小乘法門修行了幾十年，只看自己的心、呼吸或是身體、環境，長期待在山中不受他人干擾的修行方式。小乘修行者可能會修行成功，得解脫。這種解脫是不受環境影響，無煩惱、無情緒，但必須離開現實的世間、人間，所以小乘是自了漢，只求自己解脫，不管世間凡人俗事。

中國禪宗則不同。中國禪宗在日常生活中，練習著自己不受環境影響困擾，而得到解脫。這是惠能大師或神會禪師發明的嗎？不是的。在釋迦牟尼佛時代，沒有大、小乘的分別，小乘是一小派出家人，他們害怕世間煩惱影響到他們，所以避開世間，只注重個人修行。大乘不同，他們一邊自己修行，一邊度化眾生，也就是實踐「應無所住，而生其心」。無所住，是沒想到自我的利害得失，但對於眾生生老病死種種的苦難，都盡自己的力量幫助他們化解，而不在乎自己能否解脫，他們沒有這個得失問題，卻得到了解脫。這其實是大解脫，這是中國禪法的特色。

現在有些外國學者，希望把中國、西藏和南傳（泰、緬）的佛教做比較，他們想以小乘的禪定做為標準，但這是無從比較的。一個是觀空、觀有，什麼都觀；一個是什麼都不觀、都放下。中國禪沒有東西可抓，但它適應時代潮流，適合所有在家人和出家人，只要體會《金剛經》的名句：「應無所住，而生其心。」在任何環境都可以修行中國禪法。無所住，就是定；而生其心，其心有活動，但未曾離開過禪定。離開禪定，就是沒有智慧。

我是個沒有智慧的人，但對事情總是能夠處之泰然，其他人認為不得了、天塌下來的事情，到了我的面前，就不是問題了。問題其實不是問題，隨時可以迎刃而解，這就是學習中國禪法的好處。中國禪不觀心、不觀境、不觀空、不觀有，什麼都不觀，觀落入小乘，大乘什麼都不觀，就是無住生心，六祖就是聽了這句話而開悟的。我現在已經把大乘的悟境和用法都傳授給大家了，祝福大家。

● 02.23

聖嚴師父與單國璽樞機主教對談
應《聯合報》之邀探討生死議題

　　聖嚴師父應《聯合報》之邀，2月23日與天主教會台灣地區主教團樞機主教單國璽於台北安和分院進行對談，主題為「真正的自由：生命尊嚴及價值」。兩位長者以生命經驗為世人說法，深入探討生命、疾病與死亡等議題。對談由記者王瑞伶、梁玉芳提問。

　　單國璽樞機主教為羅馬教宗在台灣地區任命的第一位樞機主教，2006年罹患肺腺癌，86歲的單樞機主教將罹患癌症，當作天主賜給的另一個使命。關於生命，聖嚴師父與單樞機主教一致自承非無所不懂。單樞機主教認為生命只是忠於自己的選擇，為其信仰做見證；師父則認為過去、未來都是虛幻的，活在當下、把握當下最重要，對其而言，當下就是「做一日和尚撞一日鐘」。

　　關於疾病，聖嚴師父表示，把性命交給菩薩，把病交給醫師，並以「四它」──「面對它、接受它、處理它、放下它」來調和自己，即使不能完全做到，也能減少精神上的痛苦；而有了信仰的力量，只要心安，就能平安。單樞機主教也以宗教信仰來面對疾病、接受疾病，不但不排斥，還視它為守護自己的「小天使」；由於有宗教信仰，所以面對死亡時，一點也不感到傷感，只想將人生經驗與思惟和大眾分享。

　　在死亡議題上，聖嚴師父進一步指出，這個世間是非常有限的，但願力是無窮的，只要對社會是好的，是社會需要的，他都願意去做，一項一項地做；若是個人無法做的，則呼籲大眾一起來做；在這一生做不完的，希望再來人間繼續推動，並廣邀大家一起參與。至於死後，師父認為「佛菩薩要我去哪裡，我就去哪裡」。

　　聖嚴師父終身以弘揚佛法為己任，單樞機主教則畢生宣揚天主的愛，兩位長者為各自的信仰奉獻一生，信仰讓兩人自然看待死亡、超越死亡，也獲得「真正的自由」。此項對談乃是一場直視生死的智慧對話，句句從容自在。原文刊載於4月28日的《聯合報》及7月299期《人生》雜誌。

聖嚴師父與單國璽樞機主教於安和分院，針對生命、疾病與死亡等議題，進行對談。

02.23

法鼓德貴學苑舉行灑淨法會
預定2009年初正式啟用

法鼓德貴學苑於2月
23日舉行灑淨法會，由
僧團副住持果品法師主
法，法鼓大學籌備處教
授劉安之、法鼓山人文
社會基金會祕書長李伸
一、聖嚴教育基金會董
事長施建昌、執行長蔡
清彥、法鼓山建設工程
處處長李孟崇、總工程
師陳洽由等，以及僧團

果品法師主持法鼓德貴學苑灑淨法會。

法師、法青會員，共計102人參與。

由於法鼓德貴學苑預定做為法鼓大學籌備處、青年發展院等單位的工作場
所，灑淨儀式中，果品法師手持淨瓶、楊柳枝，帶領眾人持誦〈大悲咒〉，期
許為法鼓山的年輕化注入新血輪，為社會培育優質而身心健康的青年。近五十
位負責內外護、引禮及接待工作的法青會員，則共同期待德貴學苑能早日完
工，以提供一個專屬青年交流、學習、成長的空間。

法鼓大學在校本部建築尚未竣工啟用前，會借用位於台北市西區的德貴學苑
先行招生。預定2009年初進駐德貴學苑的單位，除了法鼓大學籌備處、青年發
展院，尚包括法鼓山人文社會基金會等。

02.24　03.16　04.27　06.15

安和分院舉辦「向名醫問診」系列講座
協助民眾擁有健康的身心

台北安和分院與台北市立聯合醫院仁愛院區共同舉辦四場「向名醫問診」系
列健康講座，分別於2月24日、3月16日、4月27日、6月15日展開，邀請專家學
者主講，引領民眾建立正確的衛教知識，擁有健康的身心，有近二百七十人次
參與聆聽。

2月24日進行的首場講座，邀請台北市立聯合醫院仁愛院區家庭醫學科醫師

安和分院舉辦系列健康講座，圖為3月16日湯華盛醫師主講「憂鬱症的認識與預防」。

吳岱穎主講「斤斤計較好身材——漫談健康體位」。吳岱穎醫師指出，體重過輕或過重都不是健康狀態，需控制得宜，而體重控制就從健康的生活型態開始；並強調，如果飲食習慣不好，即便長年茹素也不一定健康。

3月16日的第二場演講，邀請台北市立聯合醫院松德院區精神科醫師湯華盛主講「走出生命的幽谷——憂鬱症的認識與預防」。湯醫師指出，憂鬱症與癌症、愛滋病同列為21世紀三大死亡原因，而禪修的觀念與放鬆，可以讓人生積極樂觀；他也提出預防憂鬱症的建議，包括建立健康的人生觀、學習因應壓力的適當模式、信仰宗教等。

4月27日的第三場演講，邀請台安醫院胸腔科醫師吳憲林主講「追根究底——醫病醫心」。他表示，現代人因壓力累積無法得到正常紓解，而轉變成身體疾病；同時也強調，人生所有的困境，唯一出路就是幫他人解決問題，自己的問題也會隨之解開，而「快樂」和「知足」是保持身心健康的不二法門。

6月15日最後一場演講，邀請台北市立聯合醫院仁愛院區復健科主任林峰正，主講「空洞的人生我不要——認識骨質疏鬆症與運動概念」，介紹骨質疏鬆症的定義、重要性、保健方法等；並演練預防骨質疏鬆的肌力健身操。

參與的民眾對整體活動反應熱烈，尤其是演講後的問答時間，為聽眾們解答了許多疑惑。

● 02.24　03.09　04.27　05.25

紫雲寺舉辦安寧療護系列課程
邀請許禮安醫師闡述臨終關懷

高雄紫雲寺舉辦四場「安寧療護課程——靈性照顧與臨終關懷」系列課程，分別於2月24日、3月9日、4月27日、5月25日進行。此課程邀請台灣安寧緩和醫學學會理事許禮安醫師主講，內容包括安寧療護的基本理念、臨終關懷的注意事項、陪伴技巧，共有近五百二十人次參與。

在2月24日的課程中，許禮安醫師首先強調「預防重於治療」，並完整說明癌症早期診斷與預防、如何告知病情、心理反應、靈性需求與分享生病心情

等,有近一百六十人參加。

3月9日的課程內容,包括生命與死亡的探討、瀕死現象與處理方式、安寧居家療護經驗談、從安寧經驗談殯葬文化改革。許醫師說明安寧療護的目標是「安樂活」,因此必須尊重病患的需求、自主性和差異性,深入了解其心理反應與靈性的需求,才能提供完善的身、心、靈照顧,約有一百六十多人參與。

4月27日的課程,談臨終關懷觀念澄清、靈性照顧與靈性陪伴的探討、悲傷關懷。許醫師特別澄清臨終關懷的觀念,乃是真心對待,讓病人能盡量過正常生活;並以實例介紹靈性照顧與靈性陪伴。課程中,也邀請護理師張儀芬主講「翻身擺位技術與餵食練習」,並實地演練,有近一百一十人參加。

5月25日最後一次課程,內容涵蓋安寧療護的基本人性關懷、安寧療護的本土化模式、病人如何帶病生活。許醫師以〈淨土發願文〉的內容「若臨命終,自知時至,身無病苦,心不貪戀,意不顛倒,如入禪定」,對照安寧療護基本原則「癌症末期,告知病情,症狀控制,精神支持,靈性照顧,宗教平和」,將佛教精神善巧運用於安寧療護上。

課程最後的綜合討論,聽眾提問熱烈,大多表示經由課程了解生命與死亡的意義,學習到一堂人生重要的課題。

紫雲寺安寧療護系列課程,邀請許禮安醫師主講。

● 02.28～03.02　03.06～03.09

第13屆在家菩薩戒園區圓滿
兩梯次近千人發願共行菩薩道

法鼓山第13屆在家菩薩戒於2月28日至3月2日、3月6至9日,分兩梯次在法鼓山園區大殿舉行,共有961位信眾受戒,其中男眾216人、女眾745人。聖嚴師父於3月8日蒞臨為戒子們說戒,強調受菩薩戒對大乘佛教徒的重要性,勉勵眾人好好護持清淨戒體,努力行菩薩道。

兩梯次的菩薩戒,皆由方丈和尚果東法師、首座和尚惠敏法師、副住持果暉法師擔任尊證師。在四天的戒期中,戒子們在悅眾法師的引導下,專注虔敬地演禮、懺摩,觀看聖嚴師父的說戒開示影片。

「法鼓禮讚圖」數位導覽系統，協助民眾深入了解作品內容。

受菩薩戒的戒子們，發願行菩薩道。

在正授之前，先進行幽冥戒，是為戒子的歷代祖先與累劫以來的怨親債主授戒。聖嚴師父於3月8日下午授幽冥戒前特別到場開示，說明成佛基礎是從受菩薩戒開始。師父指出，一般人會以為受菩薩戒非常不容易，因害怕犯戒而不敢受戒，其實菩薩戒可深可淺，但個人生命有限，終其一生，很難守得完所有戒律。因此師父期勉眾人要發願，由簡入繁，盡自己的力量，持守菩薩戒的三聚淨戒，修一切善、斷一切惡、度一切眾生。

與以往不同的是，這次在菩薩戒會場中，以電腦動畫繪製的數位牌位取代傳統牌位，不僅彰顯出環保精神，更重要的是，在創意的視覺設計下，諸佛虛擬影像投射在螢幕上，彷彿一切眾生皆在諸佛的慈悲護持下，因此更深刻地感受到受戒時莊嚴的攝受力。

● 03.01

「法鼓禮讚圖」數位導覽系統園區啟用
聖嚴師父與法鼓山的故事立體展現

法鼓山園區「法鼓禮讚圖」的數位導覽系統，3月1日起正式啟用。即日起，參訪民眾至第一大樓四樓副殿欣賞「法鼓禮讚圖」時，可透過設置在樓梯平台的電腦數位導覽系統，深入了解作品內容。

「法鼓禮讚圖」是由知名旅美華裔畫家李斌

費時兩年繪製,為一幅長3.15公尺、寬6公尺的巨型油畫。畫面中央繪出聖嚴師父手拄拐杖,行腳於金黃色芒草花海中;背景則由66幅圖畫故事構成,敘述師父一生弘法的事蹟,包括從少年沙彌到建設法鼓山的歷程。

數位導覽系統上線後,民眾可透過電腦觸控式選單,依時間軸功能或單點選項,自由點選閱歷「法鼓禮讚圖」中的每個故事。此項系統,將聖嚴師父與法鼓山的故事從平面圖畫建構為立體形貌,讓民眾透過豐富圖像和文史資料的整合,深入了解作品內容。

● 03.01～09 09.20～27期間

青年院全台舉辦八場「與法相會」
學習運用佛法解決人生問題

僧團青年發展院於3月1至9日、9月20至27日期間,在北、中、南分院道場,舉辦了八場「與法相會」活動。青年院監院果毅法師,以及常一法師、常御法師、常宗法師等,分別前往各地關懷參與的年輕學員,並與學員們互動交流,共約有三百三十多位青年學子參加。

上半年第一場「與法相會」於3月1日在台南展開,桃園是在8日舉行,而台中、台北、高雄則都在9日舉辦。

台北場「與法相會」,大家高舉雙手匯聚成法青百人大樹。

活動自「破冰與午齋」單元開始,來自各個不同營隊的學員在法青悅眾們引導下,彼此很快地熟悉起來;接下來,由主持人及各小組長帶領學員們進行各種體察妄念及習性的「加溫遊戲」,學員們也藉此覺察外境對自己身心的影響。

十分受歡迎的「與法師有約」單元中,學員們就日常生活遇到的種種難題,如愛情觀、社會認同等問題向法師提問,並在法師們的引導下,逐一獲得解決方法。法師們期勉學員,不要忘了在法鼓山學到的佛法觀念和禪修方法,因為佛法是解決人生問題的最佳良方。

「初階佛學課程」則由青年院與各分院道場的法師,為學員講解「緣起緣滅:佛陀說生命」,法師透過佛陀敘述的因緣小故事,剖析佛教的生命觀、因果和因緣等觀念,內容深入淺出,學員們互動熱烈。

下半年的三場活動內容,以「如何安住法鼓山」為主題,由帶領法師與學

員們分享法鼓山的安心之道。

「與法相會」活動引起學員們熱烈回響,有的學員在參加完桃園場後,隔天又到雲來寺參加台北場。不少學員表示,法青活動不但充滿活力熱情與朝氣,還可以獲得身心安定,因此希望能多參加法鼓山各項精進共修活動。

2008年青年院「與法相會」活動一覽表

地區	地點	時間	帶領人	人數(約)
北部	桃園齋明寺	3月8日	常一法師、常宗法師	30
	北投雲來寺	3月9日	常一法師、常宗法師	100
	桃園齋明寺	9月27日	常一法師、常妙法師	25
中部	台中寶雲別苑	3月9日	果毅法師、常御法師	50
	台中分院	9月20日	常一法師、常宏法師	45
南部	台南分院	3月1日	常御法師、常一法師、常宗法師	30
	高雄紫雲寺	3月9日	果澔法師	30
	台南分院	9月27日	常宏法師	20

● 03.04

《法鼓山年鑑》數位版上線
年鑑邁向資訊化、全球化

《法鼓山年鑑》網路數位版自3月4日起上線,於法鼓山全球資訊網首頁的「法鼓山年鑑」網頁(網址:http://www.ddm.org.tw/event/2008/ddm_history/historybook.htm)中,刊載1989年至今的年鑑全文,提供全球網路讀者一覽法鼓山成長歷史。

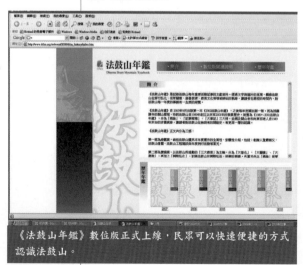

《法鼓山年鑑》數位版正式上線,民眾可以快速便捷的方式認識法鼓山。

在「法鼓山年鑑」網頁中,透過網路線上分享,讀者可以綜覽法鼓山各項弘化活動概況,了解法鼓山各項法務記實。年鑑網頁內容不僅提供全文檢索,使用者還可利用「注釋及標註」功能,在檔案上加注筆記,讓閱讀更流暢。

《法鼓山年鑑》自2002年起,每年定期出版一冊,透過圖文並陳方式,輯錄年度各項歷史資料,內容分為「綜觀篇」、「實踐篇」、「大事記」及「附錄」四個單元,並收錄聖嚴師父當年重

要開示。1989至2001年的開山發展史，則統整為《1989～2001法鼓山年鑑》，內容溯及師公東初老人自1949年來台的開拓史，深度記錄法鼓山的法脈傳承。

● 03.08～12.19期間

高雄法青會舉辦「心靈成長會客室」
引領學員認識、了解、肯定自我

3月8日至12月19日期間，高雄法青會於高雄紫雲寺共舉辦八場「心靈成長會客室」活動，邀請圓桌教育學苑協談中心老師劉華厚，透過循序漸進的課程，引領青年認識自我、了解自我、接受自我，進而開啟內在的智慧，共有近二百四十人次參加。

上半年的四場演講，主題緊扣認識自我、了解自我。劉華厚老師指出，藉由「多閱讀」與「常運動」，可以增進自我了解及自我探索的能力，進

高雄法青「心靈成長會客室」，邀請劉華厚老師帶領。

而促進自我成長；同時強調，人一定要有宗教信仰，因為宗教信仰會在人發生困難時產生關鍵的力量——接受自己也接納他人，讓自己的身心更健康。

下半年四場演講的主題內容，則是接受自我、成就自我。劉華厚老師結合心理學與佛法的觀點，剖析如何做好情緒管理、了解並接受自我，以及面對生命中的恐懼課題，如此才能在任何環境中做真正的自己、成就自己，進而自我實現，享受幸福快樂的人生。

2008年高雄法青會「心靈成長會客室」一覽表

時間	主題	人數（約）
3月8日	我了解我自己嗎？	40
4月12日	心想事成	40
5月10日	我的身心健康嗎？	40
6月7日	掌握自己的命運	30
10月18日	為自己而活的智慧	30
11月14日	成就一生	20
12月6日	親近恐懼	20
12月19日	如何學會情緒平衡	20

● 03.09

護法會蘆洲共修處喬遷灑淨
果器法師勉信眾珍惜共修場所

　　成立滿18年的護法會蘆洲共修處喬遷蘆洲光明路新址，3月9日上午舉行灑淨啟用儀式，由關懷院監院果器法師主法，護法總會副總會長黃楚琪到場關懷，有近一百五十位信眾參加。

　　提供新共修處的資深悅眾林武雄，也是原共修處的提供者。他表示，由於舊址位於六樓，沒有電梯設備，對許多老菩薩相當不方便；而新址位於二樓，有電梯設備，可利於更多來學佛護法的民眾。

果器法師致贈「好願在人間」掛匾予新共修處提供者林武雄伉儷，感謝他們的無私奉獻。

　　果器法師開示時勉勵大眾，擁有這麼好的修行場所，除了要心存感恩，更要精進修行，以回饋捐贈者的美意以及眾人相聚學佛的殊勝因緣。

　　蘆洲共修處是法鼓山大台北地區重要的護法體系之一，過去已接引許多人親近佛法，喬遷後的新址交通便利，期能造福更多前往共修的民眾。

● 03.15～16

青年院舉辦悅眾成長營
分享經驗　凝聚共識

　　3月15至16日，僧團青年發展院於台中寶雲別苑舉辦「2008年上半年台灣區分會聯合會議暨核心悅眾成長營」，共有40位分會悅眾齊聚一堂，分享一年來會務推動的經驗與成果，以凝聚共識，提起奉獻願心。

　　青年院監院果毅法師開示時，期勉學員鑑往開來，檢討過去與分享彼此經驗，共同規畫出未來的方向與重點，並勉勵大眾在有限資源中，運用團隊力量，接引更多人學佛，體會佛法對生活、生命的助益。

　　常一法師在「悅眾應知悅眾事」主題研討中，期許每位悅眾清楚自己的定位，更安心、穩定地奉獻與學習。

　　成長營並邀請台北大學社會工作系副教授楊蓓帶領「生命與成長工作坊」，楊蓓老師不僅分享法鼓山悅眾們篳路藍縷的經驗，也引領大家在寶雲別苑廣闊

的庭院中，找出一個喜歡的角落，思考自己在團體中的定位與個人所能發揮的功能。

活動最後，播放《芒鞋踏痕》影片，讓學員們更深刻體會聖嚴師父的悲願。許多學員表示，藉此活動可以彼此分享學佛的經驗，學習推廣佛法，並接引更多青年朋友親近法鼓山。

楊蓓老師引領法青悅眾，思索自己在團體中所能發揮的功能。

● 03.27～30

社會菁英禪三於法鼓山園區舉行
聖嚴師父勉學員以禪修改變人生

法鼓山於3月27至30日在園區禪堂舉行「第30屆社會菁英禪修營」，由僧團副住持果品法師擔任總護，共有147位各界傑出人士參加，包括《中國時報》發行人周盛淵、信義房屋董事長周俊吉、彰化銀行總經理陳淮舟、信誼基金會執行長張杏如、台積電文教基金會董事張淑芬等，參與人數為歷年最多。聖嚴師父特別於27日、30日到場關懷。

聖嚴師父在27日開示時表示，禪修的意義在於認識自己，禪的觀念是讓我們改變、調解人生，但禪修重於實踐，要在生活中練習、落實；師父也勉勵大家，練習隨時隨地跟自己在一起，把握當下。

學員們透過聖嚴師父的開示影片、法師的指導，進行數息、默照、懺悔、法鼓八式動禪、戶外經行等，練習放鬆身心；最後一天的分組討論，有許多學員提及禪修讓他們受益良多。

參加「第30屆社會菁英禪修營」的禪眾，熱烈參與分組討論。

● 03.27

108自在語發行全球版
與各國人士分享聖嚴師父法語

聖嚴教育基金會3月27日出版《聖嚴法師108自在語》（全球版），讓法鼓山國際弘化的腳步，朝向全世界邁進。

《聖嚴法師108自在語》（全球版）出版。

「聖嚴法師108自在語」為輯錄聖嚴師父法語的結緣品，自2005年7月發行以來，便獲得廣泛回響。為了讓各國人士也能認識師父的智慧法語，聖基會特別將它譯成多國語文，編輯成《聖嚴法師108自在語》（全球版）一書。

在本書中，聖嚴師父的每一句法語，皆有中文、英文、日文、韓文、西班牙文、印度文等語文。聖基會表示，希望大家一起來推廣，讓更多外國人士一起分享師父的人生智慧，獲得身心的自在。

● 03.28～04.27期間

春季報恩法會於各分院舉辦
民眾虔誠誦念 以「心香」落實環保

3月28日至4月27日期間，法鼓山各分院道場，包括北投農禪寺、桃園齋明寺、台南分院、高雄紫雲寺、台東信行寺及美國紐約東初禪寺，分別舉辦春季報恩法會，內容包括佛七、地藏法會、三時繫念法會等，以虔敬莊嚴的功德佛事，表達對歷代祖先的緬懷感恩與崇敬。

北部地區的農禪寺，於3月28日至4月4日舉辦清明報恩佛七，以念佛精進共修來報恩。齋明寺於4月26日起一連兩天舉辦數場法會，首日進行地藏法會、地藏懺法會，由監院果治法師帶領，約有一千三百多人參加；27日舉行三時繫念法會，由僧團果建法師主法，約有一千兩百多人參加。

中部地區的台中分院，在3月30日至4月5日於逢甲大學體育館啟建梁皇寶懺法會，法會中以數位牌位取代傳統燒化儀式，落實法鼓山心靈環保的理念。

南部地區的台南分院，於3月31日至4月6日連續七天舉行清明報恩地藏法

會。法會首先於31日下午，在僧團果峙法師等人的帶領下，進行灑淨儀式，接著由主法果建法師領眾進行祈福法會。果建法師向大眾開示持誦《地藏經》的功德廣大，可以消除三障諸煩惱，改善人

果建法師於台南分院舉辦的清明報恩地藏法會中，領眾進行祈福儀式。

品，也為此生的怨親債主祈福；還鼓勵大家學習在法會過程中反省自己，於日常生活中處處觀照行為，努力培養純善人格。法會期間，共誦七部《地藏經》，每日與會信眾約兩百八十位，其中有數位八十歲以上長者全程參與。

高雄紫雲寺於4月5日舉辦地藏法會，6日舉辦地藏懺法會，分別約有兩百多人參加。帶領法會的監院果耀法師勉勵大眾要放下萬緣、身心放鬆，誠敬參與法會，同時祈願所有眾生平安清淨。

海外地區方面，美國紐約東初禪寺於4月13日舉辦春季地藏法會，由象岡道場住持果醒法師主法，法師勉眾要在日常生活中學習地藏菩薩的精神，發菩提心、行菩薩道，約有一百多人參加。

各地法會現場皆以鮮花素果供佛，邀請民眾以「心香」誠懇專注誦念經文，落實環保精神，表達慎終追遠的孝思。

2008年法鼓山各地分院春季報恩法會一覽表

地區	地點	時間	活動內容	參與人次（約）
北部	北投農禪寺	3月28日至4月4日	佛七	400
	桃園齋明寺	4月26至27日	地藏法會、地藏懺法會、三時繫念法會	2,600
中部	台中分院	3月30日至4月5日	梁皇寶懺法會	6,000
南部	台南分院	3月31日至4月6日	地藏法會	2,000
	高雄紫雲寺	4月5至6日	地藏法會、地藏懺法會	450
東部	台東信行寺	4月6日	佛一	55
海外	美國紐約東初禪寺	4月13日	地藏法會	100

● 03.30～04.05

台中分院啟建梁皇寶懺法會
以數位牌位取代燒化儀式　體現環保

台中分院於3月30日至4月5日，於逢甲大學體育館啟建「清明報恩梁皇寶懺法會」，是繼2007年總本山大悲心水陸法會之後，中部地區首場結合環保科技，以數位牌位取代燒化儀式的法會盛事。一連七天的法會，分別由僧團果建法師、果興法師、果祺法師等六位法師主法；參與的民眾，假日約有一千多人，平日有四、五百人，總共約有六千多人次參加，以表達對祖先的緬懷，與對父母的感恩。

台中梁皇寶懺法會首次結合數位科技概念，於逢甲大學體育館舉行。

4月4日清明節，方丈和尚果東法師、僧團副住持果暉法師特別到場關懷。方丈和尚開示時表示，參加法會是精進共修的重要方式，拜懺祈福、迴向法界眾生，發願幫助眾生離苦得樂，就是行菩薩道的表現，也是落實「好願在人間」的方法。方丈和尚指出，行菩薩道須從自心轉念做起，藉由戒定慧三學淨化自己，才能成就眾人；更以此次法會設置的數位牌位為例，說明這項突破傳統的用意，就是教育民眾體會生活環保的重要性，鼓勵大家減少污染環境的行為，展現慈悲與智慧的精神。

除了以數位牌位取代燒化牌位的儀式，力求體現環保精神，法會現場還以聖嚴師父所寫的《法華經・如來壽量品》偈頌墨寶做為壇場布置，結合了佛法、藝術、環保與科技的特色，讓與會者留下深刻印象。

法會期間，逢甲大學校長張保隆、兩位副校長李秉乾、楊龍士及師生也到場參與拜懺。與會的該校師生，十分讚歎法鼓山法會的莊嚴，並感謝法鼓山選在逢甲大學舉辦梁皇寶懺法會，讓師生和民眾認識「心靈環保」的具體實踐。

● 04.08～10

法鼓山出席「2008漢傳佛教講經交流會」
常惺法師闡明〈普門品〉的實用面向

法鼓山受邀參加中國佛教協會和中華宗教文化交流協會於4月8至10日，在中國大陸北京法源寺中國佛學院召開的「2008漢傳佛教講經交流會」，由僧團常

惺法師代表參加。

開幕儀式由中國佛教協會副會長兼祕書長學誠法師主持，中國佛教協會會長一誠長老和中華宗教文化交流協會會長葉小文致辭。葉小文會長在致辭中讚歎聖嚴師父對經典的詮釋及演繹，並以「四它」為例，讚其簡潔、大眾化，貼近現代人生活需求。

「2008漢傳佛教講經交流會」於北京法源寺中國佛學院舉行。（左一為葉小文會長，左二為學誠法師）

三天的會議中，共有來自中國大陸、香港、台灣的46位青年法師與會，分別就漢傳佛教的五部經典《金剛般若波羅蜜經》、《心經》、《佛說阿彌陀經》、《華嚴經‧普賢行願品》、《法華經‧觀世音菩薩普門品》進行研討。常惺法師於會中發表「人生的方向——悲願在人間」，以「實用為先」的角度，剖析《法華經‧觀世音菩薩普門品》在外弘內修及漢傳佛教復興三個層面的整體運用。

此次會議對於漢傳佛教推動講經說法、研究經典，與漢傳佛教不同教派間的交流，具有深遠意義。

● 04.13

法鼓山四所社會大學聯合開學
三地視訊連線同步祝賀

4月13日，法鼓山在金山、大溪、台中、北投所開辦的四所社會大學，分別於法鼓山園區、台中分院、北投雲來寺三地，透過視訊現場連線，首次舉行

「2008年第一期春季班」四校聯合開學典禮，方丈和尚果東法師、僧團副住持果暉法師、社會大學校長曾濟群，以及台中法行會會長蔡瑞榮、台中市副市長蕭家旗、桃園縣議員李柏坊、金山鄉鄉長許春財、萬里鄉鄉長蔡蒼明、大溪鎮鎮長蘇文生等多位來賓親臨各地現場關懷祝賀。

方丈和尚果東法師於社大開學典禮中，頒發秋季班服務獎予學員。

　　方丈和尚於法鼓山園區現場開示時表示，法鼓山社會大學是集眾人之力共同成就，希望大家要珍惜這份善緣。方丈和尚強調，因為學員真誠付出，表現優秀，所以法鼓山社大能感動他人，在社會上樹立良好口碑。

　　曾濟群校長以這次開學典禮創新的視訊科技為例，指出現代科技發達，但科技仍須人文輔助，方能符合人類需求，法鼓山社大以聖嚴師父的理念辦學，就是希望能以佛法的智慧與慈悲，為社會提昇人文品質。

　　典禮活動還包括台中社大法鼓隊禪鼓演出、台中社大學員日語歌曲演唱、金山社大學員佛曲演唱等，除了動態表演節目，現場並頒發2007年第二期秋季班結業證書、終身學習護照、勤學獎、服務獎等。

　　桃園縣仁和國中家長會前任會長張宏特地出席法鼓山園區的現場，一方面表達對於法鼓山在大溪設置社大的感謝，一方面代表大溪社大捐出2007年第一期春季班學員護持「5475大願興學」的許願竹筒，期盼大溪學員的護持，能協助社會迫切需要的法鼓大學早日興建完成。

● 04.19

《大智慧過生活》校園贈書展開
參與教育部「學習列車」募書

法鼓山的展示現場，有許多民眾參與換書活動。

　　4月19日法鼓山基金會《大智慧過生活》校園贈書小組，前往台北縣中和市國家圖書館台灣分館，參加教育部舉辦的「魅力學習‧看見未來」終身學習列車活動，以贈送兒童繪本與民眾結緣。

　　活動中，基金會準備了《聖嚴法師108自在語兒童繪本（二）》、《自在生活阿米力》各20本與捐書、換書的民眾結緣，並提供捐書者「心靈處方籤」，與大家共霑法喜。

　　《大智慧過生活》三冊系列套書收錄聖嚴師父的智慧法語，並摘錄李家同、吳若權、吳淡如等作家的勵志小品，劉德華、嚴長壽等各行業成功人士的經驗分享等，曾獲新聞局推薦「第21次中小學生優良課外讀物」。自2001年發行以來，有百分之八十的國中曾使用該書做為生命教育輔助教材或指定課外讀物。

　　「2008《大智慧過生活》校園贈書活動」，則於6月初至9月初開放全台國民中學申請。

● 04.26～12.27期間

法鼓山「心光講堂」系列講座
協助青年朋友延伸人生的視野

為協助青年朋友開拓人生的視野，僧團青年發展院自4月26日至12月27日，於每月第四週週六晚上舉辦「心光講堂」系列講座，每季擬定一個主題，每月邀請各行各業的傑出人士，以講演方式與青年朋友分享豐富的生活體驗，九場講座共約八百多人次參加。

在「心光講堂」首場「尋夢大旅行」講座中，劉在武、李君偉透過自助旅行的照片，與青年朋友分享生命價值。

4至6月第一季的主題是「青年圓夢三部曲」，活動於行政院青年輔導委員會台北青年交流中心進行，分別邀請《45%的天堂》一書作者劉在武和李君偉、第三建築工作室負責人謝英俊、2008年世界麵包大賽銀牌得主吳寶春等人，一同分享對旅行、建築、烘焙的理想與實踐之道。劉在武和李君偉強調，只要勇於面對與承擔，人生就是一場永無終點的大旅行；謝英俊說明只要方向正確，問題就不是問題；吳寶春肯定只有不斷地接受挑戰，才能找到人生的意義。

第二季7至9月的主題為「自我超越三部曲」，活動於台北市聯經文化天地進行，邀請運長搬家公司（Steven the Mover）負責人江欲堂、登山教練歐陽台生、周大觀文教基金會第11屆「全球熱愛生命獎章」得主林睦卿，分享追尋生命的力量、面對困境的勇氣與信心。江欲堂說明不要怕吃苦與學習，才是成功的關鍵因素；歐陽台生鼓勵透過克服心理的恐懼與障礙，體悟「原來我做得到」；林睦卿表示失去左腳並不是生命的缺口，反而是啟發生命的源頭。

10至12月第三季的主題為「靈活做人三部曲」，以人際關係為重心。活動於行政院青年輔導委員會台北青年交流中心進行，邀請《地圖上的藍眼睛》一書作者杜蘊慈和黃惠玲、「草根台灣臉譜」網站架設人沈芯菱、表演工作者廖嘉琛主講。杜蘊慈和黃惠玲詳述在友情中成長蛻變的過程；沈芯菱分享從事公益活動的心路歷程；廖嘉琛則分享親情、愛情、兩性人際關係的相處哲學。

許多參與「心光講堂」系列講座的青年學員表示，聆聽不同領域人士的生命分享，將學習領域拓展至社會，有助於尋找個人生命方向的動力，並能充實自己的人生。

2008青年院「心光講堂」講座一覽表

系列主題	時間	講題	主講人	地點
青年圓夢三部曲	4月26日	尋夢大旅行	劉在武、李君偉（《45%的天堂》作者）	行政院青年輔導委員會台北青年交流中心
	5月24日	建築夢的藍圖	謝英俊（第三建築工作室負責人）	
	6月28日	夢想實踐家	吳寶春（2008年世界麵包大賽銀牌得主）	
自我超越三部曲	7月26日	M型社會的創業家	江欲堂（運長搬家公司負責人）	台北市聯經文化天地
	8月23日	攀登心境界	歐陽台生（登山教練）	
	9月27日	單腳舞動人生	林睦卿（周大觀文教基金會第11屆「全球熱愛生命獎章」得主）	
靈活做人三部曲	10月25日	絲路之旅的友情大考驗	杜蘊慈、黃惠玲（《地圖上的藍眼睛》作者）	行政院青年輔導委員會台北青年交流中心
	11月30日	草根英雄・公益夢	沈芯菱（「草根台灣臉譜」網站架設人）	
	12月27日	蠻牛夫妻・共舞真情人生	廖嘉琛（表演工作者）	

● 05.03～25期間

「朝山・浴佛・禮觀音」舉辦
信眾歡喜上法鼓山　同霑法喜

為了慶祝佛誕日及母親節，法鼓山於5月3至25日的每週六、日在園區舉辦「朝山・浴佛・禮觀音」活動，內容包括上午及下午各兩場浴佛法會、禮拜觀音等，期間有近四萬名民眾闔家上山浴佛。

於大殿舉行的浴佛法會，由僧團法師領眾誦經、祈福開示，現場提供大眾以香湯沐浴佛身，也以壽桃與民眾結緣，共霑法喜。而園區復育有成的台灣百合，其典雅清淨的象徵，也取代康乃馨成為送給偉大母親們的最佳獻禮；不少民眾也為長輩祈福點燈，藉以表達不忘佛陀與父母的恩德。

舉辦法會的同時，園區並規畫開放臨溪朝山步道及法華公園朝山步道，供民眾從步道依序進入大殿禮佛、浴佛，以紓解朝山人潮；民眾攝心誦持「南無本師釋迦牟尼佛」聖號，沿著步道三步一拜，讓身心融入法鼓山自然的禪味境教

之中。

此外，法鼓山於18日特別在萬里、野柳、金山等地方市集，舉辦「太子踩街」活動，由十餘名小學生以生動活潑節目表演浴佛節的由來，富含教育意義。許多鄉親表示，希望法鼓山這項深具正面教育意義的活動，能夠年年延續，成為地方特色的人文活動。

各地信眾齊聚法鼓山園區，參加浴佛。

● 05.03～11期間

全台各地分院道場同慶浴佛節
感念生命二重恩

5月11日的浴佛節，欣逢母親節，法鼓山全台各地分院道場於5月3至11日期間，分別陸續展開各項相關慶祝活動，除了浴佛法會，大多還搭配園遊會、慶祝母親節的親子活動，以及結合地方關懷的社區活動等。

北部地區方面，北投中華佛教文化館於5月3日上午進行浴佛法會，下午於館外公園展開各項節目，包括逸仙國小的「大鼓隊」、「森巴鼓」，北投國小的「直笛樂團」與「管樂團」，與清江國小的「扯鈴」、「客家布袋戲」等表演，同時進行義剪、義診等社區關懷活動。

5月11日，由法鼓山基金會、台北安和分院、法緣會共同舉辦的「好願祈福感恩會」，於台北國父紀念館西側廣場進行，聖嚴師父亦於下午親臨關懷大眾。感恩會中，方丈和尚果東法師帶領大眾為緬甸風災的災區民眾及救災人員祈福默禱一分鐘。此外，並安排法行會法鼓隊、宙斯愛樂管弦樂團表演，以及「靜心托缽」、「茶禪感恩」等園遊會活動，充滿人文關懷氣息。

中部地區，主要是台中分院於11日舉行浴佛法會，由僧團常智法師主法，約有四百多位民眾參加。法師開示時，鼓勵大家以佛法照顧自己的佛心，學習用六度清洗自性、調伏煩惱。由於適逢母親節，許多民眾陪著母親一同前來浴佛，分院並提供壽桃、壽麵、素香麵與大眾結緣。

南部地區，台南分院、高雄紫雲寺於11日分別舉辦浴佛法會。台南分院於台

南二中明德堂舉行，由關懷院監院果器法師偕同六位僧團法師共同主持，約一千五百位民眾扶老攜幼共襄盛舉。法會前，首先播放聖嚴師父開示浴佛節意義的影片，讓大眾了解浴佛除了代

在安和分院「好願祈福感恩會」上，小朋友奉茶感謝爸爸的辛勞。

表禮佛，也象徵清淨自己內心的佛，並引領大家學習感恩懺悔。果器法師代表師父為現場80位信眾授三皈依，氣氛殊勝莊嚴。

於高雄紫雲寺五樓大殿舉辦的浴佛法會，由僧團果建法師帶領大眾唱誦《心經》、〈讚佛偈〉及聖號。法師開示時，鼓勵眾人在這感念佛恩、母恩的殊勝佳節中，更要堅定修行道心。當天，參與隨喜浴佛區的民眾絡繹不絕，為小菩薩們特別設計的小浴佛台更是受到熱烈歡迎，現場氣氛歡喜圓滿。

2008年全台分院道場浴佛節慶祝活動一覽表

地區	時間	地點（主辦單位）	主題	參加人數（約）
北部	5月3日	北投中華佛教文化館	浴佛法會、各項表演活動及義剪、義診等社區關懷	5,000
	5月10日	北投農禪寺	浴佛法會、好願素食園遊會、紙風車兒童劇團表演	1,800
	5月11日	台北安和分院	好願祈福感恩會	10,000
	5月11日	桃園齋明寺	浴佛法會	300
中部	5月11日	台中分院	浴佛法會	400
	5月11日	南投德華寺	浴佛法會	40
南部	5月11日	台南二中（台南分院主辦）	浴佛法會、皈依典禮	1,500
	5月11日	高雄紫雲寺	浴佛法會	200
	5月17日	高雄三民精舍	浴佛法會	200
合計				19,440（約）

慶祝2008年浴佛節、母親節

5月11日台北市國父紀念館「好願祈福感恩會」錄影開示

◎聖嚴師父

南無本師釋迦牟尼佛！今天是第2632年的佛誕日。目前法鼓山在全球有幾十個分院、道場，大大小小都在同一個月，或是同一天舉辦浴佛節的法會和浴佛的儀式。

浴佛的來源是當釋迦牟尼佛誕生之時，據說有九龍吐水為釋迦牟尼佛太子沐浴。因此紀念佛陀誕生之日，都叫作「浴佛節」，我們是代表龍天護法為還沒成佛的太子沐浴。

浴佛的意義以現代而言，一方面為釋迦太子浴佛，一方面為我們自己內心的佛洗淨，即是清淨自己的身心，用浴佛來代表、象徵。每一個來參加浴佛的人，並不僅僅為釋迦牟尼佛倒一點水表示浴佛，實際上是為我們自己的內心淨化而來浴佛，這非常重要。

另外，今天也是母親節，中國的浴佛節和母親節時間非常接近，甚至在同一天，我們同為天下所有的母親祝福、紀念。母親很偉大，釋迦牟尼佛如果沒有他的母親，便沒有釋迦牟尼佛的誕生，我們也一樣，社會上所有的人都因母親而出生，因母親的愛護而成長，因此我們要感恩母親。

今年（2008年）法鼓山推動的年度工作項目為「好願在人間」，就是每個人要發願，發什麼願？至少發一個或多個好願，大的、小的都可以，只要發願便能成功。願會隨著我們的心而實現，譬如2007年和2008年，法鼓山努力在推動「心六倫」活動，包括家庭、生活、校園、自然、職場和族群倫理。過去的倫理只有「五倫」，「心六倫」是我們提出適合時代環境需求，為全球性的倫理。同時，我們也積極在籌建法鼓大學，希望大家對法鼓大學奉獻建設基金，法鼓大學必能早日完成，這是我們法鼓山共同的願望。

「好願在人間」，祈願世界和平、平安、幸福。如何著手呢？從「心六倫」來著手。「心六倫」是適合時代環境的需求，是全球性的倫理。祝福大家，阿彌陀佛！

聖嚴師父親臨「好願祈福感恩會」會場，勉勵大家發好願。

● 05.04

聖嚴師父獲頒文化貢獻獎
期許新政府帶動文化革新

5月4日下午，聖嚴師父應邀出席中國文藝協會於台北市三軍軍官俱樂部勝利廳舉辦的「97年第49屆文藝節慶祝大會文藝獎章頒獎典禮」，師父獲頒「文化貢獻獎」，由總統當選人馬英九代表該會授獎。除了表達感謝，師父並代表所有受獎人致謝辭。

聖嚴師父謙虛表示，自己以出家人的身分，能夠榮獲文化貢獻獎，在感到慚愧的同時，也感謝所有評審的愛戴；並期許新政府帶動台灣藝文界發展嶄新的契機。準總統馬英九則向師父和在場人士承諾，將來不僅會是政治上的總統，也會扮演好文化總統的角色。

97年度的榮譽文藝獎章獲獎名單，尚包括：舞蹈獎——舞蹈家劉鳳學、文學詩歌獎——詩人辛鬱、音樂獎——作曲家錢南章。另外，文藝獎章獲獎人還有詩人詹澈、美術理論家陳欽忠、攝影家陳兩祥等。而聖嚴師父能以僧侶的身分獲獎，也顯見文藝協會對師父常年致力於教育弘化、國際文化交流的肯定。

聖嚴師父獲頒「文化貢獻獎」，並代表所有受獎人致辭。

佛教與文藝的關係

5月4日於台北三軍軍官俱樂部「第49屆文藝獎章頒獎典禮」代表受獎致辭

◎聖嚴師父

馬總統英九先生、前教育部部長郭為藩先生、中國文藝協會會長愚溪先生、行政院文化建設委員會主任委員申學庸先生、文藝界大老鍾鼎文先生，以及諸位貴賓，諸位得獎人：

今天是中華民國的文藝節，祝福諸位、恭喜諸位文藝界的先進朋友們，文藝節快樂，大家好！

我今天有二重的榮譽，一是獲頒文化貢獻獎，二是代表得獎者來致謝辭，我應該在這裡謝謝大會的主席，給我這樣的機會。

印度前總統阿布杜・卡藍（Abdul Kalam）博士在第27屆世界詩人大會中致辭時說：「音樂生於詩詞，詩詞生於思想，思想自創新的心智中萌發。」音樂與詩是文藝的源頭。

我聖嚴在這一生當中，也得過不少獎，從文藝方面來說，我曾經得過中山文藝獎當中的傳記文學獎，以及中山文藝獎當中的學術著作獎。另外我也得過行政院文建會的文化貢獻獎，以及中華文化復興總會的總統文化獎等。今天我又得到文藝協會的這項文化貢獻獎，使我感覺到非常地榮幸。

追溯一下佛教與文藝的關係：可以說世界各宗教都與文藝有密切關係，在西方宗教，《聖經》是一本非常好的文學作品，裡面有許多的詩歌、散文及語錄。另外在印度的吠陀文學是以詩偈寫成的，另有二部史詩，《摩訶婆羅多》和《羅摩衍那》。在佛經中的偈子就是詩的體裁，而以梵文寫成，例如馬鳴菩薩所寫的《佛所行讚》，以及《華嚴經》、《法華經》、《維摩經》等，都是非常優美的文學作品，裡面兼雜著詩偈。又如《中論》、《俱舍論》、《唯識論》等，這些都是以詩偈的體裁完成，再加以散文解釋。

在中國佛教裡以禪宗為主流的所謂語錄，都是非常好的文學作品，有的是用詩偈完成的，例如《六祖壇經》當中的〈無相頌〉，以及惠能大師的弟子永嘉玄覺所寫的《證道歌》。後來禪宗的僧侶與文人、藝術家及藝文界的人士，都會有不少的來往，例如唐宋時代的大文豪韓愈、白居易、柳宗元、王維、蘇東坡等等，在他們的著作裡都可以看到與禪僧或禪師有來往，或者與寺院有關係。

一直到現今，例如愚溪先生就是佛教徒，他的作品是詩、是散文、也是小說；他的作品是虛、又好像是實的，實際上寫的就是空靈的佛教禪的境界。他是花蓮和南寺傳慶長老的弟子，他設立了「鶴山二十一世紀國際論

壇」，就是為了紀念他的師父，由於他的關係，像詩人洛夫，以及作家管管都分別在和南寺住了一段時間。在愚溪辦的《新原人》這份雜誌的17週年慶時，管管先生也寫了一首詩慶祝：「吃了雲門餅，再飲趙州茶，挨過德山棒，且聽臨濟喝。」這首詩寫的就是佛教禪宗的典故。

文藝本來在中國的古典裡，是禮樂射御書數六藝，可是到了今天，已經有七藝、八藝，甚至有十多藝、或者二十多藝。

我最近看到林懷民先生對於未來新政府在文藝及文化方面的努力有所期許，林懷民先生就是位作家、小說家、編舞家，以及舞蹈家。相信在馬總統就任之後，台灣的文化運動，會有一個嶄新的局面出現。因為馬總統是一位文藝傳家的總統，一定會帶動未來台灣新一次的文藝復興契機。

最後，祝福大家平安、快樂、健康、幸福。

● 05.10

農禪寺歡慶佛誕與母親節

認養樹苗　創造淨土

　　為歡慶佛誕節與母親節，北投農禪寺於5月10日舉辦系列慶典活動，內容包括浴佛法會、好願素食園遊會，以及「心六倫幻想曲」表演等。

　　上午於大殿進行的浴佛法會，由僧團果峙法師帶領近七百位信眾進行浴佛及佛前大供；在唱誦「釋迦牟尼佛」聖號中，民眾依序出列浴佛，場面莊嚴。也有不少民眾攜家帶眷於大殿外的浴佛區供花浴佛，祈願在燃燈

媽媽帶著小朋友在農禪寺浴佛。

禮拜的過程中，能淨化心靈，並為家人祈得平安圓滿。

　　於戶外進行的「好願素食園遊會」，包括有多項素食義賣，國軍北投醫院、北投文化基金會提供的醫療諮詢及社區生態介紹，而奇岩、榮光、東華等社區民眾，則表演漢詩吟唱、筷子舞、手語歌等多項演出，祝福母親們永遠健康、快樂。方丈和尚果東法師也特地到場關懷與會民眾，並慰問園遊會中辛勞付出的義工們。

　　另一方面，「樹苗認養」乃這次浴佛活動中的特色。為推行法鼓山「心靈環保」的理念，農禪寺特植下兩千株樹苗，鼓勵民眾以植樹綠化，落實愛護環境的慈悲心。

　　晚間，著名的紙風車兒童劇團帶來充滿創意的「心六倫幻想曲」表演，藉由活潑及充滿想像力的詮釋，將彼此尊重及樂觀進取的人生態度與觀眾分享，讓民眾更深入了解法鼓山「心六倫」的理念。

　　內容豐富的佛誕、母親節慶典活動，讓民眾歡度了一個既溫馨又富有教育意義的感恩佳節。

● 05.15　06.18　07.16　08.20

「園區建築之美」課程弘化院舉辦

深度介紹法鼓山園區建築之美

　　僧團弘化院參學室於北投雲來寺舉辦了四場「園區建築之美」研討課程，由建設工程處處長李孟崇主講，深度介紹法鼓山園區建築之美與精神意涵，每場

皆約有八十多位導覽人員參加。

5月15日進行的第一場，李處長首先播放介紹西班牙畢爾包古根漢美術館（Guggenheim Museum Bilbao）建築的影片，引領眾人思考「法鼓山世界佛教教育園區」的建築內涵。他強調，園區建築物本身並不是最重要的，重要的是弘化的功能，並說明聖嚴師父對法鼓山建築的定位，為寓有教育功能的當代佛教建築群，除反映時代特色，亦注重環保理念的落實，讓人感覺就像是大地上生長出來的景觀，不突兀而與自然協調共存。

6月18日的課程中，李處長從五個面向，包括對環境友善的態度、從生活角度出發、多功能的活動空間、減量設計與注重細節等，介紹園區建築物的多層次意涵與特色，剖析園區建築在精神內涵上，以佛教精神為主，力求自然、寧靜、舒適、自在，同時也多元呈現簡樸、實用、易於維護、創新等時代特色。

7月16日的課程中，李處長介紹綠建築指標，解說法鼓山的永續綠建築計畫，源自聖嚴師父提倡的四個環保理念，涵蓋綠建築的規畫、細節、工法及設備，以落實對環境的永續維護與尊重。

8月20日最後一堂課中，李處長詳介禪堂、祈願觀音殿及大殿等建築物的設計過程，從使用材料的挑選，到傳統工法的使用，除了反映出禪修的簡約清淨、佛法的多元包容，也兼顧環保及節能的功能。

課程結束後，學員們表示，系列建築課程有助提昇專業知識與品質，希望未來帶領導覽時，能接引更多民眾親近法鼓山，領會「靈山勝境」的殊勝。

● 05.18

「社會菁英禪修營第59次共修會」舉辦
聖嚴師父期勉學員發揮生命的價值

法鼓山5月18日於北投農禪寺舉辦「社會菁英禪修營第59次共修會」，由僧團常遠法師帶領，聖嚴師父親臨開示，共有146位學員參加。

聖嚴師父開示時表示，無論是社會菁英共修會或是法行會，成員都是參加社會菁英禪修營而來。禪修營舉辦歷屆以來，已經有近兩千五百位人士參與，而這些人士都各有所長，都是法鼓山的寶，希望大家能加入法行會，找到奉獻的著力點，發揮自己的生命價值。

因應法鼓山投入緬甸、中國大陸四川賑災，此次共修會特別邀請法鼓山慈善基金會總幹事陳果開說明最新賑災情況。法行會新任會長張昌邦也出席分享法行會未來轉型的期許，希望有更多會員加入共修會，法行會將更具行動力，為社會奉獻。

法行會與菁英共修會再出發

5月18日講於北投農禪寺「社會菁英禪修營第59次共修會」

◎聖嚴師父

　　諸位菩薩，法行會原來界定是法鼓山的「智庫」，智庫是做什麼呢？比如說國民黨的智庫，就是為國民黨提供各方面的訊息，和提供各方面的規畫、意見；民進黨也有類似的組織。智庫裡面的每一個人，都各有負責的工作和任務，而法行會名為「智庫」，卻沒有真正負責的職務。

　　雖然法行會的菩薩們很發心，參與了法鼓山的各項活動，當我們辦義賣活動的時候，諸位菩薩們也都熱心參與，並不是說法行會的菩薩沒有做什麼事，但是有一些菩薩們雖然擔當分配的工作、分組的職務，自己當了組長，卻沒有辦法得力，為什麼？原因是沒有著力點！有工作、有任務，但是缺乏著力點，不知從何著力，所以分配工作等於沒有分配。

　　因此，在兩、三個星期之前，我請法行會的菩薩們，包括會長、副會長，還有前任的會長，以及我們副總統蕭萬長菩薩出席一個會議並且達成決定，那就是，法行會還是法行會，但是不再有「智庫」的稱呼；法行會仍然有智庫的功能，但是不稱「智庫」。因為叫了「智庫」以後，就等於受限，只具有規畫和建議的功能。我希望法行會是具有行動力的一個組織，能夠協助推動法鼓山的理念。

法行會重新轉型再出發

　　既然法行會要有一個新使命，共修會是不是也要有一個新的開始呢？在我們這個團體，各個會團都是各自為政，彼此之間沒有互動。法行會就是法行會，跟其他的會團沒有關係；共修會則更獨立了，共修會本來就是一個非常自由的一個結社，想來的就來，不想來就不來，時間一久也就不來了。剛剛參加完菁英禪修營的學員，當屆或者是前一屆的學員，通常願意回來，可是時間久了，漸漸就忘記了。我現在問問看第一屆的有沒有人來？只有單德興菩薩，如果會長來了，只有兩人，那麼其他人到哪裡去了？為什麼不來？冷了！那麼單德興菩薩為什麼還是繼續來？還是繼續打坐，還是繼續替我翻譯？因為他讀我的書，把我的英文禪修著作翻譯成中文，他還認我是師父，所以他還會來。其他的菩薩，漸漸覺得跟我沒有關係，跟法鼓山沒有關係，也就不來了，這是非常可惜的。

　　這是誰的責任呢？是我的責任！因為我沒有組織、沒有領導的能力，我只請他們來參加禪修，可是我沒有組織能力、沒有領導能力，沒有辦法帶動這些人，雖然我們有各組組長，發揮的作用卻有限。

　　平常我們沒有互動，因此諸位還能來參加共修是個「異數」，師父並沒有常常跟你們互動，法師們也沒有照顧諸位，給予關懷。我們的法師與菩

薩的互動、服務不夠周到，因此除了幾位還非常熱心地參與，其他的人就很少出現。

在這次第30屆的學員中，有一位是台積電董事長張忠謀的夫人張淑芬女士，她參加了我們最後一期的禪修營。今天來的第30屆學員也滿少的，這表示如果法鼓山再不照顧你們，你們也會漸漸、漸漸不見了。張淑芬菩薩原來是有打坐工夫的，這次參加三天禪修，倒不是因打坐而得力，也不是聽到我的開示而有用，而是看我很可憐，同情師父有病，還帶病來看大家，給大家講開示，她很感動，一看到我就想流眼淚。她這樣子一想，馬上起個念頭：「從現在起，我要從事社會慈善工作，並且全心投入。」她第一個投入的，就是配合法鼓山前往中國大陸賑災，她的這份發心不是我的弟子帶得好，也不是我的開示講得好，也不是我們的方法好，而是被我感動了。但是如果同樣要求我的弟子們，等他們老了、害病了，再去帶禪修，就可以感動人，有這樣的事嗎？大概沒有。

因此，我跟我們僧團的執事法師商量，法行會要有專責的法師來「帶」，同時兼顧著共修會的菩薩們。所謂「帶」，就是與菩薩們互動，以及辦活動、傳遞訊息。

找到奉獻的著力點

法行會過去並沒有一定的任務，會員也沒有一定需要擔任什麼工作，未來我希望法行會的每位菩薩都能有奉獻的著力點。比如陳韋仲菩薩他的著力點非常清楚，就是協助法鼓山的公關文宣。其他的菩薩希望每一個人也都能夠有奉獻的著力點，有了著力點，我們就能夠繼續往前、往下推動。共修會的菩薩們也是一樣，假如共修會的菩薩們，全部參與法行會，那就可以結合兩個性質相同的團體，一起努力。我只是提供這一想法，未來有需要的時候可以合併，這兩個會的性質是相同的，源頭都是社會菁英。

社會菁英禪修營的菩薩們是法鼓山的寶，應該要有兩千五百多人，但是現在參加活動的人數不多，我們要派法師來協助、帶領、服務，至少要能找回一千人，這也不簡單。其實社會菁英菩薩們，有好多位是法鼓山的榮譽董事，有好多位給了我們很多幫忙，我在這裡向大家表示感謝；往前走的時候，希望大家都能有一個奉獻的著力點，否則難以成事。

今天的開示，好像沒有講佛法，其實佛法跟世法是相通的。為了使得大家都能夠看懂、聽懂，必須要配合世法來講。很多人看我的書，不僅很感動，

社會菁英禪修營的學員們，專注聆聽聖嚴師父的開示。

而且得到很多利益，他們是從我的書得到了利益——不是讀我的論文，而是看了我的這些通俗性文章。雖然是生活化淺白的口語，卻能夠化解大家的煩惱，幫助大家解決心中的痛苦、解開心裡的疙瘩，這就是佛法的功能。

講佛法要看時機、對象

宣講佛法要看對象的程度，有對小眾講的，有對大眾講的。譬如講中觀、唯識、華嚴、天台，這是對小眾講的佛法，就是幾個人、十來個人。而大眾呢？對大眾講的佛法要通俗化，如果對幾千個人講唯識，大概大家聽了想睡覺，不然就走掉了，能看懂、聽懂的人是少數。因此，我講的佛法有兩個層次，一個是對小眾講，一個是對大眾講。

昨天有個菩薩問我，他說最近發生的緬甸風災和四川的震災，死亡及受災的民眾好幾十萬、上百萬，這是不是共業？他說是不是真的有一些人，他們在某時某地造了同樣的業，所以這一生，在同一個時地接受相同的果報？我說，這種說法只對了一半。

因為同樣是災區的民眾，有的人受災比較嚴重，有的受災比較輕，也有的人因禍得福，在災難之中反而得到福報，譬如賺了錢、發了財。此外，同樣是受災民眾，不一定就是過去生在同一個地方造同樣的業，所以這一世遭受相同的果報。有的人可能是過去造了惡業，所以在這一生受災；有的人是過去世發了願要到娑婆世界來救苦救難，因此也在災難之中，如果這個世界上無災無難，這些發了願的人就無用武之地了。因為有災難，所以他們到災區救苦救難，因此我說：「受苦受難的是大菩薩，救苦救難的是菩薩。」

一般講的因果，都是說過去生造了惡業，所以現世接受果報，但是在災難發生的時候，講因果是不恰當的；受災的民眾已經很痛苦了，卻還被說是因果業報，那是非常不慈悲的。我在台灣921大地震及納莉風災前往災區關懷時，都不偏重於講業報，而是告訴他們，業報是有的，有一些人確實是過去世造了惡業，這一生來受果報，但不一定是在同一個地方，有的是在不同的世界、不同的環境、不同的時代造業，而現在到世間接受果報。從佛教的觀點看，其實受報是好事。為什麼？因為把債務還清，就是一個沒有債的人了；如果逃避債主、逃避責任，將來可能要加倍奉還。

所以，災區可能有一些菩薩是來還債的，而有一些菩薩是來還願的，他們為度眾生而來受報。我把這個觀念介紹給諸位，當你們看到有人在受苦受難，不要講是因果受報，而要勉勵他們，是因為他們過去世發了願，今生來還願的。

今天報到的菩薩一共有146位，這是空前的，非常感謝今天到場的菩薩們。謝謝，阿彌陀佛！

● 05.30～06.01

青年院舉辦「法青種子培訓營」
體驗佛法的實踐智慧

透過法師引導，種子培訓營學員於分組討論中熱烈互動。

5月30日至6月1日，僧團青年發展院於法鼓山園區禪堂舉辦「法青種子培訓營」，由監院果毅法師擔任總護，方丈和尚果東法師特地到場關懷，共有72位法青種子參加。

課程內容，共安排五場以「學習」為主題的講座，由八位僧團法師擔任小組指導法師，透過學習五種不同角色——苦難中的菩薩、法會悅眾、佛菩薩、聖嚴師父以及法鼓山義工，讓學員們深刻體會佛法的慈悲與智慧。

5月31日，首先由常法法師主講「學習苦難中的菩薩」，分享參與四川賑災救援的見聞；果建法師則以輕鬆的方式，引導學員進入「學習佛菩薩」的情境，即是學習「四攝」和「六度」的菩薩行，也鼓勵學員們從學習認識自我開始，進而肯定、成長及消融自我；常慧法師藉由幾則意涵深遠的故事，貫穿聖嚴師父一生的學習歷程，帶領學員們更深刻體會師父的悲願，許多人因此發願努力學習師父，盡形壽報師恩。

晚間的「夜禪」活動，由果毅法師帶領學員到祈願觀音殿練習禪修，之後大家開始運用方法，不管是在殿內禮拜、迴廊經行，或是坐在戶外遠眺金山平原、聆聽蟲鳴、雨聲，用心感受夜禪的攝受力。

6月1日上午，方丈和尚至禪堂關懷學員，並以「好願在人間」為題開示，勉勵大家要當一顆精進的佛法種子，運用年輕的活力與智慧來推廣佛法。下午，果毅法師帶領學員至台北市台泥大樓聆聽法鼓山所舉辦的「安心、安身、安家、安業‧重建希望」座談會，會中聖嚴師父、副總統蕭萬長、「壹基金會」創辦人李連杰、台積電文教基金會董事張淑芬對談救災的經驗，彼此學習交流，與這次活動主題相互呼應。

這場種子培訓營,透過五位法師精彩的演說,以及聆聽一場內容豐富的座談會,希望讓法青種子們在活潑又有深度的課程中充實自我,並待發芽成為悲願的樹苗。

● 05.31

聖嚴師父獲頒「李國鼎傑出經濟社會制度設計獎」
首位非經濟與科學領域人士獲殊榮

由美國設計與流程科學協會（Society for Design and Process Science,簡稱SDPS）主辦的2008年「李國鼎傑出經濟社會制度設計獎」頒獎典禮,5月31日上午於台北中正紀念堂一樓演講廳舉行。聖嚴師父獲頒該項獎項,並親自出席受獎。

聖嚴師父獲頒「李國鼎傑出經濟社會制度設計獎」。

這是該獎首次頒給非經濟與科學領域的傑出人員。負責頒獎的李國鼎數位知識促進會理事長王昭明表示,聖嚴師父因提倡建設人間淨土理念,並落實設計可執行的啟蒙工程,如實踐「心靈環保」等四環理念,與發起「心五四」及「心六倫」等教化社會風氣的運動,而獲得該獎殊榮。

聖嚴師父致辭時,緬懷李國鼎在經濟、人文領域發展的貢獻,並逐一介紹家庭、生活、校園、職場、自然、族群倫理的「心六倫」內涵,也再次強調「心六倫」的重要,呼籲重視群我關係,讓社會更和諧。

群我關係與全球倫理

5月31日講於台北中正紀念堂「李國鼎傑出經濟社會制度設計獎」頒獎典禮致辭

◎聖嚴師父

今天我能得到這個獎，感覺非常殊勝與榮耀。我們都知道，李國鼎先生對台灣的經濟建設和社會的貢獻非常大，他曾經擔任經濟部長、財政部長，雖然尚未擔任行政院長，可是台灣之所以經濟起飛，成為亞洲四小龍，這都跟李先生的貢獻有關。我相信在近代台灣的歷史上，他是占有一席之地的。

如同王昭明先生所說，李國鼎先生是個跨領域的人才，除了專精經濟之外，他對社會方面的許多領域也頗有研究。所以，對於我這個年代的台灣人而言，沒有人不知道李先生。儘管他過世了十多年，但是，我們至今仍然非常懷念當時有李先生這樣的人，尤其是在台灣經濟環境日漸下滑，人心、道德淪落的今天。

民國七十年（西元1981年），李國鼎先生提出了一項新主張——「第六倫」。當時雖然經濟條件好、科技發達，但是社會的倫理價值觀卻沒落了，所以他開始提倡第六倫。其實中國儒家思想中的五倫維繫社會倫理長達一千多年、將近兩千年的時間，然而到今天為止，其涵蓋面已經是不足夠的，所以李先生才提出了關於「群我關係」的倫理問題。

李國鼎先生所提出的新倫理，是人類精神文明的一種價值理念，內容涵蓋了人與人、人與團體，以及人與自然之間的關係，這是過去五倫所沒有的。但是，這個觀念只在少數的知識分子之中流傳，並沒有形成整個社會共同的團體觀念，成為一項倫理運動，這是一件非常遺憾的事。

近幾年來，我也受到李國鼎先生的影響，覺得我們應該要有一種世界性、全球性的倫理觀，因為目前世界上各種民族、宗教、文化背景的人，都有自己的一套倫理觀來闡述所謂的「正義」。我曾經問一位伊斯蘭教的學者說：「伊斯蘭教的『正義』是指什麼？」他說：「是『戰爭』。因為沒有公義，所以要用戰爭來爭取公義。」意即正義就是為了爭取公平，所以要發動戰爭。這個觀念很可怕，我聽了有一點擔心。因此，我呼應李先生的看法：五倫是小的愛，而群己關係的倫理是大愛，而這個大愛應該包括全球、不分種族，也就是跨宗教、跨種族、跨文化背景，這才是人們真正需要的倫理。

那麼我們舊有的倫理還需要保留嗎？還是需要。可是舊倫理有一點問題，有一點腐敗，譬如「君臣」倫理，凡是有新思想的人都很難接受。事實上我們現在根本沒有皇帝，即使是總統，在現代也已經成為所謂的「公

僕」，是公眾的僕人，而不是「君」了。所以，五倫中有很多內容是無法適用現代的，因此，我就把它變化一下，叫做「心六倫」，從我們的心開始出發，來實踐這項全球性的倫理。我在此將這項全球性的倫理標明出來，向諸位介紹一下，請諸位指教：

第一是家庭倫理，包括父母、兄弟、子女，所有與這個家庭有關係的人，都屬於家庭倫理的範圍。

聖嚴師父推崇李國鼎先生是新倫理觀的啟發者。

第二是校園倫理，因為現在從小學到大學，校園裡倫理觀念衰微，老師與學生之間，老師不像老師，學生不像學生，因此我們提倡校園倫理，其中不僅包含老師與學生、家長與老師之間的關係，所有辦教育的人都包括在內。

第三是生活倫理，這是舊五倫中所沒有的觀念。每個人的生活，無論是物質層面或精神層面，都與整個環境息息相關，如果我們在生活裡浪費了一樣東西，都會對全球產生影響，所以生活也要講倫理。如果生活不節儉、浪費、糜爛，這是對地球沒有責任感。因此，倫理實際上就是責任感和奉獻心。

第四是自然倫理，李國鼎先生曾經說過，人生活在自然的環境裡，所以要愛護自然。太空人艾德格‧米契爾（Edgar Dean Mitchell）博士也指出，我們這個世界如果不搶救的話，再過一百年就會毀滅了。我想，如果不努力的話，可能不到一百年，地球很快就會毀滅，但是如果努力的話，還有幾億年可以過下去。

第五是職場倫理，也就是工作中的倫理，這裡面包含很廣，凡是個人參與他人一起工作，也就是兩人以上共同工作的環境，即是職場，這不一定專指企業。多半的人在職場上都希望爭取更好的待遇，但是我們主張的是奉獻。

第六是族群倫理，包括宗教、民族，以及國家之間的族群，其實專業與專業之間也是一種族群關係，譬如有所謂的「同行是冤家」。台灣許多年來，也有族群分裂的現象，但這算是小現象，大現象則是世界上有許多族群嚴重分裂，因此我們也提出族群倫理。

我今天就講到這裡為止，謝謝。

● 05.31

聖嚴師父與太空人米契爾對談
揭開心靈奧祕 樂觀看待未來

聖嚴師父應亞洲大學、美國設計與流程科學協會（Society for Design and Process Science，簡稱SDPS）之邀，上午與史上第六位登陸月球的美國太空人艾德格·米契爾（Edgar Dean Mitchell）博士於台北中正紀念堂一樓演講廳，就「宇宙的震撼」、「心識的奧祕」、「覺性，是未來世界的黎明」三大議題進行對談。該對談由亞洲大學教授葉祖堯主持，包括台北縣文化局局長李斌、資策會執行長柯志昇、亞洲大學校長張紘炬等，約有七百多人到場聆聽。

對談中，曾執行阿波羅14號太空船登陸月球任務的米契爾博士首先表示，在返回地球的航程中，體驗到一種與宇宙合而為一的特殊體驗，以此請教於聖嚴師父。師父恭喜米契爾博士，認為他體驗到禪修的「統一心」，千人中難得有一人；然而修行的最高境界是「無」，所以應該要放空自我，即使有特殊體驗，也不要執著。

關於宇宙緣起，米契爾博士提到傳統的大爆炸理論早已被推翻，宇宙經證實是在膨脹與收縮的作用中誕生；聖嚴師父認為，這個新理論與佛法「成住壞空」的思想不謀而合。

在有關心識的議題討論中，兩位對談人發現佛學與科學竟有許多巧妙的相同點，譬如物理學中的量子糾纏理論，與佛教「心識」與「業力」間相互牽引的因果定律，可以互相印證。聖嚴師父表示自己相信科學，但認為科學沒有辦法解釋佛法的最高境界。米契爾博士也同意，科學至今無法驗證佛教所說的心識與業力，這方面的研究，正是致力於心識研究的他最感興趣的課題。

在最後關於人類和地球未來的議題上，聖嚴師父與米契爾博士同持樂觀的看法，認為只要世上還有人願意努力，美麗的地球一定可以永續存在。

聖嚴師父與太空人米契爾博士（左一）對談。右為主持人葉祖堯教授。

● 06.05～26

法鼓山受邀至台灣體大指導禪修
武術班學員藉此安定身心、開發潛力

6月5至26日，僧團傳燈院應國立台灣體育大學之邀，每週四晚上於該校桃園林口校區體育館開辦初級禪訓班，由資深禪眾林新興前往帶領，共有14位技擊運動技術系武術班學員參加，期望藉由連續四星期的禪坐訓練，為學員帶來身心益處。

武術班的指導老師黃雲龍表示，學員平日都要接受嚴格的武術訓練，加上時常要出外參加比賽，每個人都

台灣體育大學武術班學生練習專心禪坐。

累積不少壓力，因此希望能藉由禪修來幫助學員安定身心，不讓多餘的情緒來影響練習，並且在比賽中更加專注。

此外，黃雲龍老師還指出在武術教育裡，有一種「意象訓練」，就是在腦海裡默默想像、演練武功的招數，但是一般學生容易因心念雜亂而無法完整演練一套武術，因此結合禪修的放鬆與專注，藉此開發學員無限的潛力。

● 06.06～15　06.16～25　06.27～29

僧團「結夏安居」於園區禪堂舉辦
法師精進修行　增長道業

6月6至29日期間，僧團於法鼓山園區舉辦「結夏安居」，共安排了一場默照禪十、話頭禪十以及三天的禪修課程，邀請聖嚴師父的傳法弟子、亦是馬來西亞佛學院院長繼程法師指導；默照禪十、話頭禪十則分別由禪修中心副都監果元法師、禪堂板首果祺法師擔任總護。師父於7日默照禪十的第二天，前往關懷開示。總計有337人次參加。

聖嚴師父除為僧團法師講解默照的觀念與方法，也慰勉、肯定第一次指導法鼓山僧團的繼程法師，一方面則勉勵僧團法師把握這次難得的禪修機會，當下精進努力。

繼程法師承接聖嚴師父的禪修法脈，熟習「小止觀」、「摩訶止觀」，對於止和觀，以及身心的覺照、和諧、清淨，皆有深刻體會。法師在觀念上不斷提

醒禪修基礎的重要性；在方法上，則以「調心、調身、調飲食、調睡眠、調呼吸」等基本功，來指導如何讓禪修方法更能在生活中運用。法師指出，很多禪修者容易忽略小細節，導致禪病，遇到禪修的瓶頸；強調應該要回到源頭，將基本功練習扎根。唯有身體的坐姿正確、肌肉真正放鬆，才能繼續更進一步的禪法修行。

繼程法師以著重基本功的教學方式，讓僧團獲益良多。儘管在方法上著重基礎，但在觀念與心法上，皆是聖嚴師父所傳授的禪法。僧團都監果廣法師以

僧團「結夏安居」課程，邀請繼程法師帶領。

「放下梯子」來比喻繼程法師的指導，認為如果師父的禪修已經到了很高很遠的境界，而繼程法師的方法就是放下一排梯子，接引弟子爬上去親近師父的法。

繼程法師早年依止竺摩長老座下出家，並跟隨聖嚴師父修習禪法、承接臨濟宗的法脈。此次前來法鼓山指導禪修，除了因其傳承師父的禪修風格，也是感恩師父當年指導禪修的用心。

2008年僧團「結夏安居」課程與人數一覽

時間	地點	內容	參與法師人數
6月6至15日	法鼓山園區禪堂	默照禪十	84
6月16至25日	法鼓山園區禪堂	話頭禪十	148
6月27至29日	法鼓山園區國際宴會廳	禪修課程	105
總計（人次）			337

● 06.14

聖嚴師父與單國璽主教再次對談
探討生命的再生與複製

聖嚴師父應邀參加政治大學公共行政與企業管理中心所舉辦的公共政策論壇，6月14日下午與天主教會台灣地區主教團樞機主教單國璽於該校公企中心，展開一場以「人類生命的再生與複製——倫理、宗教與法律探討」為題的對談，由中國醫藥大學校長黃榮村主持。這場對談，是繼2月23日師父與單

樞機主教應《聯合報》之邀，進行「真正的自由」主題對談以來再次的碰面。

對於20世紀末即受到廣泛討論的生命複製與再生話題，聖嚴師父強調人要心安、身安之後，才能獲得平安；而生命的再生與複製，只能在醫療上做到延遲階

聖嚴師父與單國璽樞機主教對談「人類生命的再生與複製」，深入探討複製生命所帶來的問題。

段。師父認同醫療進步可以幫助生命延續，但也反問長壽真的能帶來快樂嗎？師父指出，如果不快樂，老人也會自殺，提醒大眾要透過修行了解生命價值，做到《金剛經》所說的「應無所住，而生其心」，不要執著肉體的死亡。

單樞機主教則認為，從埃及的木乃伊到目前的複製人研究，都是人類對生命永生的渴望。他指出，複製生命會面臨倫理與道德的問題，人都應享有基本人權、人性尊嚴，複製科學是把人當作工具，並不符合人道精神。

聖嚴師父與單樞機主教也以自身經歷來談生死之道。師父表示，從修行的觀點來看，生、老、病、死是自然之理，平常就要隨時有面對死亡的準備，如果害怕就念觀世音菩薩聖號，將害怕的心轉化成正向的心。單樞機主教則分享，想要真正了解生命的意義與價值，面對死亡是最重要的一堂課。

關於「是否願意被別人複製？」問題，兩位長者異口同聲表示：「不期待，也不願意。」

在這場宗教家的對談中，聖嚴師父與單樞機主教皆以宗教關懷，強調生命存在的意義與價值，讓現場聽眾深入省思人類生命再生與複製的議題，對談全文並刊載於《人生》雜誌304期。

● 06.15

齋明寺新建禪堂灑淨開工
將成為國際級禪修中心

桃園齋明寺6月15日下午，舉辦禪堂、齋堂、寮房灑淨法會暨開工典禮。典禮由監院果治法師主持，法會由僧團果興法師主法，有近一百人參加。

果興法師開示時，介紹齋明寺是百年古剎，古蹟修復工程已近完工階段，也

齋明寺新建禪堂舉行灑淨開工典禮，由果興法師主法。

說明寺中環境幽靜，適合推廣禪修活動，聖嚴師父曾指示要將齋明寺推向國際，成為國際級的禪修中心。

此次工程屬增建部分，預定於2009年年底完工取得使用執照，其中禪堂位於大殿旁的空地上，未來將規畫為舉辦禪坐共修和課程的空間，以做為推廣漢傳禪佛教弘法利生之用，並將廣為邀請桃園、大溪地區的民眾共同參與。

● 06.22　06.25　07.05　07.19

傳燈院舉辦入門禪修課程
引導初學者體會禪修的益處

僧團傳燈院於6月22日、25日及7月5日、19日，分別在北投雲來寺、烏來內洞瀑布兩地，共舉辦四場入門禪修課程，希望透過禪修的觀念和方法，讓大眾體驗禪修對身心的益處，共約二百位禪眾參加。

6月22日在雲來寺舉辦的「簡單動‧輕鬆禪」，由傳燈院監院果毅法師帶領，內容以動禪練習為主，搭配走路禪、吃飯禪、觀身受法等，讓學員學習在生活中運用禪法。

結合休閒與禪修的「戶外禪」，於6月25日在烏來內洞瀑布舉辦，由僧團常一法師帶領，課程從林間走路禪開始，進而練習聽溪禪和立禪，讓學員在幽靜的大自然中，透過禪修方法舒緩身心。

7月5日，於雲來寺舉辦「月光禪」，由禪修中心副都監果元法師帶領。法師首先引領學員體驗走路禪，以放鬆來沉澱身心，之後則進行法鼓八式動禪；法師並為大眾開示月光禪的觀念與方法，引導大家觀想月亮，過

禪眾透過觀想月亮，練習月光禪。

程寧靜而攝心。

接著於7月19日在雲來寺舉辦的「Fun鬆一日禪」，課程內容為基礎禪坐方法，由果毅法師帶領學員練習走路禪、立禪、臥禪、吃飯禪等，讓學員在動中有靜的放鬆中體驗禪味。許多初學禪修的學員於課程後，都表示受益良多，且有興趣進一步學習深入的禪法。

● 06.27
濟南市社科聯合會交流團參訪法鼓山
雙方擬就師資、學術研究做交流

中國大陸濟南市社會科學聯合會交流團一行五人，在該會主席，同時也是濟南市市委與山東大學歷史文化學院教授王良帶領下，6月27日上午參訪法鼓山園區，方丈和尚果東法師親自接待，文化中心副都監果賢法師、法鼓大學籌備處教授劉安之、護法總會總會長陳嘉男等陪同接待，雙方並進行會談交流。

座談時，王良主席首先感謝法鼓山在四川賑災中，協助不少災區民眾脫離災後的傷痛，並指出濟南市在川震災害中亦積極援助災區，包括協助羌族等多個族群的學童、孤兒到濟南市復學就讀及照顧等工作。方丈和尚也說明法鼓山在秀水鎮及什邡市的救援工作，並且闡述法鼓山對救災工作的三階段工作項目。

法鼓山於2002年與濟南市社會科學聯合會合作，促成山東神通寺四門塔東壁的阿閦佛佛首回歸。果賢法師表示，將規畫在開山紀念館舉辦阿閦佛重生活動回顧展，王良主席承諾將盡全力配合；劉安之教授也提議未來法鼓大學成立時，雙方可就師資或學術研究進行相互交流。

座談結束後，王良主席致贈書法及水墨畫作等藝術品予法鼓山，而方丈和尚亦回贈聖嚴師父「大悲心起」墨寶及法鼓文化所出版的書籍。隨後由方丈和尚陪同交流團一行到大殿、祈願觀音殿禮佛，並前往開山紀念館參觀。離去時，王良主席再次邀請法鼓山至濟南市參訪，為雙方文化、教育等活動做進一步的交流。

方丈和尚致贈聖嚴師父「大悲心起」墨寶，予濟南市社會科學聯合會交流團。

● 06.28　07.26　08.30　09.27　10.25　11.29

紫雲寺舉辦「每月講談」活動
推廣社會閱讀風氣

　　為推動閱讀風氣，鼓勵信眾在生活中運用佛法，6月28日至11月29日期間，高雄紫雲寺每月最後一週週六舉辦「每月講談」活動，透過每月一場主題講座，推薦一本法鼓文化出版的佛學讀物，讓愛書者相聚交流，增長心靈智慧。此次紫雲寺舉辦大眾閱讀講座，也開啟了該項活動在各分院之首例。

　　6月28日第一場講座，由文化中心副都監果賢法師主講「編輯室的修行──《法鼓全集》與我」，趣談編輯室的種種樂趣和成長。法師將編輯過程比喻成做菜，說明如何「煮出好菜」是一門重要的修行功課。主廚不能固執，要提供食用者所需要的，而不是只做自己喜歡的；此外，編輯出版品的用字遣詞應傳達正向觀念，不可使用批判字眼。法師並以《法鼓》、《人生》雜誌等刊物做實例解說，分享編輯浸潤在法海當中的成長。

紫雲寺「每月講談」首場主講人果賢法師，於現場與聽眾交流閱讀心得。

　　7月26日第二場講座，邀請屏東教育大學教授周德禎分享《慢行聽禪》一書的閱讀心得。他說明「無常」，需要以「四它」來應對，日常生活中面對的各種境界，唯有以因果、因緣觀之，把握當下的機會再創善因，無須追究無止盡的前世因；而修行並不一定要退隱，奉獻亦是一種很好的修行方式。

　　在8月30日第三場講座中，邀請高雄海洋科技大學通識中心副教授黃志盛解析《覺情書》一書。他表示，聖嚴師父在書中提供各種情感問題相關的解答，猶如心靈良方，引領讀者走出生命的層層疑惑，不再為情所困；同時指出，唯有認清自我情緒的本質，才能化解情緒，並以「山不轉路轉、路不轉人轉、人不轉心轉」的心態對治。

　　9月27日第四場講座，邀請樹德科技大學兼任助理教授陳源湖分享《是非要溫柔》一書。他說明此書是生活的寶典，及處理人際關係的指南，不論是非對錯，待人只要以溫柔相待，就能得到善意的回應。

　　10月25日第五場講座中，邀請台灣安寧緩和醫學學會理事許禮安講析《歡喜

看生死》一書。他強調用智慧處世，不輕言放棄生命的希望，是非常重要的人生態度。

11月29日為年度最後一場講座，邀請屏安醫院院長黃文翔導讀《禪的智慧》。黃院長闡明書中內容，結合了正信的佛法、圓融的世理、練達的人情，回應當代人知性與心靈的需求，處處表現出以佛法為依歸、以人本為訴求的人生佛教精髓。

「每月講談」活動，由聖嚴書院講師郭惠芯策畫，希望愛書人能經常回到法鼓山，參加各項讀書講座，透過閱讀與分享，提昇心靈品質。

2008年高雄紫雲寺「每月講談」活動一覽表

時間	講談人	講談書名	參加人數（約）
6月28日	果賢法師（文化中心副都監）	《法鼓全集》	70
7月26日	周德禎（屏東教育大學教授）	《慢行聽禪》	40
8月30日	黃志盛（高雄海洋科技大學通識中心副教授）	《覺情書》	60
9月27日	陳源湖（樹德科技大學兼任助理教授）	《是非要溫柔》	50
10月25日	許禮安（台灣安寧緩和醫學學會理事）	《歡喜看生死》	50
11月29日	黃文翔（屏安醫院院長）	《禪的智慧》	30

● 07.01～08.30期間

法鼓山暑期兒童營隊全台展開
以禪修體驗和心靈環保為主軸

7月1日至8月30日期間，法鼓山北、中、南、東各地共20個分院道場，包括法鼓山園區、北投農禪寺、台北安和分院、桃園齋明寺、台中分院、台南分院、台東信行寺，以及多處護法會辦事處、安心服務站和法鼓山社會大學等，總計舉辦了49梯次的兒童暑期營隊，共有近二千二百七十位學員參與。

各場活動內容相當多元，大致可區分為兩類，一類以

在農禪寺「心倫理數位創意體驗營」中，小菩薩踴躍回答問題，展現所學成果。

禪修體驗為主，包括法鼓山園區的兒童心靈環保體驗營、安和分院的兒童禪修班、台中分院的兒童禪修體驗營、台南分院的兒童禪修生活體驗營，以及南投安心服務站的暑期兒童心靈環保體驗營等。其中，台南分院的營隊由僧團法師以趣味生動的授課方式，指導學員們認識禪修，實際練習法鼓八式動禪、念佛禪、快步經行等。此外，還搭配佛典故事影片欣賞、闖關團隊遊戲及讀經等。

另一類偏向生活教育和環保體驗方面，包括農禪寺的「心倫理數位創意體驗營」、安和分院的「生命素養ON THE GO」營、信行寺的「暑期兒童心靈探索體驗營」、護法會新莊辦事處的「兒童自然體驗藝術創作夏令營」、大溪法鼓山社大的「暑期兒童生活環保體驗營──快樂兒童捏捏樂營」等。

其中，農禪寺的「心倫理數位創意體驗營」，帶領學員學習運用數位科技與譜曲軟體進行編曲撰詞，創作融入「心六倫」觀念的Rap歌詞。而安和分院的「生命素養ON THE GO」，則引導學員學習健康飲食、用餐禮儀、體驗全盲者的感受，並以做實驗的方式，體驗及關懷地球暖化的世界性議題等。

所有營隊的共同特色是，活動以多元活潑的遊戲互動形式，呈現法鼓山心靈環保和「心六倫」的理念，尤其善巧地將數位科技和科學實驗融入其中，可說是2008年法鼓山兒童營的一大突破。

2008年法鼓山全台各單位暑期兒童營隊一覽表

	主辦單位	時間	地點	活動名稱	人數
北部	法鼓山園區	7月20至24日	園區	兒童心靈環保體驗營──探索法寶的奇蹟	198
	北投農禪寺	7月9至11日，13至15日	農禪寺	心倫理數位創意體驗營	170
	台北安和分院	7月12日，8月23日	安和分院、開平餐飲學校	生命素養ON THE GO	110
		7月21至23日	安和分院	兒童禪修班	72
	台北中山精舍	8月18至19日	中山精舍、大同大學	童心藝術生活禪體驗營	34
	基隆精舍	7月7、14、21、28日，8月4、11、18、25日	基隆精舍	暑期兒童安心班	15
	護法會淡水辦事處	7月26至27日	淡水鎮、法鼓山園區	法鼓柔術暑期夏令營	107
	護法會新莊辦事處	7月5至6日	新莊辦事處、法鼓山園區	兒童自然體驗藝術創作夏令營	56
	護法會海山辦事處	7月26至27日	原土城教育訓練中心	海山區心靈環保暑期兒童夏令營	90
	桃園齋明寺	8月2至4日，8月5至7日	齋明寺	兒童夏令營	183

	主辦單位	時間	地點	活動名稱	人數
北部	護法會新竹辦事處	7月18至20日	新竹市龍泉寺	新竹區心靈環保暑期兒童營	21
	法鼓山社會大學	7月7日至8月29日，共11班	金山校區	暑期兒童生活環保體驗營（統稱）	272
		7月2日至8月25日，共6班	北投校區		210
		7月1日至9月2日，共7班	大溪校區		87
中部	台中分院	7月12至13日，25至26日	台中分院	兒童禪修體驗營	180
	東勢安心服務站	7月29日至8月1日，8月4至8日	東勢安站	暑期心靈環保體驗營	56
	南投安心服務站	7月1至4日	信義鄉同富國中	法鼓山南投暑期兒童心靈環保體驗營	70
	竹山安心服務站	7月10日	信義鄉雙龍國小	法鼓山百年樹人暑期學生生活體驗營	39
南部	台南分院	7月12至13日	台南分院	兒童禪修生活體驗營	100
東部	台東信行寺	7月7至9日，10至12日	信行寺	暑期兒童心靈探索體驗營	99
	護法會花蓮辦事處	7月5至6日	花蓮辦事處、市民農園、美崙山公園	法鼓山兒童自然生態體驗營	24
總計		（共49梯次）	（共20個地區）		2,263

● 07.05　07.12

青年院舉辦「一起哈佛趣」
以遊戲引導法青輕鬆學佛

　　7月5及12日，僧團青年發展院於桃園齋明寺、台南分院及北投雲來寺共舉辦三場「一起哈佛趣」活動，以「輕鬆學佛法」為主題，共約有五十多位青年參加。

　　這項「一起哈佛趣」活動，主要由僧團法師講授如何運用佛法解決煩惱，幫助青年在日常生活中廣泛運用佛法。活動首先自「一起動起來：融冰之旅」單元展開，以聖嚴師父的

學員在「一起動起來」單元中認識彼此。

「四它」——面對它、接受它、處理它、放下它,分別做為四組的代表動作,進行「四它版」的蘿蔔蹲遊戲,讓學員們在短時間內認識彼此。

接著,播放由台北法青會拍攝的短劇《生活中的三毒》,影片中的主角因沉淪貪、瞋、癡三毒,而為種種煩惱所苦。觀賞影片後,僧團常一法師、常宏法師、常御法師等為大家講授「快樂生活的撇步」,說明一般人的生活中都充滿了三毒,並具體提出如何運用聖嚴師父提倡的「心五四」觀念來對治三毒,幫助自己淨化心靈。

第三部分是進行「透析人生流程圖」課程,由法師介紹十二因緣法的觀念,鼓勵學員透過學習佛法來破除無明,讓人生具備智慧與觀照力,幫助自心安住當下。

最後是「法師問答」單元,開放學員們提出生活中面臨的感情、工作、人際關係等問題,法師則以佛法的角度,一解學員們心中的疑惑。

● 07.09～11

法鼓山應邀參與上海佛教外語人才交流會
常華法師代表出席演說

為促進全球各地佛教弘化人士的經驗交流,並培養漢傳佛教外語人才,7月9至11日於中國大陸上海玉佛寺舉辦的「2008佛教外語人才經驗交流會」,由中國佛教協會、中華宗教文化交流協會主辦,上海市佛教協會協辦;法鼓山應邀參加,由僧團常華法師代表出席。另有近一百位來自全球各地漢傳佛教僧俗四眾代表,及大陸學術界人士參加研討。

常華法師在會中發表演說,分享法鼓山國際化經驗。

這項經驗交流會全程以外文發表演說,其中英文組占了三分之二,其他則有日文、韓文、泰文等各國語言。每位發言者進行10分鐘的演講,並由與會者做5分鐘的提問交流。

常華法師以「面向世界的中國佛

教」為題發表演說，分享法鼓山的理念與國際化經驗，包括聖嚴師父提出的心靈環保、「心五四」運動、「心六倫」等隨時代需求不斷創新的弘法方式；邀請國際著名腦神經專家和太空人針對禪修與科學等議題，進行研討和對談；以及未來法鼓山將透過更多跨宗教與跨領域的合作和交流，期能進一步推展漢傳佛教。

　　法師的演講獲得與會者許多的回響，包括針對何謂「心靈環保」，及法鼓山於佛教與科學領域參與的情形等的提問討論，會場互動熱烈。

● 07.14

中國佛教協會率團參訪法鼓山
讚歎園區環境和學習氛圍

　　7月14日，中國佛教協會副會長根通長老帶領來自中國大陸山西、雲南、河南、徐州、連雲港、北京、上海等地的10位寺院住持及宗教學者，至法鼓山園區進行參訪，由方丈和尚果東法師、僧團副住持果暉法師、副都監果元法師、果興法師、中華佛學研究所果鏡法師等接待。

中國佛教協會率團參訪法鼓山園區。（前左六為根通長老，前左五為方丈和尚，前左一為果興法師，前左三為果暉法師）

　　這是中國佛教協會一行來台參加「兩岸佛教慈善志業論壇」學術研討會之後，在台第一個參訪的地點，希望能藉此對台灣的佛教發展有進一步的了解。

　　一行人在大殿禮佛後，依序參觀法鼓禮讚圖、聖嚴師父墨寶展、開山紀念館、地宮特展、祈願觀音殿等；在踏入難得開放參觀的禪堂後，紛紛盤腿端坐，體驗禪堂的禪修環境；並對於法鼓山的境教設施、禮佛不焚香燒紙的心靈環保和自然環保理念，留下深刻的印象。現今81歲的團長根通長老，更對法鼓山園區的環境和學習氛圍給予相當的肯定。

　　方丈和尚師則進一步解說聖嚴師父主張的心靈環保理念，以及三大教育的內

涵，使來賓深入了解法鼓山開山的意義。根通長老等人也表示，希望法鼓山能夠組團至大陸參訪，建立彼此長期的交流。

● 07.23

法鼓文化舉辦張光斗新書分享會
作者分享追隨聖嚴師父的歷程

各界好友分享張光斗（後排右五）隨聖嚴師父修行的喜悅。

法鼓文化於台北青年交流中心舉辦《阿斗隨師遊天下》系列的第三集《我的西遊記》新書分享會，作者張光斗親自出席，並邀請開放式課程計畫發起人朱學恆主持。另，還有媒體工作者葉樹姍、滾石集團董事長段鐘沂、台北縣政府縣長機要顧問劉忠繼、台灣證券公司董事長許仁壽、TVBS總經理楊鳴、聖嚴教育基金會董事長施建昌等人到場分享。

段鐘沂分享時表示，張光斗從二十多年前擔任報社記者，到現在擔任法鼓山義工，認真、堅持的心始終未曾改變。而在大學時期好友劉忠繼眼中，張光斗則是「一斗真誠奉獻、恆久不滅，照亮大家的光」。

會場並播放由張光斗製作的影片《老鼓手》，展現他追隨聖嚴師父奉獻的堅定腳步。

● 07.28～29

青年院舉辦扶輪社宗教體驗營
三洲十八國青年體驗法鼓山

7月28至29日，青年發展院於法鼓山園區國際宴會廳，舉辦「2008法鼓山扶輪社宗教體驗營」，由常華法師擔任總護，共有31位來自歐、亞、美三洲，18個國家，年齡在十六至二十三歲的青年學子參加，全程以英語進行。

這項宗教體驗營，以「如何成為21世紀的領導人」為主題，希望藉此實際體

來自18國的青年在宗教體驗營中體驗佛教修行生活。

驗佛教的生活與內涵，並相互學習，拓展國際視野，以達到國際交流的目的，進而學習成為21世紀的領袖人物。

宗教體驗營的內容主要包括佛門禮儀學習、生活禪等，安排的自我成長課程則以工作坊的形式進行，讓學員彼此有充分的心得交流及發表空間，對學員的助益尤多。此外，學員也透過法鼓山園區參訪活動，體驗園區境教合一的清新環境。

● 07.31～08.24期間

全台分院道場舉辦中元普度
共約三萬七千多人次參與

農曆7月是佛教的報恩月，7月31日至8月24日期間，法鼓山全台北、中、南、東各地共有10個分院道場及護法會辦事處，分別舉辦一年一度的中元普度法會，總計近八千人次參與；加上8月3至9日北投農禪寺舉辦的梁皇寶懺法會，共約有三萬七千多人次參加。

各地舉辦的中元普度活動多以地藏法會為主，包括北部的農禪寺、中華佛教文化館；中部的台中分院、南投德華寺；南部的台南分院、高雄紫雲寺；東部的台東信

桃園齋明寺進行中元普度法會。

行寺，以及護法會屏東辦事處、潮州辦事處等。其中，文化館和台中分院各有一千多人次參加。

除農禪寺啟建中元梁皇寶懺，七天共約兩萬九千多人次參加。另有台東信行寺舉辦中元普度三時繫念法會；台南分院於國立台南第二高級中學舉辦大型的「中元普度瑜伽焰口法會」，約有一千兩百多位信眾參加。

高雄紫雲寺則於7月31日至8月2日，連續三天進行地藏法會、地藏懺法會，以及三時繫念法會，共修形式多元，信眾參與也相當踴躍，共約兩千七百多人次參加。

2008年法鼓山全台分支單位中元普度一覽表

地點		時間	法會名稱	人次（約）
北部	北投農禪寺	8月3至9日	梁皇寶懺法會	29,000
	北投農禪寺	8月15日	中元普度地藏法會	500
	北投文化館	8月22至24日	中元地藏法會	1,270
	桃園齋明寺	8月10日	中元普度法會	150
中部	台中分院	8月16至17日	中元普度報恩地藏法會	1,100
	南投德華寺	8月10日	中元普度地藏法會	70
南部	台南分院	8月16日	中元普度瑜伽焰口法會	1,200
		8月24日	中元地藏法會	190
	高雄紫雲寺	7月31日至8月2日	地藏法會、地藏懺法會以及三時繫念法會	2,700
	護法會屏東辦事處	8月10日	中元地藏法會	150
	護法會潮州辦事處	8月24日	中元地藏法會	100
東部	台東信行寺	8月8至9日	中元普度地藏法會	60
		8月10日	中元普度三時繫念法會	90
合計				36,850（約）

● 08.01

《人生》雜誌300期　專題回顧
承載佛教界代代相傳的願心

台灣創辦的第一本本土佛教刊物《人生》雜誌，由東初老人於1949年5月10日創辦，於2008年8月1日出版發行第300期。該期雜誌特別製作「人生300復刻・傳承」專題報導，並介紹《人生》的復刻專書，此套書復刻了自1949年創刊至1962年的早期《人生》雜誌，讓讀者可透過此套書走入當年東初老人創辦的篳路藍縷過程。

聖嚴師父並針對此一歷史性時刻接受採訪，回顧《人生》雜誌發展歷程、與此刊的因緣，以及該刊物於台灣佛教發展所扮演的角色、對整個社會所產生的影響。

「人生300復刻‧傳承」專題內容，含括《人生》超過半個世紀的演進歷程。主要篇章包括〈1到300的故事〉、〈聖嚴法師談人生——在艱苦中見其光輝〉、〈推手篇——編校《人生》半世紀〉、〈悲願篇——篇篇都是大師的悲願〉、〈內容篇——當時的《人生》在說什麼？〉。

其中，自聖嚴師父口述的內容加以整理的〈在艱苦中見其光輝〉一文，敘述了師父與師公東初老人所創辦的《人生》雜誌的因緣，以及《人生》因故停刊又復刊的艱辛點滴與其意義。文中，師父對於《人生》近六十年來促進台灣佛教界和整個社會的啟蒙與成長，以及備極重視、念茲在茲的14卷《人生》復刻版，終於在2007年12月由法鼓文化出版，感到欣慰。

專題並以〈1到300的故事〉一文，回溯《人生》創刊的歷史；〈推手篇——編校《人生》半世紀〉一文，詳述1962年起停刊21年後，於1982年復刊的曲折過程，展現了兩代師徒的願心與使命。〈悲願篇——篇篇都是大師的悲願〉和〈內容篇——當時的《人生》在說什麼？〉二文，則以許多長老法師在《人生》發表文章的概況，引領讀者體會他們對弘揚佛法的深刻悲願。

此外，專題也規畫「讀者看人生」、「學者看人生」、「主編看人生」三篇章，透過中華佛學研究所榮譽所長李志

《人生》雜誌300期出版。

夫、台灣大學哲學系退休教授楊惠南，以及前《人生》主編辜琮瑜等來自不同背景人士的書寫，讓讀者能從不同角度了解、解讀《人生》。

在艱苦中見其光輝

刊登於《人生》雜誌300期（2009年8月1日）

◎聖嚴師父

1949年，東初老人創辦《人生》雜誌，那時他赤手空拳到台灣不久，甚至連住的地方也沒有，暫時落腳於北投法藏寺。雖然自身都還沒安定，東初老人卻已意識到文化與教育的重要性，這與他在大陸焦山辦佛學院的經驗有關，所以非常重視人才的培育。但是他既沒有道場，也沒有人手幫忙，要辦教育很不容易。

但是培養人才可從幾個不同的方向著手，第一是辦學校、培育學生；第二就是辦刊物。辦刊物的功能，一來可以鼓勵年輕的法師、居士們投稿，讓他們在撰述過程中，藉由思惟法義而使自己的智慧和文筆有所成長；二來也可以弘揚佛法，尤其那時台灣光復沒多久，整個漢文化，特別是漢傳佛教的文化相當落後，因此東初老人希望透過雜誌，讓民眾了解漢傳佛教，並且提昇佛教徒的水準。雖然不是辦學院，但也是一種教育，而且雜誌的教育功能更大、更普遍。

但是在沒錢沒物力的情況下，《人生》雜誌是怎麼發行的呢？東初老人找了十個經濟情況比較好的居士和法師當贊助人，然後每個月向他們收贊助費，以此做為資金來出版雜誌。

至於讀者、訂戶在哪裡？東初老人是按照寺院的名冊，將雜誌寄給每間寺院，以及一些學校、文化機構與書店。所以，雖然《人生》雜誌標榜著訂閱，也有訂價，但幾乎全部都是贈送的。實際上，他是藉由文化出版來弘揚佛法，再以佛法來教育大眾。

《人生》名稱的由來

為什麼將雜誌命名為「人生」？其實是從太虛大師所提倡的「人生佛教」理念而來。之所以有這樣的理念，是因為太虛大師看見大陸傳統的佛教，都是隱居山林、閉門修行的山林佛教，或是為往生者而設的經懺佛教，使得中國佛教日漸衰微，讓社會大眾看不起，甚至連當時的政府，也認為寺院對社會沒有實質的幫助，要沒收寺產來辦學校。因此，太虛大師的老師──寄禪法師（又稱「八指頭陀」），開始主張籌辦僧眾的學堂，太虛大師繼之而起，也鼓勵很多寺院開辦佛學院。

因為東初老人畢業於太虛大師所設立的閩南佛學院，所以繼承了「人生佛教」的理念，要把傳統佛教轉化為文化的佛教、教育的佛教，並且根據佛法建設一個「人間佛教」的世界。

東初老人認為，文化與教育的佛教，是普遍適用於人間的，其內涵是關於人的生命、人的生活、人的生存，而這些就是「人生」。因此，他用了

「人生」兩個字來為雜誌命名。東初老人辦《人生》雜誌後，幾乎每一期都會討論到人生佛教，進而根據人生佛教的角度來談論佛教。

《人生》雜誌是中國大陸法師到台灣之後，創辦的第一份中文佛教月刊，雖然是薄薄一本，但卻彌足珍貴。在每一期刊物中，常常可以看到東初老人一個人用許多化名，寫了許多文章；創刊的前幾期，內容多半都是他自己寫的。當時東初老人也藉由《人生》促成了教界的交流，一方面他邀請圓光寺的妙果和尚擔任社長，使妙果和尚接觸到大陸的佛教思想，另一方面又請到慈航法師來當贊助人，為雜誌寫稿。

今日，時隔近六十年，再來看「人生」這個主題，不但非常正確，而且十分現代化，相當具有未來性。因此，我對於東初老人呼應太虛大師的理念而創辦《人生》雜誌，感到非常地敬佩。

《人生》對教界的影響

這份雜誌到底發揮了多大的功能？首先，藉由《人生》雜誌，東初老人培養了不少編輯人才，還有寫作的人才。最初雜誌是由東初老人自己編的，後來才請了圓明法師、摩迦法師、廣慈法師、幻生法師、心悟法師、成一法師、星雲法師、性如法師，以及張少齊居士、楊白衣居士來編輯。這些擔任編輯的法師，往往為了編雜誌而一再練筆，因為他們不但要寫編後語，還要與作者書信往來，更要回答讀者的問題，像早期的《人生》，就可以看到很多星雲法師寫的文章。所以，受邀擔任《人生》的編輯，雖然付出了很多的時間與勞力，可是無形中也得到不少益處。

另外，《人生》的創刊，對教界也產生了一些漣漪與反應，這可從《人生》雜誌復刻版中，所刊登的來信與回函中看出端倪。除此之外，《人生》雜誌出刊之後，佛教界其他雜誌也跟著陸續出現，表示辦雜誌的確是正確的弘法方向。

1950年，我繼性如法師之後擔任《人生》的主編。可是編了幾期，就因為受戒，以及受戒後突然決定南下閉關，致使東初老人來不及找人，也因為一直沒有人接續編輯，而在1962年停刊。

我從日本留學回來以後，就想要把早期的《人生》復刻，因為早期的雜誌散佚各處，只有我留學日本前收集的一整套，存放在東初老人的房間裡。這套雜誌如果不在我手上復刻，以後可能就見不到完整的了。因為若是我不在世了，這套《人生》是不是還會有人重視、是不是還有人能夠看到，都是未知數。

生命與《人生》息息相關

我復刻《人生》的用意，是為了保存歷史、保存文物，以及保存東初老人的心血與思想。但是一天過一天，一直沒有機會這麼做。後來我只能把這套書搬到我的房間，當我搬到哪裡，它就隨我搬到哪裡，因為《人生》是如此珍貴，連別人要借，我都不出借。

我的生命與《人生》雜誌息息相關，從當一位讀者、作者，進而成為編者。我尚在軍中時，最初是在煮雲法師的蓮社看到它。那時《人生》刊登著許多文章，除了長老法師執筆外，也有年輕法師的投稿，還有居士或一般年輕讀者的投稿，閱讀的年齡層很廣，讓我覺得這份雜誌滿有意思的。其實主要的原因，是當時佛教雜誌非常少，而《人生》幾乎是唯一讓大家共同來參與的園地。

我之所以會從讀者成為作者，則是《人生》主編性如法師的關係。他知道我在香港王道辦的《人生》雜誌投稿，於是向我提議：「你原本是法師，應該也為我們的《人生》提供稿子。」於是我開始為《人生》寫稿，也因此認識了東初老人。

當時東初老人看我文章寫得很勤，而且內容也頗有見地，就請性如法師約我見面。見了面以後，又親自約我到他所住的「中華佛教文化館」看看，於是我真的去拜訪他，日後便在文化館出家了。談起自己在東初老人座下出家的因緣，真可說是全因《人生》的關係。

我曾在自傳中提過，《人生》的停刊，除了是因為我去閉關外，主要也是因為自己感覺不勝負荷。因為《人生》雜誌每次募到的錢只有兩百塊，僅夠支付寄發的郵資、出版的紙張和印刷費用。錢少是小事，但是我一個人身兼作者、編輯、校對，還要負責發行。而所謂的發行，即是自己從印刷廠把雜誌運回來，然後一份一份裝進袋子裡、貼上名條，最後再送到郵局寄發，工作才算告一段落。但是，休息不到兩個星期，又要開始下一期的作業了。

想想當時自己一個人要邀稿、寫稿，

早期十四卷《人生》雜誌復刻出版，讓聖嚴師父備感欣慰。

然後要編輯；而在編輯時，更不懂美術。那時還沒有智慧財產權的觀念，於是到處剪報頭、刊頭和插畫拼貼起來，就這樣編了寄出去。現在我看到當時自己編的《人生》，實在覺得很簡陋，版面編排真是談不上美學的概念。

這份雜誌以現在的眼光來看，或許會讓人感覺水準不高、格局不大、思想偏於保守。雖然我的師父東初老人是個具有新思想的人，卻無法落實在《人生》雜誌上，讀者看不到特別、具有啟發性的新思惟。但是能夠將雜誌命名為《人生》，內容聚焦在人生的問題上，也可說是佛教新思潮的啟蒙了，在當時仍然是非常稀有珍貴的。

《人生》的復刊意義

雖然我對《人生》一路走來的努力，感到滿欣慰的，但是我始終覺得很遺憾，因為1962年《人生》在我手上停刊。因此，當我從日本留學回來，開創了中華佛學研究所，也出版了《中華佛學學報》後，心想既然我回到台灣，就要將《人生》重新出版，因此直到1982年，雜誌才又復刊。

但是《人生》復刊時，也面臨了沒有人編輯、沒有經費的問題。於是我一方面請成一法師當社長、方甯書教授任主編，另一方面則自己寫稿子；首先推出了《人生》季刊，接著在同年11月改成雙月刊，1984年才正式改回月刊。

後來有幾位學生隨我出家，我就請他們來編《人生》，雜誌也就愈編愈出色。雖然是以小型報復刊，而且只有一張紙、四個版，可是在那段時間，我自覺文章寫得滿好，自己供稿給雜誌，讓《人生》的內容非常扎實。而出刊以後，也收到很多的鼓勵，覺得《人生》能夠復刊真的很好。

《人生》復刊時，我一共寫了五句話，內容是：

「人生」要在平淡之中求進步，又在艱苦中見其光輝；
「人生」要在和諧之中求發展，又在努力中見其希望；
「人生」要在安定之中求富足，又在鍛鍊中見其莊嚴；
「人生」要在沉默之中求智慧，又在活躍中見其悲願。

《人生》一定要貼切著生活——有趣的、人情味的、知識的、啟發性的、樂觀的、鼓勵性的，負起良師益友的責任，陪伴著每一位需要它的人，建設人間的樂土，開發似錦的前程。

《人生》一定要辦下去

《人生》已經六十年了，在台灣，佛教雜誌能夠度過六十年的，真的不多，也不簡單。過去由朱斐居士負責的《菩提樹》雜誌，也是出版了非常久的時間；還有《慧炬》，也是由居士負責的雜誌，到現在還在出版。

我對《人生》的期許，是傳播人間淨土的思想。人間淨土的思想在我腦海裡已醞釀很久了，是根據太虛大師的人生佛教及人間淨土思想，還有印順法師的人間佛教思想而來，另外又再重新找經典根據，而成為我所提出的「人間淨土」。我雖然受他們影響，但我的「人間淨土」是創新的，與太虛大師的人間淨土思想不一樣。

我們進一步以「心靈環保」為核心主軸的理念，必須持續地推動，而這份雜誌的責任，就是推動法鼓山的理念。未來不管我還在不在，不管是誰擔任主編或社長，我寄望《人生》雜誌都能負起這樣的使命。

《人生》是給人光明的，《人生》是為世界帶來希望的。如果沒有《人生》，法鼓山就黯然失色，因為《人生》是法鼓山的喉舌，是外界了解法鼓山的媒介。如果沒有《人生》，法鼓山的能見度一定會減少，世界也就少了一絲希望與光明。因此，《人生》一定要繼續辦下去。

● 08.01

六位知名人士代言心六倫
媒體、社區廣泛贊助推廣

為推廣「心六倫」，法鼓山人文社會基金會邀請六位具國際知名及社會影響力的人士，包括副總統蕭萬長、台北亞都麗緻飯店總裁嚴長壽、「壹基金」創辦人李連杰，以及表演工作者張小燕、林青霞、蔡依林等參與代言；並自2008年8月起，廣泛藉由電視、報章、網路、海報、公益文宣及戶外廣告等呼籲社會大眾響應。

聖嚴師父指出，近年來大家關心的環保節能、節約、減碳問題，其實都和倫理有關，法鼓山邀請六位社會菁英參與代言，就是希望號召更多人支持「心六倫」運動。如果大家都能謹守倫理分際，每一個人守分盡責地奉獻，不去貪求爭取、浪費揮霍，在自求多福的同時，懂得尊重他人、關心環境，那麼我們的社會與人心就能淨化、平安、快樂、健康。

這項活動，由蕭萬長副總統代言族群倫理，「壹基金」創辦人李連杰代言自然倫理，林青霞代言生活倫理，張小燕代言家庭倫理，嚴長壽總裁代言職場倫理，以及由蔡依林代言校園倫理，每一種主題的公益短片普遍於電視頻道播放，並於網路上供人點選。

人基會在這波以媒體為主的推廣行動中，廣邀大眾媒體及企業團體加入響應，除年代新聞台、東森新聞台、中天新聞台、生命電視台、佛衛電視慈悲台等電視頻道協助廣告及節目播出，各平面報紙也以專版呼應。

此外，共同響應的還包括針對特定閱讀族群的媒體，如《高爾夫文摘》、7-11《MY LOHAS生活誌》，以及《媽媽寶貝》、《財訊》、《台灣山岳》等雜誌；而戶外媒體及超商通路方面，則有英屬維京群島商極佳媒體有限公司台灣分公司、柏泓媒體股份有限公司、小巨蛋天幕及統一超商股份有限公司等加入贊助。

另外，包括夢想社區、群英里民、台北市立建國高級中學、中華民國山岳協會及國泰集團等社區和團體，也加入支持響應活動。

法鼓山希望透過大眾傳播媒體和各社區的力量，向社會大眾介紹、推廣「心六倫」，讓更多人學習倫理分際，並成為「心六倫」理念的推手，進而使社會人心健康平安。

六位具國際知名及社會影響力的菁英為「心六倫」代言，右起為蔡依林、林青霞、李連杰、蕭萬長、張小燕、嚴長壽。

● 08.03～09

農禪寺啟建中元梁皇寶懺
聖嚴師父開示焰口的意義

北投農禪寺於8月3至9日，啟建一年一度的中元梁皇寶懺法會，聖嚴師父並於9日蒞臨會場開示，前後七天共約兩萬九千多人次參加。

農禪寺舉辦中元梁皇寶懺法會。

這項定名為「護國息災梁皇寶懺大法會」，是農禪寺每年的重要活動之一，法會第一天即有六千多人參與。

第七天圓滿日舉行焰口，在法會開始之前，聖嚴師父特別為在場近七千位信眾開示，詳細說明焰口法會的意義，在於透過顯密結合的儀式，讓餓鬼道眾生得以飲食，並且希望普施甘露法食，超度一切靈界眾生，讓他們解除煩惱、解脫自在，而生者也能得到利益。師父勉勵大眾，只要誠心投入，便能冥陽兩利。

● 08.05

《人生》舉辦水陸法會座談會
專家學者探討傳統法會的現代化與未來

《人生》雜誌於8月5日下午，在北投雲來寺舉辦「大悲心再起——法鼓山第二屆水陸法會」座談會，邀請法鼓佛教學院校長惠敏法師、僧團弘化院果慨法師、佛教學院副教授陳英善、佛教學者賴信川等進行座談。座談會由文化中心影視暨史料編譯處處長果見法師主持，分別就水陸法會的傳統、現代與未來，以及法鼓山2007年首屆水陸法會的時代意義，進行討論。

水陸法會座談會於雲來寺舉辦。左起為賴信川教授、惠敏法師、果見法師、果慨法師及陳英善副教授。

果慨法師首先針對水陸法會的殊勝和特色指出，該法會是配合眾生根器，提供不同的法門選擇，邀請

不同根器的人前來一起用功。法師並強調，水陸法會能接引大眾一起共修，幫助穩定人格，對當代社會是一份安定的力量。

陳英善副教授表示，過去總認為大悲心是由智慧所開啟，但經過這次法會後，發現智慧其實是來自大悲心、平等心。賴信川老師則提議，法鼓山可以用「水陸文化祭」的概念來策畫水陸法會，讓強調環保理念的法鼓山水陸法會，成為佛教界的特色。

至於水陸法會的未來，惠敏法師表示，佛教學院將致力深入研究法會的傳統跟創新，並運用研究成果來幫助大眾理解法會修行的意義。此次座談會的內容，並收錄於2008年9月號301期的《人生》雜誌中。

● 08.14～18

夏季「卓越・超越」成長營舉辦
219位海內外青年齊聚法鼓山體驗禪修

8月14至18日，青年發展院於法鼓山園區舉辦2008夏季法鼓山「卓越・超越」青年成長營，主題為「真正的快樂——OPEN！」。活動期間，聖嚴師父蒞臨開示關懷；方丈和尚果東法師、資深媒體工作者陳月卿和蘇逸洪，以及生命鬥士漸凍人蕭建華等應邀與學員們分享心路歷程，共有219位來自台灣、香港、韓國、中國大陸北京等地的海內外青年參加。

五天四夜的活動，包括每天練習法鼓八式動禪，以及「佛陀有約」（讀經）、「法鼓有約」（介紹法鼓山）、「達摩有約」（佛陀故事介紹）等單元外，15至17日安排三場「名人有約」的演講。

「名人有約」演講活動中，15日，陳月卿以「真正的快樂，OPEN！」為題，說明只要時時保持正念就能離苦得樂，讓生命更寬廣。16日，蕭建華主講「快樂的走在來去之間」，以其自幼半工半讀完成大學學業，卻又罹患無法治癒的硬化症為例，期勉學員勇敢面對生命、快樂承擔。

17日，方丈和尚與媒體工作者蘇逸洪進行對談，與學員分享「真正的快樂」來自於負責任的快樂，而不是妄想的快樂。方丈和尚鼓勵大家，做任何事只要「盡心盡力，隨緣努力，不給壓力，阻力是助力，有願就有力，彼此相勉勵」，就能開啟快樂之門。蘇逸洪則勉勵學員，以感恩心去面對及接受一切順逆因緣。

在16日的「法師有約」佛法解答時間，聖嚴師父特別到場關懷，勉勵學員超越自我的煩惱、困擾與障礙，明白何者可為、何者不可為，練習做自己的主人翁，循序漸進，從個人、家庭乃至社會去努力調整，成為腳踏實地的人。

做自己的主人翁

8月16日講於法鼓山園區禪堂「卓越‧超越」青年成長營

◎聖嚴師父

「兒童、青少年是我們社會、國家未來的主人翁」，這是一句老生常談的話，問題在於「如何成為主人翁」？

首先我們要問：「每一個人能不能做自己的主人翁？」這是很重要的，如果連自己的主人翁都做不成，又怎麼能夠當國家、社會的主人翁？如果前者都達不到，那麼後者也僅是一個空口玩笑，一種非常虛無縹緲、不切實際的期待罷了。

扮演好自己的角色

諸位同學今天在這裡參與活動，主要是為了認識佛法、學習佛法，希望你們能夠好好用佛法來幫助自己。如何用佛法來幫助自己？首先是將自己的角色扮演好，當自己的主人翁；其次，要當一個家庭的主人翁，把家庭照顧好；再者，當一個團體的主人翁，不論身在哪個團體，就把所參與的團體照顧好；最後，要

聖嚴師父於成長營中鼓勵青年朋友，善用佛法幫助自己，做自己的主人翁。

做社會的主人翁；如果是出家人的話，那就要做娑婆世界的主人翁。什麼是「娑婆世界」？「娑婆」的意思是「苦趣」，而苦趣在哪裡？就在我們人間，因此，人間就是「娑婆世界」，而能使人間受苦受難的人脫離苦難，即是做娑婆世界的主人翁。

到目前為止，把娑婆世界的主人翁做得最好的是誰？是釋迦牟尼佛。釋迦牟尼佛是我們這個娑婆世界的教主，也是娑婆世界的主人翁；他活著的時候救濟娑婆世界，往生之後，雖然肉體不存在了，但是他的法門、法義都還存在。所謂「法門」是方法，「法義」是觀念，我們都在學習佛所指導的方法和觀念——首先做好自己個人的主人翁，然後做家庭的主人翁，

接著做一個小社會、團體的主人翁，最後做一個大社會的主人翁，乃至國家的主人翁。

超越自己就是卓越

「卓越·超越」成長營的「名人有約」單元中，方丈和尚果東法師與媒體工作者蘇逸洪（左）對談。

諸位同學今天參加的活動，名稱是「卓越、超越」成長營，所謂「超越」，是指良性的超越，是超越我們自己，超越自我的弱點，超越自己的困擾、煩惱，超越自己種種的障礙，而不一定是指超越他人。如果你想超越他人，他人也想超越你，就變成了惡性競爭。

最近奧運會有一個美國的游泳健將菲爾普斯，人家叫他「飛魚」，所有游泳項目的八面金牌全部由他一個人奪得，他超越所有的游泳選手，但是不是已經超越世界上所有的人呢？江山代有人才出，未來仍可能有新人超越他的成績。而他在游泳的競技上超越對手，是不是也超越了自己呢？據說他小時候是個過動兒，在學校裡不斷製造困擾，跟老師、同學相處都有問題，後來發現只有在游泳池的時候，他才能靜下來。現在他優異的游泳成績受到全世界的矚目，但是他是不是也在生活上、人格上超越了自己及他人？

善用佛法的觀念和方法

因此，最好的「超越」，是超越自己的缺點、自己的困擾。希望諸位都能夠用佛法的方法和觀念來超越自我，當自己的主人翁。簡單地說，當自己的主人翁，就是明辨：「什麼是需要？什麼是想要？」需要的不多，想要的太多；能要、該要的才要，不能要、不該要的絕對不要，但這並不容易。譬如在百貨公司看到喜歡的東西，明明知道不能要，買不起，可是心裡還在想：「這東西很好耶！假如有錢的話，我想要買。」或者男孩子看到漂亮的異性，雖然沒有一定要怎麼樣，但是多看幾眼總可以吧！眼睛不聽指揮，這就不能做自己的主人翁。

諸位同學，你們首先要學習著做誰的主人翁？自己，如果自己不能控制自己，不能做自己的主人翁，而要做其他人的主人翁、要控制其他人，那是顛倒，是魔。因此，首先要將做「自己主人翁」的觀念建立起來，但這是要練習的，一次一次地練習。一次失敗了，第二次再來，第二次又失敗了，第三次再來……一定要有信心和決心做好自己的主人翁。祝福大家！

● 08.17

社會菁英禪修營於農禪寺進行共修會
聖嚴師父開示禪宗頓漸法門

　　法鼓山於北投農禪寺舉辦「社會菁英禪修營第60次共修會」暨法行會第96次例會,由僧團男眾副都監果興法師帶領,聖嚴師父蒞臨關懷及開示;會中並由第九屆菁英禪修營成員,同時也是台北榮民總

聖嚴師父於社會菁英禪修營中開示。

醫院實驗外科主任陳維熊分享「四川賑災日誌──人性的光輝與生命的福報」,共有187人參加。

　　本次法行會特別將例會與「社會菁英禪修營共修會」合併舉辦,讓會員們在進行會務工作時,同時共修。共修會一開始,由果興法師帶領會員們進行一小時的禪坐、運動和經行。接著聖嚴師父蒞臨開示,以「禪宗的頓漸法門」為題,分別介紹六祖惠能禪師的頓悟法門和神秀禪師的漸悟法門,說明禪修法門雖有頓漸之分,但是都能幫助我們開悟;不論是否開悟,師父勉勵大家都要運用禪修的方法,放鬆身心,減少煩惱,這便是禪修的利益。

　　接著,由陳維熊主任進行四川賑災的心得分享,為大家介紹法鼓山四川震災救援團隊第一時間投入災區協助的工作歷程。

禪宗的頓漸法門

8月17日講於北投農禪寺「社會菁英禪修營第60次共修會」

◎聖嚴師父

禪宗有「頓」和「漸」兩種法門，而且在這之間永遠爭論不休。什麼叫「頓」？什麼叫「漸」？「頓」是不立文字、不假語言，是離開語言文字的；反之，運用語言文字的就是「漸」。

可是禪宗能不能夠離開語言文字呢？離開了語言文字，還能不能講「頓」？這是一個問題。離開或不立文字的宗派稱為「臨濟宗」，由唐代惠能禪師所傳，屬於頓悟的法門。

惠能的頓悟法門

惠能禪師當時為了和神秀禪師爭取第六祖的位置，提出了「不立文字」，但是他真的不立文字嗎？他不僅留下了一部《壇經》，在他之後的每一代弟子也都有語錄。他用語言文字告訴我們不立文字，這是滿弔詭的事。不用語言文字時，究竟是怎麼回事？惠能禪師說：「當下即是。」沒有複雜的理論、哲學和觀念，當下即是。如果你有智慧，不需要講什麼理論給你聽，那當下就是。

惠能禪師聽到《金剛經》裡面的一首偈子「應無所住，而生其心」便開悟了，這是不是文字呢？是文字。但他也指出非常重要的一點——不要用心計較、用心判斷、用心思考。因此，「應無所住」是心不住於內，不住於外；不住於惡，不住於善；不住於任何相，也不住於自己的心念。

「相」是什麼？包括心理現象、物質現象，以及種種社會現象都是相；聽到的、看到的、吃到的、抓到的，或者是你現在得到的位置、金錢、權勢等，這通通是相。不住於相，當下即是悟境、即是一種智慧心。但是要做到不住於相，很難。如果有一大筆錢，你不要去想：「這是錢，這是有用的。」所謂「有錢能使鬼推磨」，一想到是錢，便住於相了。

很多政治人物都希望做官，做更大的官，想盡辦法得到選票，有的人不擇手段，用種種的謀略、權術，無論得到的是大位或小位，都是住於官位的相；我們這個團體，要考核是否讓一個人出家，也要透過小組來投票表決，並非只是一個人的決定，而這也是一種相。在現代的社會要能不住於相，真是不簡單。

在禪堂修行、打坐時用方法觀空，觀一切東西都是不實在的，讓自己的心放空、身體放鬆，頭腦裡沒有東西，是可以做到暫時不住於相，但是起坐之後，全部又都回來了。所以，除了在打坐時心放空，沒有打坐時也要練習心放空。在日常生活中，凡是引起自己煩惱、痛苦、不平衡的事物，都要把它放空。你一放空，那些東西都不存在，否則本來沒有事，可是你

不放空，就會被它捲進去，產生種種的不平衡或憤怒，自己變成了一個煩惱、沒有智慧的人。有智慧的人會怎樣做呢？打坐時能夠放空的東西，在日常生活之中也要把它放空。可是放空之後，是不是等於一個無知的人？不是。

「應無所住」下面還有一句「而生其心」，這個「心」是智慧心──明明知道有這些事，但是跟我沒有關係。世界上、社會上不好的現象，假使是由我造成的，我要改進，但不必煩惱；如果是別人造成的，便和我沒有關係，既然跟我沒有關係，那為何要煩惱？假如我有能力，就去改善它；假如沒有能力，或者是不能改善、改善不了，卻老是生氣，老是希望它改善，就成了多餘的煩惱；不需要的煩惱，而煩惱了，這是愚癡。事實上，我生活我的，根本不需要為這些事情心煩，如果要為這些事情煩惱，那就不是「應無所住，而生其心」了。「無所住」是不因社會、自然、時間的各種狀況而煩惱、憂愁；「生其心」是產生反應的心，讓人能處理這些事，也能不把這些事放在心上。

譬如有一位在航空站工作的人，每天要面對大大小小的各種事情。在他的能力範圍之內，能處理的處理，這是「生其心」；假使沒有能力處理，或者是想幫別人處理，而別人不採納、不理會他的反應或建議，怎麼辦？那只有放下了！因為不是在他的權責範圍內，或者是非他能力所及，也做不了什麼事。如果他不斷地生氣，生長官的氣或別人的氣，是沒有用的，既然生氣沒有用，何必生氣？否則會有生不完的氣。因此，「應無所住，而生其心」生的不是煩惱心，而是智慧心。智慧心告訴我們能做的要處理；不能做或環境不許可做的，能做多少算多少，要不然，就會整天都在生氣了。

禪宗所謂的「不立文字」，是指當下你能反應的事情，不需要再透過文字。現象發生了，要用文字語言去和別人理論嗎？理論是沒有用的，當下不生氣，當下能處理，這很重要；當下不能處理，當下沒有辦法化解問題，即使寫了很多文章，用文字闡述很多道理，仍然是沒有用的。

因此，禪宗的方法即是告訴我們，多省一點精神、多省一點力氣，若是無法不生氣時，那就打坐。你一打坐，把心暫時交給方法，生氣的心會慢慢地淡化，最後連心也不見了，便

聖嚴師父於共修會中開示，指出漸、頓都是開悟的法門。

體驗到了「當下即是」；如果心還在，就沒有辦法看到「當下即是」。

何謂「當下即是」？是指不需要太多的理論、文字，看到什麼就是什麼，聽到什麼就是什麼，不需要用思想去研究、討論。雖然研究、討論還是有用，但是並非真正的有用，真正的有用是當下就有用，是我們用心去直接體會它，而這便是惠能禪師所傳的法門——「不立文字，當下即是」。

神秀的漸悟法門

通常和惠能禪師相提並論的是神秀禪師。五祖弘忍有十個徒弟，歷史上最有名的，一個是神秀，一個是惠能。神秀出家、親近弘忍的時間比較早，因此，大家都認為神秀會接五祖的傳法，成為第六祖，可是想不到弘忍卻把他的衣悄悄地傳給惠能，惠能成為理所當然的六祖。雖然後人沒有把神秀當成六祖，但是當時北方的皇帝武則天，將神秀封為「兩京法主，三帝國師」，顯示他非常受到宮廷的重視，勢力也很強，直到他圓寂以後。他有兩大弟子，也被唐朝的宮廷封為國師，十分了不起，並不像我們後人所認知的那樣平凡。

神秀和惠能的差別，在於所用法門的不同。惠能提倡頓悟法門：「不立文字，當下即是」；神秀提倡漸悟法門，從觀心開始，觀到自己的心只有一個念頭，就成為守心於一境。這個方法，實際上即是印度禪法所講的「心止於一境」。心如何達到一境？數息。從一到十反覆地數呼吸，數到最後不再數了，也沒必要再數呼吸，即安住於一種境界。到達這種境界時，要守住它，不要讓心跑掉。通常的人守心守不住，雖然偶爾可以使心住於一境，但一下子心就跑掉，變成散亂心了。能不斷地守心於一境，這是工夫。一直守下去，心會變成明鏡，成為不動心，心不動才是了不起的工夫。

任何境界在你面前出現，你的心始終是不動的，境界是境界，心是心，如同一面鏡子，鏡子是不會動的。當你的心成為一面鏡子，就可以看到、聽到所有的東西，但是心如如不動。到達了這種程度，心的智慧便會出現，這是神秀禪師的方法。這個方法好不好、有沒有用？當然有用。當你心如明鏡時，就有了明鏡的反映能力，而這能力即是智慧，你的心即是智慧心。

所以，神秀的方法也能讓我們開悟。神秀說：「身是菩提樹，心如明鏡台，時時勤拂拭，不使惹塵埃。」「身是菩提樹」，用這個身體來修行，能夠成道；心如明鏡台是指心的反映，全是智慧的反映，而不是煩惱的反映。明鏡是如實地反映，見到什麼就是什麼，不會有差別，而凡夫心裡的反映，往往帶有情緒，有種種的自我中心——自我中心裡的經驗，有自我中心的習慣，有自我中心的判斷與標準，這都不是明鏡，而是煩惱心。神秀所謂的「明鏡台」，並沒有自我中心的判斷、執著和觀點，有什麼就反映什麼，禪宗稱為「漢來漢現，胡來胡現」，亦即漢人來，就如實地把漢

人的形象照出來；胡人來，也如實地把胡人的形象反映出來。

假使能成為明鏡台，實際上已經是開了悟，但是惠能卻把它全部否定掉。對於「菩提本無樹，明鏡亦非台，本來無一物，何處惹塵埃？」惠能認為：本來什麼也沒有，怎麼可能還有棵菩提樹？表示你還在執著；如果真正、徹底的智慧現前，又怎麼還有個明鏡台？既然根本沒有東西，為何還有鏡子需要常常擦？若是沒有鏡子，又怎麼會有塵埃染上去？這表示鏡子上還有東西。所以，神秀的偈子顯示出他開悟並未徹底，還有一些煩惱在。後來有人翻案做文章，說這是六祖惠能的弟子幫神秀寫的，神秀當時並沒有寫這樣一個偈子。其實神秀的境界並不亞於偈子所表達的，只是後來的傳說，都把神秀看成不如惠能，認為神秀尚未真正徹悟。

因此，「漸」是用觀心的方法，心到最後還有一點存在。守心、觀心；守境、觀境，境也好，心也好，都是「有」。禪宗的智慧講「空」，是絕對的沒有，但在用方法時，假使一點也沒有，根本著不上力。所以，我們教人修行的時候，仍要教人從觀呼吸開始，觀呼吸觀到後來，心安定了，便能參話頭。話頭參到最後疑團粉碎，如大地落沉、山河粉碎，在此狀況下，沒有內、沒有外、沒有心，也沒有物質，什麼也沒有。這個時候，有沒有開悟的悟境呢？沒有，連開悟的悟境都被否定。如果覺得自己開了悟，表示還有一個開悟的悟境沒有放下，並沒有真正的開悟。

徹底開悟的人，不會承認他開悟：「胡說，你胡說，我開什麼悟啊！」好不容易把自我中心粉碎，結果還弄得一個「開悟」，這真是笑話。因此，脫離煩惱之後，還說有煩惱、還說有智慧，這都是錯的。已經開悟的人，沒有什麼煩惱會讓他困擾。

實際上，有煩惱的人，也可以用禪修的方法，練習成為煩惱少一點的人。譬如諸位用禪修的方法，就可以減少煩惱，從煩惱得到一些鬆綁的利益。如果禪修很久了，煩惱還是非常重，表示用方法有問題，沒有好好地掌握。如果你一打坐，煩惱就來了，你在煩惱中，一邊打坐一邊起煩惱；打坐完了，反而好像沒有煩惱，原因是你沒有好好地用方法，沒有把身體放鬆。修行一定要把身心放鬆，之後再用方法，如此心裡的種種障礙，就會暫時離開。

● 08.22～11.09期間

第二屆水陸法會講座、說明會舉辦
分享創新的環保水陸精神

　　為了讓民眾了解法鼓山啟建水陸法會的理念，並且深入認識各壇的修行法門及法會儀軌，法鼓山「大悲心水陸法會籌備小組」自9月20日起至11月9日期間，陸續於全台北、中、南各地展開12場講座及72場說明會；海外方面，自8月23日起，包括香港護法會、新加坡護法會及馬來西亞護法會，共舉辦六場說明會。另外，針對體系內法師、專職及專任義工等，則於8月22日起安排兩場「2008大悲心水陸法會之展望與回顧」講座，以及八場義工勤務說明會。

　　首先以社會大眾為對象的活動，分別在台南分院、台中分院以及北投農禪寺舉辦，共12場講座，內容主題包括「水陸法會概介」、「外壇概覽」、「總壇儀軌概說」、「承先啟後的水陸法會」四大項。法會籌備小組藉此與民眾分享法鼓山大悲心水陸法會兼具符合時代及漢傳佛教的精神，希望導正傳統法會一些不合時宜的作法，展現環保、藝術、人文、科技的新風貌；也讓信眾對參加法會有進一步的認識及加強前行功課的準備。進行講座期間，並於全台北、中、南各地進行72場地區說明會，向各地民眾重點介紹水陸法會的精神。

　　海外方面，主要由僧團常性法師前往亞洲各護法會主持說明會，包括於8月23日、9月6日、9月13日在香港護法會舉辦三場，8月24、25日於馬來西亞護法會舉辦兩場，8月30日於新加坡護法會進行一場，共約有二百一十多人參加。

　　針對體系內法師、專職及義工部分，則於8月22日在北投雲來寺進行一場講座，由弘化院監院果慨法師主講，內容涵括2007年第一屆法鼓山大悲心水陸法會精華回顧、2008年水陸法會簡介、前行功課與法會期間修行法門的應用、修行觀念與方法等，有近五十位法師、專職及專任義工參加。另有三學院義工室於9月6日在法鼓山園區第二大樓，特別舉辦以義工為對象的說明講座，讓義工們充分了解法會的特色與性質，共有110人參加。

　　同時，9月至11月間並安排八場義工勤務說明會，讓香積、交通、導覽等各組不同的義工菩薩，充分了解在法會期間，協助的工作和扮演的角色，一起成就這場殊勝的法會。

果慨法師於雲來寺為近五十位法師、專職，說明2008水陸法會的特色。

2008年全台北、中、南12場大悲心水陸法會講座一覽表

地點＼課程	第一堂 水陸法會概介	第二堂 外壇概覽	第三堂 總壇儀軌概說	第四堂 承先啟後的水陸法會
台南分院	9月20日	9月27日	9月28日	10月5日
台中分院	10月4日	10月11日	10月18日	10月25日
北投農禪寺	10月19日	10月26日	11月2日	11月9日

● 08.24～11.16

農禪寺舉辦「學佛Fun輕鬆」
引領初學佛者認識各項修行活動

「學佛Fun輕鬆」課程引領學員認識各項修行法門。

為接引初皈依學佛者認識、參與法鼓山的修行活動，北投農禪寺於8月24日至11月16日期間，每週日上午舉辦「學佛Fun輕鬆」課程，共有九堂，內容包括禪修、念佛、拜懺等，由護法會各會團悅眾帶領。全程有近六百人次的新進皈依者參加。

「學佛Fun輕鬆」系列課程，包括「入門」、「修行」、「成長」、「萬行」四大範疇，介紹學佛行儀與在家居士修行方法，禪修、念佛、拜懺等法門的基本概念與操作，以及舉辦各種講座與讀書會；並透過義工訪談與報告的方式，體驗法鼓山義工的精神與經驗。

系列課程，除了由講師講解，還搭配實務操作與分組討論等，並協助學員選擇與深入參與體系內所舉辦的各項法會、佛學課程與會團活動，進而精進修習佛法。

● 08.30　09.27　10.25

法鼓文化辦「插畫達人」講座
《大師密碼》插畫家含仁等分享創作心得

法鼓文化歷時五年策畫與編製，專為青少年學佛設計的中英故事套書《大師密碼A→Z》，於2008年5月全部完成出版後，為了與廣大讀者分享該套書的製作過程，自8月30日起，在台北金石堂信義店金石書院舉辦「插畫達人系列講座」，陸續邀請三位參與這套書的插畫家，分享創作插畫的幕後製作過程及

心得，共有近兩百位讀者出席聆聽。

《大師密碼Ａ→Ｚ》這套書籍於2006年9月獲得行政院新聞局「第27次中小學生優良課外讀物推介」，內容除了以文字描述古今佛教大師的行誼，書中搭配的插畫也充分呈現高僧們的多樣風采。

插畫家含仁和讀者分享自己創作《大師密碼》的心得。

8月30日舉辦第一場，主題為「解構含仁的創意世界」。插畫家含仁首先感謝法鼓文化給予創作空間，讓他能盡情揮灑年輕化的創作風格，他希望讓讀者以愉悅的童心走入大師們歷經磨難的世界，進而欣然接受他們精神上的熏陶。共有90人參加聆聽。

9月27日，進行第二場講座「來一碗麻辣王子麵」。負責最後一本《大師密碼Ｚ：小鞋匠大冒險》的插畫家王子麵坦言，當她畫到唐朝大珠慧海禪師的故事時，聯想到自己敬愛的阿公，便藉著阿公體貼、慈祥的面容來呈現大珠慧海禪師的親切和善。她認為只要繪者以真誠的心將情感投射在圖畫裡，讀者便能感受得到。共有50人參加。

10月25日第三場講座「創作萬歲──菊子樂活筆記」，邀請繪製《誰家的小孩這麼皮！》、《誰偷走小偷的心？》、《傻瓜開竅啦！》與《一百歲的年輕人》等書的插畫家菊子主講。畫風充滿童趣的菊子，承認自己喜歡「玩創作」，尤其在畫《大師密碼》時，會不斷嘗試新手法，並結合不同媒材，讓筆下的人物更加生動豐富。

菊子還發現，大師們都具有樂觀和堅持的特質，為了弘揚佛法，不畏艱苦，堅持走自己的路，這也給了她無比的信心。這場講座共有40人參加。

● 08.30

聖嚴師父親自主持剃度大典
勉勵18位學僧承擔如來家業

僧團於8月30日上午，在法鼓山園區大殿舉行一年一度的剃度典禮，由聖嚴師父擔任得戒和尚，方丈和尚果東法師擔任教授阿闍黎，共有5位男眾受沙彌戒，13位女眾受沙彌尼戒；另有行同沙彌3位、行同沙彌尼11位。

受戒時，聖嚴師父期勉18位新戒法師，除了要學習戒、定、慧三學，以及

比丘、比丘尼的威儀，祛除貪、瞋、癡三毒，對於俗家雙親的成就，更要懷抱極大的感恩心。出家後，也要將俗家親人當作菩薩和護法。最後，師父勉勵新戒法師發願生生世世頂戴僧裝，才是大乘菩薩的大悲願心。

此次的新戒法師中，有9位就讀法鼓山僧伽大學佛學系，1位禪學系、8位就讀僧才養成班。澳洲籍的常續法師也在此次大典受戒，發願承擔如來家業。

2008年剃度典禮，聖嚴師父和方丈和尚分別擔任得戒和尚及教授阿闍黎。

● 09.03

方丈和尚出席「點亮生命之燈」頒獎典禮
勉勵大眾以感恩心接受順逆境

由電視節目《不一樣的聲音》及《點燈》製作人張光斗成立的「中華民國點燈文化協會」，9月3日在台北亞都麗緻飯店舉辦第一屆「點亮生命之燈」頒獎典禮，由表演工作者郎祖筠主持。方丈和尚果東法師應邀觀禮並致辭，總統馬英九也親自到場，頒獎給生命鬥士夏學理與逝世的夏學曼兄妹；包括立法委員周守訓、資深媒體工作者黃晴雯等近五十人出席。

過去長期擔任聖嚴師父海外弘法攝影記錄的張光斗，因為師父的一句話：「有一天，如果阿斗不在了，說不定《點燈》都還在。」讓張光斗思考如何將點燈的精神延續下去，於是在2008年5月12日，成立了點燈文化協會。

方丈和尚致辭時，提及他與張光斗因《點燈》節目而結緣的過程，同時肯定該節目的用心，不斷傳播人間的溫暖與人性的光輝。除了轉達聖嚴師父的祝福，方丈和尚還以「盡心盡力，隨緣努力，不給壓力，阻力是助力，有願就有力，彼此相勉勵」的精神，期許大家用感恩的心，接受生命的順逆境遇。

方丈和尚（右三）出席「點亮生命之燈」頒獎典禮，並與來賓合影。（右一為黃晴雯，右五為夏學曼之子夏美傑，左一為張光斗，左二為周守訓，左四為夏學理）

● 09.14

馬英九總統拜會聖嚴師父
肯定法鼓山推動關懷生命的相關活動

馬英九總統至法鼓山園區拜會師父，肯定法鼓山致力生命關懷。

總統馬英九於9月14日至法鼓山園區拜會聖嚴師父，並對法鼓山致力生命關懷、提昇人品等正面行動表達肯定。

會談主題集中於生命關懷。聖嚴師父表示，世界上有四分之一的自殺人口在亞洲，台灣的自殺率僅次於日本、韓國；防治自殺的工作，需要政府與民間配合才能獲致成效。日前法鼓山舉辦的「國際關懷生命獎」，除了獎勵國內外許多致力於關懷生命的團體與個人，2008年也邀請了國際防治自殺協會（International Association for Suicide Prevention，簡稱IASP）主席布萊恩‧米謝勒（Brian Mishara）前來分享防治觀念，希望喚醒社會大眾的關注，讓人人都能主動投入防治自殺的工作。

馬總統則以自己多年規律運動的體會，鼓勵大家心中常存「天無絕人之路」的開朗心情，以定期運動的方式，可以保持自信與愉悅，也增強體魄。聖嚴師父回應馬總統的體驗，表示法鼓山推動的八式動禪，或禪修時在禪堂跑香、每天拜佛千百次，同樣可達到運動及腦部放鬆、心情愉悅的效果。

當天適逢中秋節，聖嚴師父除了引領馬總統至大殿燃香禮佛，也介紹大殿中的佛像藝術，並致贈親自簽名的《工作好修行》新書祝福馬總統。

● 09.22～28

方丈和尚率團赴大陸佛教聖蹟巡禮
增進兩岸佛教界互動、交流

9月22至28日，方丈和尚果東法師率領「法鼓山大陸佛教聖蹟巡禮團」，前往中國大陸北京廣濟寺、法源寺、靈光寺等聖蹟進行參訪，共有62位團員，包括僧團綱領執事法師及資深悅眾。

關於這項巡禮，聖嚴師父特別於行前叮嚀團員，此行不僅是參訪佛菩薩的道

場，還要用修行的心態來巡禮，並且抱持學習的態度，期望藉由此次的參訪交流，促進法鼓山與大陸佛教界的互動。

巡禮團一行人22日下午抵達北京首都機場後，隨即前往拜會中國國家宗教事務局，由局長葉小文親自接待，副局長齊曉飛等人也陪同出席。葉小文局長致辭時，對於法鼓山迅速且持續地援助四川震災，表達由衷的感謝，也希望巡禮團此行能讓法鼓山和大陸佛教界的交流更為密切。

方丈和尚果東法師則表示，希望藉由此行，促進兩岸宗教交流；也盼能在宗教局的協助下，除在兩岸佛教論壇及佛學研討會外，可讓交流更具體落實。

法鼓山四川救援團團長暨僧團副住持果品法師，也針對法鼓山在四川的各項救援狀況，做了概略簡報。法師表示，法鼓山未來在災區，除了協助重建及持續提供醫療服務，還準備為災後居民的心理關懷，盡更多心力。

巡禮團一行於23日，接著拜會中國佛教協會、北京廣濟寺、中國佛教學院、法源寺、靈光寺。對於法鼓山救援四川震災，中國佛教協會會長一誠長老當面向方丈和尚表達感謝，並希望兩岸之間本著血濃於水的親情，今後要多交流、多互動，共同來推動佛教的發展。

「法鼓山大陸佛教聖蹟巡禮團」此行，共參訪了北京廣濟寺、法源寺、靈光寺、焦山定慧寺、狼山廣教寺、蘇州戒幢寺、靈巖山寺、寒山寺、龍華古寺、玉佛寺及靜安寺等11處寺院。

「法鼓山大陸佛教聖蹟巡禮團」一行人參訪北京靈光寺。

● 09.27～11.29期間

紫雲寺開辦「兒童好學堂」
由聖嚴書院學員帶領

高雄紫雲寺與聖嚴書院合作開辦「兒童好學堂」佛學課程，於9月27日至11月29日每週六進行，共為期10週，由二十多位聖嚴書院初階班學員組成的教學義工群分組帶領，首屆共有31位國小四至六年級學童參加。

歷經半年籌備的「兒童好學堂」，是紫雲寺為了提倡佛化家庭，協助父母照顧兒童身心發展而舉辦。課程由「聖嚴書院」講師郭惠芯企畫，由聖嚴書院的

「兒童好學堂」帶領小學員們學習良好的生活規範。

學員，分組進行課程研發、現場教導、教育關懷與行政支援等。為了替「兒童好學堂」暖身，紫雲寺於8月7、8日已先試辦「體驗班」，獲得家長與小朋友的好評。

在第一堂課中，老師讓小學員們相互自我介紹，並引導大家訂定學堂公約，包括：上課準時報到、有始有終、廣結善緣、尊師守禮等。

「兒童好學堂」的課程主題由淺入深，從引導小朋友認識自己與世界出發，再到與家庭、環境互動，最後是認識法鼓山和聖嚴師父。課程中，運用繪本解讀、影片欣賞、製作學習小書與佛曲教唱等方式，帶領小學員一步步學習良好的生活規範。

● 10.09

聖嚴師父應邀至華航演講
分享生活與工作的安心之道

聖嚴師父應中華航空公司之邀，於10月9日至中華航空教育訓練中心，以「生活與工作的安心之道」為題，提出「自我規範」、「以身作則」與「心存希望」三樣法寶，勉勵在場聽眾在逆境中展現智慧，約有一百五十多位華航一、二級主管參加。

華航董事長魏幸雄進行引言時指出，全球經濟不景氣，民眾生活和工作沒有保障，如何在經濟困境中找到安心之道？聖嚴師父以自身疾病的治療過程為例，說明醫師只能醫病無法醫命，生命的保障還是要靠自己。如何保障自己？就是立下自我規範。師父強調，如果心中有了原則，就不會受誘惑，不會去碰不該碰的事物，生活、健康或工作自然就會有保障。

經濟不景氣，也直接衝擊到企業人事，身為高階主管壓力更大。聖嚴師父表示，要先自問對工作是否有貢獻，工作目的不只是為糊口，主管應以身作則，才能帶領部屬一起成長、創造佳績。

聖嚴師父並提出「心存希望」的法寶，希望讓人產生向上的動力。師父以不丹為例，指出不丹雖然生活物資不如台灣，但人人都覺得很快樂，因為他們心中充滿希望，也不被欲望牽著走。演講結束後，在場華航主管們紛紛以「要有希望」彼此鼓勵，也感謝師父帶來安心的法寶。

生活在希望中

創辦人語

10月9日講於中華航空教育訓練中心

◎聖嚴師父

一、安全的保障

在今天這個經濟蕭條，整個社會價值觀混淆的時局之下，大家都在追求什麼？許多人追求的是安全的保障、生活的保障，和生命的保障。可是，現在的社會能提供我們這些保障嗎？大概不能。

我這幾年害了病，常常必須上醫院，我問我的醫療群醫生：「用現在的治療方式，可以把我的病治好嗎？」醫生告訴我：「我是替你治病，但是病能否治好，我不敢保證。」但是我不會因此覺得失望，因為我一向抱持著「生病的時候，把病交給醫生，把命交給自己」的想法。命是靠自己，病是靠醫生，醫生治病，不能治命。這些醫生都很有慈悲心，也很有愛心，他們願意對病人吐露真言，誠屬難得。

聖嚴師父為華航高階主管專題演講。

在這個時代、這個世界，也常常有人問我：「法師，我們這個世界還有救嗎？」我說：「這個世界有沒有救、有沒有未來，不要問別人，要問自己對這個世界有沒有信心。」同樣的，我們的安全有沒有保障，也由我們自己決定。如何才能有安全的保障？首先必須保護自己，要有所為、有所不為，不該做、不能做的事絕對不做，能夠如此，便能獲得基本的安全保障；反之，如果不該做、不能做的事而你去做了，卻還要求獲得保障，這就不可能了。

當然，不該拿的錢，也不能拿。剛才魏董事長要送我一個大紅包，我說我不能收。華航是服務業，我是出家法師，同樣也是做服務業，因此，我不能收華航送我的紅包。收了以後，可能會有人說：「聖嚴法師到華航演講一趟，就收了一個大紅包！」如此一來，我很可能落得聲名狼籍，讓人以為我到處演講，到處收紅包了。

我從不收紅包的，無論是到哪個地方演講，或者參加座談會，假如主辦單位一定要給我，我會捐出來。以一個出家人來講，出家人不能有錢，不

能賺錢，這是我自己的「天條」，絕對不能犯。

請問諸位，在你們的人生之中，是否也為自己立下「天條」？所謂「天條」，是指我這一生之中奉行的準則，是我絕不能犯的錯，如果犯了「天條」，那麼我的人格、道德和行為就有問題了。假如諸位現在還沒有屬於自己的「天條」，還來得及，現在就給自己一個規範。這個規範，不是法律條文，而是自己的生活準則，是我們對自己、對家庭、對健康的一種承諾，永遠不會改變，永遠不打折扣。

譬如過去我曾經在高雄美濃鎮的朝元寺閉關，那個地方都是女眾，沒有男眾。因此，我在閉關之前就為自己立下三條「鐵律」：一，不接觸女眾；二，不接觸寺裡的信徒；三，不接觸寺裡金錢的事。這三條鐵律，實際上是我的保護傘，如果犯了其中一條，我也就無法安住了。我把這三條鐵律貼在房門上，一直到我離開時才撕下。有了這些規範的保護，我在那邊閉關六年都很平安，平平安安地進去，平平安安地出來。

請你們每個人都給自己一個規範的條文，這個條文與政府的法律無關，卻也有關係；與你的工作無關，卻也相關。只要我們把自己約束好，就是對自己的保護，對自己的工作、生活、家庭也是保障，自己的價值觀便因此而建立起來了。

二、謀生之道

其次，你們是否想過：「人是為了什麼來到這個世界上？」有的人說是為了餬口，為了謀生。但是，謀生要取之有道，取之有方。大家同樣是找一口飯吃，有的人為了這一口飯，付出百分之百的努力和辛勞，反觀我們自己付出了多少？

我每到一個團體或者任何地方，首先想到的是：「我能對這個環境做些什麼？我能奉獻什麼？」如果不能對這個團體、對這個生活環境的人有所幫助，那麼我不應該留下。如果我留下，就是占人便宜，沾別人的光，是一個多餘的人；如果我只是來謀生，找一口飯吃，那麼這口飯不應該我吃，應該讓給其他的人。

諸位是否聽過「廣度眾生」、「慈航普渡」？做為一個出家人，如果在團體中不能夠有益於人、有利於人，至少要做到讓人在這裡能夠快樂一些，工作的時候也能夠快樂一些，這樣在團體裡便是有價值的了。

為了謀生、為了餬口，現代人必須要有工作。我小的時候，還未滿十三歲，那時南通的鄉下流行彈棉花。彈棉花是有順序的，首先棉花要先去籽，抽出棉花絮，做成棉花條，最後才能用來紡紗織布。

當時我的哥哥正在去棉花籽，他看到我在一旁玩耍，便說：「弟弟，你知道嗎？牛即使是綁在樁上也會老，而牛老了只能任人屠宰。可是如果一條牛幫忙犁田，幫忙拉木，農夫就會感恩這條牛，不吃牛肉、不殺牛，會好好地善待牠。」我聽了以後，問哥哥：「我是一條牛嗎？」他說：「你不只是牛，還是一條懶牛，懶牛是沒有用的牛！」我說：「那我可以做些什麼呢？」他說：「你來幫我踩車子，車子多一個人踩，我會輕鬆些，晚

上吃飯時你也會多吃一碗。」我聽了很高興，於是幫著哥哥一起踩車子。

從小我就習慣幫忙，自己有多少能力，就幫人多少忙，以後進入團體之中，也不會人浮於事，而是盡全力為團體奉獻。

三、自己就是典範

前幾天，法鼓山有位法師對我說：「山上的法師好像不是人人都很精進修行，這些人將來是修不成的。」我說：「若是你這麼想，那就由你來幫助他們修行吧。」他又說：「個人吃飯個人飽，我怎麼幫他們修行呢？」我說：「如果你的修行很精進，處處為團體奉獻，天天都在修行、念佛、拜佛，就能夠影響人、幫助人。相反的，如果你成天在埋怨，怨這個人不修行，嘆那個人修不成，如此一來，你還能修行嗎？」

個人與團體是相互影響的，如果希望團體裡的成員都能努力工作、兢兢業業，埋怨並沒有用，批評、挑剔、比較、計較也是沒有意義的。最好的辦法，是以身作則，自己努力，當眾人的典範。因為自己努力的時候，其他人會漸漸受影響，也可能會一起跟進了。

在一個團體裡面，如果希望上上下下都把你當成一個典範，必須自己就是典範；如果希望團體中能有典範出現，與其指望別人，不如自己來當典範。否則，什麼事也不做，光是等待別人來影響我們、帶領我們，那是不切實際的。

四、生活在希望中

昨天有人問我：「對現在的台灣社會有沒有信心，有沒有希望？」我說：「只要台灣社會之中，有一個人覺得台灣有希望，台灣就是有希望的。」其實，這個問題不需要問別人，只要問自己。同樣的，自己的人生、工作有沒有希望，也不要問別人，要問自己。把希望寄託於人，問別人有沒有希望，這是對自己沒信心。如果對自己有信心，就能產生希望，全家人也會跟著有希望。

我小的時候家裡很窮，可是我的母親從不說一句失望的話，她總是告訴我們要「有信心，有希望」。我問母親：「希望從哪裡來？」她說：「希望是自己給的。我有信心，有希望，然後我照著這個方向去做，希望就在那裡；如果我放棄希望，不去努力，當然沒有希望。」

《天下》雜誌最近報導了世界上海拔最高、最窮，而人民最感幸福快樂的國家──不丹。雖然這個國家很小、很窮，海拔很高，但是人民的快樂指數將近百分百。他們的物質享受不如台灣，與我們相差百分之五十以上，可是不丹的人民，不論老老少少都很快樂。問他們苦嗎？他們說不知苦為何物，因為他們每天都生活得很快樂、很幸福。這是什麼原因？因為他們生活在希望中，而非生活在欲望中。

只要生活在希望中，人生成為一件件事情達成的經過、一個個夢想實現的過程，或者是一樁樁心願圓滿的喜悅，所以常感幸福、快樂。但是如果生活在欲望中，因為欲無止境，人生會變得貪婪、不知足，反而多愁苦。

聖嚴師父勉勵華航主管們要生活在希望中。

欲望有物質的欲望、精神的欲望、身心的欲望、男女的欲望、名位的欲望等各式各樣，當這個欲望滿足了，尚有其他的欲望沒有滿足；當這個欲望追求到了，卻又害怕失去，所以經常是在痛苦之中。

自己要快樂地生活在希望中，也要讓同仁和家人感到快樂。不要一回家就對家人抱怨：「再這樣下去，不知道公司還能維持多久！」請問這是希望嗎？不是。一定要說：「華航自從新的董事長上任之後，自從新的政策開始之後，自從開闢新的航線之後，公司正在急起直追。儘管今天的台灣百業蕭條，華航卻是一枝獨秀，前程必定愈來愈好。」而這就是希望。

有了希望，有了信心，就會照著目標去做，自然有未來。如果內心一點也不抱希望，認為「講希望只是說大話，根本不可能」，有這種想法才真是糟糕。本來有希望的事你卻不抱希望，也把自己的一分努力給否定了，這是很可惜的事。因此，要有希望，要有未來，首先我們自己要有信心、要努力，在努力中抱持希望，自然能夠有未來。

五、只要奉獻，就不怕失業

最近我聽到好多企業都在裁員，有人問我：「再這樣下去，未來台灣所有的人豈不都失業了？」我說：「不會的，就算失去這份工作，只要願意接受另一個工作，便不是失業。」比如「董事長」是一個職務，這個職務不做了，還可以做其他的事。就像華航老董事長卸下「董事長」的職務以後，還可以當董事，做其他的事。如果老是盯著現在這個職位不放，認為「這個鐵飯碗不能丟、不能破、不能換，換了以後自己什麼都沒有了！」有了這種念頭，那是自討苦吃，自找麻煩。

譬如說我這個和尚不做了，還有什麼事可以做嗎？和尚不是一個職業，它只是個身分，只要不偷、不盜、不搶、不傷害人，什麼工作我都可以做，即使是掃街、洗廁所，我也可以做。「高階主管」乃是一個職位，是一種身分，具有一定的名位價值，所以大家會覺得除了這份工作以外，其他的工作都不能接受嗎？如果有這種心態，一定會過得不快樂。我這麼說，並不是指大家的高階位置馬上就要動搖，而是希望大家在心理上，能夠隨時隨地準備著接受任何的工作。如果是這樣，也就不會有失業的危機感了。

● 10.10

台南安平精舍灑淨啟用
法鼓山南台灣共修道場又添一處

法鼓山在台南地區又增設一處弘法道場——「安平精舍」，於10月10日舉行啟用灑淨法會，由關懷中心副都監果器法師主法，方丈和尚果東法師、台南市市長許添財、台南二中前校長郭伯嘉、台南市民政處處長戴鳳隆，以及精舍的場地提供者方財源伉儷、佳里雲集寺捐

安平精舍灑淨啟用，方丈和尚與台南當地貴賓，一起蒞臨致賀。（前右二起為果器法師、方財源、方丈和尚、黃福昌、果舟法師、果謙法師）

贈者黃福昌等也蒞臨致賀，約有四百多位信眾參與。

方丈和尚果東法師在灑淨之後開示表示，期許安平精舍的啟用可以接引更多有心學佛的「地球人」，為何說是「地球人」？因為「學佛不分你我、地域，而是要利益眾生」。方丈和尚並以「你我相會即有緣，布施歡喜種善緣，你對我錯了因緣，損我逆我消孽緣，生老病死了塵緣，果報好壞皆隨緣，慈悲喜捨修佛緣」，勉勵大家有因緣觀才能樂觀以對，有因果觀才會精進進取。

由於法鼓山在台南地區的信眾日益增多，原本的台南分院場地已不敷使用。在台南分院前任監院果舟法師、法行會王明正接引下，認同法鼓山理念的方財源決定提供位於安平重畫區內的空間做為法鼓山的共修道場，也讓台南信眾多了一處精進修行及種福田的處所。

● 10.11

潮洲辦事處搬遷灑淨
信眾感念聖嚴師父興學悲願

護法會潮州辦事處舉辦喬遷灑淨儀式，由關懷中心副都監果器法師主法，方丈和尚果東法師、高雄紫雲寺監院果耀法師、護法總會總會長陳嘉男、副總會長楊正雄等都蒞臨關懷；另有道場提供者陳孟宗和杜明黛伉儷、信眾服務處主

任胡正中、潮州辦事
處召委葉吉妹等,以
及近兩百位潮州地區
信眾參加。

灑淨儀式後,現場
播放《老鼓手》與介
紹方丈和尚果東法師
的《一師一門,悲願
傳承》DVD影片,與
會信眾從影片中體會
到聖嚴師父雖然生病
了,仍然為「法鼓大

潮州辦事處喬遷灑淨。(前排左起為陳孟宗伉儷、楊正雄、陳嘉男、方丈和尚、果器法師、胡正中、葉吉妹、果耀法師、天緣法師)

學」的興辦而努力。師父的悲願,讓眾人發願要齊心護持法鼓大學,邀更多親友一起加入「5475大願興學」計畫。

方丈和尚則期勉大家,凡事一定要盡心盡力、隨緣努力,只要有願,一定就有力。

● 10.13

內政部表揚佛基會、農禪寺、文化館
三單位同獲績優宗教團體獎

文化館鑑心長老尼(右)代表法鼓山接受廖了以部長頒獎。

由內政部舉辦
的「96年度興辦公
益慈善及社會教化
事業績優宗教團體
表揚大會」,10月
13日下午在台大醫
院國際會議中心舉
行,法鼓山佛教基
金會、北投農禪寺
及北投中華佛教文
化館,同時在該場表揚會中榮獲內政部頒獎,由文化館鑑心長老尼、農禪寺監院果燦法師代表出席受獎。

表揚大會由內政部部長廖了以主持,包括法鼓山三個單位外,共有全國性及地方計228個宗教團體獲得表揚,這些單位都是在興辦公益慈善或社會教化事業上具有特殊貢獻、績效或聲譽卓著,經各級主管機關推薦,再經由內政部宗教事務諮詢委員會組成小組審查後產生。

內政部部長廖了以在致辭時,除感謝各宗教團體對於公益慈善及社會教化事業所做的奉獻外,也期許宗教團體能繼續致力於濟弱扶傾、淨化心靈的不朽事業,並與政府共同為建立更自由、更良善的台灣宗教環境而努力。

● 10.16～19

第五屆社會菁英精進禪三禪堂舉行
聖嚴師父勉勵學員隨時用方法

10月16至19日,法鼓山於園區禪堂進行第五屆社會菁英精進禪三,由禪堂板首果祺法師擔任總護,聖嚴師父並於19日親自前往關懷和開示。包括前行政院僑務委員會委員長張富美、國立台

聖嚴師父勉勵學員下真工夫,勤練即有成果。

北大學社會工作學系系主任楊蓓等,共有63位學員參加。

這項精進禪三的成員都是歷屆社會菁英禪修營的學員,此次禪修活動,希望讓大家再次體驗法鼓山的境教和漢傳禪法的精妙。內容包括由法師帶領法鼓八式動禪、禪坐、經行、出坡、拜佛,以及觀看聖嚴師父開示影片,並有小參時間,供學員提問。

聖嚴師父於最後一天開示時,特別提到禪法是無法之法,所以禪門又叫無門,禪修是因人而異的,但只要真的下工夫,就會有成果。師父特別勉勵學員,要隨時用方法,把修行和禪法運用到日常生活中的各個層面,練習到自然而然。

不隨魔鬼起舞的工夫

10月19日講於法鼓山園區禪堂「第五屆社會菁英精進禪三」

◎聖嚴師父

有人問我，社會菁英禪修營和一般的禪修營有什麼不同？是不是在菁英禪修營時，師父拿出來的法寶比較精彩，而對於其他一般的禪修營，師父只是給一些普通的修行方法、修行觀念？事實上，這個想法是對的，也是錯的。

禪法本是「無法」，禪門又稱「無門」。有一本名為《無門關》的書，是由一位無門比丘蒐集了48則話頭公案，所編成的一本書，若是給修行工夫深的人用，因為他曉得箇中道理，所以用個十年、二十年用不完；若是給工夫差的人看，從頭到尾48則公案，就像是看故事一樣，一天便看完了！這樣看完後，究竟能夠獲得多少好處？有的人專門看《無門關》，天天看《無門關》，終究看出了一些名堂來；但是有的人就算看《無門關》看了一輩子，到死為止仍然沒看出什麼名堂來。但是，看了多少還是有點好處。因此，所謂「禪修」，是因人而異的。

修行方法在各種層次上的運用

有的人在48則公案裡選一則適合自己的，使用那則公案一直參到底，從生參到死，就只是一則公案。參到了沒有呢？參到死為止，是參安心。「參」，有安心地參、明心地參、無心地參，這其中有很多的層次。所謂「安心地參」，即是當心裡很煩、不安的時候，就用這則公案來參。例如，參「念佛的是誰？」的人，在心裡不安時，就參「念佛的是誰？」

如果是心裡思緒繁雜、煩惱、煩亂、煩躁，這個時候參話頭當然有用，但如果是因為身體有病，痛得非常難過，這時雖然明明知道話頭可以用，但是用不上力。為了痛而參，怎麼參，痛還是痛。有一位倓虛老法師，他害了一種癌症，非常地痛苦。他的徒弟跟他說：「師父您用『觀』！就像您平常教我們觀空、觀無、觀虛，現在您也要把痛觀成空、觀成無、觀成虛，這不是很好嗎？」倓虛老法師回答：「唉！當我沒有病的時候，我一觀就很靈，不過身上的病痛，卻讓我恨不得想拿刀把它給挖掉。現在你教我觀空，可是什麼都空，但是痛不空啊！」

如果身體只有一點不舒服，這個時候用觀、用話頭、念佛都有用；但若是到了非常痛、痛不欲生，恨不得拿刀把它挖掉的地步，這時要用觀或是參話頭，都不太有用。這時該怎麼辦？念佛。當你很痛、很難過的時候，可以把心轉到佛號上面，連續地念阿彌陀佛，會有用的。

今天早上，有一位老太太要往生了，她的兒子打電話給我，說：「師父！我的母親已經從加護病房出來，要回家了，怎麼辦？」我問：「她的神識清楚嗎？」他說：「清楚。」我說：「會不會念佛啊？」他說：「會。」因為這位老太太在農禪寺打了四十幾次佛七，所以我說：「你現在叫她念佛，我也會幫她念佛。」老太太一生念佛，彌留的時候身上沒有疼痛，只曉得大概快要走了，這時念佛有用。所以，修行方法可以用到各種各樣的層次上面。

自我檢測修行程度

有人問我：「師父，我已經修行十多年了，我的工夫算是到了什麼程度？」我說：「你的工夫就是你的工夫。」他又問：「十多年的工夫應該是怎麼樣？」我說：「就是應該像你這個樣。」他再問：「師父為什麼這樣回答？」我告訴他：「你的十多年跟我的十多年是不一樣的，而我的十多年跟其他人的十多年也是不一樣的，每個人有每個人的狀況和程度，所以我無法回答你的問題。」這就像到餐廳吃飯，你可以問我吃了幾碗飯？或是吃了以後，增加了多少力氣？這些問題可以測量，也可以試驗，所以可以得到答案，可是修行的工夫，是沒有辦法以數量來測量的，只能夠自己測驗自己，比較修行三年之後，是否仍然容易發脾氣、情緒反覆無常？

通常的人大概修行三到五年就不會輕易動怒，因為知道了如何控制自己或掌握自己的情緒，無論別人怎麼逗你，要你生氣、要你煩惱，你都會平平靜靜地面對它、接受它，而不會動無明氣；但如果情緒還是反覆無常，表示你的工夫沒有著力，平常修行的時候，沒有好好照顧自己，才會隨時生氣。這些都是自己可以去體驗的。

也有人跟我修行了幾年，回家後還是經常跟太太吵架，這是因為沒有用方法。當師父看著你的時候，你能夠不生氣，沒看著你的時候，就容易生氣，這也不是工夫。工夫是不管有沒有人看著你，都不會隨便地、任意地生氣。

自然而然隨時用方法

其實生氣這樁事，不是能不能控制的問題，而是平時要練習方法，便不容易生起氣來。只要經過幾年的練習，生氣的習慣就會漸漸化解，如果能夠做到這樣，你就是有工夫了。比如我常常參話頭或是數呼吸，脾氣來的時候，自然而然就會數起呼吸，知道要用方法，那就不會生氣了。

「自然而然」是什麼意思？就是當我們自己遇到風浪，不論小風浪、大風浪，自己能夠化解，而不是控制。控制是不行的，暫時壓抑住不讓它生氣，但是氣還在，等一下還是會生氣，因為這是控制不住的，硬要控制會很痛苦。不過化解就不一樣了。什麼叫作「化解」？即是本來正在生氣，用了方法之後，氣就不見了、消化掉了，也就是不要再注意讓你生氣的這樁事。用方法得力，便能化解。

　　所以，方法要常常練習，這不是你用功十年或打坐十年就夠了，而是在這十年之間，你是否常常用方法？還是十天、八天偶爾用一次？如果經常用方法，這才是在工夫上，否則生氣的當下忘了用方法，過後再來參「我是誰？誰是我？」這個時候有用嗎？沒有用。因為你臨時抱佛腳，在氣悶、很煩的時候，才來參幾句話頭，這個時候會愈參愈煩。如果你想用方法來壓制情緒，你會愈壓愈煩、愈用方法愈生氣，接著你就會埋怨，覺得用功用了這麼久，用方法用了這麼多年，怎麼好像都沒有用？

　　我們用方法，不是在失火時，趕快澆一盆水，希望火馬上熄掉，而是要在還沒有失火以前，就先預防，這即是工夫。若是等到火球、火苗出現以後，再來澆水，這樣的力量不夠，因為火已經冒出來了。雖然澆了水，火可能會變小一些，但是火的力量還是存在。因此，修行時間的長短、修行工夫的深淺或修行著不著力，不能以時間來衡量，端視你有沒有時時刻刻用方法。

　　有的人覺得自己很忙，時間不夠用，哪兒還有時間用方法？其實這之間沒有什麼關係，像我也很忙，還是經常用方法。這不是說工作、事情都不做，專門用方法，在我們的生活裡沒有辦法做到這樣，每個人都有很多事情要處理，不可能用全部的時間練方法，但是只要當你一感覺有情緒、有煩惱在動，就趕快用方法，這樣還是有用處的。

心不隨魔鬼起舞

　　有人修行十年、八年，卻看不出來他得了什麼力，有的人卻能在很短的期間內馬上得力，心境不會隨著環境變化，不會隨著魔鬼起舞。魔鬼不可怕，但若是跟著它起舞，那就是可怕的事了。我們要練的是不隨魔鬼的步伐起舞，而這要怎麼做到？就是隨時用方法。當你遇到魔了，遇到鬼了，要怎麼辦？是抓魔、抓鬼呢，還是調你的心？當然是調心，才能夠使你的心不亂，不會隨之起舞，這即是修行的工夫、修行的利益。

　　有些人會問：「我跟著師父修行這麼久了，怎麼魔鬼都不退，還跟著我跑？」其實魔鬼來自於你沒有調心，魔鬼自然會跟著你跑，若是隨時調心，魔鬼就拿你沒辦法了。所以，禪宗有一句話說：「方法是師父教的，禪修的工夫是自己的。」而師父的方法很簡單，就是常常練習調心，並且付出耐心來調心，時間久了以後，工夫自然會現前。有人說：「我要發功！」就像一些外道發功，這發的是什麼功？發的是魔功。而我們發的功，是調心的工夫——心不受境界困擾，就是工夫。以上向大家說明修行要如何得力、怎麼樣才算是得力。

　　今天我看到有一些社會菁英的學員，在我們的溪邊拔草。拔草的時候，能不能用功呢？能，將心繫於拔草的動作上，就是在用功。

● 10.19

政大校長拜會聖嚴師父
討論設立「法鼓人文講座」事宜

政治大學校長吳
思華偕同該校教務長
蔡連康、文學院院長
王文顏及研發長周麗
芳等一行四人，於10
月19日至法鼓山園區
拜會聖嚴師父，討論
在政大設立「法鼓人
文講座」事宜，希望
藉此在政大校園推廣
「心六倫」觀念。

吳思華校長（圖中左）拜會聖嚴師父，希望在政大設立「法鼓人文講座」。

吳思華校長表示，政大畢業學生多半擔任公職，因此校方更有責任關心學生
的品格教育，希望透過「心六倫」的宣導，在四年的大學教育中，幫助他們提
昇和建立積極而正面的價值觀。

聖嚴師父非常認同吳校長的看法，同時表示自己非常重視大學教育，目前已
在台灣大學、清華大學、成功大學、亞洲大學設立人文講座。未來將再全力推
廣因應現代與世界文化而發展出的新時代倫理「心六倫」，相信這對於加強政
大學生關懷人文社會，將有很大的幫助。師父並表示，除了在政大設立人文講
座，2009年更要與政大合作舉辦國際倫理研討會。

● 10.21

聖嚴師父應邀至國防大學講演心六倫
開示生命價值在於盡責和奉獻

10月21日，聖嚴師父應國防部之邀，於國防大學舉辦的「國軍97年重要幹部
研習會」中，專題演講主講「心六倫與生命價值」，包括國防部部長陳肇敏、
參謀總長霍守業、國防大學校長曾金陵，及近三百位國軍高階將領出席聆聽。

擔任引言人的陳肇敏部長，推崇法鼓山推動的「心五四」、「心靈環保」、
「心六倫」等運動，對安頓人心和淨化社會貢獻卓著，並希望藉由聖嚴師父演
講，讓核心幹部將這些理念帶回部隊與弟兄們分享。

聖嚴師父首先說明「心六倫」不同於傳統的五倫,指的是家庭、校園、職場、生活、自然、族群六種倫理,是從群我關係發展到全世界、全人類的關係;「心」是指誠心地實踐,人人盡到自己的責任,才是心六倫的真義。

聖嚴師父進一步闡述,倫理不是威權式的,倫理是從明瞭自己的立場出發,誠如「當一天和尚撞一天鐘」,凡事盡責。生命的價值在於對社會、國家,乃至全世界盡責和奉獻。師父以深居叢林的禪師為例,看似對社會沒貢獻的禪師,但其一言一行都能引人深思,對人們的身心具有無形安定的力量,這就是禪師的生命價值。

現場將領們也把握難得機會,向聖嚴師父提出如何對治煩惱、軍中自殺防治等問題。師父以自己為人熟知的一句話「慈悲沒有敵人,智慧不起煩惱」,說明只要自己不受情緒所影響,頭腦自然清晰,智慧就會生起,就能以平等心對待人事物,不僅沒有煩惱,也能慈悲待人。至於軍中自殺防治,師父建議長官應多付出時間傾聽,讓對方願意敞開心胸,如此才能防患未然。

聖嚴師父應邀至國防大學演講「心六倫與生命價值」,現場有三百位國軍高階將領出席聆聽。

心六倫中的生命價值

10月21日講於國防大學「國軍97年重要幹部研習會」

◎聖嚴師父

　　近年來法鼓山正在推動「心六倫」運動,「心六倫」這個名詞是新的,而它的關懷面則是現代社會所需要的,內容包含:家庭倫理、生活倫理、校園倫理、自然倫理、職場倫理和族群倫理。本來中國傳統儒家思想已有「五倫」的觀念,即是「父子、君臣、夫婦、兄弟和朋友」,可是在今天這個社會,必須要擴大倫理的範疇,因此,「心六倫」新增了幾個不同的面向,譬如自然、職場和族群的倫理,都是過去「五倫」所沒有的;而原來的「五倫」之中,如「父子」一倫的內涵,對現代社會而言也不夠完整。所謂不夠完整,是指無法概括家庭之中夫婦、親子和兄弟姊妹彼此之間的關係,因此「心六倫」也在這方面做了加強,希望能夠涵蓋現在這個時代、這個世界,包括人與人、人與社會、人與自然等各種各樣的關係。

　　多年前,我聽到前總統府資政李國鼎先生的一場演講,他主張在倫理之中,應當加入一種「群我」關係,也就是個人與群體、個人與社會的倫理;而凡是超過兩人以上的團體,都叫作「群體」。因此,我受到李國鼎先生的影響,想到我們應該有一種世界性、全球性的倫理觀。例如,現在大家都很注重環保,體認到環保的重要,實際上,自然跟人類的生命是息息相關的,因此我們提出了「自然倫理」;此外,過去所說的「族群」,比較偏重於宗教與宗教之間、民族與民族之間的關係,而我們所提倡的「族群倫理」,則是包含每一種生活背景、生活環境、生活類型,以及不同社會團體之間的關係;還有,「職場倫理」也是過去所沒有的,然而在現代的工商社會中,每個人都需要工作,凡是工作的場合,就會有職場的應對、職場的關係,這即是「職場倫理」。

倫理必須從心去實踐

　　「倫理」的意涵是什麼?為什麼稱為「心六倫」?凡是講到倫理,都必須打從我們的內心真正去實踐,而不是一種敷衍的口號,因此,誠心誠意地用心實踐倫理的觀念和倫理的道德,就叫作「心六倫」。

　　至於「倫理」和「道德」是不是相同?這兩者是相關的,卻不盡然相同。倫理,主要是指人與人的關係,譬如夫妻之間的關係是倫理,長官與部屬之間的關係也是倫理。但是,人與人之間的關係,不一定具有道德。有句成語叫作「狐群狗黨」,這也是形容人與人之間的關係,但卻非倫理,也不是道德。夫婦之間的關係,如果僅僅是講求平等,算不算倫理?如果夫婦之間彼此要求平等:你燒一餐飯,我也要燒一餐飯;你生一個孩子,我也要生一個孩子,這可能嗎?這其實是「論理」,而不是「倫

聖嚴師父為近三百位國軍高階將領演講，開示
生命價值在於盡責與奉獻。

理」。現在全世界都在講平等、講民主，但是平等不一定是倫理。請問，人與人之間，是不是能夠做到樣樣平等、絕對地平等、凡事都平等？如果講求「人人平等」，那麼父子之間是不是也應該平等？但是父親有父親的職責，子女有子女的職責；父親有父親的立場，子女有子女的立場，如果父子完全平等，這就不是倫理了。

一般所謂的「理」是世間的道理，卻不一定是倫理。「心六倫」所提倡的倫理，是指人與人之間，每一個人都應該盡責、負責，自己是什麼身分、什麼立場，就要負起應有的責任，擔當應盡的義務，如果「身在其位而不謀其政」，即是有失其責，也就不是倫理。倫理一定是盡責、負責，在什麼立場就做什麼事、說什麼話，這即是出家人所說的「做一日和尚撞一日鐘」。

但是，在某些特殊狀況下，即使你不在相關職位上，能不能提出意見？有人說：「事不關己，何必多管閒事！」在軍中，也許某些事不是你的職責所在，可是看到有人貪汙、有人做了非法的事，請問要不要管？如果從職務來看：「這不是我的職責所在，多一事不如少一事！」請問這樣符合倫理嗎？這不是倫理，而是一種敷衍的心態，也是不道德的。

凡是對於他人、對於團體、對於整體環境有害的行為，都應該要規勸他人不要做；對於團體有幫助、對於環境有益的事，我們除了自己要盡力去做，還要鼓勵其他人一起做，這才是「心」的倫理。一般人都喜歡做好人，卻沒有盡到倫理之責。所謂「好人」，似乎是「我自己不做壞事、不說壞話，但是別人做了壞事、說了壞話，反正跟我無關，我不必管」。結果這樣一來，全體都因而受害，請問這是倫理、是道德嗎？當你看到有人上吊或者投河，你要不要去援救呢？還是認為：「那是別人的命，跟我沒關係！」如果見死不救，就像是自己在殺人，如果我們見到別人做壞事而不去規勸，自己也等於是幫凶、也算是在做壞事。

雖然我們不忍心見到別人做壞事，所以去規勸；不忍心見到別人自殺，所以要營救，但是在規勸、救助的過程之中，仍然需要有一點技巧，否則自己可能會受傷，也會傷害到別人。

心是一種能量的活動

「心」究竟是什麼？有人認為是良心、本性，或是人格。但是，「心」跟我有什麼關係？人出生的時候就有心，那這個心究竟是思想的心、人格的心，還是主宰的心？所謂「主宰」，即是主宰自己，對自己負責。剛剛出生的小嬰兒是沒有主宰能力的，那麼他的心在哪裡？有的人老了，行為舉止返老還童，甚至漸漸失去了主宰能力，那他的心是不是還存在？有人認為心就是靈魂，出生時跟著身體一起來，死亡以後也就同時離開了。是這樣嗎？「心」是很不容易弄清楚的，不管是儒家、道家、佛家，都各有各的解釋。前幾天有一位學者跟我談起這個問題，他問我：「『心』究竟是什麼東西？」我說：「根本沒有『心』這樣東西，如果有，你現在就拿給我看一看。」心是非常微妙的，它是一種能量的活動，當它在活動的時候，是有的，不在活動的時候，則是沒有的。

如果一個人沒有「存心」犯法、做壞事，可是他實際的行為卻做錯了、傷害了別人，怎麼辦？在法律上，雖然並非存心預謀犯罪，可是仍然做錯了事，還是要接受法律的制裁；以佛教而言，如果一個人無心犯了錯，雖然過失是有的，要負過失之責，但是不算犯戒。佛教所認定的犯戒，有如下的標準：第一，你是否存心犯戒？第二，你知不知道自己犯了戒？第三，犯了戒之後，你是否想到要悔過、改過，從此不再犯相同的錯？如果你有心犯戒、知道是犯戒、確實已經犯了戒，這三種心同時具備了，那麼便是犯戒；如果缺少其中一種，便不成為犯戒，譬如心狂意亂，失去理智的人，雖然殺了人，但是不算犯殺戒。

生命存在於所有的群己關係中

這幾年，我們也在提倡「關懷生命——防治自殺」的活動，我透過宣傳短片在電視上呼籲：「多想兩分鐘，你可以不必自殺，還有許多的活路可走！」「只要還有一口呼吸在，就有無限的希望，就是最大的財富！」這是因為近幾年來，社會上瀰漫著一股自殺的風氣，在亞洲地區，台灣是繼韓國、日本之後，自殺人口比例最多的國家，而以全世界來說，亞洲地區的自殺人口又高於歐美國家。

什麼是「自殺」？凡是有自殺的意念，不管是自殺身亡，或者還沒有構成死亡的事實，都算是自殺。從一個宗教師的立場來看，世界上沒有人有權利自殺，沒有人有資格結束自己的生命，因此，殺人與自殺都是殺人罪。凡是有自殺的「念頭」，也就是我之前所說的「心」，已經認知到有「我」這個生命存在，卻想要放棄、結束生命，這樣的人都應該要自我悔過，好好反省、檢討自己的生命。

我們個人的生命並不只屬於自己，而是同時存在於父母、家庭、學校，以及社會等所有的群己關係之間，如果傷害了、放棄了自己的生命，就是一種罪過。每個人都要對自己的生命負責，從出生開始，直到自然死亡為止，我們都必須好好珍惜，因為生命是屬於整個社會、整個世界，甚至是整

個宇宙的。

站在法律的立場上,對於已經自殺身亡的人,要去追究其責是不可能的,可是以倫理而言,甚至對於家庭、學校、團體,以及整個國家社會來說,這都是不負責任的行為。自殺和殺人是完全相同的罪惡,雖然自殺以後,在法律上不用負責任,但是在道德倫理上罪過很重大。請問,生命是有價值的嗎?生命可以價錢來計算嗎?一般人都會說:「生命可貴,生命無價!」雖然軍人為國家犧牲是無價的,但是自殺卻是一種罪過,因為自殺的人對不起父母的養育之恩,也對不起國家社會的栽培,而且自殺之後,許多與亡者相關的人,都需要共同被輔導和幫助,這真是一種對不起眾人的舉動。

人的價值須從倫理來衡量

有人認為,從年輕到中年這段時期,能夠為社會奉獻,可是年紀老了,沒有用了,活著大概就沒什麼價值了。但是人老了就沒有價值嗎?像台塑集團創辦人王永慶先生活到92歲,直到生命的最後一天,還是非常地有貢獻。人只要活著一天,就有一天的價值,這是無法用數據來衡量的。比如我今年80歲了,如果我不善用這個生命,社會也不需要它,那就沒有價值;但是我善用它,我們的社會、世界還需要它,那就有了價值,生命的價值在於它的功能,無法發揮功能,便沒有價值;只要產生了功能,生命就是有價值的。

有人會去區分:「有的人有大用,有的人有小用,有的人沒有用。」事實上,每一個人都有用。我們活在這個世界上雖然渺小,甚至有的時候好像只是在消費社會的資源,生產的功能很小,即使如此,每個人還是有用、有價值,仍然有無限的潛能。生命隨時都可能產生價值,只是現在可能還看不到。人的價值是潛在的,是不能用金錢去衡量的,而要從倫理方面來衡量。

有人好奇:「和尚有什麼用處?」我說:「當你看到、發現的時候,就是有用;當你沒有看到、沒有發現的時候,就是沒有用。」這聽起來好像是很弔詭的一樁事,怎麼會發現就有用,沒發現就沒有用呢?在中國禪宗的歷史上,有許多禪師平常看到人的時候並不講話,人們看他在山裡面好像也沒做什麼事,可是他們真的沒有用嗎?有用!因為他是山上的負責人。有人問他:「山上的負責人是誰?」他說:「就是我。」凡是他的職務所在,就是他的功能。

昨天我在醫院遇到一位老先生,他說自己年老沒有用了,活著一天只是消耗一天的資源,還不如早點自殺,好讓子女減輕負擔,也讓社會少一些負擔。我說:「你錯了!你活著一天,消耗一天,就是一種功能。因為兒孫要靠你來盡孝,否則就沒有人可以孝養了。」生命的價值,並不是指今天能做多少工、能賺多少錢、能幫多少人的忙,否則就是一種現實觀、物質觀的看法。事實上,活著就是一種功能,就是生命的價值。

● 10.27～29

住商不動產公司於園區禪堂進行三日禪
體驗動靜皆自在的禪味

　　住商不動產公司於10月27至29日，在法鼓山園區禪堂進行三日的禪坐共修，由禪修中心副都監果元法師帶領，方丈和尚果東法師亦到場關懷，有近一百人參加。

　　這場禪三是由住商不動產公司董事長吳耀焜發起，希望透過禪修，讓生活步調緊湊的員工放慢腳步，學習「動靜皆自在」的禪味。

　　由於多數學員沒有禪修經驗，果元法師特別從基礎著手，引導學員體驗呼吸與放鬆，並安排法鼓八式動禪、戶外經行等項目。最後一天，方丈和尚果東法師到場開示，說明禪修內涵與「心六倫」的價值、意義，勉勵學員成為「職場倫理」的實踐者。

　　三天下來，許多學員分享最難忘的是進行戶外經行時，赤腳體驗大自然的感覺，以及運用「直觀」讓身體覺受外界一切而不去分別的體驗。不少學員表示，希望日後還有機會再至法鼓山禪修。

方丈和尚果東法師（中）與住商不動產公司的禪修學員合影。

● 11.01～02

傳燈院舉辦生活禪體驗營
學習放鬆活用的生活禪法

　　11月1至2日，僧團傳燈院於三義DIY心靈環保教育中心舉辦「生活禪體驗營」，由美國紐約象岡道場住持果醒法師帶領，共有82人參加。

　　不同於傳統上以打坐、經行為主的禪修活動，這次禪修營共安排了五堂以「無我」為主軸的互動課程，並輔以影像來協助學員觀照自己與外境的連結。例如果醒法師讓學員觀看第三世界國家人民生活艱困的圖片，當有學員皺眉、

兩天的「生活禪體驗營」，果醒法師帶領學員思辨「我是誰？」。

發出感嘆聲時，法師即反問：「他們看起來苦嗎？還是『你以為』他們很苦？」兩天的課程，不斷以討論和體驗的方式，協助學員打破「以自我為中心」的慣性思惟。

除了討論與思辨，活動也設計了「三寶加持」的遊戲，讓學員頭頂著自己的名牌，手持兩支吸管，一支托著乒乓球、一支托著彈珠，從走路到吃飯都在「三寶加持」下進行，藉此練習於「動」中觀照各種念頭的生滅，以及體察自己「以五蘊為我」的妄念。

兩天的體驗練習，學員們紛紛回應獲益良多，例如在觀念的轉化與覺察力的訓練方面，以及這次禪修不執行禁語，作息也如一般日常生活模式，讓學員感覺較為放鬆自在，也更容易用上方法。

這項自2006年開始試辦的「生活禪體驗營」，透過討論與方法的練習，讓禪修法門不再只是蒲團上的用功方式，而是出了禪堂也能放鬆活用的生活禪。

● 11.13

北大王邦維教授拜會聖嚴師父
師父邀請推動漢傳佛教

11月13日，中國大陸北京大學東方學研究院院長王邦維教授、佛光大學佛學研究中心副主任林光明，至北投雲來寺拜會聖嚴師父。

王邦維教授（左）藉來台講學因緣，轉達季羨林教授對聖嚴師父的關懷。

從事梵語及漢語佛典研究的王教授，師承中國當代佛學界耆老季羨林教授。季教授與聖嚴師父結識於1991年，當年師父率團赴大陸考察佛教古建築，以做為建設法鼓山園區的參考。

此次，王邦維教授藉著來台講學的因緣，特地轉達季教授對聖嚴師父的關

懷之意。會談中，師父與王教授針對兩岸佛教發展現況交換意見；師父也介紹法鼓山推動漢傳佛教的成果，並邀請王教授參與相關學術講座的審查工作，同時期勉王教授在大陸提攜後進，共同推廣漢傳佛教。

● 11.15　12.20

台中分院舉辦「每月講談」
鼓勵大眾藉閱讀走上學佛之路

繼高雄紫雲寺之後，台中分院自11月15日起，開始於台中寶雲別苑舉辦「每月講談」，由聖嚴書院講師郭惠芯主持，鼓勵台中民眾能藉著閱讀親近佛法。首場講座由文化中心副都監果賢法師主講「《法鼓全集》與我」，共有近兩百位民眾到場聆聽。

回想實際參與聖嚴師父著作的企畫製作過程，果賢法師分享自己尋找生命方向的經歷，省思自己從一個探尋者，轉變到目前的編輯者，進而以推廣者自許。法師也指出，聖嚴師父的思想觀念不只與社會思潮相結合，語言文字更符合現代人的閱讀習慣，透過文化出版介面接引不同人學佛，對紛擾的人心是一帖良藥。

在法鼓文化執事14年，果賢法師認為自己是過去生發願，今生在法鼓文化學習成長，並以聖嚴師父的妙喻分享，編輯就像廚師，將佛法調和鼎鼐，煮出盤盤法食來供養諸上善人。

「每月講談」第二場於12月20日舉辦，邀請中央研究院歐美研究所教授單德興，分享聖嚴師父著作《禪的智慧》的讀後心得。單教授敘述自己如何透過師父的著作和思想，穿透知識分子的迷障，走向更澄澈、寬闊的心靈旅程，共有180位信眾到場聆聽。

台中分院第二場「每月講談」邀請單德興教授主講。

● 11.15

法鼓八式動禪五週年慶舉辦
講師與學員發願努力推廣

義工講師們於活動上，分享五年來推廣八式動禪的心得。

禪修中心傳燈院於11月15日在北投雲來寺舉辦「法鼓八式動禪五週年慶」活動，由禪修中心副都監暨禪堂堂主果元法師、美國紐約象岡道場住持果醒法師、傳燈院監院常遠法師等五位法師帶領，包括法鼓八式動禪推廣總召集人陳武雄在內，共有182位動禪義工講師及學員參加。

活動首先由在板橋體育場推廣法鼓八式動禪的義工講師代表張富美分享心得，她提及八式動禪推廣之初，曾經一度懷疑：運動之中如何能放鬆呢？練習後才發現，動禪的重點不在「動」，而是在「禪」。練習動禪，其實就是在鍊心，讓心清楚身體是怎麼動的；一旦將「清楚」的方法運用在生活上，原本急躁的個性也慢慢地修改了。許多動禪學員也上台現身說法，分享每天練習八式動禪，明顯改善了腰痠背痛、五十肩等老毛病，以及讓心情平安穩定和歡喜的體驗。

接著，全場齊聲歡唱「動禪生日快樂歌」，法師們頒發感謝函給每位到場的義工講師，並勉勵大家要每天練、持久練，還要將時時可以用、人人可以用的「法鼓八式動禪」，更努力地推廣出去。

● 11.16

廈門市佛教協會參訪法鼓山
拜會聖嚴師父並交流佛教教育心得

中國大陸廈門市佛教協會一行18人，在會長暨南普陀寺方丈則悟法師的帶領下，於11月16日上午至法鼓山園區參訪，由僧團副住持果品法師、副住持兼法鼓山僧伽大學系主任果暉法師、僧大學務長常惺法師和國際發展處常文法師等人接待、導覽。

參訪行程中，果品法師和果暉法師分別就法鼓山和僧伽大學的創建緣起、現況和未來規畫等，為來訪者做介紹。參訪團稍後並拜會聖嚴師父，則悟法師向

師父表達崇敬之意，同時也代表閩南佛學院致贈太虛大師紀念法相及《閩南佛學院學報》，希望未來在佛教教育上能與法鼓山多交流。師父則贈以《法鼓山年鑑》，並彼此交換法鼓山推動現代化佛教教育的心得。

　　廈門市佛教協會由廈門市南普陀寺、虎溪岩寺、養真宮、白鹿洞寺、中岩寺、太平岩寺、普光寺、鴻山寺、石室禪院、清居堂、梅山寺、慶福寺、妙清寺等十餘所寺院組成，會址設於南普陀寺內。

廈門市佛教協會等一行至法鼓山園區拜會聖嚴師父。後坐左一為則悟法師。

● 11.20～27

水陸特展舉辦十壇巡禮
法會各壇意涵提前呈現

　　11月20至27日，為了讓水陸法會充分發揮普化教育的功能，僧團水陸法會籌備小組特別在法會之前，規畫第二屆大悲心水陸法會特展與十壇巡禮活動，邀請各地區信眾親臨法鼓山園區各壇場，了解十壇的精神內涵。至法會啟建前一天，每天有十多個團體、近七百人同時在各壇參訪。

　　第二屆大悲心水陸法會的各壇場設計，除了延續2007年涵蓋環保、科技、藝術、人文等多元面向外，特別強調從「形式的重現」，轉化為「精神內涵的傳承」，法會空間以經文為壇場布置主軸，取代傳統的經變圖。例如位於大殿的總壇，就以印有《水陸儀軌會本》內容的仿金色布幔，搭配同色系深淺不一的織品布料，延伸

水陸特展上，導覽義工為參訪信眾解說藥師壇偈頌的意義與壇場特色。

整個壇場上方，在暖黃燈光的映照下，整個壇場空間透出簡約而莊嚴的氛圍。

包括地藏、華嚴、淨土等各壇，都分別以該壇場所持誦的經典文字為布置元素，以印有經文的布幔、書法文字，包覆梁柱或延伸整個牆面，讓參與法會的信眾在恭誦各部經典的同時，宛如置身經典優美的字義當中，感受佛法智慧。這次，聖嚴師父也特別書寫了「大悲心起」、「祥雲西來」、「棲雲」等墨寶，分別懸掛在三門、大壇以及淨土壇內，祝福法會殊勝圓滿。

進入壇場前，導覽義工會先帶領參訪者先行參觀特展，了解每一壇的內涵及特色，再至各壇巡禮時，壇場的布置和特展的偈頌相應，如此能讓訪者更深刻感受法會的意義。參學室也配合來訪團體不同的需求，設計多種套裝行程，例如十壇完整巡禮、六壇巡禮和三壇巡禮等，讓每個人都能在有限時間內，充分認識各壇佛事的空間布置精神，以及法會意涵。

● 11.25

聖嚴師父與珍古德對談
提倡利他價值改善世界

座談中，師父與珍古德（右一）分享如何從日常生活中生起慈悲心，推動環境保育及全球倫理的工作。

聖嚴師父與國際知名保育專家珍古德（Jane Goodall）博士，11月25日接受台北縣政府之邀，出席「打造台北縣Eco-City」環境教育成果展活動，並於縣政府國際會議廳進行座談，主題為「大悲心起：與地球生命體的深層對話」，分享如何從日常生活中培養慈悲心，進而推動環保理念及全球倫理的工作。台北縣縣長周錫瑋、台北縣各級學校校長及環境教育相關專家學者都到場聆聽。

什麼樣的生活經驗引領兩位大師發掘自性的慈悲心，並將它轉化為實際行動？珍古德表示，她從小就很喜愛各種動物，當她旅行世界各地鼓吹保育黑猩猩的同時，看見人類對動物、生態做出許多殘暴的行為，因而喚起了她想要改變世界的力量。聖嚴師父則談到，他在美濃閉關時，關房裡也住著老鼠和蛇，但他從不驚擾或驅趕，因為這些小動物都是他的朋友，和他是一體的。

兩位大師接著分享彼此如何以慈悲心來回應自然界的一切；不管在地球哪一端，聖嚴師父和珍古德都深刻體驗到，自己的生命與世間萬物都是相互連結而

密不可分。師父特別從禪修觀點補充說明，當一個人觀照到自己和外在環境是連結在一起時，自然會生起關懷利他的心，而不會去破壞大自然的一切。

面對當前惡化的生態環境及不確定的未來，兩位大師秉持一貫的樂觀，認為只要將每個人的力量聚集起來，就是一個行動的團體，便能突破當前困境。聖嚴師父強調，人類具有「扭轉乾坤」的力量，而「教育」尤其重要，只要從教育著手，建立自己與他人、與自然和諧的倫理關係，就能帶來改變，未來就會有希望。

聖嚴師父和珍古德分別提倡「心靈環保」、「心六倫」運動，以及「根與芽」計畫，名稱雖然不同，內涵卻相通而一致，都肯定每個人的價值與力量，相信每一個小小的好，能累積成整個世界的大好。

● 11.28～12.05

第二屆大悲心水陸法會
結合環保及藝術之美的現代化法會

11月28日至12月5日，法鼓山園區啟建第二屆「大悲心水陸法會」，聖嚴師父親臨各壇場關懷；八天七夜的法會中，約有五萬多位信眾參與共修。

本屆水陸法會廣設十壇，包括總壇、楞嚴壇、華嚴壇、大壇、淨土壇、藥師壇、法華壇、祈願壇，以及新增的般若壇和地藏壇；般若壇主要恭誦《小品般若波羅蜜經》、《金剛般若波羅蜜經》，地藏壇則以恭誦《地藏菩薩本願經》和禮拜《慈悲地藏懺法》為主，加上其他各壇所誦經典，幾乎含括所有漢傳佛教的重要典籍。

本屆法會壇場布置除延續首屆環保、人文、藝術的精神，也回歸禪宗「本來面目」精神，以簡練、質樸為原則。於懺儀方面，由僧團法師擔任法會主法，以禪修方法引導大眾共修；並針對水陸儀軌進行現代詮釋，例如總壇刪除「告赦」儀式，以地藏懺法會取而代之等。

延續第一屆「大悲心水陸法會」以數位牌位取代實體牌位、數位投影取代大量燒化的環保新作法，第二屆再深化視

法鼓山水陸法會的送聖儀式，透過數位動畫投影，引導大眾觀想四聖齊登雲路，六凡咸生淨土。

覺創意的部分，繪製全新數位動畫投影，讓功德堂的數位牌位與最後一天的送聖典禮，猶如視覺藝術饗宴。

聖嚴師父出席了11月29日，即法會第二天的三大士焰口，開示強調法鼓山水陸法會的特色，在於莊嚴及儀軌創新、環保理念的融入，呈現新時代的價值與意義。師父並於12月5日法會最後一天，再度親臨送聖會場，並開示指出，景氣愈不好，大家愈需要佛法，更期望大家能多發願護持法鼓山。

為了回饋北海岸鄉親，這次的水陸法會特別邀請北海岸四鄉鄉親參加。12月1日，金山鄉鄉長許春財、萬里鄉鄉長蔡蒼明、三芝鄉鄉長花村祥、石門鄉鄉長梁玉雪等四鄉首長，以及近三百名鄉民及村長、代表，共同參加在大壇內舉行的三大士焰口法會，法鼓山也主動為鄉親們設置消災及超薦總牌位。

本次法會自籌建開始，僧團法師即遠從全球各地回台，分別投入義理研究、懺儀修正、監香培訓、法器執掌練習、講座巡迴說明，更共同擔任法會執事，展現僧團承先啟後、共同承擔的願力。

此外，許多信眾不只參與法會，也主動自發上山擔任義工，發心護持法會。八天共計有八千多人次的義工，分成21個組別，在各自的崗位上奉獻心力，共同成就法會的圓滿。

2008年大悲心水陸法會每日儀程記要

日期	內容
11月28日（第一天）	外壇：灑淨、安位；法華壇誦經開始
11月29日（第二天）	總壇：慈悲三昧水懺、佛前大供、總壇概說
	外壇：各壇誦經開始、三大士焰口
11月30日（第三天）	總壇：結界、灑淨、佛前大供；發符、懸幡、點榜；三大士焰口
	外壇：各壇誦經、三大士焰口
12月1日（第四天）	總壇：請上堂、佛前大供、拜願、總壇概說、三大士焰口
	外壇：各壇誦經、三大士焰口
12月2日（第五天）	總壇：供上堂、地藏懺、總壇概說、三大士焰口
	外壇：各壇誦經、最後一場三大士焰口
12月3日（第六天）	總壇：誦《地藏經》、佛前大供、請下堂、幽冥戒
	外壇：大壇小齋天、各壇誦經
12月4日（第七天）	總壇：誦《梵網經・心地品》卷下、總壇概說、佛前大供、供下堂
	外壇：各壇誦經結束
	外壇、總壇：五大士焰口
12月5日（第八天）	總壇：圓滿供、圓滿香
	外壇：延生普佛、彌陀普佛、大壇午供
	外壇、總壇：送聖

在水陸法會中體驗人間淨土

11月29日講於法鼓山園區「第二屆大悲心水陸法會」三大士焰口（摘錄）

◎聖嚴師父

　　法鼓山的水陸法會有幾個特色：第一是非常莊嚴。尤其這一次盡可能地讓所有信眾都住在山上，就好像是參加佛七或是禪七，早晚都在道場裡，內心很攝受，不會因為回家而讓心散亂。

　　第二個特色是環保的改良。中國的水陸法會從梁武帝開始，然後歷經宋朝、明朝、清朝等歷代許多祖師的修正補充，可是民國以後一直到現在，沒有人再這麼做了。然而時代、觀念、環境都變了，譬如環保意識，過去沒有這樣的風氣，但是今天如果不重視環保，不要說是度眾生，反而很快就會面臨災難；不但不能夠消災，反而會製造災難。

　　過去的水陸法會其實不環保：吃的東西不環保，用的東西不環保，燒的東西不環保，形式上也不環保，因此我們在經過深入而長遠的考慮後，從2007年即開始著手改良。也因為我們的這些改革，所以，今年即有幾個佛教團體前來參觀、學習。這顯示我們普遍向社會推廣的環保，不僅是對法鼓山的信眾有影響，對這個時代整體的佛教界都有影響，這是一大功德，非常特殊的一種現象。

　　我看到許多法會，除了食物之外，還有燒紙錢、燒香、燒蠟燭、燒種種的東西，不但浪費資源，更是污染環境。而法鼓山在這方面做得非常徹底，我們的廚房裡，沒有東西可以浪費，剩餘不用的也會當廚餘，都有用處。不浪費東西，這是做功德，如果浪費不貲，那就是造業。

　　第三，我們的信眾在山上參加法會時，不會吵雜，不會彼此講話，甚至晚上睡覺的時候，也不會在房間裡聊天，像是在打禪七一樣。因此，今天是第一天晚上，大約有三千人在山上，我希望大家在任何一個地方，任何一個房間裡，都沒有講話的聲音，如果真的一定要講話，要將聲音壓得很低，如果是去洗手間或做其他的事，動作要輕，聲音要小，不要吵到別人。這樣一來，雖然有三千個人在山上，聽起來卻好像沒有一個人，鴉雀無聲，而這就像是「人間淨土」，這是我們所營造的氣氛，只有在淨土裡面才會出現。所以我們在參加法會的期間體驗人間淨土，你的人品、人格也會提昇。因此，我們的水陸法會是配合著法鼓山的理念——提昇人的品質，建設人間淨土。

景氣愈不好，愈需要佛法

12月5日講於法鼓山園區「第二屆大悲心水陸法會」
送聖儀式（摘錄）

◎聖嚴師父

聖嚴師父勉勵大家除了參加法會，也要在日常生活中修行。

水陸法會是我們一年一次的殊勝法會，每一個壇場我至少都去了一次，即使是最難走的法華壇，我也走上去了。我沒有辦法每一個壇都參加，可是一個壇一個壇去拜訪、去禮敬、去關懷，我雖然是個老病之身的老和尚，仍然希望能親身感受法鼓山水陸法會的殊勝。

法鼓山的僧俗四眾每日忙進忙出，從早忙到晚，從預備開始一直忙到今天圓滿，接著還要忙善後，那大家有沒有收穫呢？有，但收穫的是功德，而不是錢。

法會所收的功德金都用到哪裡呢？告訴諸位，我們用來辦教育，除了法鼓佛教學院，法鼓山僧伽大學、中華佛學研究所等都需要辦學的經費。另外，法鼓山本身每天一開門就有許多花費產生。所以，我們沒有辦法也要想出辦法來，相信只要有佛法，就會有辦法，而我們的辦法就是除了弘法之外，還舉辦法會，因為法會收到的功德金，不但可以維持法鼓山這個道場，也可以維持法鼓山的教育、文化以及各項活動的推動。

道場需要大家護持，雖然景氣不好，收入減少，更要發大願心來護持我們的道場、我們的教育事業、文化事業，以及各種各樣的社會福利事業。所以諸位來參加法會，除了為你們自己修福修慧，也是為法鼓山這個道場、為三寶的門庭來做護持。

今年送聖的時候，有四個殿堂都坐滿了人，可見景氣愈不好，大家愈需要佛法。因此，也希望法鼓山的門庭愈來愈興旺，出家法師的人數愈來愈多，這就要請大家多多用心地護持了。

除了參加法會護持之外，平常要不要念經、拜懺、念佛、打坐？這些都是平常的訓練，不能只在法會期間努力用功，平常就把修行這樁事擺在腦後。所以，勉勵大家平常也要持續修行。

展現承先啓後的願力

第二屆大悲心水陸法會

　　第二屆大悲心水陸法會，自11月28日至12月5日在法鼓山園區舉辦，總計有五萬多名信眾前往參與，展現法鼓山僧俗四眾一心、承先啟後的願力。這場長達八天七夜的法會，也傳達了對眾生無限的關懷，希冀為全民帶來安心的力量。

　　有別於2007年首屆水陸法會結合人文、環保、科技、藝術，突破了傳統的水陸法會，第二屆水陸法會除新設地藏壇和般若壇，在境教和數位牌位、送聖儀式上亦多有創新。

儀軌更體現佛法慈悲

　　第二屆水陸法會在籌辦過程中，請教各方面專家意見，在禮意（義理結構）不變，而禮文（儀式）、禮器（祭器、祭品）可變的原則下，將許多與佛教經典教義不相應的儀軌，著手進行釐清及修正；以期法會能回歸佛陀本懷，更符合時代，進而帶動教界法會的良性改革。

　　針對水陸儀軌進行重新詮釋，即成為這次水陸法會最主要的特色。例如第二屆法會刪除了總壇的「告赦」儀式，以地藏懺法會取代，從佛教慈悲救度的精神，來修正傳統水陸法會夾雜道教「罪」的思想。

　　另外，有鑑於傳統水陸法會總壇佛事都在半夜進行，容易使得與會的法師及信眾因作息顛倒而導致在佛事中精神不濟，總壇在作息上也進行時段的適度調整。例如原於凌晨兩、三點所舉行的「結界灑淨」、「請上堂」都更改為上午七點，以符合現代人的正常作息。此外，還將總壇的五日佛

總壇設在法鼓山精神中心所在的大殿，讓佛事與佛堂空間相應，強化園區的境教功能。

事延長為七日，在「結界灑淨」前一天，安排了慈悲三昧水懺法會，引導信眾在行前調適身心，提早感受法會的殊勝莊嚴。同時新增「總壇概說」，特別安排僧團法師解說水陸儀軌意涵，讓信眾從儀文的理解中，明白儀式的進行方式及用意，達到經懺佛事的教育功能。

除了總壇佛事的修正，在外壇上也做些微改變。法鼓山為禪修道場，為了發揚漢傳佛教的禪宗特色，這次更融入禪修的方法來辦法會，每一壇都以禪修的氛圍引導大眾共修，例如以經文講解，進而依文起觀；並以禪修的放鬆方法，帶領大眾在繞壇拜佛中安定身心。最特別的是，在禪堂進行的楞嚴壇和本屆新增的般若壇，於法會中還融入了法鼓山的禪法課程，透過禪觀、經行，解脫煩惱，引導信眾為自己找到生命的智慧和目標，凸顯另一種自我「超度」的意義。

回歸禪宗本來面目的精神

在壇場布置上，也符合禪宗回歸「本來面目」的精神。有別於首屆水陸法會著重於分享傳統佛教藝術之美，以電腦輸出歷代經變圖中的精品佳作，這次則以簡練、含蓄的原則，布置壇場空間，希望將傳統壇場重視形式的風格，轉化為精神內涵的傳承與探索。

以壇場的空間規畫為例，特別強調各壇佛事與佛堂空間的相應，強化園區的境教功能，如總壇設在法鼓山精神中心所在的大殿，祈願壇設在觀音

壇場中，信眾專注拜懺，精進用功。

護佑的祈願觀音殿，般若壇、楞嚴壇設在禪堂，法華壇在法華鐘樓等，在各殿堂佛菩薩的護庇下禮拜佛事，以期達到與佛、菩薩及四周環境相應的效果。

另外還善用其他室內空間的衍生，如齋堂、露台、副殿、國際宴會廳等。其中室外壇場，則是在法鼓大學預定地上搭建臨時帳篷，將法鼓山建築的內外空間做了充分應用。材質上，也盡量避免選用厚重的結構，以環保、重複使用為原則，利用各種不同的織品布料，做為主要布置材料。

水陸法會是漢傳佛教最隆重、盛大的法會，每次啟建約需數十位至百位法師，動員人力、物力頗鉅。當法鼓山開始籌建法會之際，僧俗四眾就全體動員，不僅信眾自動自發上山擔任義工，僧團法師也遠從全球各地回台，共同擔任法會執事，展現法鼓山四眾一心的願力。從法會壇場內，誦經布施法界眾生，懺悔、修習心性的與會信眾，以至籌建法會過程中的一切，其實就是共同營造了一方人間淨土，這也是啟建水陸法會的意義。

各壇特色及佛事概覽

地點		壇別		法會內容
第一大樓	大殿 露台	總壇		總壇概說講座 依《水陸儀軌會本》行禮如儀 禮拜《慈悲三昧水懺》 恭誦《地藏菩薩本願經》 禮拜《慈悲地藏懺法》 恭誦《梵網經・心地品》卷下
	四樓副殿	淨土壇		恭誦「阿彌陀佛」聖號七日 恭誦《佛說阿彌陀經》 恭誦《佛說無量壽經》 恭誦《觀無量壽經》
彌陀殿		功德堂		消災牌位 超薦牌位
第二大樓	國際宴會廳	藥師壇		恭誦《藥師如來本願功德經》 恭持〈藥師咒〉
	第二齋堂	地藏壇 （新設）		恭誦《地藏菩薩本願經》 禮拜《慈悲地藏懺法》
	祈願觀音殿	祈願壇		禮拜《大悲懺》 恭持〈大悲咒〉
第三大樓	男眾佛堂 女眾佛堂	華嚴壇		靜閱《大方廣佛華嚴經》
選佛場	三樓禪堂	般若壇 （新設）		恭誦《小品般若波羅蜜經》 恭誦《金剛般若波羅蜜經》 禪觀
	齋堂	楞嚴壇		恭誦《大佛頂首楞嚴經》 禪觀「觀世音菩薩耳根圓通法門」
法華鐘樓	法華鐘平台	法華壇		恭誦《妙法蓮華經》
法鼓大學	法鼓大學預定地	大壇 （焰口壇）		禮拜《梁皇寶懺》 齋天 普佛 四場三大士、一場五大士

● 12.05

台中分院義工獲市府表揚

奉獻行誼　樹立萬行菩薩典範

12月5日為「國際志願服務日」，台中市政府於行政院中部聯合服務中心表揚績優志工，由市長胡志強親自頒獎及授旗；台中分院義工團隊因長年付出，亦獲頒獎肯定，且有李雪玉、王孝娟等多位義工分別獲得銀質與銅質獎章。

台中分院義工團隊，從第一線的知客、行願館，到後勤的香積、環保，都謹守盡心盡力，實踐菩薩道「奉獻自己、成就他人」的理念。自2006年起，開始結合公部門推動義工時數認證，除了在法鼓山體系中奉獻，也投身社會服務行列，將奉獻的腳步跨向大台中地區所有需要關懷的地方。

● 12.06～2009.01.10期間

人基會開辦「心六倫」種子教師培訓

方丈和尚勉勵學員把握奉獻機會

由法鼓山人文社會基金會主辦，護法總會及台灣工商建設研究會協辦的「心六倫種子教師培訓」，12月6日起至2009年1月10日止，每週六於金車教育中心展開第一階段課程，方丈和尚果東法師、人基會祕書長李伸一、副祕書長陳錦宗皆到場關懷，共有43位學員參加培訓。

方丈和尚果東法師為種子教師培訓學員講解心六倫的意涵。

法鼓山自2007年6月推動「心六倫」運動以來，透過文宣手冊、活動及媒體報導等，引起各界廣泛回響，包括國安局、國防部、教育部、統一超商等公私機構與教育單位都提出授課需求。這次人基會規畫「心六倫種子教師培訓課程」，即希望透過種子教師，將「心六倫」的精神與內涵廣泛傳遞到社會每個角落，發揮正向影響力。

首日課程，由僧團都監果廣法師、國際發展處監院常華法師分別主講法鼓山的核心主軸與三大教育，榮譽董事會執行長連智富也分享聖嚴師父的行誼，讓學員了解法鼓山的核心價值與「心六倫」運動的連結。

第一期課程並邀請宏碁集團創辦人施振榮、導演吳念真、中研院教授陳章波等人，講授六種倫理的內涵；此外，也安排生活禪、禪修與情緒管理等課程，讓種子教師都能運用漢傳禪法安定自我身心，繼而推廣並實踐「心六倫」。

課程結訓後，經評鑑通過的學員即成為「心六倫」種子教師，將進行授證和組織學員經過實習後，將於2009年5月起，代表法鼓山接受各界邀約講授「心六倫」。

● 12.10

數位學習網、人基會網站獲「營活獎」
網站內容獲肯定

12月10日，「法鼓山數位學習網」在行政院研究發展考核委員會主辦的「2008網際營活獎」評選中，獲頒「優質網站獎」第二名；而法鼓山人文社會基金會藉由網路媒介，宣導自殺防治、提倡「心六倫」等理念，形塑良善風

法鼓山數位學習網開站第一年，旋獲「2008網際營活獎」——「優質網站獎」第二名。

氣與傳遞公益新知，也在同一活動中獲頒「網路內容貢獻獎」。

為加強民間網站規畫建置能力與服務品質，行政院研考會特別制訂「優質民間非營利網站獎勵計畫」與「優質民間非營利網站補助計畫」，並主辦獎勵補助非營利組織優質網站「2008網際營活獎」活動，希望透過競賽評選的獎勵機制，來鼓勵優質民間非營利網站，促進其改善、創新及持續充實網站內容，讓國人獲得更豐富的網路資訊。

網際營活獎共分優質網站獎、最佳貢獻獎及評審特別獎等三個獎項，評比的內容包括「網站的經營管理」、「網站內容」、「網站創意及特色」及「網站影響力」等四個部分，有近五百個非政府及非營利組織報名角逐這項「2008

網際營活獎」補助計畫。獲獎的法鼓山數位學習網,則是以「網站的經營管理」、「網站影響力」等方面受肯定。

● 12.11

聖嚴師父赴天南寺關懷建築工程
邱氏家族發願成就2009年啟用

位於台北縣三峽鎮的法鼓山天南寺,目前已完成建築群外觀,即將進入室內裝修及環境美化工程。聖嚴師父、方丈和尚果東法師於12月11日上午前往工程現場關懷,僧團都監果廣法師、營建院監院果懋法師、百丈院監院果治法師,以及天南寺工程委員會主任委員黃平璋、劉偉剛等到場陪同。天南寺捐地者邱春木之子邱仁賢陪同隨行解說,並發願盡全力成就天南寺於2009年落成啟用。

天南寺是由邱春木自1979年起徒手闢建,從最早的荒煙蔓草理出一塊平整坡地,於1986年設立「天南寺」牌樓並修築道路,希望建設一處清淨的道場。

為了完成邱春木生前的夙願,2003年春,邱氏家族在法行會成員黃平璋接引

聖嚴師父、方丈和尚果東法師前往三峽關懷天南寺工程,邱春木之子邱仁賢(前左一)陪同隨行解說。

下拜會聖嚴師父,雙方立即有了共識;是年3月底,師父隨即赴三峽探訪天南寺現址,行走山間小路,直言有「熟悉」之感。次月13日,天南寺捐贈儀式於農禪寺舉行,並於2007年2月動土興建。

「天南寺」一名,由邱春木命名,邱家後族捐地時表示希望沿用此名,以紀念老先生的遺志與恩澤。對此,聖嚴師父欣然接受並且讚歎,指出佛經記載「南天門」可直通上天之門,而「天南寺」必是修行成佛的最佳道場。

未來天南寺落成後,可成為法鼓山在台北近郊一處禪修中心,提供各種短、中、長期禪修活動使用。

● 12.19

國際傑人會世界總會參訪法鼓山
方丈和尚介紹法鼓山創辦理念

以服務社會為成立宗旨，並曾在1996年頒發「第一屆傑人獎」予聖嚴師父的國際傑人會世界總會，由總會長俞美美帶領歷任總會長及成員一行共11人，於12月19日至法鼓山園區參訪，並拜會方丈和尚果東法師。方丈和尚親自向嘉賓介紹園區的硬體環境，及分享法鼓山創辦的理念及精神。

國際傑人會成員參訪法鼓山，前左二為總會長俞美美。

一行人在導覽義工引導下，陸續參訪祈願觀音殿、大殿、開山紀念館等，並欣賞《法鼓禮讚圖》，深刻了解聖嚴師父的悲願、貢獻，以及一生的行腳歷程。

參訪後，傑人會成員與方丈和尚進行茶敘。方丈和尚介紹法鼓山的創辦理念時指出，法鼓山是以心靈環保為核心理念的道場，藉著大關懷、大普化、大學院等三大教育，持續推廣「提昇人的品質，建設人間淨土」，並積極提倡「心五四」、「心六倫」理念，期望感化自己、感動他人，進而成就世界淨土。

● 12.19

嚴長壽於雲來寺闡述職場倫理
強調責任與使命是提昇關鍵

法鼓山「心六倫」運動「職場倫理」代言人，也是亞都麗緻飯店總裁嚴長壽，於12月19日受邀至北投雲來寺為僧團法師、專職與義工等兩百多人，進行一場「職場倫理」的專題演講，由法鼓大學籌備處主任劉安之擔任引言人。

曾擔任法鼓山建設工程顧問的嚴長壽，在演講中指出，全球景氣低迷、經濟失序的因素之一，在於長期被視為菁英的知識分子沒能事先挺身而出，忽略自己應有的社會責任與使命感，導致政府與企業巧取豪奪、道德淪喪，造成全球陷入困境。嚴長壽以此說明個人的責任感與初發心，對全球倫理與全人類的利益影響深遠。

嚴長壽認為，職場倫理首重責任與使命感，無論職位高低，都要扮演好自

嚴長壽於雲來寺演講「職場倫理」，指出人人善盡社會責任，才能擁有未來遠景。

身角色，才能形成企業文化與共識；人人善盡社會責任，大家才能擁有未來遠景。他進一步說明企業中有三個階層：管理者、中階主管、基層員工，都是職場倫理的主要架構。他並強調各階層要各司其職，如管理者首重識人，要將對的人擺在對的位置上，才能發揮長才；管理者同時也應以身作則，才能帶動企業文化；中階主管則要做好上下溝通的管道，凡事要正面思考，才不會感到吃力不討好；基層員工除了做好分內工作，也要不斷充實自己，才能讓自己的能力被看見，機會是給準備好的人。

嚴長壽最後強調，職場倫理最重要的是，不同位階的人都能跳開自己的框框去看事情，設身處地為對方著想，彼此建立信賴、真誠相待，一起用心學習，為企業或團體的未來奮鬥。

● 12.26

方丈和尚受邀於經濟論壇演講
勉大眾從逆境中學習成長

12月26日，方丈和尚果東法師應邀參加由台北經營管理研究院基金會、《經濟日報》和台北市立圖書館共同舉辦的「重振信心走出經濟蕭條論壇」，並以「重燃信心面對未來」為題，發表專題演說，為現場一百多位政商代表提供安心之道。

由於金融海嘯席捲全球，引發經濟蕭條，加上企業界大幅裁員、減薪的動作，讓許多人對生活失去信心；面對這樣的困境，主辦單位廣邀國內產、官、學各界菁英與會提出因應策略。方丈和尚在演講中指出，這一年來經濟環境的

方丈和尚勉勵工商界代表少欲知足，在工作崗位上負責盡責，社會就有希望。

遞變，正說明「無常」是生命的本質，面對無常不該消極地接受，而是要積極調整心態，從逆境中學習成長。

方丈和尚強調，只要內心安定，便能與不斷變動的外境和諧相處；也勉勵現場的工商界代表，珍惜目前所擁有的一切，只要還有一口氣在，就要努力付出，盡心盡力扮演好自己的角色，這樣才能為整個社會帶來平安。

最後，方丈和尚分享法鼓山「心靈環保」和「心五四」運動的內涵，並以「四要」為例說明，不景氣的當下，更要懂得分辨「需要」和「想要」，少欲知足，就可以在艱困的環境中擁有希望與幸福。

● 12.26～28

傳燈院首辦禪訓二日營
讓學員完整研習基礎禪修

12月26至28日，禪修中心傳燈院首度在週末假期於三義DIY心靈環保教育中心舉辦「初級禪訓班二日營」，由禪修中心副都監果元法師帶領，共有90人參加。

這場二日營，課程規畫有別於以往一期四堂課的內容，除講解禪修的功能、禪坐的姿勢和

初級禪訓班進行戶外禪和托水缽等課程。

方法、生活應用等基本觀念，以及法鼓八式動禪教學之外，也安排戶外禪、走路禪、吃飯禪、托水缽等課程，讓學員在兩天的密集學習中，一次完整研習基礎禪修方法。

為增進學員對禪修觀念的理解，在不同課程階段，均進行小組心得分享，每個小組都有學長加入討論，隨時了解學員的需求，適時給予協助。

進行戶外禪時，果元法師以聖嚴師父於梵諦岡聖彼得大教堂上樓梯為例，說明藉由「不想過去，不想未來，只有現在」的觀念引導，可以讓人在爬山或長程步行時不覺得疲累。

兩天的課程，也讓許多學員們體驗到，原來生活可以很簡單，不管環境如何變動，都可以隨順因緣。

● 12.28

紫雲寺於人行廣場禪公園舉辦寫生比賽
長期認養公園　回饋地方

高雄地區的民眾們於「人行廣場禪公園」，參加寫生比賽。

為配合高雄縣「人行廣場禪公園」將於2009年1月4日啟用，高雄紫雲寺於12月28日上午在該廣場舉辦戶外寫生比賽，國立台南生活美學館、高雄市采風美術協會、高雄市藝術教室協會、慈恩藝文中心共同協辦，約有兩百多位大小朋友參加。

這場比賽，分為社會、高中職、國中、國小高年級、國小低年級、幼稚園等六個組別；各組作品錄取三名，加上優選與佳作；得獎者並於2009年1月4日，在「人行廣場禪公園」啟用典禮時接受表揚。比賽當天，尚有植樹、紙風車劇團演出「心六倫」等系列活動，為「人行廣場禪公園」落成啟用熱身。

「人行廣場禪公園」原是高雄縣鳥松鄉內自1990年起即閒置的公有土地，鄉公所因經費短缺，長期無法開發。紫雲寺秉持聖嚴師父致力推廣心靈環保，以及建設人間淨土的理念，發揮回饋地方的精神，與鳥松鄉鄉公所合作，協助廣場景觀規畫，以「禪」為整體設計概念，並於2007年4月28日舉辦「認養鳥松鄉人行廣場灑淨動土祈福典禮」，所有工程於2008年底完成。

「人行廣場禪公園」中遍植花草，搭配質樸的步道、竹編隧道及蓮池水塘等造景，使入園者能感受禪意，放鬆身心。紫雲寺計畫長期認養人行廣場禪公園的維護工作，以回饋地方、造福鄉民，接引更多民眾親近佛法，身心平安。

實踐

貳【大關懷教育】

從生命初始到生命終了，

以「心靈環保」出發，

落實各階段、各層面的整體關懷，

安頓身心、圓滿人生，

實現法鼓山入世化世的菩薩願行。

發揮四安精神力量

2008年的大關懷教育兼有延續和創新，依時代所需——
推廣防治自殺、關懷生命工作，首度與國際接軌，
進而成立「人基會甘露門」，實地投入第一線關懷生命工作；
為援助國際性災難而成立的「川緬賑災專案」，
則以「四安」為方針，樹立未來救災典範。
方丈和尚並至全台各地關懷，以凝聚眾人願力；
無論在災區救援、全面關懷方面，業以穩健步伐邁向新里程。

環顧2008年法鼓山推動的大關懷教育，在信眾關懷、社會關懷、慈善救助三方面，承續既有的關懷活動，同時以佛法精神為核心，運用「四安」、「四環」，以及2007年推動的「心六倫」等觀念，切合時代需要，展開整體關懷；在防治自殺、關懷生命上，更是首度跨出國內，與國際社會接軌，使關懷領域更具全面性。

2008年5月間，緬甸、中國大陸四川相繼發生舉世震驚的災難，法鼓山匯聚十方愛心，結合醫療界、企業界、當地政府與團體等，迅速投入災區救援，發揮急難救助的同時，並以「四安」做為援助災區的方針，對法鼓山而言，可說樹立了一項災區救援、全面關懷的新里程。

信眾關懷 同心同願強化凝聚力

法鼓山能對社會產生影響力，首要感恩信眾的護持。持續往年，2008年兩場最大的信眾關懷活動，一項是1月期間，護法總會於各地舉辦的「歲末

方丈和尚果東法師巡迴全台，關懷各地信眾，分享生活化的佛法觀念。

關懷感恩分享會」；另一項是4月至10月間，由方丈和尚果東法師親自前往全台各地，展開的「方丈和尚巡迴關懷」活動。

預備委員在成長營課程中，學習法鼓山菩薩應有的行儀。

主要以勸募會員、護法信眾為關懷對象的「歲末關懷感恩分享會」，2008年以「無限祝福・無盡關懷・好願在人間」為主題，一共舉辦40場，由方丈和尚偕同僧團法師，共同感恩各地信眾。以關懷勸募會員為主的「聖嚴師父巡迴關懷」，2007年開始即由師父與方丈和尚一起進行；2008年方丈和尚接續師父，在歷時七個多月40場關懷活動中，展現親切、生活化的勉勵與祝福，不僅令勸募會員歡喜，就「同心同願，承先啟後」的主題精神來看，方丈和尚巡迴關懷，亦透顯「承先啟後」的意義內涵。

對護法核心悅眾的關懷，2008年分別在1月初、10月底共舉辦兩場「正副會團長、召集委員成長營」。成長營透過分享討論，加深悅眾對法鼓山的了解，更以「發願」、「從心發光」為課程的主軸，引導悅眾提昇自己、感動自己。而針對各地勸募組長、小組長舉辦的「悅眾鼓手成長營」，6月

至11月在北、中、南地區共舉辦六場；關懷地區勸募會員的，有各地舉行的「勸募會員成長營」；並舉辦首屆「預備委員成長營」，為預備委員悅眾建立在法鼓山學佛、護法的觀念。各會團的關懷，則有合唱團「法鼓法音教師巡迴列車」關懷成長營。

2007年推出的「5475大願興學」計畫，在各地信眾努力下，2008年護持人數持續增長。感恩信眾熱心響應，法鼓山10月初與11月初分別舉行「法鼓山榮譽董事——禮聘・感恩・聯誼會」、「5475大願興學」心得分享茶會。綜觀2008年信眾關懷，不論是「同心同願・承先啟後」的「方丈和尚巡迴關懷」，還是以「悲願・共榮」為主題榮董聯誼會，每一場活動，無不以鼓勵「發願」為方法，藉由發願、行願的力量，做為淨化人心、向上提昇的著力點，達到寓教育於關懷的目標。

法鼓山歲末大關懷持續針對社會上需要協助的民眾，給予物資及精神上的關懷。

社會關懷「四環」精神普遍推廣

提倡全面教育，是法鼓山落實整體關懷的方法。在社會大眾關懷方面，2008年法鼓山在既有的年度活動上，持續向社會大眾推廣「四環」觀念。就「禮儀環保」而言，包括1月初舉行的第13屆「佛化聯合婚禮」；9至10月在全台各地舉辦的13場「佛化聯合祝壽」；此外，佛化奠祭的推廣，2008年首次跨出台灣本島，由助念團組成的關懷小組，於外島澎湖地區協助進行了第一場佛事。

涵蓋「心靈環保」、「生活環保」、「禮儀環保」、「自然環保」四大精神的環保自然葬法，在2007年台北縣立金山環保生命園區成立後，即廣受社會各界矚目。2008年4月，僧團弘化院特別舉辦一場「生命禮讚——由台北縣立金山環保生命園區看臨終關懷」講座，向社會大眾說明環保生命園區的啟用因緣、「植存」觀念與方式、法鼓山的大事關懷等主題；10月底，方丈和尚果東法師更應台北市社會局之邀，出席「觀自然——台北市故市民聯合植存典禮及彌陀法會」，與台北市市長郝龍斌為往生市民植存。這次的植存典禮，是繼「佛化聯合奠祭」以來，台北市政府再一次與法鼓山合作，共同推廣生死教育觀念，不僅顯示出各界對法鼓山「心靈環保」理念的高度認同，更展現出「四環」精神獲得落實的具體意涵。

「百年樹人獎助學金」的發放，鼓勵清寒學子奮發進取。

慈善關懷 持續溫暖需協助的人

法鼓山持續往年慈善關懷的初衷，固定在年底舉辦、已超過50年歷史的「法鼓山歲末大關懷」，提供物資幫助，也傳遞佛法安身安心的方法；援助清寒學子的「百年樹人獎助學金」，2008年持續發放，不少當年獲助的學子，於學業有成後紛紛回法鼓山擔任義工，知恩報恩、自助助人的行動，體現慈善關懷的落實，正是佛法教育功能的實踐。

除固定舉辦慈善關懷之外，法鼓山海內外各地分院、安心服務站義工，也經常向各角落散播溫暖，像是5月底，台南分院義工於端午節前，到當地安養院關懷老菩薩，分享持誦「觀世音菩薩」、「阿彌陀佛」聖號的安心法門；邁入第四年的「南亞賑災專案」，法鼓山4月份也組成關懷小組，前往印尼的棉蘭、亞齊地區，關懷災後重建狀況，並舉行兩場「心靈饗宴」活動，分享法鼓山「四安」與「心靈環保」，引導民眾以豁達的人生觀，積極面對未來；斯里蘭卡安心站義工亦於6月、9月份至當地的復健中心關懷院中孩童。

急難救助部分，2008年海內外發生數起重大天災，法鼓山匯集各界愛心，即時啟動緊急救援系統，前往災區救援，例如1月初，中國大陸華南、華中地區，持續兩個月遭受暴風雪侵害，法鼓山救援小組深入廣西省賑災；5月份，中南半島上的緬甸、中國大陸的四川，發生震驚國際的風災和地震，法鼓山迅速派遣救援團深入災區救援；9月份，辛樂克颱風襲台，法鼓山也由鴻海集團旗下永齡基金會贊助，將救援物資送達南投、新竹等山區部落。

災難救援 「四安」精神做指引

2008年法鼓山啟動的「川緬賑災專案」，不僅突破以往救助的資源與範圍；安定人心的救援步驟，更體現佛法智慧慈悲的精神，堪稱歷來災難救援的一次典範。

首先來看川緬救援行動的規畫。曾參與台灣921大地震、南亞大海嘯救援的法鼓山，已累積相當的賑災經驗，

四川賑災救援行動依循「四安」方針，發揮安定力量。

法鼓山救援關懷深入緬甸災區。

因此川緬災難發生初始，在聖嚴師父指導下，隨即提出「救災三階段」——第一階段安身、第二階段安家安業、第三階段安心，做為整體救援的行動方針。

其次，就賑災實際動員言，在台灣，法鼓山運用宗教力量，舉辦超薦祈福法會；集結義工投入物資打包及運送，助人急難的悲心，令人動容。在災區，救援團隊展現彈性與行動力，以四川來說，救援團結合當地衛生單位，補足災區醫療缺口，做好「安身」工作；一邊運送物資，一邊勘察協助重建地點，是「安家安業」的步驟；由法師、心理師、社工師擔任關懷角色，並與當地醫護人員、教師等舉行心理交流座談，是「安心」的落實。每一個腳步，都依循「四安」方針，發揮安定力量。

第三，就賑災資源統合而言，潤泰集團、台積電文教基金會、廣達文教基金會、琉園、各學校團體、社會大眾，紛紛透過法鼓山，將捐款與物資送至四川、緬甸；四川救援團結合台北榮民總醫院、陽明大學附設醫院、台北市衛生局、署立豐原醫院、張老師等醫療、心理諮商團隊，攜手投入救助工作。各方資源的整合，讓救援產生最大功效；過程中，不難看出社會各界對法鼓山的支持與信賴。

法鼓山賑災展現的智慧，更值一書。面對天災巨變，不論受苦受難者、旁觀者，一時間眾多傷亡，對每個人心靈都是一大衝擊。如何化驚懼、恐慌為提昇生命的能量？聖嚴師父除呼籲大眾「同體大悲」、「提起共患難的心」，在「四安座談會」上，更以正面思考與認知，教育社會大眾：災難其實也是讓人類慈悲心成長的機會，以如此態度面對災難，世界就會永遠在希望之中。佛法安定人心、提供智慧的能量，於本次賑災行動中，展現無遺。

關懷生命 防治與推廣助人並重

自殺，幾乎是人類社會無法避免的問題；當社會不安定、人心困頓，自殺問題更易浮現。近年來，台灣社會面臨不景氣的衝擊，加上2008年下半年國際發生金融海嘯，經濟問題引發社會問題，讓自殺問題益顯嚴重。2006年聖嚴師父「多想兩分鐘，你可以不必自殺」的呼籲，以及法鼓山架設「你可以不必自殺網」網站，兩年來

為不少民眾提供紓解的管道；2008年3月，「法鼓山人基會甘露門」成立，以培訓具有協談與服務的專業能力的義工，實地投入第一線關懷生命的工作，透過傾聽、分享、轉介，加上佛法智慧的疏導，協助民眾泯除心中煩惱、珍惜美好生命。

面對自殺，防治工作僅是其中一環，喚起社會大眾關懷生命、珍惜生命，進而創造生命價值，才是長遠解決之道。2008年舉辦的第二屆「國際關懷生命獎」，推選幫助他人走出人生陰霾、曾經歷困境仍正面迎接挑戰的生命典範，除了鼓勵得獎者，更重要的是讓社會大眾從得獎者身上，感受到關懷別人散發的能量，以及每一個生命展現的希望，鼓勵民眾在珍惜生命時，更能進一步去關懷別人，擴大助人救人的力量。

值得關注之處，法鼓山2008年「國際關懷生命獎」，從台灣走向國際社會，將「特殊貢獻獎」頒發給國際防治自殺協會（International Association for Suicide Prevention，簡稱IASP）；此外，聖嚴師父並與國際防治自殺協會主席布萊恩・米謝勒（Brain Mishara），進行一場「國際關懷生命暨自殺防治論壇」，就自

殺防治的策略、佛法如何協助防治自殺工作進行深入對談，這個喚起全人類大悲心起的觀念，正是大關懷要達成的目標之一。

提昇人的品質 寓教育於關懷

關懷教育，就如同所有的教育工作一樣，是一項細水長流、涓滴成塔的工作。2008年的大關懷教育，不論是傳承既有活動，抑或是對「心五四」、「心六倫」觀念的強化推廣，都可看出對社會已產生了相當正面的影響。特別的是，在災難救援、關懷生命方面，法鼓山在方法與步驟上，更見明確與提昇，推廣的範圍也更深更廣，在傳承與創新並重的原則下，未來的大關懷教育，影響力可以期待。

文／陳玫娟

（《法鼓》雜誌編輯組長）

法鼓山「國際關懷生命獎」頒獎，喚起社會大眾關懷、珍惜生命。

● 01.01

《護法》季刊創刊
注入勸募新動力

　　為加強對所有勸募會員的關懷，增進各地勸募的聯繫和交流，護法總會發行《護法》季刊。《護法》季刊的出版，除了對勸募成果做總覽回顧，也為護法勸募的願力注入一份新動力。

　　《護法》季刊一年發行四期，於1、4、7、10月出刊。內容共有「師父的關懷」、「總會長的話」、「本期專題」、「勸募讀書會」、「特別報導」、「勸募Q＆A」、「在地法鼓山」、「勸募伴手禮」等單元。方丈和尚果東法師在「創刊號」中表示，關懷各地勸募會員一直是聖嚴師父相當重視的工作，護法總會發行這份刊物，目的即在發掘基層會員的用心，並給予肯定和鼓勵。

　　護法總會總會長陳嘉男表示，勸募是法鼓山相當重要的護法系統，落實對勸募會員的關懷，一直是總會的重點工作；《護法》季刊的發行，正是希望所有會員透過這份刊物，彼此分享心得、共同精進，實踐聖嚴師父所說：「『勸募』的意義是勸人來學佛，募人來推動理念！」

2008年《護法》季刊共發行四期。

● 01.04～06

護法總會舉辦悅眾成長營
成就大願興學 響應「好願在人間」

　　1月4至6日，護法總會於法鼓山園區舉辦「正副會團長、救災總指揮、召集委員成長營」，共有296位悅眾參加；最後一天活動下午，聖嚴師父親臨國際會議廳勉勵關懷。

　　聖嚴師父開示時表示，目前已有十四萬多人響應法鼓山「5475大願興學」計畫，很感恩大家的努力。師父指出，護持法鼓山的信眾都是認同法鼓山的理念，但來到法鼓山成長自我、淨化自我，首先就要學習忍耐、接納，不要以自

我為中心,如此遇到挫折才不會產生退心;唯有從自我轉變,才能獲得真正的快樂與幸福。

此次活動,藉由演講及分組討論方式,讓全台各地區護法悅眾能在積極的互動交流中,了解各地護法工作的推動情形,同時落實法鼓山理念。

5日進行的課程,透過工作實務介紹,讓各地區召委了解地區的組織與任務、角色與職責。晚上在禪堂進行的「心靈禪浴」,則以分組方式,透過小組心得分享,讓召委們體會不同地區難行能行的故事。

6日的課程,則由僧團都監果廣法師、中華佛學研究所所長果鏡法師,說明法鼓山推動「好願在人間」的理念和願心,以響應法鼓山在2008年所發起的「好願在人間」運動。

6日下午,方丈和尚果東法師為新任委員進行授證。方丈和尚開示時,強調發願的重要性,一方面勉勵資深悅眾要退而不休,傳承菩提心的重要,繼續發願擔任起千手千眼的觀世音菩薩;同時也勸勉新任委員肩負起護法、弘法,推廣理念的重責大任。

隨後,護法總會播放甫拍攝完成的《芒鞋踏痕(二)》影片,讓悅眾進一步了解聖嚴師父為弘法、興辦教育辛勞奔波的概況,許多人並表示要以師父的精神為榜樣,共同為興辦法鼓大學而努力。

參與悅眾在小組中,分享如何將佛法的觀念運用於日常生活中。

行善沒有條件

1月6日講於法鼓山園區「正副會團長、救災總指揮、召集委員成長營」

◎聖嚴師父

諸位之所以來到法鼓山，是為了法鼓山的理念而來，因為你們接受法鼓山的理念，認同、護持法鼓山的理念，所以加入這個團體，願意同心齊力為推廣法鼓山的理念而努力。這是諸位的願心。

因為發願　所以更奉獻

法鼓山，並沒有一個真正的實體稱之為法鼓山，建築物只是一種設施，用以助成我們的理念推廣。在個人來講，就是參與這個團體，對自己的品德和觀念，帶來了正面的提昇，產生了助益；對世界環境來講，我們是以推廣「心靈環保」的理念來安樂世界，奉獻給我們的周遭環境，希望它能夠一天天更好。這是法鼓人共同的願心。

為了這個願心，我們大家結合在一起，共同推動理念，打造人間的淨土，這是諸位參與法鼓山最重要的意義。我們是為了自己、為了家庭、為了社會，為了下一代都需要法鼓山的理念，所以參與法鼓山，並不是法鼓山有什麼利潤可以提供。

我們僅有的，就是提供法鼓山的觀念和方法，來幫助諸位淨化自我、成長自我，同時推廣到社會、利益大眾。如果我們認為這個社會哪裡應當改善，我們的方法還是推廣法鼓山的理念，用法鼓山的理念來利濟社會、影響社會。

行善、做公益是沒有條件的，如果做公益、做善事，心中有一個條件衡量，只能做到一個程度；之後，就會灰心、會起退心。因為你希望得到大家的讚歎，期望所做的每件事，都能有人來支持、肯定；如果不是這樣，就會開始灰心，這就是心裡有期待。假如存著這種心態做公益，就無法做得長久，而功德也是有限的。

將反對、阻撓轉為助力

此外，在接引大眾的過程之中，不可能所有人統統都支持我們；有些人，會帶來負面的聲音，給予阻撓的力量，而我們要容忍、要接受，才能讓團體的人愈來愈多。如果不接受、不容忍，凡事以個人自我為中心，要談理念的實踐是不可能的。

每個人所能獲得的利益，來自自身。我們有一些委員和勸募會員，他們付出許多，而有形的回報幾乎是零，可是他們仍然堅守職責，毫不懈怠。

我告訴大家，諸位在法鼓山所能得到的，不是財勢、名利、地位的酬謝，而是個人奉獻多少、發心多少，就有多少的回報！奉獻愈多，發心愈堅固，所得到的成長也就愈多。

以我個人來說，現在看起來好像有很多信徒、有很多人在護持著我、跟隨著我，但是不是一開始就是如此呢？其實我和大家一樣，在推動理念的過程中，也有一些人持著不同的意見而來，站在不同的立場反對我。對於這些有不同意見的人，我非常感謝，因為他們是在想辦法使得我們的團體更好，讓我們有新的思考。反對的聲音是一種激勵，也是一種助緣，而我接受反對的意見，包容反對的聲音，因此使得我們的團體更健全，對社會也產生了更大的影響力。

我在許多場合見到各樣的人，他們都肯定法鼓山對社會產生的正面影響。這些影響力從何而來？來自於我們大家共同的努力。因為諸位的觀念、想法轉變，所看到、所接觸的世界是不一樣，從而更平安、更快樂、更幸福！也因此使許多人受到感動，一起來參與法鼓山，推廣法鼓山的理念；也有一些人，他們的物質生活貧乏，可是接觸法鼓山以後，對未來懷抱希望。這就是法鼓山整體產生的影響力。

這兩年來，法鼓山倡導了兩項活動，一是「防治自殺」，另一是「心六倫」運動。以「心六倫」來說，在道德淪喪、倫理破產的今日，社會上許多層面都讓人覺得不平安，我們提倡「心六倫」，大家都覺得正是時代所需。至於是不是能夠馬上看到成效呢？不一定，但是這個方向是對的，這個運動是需要推廣的。又比如我們在幾年前推動的「心五四」運動，這個運動是否完成了？還沒有，我們仍然要持續推動，一代一代地推廣。能夠把一項活動、一種觀念，推展成為社會民眾的一種習慣，才是真正扎下安穩社會的基礎。

同心同願　異中求同

推展任何一種運動或觀念時，最重要的是身體力行，也要號召大家一起參與；不僅這一代的人要落實，下一代的人也要持續，這就是一種教育了。而這些教育工作，如果只有我一人來推動，力量是有限的，因此我要號召許多的人一起來做，既號召新的人參與，也希望影響未來的人投入，一代一代的人接續努力，無有窮盡。

我們會持續地辦教育，持續地推動三大教育。但是在推動的過程中，大家的意見難免分歧，彼此的想法會有差異，但沒有關係，只要我們始終把握住法鼓山的理念──「提昇人的品質，建設人間淨土」，其餘都可以接受。這就是說，在一個團體之中，「同中有異，異中存同」，大同而小異是允許的，大異而小同，則不應該。團體的成員，切不可堅持己見，一意孤行，造成團體困擾，產生嫌隙。有的人很發心，可是自我中心也很頑強，凡事都要順著自己的意思去做，不順己意，就不參與。大家要知道，團結才能凝聚力量，否則力量是分散的。好比一對夫婦，如果雙方各有堅

持，互不相讓，家庭也就難以維繫。在一個家庭或團體之中，可能每個成員的意見都是好的，這要肯定，但更重要的是能夠協調、相互妥協，從而找到一個共通點。對法鼓山而言，這個永遠不能改變的共通點，就是我們的理念。如此一來，大家才能夠成長，隨著團體水漲船高。

在團體中，要能異中存同、同舟共濟、同心同願，才能讓團體成長，參與其中也就不會抱怨，因為團體的事就是我的事。

人才培養　教育尤要

現在法鼓山的出家眾將近有兩百人，人數增加得不是很快，可是需要僧團照應的地方，不斷擴大，因此我們需要辦教育訓練人才。常常有人問我：「地方上能不能派法師來？」現在各地的共修處，看起來會眾不少，但是經常參與如拜懺、念佛、打坐等共修的人，每個共修處平均只有幾十人，至多七、八十人，主要是因為場地的限制。因此，有許多共修處都爭取要建道場，希望道場建成以後，僧團就能派法師來照顧，一方面領眾修行，一方面興隆道場。但是我要告訴諸位，這種想法是不切實際的。

我們的法師，有的才剛剛出家，還不能夠真正地弘法利生；他們還在學習，道心還在培養。一個出家人的養成，往往需要十至十五年的時間，才能真正成熟道心。僧團培養人才是非常不容易的，但是我們也不灰心，即使法鼓山僧伽大學一學期只有一人來報考，我們還是要繼續開班，繼續培養人才。

農禪寺最初只有我一人，僧團初建也只有一、二十位法師，而我們還是一年一年成長了。在過程中，也有許多人離開，因為他們覺得沒有受到很好的教育，沒有受到很好的關懷，未來前途不定……這樣的人，是沒辦法安住、安心的。安心是安於理念，安於道心，認定法鼓山是他們終身服務、奉獻、修行的團體。僧團的每一位出家眾都要經常發願，如果不發願，一個風浪很可能就把道心沖走了。

大家要有恆心，要有耐心，更要有願心。對理念的認知很重要，不要斤斤計較明日能獲得什麼，未來將會如何；而要用心體驗法鼓山的理念，毫無遲疑地推動法鼓山的理念，這樣才能夠心無憂悔，道心堅定，永不退轉。

最後，我要期勉大家，面對不同的意見要包容，要集合眾人之力，成就利益社會大眾的事。如果獨自一人想要對社會有所奉獻，是很不容易的，因為一個人要為生活、要為工作、要為家庭付出，所餘時間與心力有限。而我們這個團體，就是凝聚眾人之志，團結眾人之力，以同心同願，奉獻給社會一份安定的力量。祝福大家！

● 01.06

法鼓山舉辦第13屆佛化聯合婚禮
64對新人共結菩提姻緣

第13屆佛化聯合婚禮於1月6日在法鼓山園區舉行，這一場定名為「菩提祝福‧法囍緣滿」的婚禮，在簡約、惜福的精神理念下，共有64對新人參

64對新人接受三寶的祝福，共組佛化家庭。

加，聖嚴師父親臨為新人們祝福。

聖嚴師父於開示時，期勉新人成為推動「心六倫」運動中「家庭倫理」的基礎。方丈和尚果東法師則代表師父為新人授三皈依，並期許他們體貼、體諒，共組佛化家庭，共修菩薩行。

本次婚禮由媒體工作者胡婉玲主持，台北縣縣長周錫瑋伉儷擔任主婚人，法鼓山護法總會總會長陳嘉男夫婦擔任介紹人，財團法人伯仲文教基金會董事長吳伯雄擔任證婚人。周錫瑋縣長提醒新人，永遠記得在佛前所許下終身幸福的誓願，願有多大，力量就有多大，如此才能給另一半無限的力量與寬容。結婚43年，12年來每一年都擔任法鼓山佛化婚禮證婚人的吳伯雄，則以幽默口吻表示，儘管典禮儀式很長、很累，但相信每對新人在精神上一定是法喜充滿；也唯有接受如此的考驗，才能進而感受婚姻的神聖、家庭的重要，也方能感恩、尊重，提昇家庭的品質。

典禮最後，64對新人在悠揚的祝福歌聲與眾親友的禮讚中，開始人生新的旅程。法鼓山也贈送每對新人一尊白瓷觀音，期許新人們效法觀音菩薩發大悲心，修福增慧，共行菩薩道。

● 01.08～01.27期間

護法總會舉辦40場歲末感恩會
信眾發願發揚聖嚴師父的理念

護法總會以「無限祝福‧無盡關懷‧好願在人間」為主題，自2007年12月29日起至2008年1月27日，陸續於全台各分支道場、辦事處及共修處舉辦40場歲末關懷感

護法總會輔導師果器法師於台南二中明德堂關懷當地勸募會員和義工。

恩分享會，邀請各地勸募會員及義工齊聚一堂；僧團果暉、果品、果興、果器等多位法師，以及護法總會總會長陳嘉男、副總會長楊正雄、黃楚琪等人都親赴各地，向勸募會員及護法信眾表達感恩和祝福。

在各地勸募會員、義工協辦下，40場關懷活動於北、中、南、東部各地順利圓滿。其中，1月20日分別在台南二中明德堂、高雄紫雲寺舉辦的活動，方丈和尚果東法師特別到場，關懷二地共一千多位參加的勸募會員及護法信眾。方丈和尚勉勵大家在法鼓山觀音道場中，能一點一滴學習菩薩精神、成就菩薩誓願，一起推動法鼓山的三大教育、四大堅持、「心五四」運動及「心六倫」理念，讓社會更祥和；同時勉勵大眾在新的一年齊心協力，繼續推動勸募，將佛法弘揚出去，利益更多人。

各場活動的內容，包括觀賞《聖嚴師父新春開示》、《2007年法鼓山大事記》兩部影片，以及進行勸募會員和義工的心得分享；此外，各地區還發揮創意，展現富有當地特色「我們這一區」的才藝表演。活潑的分享和互動，讓眾人深入了解法鼓山的現況和展望，也更凝聚護持法鼓山的願心。

活動中，與會人員十分珍惜到法鼓山大家庭的因緣，感恩彼此在菩薩道的修行路上共同成長，大家並以「一師一門，同心同願」的願心，發願落實三大教育，期許自己今年更努力推廣「5475大願興學」計畫，承接聖嚴師父的願力，完成法鼓大學的建設。

2008年護法總會歲末感恩分享會一覽表

區域	日期	地點	轄區（地區）	參加人數（約）
北部	2007年12月29日	內湖共修處	內湖	100
	2007年12月30日	桃園辦事處	桃園	130
	2008年1月8日	中永和辦事處	中永和	150
	2008年1月12日	松山辦事處	松山	100
	2008年1月12日	北投雲來寺	護法會和喜自在組	160
	2008年1月13日	仁愛國小	基隆	250
	2008年1月13日	三芝共修處	三芝、石門	25
	2008年1月13日	新店辦事處	新店	150
	2008年1月13日	樹林共修處	海山1（樹林）	130
	2008年1月15日	大同辦事處	大同	160
	2008年1月18日	中正萬華辦事處	中正、萬華	160
	2008年1月19日	台北中山精舍	中山	150
	2008年1月19日	北投農禪寺	北投、石牌	550
	2008年1月19日	淡水辦事處	淡水	180
	2008年1月19日	文山區行政中心	文山	250
	2008年1月19日	台北安和分院	事業體（各公私立機關行號）	180
	2008年1月20日	台北安和分院	大信南	100
	2008年1月20日	北投雲來寺	士林	220
	2008年1月20日	金山國小	金山、萬里	100
	2008年1月20日	玉佛寺	海山2（玉佛寺）	210
	2008年1月20日	中壢辦事處	中壢	230
	2008年1月20日	新竹辦事處	新竹	100
	2008年1月23日	介壽國小	海山3（三峽）	60
	2008年1月25日	社子辦事處	社子	80
	2008年1月26日	新莊辦事處	新莊	300
	2008年1月26日	林口辦事處	林口辦事處	150
	2008年1月27日	板橋高中體育館	海山4（板中）	600
中部	2008年1月13日	員林辦處事	員林	120
	2008年1月17日	彰化辦事處	彰化	100
	2008年1月19日	嘉義辦事處	嘉義	110
	2008年1月20日	台中分院	台中（合併苗栗、南投、中部海線）	600
	2008年1月23日	豐原辦事處	豐原	130
南部	2008年1月13日	屏東辦事處	屏東	160
	2008年1月13日	潮州辦事處	潮州	200
	2008年1月20日	台南二中明德堂	台南	550
	2008年1月20日	高雄紫雲寺	高雄	620
東部	2007年12月30日	花蓮高商資訊館	花蓮	200
	2008年1月13日	南屏國小	宜蘭	250
	2008年1月13日	北成國小	羅東	270
	2008年1月26日	台東信行寺	台東	80
合計				8,365（約）

● 01.12～26期間

96年度歲末大關懷
合計關懷2,102戶家庭

慈基會於紫雲寺舉辦歲末大關懷。

法鼓山慈善基金會舉辦96年度「法鼓山歲末大關懷」系列活動，從2007年11月25日起，自台北縣金山鄉金美國小展開首站關懷之旅，並陸續在桃園齋明寺、北投農禪寺、台中分院等地舉辦，最後一場安排於1月26日在護法會屏東辦事處進行。

秉持法鼓山「大關懷教育」的理念，慈基會在各地進行物資提供之餘，更希望傳達給關懷戶精神層面的關懷。許多關懷點都舉辦祈福法會，架設祈福樹，邀請所有人發好願，將好願寫在祈福卡懸掛在樹上。

系列關懷活動中，台北縣三芝、石門鄉及基隆市、埔里德華寺等地更提供「關懷到家」服務，由義工直接將關懷物資送到關懷戶家中，並進行慰訪關懷。合計16個關懷據點，共關懷2,102戶家庭。

各地的關懷活動，也結合了許多在地特色和因地制宜的設計，例如金美國小邀請美髮義工提供義剪服務，並由法鼓山社會大學準備美味小點心與民眾分享，讓關懷戶備感溫馨；台北縣市的關懷活動則在農禪寺舉行，現場除了美食品嘗，還設有惜福市場區，與大眾分享惜福觀念，推動資源再生、惜福再利用。而齋明寺及屏東辦事處，則規畫表演節目或團康帶動唱；高雄紫雲寺更邀請打擊樂團做現場表演，並有「有獎問答」等趣味活動，現場充滿溫暖氣氛，為參與活動的民眾帶來歡喜。

僧團法師代表將平安米及法鼓山的關懷發送給關懷戶。

每年的歲末關懷，慈基會都希望透過物質與精神上的扶持，與關懷戶保持友善的互動，讓關懷戶能夠感受到社會的溫暖。

96年度「法鼓山歲末大關懷」活動一覽表

區域	時間	活動地點	關懷地區（對象）	關懷戶數
北區	2007年11月25日	台北縣金山鄉金美國小	金山鄉低收入戶	65戶
	2007年11月25日	桃園齋明寺	桃園縣中壢市、蘆竹鄉及新竹縣竹東鎮低收入戶	200戶
	2007年12月1日	北投農禪寺	北投區低收入戶、台北社福中心及慈基會關懷戶	584戶
	2007年12月1至15日	基隆市	基隆市平日關懷之個案戶	14戶
	2007年12月1至15日	台北縣三芝、石門鄉	台北縣三芝、石門鄉低收入戶	64戶
	2007年12月2日	台北縣萬里鄉	萬里鄉低收入戶	111戶
	2007年12月22日	台北市信義廣場	北區課輔學生及家人	140戶
中區	2008年1月12至26日	南投德華寺	南投縣埔里清寒、弱勢家庭	139戶
	2008年1月13日	南投安心服務站	南投市清寒、弱勢家庭	120戶
	2008年1月13日	彰化縣員林	彰化縣員林清寒家庭	50戶
	2008年1月16日	竹山安心服務站	南投縣竹山、集集、鹿谷、信義、名間、水里，台中縣大里及雲林縣	100戶
	2008年1月19日	東勢安心服務站	台中縣東勢清寒、弱勢家庭	91戶
	2008年1月20日	台中分院	台中市清寒、弱勢家庭	139戶
南區	2007年12月23日	台南分院	台南縣市清寒、弱勢家庭	76戶
	2008年1月13日	高雄紫雲寺	高雄左營、三民、仁武、鳳山、鳥松低收入戶	161戶
	2008年1月26日	護法會屏東辦事處	屏東市大連里、豐田里、豐源里	48戶
合計				2,102戶

● 01.19

東初老人弟子與信眾相聚法鼓山
聖嚴師父感念恩師奠基法鼓山志業

為紀念東初老人圓寂30年和百歲冥誕，聖嚴師父於1月19日邀請東初老人當年的弟子和信眾們，前往法鼓山園區相聚，包括明宗長老尼、普瑛長老尼、鑑心長老尼、慧嚴法師、楊亭雲將軍、王士祥居士、張尚德教授、方甯書教授，以及李志夫所長等，約有二十餘位信眾及其家屬與會。

在餐敘會場，聖嚴師父感念恩師東初老人為法鼓山的志業奠基，提到當年老人創建的中華佛教文化館，從二十多坪擴展到六十多坪，成為過去中華佛學研究所師生的教室，造就不少教界人才。而老人創建的農禪寺，則是法鼓山的發源地，法鼓山能成為台灣重要的宗教團體，都是遵循老人當年的遺志。農禪寺數十年來的發展，已成為大台北地區的弘法重鎮，現今是台北市歷史建築，2008年開始進行擴建。

聖嚴師父特地向到場的法師和居士們表達感謝，說明如果不是大家的護持，就不會有法鼓山的成長。在師父邀請下，眾人並於餐敘後前往法鼓佛教研修學院，參觀圖書資訊館正在展出的「東初老人圓寂30週年紀念暨台灣佛教環島推廣影印《大藏經》50載紀念文獻展」。透過一張張泛黃的影像和文獻，眾人回顧老人當年的言行身教，看到老人遺志由法鼓山發揚光大，都表示相當感佩和欣慰。

在聖嚴師父邀請下，東初老人的弟子和信眾30年後再度相聚合影。

● 02.23　07.27　09.20

慈基會安心家庭專題研討會舉辦
擴大關懷層面與慰訪能力

法鼓山慈善基金會本年度於2月23日、7月27日及9月20日，分別於北投雲來寺、高雄紫雲寺、南投安心服務站等地共舉辦三場「安心家庭關懷專案專題研討會」課程，希望透過課程，協助慰訪員進一步了解關懷工作的宗旨，以及實際運作的方法與技巧，共有近兩百一十人參加。

三場研討會中，首場於雲來寺舉辦的北區專題研討會，關懷院監院果器法師到場勉勵學員，學習良好的溝通技巧，提昇關懷品質，並在關懷中融入教育精神，讓受關懷者得到實質利益。9月20日於南投安站進行的中區專題研討會，慈

慈基會「安心家庭關懷專案專題研討會」首場於北投雲來寺舉辦。

基會副祕書長常法法師出席期勉學員放下自我，用同理心、提起觀照力來從事慰訪工作。

各場「安心家庭關懷專案專題研討會」一整天的課程內容，上午是進階慰訪技巧與須知、慰訪的實務演練等，分別邀請當地主管機關專業社工人員主講，並播放慰訪關懷教學影片，從影片中學習如何運用正確的態度從事慰訪關懷，避免落入自我的價值觀中。

下午的課程主題是「個案研討」，在講師引導下，學員們學習發掘案主的潛能優勢並給予信心，協助導向正面發展。最後的綜合座談，學員進行分組討論，經由經驗交流，提昇個案關懷的能力。

由於課程內容結合理論與實務，與會學員反應熱烈，並希望慈基會多開辦各項關懷專業技能的課程，落實個案關懷工作。

2008年「安心家庭關懷專案專題研討會」一覽表

時間	地點	地區	授課講師	人數（約）
2月23日	北投雲來寺	花蓮、宜蘭、台北、桃園、苗栗	林淑文（台北市社會局科員） 王惠宜（台北市家庭暴力防治中心督導）	90
7月27日	高雄紫雲寺	嘉義、高雄、潮州、屏東	吳姿儀（高雄縣社會處社工） 蔡宜芳（高雄縣社會處督導）	60
9月20日	南投安心服務站	台中、東勢、豐原、南投、竹山、埔里、彰化、員林	吳志柏（南投縣社會局督導） 陳正益（南投縣生活重建協會社工督導）	60

● 02.25

法鼓山首次到澎湖地區辦理佛化奠祭
果器法師帶領助念團念佛祈福

2月25日，助念團團長鄭文烈、江元燦等12人組成關懷小組，在關懷院監院果器法師的帶領下，前往澎湖馬公為護法會台北大同共修處義工吳素雲之父吳新助助念，這是澎湖地區第一場佛化奠祭儀式，也是助念團第一次到澎湖地區關懷。

公祭會場上，果器法師帶領助念團團員誦念《心經》、〈往生咒〉等經文，約有一百多位親友到場參加，許多人都主動隨著團員一起誦念，對於佛化奠祭的清淨、莊嚴留下深刻印象。

關懷小組同時也向澎湖居民介紹法鼓山的理念，希望這場佛化奠祭儀式，讓禮儀環保的觀念能在澎湖生根發芽。

● 02.25～03.05

法鼓山至廣西賑濟雪災
提供民生物資與關懷

慈基會於侗族鄉災區，發送民生物資。

1月初，中國大陸華南、華中地區遭受嚴重暴風雪侵襲，持續兩個月的大雪災害，造成上億人受災。法鼓山慈善基金會於第一時間啟動救援機制，了解受災情形，並派遣救援小組一行六人，於2月25日至3月5日期間前往受災最嚴重的省分之一廣西省進行賑災，同時代表法鼓山向當地民眾表達關懷之意。

法鼓山救援小組此行深入桂林市的江底鄉、柳州市融水縣滾貝侗族鄉山區，將米、麵、食用油、棉被等民生必需品送達。於江底鄉關懷1,640戶居民，發放每戶物資20斤大米及4斤重棉被一床；在侗族鄉，對每戶災區民眾發送10公斤大米、5公斤麵條、5公斤食用花生油等食品，提供必要的物資。

除發送民生物資外，救援團成員也轉達法鼓山的祝福，希望災區民眾能鼓起面對困境的勇氣，積極重建受創的家園，迎向未來光明的生活。

● 03.15～16

「兒童暨青少年學習輔導專案」研討會
慈基會推廣學童品德教育

3月15至16日，法鼓山慈善基金會於南投安心服務站舉辦「兒童暨青少年學習輔導專案」研討會，藉由經驗分享，落實對關懷家庭孩童的協助與輔導，包括慈基會總幹事陳果開及近五十位來自全台14個地區的正副召委、正副聯絡人參加。

兩天研討，內容包括如何開辦課程、實際輔導等問題。從彼此的經驗分享中，了解到課輔班的開設，對關懷社會、幫助關懷戶學童助益良深。

「兒童暨青少年學習輔導專案」研討會中，學員進行分享討論。

「兒童暨青少年學習輔導專案」，以提昇學童品德教育為主要重點內容，課業輔導為輔，並結合法鼓山義工及大專青年組成輔導團隊，接引受關懷家庭的學童學習「四環」，以產生社會安定的力量。自2007年開始執行以來，開辦地區從9處增至14處，輔導效益逐漸擴展，嘉惠許多孩童。

● 03.23～10.05期間

文基會推動心靈環保列車活動
鼓勵民眾加入建設人間淨土行列

3月23日至10月5日期間，法鼓山文教基金會於全台各地推動「好願愛地球，節約做環保」環保列車系列活動，全年總計有20個護法會地區辦事處共同投入13個場次的活動，實際參與人數約一萬二千五百人次。

林口辦事處信眾參與心靈環保列車活動，至林口頂福嚴森林步道淨山。

屏東辦事處信眾沿著綠蔭大道清掃，宣導四環和心六倫理念。

這項年度的環保列車系列活動，主要包括「心靈環保」、「生活環保」、「自然環保」三類。首先是「心靈環保」活動，包括分別於3月和8月在宜蘭舉辦的「春祭法會」和「秋祭法會」，以莊嚴的佛事讓民眾接受心靈的洗滌，並了解環保祭祀的禮儀環保理念；以及5月、10月分別於新竹和基隆舉辦的「心靈環保博覽會」，透過各項表演、親子遊戲等，與民眾分享「心五四」和「心六倫」的觀念，以及在生活中落實環保的方法。

「生活環保」活動，則有4月在台中一中街周邊商圈舉辦的「抗暖化救地球，筷樂救地球」活動，向民眾宣導自備環保餐具的好處。

「自然環保」活動方面，分別在台北縣林口、三峽，台北市大安區、北投區等地的步道、公園進行淨山；另外，也於潮州和屏東展開「清淨家園，掃我心地」掃街活動，讓民眾在參與環保的過程中，體驗服務以及愛護大地的歡喜。

文基會並於6月成立心靈環保列車部落格，以做為宣導環保理念的網路平台，期能廣為號召社會大眾一起加入建設人間淨土的行列。

2008年文基會推動心靈環保列車活動一覽表

類型	時間	活動名稱	活動地點	人數（約）
心靈環保	3月23日	春祭法會	宜蘭縣立殯葬管理所員山福園	1,200
	5月18日	好願在人間——心靈環保博覽會	新竹公園、九曲橋	2,500
	6月1日	「安心、安身、安家、安業‧重建希望」座談會	台北市台泥大樓士敏廳	500
	8月10日	秋祭法會	宜蘭縣立殯葬管理所員山福園	1,000
	10月5日	好願在人間——心靈環保博覽會	基隆市立文化中心	2,500

類型	時間	活動名稱	活動地點	人數（約）
生活環保	4月20日	抗暖化救地球‧筷樂救地球	台中一中街周邊商圈	400
	5月11日	好願祈福感恩會	台北國父紀念館西側廣場	4,000
自然環保	5月24日	清淨家園，掃我心地	潮州鎮新榮里	30
	9月20日	清淨家園，掃我心地	屏東市建豐路、豐年街、瑞光路綠蔭大道	60
	9月21日	淨山活動	林口頂福巖森林步道	50
	9月27日	親近自然，清淨大地	台北市富陽自然生態公園	60
	9月27日	淨山活動	三峽鳶山	120
	10月5日	親近自然、清淨大地	農禪寺周邊社區	80

● 03.23　08.10

法鼓山受邀協辦宜蘭春秋祭法會
推廣環保理念 淨化社會人心

由宜蘭縣政府主辦、法鼓山協辦的「97年度宜蘭春祭法會」及「97年度宜蘭秋祭法會」，分別於3月23日及8月10日，在宜蘭縣立殯葬管理所員山福園舉行，各由僧團男眾副都監果興法師、關懷中心副都監果器法師主法。法會以「好願在人間」為主題，由宜蘭縣縣長呂國華擔任主祭，與法鼓山悅眾法師、義工及宜蘭、羅

97年度宜蘭春祭法會由僧團果興法師主法。

東、花蓮地區民眾進行超薦祈福。

春、秋共兩次的法會現場，皆規畫三大活動區域，包括許好願區、做好事區與轉好運區，由宜蘭、台北、花蓮等地義工說明法鼓山推廣的佛化奠祭、自然葬及四種環保、「心六倫」運動、「心五四」理念等，並與鄉親分享「關懷生命、尊重生命和珍惜生命」的觀念與態度，讓民眾對法鼓山「心靈環保」理念有更進一步的了解。

春祭法會會後，呂國華縣長及果興法師並於許願區親自書寫祈福卡，為全縣縣民及往生者祈願祝福。

整個祭典活動以環保方式進行，期能改善殯葬文化品質，以淨化社會與人心。

● 03.27～05.29期間

人基會甘露門第一期義工教育訓練

學習傾聽　助人珍惜生命

　　為提供更多民眾經由實體的協談與服務，解答心中對生命的疑惑，並喚起對生命的珍視，法鼓山人文社會基金會與北投農禪寺甘露門合作，成立「法鼓山人基會甘露門」，於3月27日至5月29日期間，每週四於北投雲來寺舉辦第一期義工教育訓練課程。上課首日舉行開課典禮，僧團果祥法師、果光法師及人基會祕書長李伸一等都到場關懷，共有120位學員參加。

　　果光法師首先以「你準備好了嗎？」歡迎、感恩眾人加入甘露門，法師提醒大眾往後遇到不同的人前來求助，都要抱持同理心，也別忘了用禪法讓自己的心不隨境轉。李伸一祕書長則以近年來媒體誇大報導的現象為例，勉勵甘露門義工要注重溝通技巧，避免造成不必要的誤會與傷害。

　　這項課程邀請台北市婦女新知協會理事蔡稔惠授課，並於5月開始實習。蔡稔惠老師表示，擔任甘露門義工首先要認識法鼓山理念，善用心靈環保的觀念，以慈悲和智慧發揮協談功能，透過傾聽、分享、轉介，助人珍惜美好生命。

人基會甘露門第一期義工教育訓練課程舉辦，由李伸一祕書長致辭。

　　2006年聖嚴師父為了喚起社會大眾珍惜生命，以「多想兩分鐘，你可以不必自殺」提醒國人對自殺問題的關注，人基會同時在網路上架設「你可以不必自殺網」網站，為大眾提供紓解情緒的管道。2008年更成立「法鼓山人基會甘露門」，持續投入關懷生命的工作。

● 04.08　06.07　07.19　10.12

慈基會舉辦安心家庭團體督導課程

探討隔代教養　提昇慰訪技巧

　　為提昇慰訪員對個案全面關懷、評估和處理能力，法鼓山慈善基金會於4月8日、6月7日、7月19日及10月12日，分別在北投雲來寺、台中寶雲別苑、護法會花蓮辦事處及高雄紫雲寺，舉辦「安心家庭關懷專案團體督導課程」，進行

隔代教養的個案研討。

　　首場於雲來寺舉辦的課程，邀請觀新心理成長諮商中心的諮商老師王鳳蕾分享隔代教養的輔導經驗，共有35位慰訪員參加。王鳳蕾老師於課程中，帶領學員透過「角色扮演」，深入了解隔代教養對於孩子心理層面所承受的壓力，並分享表達愛的方式，例如肯定的語言、做特別的禮物、肢體的接觸等，以傳遞對個案的關懷。

台中寶雲別苑「安心家庭關懷專案團體督導課程」，邀請張貴傑老師主講「陪孩子長大的方法」。

　　第二場於台中寶雲別苑舉行的課程，邀請玄奘大學社會福利系助理教授張貴傑主講「陪孩子長大的方法」，約有六十多人參加。張貴傑老師以外顯行為、內隱動機為主軸，說明在青少年的成長過程中，要體會他們的感覺與情緒；並提醒慰訪員尊重每個家庭解決問題的方式，不要在第一時間給建議。

　　第三場課程於花蓮辦事處進行，邀請花蓮縣社會局救助課社會工作督導雷秋芳帶領研討，並分組實務演練，共有25人參加。

　　由於7、8月間颱風不斷，造成南部地區嚴重災情，因此慈基會特於10月12日在紫雲寺舉辦「安心家庭關懷專案團體督導課程暨南區緊急救援教育訓練」，首次結合慰問關懷和急難救助課程，邀請高雄縣社會處督導吳素秋、內政部消防署組組長許哲銘，分享慰訪技巧、救災專業技能，有近八十人參加。

　　對於此項課程，許多學員認為不僅提昇未來在慰訪過程的思考深度，也拓展面對青少年問題的不同觀點與視野，進而能幫助更多需要幫助的人。

● 04.12～13　04.26～27

護法總會首屆「預備委員成長營」
兩百多位學員深刻體會法鼓家風

　　護法總會舉辦首屆「預備委員成長營」，分別於4月12至13日在法鼓山園區居士寮、4月26至27日在三義DIY心靈環保教育中心舉行，兩梯次課程共有全台兩百多位「準委員」參加。

　　成長營課程內容，主要包括法鼓家風、我們的師父、心靈禪浴、法鼓山的理念等單元。護法總會表示，希望透過「知、解、行」的課程培訓，為預備委員悅眾們建立在法鼓山學佛、護法、弘法的觀念與心態。

護法總會「預備委員成長營」，為護法注入新活力。

4月12日開課首日，方丈和尚果東法師、護法總會總會長陳嘉男出席關懷，鼓勵所有學員以「一師一門、同心同願」為學習目標。方丈和尚開示，擔任悅眾是一項艱難挑戰，要從滌除自心習氣做起，學習以「謙卑、內斂、踏實」的態度面對他人，遇到挫折逆向思考、正面解讀，運用佛法的善巧智慧來化解。陳嘉男總會長也說明，悅眾是護法體系的第一線，最重要的功課就是學習「關懷他人」與「推廣佛法」，要將心變得更柔軟，有了包容、體諒，別人自然能感受到佛法的好處。

第一天的課程，首先由文化中心副都監果賢法師帶領學員了解法鼓家風，透過法師的解說，大家逐步了解法鼓山的僧團、體系組織、悅眾義工等環節，感受到法鼓山清淨、簡約、勤學的家風。接著，由男眾副都監果興法師主講「我們的師父」，深入聖嚴師父從出家、求學到創建法鼓山的過程，引領學員深刻體會師父的願力道心，發願以師願為己願。晚間的「心靈禪浴」，則由傳燈院監院果毅法師領眾沉澱身心，釐清自己生命的意義。

隔日朝山禮佛，學員們在戶外禪中學習放鬆，感受身心安定，對許多第一次上山的悅眾來說是全新體驗。接著，僧團都監果廣法師帶領學員認識三大教育、四種環保等法鼓山的理念。

最後的大堂討論中，學員熱烈分享心得，經由循序漸進的課程安排，大家表示相當受用，也對往後擔任悅眾的使命更有信心。

● 04.13～05.25　10.05～12.14期間

第12、13期「百年樹人獎助學金」頒發
嘉惠全台二千六百多位學子

法鼓山慈善基金會於4月13日至5月25日、10月5日至12月14日期間，於全台各地舉辦第12、13期百年樹人獎助學金頒發活動，全年共有2,678位學子受惠。各地活動結合感恩卡創意大賽頒獎典禮、法會及表演活動等，藉此讓受助學生及其家人感受社會的關懷與祝福，更加珍惜所獲的愛心和資源，努力學習。

上半年第一場於護法會新竹辦事處舉行，受獎學生共有36位，是新竹地區歷年來人數最多的一次。蒞臨致辭的竹東鎮鎮長蘇仁鑑肯定慈基會對社會關懷的

用心，並讚歎法鼓山對社會人心的正面影響力。

4月26日結合北投、石牌、大板橋區等14個地區，在北投農禪寺舉行北部聯合頒發典禮，共約有五百七十多位受獎學生、家屬參加，農禪寺監院果燦法師、認養人代表等也蒞臨參與。法師致辭時以聖嚴師父在日本求學的故事為例，鼓勵在場所有莘莘學子效法師父，努力充實自己，將來有一天為社會奉獻。會中還邀請大同區課輔兒童進行話劇表演，北投區浩然之家的老菩薩表演舞蹈，現場充滿溫馨歡喜的氣氛。

南部地區的頒發典禮，4月19日於台南分院結合「大悲懺法會」共同舉行，台南市市長許添財全程參與；4月27日則在高雄紫雲寺舉行，由果顯法師主持、慈基會副總幹事陳結輝擔任頒獎人，活動並安排小提琴演奏及團康活動，場面熱絡溫馨。

下半年部分，中部地區於10月19日在台中分院舉辦頒獎典禮，有近一百三十位受獎學生、家屬參加。活動除結合「感恩卡創意大賽」頒獎，還邀請家長參與當天於台中分院進行的「快樂學佛人」活動，觀看聖嚴師父《人間悟語──拔掉怒氣的導火線／慈悲可以化敵為友》的開示影片，並藉由小組經驗分享，交換彼此成功轉化怒氣的方法。

此外，大台北的士林天母、內湖、新莊及彰化縣員林等11個地區獎學金頒發，都由慈基會慰訪員、義工至案家發放，讓受獎學生及家屬感受另一種貼心的關懷。

為落實關懷與教育的基本理念，自第13期起，慈基會安排當期獲獎助學金的大學（專）生，至法鼓山體系各分院、辦事處以及安心服務站進行「12小時志願服務工作」，藉此培養服務社會的能力以及健康的生活價值觀。

11月於新竹舉辦的頒獎典禮，由關懷院常哲法師與新竹市市長林政則（第二排左三）代表授獎。

2008年「百年樹人獎助學金」成果統計表

期別／學別	國小	國中	高中	大學（專）	總人數
第12期	533	337	360	158	1,388
第13期	437	319	348	186	1,290
合計	970	656	708	344	2,678
百分比（%）	36	24	26	13	100

● 04.15～21

慈基會赴印尼海嘯災區關懷
持續推動南亞賑災「安心」工程

4月15至21日，法鼓山慈善基金會由輔導師、行政中心副都監果光法師及慈基會副總幹事林武雄擔任正、副團長，帶領七人組成的關懷團，前往印尼亞齊、棉蘭進行關懷慰訪活動，持續南亞海嘯的災後重建工作。

行程中，關懷團實地走訪亞齊伊斯蘭初中（MTs Anawiyah）與棉蘭民族高中（SMA Anak Bangsa），了解華語課程推廣情況；晚間時段則由果光法師於當地釋迦牟尼佛佛堂，講授「佛陀的一生」及「觀音法門」，更舉辦兩場「心靈饗宴」活動，分享法鼓山「四安」與「心靈環保」的真諦，期能引導災區民眾以更豁達開放的人生觀面對未來。四場活動共約近四百位民眾參與。

此行的另外兩個重點，則是18日至亞齊「隆那（Lhoknga）海嘯災民收容所」與「布米摩若（Bumi Moro）海嘯孤兒之家」進行慰訪關懷，規畫籌建女生宿舍，以及前往農業合作示範農場舉行種苗捐贈儀式。其中，示範農場案主要是亞太糧食肥料技術中心（Food and Fertilizer Technology Center for the Asian and Pacific，簡稱FFTC）資深顧問林富雄的建議計畫，以協助當地居民有效地善用土地，種植更具經濟價值的農作物，進而改善當地農民經濟為目標的試推方案。

果光法師於印尼關懷當地民眾。

以五年為期的「南亞賑災專案」已邁入第四年，為使有限資源發揮最大效益，慈基會除了持續贊助布米摩若海嘯孤兒之家等各項重建計畫外，亦致力於提昇災區民眾的心靈層面與謀生能力，協助早日揮別災難的陰霾，迎向嶄新的生活。

● 04.18～20

合唱團舉辦成長研習營
以音聲來分享佛法 供養大眾

合唱團於4月18至20日在法鼓山園區舉辦「合唱團成長研習營」，由團長李俊賢帶領，方丈和尚果東法師、關懷院監院果器法師皆到場關懷，包括加拿大

溫哥華及全台10個合唱團，共有近兩百三十位團員參加。

研習營的課程內容十分豐富，除了安排合唱團團務現況及海內外各分團活動的說明會，並邀請東海大學音樂系教授李秀芬指導

合唱團團員在成長營課程中，練習正確的發聲技巧。

專業聲樂、歌唱相關技巧，及示範不同音質的正確發聲，另有朝山等活動。

其中一項「演唱觀摩」課程，由各分團團員實際演唱，讓團員交流歌唱經驗；李秀芬老師並引導團員掌握放鬆的方法，如此音聲便能與禪修相融合。

此次活動不僅增進各分團的互動交流，亦希望藉此凝聚共識，以音聲與眾人分享佛法，推動社會祥和風氣。

● 04.19～20　08.30

慈基會舉辦「聯絡人成長營」
提昇關懷慰訪能力

法鼓山慈善基金會每年舉辦兩次的「聯絡人成長營」，2008年於4月19至20日、8月30日分別在高雄紫雲寺、北投雲來寺舉行，以提昇慰訪關懷工作的品質，各地區聯絡人、安心服務站站長共有近一百三十人次參加。

於紫雲寺進行的成長營，第一天首先由紫雲寺監院果耀法師致辭，法師讚歎大家不斷充實自己，學習工作服務知能。之後由慈基會專職介紹該會工作業務、年度展望，及透過慰訪教學影片，與學員分享專業的慰訪技巧與知識，以積極投入慈善工作。晚上，由果耀法師主講佛法與慈善工作的關聯性，並進行分組討論，分享將佛法融入關懷工作的心得。

第二天課程，邀請高雄市立凱旋醫院社會工作室主任張莉馨主講「認識精神障礙者家庭」，除介紹精神疾病的分類、常見的精神疾病，並說明精障者特質及精障者家屬如何面對處理等，讓學員對如何處理精障家庭個案獲益良多。最後的綜合座談由慈基會總幹事陳果開主持，對各項專案進行溝通和討論。

常法法師於聯絡人成長營中，分享四川賑災心得。

8月30日於雲來寺舉辦的成長營，慈基會副祕書長常法法師親臨關懷致辭，法師開示說明聯絡人的工作定位，是以清淨身、口、意來提昇自己，並與學員分享四川賑災工作心得，表示從事慈善工作，乃是報眾生恩的具體作為。接著邀請中央健康保險局賴文琳和黃美枝兩位專員，介紹弱勢家庭與醫療協助的相關事項，強調弱勢家庭更需要重視健保問題。

活動中並邀請張老師基金會諮商心理師林焄增主講「助人技巧」，指導學員們學習以同理心的思惟，真誠、尊重且積極傾聽的態度，來落實慰訪工作。

藉由成長營的充電和交流，學員們有機會學習到更細膩和專業的慰訪技能，也更了解慈基會各項專案工作，有助於關懷慰訪工作的落實與提昇。

● 04.22～10.19期間

方丈和尚展開40場全台巡迴關懷行
主題為「同心同願，承先啟後」

自4月22日至10月19日，方丈和尚果東法師在護法總會的安排下，於全台共進行40場「同心同願，承先啟後」的關懷活動，首場於基隆精舍展開，最後一場於護法會花蓮辦事處圓滿。各場活動中，護法總會輔導師果器法師、護法總會總會長陳嘉男、副總會長楊正雄、周文進、黃楚琪亦分別隨行參加，總關懷人數近五千八百人。

於基隆精舍進行的關懷活動中，方丈和尚以話家常的方式，和信眾分享自己與基隆的因緣，包括未出家前在基隆參加共修的點滴，並說明基隆地區由於地緣關係，離總本山很近，非常有福報，鼓勵眾人更要精進修行；方丈和尚也以「珍惜因緣」勉勵大家，知因緣就能知足常樂、豁達開朗。

在6月11日至7月15日各場關懷大台北地區勸募會員的活動中，方丈和尚勉勵大眾同心同願，繼續為「建設人間淨土」的理念而努力，並分享北美關懷行的

心得，讓台灣信眾進一步了解法鼓山海外弘化的概況。

7月下旬至8月，方丈和尚開始至中、南台灣關懷，每場活動皆有逾百名悅眾參加，台南場次的參加人數更將近一百八十人。7月27日於彰化地區的關懷活動中，彰化縣縣長卓伯源特別蒞臨彰化辦事處拜會方丈和尚，表達對法鼓山的肯定。

9月20日於高雄紫雲寺進行的關懷，方丈和尚以「在此炎夏，大家坐下，把心放下，念佛十下，不比高下，知道上下，活在當下，佛在當下」的「八下」開示，說明用佛法處理日常生活中的人事物，遇境界時更要保持安定的心，不受負面情緒影響，諸事必能柳暗花明。

10月份期間，11日適逢護法會潮州辦事處灑淨，關懷活動顯得喜氣洋洋；17日為農曆9月19日觀音菩薩出家紀念日，中部海線地區特地借用沙鹿鎮勞工育樂中心，以容納來自大甲、清水、沙鹿等地兩百八十多位信眾，是此次巡迴關懷行參與人數最多的一場。19日於花蓮辦事處進行的最後一場關懷活動，方丈和尚期勉眾人「同心同願」肩負起推動法鼓山理念的責任，致力為漢傳禪佛教「承先啟後」而努力。

方丈和尚40場全台關懷行，活動時間長達六個月，不僅讓各地勸募會員感受到聖嚴師父給予的期勉與祝福，也透過與地區悅眾的交流，讓大家更加了解法鼓山的理念，增進勸募修行的願心。

方丈和尚全台巡迴關懷行，首站於基隆精舍展開。

方丈和尚全台巡迴關懷

凝聚眾人願心　弘法扎根

由護法總會舉辦的「同心同願，承先啟後」——方丈和尚果東法師全台巡迴關懷活動，自4月22日至10月19日共進行40場。承繼聖嚴師父2007年巡迴全台關懷勸募會員，凝聚各地悅眾護法力量的悲願，2008年護法總會再度規畫北、中、南、東各地關懷行，由方丈和尚代表師父感恩與祝福在各地奉獻付出、推廣法鼓山理念的勸募會員。

每場活動中，方丈和尚皆對信眾們進行關懷與開示，並主持新進勸募會員授證儀式、代聖嚴師父授三皈依等，總計關懷人數近五千八百人，共有409位新進會員獲頒證書，加入勸人學佛、募人種福田的勸募修行行列。方丈和尚在每場關懷中均不斷說明，啟動全台巡迴關懷行的目的，主要是為了凝聚護法悅眾的願心；活動內容結合勸募會員關懷與新進勸募會員授證，希望透過彼此交流，建立共同的信心，讓新舊鼓手同心同願、精進修行，繼續為「建設人間淨土」而努力。

此次為期長達六個月的巡迴關懷行與往年不同的是，關懷據點範圍更廣、更多，不僅在各分院，護法會各地辦事處也都安排了關懷場次，希望透過一場場關懷，一點一滴將法鼓山理念於地方上扎根；同時，也向長久在各地努力的每一位勸募悅眾們表達感謝，勉勵大家做勸募的工作，不只是募款，更要募心，讓社會大眾都能獲得佛法的利益。

在每一場關懷活動中，方丈和尚除了向信眾們表達感恩，還以貼近生活、押韻好記的開示，提供信眾在日常中運用，如以「盡心盡力，隨緣努力，不給壓力，阻力是助力，有願就有力」的「六力」，勉眾學習承擔奉獻、成長自我，共同成就弘法悲願。在高雄紫雲寺，以「在此炎夏，大家坐下，把心放下，念佛十下，不比高下，知道上下，活在當下，佛在當下」的「八下」開示，勉勵高雄信眾；在海線地區則開示「七緣」：「你我相識即有緣，布施歡喜種善緣，你對我錯了因緣，損我逆我消孽緣，生老病死了塵緣，果報好壞皆隨緣，慈悲喜捨修佛緣」。方丈和尚充滿幽默的法語、自在樂觀的身教，將法鼓山理念及佛法意涵，深入淺出融會其中，讓各地信眾不僅印象深刻，且在感受歡喜法味的同時，更能堅定修學佛法的信心。

此次巡迴關懷行，具有深刻的傳承意涵，方丈和尚不僅代表聖嚴師父感恩與祝福各地區信眾，也顯示出法鼓山在續佛慧命的長遠弘法過程中，世代交替、大願傳承的深意。

2008年方丈和尚全台巡迴關懷行一覽表

區域	日期	關懷地區	舉辦地點	新進勸募會員授證人數	關懷人數（約）
北部	4月22日	基隆地區	基隆精舍	10	150
	5月1日	中永和地區	中永和辦事處	9	180
	5月5日	石牌地區	北投農禪寺	10	150
	6月11日	中正萬華地區	中正萬華辦事處	9	150
	6月18日	士林地區	士林辦事處	10	130
	6月19日	北投地區	北投農禪寺	15	260
	6月22日	金山萬里地區	金美國小	4	110
	6月27日	三重蘆洲地區	三重蘆洲辦事處	15	110
	6月29日	林口地區	林口辦事處	5	130
	6月30日	社子地區	慈弘精舍	7	110
	7月4日	大信南地區	台北安和分院	16	150
	7月10日	新店地區	新店辦事處	11	140
	7月14日	三芝石門地區	三芝石門辦事處	5	50
	7月15日	大同地區	大同辦事處	7	220
	7月21日	松山地區	松山辦事處	5	130
北部	7月31日	中山地區	台北中山精舍	9	170
	8月12日	新莊地區	新莊辦事處	7	120
	8月24日	苗栗地區	苗栗辦事處	6	120
	8月31日	中壢地區	中壢辦事處	14	130
	8月31日	新竹地區	竹科禪修園	16	120
	9月2日	桃園地區	桃園辦事處	22	110
	9月4日	淡水地區	淡水辦事處	2	110
	9月7日	文山地區	景興圖書館	9	130
	9月9日	內湖地區	內湖辦事處	10	120
	9月10日	海山地區	海山辦事處	17	220
中部	7月19日	台中地區	台中分院	12	200
	7月19日	南投地區	南投安心服務站	11	120
	7月27日	員林地區	員林辦事處	6	180
	7月27日	彰化地區	彰化辦事處	6	120
	8月23日	嘉義地區	嘉義辦事處	3	130
	8月24日	豐原地區	豐原辦事處	10	130
	10月17日	中部海線	台中勞工育樂中心	3	280
南部	8月23日	台南地區	台南分院	23	180
	9月20日	高雄地區	高雄紫雲寺	25	210
	10月11日	潮州地區	潮州辦事處	5	200
	10月11日	屏東地區	屏東辦事處	11	110
東部	8月25日	羅東地區	信義社區	21	130
	9月8日	宜蘭地區	安康托兒所	11	80
	10月18日	台東地區	台東信行寺	3	110
	10月19日	花蓮地區	花蓮辦事處	9	70
合計				409	5,770（約）

● 04.23

法行會張昌邦接任新會長
聖嚴師父勉法行會朝全方位發展

前任會長蕭萬長（中）以感恩心情，表示會繼續以法鼓山義工為己任，為法鼓山奉獻。（右為聖嚴師父，左為蔡清彥）

　　法行會4月23日於台北豪景飯店舉辦2008年第一次悅眾會議，聖嚴師父、方丈和尚果東法師、僧團都監果廣法師、關懷院監院果器法師、聖嚴教育基金會執行長蔡清彥皆出席與會。當晚透過法行會會長，也是副總統當選人蕭萬長的推舉，在全場百位成員鼓掌下，由副會長張昌邦擔任新會長。

　　聖嚴師父在致辭時，期許法行會未來要朝全方位發展，不僅繼續推動法鼓山的理念，更要將法鼓山的特色，也就是法鼓山的禪法努力推廣出去。師父強調，很多社會菁英都喜歡參加法鼓山的禪修，因為禪修所產生的安定，對他們幫助很大，未來法行會應該多舉辦有關佛教法義的進修課程。

　　會中，前任會長蕭萬長特別以感恩的心情，感謝所有會員的包容，並表示儘管卸任會長一職，仍會繼續以法鼓山義工為己任，為社會大眾奉獻。

● 04.24

「生命禮讚」講座舉辦
推動環保自然葬

　　僧團弘化院4月24日晚上於北投雲來寺，舉辦「生命禮讚──由台北縣立金山環保生命園區看臨終關懷」講座，由關懷院果選法師、助念團團長鄭文烈介紹說明「植存」觀念與方式、法鼓山的大事關懷等主題，約有一百二十多人參加。

　　果選法師首先解說「台北縣立金山環保生命園區」的由來，是法鼓山捐贈土地給台北縣政府，再由台北縣政府委託法鼓山管理維護；而生命園區將「四環」理念具體落實，不僅開啟傳統喪葬文化的革新契機，更代表法鼓山長期推動環保理念的重要里程碑。

　　接著法師講解「環保自然葬」的意義，也介紹了「植存」的流程及相關作業辦法，強調「環保自然葬」除了讓生命在大自然裡可以延續外，更可以循環使用，兼具簡葬、節葬與潔葬的意義；且此葬法儀式簡樸、莊嚴、隆重，更可讓社會大眾以健康光明的態度，重新看待、思考死亡問題。

● 05.02　05.11～18

法鼓山馳援緬甸風災
提供救災物資　傳達關懷

　　5月2日緬甸受到「納吉斯」（Nargis）颶風侵襲，由於當地軍政府拒絕國際救援團體進入援助，使得受災範圍持續擴大。為了在第一時間援助緬甸災區民眾，法鼓山於風災翌日即開始籌募救災物資，並由中山區救災中心總指揮李豪作、副總幹事陳結輝一行六人組成第一梯救援團，透過當地台商蔡豐財伉儷協助，於11至18日期間進入災區提供救援物資。

　　緬甸救援團在這趟救援任務中，以乘船接舶方式深入仰光省南部的迪林（Dillin）、德迪（Dedyye）、庫亞貢（Kungyangon）等重災區，將自台灣募集的糧食、藥品等172箱，超過兩公噸的物資，以及在當地採購近七千五百份的民生物資，交給當地民眾。此外，救援團在熟悉緬甸語的祖道法師協助下，也向災區民眾表達法鼓山與聖嚴師父的關懷與祝福。

　　風災過後的緬甸，除了有民生物資的基本需求，水源污染、醫藥用品缺乏、兒童失護等問題，都是當地極大的隱憂。此外，災後的家園重建，以及兒童未來的教育問題，更是迫切需要外界的援助。

緬甸民眾依序向救援團領取物資。

　　法鼓山計畫繼續提供糧食、醫藥包等物資補給，並針對受災地區需求，研擬後續救援計畫，協助緬甸民眾重建家園。

● 05.25～06.07

慈基會第二梯次前往緬甸賑災
提供援助經費及民生物資

　　法鼓山慈善基金會於5月25日至6月7日，第二度派遣救援團共五人前往緬甸，持續颱風災後援助關懷。此行仍透過當地台商蔡豐財伉儷協助，深入伊洛瓦底江省（Ayeyarwady）的博格雷（Bokalay）、拉布達（Labutta）、勃生（Pathein），及南方的瓦克馬（Wakema）、蒙炯（Monzhong）、哈朗他亞（Hlaing Tha Yar）等六處重災區，提供援助經費、民生物資，以及捐贈幫浦機與淨水設備。

　　27日，救援團至博格雷當地三處設置於寺院內的大型收容所，發放飲用水、蚊帳、黃豆、口糧、簡易藥包等，並捐贈安裝淨水器，受益民眾達五千人。由於停留時間的限制，救援團於勃生與當地政府及僧侶學校合作，除捐贈淨水器、物資，並提供阿亞達南僧侶學校（Aungyadana Educational Monk School）1,000萬緬幣，做為當地賑災應急與照顧孤兒所需。28日救援團回仰光採購物資後，29日起救援團分成兩組，分別前往偏遠離島瓦克馬、蒙炯發放飲用水、毛毯、鍋子、黃豆、蕃薯、醫療藥包，並援助醫院與學校修補被颱風破壞的房屋，受益人數近六千人。

　　6月1日與5日，救援團分別和緬甸社會福利部長蒙蒙蘇（Maung Maung Suie）、緬甸政府準將裘明（Jo Mei）會面，蒙蒙蘇部長及裘明準將代表緬甸政府表達對法鼓山人道援助的感謝。7日，再與仰光哈朗他亞災後重建委員會官員會面，討論後續援助事宜，並舉行五套淨水設備公開贈送儀式；法鼓山並致贈哈朗他亞市民醫院（Hlaing Tha Yar Civil Hospital）、第二商校（Business Education High School No.2）及哈朗他亞警局宿舍共500萬緬幣，協助修復硬體設施。

　　法鼓山將持續於緬甸進行人道援助，計畫從幫助當地孤兒院、教育復員等方面著手，協助災區民眾重拾希望，逐漸走出陰霾。

緬甸救援團進入蒙炯離島村落發放物資，離去時村民列隊道謝。

● 06.13～08.18期間

法鼓山協助緬甸災區裝置淨水設備

提供潔淨飲用水

法鼓山於拉布達安裝淨水設備，協助當地民眾改善衛生條件。

為援助緬甸風災災區重建，法鼓山慈善基金會協助當地設置淨水設施，於6月13日完成首組淨水設備的裝置。

慈基會自緬甸發生風災以來，已陸續派遣兩批救災團前往救援，並發送物資及援助硬體設施的建置，其中五組淨水設備在6月1日即運抵緬甸。由於淨水設備龐大且裝置施工耗時，運送設備及考量設置地點都需要妥善規畫，慈基會考量救援的時效，乃委請法鼓山悅眾，也是當地台商蔡豐財處理安裝啟用等事宜，讓救援團可以專心執行其他的救災任務。

第一組淨水設施安置於距離仰光市12小時運程的馬基賓（Magyi Pin），經測試運轉正常後，移交給當地村莊的領導人，並教導其如何使用與維護，預計此組淨水設備將可提供潔淨飲用水給鄰近村落約三千多位民眾使用，避免污染的飲水造成傳染疫情的爆發。

繼首組淨水設備完成裝置後，6月23日於濱海的賓薩魯（Pinzarlu）安裝第二組淨水設備，此地於緬甸風災期間受到重創，房舍、硬體建物損壞嚴重。6月底於拉布達（Labutta）、8月中於官鼓（Kyonkue）及海基島（Hainggyi），又完成淨水設備的裝置，協助當地民眾改善飲食及健康等衛生條件。

法鼓山慈善基金會於緬甸安裝淨水設備一覽表

時間	地點	服務人數（約）
6月13日	馬基賓（Magyi Pin）	3,000
6月23日	賓薩魯（Pinzarlu）	800
6月28日	拉布達（Labutta）	800
8月16日	官鼓（Kyonkue）	5,000
8月18日	海基島（Hainggyi）	13,000

● 07.13～27

慈基會第三梯次前往緬甸賑災
援助當地寺廟、學校

為持續協助緬甸風災救援，7月13至27日，法鼓山慈善基金會派出第三梯次救援團，成員包括總幹事陳果開、副總幹事陳奕伶、資源整合組主任委員曾照嵩等共五人，分別於13日及17日出發，前往重災區哈朗他亞（Hlaing Thar Yar）、丹閣（Than Lyin）、崑昌貢（Kyungyangone）、教單（Kyuk Thida Myaing Village）等地賑災與關懷，捐贈重建經費，並於當地採買物資，進行物資發放、協助寺廟修建、勘察校園重建事宜，與評估法鼓山後續救援的執行方向。

救援團13日抵達緬甸後，隨即前往哈朗他亞地區指揮官辦公室拜會，了解災情，並前往因風災而校舍全毀的第四十六小學勘災。由於沿海地區仍列為管制區，國際救援團體無法進入；經過評估，陳果開總幹事代表法鼓山捐贈500萬緬幣給該國救災委員會，做為未來重建災區的經費。救援團亦代表捐贈4,800公斤的米、480公斤的瓶裝花生油與200萬緬幣，協助哈朗他亞地區佛學院修繕之用。

15日取得通行證後，救援團陸續前往偏遠地區崑昌貢、丹閣等，關懷當地村莊、寺廟與學校，並捐贈居民每戶白米、黃豆、花生油等民生物資，給予暫時的應急，共有近千戶受益。民眾表示，法鼓山是第一個抵達當地的救援團體，讓他們很感動。

25日，救援團搭船深入力滴耶（Lidiye）的馬諦溝街村（Madigoujie）發放物資，同時捐贈一台抽水馬達，解決村民的飲水問題。26日，也捐贈拖鞋、書包、雨衣與制服等物資，予重災區教單的和尚廟孤兒院學校（Thaungyi Dharma Pariyarti School），關懷學童的讀書、生活需求，約有兩百多位學童受益。

此外，有鑑於寺廟是當地民眾信仰與精神寄託之地，救援團此行也協助秀尹艾秋楊（Show Yin Aye Kyaung）、奧波狄秋楊（Aung Baw Di Kyaung）等寺廟進行屋頂、廊道及齋堂修建事宜。

慈基會總幹事陳果開（後排中）、曾照嵩（後排左）與義工楊耀傑至崑昌貢地區小學探視，學童歡迎團員並開心合影。

法鼓山除因應緬甸災區需求，提供災區民眾急用物資外，同時也積極研擬規畫與緬甸政府進行校舍及寺廟等建物修復、發放獎助學金、華語教學等工作，協助災區落實「四安」的重建目標。

● 10.10～20

法鼓山援建緬甸災區學校
展開勘察、估價作業

常法法師於拉布達地區村莊關懷孩童。

法鼓山援助緬甸災區重建持續進行，援建的仰光省哈朗他亞第一小學（Hlaing Thar Yar SoPoS 1 State Primary School）、丹闐綜合學校（Than Lyin State Middle School），即將展開工程建設。法鼓山慈善基金會副祕書長常法法師，偕同建設工程處總工程師陳洽由等建築專業人員，於10月10至20日前往該地進行環境勘察與評估，同時了解當地營建法規，以加快重建速度。

在此之前，慈基會於8月中旬接獲緬甸政府釋出學校校舍重建合作的訊息，隨即於8月17至24日派遣副總幹事陳奕伶前往丹闐綜合學校、哈朗他亞第一小學實地考察，並將合作重建的方案帶回討論。

慈基會此行除了拜訪當地營建廠商，進行個別估價與了解，並討論工程細節。常法法師更隨著緬甸勃固省（Bago）觀音寺住持宏海法師、祖恆法師，前往受災最嚴重的伊洛瓦底省（Ayeyarwady）的拉布達（Labutta）地區及鄰近五個村莊進行慰訪工作，將法鼓山的關懷與協助，持續送進災區。

● 11.14～17

法鼓山援建緬甸兩所學校
與營建廠商簽訂合約

11月14至17日，法鼓山慈善基金會副總幹事鄭文烈及專職林宜融前往緬甸仰光市，針對丹闐綜合學校（Than Lyin State Middle School）、哈朗他亞第一小學（Hlaing Thar Yar SoPoS 1 State Primary School）的重建工程，與營建廠商就

慈基會副總幹事鄭文烈（右）與營造廠商進行合約磋商，左為觀音山達本禪寺住持從法法師。

付款條件、工程項目等內容進行最後磋商並簽約。

16日下午，鄭文烈副總幹事在緬甸基礎教育部（Department of Basic Education），就緬甸學校重建案，與營造商鞏明特（Gon Myint）簽訂合約，並商請緬甸台商，亦是法鼓山資深悅眾陳專益與翁特特擔任營建商聯絡人，也邀請仰光市觀音山達本禪寺住持從法法師協助監工，以確保工程品質。兩項工程預計2009年4月完工。

為了提供當地民眾適切的幫助，法鼓山結合了當地各方資源，例如與勃固省（Bago）觀音寺住持宏海法師合作，計畫於伊洛瓦底省（Ayeyarwady）的拉布達（Labutta）鄰近20處村莊開鑿水井，提供居民清潔用水，並規畫興建五個村落的村民庇護所。

● 11.30　12.07

法鼓山援建緬甸災區學校
重建工程舉行開工儀式

法鼓山於緬甸仰光省地區協助學校重建的工程，分別於11月30日及12月7日，在丹閣綜合學校（Than Lyin State Middle School）、哈朗他亞第一小學（Hlaing Thar Yar SoPoS 1 State Primary School）舉行簡單隆重的開工儀式。

開工當天，除了邀請協助法鼓山緬甸重建工作的仰光市觀音山達本禪寺住持從法法師代表法鼓山，表達對學校師生祝福外，緬甸基礎教育部（Department of Basic Education）官員、哈朗他亞與丹閣地方官員及校方人士等，都出席與會。典禮依照緬甸傳統習俗，並由多位當地法師為重建工程祈福。

丹閣綜合學校與哈朗他亞第一小學的重建工程，預計將於2009年4月竣工，為學童提供一個安全的就學場所。

另外，在心靈重建工程方面，法鼓山初步計畫將與當地居民分享「聖嚴法師108自在語」，擬請當地法師或義工協助翻譯成緬甸文，刊印發送給災區民眾閱讀，滋養心靈。

法鼓山緬甸關懷日誌

月	日	事件
5	3	緬甸遭遇「納吉斯」（Nargis）颶風侵襲，伊洛瓦底江（Ayeyarwady River）三角洲災情慘重。
	6	法鼓山召開救災會議，成立救援團隊。
	11	11至18日，慈基會派遣第一梯次救援團前往緬甸仰光，並攜帶172箱救援物資；此行於威灑（Wesa）、穆拉村（Mula）等地寺廟，及南部重災區迪林（Dillin）、德迪（Dedyye）、庫亞貢（Kungyangon）關懷民眾，並發放飲用水、油布、速食麵等民生物資。
	14	慈基會啟動賑災捐款專戶。
	16	美國紐約東初禪寺舉辦彌陀超薦祈福法會，由方丈和尚果東法師率領數十位法師，為罹難者超度並為傷者消災祈福。
	17	於北投農禪寺舉辦三時繫念法會，聖嚴師父親臨關懷，並為災區民眾祈福，呼籲各界支援救災行動。
	19	於北投雲來寺召開緬甸賑災會議，檢討救災過程，並規畫後續援助的具體方針。
	25	5月25日至6月7日，慈基會派遣第二梯次救援團，攜帶救援物資及五組淨水設備前往緬甸重災區，接續救援工作。此行於伊洛瓦底省（Ayeyarwady）博格雷（Bokalay）、拉布達（Labutta）、勃生（Pathein），以及瓦克馬（Wakema）、蒙炯（Monzhong）等地關懷民眾，並發放物資。
6	1	救援團與緬甸社會福利部長蒙蒙蘇（Maung Maung Suie）會面，部長感謝法鼓山的人道援助。
	5	緬甸官方接見救援團成員，並頒感謝狀。
	6	提供阿亞達南僧侶學校（Aungyadana Educational Monk School）1,000萬緬幣，做為當地賑災應急與照顧孤兒所需。
	7	救援團關懷仰光省哈朗他亞（Hlaing Thar Yar）地方學校等單位，以及萬金（Jwunggyi）中心。
	13	第一組淨水設備於馬基賓村莊（Magyi Pin Village）安裝完成。
	23	第二組淨水設備於賓薩魯（Pinzarlu）安裝完成。
	28	第三組淨水設備於拉布達安裝完成。
7	13	13至27日，慈基會派遣第三梯次救援團，持續救援工作。此行關懷崑昌貢（Kyungyangone）、教單（Kyuk Thida Myaing Village）地區民眾，發送救援物資；並援助奧波狄秋楊（Aung Baw Di Kyaung）、秀尹艾秋楊（Show Yin Aye Kyaung）等地寺廟的重建工作，也捐助和尚廟孤兒院學校（Thaungyi Dharma Pariyarti School）學童書包、制服等物資。
	14	捐贈五百萬緬幣予緬甸救災委員會，協助未來重建經費。
8	16	第四組淨水設備於官鼓（Kyonkue）安裝完成。
	17	17至24日，慈基會派遣副總幹事陳奕玲前往丹閭綜合學校（Than Lyin State Middle School）、哈朗他亞第一小學（Hlaing Thar Yar SoPoS 1 State Primary School）實地考察，勘察評估重建事宜。
	18	第五組淨水設備於海基島（Hainggyi）安裝完成。
10	10	10至20日，慈基會副祕書長常法法師等一行人，前往丹閭綜合學校、哈朗他亞第一小學，進行重建勘察、估價作業；此行並關懷拉布達及鄰近五個村莊。
11	14	14至17日，慈基會派遣副總幹事鄭文烈等前往緬甸，對丹閭綜合學校、哈朗他亞第一小學的重建工程，與營建廠商就付款條件、工程項目等內容進行最後磋商並簽約。
	30	援助丹閭綜合學校重建工程，本日舉行開工儀式。
12	7	援助哈朗他亞第一小學重建工程，本日舉行開工儀式。
	28	28至31日，慈基會副總幹事鄭文烈前往緬甸，勘察援建的哈朗他亞第一小學及丹閭綜合學校。

四川救援關懷專題報導

● 05.12　05.13　05.15～21

法鼓山首梯救援團馳援四川

僧團副住持果品法師領隊前往

法鼓山第一梯救援團成員，包括由榮民總醫院、陽明大學附設醫院醫院組成的榮陽醫療團隊。

中國大陸四川省5月12日下午2時28分，發生芮氏規模7.8的強烈地震，法鼓山隨即於13日召開緊急救災會議，成立首梯救援團，由法鼓山僧團副住持果品法師帶領15位成員，於15日攜帶由台灣潤泰集團及法鼓山信眾捐贈的1,200萬元，和1,000公斤的食物、藥品、帳篷等物資，前往成都勘災救援，並設置醫療服務站，進行義診服務。15日當天，聖嚴師父並錄製一段關懷開示，呼籲社會大眾提起共患難的心，為賑災盡一分力。

首梯救援團16位成員中，包括具有社工、醫療專業背景的常法、常悅兩位法師，及7位由台北榮民總醫院外科主任醫師陳維熊、陽明大學附設醫院院長唐高駿等醫護人員組成的榮陽醫療團隊，與法鼓山6位關懷義工。

15日下午救援團抵達成都後，立即與四川省宗教局副局長余孝恒討論救災行程及救援評估。16日，救援團前往都江堰，捐贈部分物資予都江堰救災指揮中心，並在當地採買民眾亟需的民生物資、外傷用敷料等。

17日，慈基會動員上百位法師、義工，於北投雲來寺打包第二批救災物資，包括帳篷、毛毯、口糧、睡袋、飲用水、遺體袋、消毒用品等近15噸，當日晚間即由中國揚子江快運航空公司自桃園送抵成都。

同日，救援團前往綿陽市安縣睢水鎮安置所、秀水鎮民興中學安置所、安昌鎮安洲小學孤兒收容所等三個地區，發放物資與提供醫療服務，並於秀水鎮民興中學設置醫療站，為受傷民眾提供簡易的醫療和護理。

第二批民生物資與醫療用品抵達後，18日起救援團分成兩組，醫療成員於

民興中學設置的醫療站展開各項救護工作；關懷成員則持續進行勘災及慰訪行程，前往關懷秀水鎮第一中心小學、秀水中心衛生所、桑棗收容所及永安鎮安置所等處發放慰問金，並採購收容所亟需的民生物品。

20日，果品法師帶領關懷成員至秀水鎮民興中學、衛生所、中心醫院、秀水一小漢昌分校，及睢水鎮安置所、塔水鎮安置所、桑棗鎮安置所、永安鎮安置所等八處地區，提供物資及精神上的關懷。果品法師並代表捐贈善款10萬美元，提供修築秀水鎮淨水設施以及採購飲用水之用，由中國大陸國家宗教局副局長齊曉飛代表受贈。

22日第一梯次救援團完成階段性任務，為持續提供人道醫療服務及民生物資，讓第二梯次救援團順利銜接經驗，包括果品法師等六名慰訪團員繼續留在當地，隨時了解災情及物資需求，以提供最適切的關懷與服務。

●05.16

東初禪寺舉辦彌陀超薦祈福法會
方丈和尚領眾祝禱祈福

緬甸風災、中國大陸四川震災發生後，法鼓山海外道場也紛紛響應祈福活動。其中，美國紐約東初禪寺5月16日晚上舉辦「彌陀超薦祈福法會」，由方丈和尚果東法師、東初禪寺前任住持果元法師帶領數十位法師，為罹難者超度並為傷者消災祈福，約有一百多位民眾參加。

方丈和尚開示時表示，法鼓山在南亞海嘯、緬甸風災及四川震災的救援行動中，都秉持同一理念──即人道關懷、人心重建的理念，讓受難者得到最需要的幫助；並鼓勵大家發揮人溺己溺、人飢己飢的精神，持續為受難者提供援助。

當天，東初禪寺並舉辦募款活動，全數善款捐做此次賑災之用。

方丈和尚果東法師（前排左）及果元法師（前排右）在東初禪寺帶領信眾進行「彌陀超薦祈福法會」，為災區民眾祝禱。

● 05.17

法鼓山舉行三時繫念法會
聖嚴師父呼籲各界支援救災

　　為超度緬甸風災、中國大陸四川震災罹難亡靈，法鼓山5月17日下午於北投農禪寺舉辦三時繫念法會，全台各道場、分院同步視訊轉播，聖嚴師父親臨開示，並為災區民眾、罹難者祈福。包括台積電文教基金會董事張淑芬、廣達文教基金會執行長楊美月、護法總會總會長陳

果器法師領眾虔誠誦經、念佛，為川緬災區民眾祈求平安。

嘉男等，逾三千人齊聚大殿，共同為災區受難者祝禱和祈福。

　　在三時繫念法會開始前，聖嚴師父接受媒體採訪時表示，不管災難發生在何處，大眾應有人溺己溺的精神，慈悲關懷受難的人；也針對此次四川的震災援助，感謝各界對法鼓山的信任而踴躍捐款，讓法鼓山有更充沛的救援資源可以救災。

　　法會由僧團關懷院監院果器法師主法，帶領眾人虔誠誦經、念佛，一方面祝禱罹難者往生佛國淨土，並為災區民眾祈求平安；一方面也鼓勵眾人發揮同體大悲的精神，伸出援手。

　　聖嚴師父在法會上，以「受苦受難的是大菩薩，救苦救難的是菩薩」、「只要還有一口呼吸，就有無限希望」來勉勵救援義工和災區民眾，也呼籲無法親臨法會現場的大眾，能夠共同持誦〈大悲咒〉，迴向受苦受難的人；並鼓勵社會各界繼續支持救災行動，讓愛心不斷發光發熱，為災區注入希望。師父說明，法鼓山將援用在台灣921震災及南亞大海嘯時的救災經驗，以三階段救助計畫，持續推展災區援助方案。

　　為了讓關心緬甸風災及四川震災的大眾，可以隨時掌握救援團隊的最新進度與訊息，法鼓山特別在全球資訊網開闢了「心靈重建‧希望無窮」專區網頁（網址：http://www.ddm.org.tw/event/2008/sichuan/512.htm），便利民眾上網查詢；同時也發起全體專職工作人員捐助一日所得活動，協助後續救災及災區重建工作。

◎聖嚴師父

提起共患難的心

5月15日於台北中正精舍，為四川震災做關懷開示錄影

遇到天災，不管是火災、水災、地震、風災等種種災難時，要分成兩個方面來談：第一、正處在災難中受災的人要自救；第二、在災區以外的人要去救災。

在自救方面，最重要的是心裡要保持平靜，不能慌張。遇到災難的時候，首先想到的不是財產，而是命、而是人。首先要設法保住自己的命，然後要保住家人的命；如果還來得及的話，也要幫忙保住親友、鄰居的命。如何保命？那就要臨機應變了。以佛教徒來說，平常就必須要做功課，平常就要念佛，平常就要誦經，在遇到災難的時候，就能提起我們的信心。無論遇到任何狀況，只要能逃出死亡的險境，未來就有很大的希望。另外，救災的時候，在災區以外的人，要有高度敏銳與敏捷的心，一旦知道

法鼓山在媒體上刊登公益廣告，傳遞安定身心的力量給社會大眾。

有災情發生，就要馬上想到如何救災，因為爭取時間是非常重要的。救災不能盲從，一定要有計畫，要有支援，要有技術和技巧；而自身的安全也非常要緊，如果救了人，自己卻陷入危險之中，那就成為二度的損失和傷害了。

法鼓山三階段救援行動

我本身有救災的經驗，特別是1999年台灣發生921大地震時，當時我親自前往中部災區去救災。救災時，一定要以階段性的方式、方法和任務來著手：第一階段，一方面要給予倖存者食物、飲水，若是遇到天雨或天寒，則要提供帳篷和禦寒的毯子；另一方面，要為罹難的人超度、念佛，也就是給予亡者安慰與開示佛法，而這是我們宗教師必須要做的。這些都是在

第一階段非常重要的救濟重點。

第二階段是要安頓災區的民眾。如何安頓呢？首先要馬上建造臨時的房子，提供他們住宿，災區的水電也要盡速恢復供應；此外，還要盡快讓學生恢復上學。因此，有關房子、水電、教育的問題，在第二階段就都要考量到了。

第三個階段，要給予災區民眾心理上的撫慰、鼓勵，以及精神上的落實。雖然家破人亡或傾家蕩產，什麼也沒有了，甚至整個家庭只留下了一個人，或是少數人，在這種狀況下，要讓他們能夠有勇氣繼續活下去。因此，要輔導他們就業，讓他們在精神上、心理上有所安慰，有所寄託，這是需要滿長一段時間的。

通常一個重大災難過去之後，差不多需要五年到十年的時間，民眾在心理上才能逐漸恢復。因此，921震災後，法鼓山在各個災區設立安心服務站，陪伴災區民眾重建心理上、精神上的寄託、落實和嚮往，這樣一來，他們不但有勇氣活下去，甚至還能夠站出來幫助其他更需要幫忙的人。事實上，已經有一些接受過安心服務站服務的菩薩，現在又回過頭來幫助我們一起去救災了。

當社會大眾看到災難發生時，要有人飢己飢、人溺己溺，人道救援的心態，如果自己不能到災區，那就盡己所能地捐助、捐款，讓能夠到災區的人去救援。雖然我們不是在災區裡，也要認為災區的事就等於是我們自己的事一樣，這樣當我們萬一發生災難的時候，其他人也會來救助我們。如此，我們的社會才是有同情心、有共患難的心。

做為一個宗教徒，我們要用念佛來為災區的亡者及倖存者祈福。我也希望社會大眾，不論你信的是什麼宗教，或是你沒有宗教信仰，最好都能夠以你自己的方式來祈禱，一起為他們祈福，這樣做對災區民眾來說，是很重要、很有用的。

創辦人語

悲慟 哀悼
緊急救援川緬災難

5月17日講於北投農禪寺「三時繫念法會」

◎聖嚴師父

諸位菩薩，阿彌陀佛！

這一陣子，我的心情非常地沉重，除了緬甸發生大風災，中國大陸四川也發生了大地震。自發生災難以來，我幾乎每天晚上都不能睡覺，這不是因為我是在大陸出生，而是因為我是一個佛教的法師，在看到、聽到有眾生受災受難時，不管是哪個國家、民族、宗教的人，就感覺像是自己受災難，我希望諸位也能有這種心情。

我們法鼓山雖然力量很小，但是世界上任何一個地方有災難，我們一定會爭取時間到災區去救災，例如伊朗發生地震的時候，我們很快就進入伊朗，再如巴基斯坦、阿富汗發生災難，雖然這些國家反對佛教，可是怨親平等，沒有遠近、親疏的分別，我們都去救災，現在緬甸、大陸四川發生災難，我們一樣要去救災。

最快時間　組團入災區救援

我們目前派了兩個救援團，在緬甸、大陸四川進行救災工作。緬甸的災情十分慘重，據說有超過十萬人以上往生，但由於緬甸是軍政府，管制很多，災難在5月3日即發生，我們到5月10日才拿到簽證。隔天一早，我們救援團就趕緊帶著食物、醫療等物資過去，在當地台商蔡豐財夫婦幫忙下，順利進入災區，把物資交到災區的民眾手上。

大陸四川在5月12日發生災情後，我們就組成了救援團。至於救災需

聖嚴師父在三時繫念法會中，呼籲民眾提起共患難的心，一起協助災區民眾度過難關。

要的款項，我在13日早上開始打電話，募到幾筆大的款項，有了實質的救濟物資、金錢，我們即在隔天5月13日馬上進災區去了。我們的救援團有三位法師，除了副住持之外，其中有一位是公共衛生背景的博士，一位是社工人員。另外，我們得到潤泰尹衍樑先生的幫助，使榮總以及陽明大學附設醫院的醫生、護士，參加了我們的救災工作，因此變成了多功能的救援團。

我們第一批隨身帶的物資有1000公斤，由我們救援團自己發放給災區民眾。5月16日他們在都江堰，5月17日已經到了綿陽縣。同時在5月17日，我們又獲得台積電張忠謀夫人張淑芬女士捐了一大批物資，當天晚上就送到四川。這是我們第一階段在災區提供的物資、醫療上的救濟。

做為佛教徒，面對災難中往生的民眾，我們第一個階段還要超度，就是要慰亡靈、超度亡靈。我希望社會大眾不論是信什麼宗教，都能以自己的宗教方式來祈禱、祝福，對我們佛教徒來講，就是以念佛來為災區的往生者及災區民眾祈福，這個很重要、很有用。

自助助人　未來有無限希望

在驚天動地的災難過後，我們要怎麼辦？第一個我們要救人救命，可是災區的交通非常不方便、物資非常缺乏，在這種狀況下，災區的民眾第一個要自救、要自助、要鎮靜、要安定，不管在怎樣的情況下，自己都要活下去，就算是缺少物資、缺少食物、缺少所有的東西，還是要活下去，活下去是最重要的一樁事，然後等待救援。

別人救援的時候，也只能救一部分，還是要我們受災的民眾自立自強，自己站起來，不僅自己幫助自己，還要幫助周遭的人。只要我們去幫助其他的人，自己就會先活下來。除了等救援團隊或政府來幫助，接下來，我們還要注意不要害病、不要受傷，不要被災區的水、空氣污染所害病。

對於親人失去了，家園破碎了、鄉土不見了，可能在心理上沒有辦法承擔，會有自殺的念頭出現，我們希望災區的民眾不要這樣想，只要有一口呼吸在，一定會有非常光明遠大的希望出現，一定有生路、活路可以找到，不能自殺，要好好活著。

我們救災的團體以及政府，也要注意到這點，要有心理的、精神的輔導和關懷，讓災區的民眾能夠度過難關，有勇氣去面對這樣的災難。

各界捐款　投入三階段賑災

關於各界的捐款，我們將分成三個階段來運用。

第一階段：就是派救援團到災區，去發放各項需要的物資，例如帳篷、毯子、食物、飲水、醫藥用品等，這是我們目前正在做的。

第二階段：我們準備要幫助災區重建，學校的校舍、住宿的家園、各種的設施，我們都要協助重建。我們還計畫準備幫助孤兒、學童，這次災區中有很多喪失父母的小孩，我們準備要認養孤兒，使他們有所安頓。不過

農禪寺舉辦三時繫念法會，為川緬災區民眾祈福。

我們的力量沒有辦法做到全部，會盡可能地努力。

第三階段：我們要做心理的輔導、精神的關懷，亦即心靈的重建。這方面，我們在過去幾次救災中，已經有一些經驗。例如在台灣921大地震之後，我們在南投、埔里、東勢設立安心服務站，一直到現在都還在做關懷；南亞大海嘯的時候，我們也派了救援團去斯里蘭卡，在那裡設立了服務中心，協助當地居民度過難關，能夠找到工作、自立自強，而且有勇氣活下去；不但自己活下去，也幫助其他人活下去。

此外，我們的法鼓山人文社會基金會最近訓練了一批心理諮商的專業義工，在這個團隊成立之前，我們已經有一個「甘露門」的諮商團隊，在災難過後，發揮了相當大的功能，現在發揮的功能可能更大；我們去年（2007年）和今年（2008年）做的防治自殺工作，未來在災區也會用得上。期盼中國大陸允許我們派人進去，我們將會做這些關懷工作。

這些工作，不是一年就能完成，我們會持續幫忙災區的民眾，也希望所有救災的團體都能用這樣的方式，不僅僅是在災區救援幾天，而是能夠持續地、長久地做下去。

感謝民眾　信賴法鼓山專業

我們非常感謝、感恩我們社會對法鼓山的信任，到5月17日為止，我們得到的捐款數字，超過了八千萬台幣，將近兩千萬人民幣。這個數目，這是過去不曾有的，以前在921大地震的時候，我們沒有募到這麼多錢，也沒有這麼快，這次只有在兩、三天之內就募到了。

這次我們首先得到企業家的幫助，包括：潤泰集團的尹衍樑先生，他捐了一筆大款項，同時也介紹榮總、陽明大學的醫療團隊跟我們結合。5月17日，我們也收到台積電張忠謀先生的夫人張淑芬女士捐的一大批物資，我們很快就把物資送上了專機，送到大陸四川去。

這次台灣救災的行動很感動人，發覺比台灣發生921大地震的時候，台灣各界民眾，更有心投入大陸救災工作，捐錢、捐物資，出錢出力。這可能是由於這幾年來，我們台灣已經有過災難，能夠感同身受，還有我們台灣宗教界救災的行動非常快速，我想這些因素，都使得我們台灣對大陸四川的救災，非常熱忱地投入。這是我非常感動的，我們應該謝謝我們台灣整體社會。

患難與共　請大家慷慨解囊

當我們看到災難的時候，一定要有人飢己飢、人溺己溺這種人道的救援，能夠生起這樣的心，我們這個社會才是有同情心、有共患難的心，要想到災區的事就等於是我們自己發生的事一樣，如此一來，如果我們自己遇上了災難，其他的人也會來救助我們，我們一定要有這樣的心態。

我們要知道，當自己有力量捐款救人，自己一定能夠活得下去。小時候，我的家鄉遇到災難，我們的鄰居沒飯吃，可是只要我們家還有飯吃，就把米分給鄰居吃，不管明天是不是還有飯吃！最重要的是去幫助人，其實當我們能把東西給其他人時，最後自己往往也能夠找到食物可吃、也會找到錢，所以我小時候沒有因此餓死，一直到現在我還活著。希望諸位都能夠發揮這種精神。

我們救災要相信專業的團體、專業的人士。我們法鼓山在國內外救災已經有十多年的經驗，這是非常可信的。另外，我們也在召募專業人士參與我們的救災工作，專業人士有工程師、醫師、社工人員、心理諮商師等等，這些召募到的義工變成我們團體裡的專業人士，發揮了更大的救災功能。

我們希望台灣有更多的好心人士，能夠有更多的捐助。雖然台灣的經濟不是那麼好，可是比起災區來，我們的狀況是好很多的，災區連飯都沒得吃，我們還有一口飯吃，所以我們能夠出多少力量，就出多少力量。請大家慷慨解囊，錢少的就捐少一些，錢多的就多捐一些，也希望我們整個社會，繼續護持我們推動各種救助的工作。

● 05.23

法鼓山榮陽醫療團舉行記者會
對各界說明川震救援情況

台北榮民總醫院舉行記者會，果賢法師代表出席，感謝榮總醫院提供的專業醫療。（右為台北榮總副院長雷永耀）

參與法鼓山四川救災醫療第一梯次救援團的台北榮民總醫院實驗外科主任陳維熊與醫療團六名醫護人員，5月23日下午於台北榮民總醫院舉行記者會，由榮總副院長雷永耀主持，陳維熊醫師代表發言，首度對外說明醫療團在當地的救援情況。文化中心副都監果賢法師代表法鼓山出席，並傳達聖嚴師父對醫療團成員衷心的感謝。

陳維熊醫師首先感謝法鼓山的邀請，榮陽醫療團才得以順利加入救援行列，並細數救援過程的艱辛。陳維熊醫師表示，法鼓山第一梯次救援團在即將結束任務之際，無國界醫師組織與國際紅十字會派遣的醫療團亦隨即抵達安縣秀水鎮災區，這些國際團體有感於法鼓山迅速有效率的救援行動，表示希望未來有機會與法鼓山共同合作，一起協助災區重建。

果賢法師則呼籲媒體和民眾，持續發揮「無緣大慈，同體大悲」的精神，將災區民眾當作自己的親人，讓關懷和愛心不斷持續下去。

● 05.24～29

法鼓山第二梯救援團馳援四川
進行醫療照護、發放物資等事宜

為協助中國大陸四川震災救援，法鼓山慈善基金會除第一時間進入受災地區進行物資捐輸外，5月24至29日繼續派遣第二梯次救援團至四川災區，並帶了重達15噸的帳篷、睡袋、口糧等物資及醫療用品，提供民眾短期醫療服務，此

行亦進入偏遠山區進行義診。

第二梯次救援團隊包括具備醫學背景的常諦法師,以及9位台北縣衛生局、香港兩地的醫護及心理治療人員,和具有台灣921地震救援經驗的各項專業人員共19人,護法總會副總會長黃楚琪亦參與救援工作。

救援團隊此行主要分成兩組,一組續於秀水鎮民興中學設立醫療站,提供醫療服務,並捐贈840組行軍床、帳篷等物資,希望改善當地睡眠品質;第二組則前往安縣桑棗鎮、睢水鎮、平通鎮等地勘災,致贈民生物資及防潮油布,以因應雨季的來臨。

另一方面,常諦法師、常悅法師於5月29日代表法鼓山,參加中國大陸宗教局於成都寶光寺舉辦的「512汶川特大地震災區祈福追薦大法會」,與兩岸三地數百位僧俗四眾,共同為往生者超薦,為受難者祈福,撫平民眾的傷痛。

第二梯救援團於29日中午圓滿,總計看診人數達1,805人次,秀水中心衛生院院長夏萬俊感謝法鼓山醫療團分擔了看診服務,讓醫院有人力投注於疫情防治;更致函四川省宗教局,希望法鼓山救援團能長期支援衛生院,協助衛生院早日恢復醫療服務。

大批民眾湧入法鼓山第二梯救援團設於民興中學的醫療站,等候就診。

● 05.30～06.05

法鼓山第三梯救援團馳援四川
建築專才實地勘察 評估重建工作

中國大陸四川地震災情發生後,法鼓山慈善基金會於5月30日至6月5日派遣第三梯次救援團前往災區,進行醫療服務與物資發放工作,並派遣建築專業人員前往了解未來協助災後重建的方向。此梯團長為果品法師,成員包括常懿法師、10位關懷義工,以及台北榮民總醫院實驗外科主任陳維熊等7位醫護人員。

第三梯次成員與留駐在秀水鎮的常諦法師、常悅法師進行任務交接，除三度於安縣秀水鎮民興中學設立醫療站，也於秀水鎮、桑棗鎮、什邡市龍居寺村進行慰訪關懷，捐贈物資。

5月31日至6月3日期間，果品法師在護法總會副總會長黃楚琪陪同下，與四川省宗教局副局長余孝恒、德國明愛基金會人員，前往桑棗鎮新設立的云丰救助站關懷。適逢救助站「帳篷學校」開學，除捐贈90套包括書包、作業簿、鉛筆等文具用品，果品法師並指示在當地採買大米、食用油及蔬菜等民生物資，確保站內兩千三百多位民眾飲食無虞。另外，也加贈秀水鎮200頂帳篷、87件油布、15箱礦泉水，由安縣宗教局局長朱孝軍代表接受，這批油布將可提供2,300位民眾使用。

6月4日，果品法師偕同3日抵成都的法鼓山建設工程處處長李孟崇、總工程師陳洽由等建築專業人員至安縣秀水鎮勘察，以便了解協助災後重建的方向；慈基會副會長吳宜燁則帶領義工前往平通鎮關懷，並捐贈286頂帳篷及344張行軍床。

5日上午，果品法師率領救援團一行八人，前往什邡市羅漢寺關懷，拜會該寺方丈和尚素全法師；並與香港「壹基金會」及四川地區高中學生自發成立的「章洛之燄志願團」義工，前往龍居寺村，捐贈800份包括熱水瓶、鋼碗、書包、手電筒等民生物資與學習用具，提供當地民眾生活所需。

中午，醫療團圓滿此次任務，五天總計服務了三千多人次，每日看診人數逾六百位，症狀以腹瀉、皮膚病、筋骨痠痛為主，並發現數十件法定傳染病例，其中一例是開放性肺結核，醫療人員皆立即通報、轉介當地醫療體系，適時防止疫情擴散。

第三梯次救援團的部分成員於6月6日返台。果品法師、李孟崇處長、陳洽由總工程師等七名團員則於7日前往四川省宗教局拜會，並參加重建工作座談會，了解未來災區重建工作計畫，以做為短、中、長期協助當地重建的參考。

果品法師勉勵龍居寺村的學童要努力學習。

● 06.01

四安重建希望座談會舉辦
提供具體經驗　凝聚救災智慧

　　6月1日下午，法鼓山於台北市台泥大樓士敏廳舉辦「安心、安身、安家、安業・重建希望」座談會，邀請聖嚴師父與曾任921災後重建主任委員，現任副總統蕭萬長、台積電文教基金會董事張淑芬，以及香港「壹基金會」創辦人李連杰等人進行對談，共同探討如何面對災難，以及如何從「安心、安身、安家、安業」這四個面向，協助提供災區具體經驗。座談會由資深媒體工作者葉樹姍主持。

　　聖嚴師父在座談會中分享法鼓山的救援經驗，期望藉此把台灣的救援動能，轉化成為穩定社會的能量，更多次強調：「別把災難當作阻礙，要把災難當作身心成長的契機。」希望大眾能從災難中站起來，積極轉而投入幫助他人。

　　蕭萬長副總統從台灣921的經驗中，強調政府與民間力量結合的重要性。他認為政府雖然可以提供硬體的設備，可是心靈的撫慰仍需要借重民間團體的力量來幫忙，尤其是宗教團體的關懷與信仰的力量，更可以幫助民眾心靈重建，

重建希望座談會，邀請聖嚴師父（中）、蕭萬長副總統（左二）、張淑芬（左一）及李連杰（右二）對談，共同討論如何持續為災區提供援助。（右一為主持人葉樹姍）

早日走出災難的陰霾。

李連杰則認為，救災不要一窩蜂急忙，要有智慧，光靠愛心與激情是不行的。非政府組織（Non Government Organization，簡稱NGO）應該要整合民間救災資源，並組織救援的力量，盡量照顧政府規畫或思考不及的地方。

張淑芬董事表示，以企業的角度來看，企業資源可做為民間慈善團體的後盾，只要是能力所及，企業界非常樂意投入慈善救助的工作；而救災工作需要專業規畫，捐錢很容易，但如何持續關懷更顯重要。因此，她選擇與宗教團體法鼓山合作，藉由法鼓山在急難救助的專業，幫助災區民眾重建生活，並從中學習救援的能力。

聖嚴師父則提出具體可行的救災方法，表示救災第一時間是救命，協助災難中民眾脫離險境，讓生命得以延續；第二階段是安置民眾，內容包含安身、安家及安業，讓他們生活有所寄託；最後則是持續關懷災區民眾的心靈，讓災區民眾走出傷痛，並靠宗教信仰的力量提昇其心靈的層次。

最後，聖嚴師父呼籲大家不要將災難視為人生的絆腳石，而要將其視為幫助人類成長慈悲、智慧與技能的助益，可以為人們提高身、心、靈的成長，讓世界永遠充滿希望。

這場座談會並同步進行「線上網路直播」，與網友廣為分享；座談會全文並刊載於299期《人生》雜誌。

● 06.01

香港護法會舉辦慈善音樂會
以音聲為川緬賑災

香港護法會6月1日晚上於尖沙咀文化中心，舉辦「大悲心起──2008法鼓山慈善音樂會」，演出節目包括禪鼓、男女混聲合唱、鋼琴協奏、國樂演奏等，有近兩千位民眾入場欣賞。

當晚的表演，由香港法青禪鼓隊揭開序幕，撼動的鼓聲，讓人收攝身心；接著由音樂家曹樹華指揮香港法鼓山合唱團及春風合唱團，聯合演唱《法鼓頌》和《大悲咒組曲》，曹樹華並將《大悲咒組曲》改編成男女混聲八部合唱，莊嚴而感人。節目的壓軸，由音樂家衛承發指揮香港愛樂民樂團，演奏《潑水節》組曲，呈現中國雲南地區傣族歡樂的節慶氣氛。晚會並以「遊心禪悅──法語‧墨緣‧興學」聖嚴師父書法展墨寶複製品，贈與演出者，感恩他們的成就；也以〈大悲咒〉卷軸，與每一位現場聽眾結緣，願大家常持誦〈大悲咒〉，為自己及眾生祈福。

　　為籌募長期弘法經費，香港護法會自2001年開始舉辦慈善音樂會，其後相繼於2003年及2005年在尖沙咀文化中心演出，得到各界藝術家的襄助，演出獲得社會多方回響。2008年是第四度舉辦，並將收入全數捐助緬甸風災和中國大陸四川震災兩地救援之用。

參與香港護法會「大悲心起──2008法鼓山慈善音樂會」的演出者合影留念。

● 06.06

方丈和尚出席千人手印會
琉園玻璃義賣　支援法鼓山四川賑災

方丈和尚與tittot琉園執行長王永山（右）、作家蔡詩萍（左）等人，共同拓下手印，為賑災募款祈福。

　　方丈和尚果東法師6月6日下午，受邀出席由tittot琉園企業於新光三越百貨公司台北信義店A8廣場發起的千人玻璃手印會，活動以義賣手印玻璃來為四川震災重建募集基金，所得並全數捐給法鼓山做為四川賑災之用，琉園執行長王永山率先代表捐助新台幣100萬元。

　　出席這場活動的人士包括方丈和尚、台灣高速鐵路執行長歐晉

德、導演李崗、作家蔡詩萍、格林文化發行人郝廣才，及資深媒體工作者葉樹姍、陳月卿等各產業界、文化界菁英，在現場民眾的見證下拓下手印；方丈和尚及王永山執行長並呼籲各界民眾向四川災區民眾伸出援手。

　　方丈和尚致辭時，代表法鼓山感謝主辦單位的善心支持，並感恩台灣各界民眾對法鼓山的信任，踴躍捐助善款給法鼓山來協助賑災；同時呼籲大眾不要將災難視為負面悲觀的經歷，因為災難所顯示的人、事、物，都可能是啟迪我們智慧的老師，是活的教材，不僅啟發了人們的慈悲心，發揮人溺己溺的關懷互助精神，也發揚出人性的光輝。

　　這場以行動藝術來關懷生命的活動，民眾凡捐贈500元以上，即可參與千人玻璃手印會，在印模上印下象徵救援與祈福的手印。這些玻璃手印藝術品於9月9日在琉園玻璃博物館展出，12月後並提供參與民眾領取，為愛心與善念留下見證。

● 06.13～19

法鼓山第四梯救援團馳援四川
進行第二階段安家、安業的重建

　　在中國大陸四川震災屆滿一個月後，法鼓山慈善基金會於6月13至19日，四度派遣救援團前往受災地區。此行攜帶醫療用品及民生物資，除了接續進行第一階段發放物資及醫療慰訪工作，同時進行第二階段安家、安業的重建工程規畫。

　　第四梯次救援團由僧團副住持果品法師擔任團長，關懷院監院果器法師擔任副團長，其他成員包括常諦法師、常悅法師、4位

果品法師於羌族自治區陳家壩鄉勘災。

醫護人員及法青會成員等共18人。12日的行前會議上，果品法師慰勉團員，要用四攝法的「布施、愛語、利行、同事」，盡力發揮菩薩道行者該做的事，切莫將他人當成是我們布施的對象，而是要如同對待自己的家人一般，而這也是佛法「無緣大慈，同體大悲」的真義。

　　救援團此行仍於安縣秀水鎮民興中學設立醫療站，進行短期的醫療服務。

果品法師與果器法師並於15、19日，兩度前往重災區羌族自治區北川縣陳家壩鄉勘災，訪查陳家壩三所小學及兩所幼兒園近一千四百多位學生合併復校的狀況，提供人民幣兩萬五千元購買蔬菜等糧食，暫解災區糧缺問題；也籌畫下一批物資將包括涼（雨）鞋、文具、衣服及添購5,000頂蚊帳、500個防疫垃圾桶與垃圾袋等物資，協助解決蚊蠅及髒亂等問題。

災後重建工程規畫，亦是第四梯救援團重點工作。16日，果品法師、果器法師、護法總會副總會長黃楚祺等拜訪省台辦主任劉俊杰，雙方針對法鼓山可協助的後續重建項目，交換意見；18日，果品法師與綿陽市市長唐利民、四川台商協會祕書長林政億見面，就災後重建相關事宜進行討論。

19日中午，醫療團圓滿此次短期醫療服務，五天共服務約近一千五百人次。

● 06.19～26
法鼓山第五梯救援團馳援四川
於什邡市師古鎮設立醫療站

6月19至26日，法鼓山慈善基金會派遣第五梯次救援團隊，前往中國大陸四川震災地區，與第四梯次留守的果器法師、常諦法師、常悅法師等會合，進行醫療關懷與援助工作。本梯次計有24名團員，其中7位醫師與義工來自香港；此行主要於受災情況嚴重的什邡市師古鎮設立醫療站，協助當地衛生院，展開醫療義診及關懷服務。

救援團提供醫療服務，民眾排隊依序就診。

20日，第五梯次救援團前往什邡市，果器法師等三位法師則至羅漢寺拜會該寺方丈和尚素全法師、什邡市副市長蔣明忠、什邡市衛生局局長劉燦等人，針對災區重建與關懷工作溝通討論。果器法師表示，希望能在重度災區什邡市協助救援與安置，劉燦局長建議前往受災嚴重、位於彭州災區的師古鎮；蔣明忠副市長表

示，什邡市需要心理方面的關懷和重建，法鼓山的理念可以提供參考。

救援團選定於師古鎮衛生院附近，在震災中受損的清泉賓館周圍空地搭建醫療站，並於21日起展開看診工作。鑑於前幾梯次發現特別多的筋骨痠痛症狀，第五梯次救援團邀請專治骨傷科的中醫師加入團隊，這項新增的醫療服務，相當受到看診民眾的歡迎。

24日，果品法師、果器法師領眾前往湔底鎮龍居寺、雲西湔底小學等地勘災。龍居寺原為五代後蜀王孟昶的避夏行宮，因受地震影響，建築物梁柱傾斜、屋瓦破敗。

25日中午，第五梯次救援團圓滿於師谷鎮的醫療服務，看診人次總計逾一千人次。由於適度舒緩當地衛生院的看病人潮，師古鎮衛生院院長李衛東表示希望法鼓山能長期留駐，嘉惠民眾。救援團返台後，什邡市師古鎮也高掛起「師古鎮民感謝法鼓山」的紅布條，感念法鼓山救援團的協助。

延續五梯次救災、勘災經驗，法鼓山對於未來四川綿陽安縣災區的重建工作已做初步評估，原則上針對當地小學與秀水鎮衛生院擬定援助計畫，協助災區重建家園。

● 06.25～28

香港舉辦災後壓力症候群課程
果祥法師、常悅法師代表參加

6月25至28日，僧團果祥法師、常悅法師、法鼓山人文社會基金會甘露門講師蔡稔惠、法鼓山四川救援團醫師郭蘭與駱兆偉，以及香港悅眾郭永安、陳芷涵、何淑貞一行八人，參加由香港願景兒童發展基金會與北京紅楓婦女心理諮詢服務中心於香港共同舉辦的「災後壓力症候群（Post-Traumatic Stress Disorder，簡稱

果祥法師（前排左四）、常悅法師（前排左五）、蔡稔惠老師（前排左三）、郭蘭醫師（前排右一）與駱兆偉醫師（前排右二），參加「災後壓力症候群」課程講座。（後排右二為講座主講人大衛・沙普）

PTSD）訓練課程及支援四川計畫」。

此項課程由英國心理治療專家大衛·沙普（David Tharp）帶領，來自中、港、台近五十位心理輔導專家及具國際救災經驗的人士齊聚一堂，透過經驗交流、資源整合，希望提供四川災後重建的具體能量，參加過法鼓山四川賑災經驗的常悅法師，並於課程中應邀分享心得。

「災後壓力症候群」，是指人在遭遇或對抗重大壓力後，心理狀態失調所產生的後遺症，主要症狀包括惡夢、性格大變、情感分離、麻木感、易受驚嚇等。常悅法師表示，經過參與五梯次四川賑災經驗後，緊接著參加PTSD 課程座談，感觸格外深刻。

曾經治療過神戶大地震、印尼海嘯等災後壓力症候群患者的大衛·沙普表示，患者症狀常有持續數年、甚至數十年的情況，需透過心理輔導的治療來緩和症狀。他並以法鼓山此次賑災經驗為例，讚歎救援團的法師、義工們，用話語鼓勵、物質支持、活動帶領等各種方式來轉化災區民眾的心靈壓力，是充滿智慧的療癒方法。

透過四天的分享，果祥法師、常悅法師、蔡稔惠老師表示課程相當受用，認為這些交流經驗，將能成為法鼓山未來進行心靈重建工作的寶貴資源，不管是運用於災難救助或諮商團隊「甘露門」上，都能更強化法鼓山助人的專業力量。

● 06.30～07.05

法鼓山第六梯救援團馳援四川
進駐龍居寺板房展開醫療服務

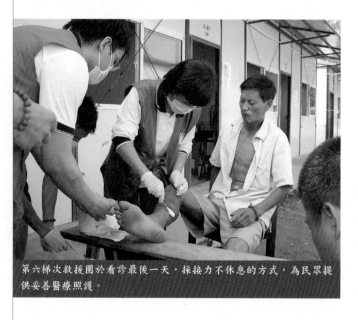

第六梯次救援團於看診最後一天，採接力不休息的方式，為民眾提供妥善醫療照護。

中國大陸四川省地震災情發生後，法鼓山慈善基金會於6月30日至7月5日，派遣第六梯次救援團前往救援與關懷，在僧團常法法師、常時法師帶領下，10名團員與仍留在災區進行關懷工作的僧團副住持果品法師、關懷院監院果器法師等會合，於

什邡市偏遠山區仍然缺乏水電供應的湔底鎮龍居寺村，為民眾提供災後傷害醫療服務。

法鼓山救援團為龍居寺村首批進駐板房（臨時組合屋）的救援團體，由於水、電及衛浴設備的缺乏，團員們自行挑擔井水使用，晚間則席地而臥。

救援團於7月2日下午起，開始進行義診服務。雖然連日暴雨不斷，法鼓山救援隊仍未稍歇，甚為其他前往當地救援的隊伍讚歎，有八位四川大英中學、射洪中學的學生，主動請求加入法鼓山救援團隊，協助慰訪的工作。另一方面，劉浩等三位安縣秀水鎮醫生，亦參與於龍居寺村進行的義診工作，共同服務災區民眾。

救援團於7月5日看診最後一天，採接力不休息的方式，希望民眾都能獲得妥善的醫療照護，此行總計服務803人次。

● 07.07～13

法鼓山第七梯救援團馳援四川
至師古鎮大連新村設立醫療站

中國大陸四川地震災情發生後，法鼓山慈善基金會於7月7至13日，派遣第七梯次救援團隊前往災區，該團主要由僧團果祥法師、常惺法師、常朗法師帶領，共八位團員，分別從台北、香港出發，與留守四川的六位團員會合，隨即進駐重度災區什邡市師古鎮「大連新

師古鎮拉起紅布條感謝法鼓山的救援。

村」板房區，設立醫療站，持續投入救援工作；並與相關人員進一步勘察、洽談協助秀水鎮重建事宜。

此行救援人員分為兩組，一組由常朗法師、常時法師帶領醫療人員、支援義工，於師古鎮「大連新村」醫療站為低收入戶、災區民眾進行醫療服務，並將水腦症、小兒麻痺癲狀患者等特殊個案，轉介當地醫療機關進行後續處理，發

揮照護民眾健康的功能，並於7月13日圓滿醫療任務，總計服務逾千位民眾。

另一組由常法法師、常惺法師等人組成的關懷團隊，則前往其他災區進行勘災慰訪。行程包括7月11日抵達秀水鎮，與安縣黨部書記主席李培、秀水鎮鎮長陳道彬等討論慰訪民眾事宜，並前往合作籌建的「秀水第一中心小學」及「秀水衛生院」預定地訪視；7月12日前往北川縣羌族自治區陳家壩鄉，進行醫療援助會勘，同時研擬後續救援計畫。

● 07.14～21

法鼓山第八救援團馳援四川
深入重災區陳家壩鄉

中國大陸四川地震災情發生後，法鼓山慈善基金會於7月14至21日，派遣第八梯次救援團隊前往災區接續救援。該團一行六人在果品法師帶領下，於成都與八位前兩梯留下的法師及義工會合後，深入北川陳家壩鄉提供羌族居民醫療服務與關懷。

由於陳家壩鄉位處深山，距離市區車程約需三個小時，山區暴雨和落石不斷，因此救援團先行返抵師古鎮「大連新村」醫療站，搬運物資及藥品；雨勢稍緩，即至陳家壩鄉架設醫療站，並於16日起展開看診服務。此外，在重慶華嚴寺方丈和尚道堅法師的協助下，救援團解決了在當地住宿的問題，縮減因車程而耽誤的看診時間。

救援團員為看診民眾仔細調配與核對每一樣藥品。

救援團關懷服務期間，陳家壩鄉民們主動為團員烹煮食物，並與團員們共進午齋，表達對法鼓山救援團隊的感謝。

另一方面，常惺法師等人也於18日深入山區，實地了解深山居民災後的生活情形。

● 08.01～07

法鼓山第九梯次救援團馳援四川
再度至陳家壩鄉提供醫療慰訪

中國大陸四川地震災情發生後，法鼓山慈善基金會於8月1至7日，派遣第九梯次救援團隊前往災區，由果品法師帶領台北榮民總醫院的醫療團隊和法青成員接續救援工作，此行再度深入北川羌族自治縣陳家壩鄉，於金鼓村提供醫療服務和關懷。

陳家壩鄉當地許多老人家因長期背負竹簍，產生「冰凍肩」的症狀，或是因老花眼而產生視力

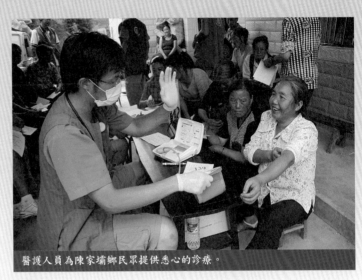
醫護人員為陳家壩鄉民眾提供悉心的診療。

模糊，在醫護團的診療下，都獲得改善。

3日，果品法師、常惺法師前往紅岩收容站，關懷四坪村、大竹村的罹難者家屬，並致贈30戶人家慰問金；常源法師、常護法師則至大洪國小慰訪，協助民眾安心。

4至7日，法師們帶領法青成員，分別到四坪村、勇敢村、太洪村、大竹村等村落慰訪，陪伴兒童唱遊，為了推廣衛生觀念，法青們自編〈洗手歌〉、〈嘴嘴歌〉等容易傳唱的童謠，詞中融入四環觀念，希望藉此培養孩子們建立良好的衛生習慣，以改善當地環境，預防疾病的發生。

● 08.08～13

法鼓山第十梯次救援團馳援四川
重返秀水 勘察重建用地

5月12日中國大陸四川地震災情發生後，8月8至13日即將屆滿百日之際，法鼓山慈善基金會派遣第十梯次救援團前往救災，此行重返安縣秀水鎮，於暫時設置在秀水第一中心小學的秀水中心衛生院建立醫療站，一方面提供災區民眾短期醫療保健與慰訪服務，一方面也勘察當地將重建醫院及學校的建築用地。

此團除了團長果品法師以及果祥法師、常源法師、常護法師、常法法師外，還包括由衛生署署立台中豐原醫院院長陳進堂帶領的七位醫護人員，加上六位

在民眾等候看診時，團員們隨時遞上一分關懷。

法青成員、九位來自四川遂寧青年志願者（義工）的投入，成員涵括醫療、心理諮商、社工等相關領域專業人員，兼融熟悉當地文化語言的義工。

救援團隊的專業與適時關懷，讓一些災後創傷症候群的病患，得到壓力舒緩的契機。除了醫療和心理輔導，果祥法師和法青成員也帶動孩童唱歌、跳舞，將環境衛生、保健與禮儀等觀念寓教於樂，或結合故事劇即興演出，引導學童發揮創造力；而常源法師、常護法師則教導民眾及醫護人員放鬆身心的方法。

10日，果品法師與安縣副縣長劉勝軍並前往板房社區與板房小學，勘察未來將重建衛生院及小學的建地。

由於醫療團隊獲民眾信賴與好評，13日最後一天的看診人數近千人，是單日問診最高人數，五天總計服務3,195人次。

● 08.14～16

三場心理重建交流座談會舉辦
救援行動進入第三階段──「安心」

8月14至16日，法鼓山與中國大陸四川省什邡市政府於該市共同舉辦三場「抗震救災心理重建交流座談會」，分別邀請什邡市的醫護人員、學校教師以及災區義工各約一百多人，與僧團副住持果品法師、果祥法師、常法法師，以及台北大學社會工作系系主任楊蓓、張老師基金會七位講師組成的「法鼓山心理重建交流工作團」，分享交流。四川省宗教局局長王增建、什邡市副市長蔣明忠、什邡市台灣事務辦公室副主任陳斌均到場關懷。

果品法師於開幕致辭時，引用聖嚴師父所說「受苦受難的是大菩薩，救苦救難的是菩薩」，勉勵眾人感恩地震中遇難的大菩薩承擔了所有苦難，也喚醒了許多人的愛心。法鼓山希望藉由心理重建交流，培養心理衛生的種子人員，幫助更多民眾。

這三場座談會，是由楊蓓主任與張老師講師群針對參與的對象，分別規畫不同的心理衛生課程。14日進行的第一場座談會，對象主要是從事傷患救助的醫

護人員，內容講解「替代性創傷」（Vicarious Trauma）及「心理創傷後壓力症候群」（Post-Traumatic Stress Disorder，簡稱PTSD）的反應及調適，強調救災人員除了照顧傷者，也要照顧好自己，做好壓力調適；下午進行「畫說災難」減壓團體體驗，引導學員抒發危機事件之後的內在情緒，學員也分享自己所畫圖像的內容與背後代表的意義，大多為對災難的反省，以及對未來重建方向的期許。

15日第二場，主要與災區各級教師共一百多人進行交流，課程援引台灣921地震經驗，安排「失落與哀傷輔導策略」課程，講師們引導老師們抒發創傷情緒壓力，並鼓勵他們將習得的心理重建觀念與技巧帶回校園，幫助孩子走出地震陰霾。果祥法師並特別提出「心理重建最大的力量來自當地」，鼓勵教師以關懷、陪伴，幫助孩子和家人慢慢走出創傷。

16日第三場，參與學員多是自願到災區奉獻的學生，在楊蓓主任帶領下，近百位什邡市本地、四川省及來自北京的義工，相互交流救災訪視的經驗與技巧。課程中並將學員分組，以「角色扮演」的方式，讓學員彼此扮演慰訪者與受慰訪者，透過實際的對話練習，學習同理心的理念與運用，協助災區民眾心理的重建。

最後大堂分享時，果品法師提出「逆增上緣」的觀念，引導學員面對逆境與挫折時，要正向解讀，把逆境當成幫助自己成長的恩人，同時抱持成就別人，受益最多的就是自己的心態，便會愈做愈歡喜。學員們則互動熱絡，紛紛希望法鼓山能再到當地，提供更多的心理重建經驗與技巧。

座談會中，法鼓山心理重建交流團與什邡市醫護人員、教師、義工進行交流。

● 08.16

支持什邡大學生志願者協會
善款挹注貧困家庭

法鼓山撥出針對中國大陸四川震災募得的部分善款，透過「什邡大學生志願者協會」，救助當地251戶亟需關懷的貧困家庭。8月16日，僧團副住持果品

果品法師代表捐贈補助金與什邡市貧困家庭、什邡大學生志願者協會，由該協會會長蕭勇代表接受。

法師代表與該協會舉行捐贈儀式，除捐贈什邡市貧困家庭每戶200元人民幣，也捐贈該協會5,000元人民幣，做為組織運作與後續發展的經費。

果品法師表示，這次的捐贈合作，一方面是對什邡市貧困家庭的急難救助，解決村民的生活迫切需要；一方面是鼓勵什邡市大學生志願者協會繼續為家鄉奉獻心力，也是對協會完成「什邡市十鄉鎮貧困家庭調查」給予支持。尤其是當此調查結果公布在網路上，卻沒有得到任何回應時，果品法師獲知後決定代表法鼓山給予支持，也期待雙方繼續發展合作。

什邡大學生志願者協會會長蕭勇指出，什邡市十鄉鎮貧困家庭的村民在地震前就是社會最底層的一群，512地震使情況雪上加霜。調查結果中，有百分之五十已經喪失勞動力，沒有經濟來源；近百分之三十為孤殘、老人和孤寡；百分之二十因地震導致生活拮据，當地政府補助款又十分有限，因此非常需要各界的愛心救助。

蕭勇進一步表示，該協會一定會將法鼓山的愛心與資源，確實傳遞到每一戶貧困家庭手中，獲贈的每一筆錢都會用在災區居民身上；並承諾專案結束後，將會製作成果報告送交法鼓山稽核。

● 08.17

心理重建團至紅白鎮社區服務
推廣心五四並進行家戶關懷

法鼓山心理重建交流工作團於8月17日，至中國大陸四川省什邡市重災區——紅白鎮板房（組合屋）社區，進行心理重建交流與家戶關懷，由僧團副住持果品法師帶領，共關懷三百多戶當地村民。

紅白鎮為地震重災區之一，不少學校師生在倒塌的教學樓中喪命，傷亡慘重。上午的心理重建交流中，果品法師帶領居民持誦「觀世音菩薩」聖號，迴向往生家屬，並開示雖然災難發生的當下，遇難的親友很痛苦，但痛苦是一時的，現在他們可能已往生更安樂的地方，所以家屬要為他們祈福，為他們活得

更好、更有意義；台北大學社會工作系系主任楊蓓
則為村民講解法鼓山提倡的「心五四」觀念，引導
居民獲致「安心」法寶，約一百多人到場聆聽。

接著，果品法師率領團員分組前往板房做關懷。
法師引導村民稱念「阿彌陀佛」聖號，祈願受難親
屬往生淨土，並勉勵家屬常持念佛號祝福往生親
友，也為自己加油；楊蓓主任鼓勵民眾，要做彼此
的「觀世音菩薩」，互相扶持，共度難關。此次關
懷行並贈送村民生活用品，以及《心五四運動》、
「聖嚴法師108自在語」、《法鼓》雜誌等結緣出
版品。

幾位參加「抗震救災心理重建交流座談會」的大
學生志願工作者和學校教師，也加入此交流工作團
的行列，與法鼓山一起關懷自己的鄉親。

楊蓓主任講解法鼓山「心五四」理念，
引導居民找到「安心」之道。

● 08.18

重建交流團持續勘災
訪四川尼眾佛學院、關懷三昧禪林重建

法鼓山心理重建交流工作團一行人，於8月18日在中國大陸四川省宗教局局
長王增建陪同下，持續前往彭州市災區勘察，行程包括參訪四川尼眾佛學院、
關懷三昧禪林等。

工作團首先前往四川尼眾佛學院參訪，該校是中國大陸唯一的高級尼眾人才
養成學院。一行人由該校常務副
院長如意法師接待，如意法師表
示希望與法鼓山建立僧伽教育的
交流平台。果品法師回應，法鼓
山也在積極培育師資，很樂意與
該校交流，雙方一起為僧才教育
努力。

參訪四川尼眾佛學院後，一行
人轉往千年古剎三昧禪林勘災。
位於丹景山鎮雙松村九隴山的三
昧禪林，是唐代悟達國師所建，

果品法師勘察小魚洞鎮震毀的廠房。

由上三昧（水亭寺）、中三昧（至德寺）、下三昧（安國寺）組成。該寺住持廣成法師表示，在這次的地震中，悟達國師當年清洗人面瘡所在的下三昧寺院已倒塌，受災十分嚴重。

果品法師在廣成法師帶領下，前往受災最嚴重的地區勘察，包括下三昧、中三昧居士林、三門以及藥師殿等，屋瓦、磚塊、梁柱、木頭散落滿地，亟需修復。果品法師此行並代表法鼓山捐贈20萬元人民幣，協助這所千年古剎重建，希望這筆捐贈，能幫助悟達國師的寺院順利重建，使更多人蒙受佛法的利益。

最後，果品法師並至重災山區小魚洞鎮、龍門山鎮等地勘災，了解當地受損情況，並評估後續重建工作內容。

● 08.20

512川震百日超度大法會舉辦
果品法師應邀參加主法

8月20日是中國大陸512四川大地震屆滿百日，法鼓山僧團副住持果品法師應邀至什邡市羅漢寺，參加四川省佛教界舉辦的「512汶川大地震遇難者百日超度大法會」，包括峨眉山報國寺、德陽萬佛寺、成都昭覺寺、大慈寺、文殊院、寶光寺、樂山大佛寺等四川各佛教道場的方丈和尚，都前往出席，共一百多位法師以及千餘位災區居民參加，追思往生親友，並為家屬祈福。

下午2點28分，羅漢寺的千年古鐘鳴鐘100響，主法的法師們與現場民眾共同為罹難者默哀。報國寺方丈和尚永壽法師代表致追思辭後，包括果品法師在內的21位主法法師，帶領百餘位法師與上千民眾，誦念《阿彌陀經》迴向往生親友，並進行超度儀式。

果品法師（左一）應邀共同主持四川省佛教界為罹難者舉辦的百日超度大法會。

承辦這次百日超度大法會的羅漢寺方丈和尚素全法師表示，512四川大地震至20日正好屆滿百日，啟建這場超度法會，除了超度八萬多名往生者，也希望帶給倖存親屬精神上的慰藉。

四川省宗教局局長王增建致辭時，除感謝四川省佛教界為救災的奉獻，特別提到對法鼓山的感謝，並說明地震後三個月來，法鼓山在災區不只提供救災物資、醫療服

務，也帶來心理重建的經驗。法鼓山的無私付出，讓四川人民特別感受到台灣之情與佛教之慈。

● 08.21

簽訂援建秀水一小與衛生院
打造安全的學習與醫療環境

僧團副住持果品法師代表法鼓山，與中國大陸四川省安縣秀水第一中心小學校長鄭本生、秀水中心衛生院院長夏萬俊、安縣縣長趙迎春，於8月21日分別簽訂人民幣1,500萬與1,600萬的援建協議書。護法總會副總會長黃楚琪、法行會工程組江建平、易力行自台灣前往關懷，四川省宗教局局長王增建、四川省台灣事務辦公室副主任張軍等人，共同見證簽約儀式。

果品法師（左六）與秀水一小校長鄭本生（左一）、秀水中心衛生院院長夏萬俊（右二）、安縣縣長趙迎春（右四），共同簽訂援建協議。

秀水一小的教學樓在地震中成為危樓，當時將全校一千八百多位學生暫時安置在板房教室上課。法鼓山對秀水一小的援建計畫，由建築師姚仁喜規畫設計，法行會工程組負責監工，以確保工程進度與施工品質，計畫以一年半的工期，幫助秀水鎮的小學師生與醫護人員，打造安全、優質的學習與醫療環境。重建後的秀水一小總面積約六千七百平方公尺，有教學樓、食堂生活樓、運動場及學生與教師宿舍等。

而秀水中心衛生院建築也在地震中全毀，當時暫於秀水一小的危樓中及操場上，搭帳篷為鎮民服務。法鼓山援建衛生院重建，希望衛生院能夠先行安家、安業，進而幫助居民安身、安心；重建後的新衛生院，總面積約五千五百平方公尺，有門診樓、住院樓、醫技樓、公衛與特殊病房等設施。法鼓山也將在秀水一小與衛生院內設置「持續關懷辦公室」，做為長期關懷的對口單位。

果品法師一行於簽約儀式後，赴秀水一小與衛生院預定地勘察，了解基地的現況。果品法師表示，學校與衛生院對鎮民來說都是最切身相關的機構，希望法鼓山的援建計畫能切合地方需求，成為災後重建的示範，提供優質的教育與醫療服務平台。

● 09.01 12.01

慈基會出版《四川的希望》賑災專輯
感謝各界援助並祝福災區民眾

《四川的希望——法鼓山救援四川大地震100天記實》專輯出版。

中國大陸四川震災發生百日後，法鼓山慈善基金會特別編製一本《四川的希望——法鼓山救援四川大地震100天記實》專輯，以圖文並陳的方式詳細記錄從5月12日地震發生開始，法鼓山集結廣大的社會資源，號召各界一起投入救援行動的經過，為法鼓山救援四川強震災區的過程做一完整紀錄。

專輯中主要的內容包括「四川救援篇」、「台灣後勤篇」、「團員分享篇」、「兩岸回響篇」，以及「附錄」等單元。首篇「四川救援篇」收錄有「法鼓山四川賑災救援地圖」，以彩色地圖清楚標示在四川各地發放物資、設置醫療站，及進行重建的地點；並以「安身」、「安家安業」、「安心」等章節，依序呈現震災以來，法鼓山派遣11梯次救援團的階段任務和工作重點。

「台灣後勤篇」詳實記載在救災過程中，聖嚴師父、法鼓山以及全球各分支單位、護法體系的成員等，積極動員與籌畫救援行動的種種狀況。同時收錄兩篇聖嚴師父的開示〈提起共患難的心〉、〈法鼓山三階段救援行動〉，以及〈安心、安身、安家、安業‧重建希望〉座談會的發言內容，具體說明法鼓山這次救援的原則和行動方針。

「團員分享篇」和「兩岸回響篇」單元，則分別報導參與這次救援行動的僧團法師、專職和義工的見聞、心得與感動，以及多位災區醫護人員、志願者，還有民眾至誠的感謝和共鳴。附錄並收錄各媒體刊載法鼓山救援行動的相關報導、各界捐款的統計表與救援大事記等。12月，本書並出版修訂版，將百日後仍持續進行的救援行動增補入專輯中。

法鼓山藉著此專輯的出版，感謝全球各界善心人士的支持、信任與殷切託付，並展現患難與共、同體大悲的精神；同時祝福四川災區民眾，早日重建家園，以信心與勇氣迎向希望的人生。

來自四方的關懷與救援

刊登於《四川的希望》序文

◎聖嚴師父

　　8月17日晚上，台北榮民總醫院的陳維熊醫師在農禪寺一場例行性的法行會及社會菁英禪坐共修聯誼會中，做了一場深刻且動人的分享；他的分享，好幾次都因哽咽而中斷，他是一邊流淚、一邊完成了這場演講。

心繫災區民眾

　　陳醫師是今年（2008年）5月15日法鼓山四川賑災救援團第一梯次的參與者，也是見證者。他在四川目睹了大地震造成的慘烈災情，除了四處橫陳的亡者遺體使人不捨，在震災中身心受創的災民，更是他心之所繫。因為醫療是他的天職，他一心想到的就是為受傷和生病的災民，提供立即性的醫療照護。

　　而法鼓山救援團進駐綿陽市的消息，也很快地在當地傳播開來。前來看診的民眾一天比一天更多，平均每位醫師每天都要看上七、八十位病患，到最後，醫療團帶去的醫療用品已經用罄。這時候，陳醫師哭了！他的哭，是因悲憫而哭，是為救人而心切。在第一時間向台灣方面調度的醫療用品無法及時補給的情況下，陳醫師和救援團決定在四川當地採購醫療用品，以便翌日繼續看診，不讓排隊等候看病的災區民眾失望。

　　陳醫師的心情，我是感同身受的。在四川大地震發生後的第一個週末，5月17日下午，農禪寺舉辦了一場三時繫念法會，除了為大地震中罹難的亡者超薦，也為飽受驚駭的災區民眾祈福。當時我講了一段話，同樣也是悲從中來，哽咽淚流，這讓許多人覺得我好像是滿脆弱的，實在是這場震災的災情太慘重了！根據大陸的官方統計，四川大地震總共造成近九萬人死亡，舉世同哀。

　　過去台灣也曾經歷921大地震，當時奪走兩千四百多條寶貴的生命，舉國衰慟；我也到了災區關懷，觸目所及，說是「屍橫遍野」並不為過。我看到一具具被挖出來的遺體，整齊地排放在空地上，等待著家人前來認領，當下情景真是令人不忍卒睹。而這次的四川大地震災情更加慘烈，亡者遺體不斷被挖出，甚至遺體數量之多，多到讓人無法反應處理，包括遺體的安置是個問題，遺體的辨識是個問題，如何讓家屬前來指認遺體也是問題，也有的是一家人全數罹難，讓人不勝唏噓！

進行人道關懷與救援

　　法鼓山的川震救援，從5月15日開始，主要集中在四川省的綿陽市、什邡市

進行人道關懷。儘管兩岸媒體對於綿陽市、什邡市的災情報導並不多，但是在法鼓山救援團現場勘災評估之後，我們覺得在第一時間的物資援助、醫療衛生，以及後續的房舍重建與災後心理重建等，都需要一段長時期的投注關懷，因此賑災工作自5月中旬開始，持續至8月底止，總共派出了10個梯次的賑災人員，提供包括醫療衛生、物資發送、環境清理、訪視關懷，以及心理諮商等各種服務工作，並沒有隨著震災的時間日遠而淡漠。

往後，法鼓山將持續以房舍恢復和災後的心理重建為重點工作，協助災民們走出傷痛，重獲新生。值得一提的是，這次的川震救援，除了是表達我們一份人道救援的精神之外，來自四川當地民間、政府、學校與醫療衛生單位的殷殷期盼，強烈要求我們留下來協助他們、陪伴他們的這一心聲，也讓所有救援團成員深感肩上一份不能輕解的重責。

在10個梯次賑災隊伍的輪替之下，平均每梯次的成員都在災區停留一星期，與當地民眾一同生活。擔任此次救援團團長的果品法師，他是法鼓山僧團的副住持，他和幾位法師及居士則長期駐守四川，深入了解災區的各項需求，也與當地政府及民間進行賑災的經驗交流，希望能更有效地幫助各項災後工程的重建。此外，陳維熊醫師和「榮陽醫療團」的幾位醫生和護士，以及數名香港的醫護人員，也都不只一次進入災區服務，這種慈悲大愛的精神，非常令人動容。

感恩所有善心人士

法鼓山此次能順利進入川震災區，表達我們的一份關懷，付出我們的一分心力，這是全體法鼓山僧俗四眾共同感恩的事。我除了要慰勉這段時間所有參與賑災團菩薩們的辛勞，也感動於台灣許多善心人士的慷慨解囊，諸位的捐款或是捐贈物資，已經轉達到四川災區民眾手中，溫暖了他們的身心；也一併感謝在大陸的台商企業提供的賑災物資，以及中國大陸當局給予的協助，使得此次賑災任務能夠順利達成。要感謝的人實在太多，藉此短序，難免掛一漏萬，尚請各界體諒。阿彌陀佛！

（原文標題為「一份不能輕解的重責」）

● 09.01～03

專業建築師群赴安縣勘察建地
盼早日完成重建工程

在法鼓山四川重建計畫第二階段安家安業工程中，擔任設計的建築師姚仁喜，於9月1至3日隨同僧團副住持果品法師前往安縣秀水鎮、北川縣陳家壩鄉，兩次實地勘察重建用地，陪同的還有法鼓山建設工程處處長李孟崇、法行會工程組人員等。

1日，姚仁喜建築師、李孟崇處長等，在僧團果品法師的帶領下，赴秀水中心衛生院及秀水第一中心小學重建基地現場勘察。隔日並與安縣縣政府專案小組就初步建築方案交換意見，以便回台後，及早完成設計藍圖。

果品法師（右二）與姚仁喜建築師（右一）等人，前往秀水鎮勘察重建基地。

3日，果品法師帶領姚仁喜建築師一行，前往陳家壩鄉進行第二次地形勘察，並提供當地需要的帳篷。隨後，果品法師與陳家壩鄉中心衛生院院長文光德、黨委書記趙海清等，討論援建太洪衛生所的可行性與相關事宜。在建築師完成秀水鎮及陳家壩鄉的設計藍圖之後，法鼓山即可進行工程招標。

為使雙方在施工過程中了解彼此所需，相互支援，秀水中心衛生院特地安排七間板房，讓法鼓山能夠派遣工程人員長期進駐。

● 10.24～11.01

法鼓山第十一梯次救援團馳援四川
至陳家壩鄉義診並再深入勘災

中國大陸四川地震災情發生後，法鼓山慈善基金會於10月24日至11月1日，派遣第十一梯次救援團隊前往災區，此行於北川縣陳家壩鄉金鼓村設置醫療站，進行醫療服務與慰訪關懷工作外，並觀摩當地心理重建課程。救援團由僧團副住持果品法師帶領，成員包括果興法師、常法法師、常懿法師及專業醫護人員、慰訪關懷員與法青成員等共23人。

救援團在24日抵達陳家壩鄉後，果品法師等便前往數十公里外偏遠的西河村勘察慰訪，發現該村於9月底曾遭逢嚴重的泥石流災害，至今村裡還有許多長

救援團在陳家壩鄉提供義診服務，民眾看診秩序井然。

者、幼童傷勢尚未復原。果品法師隨即指示團隊盡速租賃車輛，接送病患至醫療站就診，讓村中數百位傷患，獲得妥善的醫療照護。

支援本梯醫療服務的眼科醫師何一滔、內科醫師潘文中、家庭醫學科醫師蔡蜀簡，都已數度隨法鼓山前往四川災區義診，他們與護理人員細心親切的診治與奉獻，以及法師、義工們的慰問關懷，加上什邡大學生志願者協會的五名成員，在學期間特別抽空前來支援用藥翻譯與看診引導，讓山區的羌族居民備感溫暖。

另一方面，為了了解當地災後心理重建方式，27至28日果品法師、常法法師等分別前往北川中學及八一帳篷小學，觀摩校園心理重建教學，並進行經驗交流。

第十一梯次救援團為期一週的義診，總計服務人數達2,462人次。

● 11.22～23

「心理重建與生命教育」座談會舉辦
與安縣一百多位中小學教師進行交流

法鼓山持續在中國大陸四川推動「安心」工程，於11月22至23日在安縣秀水高中，與安縣縣政府共同舉辦「心理重建與生命教育」交流座談會，有近一百二十位中小學教師參與。僧團副住持果品法師、四川省宗教局局長王增建、安縣副縣長劉勝軍、教育體育局副局長張勝明等均到場關懷。

兩天的座談會由台北大學社會工作系系主任楊蓓主持，僧團常法法師、四位來自台灣和五位當地心理諮商團體「心靈花園」的志願工作者，組成心理諮商

「心理重建與生命教育」交流座談會舉行，由楊蓓主任主持。

師資群，與學員進行交流。22日的活動，在引導放鬆與減壓體驗下展開；下午以「看圖說故事」的方式，讓教師們述說自己的故事，並透過聆聽與陪伴，訓練自己聽懂對方的話語與心情，以陪伴他人達到情緒紓解與穩定。第一天活動結束前，與會教師分享對生命的感受，大家都認為生命寶貴但也脆弱，更需要珍惜與呵護。

23日進行主題為「心五四的生命教

育」座談會。楊蓓主任以柔軟心、慈悲心詮釋同理心，並闡明聖嚴師父所說「用智慧處理事，以慈悲關懷人」的生命智慧。

在座談會最後，果品法師感謝省宗教局、省台辦及安縣的支援，為重建中的居民盡心盡力；並指出，希望透過更多的心理支援，讓人轉念，進而心安平安，也盼藉由積極分享生命的價值與意義，幫助更多需要支持的居民。王增建局長除再次感謝法鼓山的慈悲與大願，也期許透過交流，落實賑災的「四安：安心、安身、安家、安業」。劉勝軍副縣長則期許參與的教師們能獲得受用的心理輔導技巧，成為重建心靈家園的種子部隊，走進家庭與社區，為當地的孩子們及其家人進行心理輔導，有效提高自我調節能力。

● 12.23

法鼓山援建四川重建工程開工
方丈和尚主持安縣秀水一小、衛生院動土

法鼓山援助中國大陸四川安縣秀水中心衛生院及秀水第一中心小學重建工程，於12月23日舉辦動土典禮，由方丈和尚果東法師率團親赴主持，四川省宗教局及安縣政府多位代表、宗教團體代表羅漢寺方丈和尚素全法師，以及秀水鎮數千位鎮民均到場觀禮。而僧團副住持果品法師則於典禮前一天，率領僧團法師前往重建基地舉行灑淨儀式。

典禮上，方丈和尚代表聖嚴師父與法鼓山，表達對四川重建地區居民的祝福，並期許工程早日完工，為鎮民打造優質的醫療與學習環境。四川省宗教局局長王增建致辭時，再度感謝法鼓山的協助，並承諾督促相關部門盡力配合，使工程能盡早完成，以不辜負法鼓山十方信眾的愛心與託付；宗教局副局長余孝恒也承諾，除了協助將工程「硬體」建築完成，還要將工程「軟體」——後續使用規畫及服務的精神，好好落實。

典禮結束後，方丈和尚一行前往什邡市馬祖鎮，勘察將在此設置的安心服務站地點，方丈和尚期勉安心站盡早裝修完成啟用，以利益當地居民。

方丈和尚果東法師（左一）主持秀水一小、衛生院的動土典禮（右起依序為果品法師、素全法師）。

法鼓山四川震災救援與重建

傳送安定身心的力量

中國大陸四川省5月12日下午二時許，發生芮氏規模7.8的強烈地震，災情慘重。法鼓山隨即在第一時間展開關切，聖嚴師父指示法鼓山體系全力投入，提供賑災一切所需援助，同時呼籲十方信眾共同持誦〈大悲咒〉，迴向給罹難受災的民眾，並為他們祝禱祈福。

三階段救援

法鼓山慈善基金會也於第一時間內啟動緊急救援系統，組成前進指揮所、完成召募賑災義工，協助救援及勘災；並依聖嚴師父提出的救災三階段計畫，及累積多年的國內外救災經驗，如台灣921大地震、南亞海嘯等，擬定援助方向：第一階段派遣醫療救援團赴災區，進行物資發送、醫療服務與勘災慰訪；第二階段協助災區重建，如學校、醫院等各種軟硬體設施；第三階段是心理重建，為災區民眾提供心理輔導、精神關懷。

慈基會整合性的三階段援助計畫，分述如下：

一、安身工程

至12月底，慈基會共派出11梯次救援團隊，主要由僧團副住持果品法師率領前往四川災區，除提供必需物資並設置醫療站，進行醫療服務、環境清理、訪視關懷等工作。每梯次行程約一週，成員包括法師、醫師、護理人員、慰訪關懷員及義工等；其中，來自台北榮陽醫療團隊、衛生署署立豐原醫院等及多位香港醫護人員，亦先後響應加入法鼓山救援行列。

在關懷行程中，法師及慰訪義工皆以不斷傾聽，引導災區民眾情緒抒發，勉勵傷痛總會過去，要勇敢面對未來；更以聖嚴師父所言「受苦受難的是大菩薩，救苦救難的是菩薩」，慰勉只要還有一口呼吸，就有無限的希望，將悲傷化為力量重建家園，進而關懷每一個人。

法鼓山結合勘災、醫療與關懷全方位的救援行動，備受當地官方肯定及民間信賴。四川省宗教局副局長佘孝恒就自言是「法鼓山的義工」，多次陪同果品法師勘災；當地醫護人員及青年志願者亦主動加入關懷行列，讓法鼓山的救援行動更順利。

二、安家安業工程

在安家安業工程方面，果品法師多次勘察重建建築用地，法鼓山亦派遣建築專才前往了解協助災後重建的可能性。最後決定於震災中百分之七十房屋遭到毀損的安縣第一大鎮秀水鎮，援建「秀水第一中心小學」與「秀

水中心衛生院」。

至2008年12月，秀水第一中心小學及秀水中心衛生院的規畫均已完成，並獲安縣人民政府正式立案。秀水一小及衛生院也得以在12月22日灑淨，23日舉行動土典禮，動土儀式由方丈和尚果東法師親臨主持。

兩處工程的援建，計畫以一年半工期完成，希望幫助秀水鎮打造安全、優質的學習與醫護環境，讓居民先行安家、安業，進而安定身心，成為災後重建的示範。

此外，法鼓山並捐贈人民幣20萬元，協助位於彭州市的三昧禪林重建。三昧禪林由唐代悟達國師所建，是千年古剎，法鼓山希望協助該寺順利重建，讓更多人蒙受佛法的利益。

另一方面，為援助在地震中受損的醫療院所盡速重建，法鼓山也計畫捐贈醫療器材給都江堰骨科醫院，希望利益更多傷患。

三、安心工程

安心工程是法鼓山在四川救援工作的另一重點方向。而在安置居民的基本生活需求後，慈基會便持續配合當地文化單位，與主管機關、志願者協會合作，展開第三階段的心理重建工程，包括：

（一）「心理重建交流」課程：

首先，8月與什邡市市政府共同舉辦三場「抗震救災心理重建交流座談」，分別邀請當地醫護人員、教師、志願工作者（義工）與僧團法師、心理諮商專業人員進行交流，分享台灣經驗；11月再於安縣秀水中學舉辦「心理重建與生命教育」座談會，對象為災區的中小學老師，希望藉由推廣生命教育課程，培養心理衛生種子人員，讓生命教育的理念深植人心，幫助更多人。

（二）生命關懷教育課程方案：

慈基會特邀專家學者共同為災區編寫一套生命教育教材，以「心五四」、「心六倫」為內涵。至2008年12月，已完成小學一至六年級教案的目標與綱要，為了能貼近當地學生的需要，編寫教案的師資群，擬於2009年初前往災區，與學校教師互相交流、討論當地心理衛生、生命教育的現況及需求，並定期分享、探討生命教育的內容與推展的可行方向。

（三）貧困家庭、學生獎助學金補助方案：

法鼓山除透過「什邡大學生志願者協會」，捐贈

常法法師帶領團康遊戲，關懷災區孩童。

當地貧困家庭每戶200元人民幣外；在學生獎助學金補助上，則針對高中職及大學學生提供學費及生活費補助，預計進行三年。至2008年12月，已由安縣、什邡市教育單位彙整災區清寒學生名單，慈基會委由「什邡大學生志願者協會」進行家戶訪查，以篩選出頒發的名單，將於2009年2月開學前完成獎助學金發放。

（四）安心服務站：

慈基會援引在台灣921地震、斯里蘭卡海嘯賑災的重建經驗，於什邡市馬祖鎮設置安心服務站，在完成內部規畫裝修後，專職及義工也已進駐。安心站未來將深入地方，展開有系統、組織的人心重建關懷慰問工作，讓服務與關懷落地生根。

落實大關懷教育理念

知悉四川發生震災後，台灣民眾愛心匯集迅速。5月14日起，慈基會啟動賑災專案捐款帳戶後，社會大眾基於對法鼓山的信任，無論是企業團體或個人，都踴躍捐款支持法鼓山的救援行動。不少學校、團體更募捐響應法鼓山的賑災行動，如台北市中山國小、東山高中、新店市大豐國小等多所學校，將師生的關懷捐助透過法鼓山送達災區；廣達文教基金會發起的「愛，正在累積，前進災區」愛心募款活動、tittot琉園企業發起的「千人玻璃手印會」義賣活動，均將所得全數捐贈法鼓山，以做為四川重建之用。

為了讓社會大眾了解法鼓山投入四川救援的狀況，法鼓山特別在全球資訊網開闢「心靈重建・希望無窮」專區網頁（網址：http://www.ddm.org.tw/event/2008/sichuan/512.htm），也於新浪部落格成立「法鼓山川緬賑災專區」部落格（http://blog.sina.com.tw/ddmweb/），即時提供救援最新報導、重建進度、捐贈物資、捐款明細，及救災過程的記錄照片和影片，以昭徵信；並在《人生》雜誌刊登公益廣告，傳遞安定身心的力量。

慈基會也於9月出版《四川的希望——法鼓山救援四川大地震100天記實》一書及賑災記實影像光碟，完整記錄法鼓山救援關懷及醫療團隊，陪伴災區民眾從地震驚慌恐懼中逐漸走出陰霾的點滴。

四川震災發生後，法鼓山是第一個進入四川安縣進行醫療關懷與救援的團體，也在各界支持下，投入了許多人力和物力，協助災區各項重建工作；包括兩次心理重建交流團，先後進入四川共達13梯次，所提供的醫療義診服務逾一萬八千人次，捐贈物資及現金共達七千八百餘萬人民幣。未來法鼓山將持續秉持以教育做為整體關懷的實踐精神，落實安心、安身、安家、安業的「四安」大關懷教育理念，協助災區民眾不只重建外在家園，更要從心的救助、安定著手，重建內心的家園。

法鼓山四川賑災救援地圖

法鼓山四川賑災救援位置示意

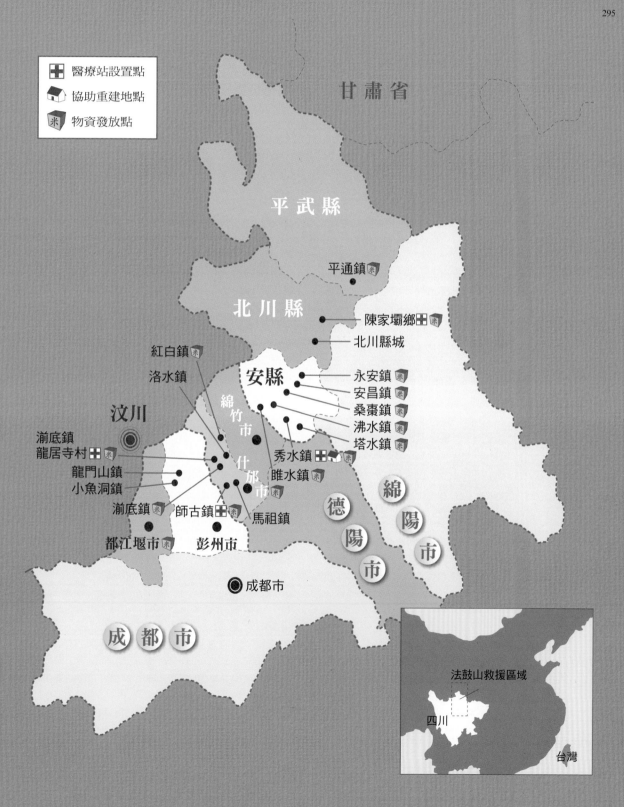

法鼓山四川關懷日誌

月	日	事件
5月	12日	中國大陸四川發生芮氏規模7.8的強烈地震,初估造成近萬人喪生。
		法鼓山在第一時間展開關切,聖嚴師父指示法鼓山全體系動員,提供賑災一切所需援助。
	13日	法鼓山慈善基金會(以下簡稱:慈基會)於北投雲來寺召開救災策略會議,由總幹事陳果開主持,方丈和尚果東法師、行政中心副執行長果光法師、慈基會祕書長果器法師等人出席,會中決定組織救援團隊前往四川災區,展開緊急救援,並同步進行勘災。
		啟動緊急救援系統,組成前進指揮所,完成第一批救援義工召募。
		中國大陸政府同意法鼓山救援隊進入災區救援。
	14日	啟動賑災捐款專戶、成立救援團隊,由僧團副住持果品法師擔任四川救援團團長。
		北投、石牌區義工協助整理1,000公斤救援物資。
	15日	15至21日,慈基會派遣第一梯次救援團前往四川,展開勘災及救援評估。此行於安縣秀水鎮民興中學搭建關懷醫療站,進行醫療救治工作;也關懷秀水第一中心小學、秀水中心衛生院、桑棗收容所及永安鎮安置所等,發放民生與醫療物資,並捐贈10萬美元修建安縣秀水鎮的淨水塔。
	16日	美國紐約東初禪寺舉辦「彌陀超薦祈福法會」,由方丈和尚果東法師率領數十位法師,為罹難者超度並為傷者消災祈福。
	17日	於北投農禪寺舉行記者會,聖嚴師父接受各家媒體採訪,表示法鼓山將積極投入救災,也感謝各界對法鼓山的信任,踴躍捐款和提供物資,讓法鼓山有充沛的資源可以進行救災。
		於北投農禪寺舉辦三時繫念法會,聖嚴師父親臨關懷,並為災區民眾祈福,呼籲各界支援救災行動,共約近三千位信眾齊聚為災區祝禱祈福。
		凌晨開始,北投雲來寺聚集大批義工,協助打包及運輸第二批救援物資,該批物資於晚間由中國揚子江快運航空公司從台北送抵成都。
	19日	聖嚴師父17日錄製一支公益影片,藉由影像訊息的傳播,將安定身心的力量傳遞給所有苦難中的民眾;該影片於19日起於佛衛電視慈悲台、生命電視台、博菲遜台網電視牆等媒體播放。
		5月19日起至6月18日,每日上午於北投雲來寺召開救援資源整合會議,由行政中心副執行長果光法師主持,救災專案的物資組、義工組、財會組等組參與會議,報告救援進度。
	22日	果品法師參加四川省宗教局重建座談會,並接受局長王增建頒贈感謝狀。
	23日	救援團榮陽醫療團於台北榮民總醫院舉辦記者會,說明救援醫療情形。
		慈基會於新浪部落格成立「法鼓山川緬賑災專區」部落格,即時提供法鼓山救援四川的最新報導、馳援日誌、捐款物資,及救災過程的記錄照片和影片等。
	24日	24至29日,慈基會派遣第二梯次救援團,接續救援工作。此行於安縣秀水鎮民興中學醫療站進行醫療服務;並前往桑棗鎮勘災,捐贈油布予平武縣平通鎮,提供民眾遮風避雨之用。
		法鼓山文化中心副都監果賢法師接受中國大陸東南衛視專訪,分享「四安心理重建工程」。
	27日	於北投雲來寺舉辦三場重建規畫會議,針對其時法鼓山的賑災進度進行說明,並對災後的重建計畫展開討論。
	29日	常諦法師及常悅法師代表法鼓山,前往成都寶光寺參加「512汶川特大地震災區祈福追薦大法會」。
	30日	5月30日至6月5日,慈基會派遣第三梯次救援團,接續救援工作。此行於安縣秀水鎮民興中學醫療站進行醫療服務;並關懷桑棗鎮云丰救助站、平武縣平通鎮等地民眾,捐贈民生物資。
6月	1日	於台北市台泥大樓舉辦「安心、安身、安家、安業·重建希望」座談會,邀請聖嚴師父與副總統蕭萬長、台積電文教基金會董事張淑芬,以及「壹基金」創辦人李連杰進行對談,共同探討如何從「安心、安身、安家、安業」四面向提供災區具體經驗。
	3日	法鼓山建設工程處處長李孟崇、總工程師陳洽由等建築專業人員晚間抵達成都,前往災區進行為期五天的實地勘察,了解協助災後重建的可能性。
	6日	tittot琉園企業發起千人玻璃手印會,活動以義賣手印玻璃為四川震災重建募集基金,所得全數捐贈法鼓山做為四川賑災之用,方丈和尚果東法師應邀出席。
		廣達文教基金會發起「愛,正在累積,前進災區」愛心募款活動,募集新台幣900萬元善款,全數捐贈法鼓山做為四川重建希望工程之用。
	7日	果品法師、李孟崇處長、陳洽由總工程師等七人,前往拜會四川省宗教局並參加重建工作座談會,了解災區重建工作計畫。

月	日	事件
6月	9日	於北投雲來寺召開中國大陸四川賑災會議，由方丈和尚果東法師主持，果品法師與各梯次救援團團員代表出席，交流賑災心得與救援經驗。
	13日	13至19日，慈基會派遣第四梯次救援團，接續救援工作。此行於安縣秀水鎮民興中學醫療站進行醫療服務；並前往北川縣陳家壩鄉勘災，捐贈人民幣兩萬五千元，購買蔬菜糧食，暫解民眾糧缺問題。
	16日	果品法師等人拜訪四川省台灣辦事處主任劉俊杰，雙方針對後續法鼓山可以協助救援重建項目交換意見。
	17日	常諦法師於安縣秀水鎮民興中學醫療站接受大愛電視台採訪，說明法鼓山於災區的救援醫療重點工作項目。
	18日	果品法師與綿陽市市長唐利民及台商協會祕書長林政億會面，就災後重建相關事宜進行討論。
	19日	19至26日，慈基會派遣第五梯次救援團，接續救援工作。此行於什邡市師古鎮架設醫療站，協助當地衛生院照護災區民眾、低收入戶者。
	25日	25至28日，果祥法師、常悅法師、郭蘭醫師、駱兆偉醫師等救援團成員，參加中國大陸北京紅楓婦女心理諮詢服務中心與香港願景兒童發展基金會於香港合辦的「災後壓力症候群（PTSD）訓練課程及支援四川計畫」，分享法鼓山在四川的救災經驗。
	30日	30日至7月5日，慈基會派遣第六梯次救援團，接續救援工作。此行於什邡市湔底鎮龍居寺村架設醫療站，為當地首批進駐板房（組合屋）的救援團隊；並前往洛水鎮勘災。
7月	7日	7至14日，慈基會派遣第七梯次救援團，接續救援工作。此行於什邡市師古鎮「大連新村」板房架設醫療站，進行醫療服務。
	14日	14至21日，慈基會派遣第八梯次救援團，接續救援工作。此行於北川羌族自治縣陳家壩鄉金鼓村架設醫療站，進行醫療服務。
8月	1日	1至7日，慈基會派遣第九梯次救援團，接續救援工作。此行於北川羌族自治縣陳家壩鄉金鼓村醫療站進行醫療服務；並慰訪陳家壩鄉紅岩收容站、太洪國小、太洪村、大竹村等地民眾。
	8日	8至13日，慈基會派遣第十梯次救援團，接續救援工作。此行於安縣秀水第一中心小學校架設醫療站，進行醫療服務。
	10日	果品法師與安縣副縣長劉勝軍前往安縣秀水鎮板房社區與板房小學，勘察未來重建衛生院及小學的建地。
	14日	法鼓山救援四川災區，第三階段心理重建工程啟動。14至16日，與什邡市政府共同舉辦三場「抗震救災心理重建交流座談會」。首日邀請一百多位什邡市各鄉鎮衛生院、什邡市各醫療院所醫護人員、心理衛生工作者、社會工作者，與台灣心理諮商專業團體張老師基金會七位專業師資進行交流。
	15日	第二場「抗震救災心理重建交流座談會」，邀請什邡市災區各鎮的高、初中及小學教師參與交流，約有一百多人參加，其中災情嚴重的紅白鎮等六鎮教師占百分之四十。
	16日	第三場「抗震救災心理重建交流座談會」，由台北大學社會工作系系主任楊蓓帶領，與近百位什邡市本地、四川省及北京志願工作者（義工）交流救災訪視溝通經驗與技巧。
	16日	果品法師代表法鼓山，透過「什邡大學生志願者協會」救助當地251戶貧困家庭，每戶200元人民幣，並捐贈協會5,000元人民幣。
9月	1日	1至3日，果品法師與建築師姚仁喜至安縣秀水第一中心小學及秀水中心衛生院勘察建築基地、討論設計方案等。
	30日	為了幫助四川貧困家庭子弟繼續學業，法鼓山於9月底完成「災區學生獎助學金」補助方案的規畫，將針對高中職及大學清寒學生提供學費及生活費補助，預計進行三年。
10月	13日	果品法師一行由成都市台商協會副會長黎璇璣陪同，至都江堰骨科醫院討論捐贈醫療設備事宜。
	14日	果品法師分別與什邡市及安縣教育局討論獎助學金事宜，另與什邡市副市長蔣明忠討論心理重建及設置安心服務站事宜。
	16日	果品法師與安縣縣政府討論秀水第一中心小學及衛生院設計方案，另與副縣長劉勝軍討論心理重建事宜。
	17日	果品法師一行人與綿陽市台辦討論獎助學金及北川縣心理重建事宜，並與秀水第一中心小學及衛生院討論心理重建事宜。
	24日	10月24日起至11月1日，慈基會派遣第十一梯次救援團於北川縣陳家壩鄉金鼓村醫療站，進行醫療服務。

月	日	事件
11月	21日	果品法師與慈基會副祕書長常法法師，前往什邡市馬祖鎮勘察安心服務站的設置地點。
	22日	22至23日，法鼓山與安縣縣政府於秀水高中舉辦「心理重建與生命教育」交流座談會，約有一百二十位中小學教師參加。
12月	21日	果品法師、慈基會副會長吳宜燁等在什邡市羅漢寺方丈和尚素全法師陪同下，前往什邡市紅白鎮、蓥華鎮等偏遠山區發放3,000床棉被等過冬物資，並表達關懷慰問之意。
	22日	果品法師率僧團法師為安縣秀水第一中心小學、秀水中心衛生院重建工程舉行灑淨儀式。
	23日	安縣秀水第一中心小學、秀水中心衛生院重建工程舉行動土典禮，由方丈和尚果東法師主持。
		方丈和尚果東法師赴什邡市馬祖鎮，勘察安心服務站的設置地點。

法鼓山四川賑災救援團參與成員人數統計表

梯次	服務時間	法師	專業人員（包括醫師、藥師、護士、心理師、社工師等）	慰訪員關懷員	合計人數	備註
1	5月15至21日	3	7	6	16	
2	5月24至29日	4	9	11	24	
3	5月30日至6月5日	3	7	10	20	
4	6月13至19日	4	4	10	18	
5	6月19至26日	4	10	10	24	
6	6月30日至7月5日	4	6	5	15	＊
7	7月7至13日	6	6	4	16	＊
8	7月14至21日	5	6	5	16	＊
9	8月1至7日	4	8	7	19	＊
10	8月8至13日	5	9	8	22	＊
11	10月24日至11月1日	4	8	11	23	＊

＊該梯次有當地義工參與，但人數未計入。

法鼓山四川賑災救援團醫療服務人次統計表

梯次	看診日期	醫療站地點	服務人次
1	5月17至21日	秀水鎮民興中學醫療站	1,069
2	5月26至29日	秀水鎮民興中學醫療站	1,805
3	5月31日至6月5日	秀水鎮民興中學醫療站	3,163
4	6月15至19日	秀水鎮民興中學醫療站	1,493
5	6月19至26日	師古鎮醫療站	1,008
6	7月2至7月5日	湔底鎮龍居寺村醫療站	803
7	7月8至14日	師古鎮大連新村醫療站	1,051
8	7月16至21日	陳家壩鄉醫療站	304
9	8月2至6日	陳家壩鄉金鼓村醫療站	1,511
10	8月9至13日	秀水鎮第一中心小學醫療站	3,195
11	10月24日至11月1日	陳家壩鄉金鼓村醫療站	2,462
合計			17,865

● 05.25～08.31期間

助念團舉辦大事關懷通識課程
提昇學員關懷品質與技巧

　　為使成員學習適當的慰訪技巧，同時提昇大事關懷服務品質，助念團在5月25日至8月31日期間，陸續於全台各地舉辦12場大事關懷服務通識課程，總計逾一千人參加。

　　每場都持續一整天的課程內容，包括「佛教的生死觀」、「如何申請大事關懷服務」、「如何落實大事關懷的各項服務」、「初階助念法器教學」、「大事關懷服務解惑（Q&A）」等單元。其中「佛教的生死觀」課程，由關懷院果選法師主講，法師說明在佛法的觀念中，人類的死亡並不是生命的結束，而是另一段生命的開始，就如同旅遊一般，一個地方的旅程結束，又接續另一段旅程；也強調在關懷的過程中，關心支持與教育並重，不僅讓被關懷者免於對死亡的恐懼，進而能以達觀及坦然的態度來面對生命的問題與結束。

　　在「如何申請大事關懷服務」、「如何落實大事關懷的各項服務」課程中，助念團團長鄭文烈及副團長薛麗英、顏金貞、鄭素卿等，分別介紹法鼓山大事關懷服務內容與申請流程，並分享自己的關懷經驗，提醒學員在「時間的掌控」及「原則的拿捏」上需注意的事項，一定要尊重關懷戶家屬的感受。

薛麗英副團長在桃園齋明寺舉行的「大事關懷服務通識課程」上，分享自己的關懷經驗。

　　由於在進行實際的關懷服務時，不免會遇見許多臨場狀況，因此在「大事關懷服務解惑」單元中，學員皆向經驗豐富的法師、團長與副團長們請益，希望能在關懷的過程中，引導並陪伴家屬走過哀傷，也可接引他們親近、學習佛法。

2008年助念團「大事關懷服務通識課程」一覽表

地區	時間	地點	參與人數（約）
北區	8月21日	桃園齋明寺	150
	5月25日	金山法鼓山社會大學	30
	6月15日	護法會中壢辦事處	80
	6月21日	護法會板橋辦事處	80
	6月22日	護法會新店辦事處	120
	6月29日	護法會新竹辦事處	40
	7月20日	護法會新莊辦事處	100
	8月16日	護法會大同辦事處	80
	8月24日	國泰人壽景美教訓中心	120
	8月30日	護法會中永和辦事處	100
中區	6月1日	護法會嘉義辦事處	60
東區	7月13日	羅東鎮振興東路289巷3號	130
合計			1,090

● 06.15　09.06　09.07　09.21　10.05　11.02

護法總會舉辦「悅眾鼓手成長營」

提昇悅眾願心　精進學習

　　護法總會2008年於全台北、中、南各地共舉辦六場「悅眾鼓手成長營」，由僧團法師、單位主管授課，希望透過課程讓悅眾了解執事的意義與使命，並提昇願心，共約有七百多位悅眾參加。

　　6月15日首場於台中分院進行的課程，中部共有七個地區，近一百位勸募悅眾參加；護法總會總會長陳嘉男特地到場關懷，陳總會長於致辭中鼓勵悅眾經常回法鼓山學習，再將所學得的智慧與人分享，只要誠心奉獻，自己也會得到快樂。

　　各地一天的課程內容，包括「我們的師父與法鼓山的理念」、「法鼓大學介紹」、「樂在執事中」等單元。

近百位悅眾齊聚台中分院，參加「悅眾鼓手成長營」。

其中「我們的師父與法鼓山的理念」課程，由僧團都監果廣法師、文化中心副都監果賢法師分別主講。果廣法師透過核心理念架構圖，解說法鼓山「心靈環保」的意涵，是成長心靈品質，以提昇大悲心、菩提心和智慧心，落實法鼓山的「四環」；果賢法師強調「提昇人的品質，建設人間淨土」不只是口號，鼓勵悅眾鼓手把聖嚴師父的理念和自己的生命結合，用佛法感化自己，用自己的行為感動別人，才能接引更多人來修習佛法。

法鼓大學籌備處主任劉安之在「法鼓大學介紹」課程中，說明法鼓大學的籌建進度與創校意義。劉安之主任表示，法鼓大學第一期工程預定於2010年完工，未來將先招收研究所學生，並以「心靈環保」為核心價值，培養兼具慈悲與智慧的領導者；落實在教育課程上，則要建構「國際教育村」，目前規畫了公益、環境、藝術、人生四個學院，朝向創新學術研究，建立全球化典範的目標前進。

「樂在執事中」課程，則邀請醒吾技術學院生命教育中心主任辜琮瑜分享擔任悅眾的意義與快樂，以及如何將佛法運用在勸募工作中。

在最後「快樂的悅眾鼓手」單元中，學員彼此分享加入法鼓山的因緣，以及擔任勸募工作的心得。有悅眾分享，擔任悅眾最重要的功課就是學習「承擔」，需要先成長自我，才能進一步關懷他人；不少悅眾表示，透過這次成長營，對法鼓山的理念與目前推動的目標，都有進一步的認識，也發現了奉獻的真義。

2008年護法總會「悅眾鼓手成長營」一覽表

場次	時間	轄區	地點	參加人數（約）
第一場	6月15日	中部地區	台中分院	100
第二場	9月6日	高雄南、北區，屏東，潮州	高雄紫雲寺	95
第三場	9月7日	台南、嘉義	台南分院	60
第四場	9月21日	北一、北二	北投雲來寺	205
第五場	10月5日	北四、北五	北投農禪寺	175
第六場	11月2日	北三、北六、北七	北投雲來寺	135

● 07.06　11.09

南台灣地區舉辦勸募會員成長營
期勉悅眾共同護持大願興學

為讓南台灣悅眾更了解勸募的意義及法鼓大學的建設進度，護法總會分別與台南分院和高雄紫雲寺合作，在7月6日及11月9日各舉辦一場「勸募會員成

悅眾們在分組討論中，進行勸募心得交流

長營」，由僧團法師帶領，兩場成長營各約有一百多位悅眾參加。

7月6日的成長營，由台南分院監院果舟法師、常及法師以及法鼓山僧伽大學五位法師帶領的觀音祈福法會揭開序幕。上午的課程，首先由常源法師主講「我們的師父」和「法鼓山的理念」，法師深入講解聖嚴師父從出家到創建法鼓山的歷程，接著由多位法師與大家分享個人的出家因緣；並在播放《芒鞋踏痕》影片後，展開分組討論。

下午進行勸募悅眾心得分享，先由資深悅眾以「從心勸募」為題，分享勸募觀念，強調勸募真正的目的在弘揚佛法，勸募須先募人、募心，最後才是募款。悅眾們也在分組討論中，彼此交流勸募心得。

11月9日於紫雲寺舉辦的成長營，由文化中心副都監果賢法師、法鼓大學籌備處主任劉安之帶領，並安排悅眾進行經驗分享，護法總會總會長陳嘉男也到場關懷。

課程首先由果賢法師主講「我們的師父」，法師透過影片讓大家了解聖嚴師父的行誼，點滴呈現師父的悲願。之後，由劉安之主任主講「與眾不同的法鼓大學」，說明法鼓大學已於11月7日獲得台北縣政府核發建築執照，第一期工程動工典禮訂於11月28日與大悲心水陸法會灑淨儀式共同舉行；預計2010年8月開始招收第一屆學生，並期勉悅眾們共同護持法鼓大學的興辦。

● 07.19～22

卡玫基颱風帶給中南部災情
慈基會前往災區提供物資與關懷

7月18日侵襲台灣的卡玫基颱風，在中南部造成重大災情，法鼓山慈善基金會於19日起發動緊急救援，動員義工前往災區協助。總共於苗栗、台中、嘉義、台南、高雄、花蓮、屏東等地動員義工112人次，共關懷19,120位民眾。

卡玫基颱風帶來連續多天的暴雨，對中南部造成嚴重災情。其中台南縣左鎮

鄉，水淹兩層樓高；高雄縣則是多處嚴重積水，甲仙、六龜、桃源、杉林等地更發生土石流危機。慈基會南區副總幹事陳結輝發動緊急救援，動員義工前往災區，提供具體的協助與關懷。

18日晚間，台南地區買姓夫妻為了逃避洪水，在搭乘救生艇時不幸翻覆罹難；19日下午，台南分院多位義工隨即前往慰訪，家屬對於法鼓山的關懷也表達感謝之意。

此次風災也重創高雄縣山區的村落，其中甲仙鄉受創最為嚴重，高雄地區副總指揮黃正義、張三星等人前往附近的旗山醫院慰訪關懷。另外在杉林鄉，副總指揮鄧清華、杜勝雄及義工等，協助發放白米100公斤、食用油30公升、泡麵10箱等物資給鄉親，以解燃眉之急。

至於六龜鄉，因多處嚴重落石坍方、交通中斷，在與鄉公所聯絡之後，慈基會於22日深入六龜山區進行慰訪關懷。

法鼓山義工協助災區民眾整理家園。

● 07.30～31

法鼓山與台北縣合辦減碳研習論壇
推動台灣發展生態城市新願景

7月30至31日，法鼓山與創立全台第一個「低碳社區發展中心」的台北縣政府，聯合舉辦「生活減碳體驗活動與研習論壇」活動，邀請各界環保專家針對節能減碳的議題進行研討，有近一百五十位來自各社區、學校、政府單位及民間團體等代表參加。

30日，台北縣環保局局長鄧家基首先帶領所有參與活動成員，至法鼓山園區參觀，實際體驗法鼓山的低碳生活。

31日則於縣政府進行「台北縣低碳生活研習論壇」，邀請主婦聯盟董事長胡雅美、台灣師範大學環境教育研究所教授張子超、鄧家基局長、成功大學建築系教授林憲德，與法鼓大學環境學院籌備處顧問呂理德，針對生態城市議題進行探討。

在論壇展開之前，法鼓大學籌備處教授劉安之首先表示，地球是每個人安

身立命的地方，法鼓山從聖嚴師父所倡導的心靈環保理念出發，推廣至生活、禮儀、自然等環保理念的實踐。未來法鼓大學也將延續此理念，在心靈及生態方面都力求達到節能的「低碳」目標。

「低碳生活研習論壇」與談人包括胡雅美（左起）、鄧家基、林憲德與呂理德。

呂理德顧問亦於論壇中提出法鼓大學環境學院白皮書草案，深入闡述法鼓山的環保願景。該項白皮書草案落實環保的步驟，包括綠建築空間、建築物的光環境、空氣環境、排廢減量等的妥善規畫。

呂理德顧問特別強調「生態城市」的新環保概念，他表示生態城市是永續城市的代名詞，在世界各國重視環保的城市已經蔚為風潮。台北縣因為擁有低碳社區典範法鼓山，已具備成為生態城市的條件；法鼓山以環境學院為基地，期能推動整個寶島台灣，建設永續清淨的生態城市。

● 07.30～08.11

法青斯里蘭卡海外成長營
透過關懷服務與當地民眾溫馨交流

法青至阿宏迦拉地區的小學關懷學童。

7月30日至8月11日，法鼓山慈善基金會與青年發展院於斯里蘭卡安班南托塔（Ambalantota）台灣村聯合舉辦「法青斯里蘭卡海外服務成長營」，由青年院常宗法師帶領，為當地民眾和學童提供多元的關懷服務，共有15位法青成員參加，服務近八百五十人次。

11天的成長營活動地

點，主要是在法鼓山於安班南托塔台灣村設置的安心服務站。學員在常宗法師帶領下，首先至當地的法輪兒童之家和阿宏迦拉（Ahungalla）地區的小學進行關懷與服務。法青學員與院童進行歌舞活動，傳達法鼓山的關懷與善意，並增進彼此的了解。

接著，法青們前往台灣村幼稚園關懷學童，認識台灣村環境及安心站義工業務，與當地青年互動交流；進行台灣村生態之旅，參訪佛牙寺、植物園及聯合國世界文化遺產獅子岩與金色廟群等；並前往當地多個村落進行服務與關懷，包括舉辦英語教學、法鼓八式動禪共修、佛法教學，以及二日營、晚會等。

另外，每晚都會進行小組討論，由法師帶領學員分享工作心得，並檢討如何提昇關懷和服務的品質。

● 09.06～10.12期間

佛化聯合祝壽於全台展開
關懷千餘位老菩薩重溫家庭倫理

9月6日至10月12日期間，法鼓山於全台共舉辦13場「2008佛化聯合祝壽」活動。首場於北投農禪寺展開，最後一場於羅東圓滿，共約一千兩百八十多位年滿七十歲的壽星老菩薩，在佛法與家人的祝福下，共同感受「心六倫」中「家庭倫理」的溫馨意義。

由於活動期間正逢中秋節和重陽節，許多地區結合了「心靈環保列車」、

紫雲寺在颱風夜舉辦聯合祝壽，共有30位壽星老菩薩參加。

「中秋重陽關懷」等活動，使得氣氛更為熱烈。除壽星家屬外，也有許多人共同為老菩薩祝福，同享天倫樂。

聖嚴師父也特地為聯合祝壽錄製一段開示，希望每位壽星都能「活得愈老愈精彩，活得愈老愈有智慧」，並重新詮釋「夕陽無限好，不是近黃昏」，而是看見明天的希望。師父也說明在「家庭倫理」中，老菩薩都是家庭的精神核心，長輩對年輕人要愛護、要慈悲；晚輩則要對長輩孝敬、關懷、照顧，這樣家庭就能非常融洽，也不會產生代溝。

9月14日雖遭逢辛樂克颱風襲台，高雄紫雲寺仍有三百多人齊聚一堂為30位壽星祝壽，並歡度中秋佳節。

10月4日於台北安和分院舉行的活動，方丈和尚果東法師和關懷中心副都監果器法師都到場關懷。在祈福法會中，有12位壽星及來賓接受三皈依，同時邀請悉心照顧公婆多年的表演工作者張琴擔任主持人，現場並有台北市立聯合醫院及台北榮民總醫院的醫師提供免費的健康檢查，讓參與活動的兩百多位長者及眷屬備感歡喜。

另外，多年未舉辦聯合祝壽的台東信行寺，也於10月5日為68位老菩薩獻上祝福。10月12日於護法會羅東辦事處舉辦的祝壽活動，關懷院果選法師到場關懷，現場有社區信眾表演、法鼓劇團演出「心六倫」行動劇，以及特別安排由現場晚輩向長輩表達「感恩、奉茶」活動，場面溫馨感人。

第15屆重陽敬老暨佛化祝壽活動一覽表

地區	時間	舉辦單位	活動地點	壽星人數	來賓人數
北部地區	9月6日	北一轄區	北投農禪寺	220	200
	9月6日	中永和地區	中興安養堂	20	16
	10月4日	台北安和分院	台北安和分院	108	250
	10月4日	社子地區	社子辦事處	41	89
	10月5日	基隆地區	基隆市文化中心	400	1,300
	10月5日	中山地區	台北中山精舍	65	73
中部地區	9月28日	員林地區	員林辦事處	50	112
	10月5日	彰化地區	彰化辦事處	50	80
南部地區	9月14日	高雄紫雲寺	高雄紫雲寺	30	300
	9月21日	潮州地區	潮州辦事處	80	50
	10月2日	屏東地區	屏東辦事處	100	35
東區地區	10月5日	台東信行寺	台東信行寺	68	93
	10月12日	羅東地區	蘇澳港邊社區	50	84
總計				1,282	2,682

創 辦 人 語

老得智慧又健康

「2008佛化聯合祝壽」錄影開示

◎聖嚴師父

　　人要活得愈老愈精彩，活得愈老愈有智慧。很多人年紀大了，就覺得自己已經來日無多，這是非常消極的想法，也是錯誤的想法。來日無多並非要等死，因為無論我們的年齡多大，死亡都會來臨，只是有的來得早，有的來得晚而已。

夕陽無限好，不是近黃昏

　　我們這一期的生命，也就是這肉身活著的時候，即是一段生命的過程，這又稱為「壽」，長也是壽，短也是壽。當這段過程結束後，會怎麼樣呢？我們絕對相信，生命不是馬上中斷，而是會繼續下去，因為對佛教徒來講，一個生命的階段過去了，另外一個階段馬上就會開始，所以我說「夕陽無限好，不是近黃昏」。

　　許多人往往到了晚年，便覺得生命快要結束，前途是黑暗的，就像黃昏以後即是黑夜一樣。事實並非如此。我們的生命像是太陽，當我們看見太陽從地球的地平線西下，好像是進入了黑暗中，但事實上，在地球的另一頭，太陽才剛剛升起。太陽不會消失、中斷，而是繼續地發光，因此，諸位一定要相信「夕陽無限好，不是近黃昏」這兩句話。

　　如果不是「近黃昏」，又會是怎麼樣呢？就是馬上有美麗的明天出現，因此，我們要準備著迎接美麗的、光明的明天。生命是一種循環的運轉過程，個人的生命不會消失，不是變成黑暗，因為黑暗是留在原地，所以我們永遠是光明的，請大家抱持這種非常健康的想法。我們活得健康，也要為社會做好事、說好話，如此積功累德，我們的光芒會愈來愈大，最後一定可以成佛。

「天倫之樂」是靠互動產生

　　近年來我們提倡「心六倫」，「心」是指良心，或者是智慧的頭腦，包括家庭倫理、生活倫理、校園倫理、自然倫理、職場倫理、族群倫理，一共有六種倫理的主張，而其中第一種就是「家庭倫理」。

　　家庭倫理包含哪一些關係人呢？是父母、兒女、夫婦、兄弟姊妹等，特別是現在三代同堂的家庭不多，五代同堂的更少，因此，家人之間怎麼去相互關心很重要。在家庭中，對年輕的人要愛護與慈悲；對年老的人要孝敬、孝順和關懷。其實老人家不一定希望每天都有人陪著他，捧手捧腳地噓寒問暖，但是一天至少要向父母請安一、兩次。年輕人一定要照顧年長

者的生活，有錢、沒錢都沒關係，主要是讓他們生活安定、生活快樂。該如何讓生活過得快樂？其實只要不讓年長者生氣，就能過得快快樂樂。

孝順是適當地照顧家人，其中沒有太多物質的交換關係，如果有了物質的交換關係，就不一定是孝順了。所以，家庭倫理一定是年紀輕的人讓年紀大的人生活安定、身體健康、心裡平安，如果能做到這一點，就算是盡到做兒女的責任了。

而年紀大的人，也一定要有智慧，否則物質再豐富、兒孫再孝順，仍然不會覺得快樂。該怎麼做呢？就是對兒孫要體諒。年輕人正在努力做事、賺錢養家，維持整個家庭的溫飽，所以他們也很辛苦，不能老是計較兒孫不孝順或是哪裡不好，否則兒孫聽到了會起煩惱。其實只要生活安定，就應該覺得非常滿足了。因此，老人家要老得有智慧、老得有健康，而家庭的倫理關係，就能夠維持得非常融洽。不然，老人一計較，年輕人也煩惱，家庭中的「天倫之樂」，就很難產生了。

「天倫之樂」是靠互動產生的，年紀大的人對年輕、年幼的人要慈悲。怎麼慈悲呢？一個笑容是慈悲，一句讚歎也是慈悲，這樣小小的一個動作都是慈悲；如果兒孫送你一樣小禮物，或是替你端一杯茶，你都以感恩、感謝的心接受，覺得他們非常孝順，這樣他們就會很快樂。因此，上一代對下一代的關心、安慰與鼓勵，雖然不是物質上的奉獻，但是在精神上、在心理上讓他們感覺無後顧之憂，也不覺得他們對不起老人家，這樣就是年長者對年輕一輩的一種倫理，也是一種對年輕人的奉獻。

老得有智慧，病得很健康

我常說要「老得有智慧，病得很健康」，因為許多人年紀大了以後，通常就變得糊塗、嘮叨、而且不去考量事實，嘴巴想講就講，特別是對自己的子女、兒孫們，甚至是朋友也會這樣；也有很多年紀大的人，非常執著、懷念或是在乎自己年輕時的成就，因為自己有了歲數，體力不如以往，所以停留在過去的輝煌時代裡，不論是在家庭、事業，或者社會關係方面，常常會說：「我過去怎麼樣……」、「你們現在年輕

老菩薩們參與安和分院舉辦的佛化祝壽祈福法會。

的人哪，應該……」。聽起來總覺得年輕人不行，只有自己才是非常正確的；也常常有一些年紀大的人，對我說他們當年的成就、待人接物或做事的態度，總是沾沾自喜。他們活在過去，而非現在，所以常常惹得年輕人不愉快，即使聽了以後不反駁，但是心裡會覺得：「這些老人家怎麼把我們看成這麼幼稚？」

現在的時代與老人家年輕時是不一樣的。譬如有人稱年輕人為「草莓族」，擔心草莓族長大了以後，無法養活自己、無法照顧自己，更無法對長輩交代，可是年輕人並不認為自己是草莓族。事實上，過去被稱做「草莓族」的人，現在有些已經是社會的中堅分子，是有創業能力的人。所以，這個稱呼對年輕人來說是不公平的。

長者以開放的心向兒女學習

其實，往往自己認為這一個人不對，那一個人有錯誤、有缺點，都是站在上一輩人的角度和立場，來批判年輕人。這個時候，不僅被批判的年輕人會感到不舒服，連自己也不好過，因為會為他們擔心。所以，輕易地為別人下定論，讓雙方都不好受，而這樣就是沒有智慧。因此，上了年紀的人要有智慧，即是讓自己不起煩惱。

有智慧的年長者，做了祖父母以後，和孫兒女已經隔了兩代，反而應該要向新世代學習著了解他們的看法、想法和觀點，才能相處得很愉快，否則就變成守舊，無法與孫兒女相處了。我經常告訴老年人，要活到老學到老。向誰學習呢？向兒女學習，向孫兒女學習，向當下這個時代、社會學習，才能讓自己有智慧，並且為我們帶來健康和快樂。為什麼？因為我們的心胸會變得非常廣大，也非常自由，不會悶悶不樂，也不會覺得與這個社會格格不入，而是天天生活在現代了。

年紀雖然大了，不論六十歲、七十歲，甚至是八十歲以上，都要讓自己保持一個新的頭腦。所謂「新」的頭腦，是要向當下的生活環境學習，自己就能適應，這樣心裡很快樂，身體才會健康。因此，老要老得有智慧、有健康，保持著活在當下，否則的話，愈老愈糊塗，愈老愈煩惱，就會變得又老又病。健康不一定是身上沒有病，而是在思想上要有智慧，即是「活得快樂、病得健康」。像我已經是八十歲的人，雖然身體有病，但是我覺得很快樂，我的心理是健康的。只要保持心理的健康，身體的病就不會是問題、煩惱了。

● 09.06

第二屆國際關懷生命獎頒獎
與國際防治自殺接軌

由法鼓山人文社會基金會主辦的「國際關懷生命獎」，9月6日於台北圓山大飯店10樓國際會議廳舉行頒獎典禮；其中個人慈悲獎，由高雄市生命線協會主任吳信安獲得；個人智慧獎，由關渡麗景管理委員會副主任委員陳明里獲獎；團體獎大願獎，由社團法人中華民國工作傷害受害人協會獲得。頒獎人包括聖嚴師父、天主教樞機主教單國璽、前監察院院長錢復及國際防治自殺協會（International Association for Suicide Prevention，簡稱 IASP）主席布萊恩‧米謝勒（Brian Mishara）博士等，參與頒獎典禮者包括行政院衛生署醫事處副處長楊芝青等近三百二十人。

2008年「國際關懷生命獎」共有68件個人與團體參加徵選。有別於2007年的第一屆關懷生命獎，2008年特別與國際防治自殺接軌，除擴大為「國際關懷生命獎」，並增設特殊貢獻獎，由聖嚴師父頒發給布萊恩‧米謝勒博士，感佩他長期研究防治自殺，奔走世界各地為防治自殺工作奉獻心力。米謝勒博士受獎時強調每個人都有自殺意念，但真的自殺占極少部分，意味著自殺可以防範。他以加拿大原住民罪犯在受審期間，得到長老的悉心關懷和幫助後，呈現明顯降低自殺率的案例，說明防治自殺須人性化，展現人對人的關心。

個人獎部分，慈悲獎由活動決審委員召集人、前監察院院長錢復頒發。錢復指出，個人獎評選標準是以一個人能否長期奉獻為主，吳信安32年來致力於老人自殺防治，因此獲得肯定。吳信安感謝法鼓山的支持，表示自己雖是基督教牧師，也時常以「聖嚴法師108自在語」中「淨化人心，少欲知足，淨化社會，關懷他人」勉勵自己持續下去。

天主教樞機主教單國璽頒獎時，以

國際關懷生命獎頒獎典禮舉辦。（左起為李仲一祕書長、楊芝青副處長、前監院院長錢復、單國璽樞機主教、聖嚴師父、米謝勒博士、方丈和尚果東法師、吳信安主任、陳明里副主委、賀光綺理事長、王文洋總裁）

「慈悲的心」、「捨己為人的心」肯定個人智慧獎得主陳明里，指出大火毀去他的外貌，但給了他最美麗的心地，讓他致力爭取弱勢團體的福利，把災難化為光明。

而長期為工殤發聲，協助職災者抒發身心創痛的工作傷害受害人協會理事長賀光綺受獎時，表示期待各界社會工作者，為社會提供善的理念。

聖嚴師父在典禮中強調，法鼓山關懷生命及防治自殺的活動會繼續推動，並希望外界也能響應「心六倫」運動，做好關懷工作，將有助於降低自殺率。

● 09.07

國際關懷生命暨自殺防治論壇
聖嚴師父與米謝勒博士對談

在法鼓山人文社會基金會「國際關懷生命獎」頒獎典禮的翌日，9月7日，法鼓山於台大醫院國際會議中心，舉辦「國際關懷生命暨自殺防治論壇」活動，邀請國際防治自殺協會主席布萊恩·米謝勒與聖嚴師父，針對自殺防治的策略與佛法如何協助防治自殺工作進行對談，由台北大學社會工作學系系主任楊蓓主持。中華民國自殺防治中心執行長江弘基、法鼓山僧團副住持果暉法師等應邀做專題發表，內政部部長廖了以也親臨與會。

對談中，聖嚴師父指出人所以會自殺，是認為沒有平安、快樂、幸福，而這些都是宗教可以帶給人的東西。法鼓山提出的「心靈環保」，就是要幫助人的心靈從不平安變成平安，從浮動變成穩定，從憂慮變成快樂。

聖嚴師父特別推薦禪修，指出禪修可以使人心不受外界環境左右，不受當前恐懼影響；要注意自己的呼吸，不要把心思放在問題上，這樣身心就會放鬆，恐懼就會遠離。因此，他鼓勵大家用「面對它、接受它、處理它、放下它」這「四它」來幫助自己免於恐懼。

米謝勒則認為，有自殺傾向的人若有機會向聖嚴師父諮詢，相信自殺的機率一定會減少許多。不過，這卻是今天預防自殺最大的挑戰，有自殺傾向者不知有人可以幫助他們；所以自殺防治工作必須主動去找尋需要幫助的人，要以主動開放的態度，去聆聽別人的聲音，不要簡化對方想自殺的原因。

兩位對談者並且表示，必須善加藉助媒體的宣導，讓安心與助人的觀念和方法更普及。米謝勒強調，佛法的智慧對於防治自殺一定有幫助，但首先要主動去找到需要幫助的人，改變他們羞於表達想自殺的想法，進而懂得向外尋求協助。

聖嚴師父回應指出，媒體宣傳很重要，平常就要教社會大眾禪修的方法與觀念，讓一般人都能運用禪法，幫助自己以及想要自殺的人。

生命，不只屬於我們自己

刊載於《法鼓山2008國際關懷生命獎──大會手冊》

◎聖嚴師父

自殺防治論壇成果豐碩，左起為果暉法師、米謝勒博士、聖嚴師父、江弘基執行長、楊蓓主任。

我們很榮幸邀請到國際防治自殺協會主席布萊恩‧米謝勒，參加由法鼓山人文社會基金會所舉辦的第二屆國際關懷生命獎頒獎典禮暨自殺防治論壇。

這個活動的主題是「關懷生命」，希望我們每一個人都能夠珍惜自己的生命，也關懷他人能過平安、健康、快樂的生活。提到生命，人的生命究竟屬於誰？有的人認為，從出生到死亡這個過程中的生命，完完全全屬於自己，因此由自己支配，乃是天經地義的事。其實這種想法是相當片面的，甚至可說是一種自私且不負責任的態度。

大家不妨想想，我們每個人的生命，難道從一出生開始，就能夠獨立成長、茁壯嗎？絕非如此。人自出生以後，除非是夭折的孩子，否則都會歷經一段受保護的襁褓期，在父母與家人的照顧之中，逐漸成長，而在現代繁忙的工商業社會裡，小孩子通常是在保母或者育幼機構的照護下長大。這說明了我們每一個人的生命，並非自己可以主宰，而必須倚賴著各種各樣的「外緣」，才能維繫我們的生存與成長，乃至成家立業，對社會有所貢獻。

活著，就有機會改善

因此，人的生命，並不是想活就能夠活，活著的時候，必須要有各種條件的配合；當然，也不容許想死便死，生命並非片面屬於我們自己，每個人都沒有自殺的權利。事實上，我們每一個人的生命，都與父母家人相繫，與同儕友人相親，也與社會國家和天地自然之間，有著密不可分的關係。沒有一個人是孤單的，也沒有一個生命是無依無援的。我們的生命，是與我們的「關係人」共同相繫，因此對於「關係人」：家人、朋友、師長、社會，乃至整個宇宙，我們是有責任、有義務，而要回報奉獻的。這份責任，不一定是對社會有所貢獻，但是最基本的，每一個人要善用自己的生命，珍惜生命，克盡自己的責任與義務，這才是真正發揮了生命的價值。

　　然而，不可否認，人活著的時候，常常會遇到各種各樣的打擊和挫折，而要從種種逆境與不如意之中堅強走過來，確實辛苦。但是，也只有活著的時候，我們才能夠有改變和改善生活的機會。很可惜的是，有一些人，當他們面對生命的低潮時選擇逃避，而以自殺來結束自己的生命，希望從此以往，人世間的糾葛與煩惱，都隨著死亡一了百了。甚至有的人會寫遺書，為自己的行為向父母道歉，為自己輕生造成家人的哀痛表達歉意。其實這種道歉是沒有用的，無濟於事，尤其是自殺的這種罪惡，是怎麼也彌補不了的。

　　因此，我要再度呼籲：生命的權利，並不僅是屬於我們個人，而是與所有的「關係人」密切相繫；生命的存在，絕對不是孤立無援。我們的「關係人」，在我們有困難的時候，都會願意伸出援手，有的可能是提供金錢或物質上的支持，有的則是給予情感上的關心、祝福和鼓勵，這些同樣珍貴。人的一生最豐富的資產，往往就是與人的互動，跟人的交往。我們自己與他人，常常在不同時候、不同的生命階段裡，相互扮演著「施」與「受」的角色：彼一時，受人恩惠；此一時，可能成為他人生命中的貴人。

生命是為受報與還願而來

　　生命無價，自殺絕不可能一了百了。從佛教的觀點來看，人的自殺，不論是選擇何種方式結束生命，都是非常痛苦的事。凡是自殺的人，死亡以後，自殺的情境會在轉世之前，不斷地跟著他，重複上演，直到業力解脫為止。

　　人死之後，決定我們下一生去處的關鍵，是我們的心識，也就是神識。通常，人死之後，心識會有幾種不同的去處：一種是大善或者大惡之人，死後立即往生佛國淨土、天堂人間，或者直接投生地獄、畜生道；另一種是普通人，死亡之後，便會進入中陰身階段，又稱中蘊身。在這個中陰身的過程裡，如果是自殺的亡者，就會反覆不斷經歷自己前一世自殺的過程，比如跳水、上吊、自焚等痛苦的畫面，會不斷地重演，直到業力消除，這種焦慮之苦才會跟著解除。

　　我經常講，我們每個人來到這個世界上，都具有兩項任務：一種是受報，另一種是還願。如果今生該受的業報尚未清償而自殺，那就像是欠了一身的債款不還，而逃避躲了起來。但是躲起來以後，債務不僅不會消失，反而可能變本加厲地向你要回來，業力是不會憑空消失的。

　　關懷生命，尊重生命，除非死亡的一日自然而然到來，否則絕不可放棄生存的權利。有的人認為自己活在世上只是賴活，只是多吃一口飯，多吸一口空氣，活著沒有意義。其實，活著就是意義，哪怕是得重症的病人，或者已奄奄一息的將死之人，仍可發揮生命的價值。比如有佛教信仰的人，雖然已經躺在病床上，尚可以念佛號、念觀世音菩薩，一者助己安心，一來為人祝福；或者是體力虛弱，出不了聲的人，也可以在心裡默念觀世音菩薩的聖號；即使什麼也不做，就是心裡默默為身旁的人祈禱，為社會祝福，這也是在做好事、在發揮生命的價值了。

關懷生命無國界

法鼓山舉辦第二屆關懷生命獎

　　法鼓山自2006年開始在國內全面推動自殺防治，繼2007年舉辦第一屆「關懷生命獎」後，更於2008年擴大舉辦「國際關懷生命獎」，以及「國際關懷生命暨自殺防治論壇」活動，不只將法鼓山的自殺防治工作推展到國際上，並與全球致力於關懷生命的單位和專家相互交流與激勵，期能有助於降低國內外自殺的比率。

　　「台灣自殺人數從2006年到2007年，一共減少了四百多位；這成果不見得都是法鼓山努力所得，但代表全國上下各機關都在為自殺防治努力。」在「國際關懷生命獎」頒獎典禮上，聖嚴師父頒獎致辭時，以這個令人欣慰的數據，說明及強調法鼓山關懷生命及防治自殺的工作，一定會繼續推動，並希望各界踴躍響應。

　　擴大舉辦的「國際關懷生命獎」，特別增設「特殊貢獻獎」，表揚在全球自殺防治工作中，表現格外傑出的個人或單位。2008年首次是由1965年成立的國際防治自殺協會主席布萊恩‧米謝勒博士獲獎，感佩他長期研究防治自殺，奔走世界各地為防治自殺工作竭盡心力，尤其鼓舞了國內相關自殺防治研究工作的推動。

　　「國際關懷生命獎」另一項特色，即是開始與國際防治自殺接軌，除了將「特殊貢獻獎」頒發給國際防治自殺協會，並於頒獎典禮翌日，在台大醫院國際會議中心舉辦「國際關懷生命暨自殺防治論壇」，安排聖嚴師父與米謝勒進行對談，交換各自推展關懷生命工作的經驗、心得，深入探討防治自殺的因應策略，以及所面臨的諸多挑戰。

　　對談中，聖嚴師父和米謝勒都表示，只要做好關懷工作，自殺是可以防止的。師父指出，通常從意圖自殺到展開行動，都有相當的醞釀過程，在這其中有很多機會可以改變和防範。米謝勒也強調，希望有效防治自殺就要更積極去尋找需要幫助的人，並主動且開放地去聆聽，才能掌握防範的先機。

　　而給予全方位的關懷，是向有自殺危機者伸出援手的第一步，這需要廣大的社會資源一起投入。聖嚴師父即曾多次建議政府從經濟、財政等各個層面，成立一個跨部會的機制，以共同協商，謀求對策，制定政策。

　　做為一個佛教團體和民間單位，法鼓山持續在關懷生命和防治自殺上扮演穿針引線、拋磚引玉的角色，也期盼政府與其他民間團體和個人一起努力，共同來擔任防治自殺的守門員，讓每一個生命更美好，沒有遺憾。

● 09.14

慈基會馳援辛樂克風災
北中南各地義工分頭關懷

辛樂克颱風於9月13日侵襲全台，造成嚴重水患與災情，法鼓山慈善基金會於9月14日起啟動緊急救援系統，分別於宜蘭礁溪、台北縣土城市、台中后里等地進行關懷與協助；並在永齡基金會贊助下，深入南投仁愛山區發放物資，化解當地民眾斷糧危機。

宜蘭在這次風災中首當其衝，14日起陸續傳出水患，慈基會宜蘭總指揮蔡淑蕙獲知礁溪鄉一名婦人遭強風吹倒重傷，隨即向家屬表達關懷，並與義工李偉熙等人前往礁溪、壯圍、金六結勘察災情，聯繫頭城鎮、礁溪鄉公所表達法鼓山的關懷。

北部地區土城市14日發生土石崩塌，造成國際社區多棟房屋損毀，海山區總指揮鍾崑龍率領當地義工，第一時間前往慰問。

中部方面，台中縣后豐大橋因颱風塌陷斷裂，

南投地區救援小組成員，至南投縣立殯儀館為辛樂克颱風往生者助念。

多部汽車墜河。豐原地區總指揮陳榮裕會同義工，15日前往大甲關懷罹難者家屬，致贈慰問金；並引導家屬念佛迴向往生親人。

南投縣災情也相當慘重，豐丘明隧道坍塌造成七人罹難，南投地區總指揮熊英輝調派救援小組，16日赴竹山探視重傷的張金水父子並致贈慰問金，之後前往南投縣立殯儀館為往生者助念，致送家屬慰問金。

而位於南投山區的仁愛鄉聯外交通中斷，南投安心服務站站長李賜春與仁愛鄉公所聯繫，了解災區亟需物資，21日總指揮熊英輝與南投當地義工會同慈基會副祕書長常法法師，攜帶永齡基金會贊助的物資，至仁愛鄉六個村落發放，共援助四千位鄉民；此外，並至罹難者家中撫慰家屬，致送慰問金。

● 10.02

北縣府至法鼓山園區觀摩低碳典範
周縣長勉團隊學習環保理念

台北縣縣長周錫瑋率領縣府團隊一行八十多位局處主管，於10月2日至法鼓山園區參訪。除拜會聖嚴師父，並在園區低碳節能的自然環境中舉辦生活減碳體驗活動，且與法鼓山共同簽署〈響應節能減碳十大無悔宣言〉。

周錫瑋縣長一行在方丈和尚果東法師（右）的陪同下，體驗法鼓山的環保境教。

周縣長一行人在方丈和尚果東法師、法鼓大學籌備處主任劉安之陪同下，由建設工程處處長李孟崇及義工們解說導覽，逐一參訪園區各處，了解法鼓山綠建築的設計理念。聖嚴師父並於中午餐敘時，與縣府成員分享法鼓山的素食特色，就是不改食物「本色」，食物皆為不含任何添加物的健康原味。師父並提醒大家「不浪費食物就是節能的表現」，勉勵大眾在輕鬆享用的同時，隨時落實環保。

聖嚴師父歡迎周錫瑋縣長一行人，並分享法鼓山不改食物「本色」的素食特色。

聖嚴師父邀請周縣長等人能經常走訪法鼓山，並說明法鼓山是教育園區，但教育學習不只限於教師和學生，每一個人來到園區，都能透過園區的境教環境，共同學習成長。對此，周縣長除表達感謝，也強調只要人人「真心」落實愛護環境，地球就有無限希望。

法鼓山除於園區

建置講求環保、建設與自然相融的環境，並透過網路向社會大眾呼籲「多多少少・減碳愛地球」，提出多吃一天素、多種一棵樹、冷氣多一度、少用一張紙、少開一天車、少開一盞燈、少用一份免洗餐具等七種隨手可做的減碳方法，同時邀請大家上網連署響應挽救地球。

對於法鼓山的心靈及自然環保，周縣長給予肯定，也期勉縣府團隊汲取這次參訪學得的環保理念，落實在縣府綠色交通、節能省電、循環再利用、低碳生活的施政藍圖中。

● 10.05

榮譽董事禮聘感恩聯誼會舉辦
聖嚴師父感恩榮譽董事的護持

護法總會榮譽董事會於北投雲來寺舉辦「法鼓山榮譽董事——禮聘・感恩・聯誼會」，主題為「悲願・共榮」，聖嚴師父出席致辭，並由方丈和尚果東法師代表師父，頒發聘書給158位歷年圓滿但尚未領取聘書的榮譽董事們，聯誼會由資深媒體工作者葉樹姍擔任主持人。

方丈和尚果東法師代表聖嚴師父，頒發聘書給每一位榮董，並與他們合影。

聖嚴師父致辭時，首先感謝榮譽董事們齊心護持法鼓山，成就法鼓大學的興建；並提及，由於近日國內經濟不景氣，造成人心不安，法鼓山在此時興辦法鼓大學，讓多數人有疑慮。師父以法鼓山園區為例，細述當初法鼓山第一期建設也是歷經多年，中間過程同樣困難重重，但最後仍順利落成；並指出建築和建設是小事，培養人才才是大事，未來法鼓大學將是培育領導人才的學府。師父表示對法鼓大學的興辦深具信心，同時期勉大家具備同樣的信心。

法鼓大學籌備處主任劉安之也到場介紹該校創建的理念和目標，讓與會的榮譽董事進一步認識法鼓大學。

參與建設法鼓大學的人都是創辦人

10月5日講於北投雲來寺「法鼓山榮譽董事──禮聘・感恩・聯誼會」

◎聖嚴師父

今天來出席與會的，大約有兩百多人，有的是一家人一起來，其中還有一個家庭裡已經有了七、八位榮董，而今天又增加了幾位，我非常感謝各位的護持。

擘畫佛教教育的藍圖

法鼓山的總本山命名為「法鼓山世界佛教教育園區」，因為它不是一間寺廟，而是一處教育的場所。其實早在三十年前，我就已經規畫我們的教育體系了，也就是從創辦中華佛學研究所開始。去年（2007年），法鼓佛教研修學院正式於教育部登記成立，今年（2008年）並改名為「法鼓佛教學院」，畢業學生可以正式獲得教育部承認的學位資格。學生的性質和過去類似，不過以前的中華佛學研究所只有碩士，現在的佛教學院除了增加學士，未來還將增設博士學位，讓這三個層次完備。

另外，我們在七年前先成立了僧伽大學佛學院，這是造就寺院人才、宗教人才的場所，原則上它是屬於大學，但是不授予學位。其實，在學僧之中，已經有多位具有碩士、博士學位。從出生到臨終全方位關懷的人才，都由僧伽大學來培養。

目前我們正在努力募款建設的是法鼓大學，我們的籌備處主任劉安之在許多方面，例如《法鼓》、《人生》雜誌上都做過介紹。雖然現在台灣的大學錄取率很高，幾乎只要報考，就能夠

聖嚴師父勉勵榮董只要有信心，目標都可以達成。

被錄取，而報考大學的學生人數，幾乎比現在所有大學需要的入學人數還少，而法鼓大學是新成立的學校，要怎麼樣才能使所有報考的學生和家長另眼相看？就是我們的辦學方針及教育內容必須獨樹一格。

劉安之主任是非常優秀的教育家，聘請到他以後，我很放心，也經常和他談起法鼓大學要辦成什麼樣子的一所學校，學生的養成要與其他學校不同。相信未來我們畢業學生的素質，會讓人們的眼睛為之一亮，到時候，我們不但在國內，在國際上也是一所有品質的學校。

法鼓山具承先啟後的示範作用

我辦教育的目的，是要把佛教教育的層次、類別一一建設起來，然後再把它交接、傳承下去。例如，僧伽大學我已經交給方丈和尚，法鼓佛教學院現在也交給方丈和尚及校長惠敏法師，至於還沒有建設好的法鼓大學，我不敢、也不好意思把沒有完成的工作交給我的徒弟或學生。因為有一點不忍心，所以還是拖著病體要把法鼓大學完成，之後再交給法鼓大學的董事會。董事會裡多半是我們的法師和居士，交給他們以後，我就沒有事了。總之，我要將一樣事做到某一個步驟或某一種程度，可以放手了，才交給下面的人來接任。實際上，以我現在的身體情況，應該樣樣都要交出去才是。

方丈和尚很有承擔力，最近我們組團到中國大陸訪問，一共有六十幾個人。我最初想，方丈和尚剛接任沒有多久，所以姿態要低，不需要中國大陸大張旗鼓地接待我們。可是方丈和尚帶著訪問團一到中國大陸，無論是當局政府、寺院或佛教會，都把他看成是我的嗣位接班人，是我的代表，因此禮節都非常隆重，而且是高規格的接待層次，某些地方甚至還有公家部門派公安車做前導，就好像是我到了大陸一樣。

法鼓山現在可說是在世代交替之中，事實上，中國大陸佛教界也是一樣。過去我們到中國大陸，看到的都是老和尚，這次訪問團看到的，幾乎都是由二、三十歲的年輕人來擔任方丈，非常有活力。而且他們對外弘化的運作方法很多都參考法鼓山，甚至也派人到我們這裡學習法鼓山在社會教育、佛教教育、關懷教育各方面的推廣方法。所以，法鼓山在這幾年漸漸地有了一種示範的作用。

以實力為信心的基礎

所謂「創辦人」，就是創辦這所學校的人，所以，不只是我，榮譽董事們參與法鼓大學的創辦工作，出錢、出力、出意見，當然是我們的創辦人；所有參與的菩薩也都是我們法鼓大學的創辦人，而我只是創辦人之中的一分子。因此，我非常期待，也非常感謝諸位榮譽董事對於法鼓大學的支持。

法鼓大學是不是一定可以建得起來？當然沒有問題，我們有百分之百的把握。可是有人擔心，現在景氣不好，未來可能更蕭條，那麼經費要從哪

裡來？經費足夠了嗎？

我想，從信心來講，我們是足夠的；從對未來的預料來講，經費也是足夠的。我們需要建多少建築物，就會有多少錢，而錢就在諸位的身上，以及觀音菩薩的身上，我們若有這種信心，就會募到款；我們若相信它建得起來，它就能夠建得起來。只有在艱苦困難之中，我們有信心要完成心願的時候，就一定可以完成。

法鼓山第一期工程開始建設時，許多人都認為一定完成不了，因為山上還看不到任何建築。可是經過十五年的時間，一轉眼，法鼓山不但建起來了，而且還做得很好。所以，請大家要有信心，法鼓大學一定能在預定的時間內完成，一定會如期開學，屆時還請諸位一同來蒞臨開學典禮。

請諸位也要像我一樣有信心。我做事向來就是靠信心，這不是吹牛或說大話，而是靠真正的實力。因為有實力，所以有信心會得到好的成果，而且在未來幾年內就可以看到。請大家拭目以待，等著看我們法鼓山的大學建起來。

其實建築完工還是小事，在法鼓山上培養出人才來，這才是最重要的事。希望五年後，就能看到法鼓山培養出來一批一批的優秀學生。這一點劉安之主任很有信心、很有把握，我當然也很有信心、有把握。但願諸位菩薩能為我們多念觀音菩薩，除了自己來支持法鼓大學，同時也呼籲親戚朋友一起來支持。

今天我非常歡喜，在一片不景氣的狀況下、在一片不看好的狀況下，我們仍然有兩百多位菩薩前來接受榮譽董事的聘書，這是我相當高興的事，我相信這是諸位對於法鼓山、對於我聖嚴信心的表示，我非常地感謝、感恩。阿彌陀佛！

● 10.05　10.18　10.19

法鼓法音教師巡迴列車舉辦
北中南區合唱團團員共襄盛舉

　　合唱團分別於10月5日在台中分院、18日在北投農禪寺、19日在台南分院舉辦「2008年法鼓法音教師巡迴列車」關懷成長營，有近二百七十位來自全台的合唱團團員及信眾參加。

　　這項法鼓法音教師巡迴列車，是合唱團延續2007年的教育關懷活動，活動內容包括學習正確發聲法、演唱觀摩、佛曲演唱等。

全台合唱團團員在關懷成長營中共同練唱共修。

　　首場於5日在台中分院舉行，邀請中山大學音樂系教授黎蓉櫻指導發聲與歌唱技巧。有來自合唱團豐原團、台中團、員林團、苗栗團，以及東勢安心服務站、念佛會的成員參加。

　　18日在農禪寺進行，同樣邀請黎蓉櫻教授指導發聲與歌唱技巧，共有98位來自合唱團羅東團、基隆團、台北團、齋明寺合唱班，以及海山地區悅眾參加。

　　19日則在台南分院舉辦，邀請美國紐約曼哈頓音樂學院（Manhattan School of Music, New York）演唱碩士楊勝安指導發聲與歌唱技巧，共有40位來自高雄、台南、屏東等地合唱團團員參加。

● 10.22

台北市政府推展植存葬法
響應法鼓山「心靈環保」理念

　　10月22日上午，台北市社會局於富德復育園區「詠愛園」舉辦「觀自然——台北市故市民聯合植存典禮及彌陀法會」，方丈和尚果東法師應邀與台北市市長郝龍斌一起為往生市民進行植存，約有一百多人參加。

　　郝市長於典禮中致辭表示，台北市政府多年來即不斷推動海葬、樹葬、灑葬與植存等環保葬法，透過這次的植存合作，期盼未來與法鼓山一起推廣「心靈環保」的理念和各項措施。

方丈和尚果東法師則表示，「心靈環保」是觀念的導正，希望民眾能建立起健康的觀念，凡事以社會全體做思考，就是最好的慈悲，讓生者有利、死者有功，真正歡喜看生死，就能落實人間真善美。最後，方丈和尚並與郝市長共同引領24位代表台北市12個行政區的法鼓山義工，一起圓滿植存儀式。

台北市政府響應法鼓山環保理念，推行植存葬法。

● 10.25～26

護法總會舉辦「從心發光‧重新發光」成長營
正副轄召、召委、會團長發願精進

護法總會於10月25至26日，在法鼓山園區禪堂舉辦召委成長營，以「從心發光‧重新發光」為主題，方丈和尚果東法師、護法總會總會長陳嘉男都到場關懷勉勵。全台有近一百八十位正副會團長、轄召和召委參加。

24日晚上報到時，方丈和尚果東法師到場關懷勉勵大家，把握回家充電的時光，確實、切實、老實、踏實地修行，用歡喜心看待一切，讓心重新發光。

這次成長營安排探索聖嚴師父的心光、佛菩薩的心光，直至看見自己的心光，一系列充滿「心光」的課程，希望幫助大家藉由對聖嚴師父和佛菩薩智慧的體會和學習課程，點燃心中的光，從而提起再出發的動力。

常慧法師於成長營課程中，分享聖嚴師父的成長故事。

首日第一堂課中，法鼓山僧伽大學女眾學務規畫組組長常慧法師講述聖嚴師父成長小故事，勉勵大眾學習師父以正面力量面對每一項考驗；接著由國際發展處監院常華法師引導大眾尋找佛菩薩的心光，希望悅眾們從內心年輕起來，並獲得佛法的利益和生命的成長。

晚上，於祈願觀音殿進行點燈傳燈儀式，由僧團副住持果暉法師帶領學員們從拜懺開始，藉由洗滌內心，從心再發

願；接下來大家以燈相傳，發願將出離生死、利益眾生的佛法心光傳遞出去。

第二天上午，禪修中心副都監果元法師引導學員們在禪堂公園赤腳經行，一步一腳印體驗心在當下、佛在當下的感覺。建設工程處處長李孟崇也向大家說明聖嚴師父對法鼓山建築的理念，以及園區順應自然、就地取材的建設作法，讓大家感受「需要的不多，想要的太多」環保理念的落實。另外，並安排法鼓山僧伽大學副院長果光法師主講「開啟無限心光」，以影片引導大眾學習運用禪修觀念面對生活中的每個境界和考驗，並藉著發願讓自己重新出發。

● 11.01

大願興學心得分享茶會舉辦
聖嚴師父期勉大家再接再厲

11月1日護法總會於北投雲來寺舉辦「5475大願興學心得分享茶會」，聖嚴師父特別出席茶會，感恩並鼓勵大家再接再厲；方丈和尚果東法師、總會長陳嘉男、副總會長黃楚琪、關懷中心果選法師、榮譽董事會執行長連智富等也出席關懷，全台共有225位勸募「5475大願興學」專案人數超過一百人的會員參加。

果選法師（右起）、方丈和尚果東法師、聖嚴師父、陳嘉男總會長、黃楚琪副總會長與「5475大願興學」勸募會員合影。

活動開始，方丈和尚和陳嘉男總會長首先感恩大家的用心與付出，使「5475大願興學」專案的參與人數達到21萬人次，方丈和尚並當場宣布法鼓大學訂於11月28日舉行開工典禮，全場會員備受鼓舞。

接著進行分組討論，以「我如何幫助其他菩薩能圓滿百人目標」、「我如何圓滿再出發」為題，會員彼此交流勸募過程中發生的小故事。許多會員分享了自己接引信眾護持的善巧方法，包括學習聖嚴師父發願的精神、開口就有機會的信念、善用臨終關懷等。

茶會結束前，聖嚴師父特別到場感恩大家，也分享自己接引鴻海集團董事長郭台銘與萬名員工發心護持的過程。師父表示，「5475大願興學」讓人人有機會種福田，希望大家發願從自己做起，每個人都能接引一百人以上來參與，圓滿百萬人護持法鼓大學的好願。

感恩發願興學的勇氣和信心

11月1日講於北投雲來寺「大願興學心得分享茶會」(節錄)

◎聖嚴師父

聖嚴師父勉勵大家繼續發願,接引更多人護持法鼓大學。

今天我主要是來看看大家,勉勵大家,也聽聽諸位的心得分享,聽聽諸位是如何地感動他人,而接引了百位菩薩。

我想先講講自己的經驗。在今年(2008年)農曆年春節,有位企業家上法鼓山來看我,他問我:「有什麼需要幫忙嗎?」我說:「有!我們正在推動一個『5475大願興學』計畫」,也就是每個人每天捐5塊錢,三年下來每個人圓滿5475元,希望能有一百萬人共同成就。」他又問我:「那麼法師希望我參與多少名額呢?」我說:「我不貪心,只希望您能夠拋磚引玉,發心找來一萬人。」結果幾天之後,護持款就進來了。

近半年來,國內景氣不是很好,大家捐款的能力、捐款的意願都受到影響,到目前為止,距離我們希望達成百萬人護持的目標,仍有很長一段距離,但是希望大家不要氣餒,要繼續發願、繼續努力,接引身邊更多的人一起來護持法鼓大學。

自從「5475大願興學」計畫推出之後,我非常感恩諸位的發心,也請諸位感恩自己有這樣大的勇氣和信心,能在一年之內成功接引一百位菩薩來護持法鼓大學;還有,也應該感恩我們有這麼好的因緣、這麼大的功德,共同促成法鼓大學的興學。

今天的茶敘,備有點心和茶。原來活動的最初構想是辦餐敘,但是我覺得,現在我們募款募得很辛苦,不應該辦餐敘來感恩自己,因此我建議用茶會的方式,讓我們彼此感恩,這樣會更好一些。祝福大家,阿彌陀佛!

● 11.12

人基會榮獲年度社教公益獎
行政院長讚揚法鼓山推動心六倫

　　為鼓勵從事教育工作的個人及公益團體，教育部於11月12日在台北市青少年育樂中心演藝廳，舉辦「97年度教育部表揚推展社會教育有功團體及個人獎」頒獎典禮，共有包括法鼓山人文社會基金會在內的56個團體及個人，獲頒榮譽獎座，行政院院長劉兆玄、教育部部長鄭瑞城特地到場勉勵得獎者。人基會祕書長李伸一代表創辦人聖嚴師父出席受獎，同時代表所有得獎團體致感謝辭。

　　教育部自1975年起，在每年11月12日中華文化復興節舉辦這項表揚活動，法鼓山文教基金會曾於2002年及2006年度獲獎。人基會於2008年以近年持續推動聖嚴師父提出的「心六倫」運動，並舉辦關懷生命獎、宣傳

李伸一祕書長（右）代表聖嚴師父出席，接受劉兆玄院長頒獎。

生命價值、防治自殺、提供獎助學金等公益活動，受到評審委員的一致肯定。劉兆玄院長特別在會中讚揚法鼓山推動「心六倫」，為社會及民眾維繫安身立命的核心價值。

　　為讓大眾充分了解2008年度所有得獎的個人及團體的貢獻與事蹟，教育部並自11月17日起，在台北車站地下街舉辦特展，以期號召更多民眾共同投入推廣社教、獻身公益的行列。

● 11.12

國軍自傷防治論文發表會舉辦
人基會受邀協辦珍惜生命成果展

　　為增進國軍自我傷害防治的研究，配合「世界自殺防治日」暨「世界心理健康日」，國防部於國防大學復興崗校區舉辦「珍惜生命、迎向陽光，國軍自我傷害防治論文發表會」，法鼓山人文社會基金會受邀協辦，並在會中支援舉辦珍惜生命成果展，以及相關的觀摩交流活動，約有兩千人次參加。

　　國防部在這項活動中，邀請包括行政院自殺防治中心、法鼓山人基會等民間

輔導機構協同參展,希望廣泛建立資源交流平台,整合教育學術及軍隊輔導實務,以全面提昇國軍自傷防治專業知能,防範官兵自傷案件發生。

人基會受邀參與此項活動,緣於之前曾舉辦多項關懷生命、防治自殺的活動。聖嚴師父並於10月21日應邀至國防大學演講,也讓國防部高階軍官更了解法鼓山關懷生命和防治自殺的決心和理念,因而希望能借重法鼓山在這方面的經驗和資源。

人基會於國軍自我傷害防治論文發表會中,舉辦珍惜生命成果展,引起廣泛回響。

人基會這項支援珍惜生命成果展是以「慈悲關懷、希望再現」為主軸,也同時推廣「心六倫」運動及法鼓山理念,展出的內容包括聖嚴師父的著作、結緣書、有聲書等。

● 11.20～22

法鼓山參加大陸宗教與公益事業論壇
分享救災的經驗與理念

11月20至22日,法鼓山僧伽大學男眾學務長常惺法師代表法鼓山,至中國大陸福建省廈門市南普陀寺參加「災難危機與佛教慈善事業暨第二屆宗教與公益事業論壇」,並以「心安就有平安──以災民需求為中心的法鼓山四川賑災經驗分享」為題,發表演說。該論壇由中華文化交流協會、國家宗教局、中國佛教協會主辦。

常惺法師代表法鼓山在會中發表演說。

「因為我是一個佛教的法師,在看到、聽到有眾生受災受難時,不管是哪個國家、民族、宗教的人,就感覺像是自己受災難,我們法鼓山雖然力量很小,但是世界

上任何一個地方有災難，我們一定會爭取時間到災區去救災。」擔任第一場次發表演說的常悟法師首先引用聖嚴師父的一段話，來闡明法鼓山對眾生和世界的關懷，並且以實際的行動來落實關懷。

常悟法師接著說明法鼓山在四川地震發生後，在極短的時間內動員法鼓山及來自台灣各地的資源前往救援。至2008年底，前後派出十餘梯次的救援團，前往提供當地災區民眾各種物資、醫療及心理重建等服務的過程。法師並和與會者分享法鼓山歷經台灣921地震、南亞大海嘯、四川大地震等，所累積的賑災經驗和行動步驟，包括物資、醫療的緊急供輸，校園、家園、醫院等各種硬體設施的重建，以及心理、職業重建等「賑災三階段」法則。

常悟法師同時由賑災和佛教慈悲、布施精神的密切關係，來闡述法鼓山獨特的救災理念，包括以「心靈為主，物質為輔」為原則，以「四安：安心、安身、安家、安業」為方法，以「感恩、學習、尊重」為態度等，都和法鼓山多年來致力推廣的「心靈環保」、「心五四」運動等，環環相扣。

論壇中，包括大陸福建省民宗廳廳長王聚仁、福建省佛教協會常務副會長普法法師、福建省廈門市佛教協會會長暨南普陀寺方丈則悟法師、國家宗教事務局一司副司長暨中華宗教文化交流協會副祕書長劉威等都出席。

論壇結束後，常悟法師並接受香港鳳凰衛視採訪，介紹法鼓山的救災理念。

● 12.06～17

第七次斯里蘭卡醫療團出發
為當地民眾提供義診和公衛觀念

2004年底南亞大海嘯發生後，法鼓山慈善基金會陸續派遣了六次醫療團隊到斯里蘭卡義診。12月6至17日，慈基會再度派遣第七次醫療團隊，在斯里蘭卡可倫坡西北方的米努萬戈答村（Minuwangoda）、威延戈答村（Veyangoda）和安比普沙（Ambepussa）三地，以及漢班托塔（Hambantota）台灣村的菩提心健康服務中心，展開為期12天的醫療義診服務。

斯里蘭卡災區民眾依序排隊候診。

該梯次的醫療團包括有2位醫師、3位護理師、1位推拿師、1位藥師等共16位成員,共攜帶約近四百公斤的各類醫療用品。

首站於7日在米努萬戈答村的寺廟展開,當地村民特別舉辦歡迎會,會中進行點燈儀式,由醫療團的兩位醫生蔡蜀簡、張財旺代表點燈祈福。當地的優波離大長老‧溫答陸瓦法師(Ven. Wendaruwa Sri Upali Nayaka Thero)並帶領大家持誦經文,為大眾祝福,合作單位的沙拉達法師亦在會中致辭,感恩法鼓山協助斯里蘭卡民眾。

之後,醫療團陸續前往威延戈答村、安比普沙地區及漢班托塔台灣村義診。在法鼓山漢班托塔台灣村中,設有「安心服務站」和「菩提心健康服務中心」,協助災區民眾進一步重建受創的心靈,並提供公共衛生教育和醫療服務等。

義診期間,醫療團也同時與當地民眾分享法鼓山心靈環保的理念,以及公共衛生方面的觀念等,總計有2,399人次接受義診服務。

● 12.10

大愛基金會發放中、小學生獎學金
關懷偏遠地區清寒學童

為關懷偏遠地區需要幫助的家庭,法鼓山大愛文教基金會和法鼓山慈善基金會合作,2008年於台北縣偏遠地區發放中、小學生獎助學金,包括林口、深坑、石碇等九個鄉,三峽、瑞芳、鶯歌等鎮,以及汐止市和新店市等共56所中小學,316位學生接受補助。除了採匯款方式外,12月10日並由慈基會副祕書長常法法師和大愛基金會成員,親赴台北縣石碇鄉和平國小、石碇高中二校頒發獎助學金。

常法法師和和平國小八位受獎學生合影。(圖後中為李明傑校長)

和平國小被教育部列為96年度台北縣偏遠地區的國小,全校教職員工共15人,學生九十多位。該校申請這項獎助學金的學生共8位,多為單親或家境清寒的孩子,生活清苦卻力爭上游。

常法法師勉勵這些學生要常存感恩的心,珍惜天地萬物,更不要忘記多多幫助別人,即使一個微笑,也可以讓世界更

美好，讓身邊的人更快樂。該校校長李明傑以及薑宜秀老師希望受獎學生珍惜這份獎勵，並鼓勵他們培養積極正面的生活態度。

第二場頒獎典禮在石碇高中舉辦，該校位於山丘上，國中部學生有三百多人、高中部五百多人，為縣立完全中學，此次受獎者有20名國中部學子。校長柯武宏感謝法鼓山藉此激發學生積極面對挑戰的力量。常法法師希望這份獎助學金能傳達社會上許多人的祝福與溫暖，並鼓勵學生將這份感動永續下去。

● 12.13

慈基會於農禪寺舉辦歲末大關懷
法師勉眾時時心存善念

法鼓山慈善基金會於12月13日上午在北投農禪寺，展開2008年歲末大關懷的第一場活動。台北市社會局副局長黃清高、北投區區長李美麗出席致辭，方丈和尚果東法師也代表聖嚴師父到場關懷。活動包括祈福法會、義賣、義診、填寫祈願卡、法鼓隊表演等，以及發放慰問金和物資，約有一千五百多位民眾和受關懷戶參加。

農禪寺歲末大關懷活動中，法師代表法鼓山關懷到場民眾。

黃清高副局長致辭時，特別提起2003年法鼓山在SARS期間，與台北市政府合作安撫人心一事，以及方丈和尚在2008年協助指導市政府提倡環保植存，提供民眾關於生死的新觀念，肯定法鼓山對社會積極正面的奉獻。李美麗區長則帶著感恩的心，感謝法鼓山在區民遭逢急難災害時，總會主動提供幫助，並呼籲民眾踴躍響應法鼓山，把遍布十方的大愛傳出去。農禪寺果明法師則鼓勵民眾常念觀音聖號，只要心存善念，自然發出善的磁場，在祝福他人的同時，自己也會有福氣，一切就會吉祥如意。

這項歲末大關懷系列活動遍及全台，從12月13日於農禪寺開始，延續至2009年1月，陸續在法鼓山園區、台中分院、台南分院、桃園齋明寺、南投德華寺、高雄紫雲寺，以及竹山、東勢、南投等地的安心服務站，發放慰問金和物資給受關懷戶，包括特殊個案、獨居老人、低收入戶、震災重建戶等，總計有近一千九百個家庭受惠。

● 12.17

文化館、農禪寺獲評績優宗教團體
鑑心長老尼及果燦法師代表領獎

吳清基副市長頒獎給農禪寺，果燦法師代表領獎。

台北市政府民政局於12月17日在台大醫院國際會議廳，舉辦「96年度績優宗教團體表揚大會」，北投農禪寺及中華佛教文化館因推廣社會教育及關懷在地人文等，而獲台北市政府的頒獎表揚，農禪寺監院果燦法師及文化館住持鑑心長老尼分別代表受獎。

台北市副市長吳清基致辭表示，社會要朝良善的方向成長，好人好事的代表就亟需被表揚，台北市政府進行此項表揚即是要以具體行動為社會樹立楷模典範。

96年度獲得台北市政府表揚的績優宗教團體，共計46個，這些團體均是長期投入災難救助，熱心參與公益慈善、社會教化事業且成果卓著的單位。農禪寺及文化館長期投入地方公益及社會教化工作，包括舉辦各項社區進修課程，如生命關懷、佛畫、紙雕等人文休閒課程，並投入社區藝文活動，辦理重陽敬老、元宵踩街及社區敦親睦鄰等活動而受到肯定。

● 12.19

法行會舉辦九週年慶
會員發願持續關懷社會

法行會於12月19日在台北圓山大飯店國際會議中心，舉行九週年慶祝晚會，主題為「感恩與承擔」，僧團副住持果品法師、果暉法師均到場關懷，約有四百六十多位會員出席。以電影《海角七號》榮獲金馬獎最佳男配角的馬如龍伉儷，也共襄盛會。

晚會上，法行會會長張昌邦首先代表全體會員，感恩聖嚴師父多年來舉辦菁英禪三，將原本在不同崗位上的法行會會員聚集在一起；他並感恩所有會員九年來的努力，特別是2008年5月中國大陸四川地震發生後，許多人適時提供資源與意見，讓醫療團迅速成立，並且在秀水鎮進行重建工程。而對即將邁入第十年的法行會而言，2009年是相當重要的里程碑，他勉勵大家共同承擔師父的

理念與使命，一起為下一個十年繼續努力。

即將於第二天啟程前往四川援助賑災的果品法師致辭表示，儘管聖嚴師父不克出席，但只要大家謹記師父教誨的精神與方法，善加運用，就能感受師父如在身邊的關懷。他以自身前往四川慰訪為例指出，到四川實地用佛法

法行會會員所組的法鼓隊，擊出撼動人心的鼓聲。

來幫助他人，更能深刻感受佛法的好，即使是一、兩句佛法，都能帶給當地居民許多安慰與幫助。

此外，活動也安排法行會會員所組的法鼓隊、手鼓隊，以及由中央研究院生物多樣性研究中心研究員陳章波帶領的太極拳表演；聲樂家許文龍、廖英君也獻唱多首歌曲。晚會最後，法行會全體成員齊心發願承擔法鼓山使命，繼續關懷社會，推動各項弘化與公益工作。

● 12.21

法鼓山歲末關懷列車溫暖北海岸
基隆與北海四鄉285戶民眾參加

法鼓山慈善基金會於法鼓山園區舉辦歲末大關懷活動，由僧團副住持果暉法師帶領祈福法會，方丈和尚果東法師於法會後親臨會場關懷。慈基會會長王景益以及台北縣社會局局長李麗圳、金山鄉鄉長許春財、基隆市社會處處長曾煥卿等皆出席，共有來自基隆及台北縣北海四鄉的285戶關懷戶參加。

活動除了持續以往發放關懷物資及慰問金，方丈和尚並開示勉勵大

果暉法師代表法鼓山關懷出席的老菩薩。

眾，天氣的陰晴變化無法以人力去控制，但是我們可以改變心情，就像面對經濟困頓的局勢，要保持樂觀正面的態度。果暉法師也以「只要心安，生活就有平安」與在場民眾互勉，強調只要常接近三寶就能讓心富足，並感恩在座讓社會大眾有培福、種福的機緣。而王景益會長則表示，歲末關懷的目的是要活絡在地情感，敦親睦鄰，並鼓勵大家常上法鼓山親近佛法。

李麗圳局長肯定法鼓山的努力，使得社會上需要關懷的族群獲取更多幫助。而許春財鄉長也希望金山鄉民飲水思源，在有能力時，以感恩報恩的心去關懷需要協助的人。曾煥卿處長則鼓勵大家存好心、做好事、說好話，用「三好」的態度面對生活。

● 12.27

大愛文教基金會獲台北縣府表揚
推展社會教育受肯定

果興法師（右）代表接受「推展社會教育有功團體獎」，由劉和然局長頒獎。

台北縣教育局於12月27日，在縣政府大禮堂舉辦「2008推展社會教育有功團體及個人」表揚大會，由教育局局長劉和然主持。法鼓山大愛文教基金會因辦理社會教化事業受肯定而獲獎，由僧團男眾部副都監果興法師代表領獎。

台北縣政府為獎勵各界辦理公益慈善及社會教化等事業，均會定期表揚推展有功的組織或個人。2008年榮獲獎勵的團體，除法鼓山大愛文教基金會，還有慈竹文教、新和國小及樹林市公所等八個團體。其中，法鼓山大愛文教基金會獲得獎勵的原因，包括長期辦理清寒學生獎助學金發放、校園贈書、考生祈福及舉行暑期兒童心靈環保體驗營等活動，獲得主辦單位肯定。

法鼓山大愛文教基金會以舉辦文化教育、學術研究，及增進社會大眾身心健康等活動為成立宗旨，積極推動「提倡全面教育，落實整體關懷」的教育與關懷工作。代表領獎的果興法師表示，法鼓山是一個教育的佛教團體，發放清寒獎助學金除為協助貧困學子就學，也鼓勵他們積極上進，並在未來有能力時回饋社會。

參【大學院教育】

涵養智慧養分的學習殿堂，
以研究、教學、弘法、服務為鵠，
養成專業的佛學人才，
開啟國際學術交流大門，
朝向世界佛教教育園區的願景邁進。

全方位育才　厚植淨土

為大普化、大關懷培育人才的大學院教育，
是推動淨化社會的重要推手。
法鼓佛教學院首屆學士班新生入學，開啟完整大學體制的新格局；
其現代化的教學設備，更獲相關單位肯定推動環境保護有功。
中華佛研所研究方向擬定在宋至明末佛教研究，是國際佛學當今趨勢；
在聖嚴師父「建僧」的悲願下，
僧大持續培育佛教宗教師，為僧團增添新活力。
以國際化為辦學目標、心靈環保為主軸的法鼓大學，校區灑淨啟建；
並舉辦「法鼓公益論壇」，各界專業人士合力激發大學的前瞻視野。
2008年大學院教育持續發展，並朝國際化、現代化、生活化方向前進。

聖嚴師父在2008年10月5日的「法鼓山榮譽董事——禮聘‧感恩‧聯誼會」上，明白地標示出「法鼓山的工作任務，即是大學院、大普化、大關懷的三大教育；亦即是人類社會全面教育、知能品德的整體教育、身心靈養成的全人教育、也是生命全程的終身教育。」三大教育中，大學院教育更是扮演了提供大普化、大關懷師資人才的重要來源，如法鼓山僧伽大學培養的宗教師人才、中華佛學研究所培養的佛學研究人才、法鼓佛教學院的研究與修行兼備的佛教人才、法鼓大學培養出以心靈淨化為本的人文人才等，不僅是法鼓山推動淨化社會人心的重要推手，更是現今世界所亟需的重要人文資源。

法鼓佛教學院

「法鼓佛教研修學院」於2007年4月揭牌成立迄今已滿一週年，聖嚴師父在2008年4月8日週年慶時一再強調：研修學院最重視學生的人格與胸懷，在學習環境上除了宗教的學術，更應有宗教的氣氛；同時勉勵大家要把握得天獨厚的環境，好好讀書、好好修行，因為以培養宗教人才為創校目的研修學院，是一所「不一樣的大學」。校慶的重點活動，為研修學院與台灣科技大學締結姊妹校簽約儀式，以及「西藏文獻微片集成館藏儀式」，以期讓傳統的佛教教義藉由現代科技，能有更為深刻與廣泛的弘揚。同時透過淨灘活動，身體力行為環境盡一份心力。而為避免原「研修」二字

在與國際他校對等關係建立上產生混淆，研修學院於2008年8月1日正式更名為「法鼓佛教學院」。

2008年9月14日的開學典禮，不同以往的是：正式迎接第一屆學士班14名新生入學，亦開啟了佛教學院走向完整大學體制的新格局。同時，推廣教育中心自97學年度起，除開辦原有的推廣課程外，首次開設「隨班附讀碩士學分班」，提供欲進入研究所就讀之學員完善的先修管道。

佛教學院秉承過去中華佛研所二十幾年的豐厚經驗與資源，在宗教與學術的交流上更為頻繁而多樣，包含國外如：泰國、德國、印度、日本、美國、加拿大、中國等，以及國內各大學研究所等，大多由單位負責人帶領參訪交流團主動至法鼓山各教育單位互動、交流。活動內容包括園區參訪、學術交流、演講、校園經營經驗分享、未來合作方向等。由於佛教學院位於一向秉持落實節能、環保的世界佛教教育園區，整體校園呈顯出樸實、簡單、寧靜的學習氛圍，又具有多功能、現代化的教學設備，於11月21日榮獲行政院環保署頒發「97年度推動環境保護有功」學校特優獎

項，為全台一百二十多所學校中，唯一榮獲特優獎的學校，再次顯示政府肯定法鼓山發揮了教育與淨化社會人心的重要功能。

在國際學術交流方面，校長惠敏法師率團赴美國，參加國際佛教研究協會（International Association of Buddhist Studies，簡稱IABS）於美國亞特蘭大埃莫里大學（Emory University）舉辦的第15屆「IABS國際佛學會議」。除於會中發表論文，並與中華佛研所共同順利申請到下一屆（2011年）會議的主辦權。校長表示這是難得的機緣，一方面可接引國外學者前來了解台灣佛教的發展，另一方面也使台灣佛教界有機會與世界佛學研究學者面對面地切磋交流。此外，10月與政治大學合辦「第三屆漢文佛典語言學國際學術研討會」，分別有來自中國大陸、日本、比利時、韓國及台灣之佛典語言專業學者31位，共計發表論文30篇。校長

佛教學院與中研院合辦「沉淪、懺悔與救度」研討會，探討文學與宗教的接點。

惠敏法師表示，希望未來能進一步與兩岸學者交流，讓漢傳佛教的發展更上一層樓！其他尚有2月份由佛教學院、中華佛研所、中華電子佛典協會（CBETA）、國際電子佛典推進協議會（EBTI）合辦的「數位佛學研究國際會議」、9月主辦「第19屆全國佛學論文聯合發表會」、12月份與中央研究院合辦的「沉淪、懺悔與救度：中國文化的懺悔書寫」國際學術研討會等。

不難發現，佛教學院的積極朝向科技與人文相結合、傳統與現代並進的發展方向，對全球佛教的國際化、資訊化發展扮演著引領的角色。佛教學院與國內外各領域人士頻仍的互助合作、宗教往來、學術交流等，不僅是佛教高等教育重要的活水泉源，藉以達到彼此的經驗、資源共享，更能讓佛教與現代社會脈動相結合，為世界文明累積更豐富的人類智慧資產，使這個世界更美好、人類心靈更充實，趣向淨化。

中華佛學研究所

中華佛學研究所在2007年轉型為學術研究單位後，即積極朝推廣漢傳佛教研究的目標前進。甫於2007年12月接任所長一職的果鏡法師，在2008年7月的校友會中表示，目前中華佛研所的研究方向鎖定在宋至明末的佛教研究，因為此時期的研究質量目前在教界研究中相對匱乏，故有很大的發展空間，是國際佛學當今趨勢。

在國際學術交流方面，中華佛研所於2月與法鼓佛教學院等相關單位共同舉辦「數位佛學研究國際會議」、5月參與協辦第二屆「聖嚴思想國際學術研討會」、6月則以「漢傳佛教禪修相

第二屆聖嚴思想研討會，45位國內外學者齊聚討論，展現佛教研究新活力。

關研究」為主題，與佛教學院共同組團至美國參加2008年第15屆IABS國際佛學會議、9月參與中國新疆塔里木大學「中印絲路文化交流研究國際會議」等。另外，亦主辦幾場演講、分享會，如舉辦中華佛研所校友留學心得分享；邀請香港科技大學教授，亦為華嚴美術專家的古正美

中華佛研所與佛教學院參加新疆絲路會議，開展絲路文化研究。

為僧團及僧大演講「從經典談佛教藝術」；邀請中國大陸江西佛教學院教務長衍真法師進行兩岸漢傳佛教學術交流，及僧教育經驗分享，以及與法鼓佛教學院合辦多場校內講座等。

　　除了對外例常性的國際學術研討會、與各界的交流訪問及演講座談外，中華佛研所對內亦著手研擬「漢傳佛學論叢」相關工作，希望能集合各學者在漢傳佛教的研究成果、鼓勵佛教學者們對漢傳佛教有更多不同領域的研究與發揚。另一方面，亦開始建置「漢傳佛教學術研究資料庫」，不僅是統合漢傳佛教研究歷年來的研究成果，更是有利於未來更深廣的研究發展。

法鼓山僧伽大學

　　聖嚴師父最大的悲願即在「建僧」，建立一個清淨和合又現代化的僧團。同時強調這個僧團必須以有次第的佛教

教育體制，培養具有大悲願心的宗教師，而且能融入社會、推動淨化人心的工作。僧伽大學即是在師父的親自指導下，以穩健的步伐邁入第八年，不僅實踐了師父的「建僧」悲願，更是法鼓山致力弘揚漢傳佛教重要的命脈。

　　在9月4日教師餐敘中，聖嚴師父再次強調僧大的辦學理念在「培育佛教宗教師，在社會上傳播正信的佛教，以身教、言教感動與感化社會大眾，真正負起弘化中華禪法鼓宗的任務。」有別於其他的教育單位，僧大是以「培養對當代社會有用的宗教師，非佛學研究人才」為宗旨，師父期許僧大老師們務必掌握好此一辦學理念與精神，除了傳承中華禪法鼓宗，更要引導學僧創新，適應社會需要，完成宗教師的僧格教育。

　　理念需要有人去學習、實踐與推廣，而且能一代一代傳下去，故僧伽大學每年皆非常重視與招生相關的活動，例如寒假期間舉辦第六屆「生命

自覺營」，讓青年學子得以在法鼓山實際體驗「僧家半日閒」的「農禪家風」。2008年自覺營以體驗出坡及禪修為主軸，讓學員們從相關的課程中學習如何用佛法與禪修，面對與處理眼前的工作與生活，期望學員們因為真正了解、體驗到出家生活的殊勝，而能培植出家的種子，待未來因緣成熟而能荷擔如來家業，加入淨化人心的行列。

緊接著在3月的招生說明會中，更具體地為考生與其家長們介紹僧大的辦學目標、軟硬體設備、生活點滴、課程內容等，鼓勵大家輕鬆準備6月的入學考、認真抉擇生命的著力點。4月17日，僧大學僧發起「朝山」活動，希望藉「風雨生信心」，讓僧伽佛種得以紹隆，願佛法慧命得以延續。8月30日地藏王菩薩聖誕日為僧大的剃度大典，聖嚴師父親自擔任得戒和尚，為5位男眾、13位女眾剃度，為法鼓山僧團增添新活力。

學年期間，僧大為增廣學僧的視野，循往例不定期主辦演講、交流、座談等活動，2008年於6月邀請聖嚴師父二位西方法子：約翰·克魯克（John Crook）博士、賽門·查爾得（Simon Child）博士分享學佛因緣與禪修經驗，讓彼此的禪修觀念與方法獲得交流與助益。10月則邀請中國江西省佛學院副院長衍真法師主講「大陸佛教發展介紹及僧教育分享」，藉此交流讓僧大學僧進一步了解佛教教育在大陸的發展樣貌、增廣國際視野。

法鼓大學

6月15日起至11月9日，法鼓大學籌備處主任劉安之赴台中分院、北投雲來寺、農禪寺、高雄紫雲寺、台南分院，及花蓮、宜蘭等地，進行13場說明會，針對法鼓大學的建校概況、理念和願景等進行完整介紹。同時，自3月起共計舉辦五場「法鼓公益論壇」座談會，邀請相關領域的專業人士就不同的層面，彼此在各專業領域中，對推展社會公益所能發揮的作用進行經驗交流與分享。劉安之主任表示，透過與會者的創意激盪，激發出法鼓大學的前瞻視野，未來法鼓大學的教學內容，將會力求貼近社會需求，朝向為大眾謀幸福的目標前進。

7月31日於台北縣政府主辦的「低碳生活研習論壇」

僧大每年舉辦生命自覺營，為青年培育出家種子。

法鼓大學舉辦法鼓公益論壇，拓展前瞻性視野。

中，法鼓大學環境學院籌備處顧問呂理德提出「法鼓大學環境學院白皮書」（草案），即是透過空間建設中的照明、空氣、排廢減量等方面，具體而微地說明如何在校園中落實環保的步驟，期待法鼓山以環境學院為基地，推動台灣建設永續清淨的生態城市，朝人間淨土的理想前進。另一方面，為提昇國內藝術與人文精神，並培訓藝術志願工作者，法鼓大學籌備處自11月起，以「發現印度」為主題，舉辦了八次佛教藝術講座，藉此了解佛教藝術發展的概貌，以開發未來可能的田野研究與成果。

　　籌備多年的法鼓大學，於2008年11月28日灑淨啟建，聖嚴師父為此開示：「我對法鼓大學的未來，充滿信心，而台灣以及世界對於法鼓大學的創辦，也寄予非常深厚的期望。」師父表明，法鼓大學不僅

採「書苑」制度，強調師生之間、系所之間的相互關懷、合作關係，同時發揮全面、整體、全人、終身的四項功能，而且一定是走向國際化的辦學目標，是一所別開生面的、以心靈環保為主軸的大學。

　　2008年大學院教育在質與量上繼續穩健發展與成長，同時呈顯出整體團隊朝向聖嚴師父極為重視的國際化、現代化、生活化方向努力，各界對此也給予積極主動地回應與肯定。雖然在領域分工上，大學院各相關單位有其專業的工作目標，但在軟硬體資源方面，彼此間一直是保持著分工合作、資源整合運用的團隊運作精神，以期共同實踐法鼓山「提昇人的品質，建設人間淨土」的理念。

文／常慧法師
（法鼓山僧伽大學女眾學務規畫組組長）

法鼓大學第一期建築開工，方丈和尚帶領與會信眾共同祈福。

● 01.27～02.03

僧大舉辦第六屆「生命自覺營」
98位青年體驗僧家半日閒

自覺營學員在「行解交流」課程中，分享彼此的學習體驗。

　　法鼓山僧伽大學於1月27日至2月3日，在法鼓山園區禪堂舉辦第六屆「生命自覺營」，共有98位青年學員參加。營隊最後一天，聖嚴師父特地到場關懷。

　　為了讓學員體驗「農禪家風」，這次營隊課程以出坡和禪修為主，包括「生活禪」、「出坡禪」、「行禪」等；另外，也安排了梵唄、威儀和戒律等相關課程，讓學員實際體驗出家人的修行生活。

　　1月31日的「遇見聖嚴師父」課程，邀請法鼓佛教研修學院校長惠敏法師、副校長杜正民，分享親近聖嚴師父的因緣，讓學員們體會如何從學佛中提昇個人的生命。

　　當天由於適逢法鼓山僧團歲末圍爐及禮祖，中午也特別安排學員參與圍爐，並一起協助圍爐後的善後工作，體驗出家生活的齊心共力。

　　2月2日晚上的「感恩之夜」，首先播放一段記錄這次營隊內外護人員工作情形的影片，讓學員了解有眾人的發心成就，才能讓活動順利舉辦；接著，由方丈和尚果東法師主持「傳燈‧傳心」活動，象徵佛法和願心的傳承。

　　2月3日，聖嚴師父蒞臨關懷，並進行捨戒開示。師父勉勵學員透過活動，重新審視自己的生命，發菩提心與出離心，將來因緣具足之後再回如來家，如此才是將心中的光明與智慧分享給眾生的最好方法。

● 02.15～20

數位佛學研究國際會議於法鼓山園區舉行
CBETA接軌國際　開啟佛學新視野

　　由法鼓佛教研修學院、中華佛學研究所、中華電子佛典協會（Chinese Buddhist Electronic Text Association，簡稱CBETA）、國際電子佛典推進協議會（The Electronic Buddhist Text Initiative，簡稱EBTI）共同主辦的「數位佛學研究國際會議」及相關學術活動，2月15至20日於法鼓山園區國際會議廳舉行，共有26位來自台灣、美國、日本、韓國、泰國、挪威、尼泊爾等國家的數位佛

學領域專家和學者齊聚研討。

這次會議為研修學院成立以來,首次舉辦的國際學術活動。活動從2月15日晚間的開幕式暨EBTI成立15週年、CBETA成立10週年的慶祝晚宴起,共進行六天。在開幕晚會中,並舉辦「CBETA中華電子佛典2008年版成果發表」,CBETA首先展示了十年努力成果的新版光碟,引起與會人士熱烈迴響。開幕典禮於16日上午舉行,由研修學院校長惠敏法師主持。惠敏法師期許會議能為數位佛學的未來,開展出新面向。開幕主題演講,則由EBTI創辦人路易斯‧蘭卡斯特(Lewis Lancaster)博士發表「走在數位人文科學的尖端」(The State of the Art in Digital Humanities)專題演說。蘭卡斯特博士指出,數位佛學的發展,將著重在數位佛學與人文科學的結合,因此未來的挑戰,在於如何將各國的數位佛學進行整合,以利更廣大的使用者。

兩天的國際會議,分成四個不同的主題場次,包括「數位辭典編纂」、「漢語佛典」、「印、藏語佛典」,以及「學者回應及未來展望」,共發表了15篇論文,論文的性質除了一般性技術問題的討論外,並以「漢語佛典」及「印、藏語佛典」為重點。而針對「漢語佛典」的研討中,如《韓國佛教全書》、《高麗大藏經》、台灣以日本《大藏經》為底本的CBETA計畫與古日本佛教寫本的數位典藏;以及針對「印、藏語佛典」的研討部分,如關於藏文、梵文、巴利文等典籍,都引起與會學者熱烈的討論。

17日閉幕典禮後,大會還安排「整合型佛學數位典藏圓桌會議」,就CBETA針對整合目標而提出的計畫──「整合型佛教資料庫」(Project IBA),展開具體的討論。會中提出的各項建議,會議結束後即開始運作,研修學院的佛學資訊研究人員也將參與IBA計畫。

此外,研修學院五位成員在16日下午的「數位專案海報介紹及展覽」活動中,以英文向與會學者介紹研修學院正進行的數位佛學專案;19、20日所安排的兩場工作坊中,研修學院還邀請各國專家分享數位佛學的新觀念和技術,開展該校學生寬廣的學習機會,也為台灣數位佛學的未來帶來嶄新視野。

各國學者齊聚法鼓山園區,慶祝EBTI成立15週年、CBETA成立10週年。

全球數位佛學新願景
數位佛學研究國際會議暨CBETA10週年

2月15至20日，法鼓佛教研修學院、中華佛學研究所、中華電子佛典協會、國際電子佛典推進協議會共同主辦的「數位佛學研究國際會議」及相關學術活動於法鼓山園區國際會議廳舉行，邀請來自台灣、美國、日本、韓國、泰國、挪威、尼泊爾等國家共26位數位佛學領域專家和學者，分別就如何有效整合各國數位佛學研究，以及建構出版數位佛學資料庫，提出建言及檢討，以期達到整合多國語文佛教文獻數位資源的目標。

數位佛典發展新趨勢

兩天的國際會議，學者們在「數位辭典編纂」、「漢語佛典」、「印、藏語佛典」、「學者回應及未來展望」等四個主題討論上，除發表論文，也進行深入探討，了解彼此正在進行的計畫，並就其中遇到的困難提供解決建議，另一方面也商討未來合作的可能性。同時也看出目前數位佛典的發展面向：

一、整合分散的來源

數位佛典的發展方向，是將來源分散的資料透過統一的入口整合，例如美國維吉尼亞大學（University of Virginia）教授大衛‧哲馬諾（David Germano）介紹了他所推動的藏傳佛教經典數位整合計畫，此計畫亦納入一般正統經集所排除的寧瑪派密續經典。而惠敏法師的論文，不僅展現了CBETA的豐碩研究成果，也說明整合型佛教數位典藏的主要目的之一，在於建立一個整合性的通用入口平台，讓不同語系、不同性質的資料庫能夠彼此支援，將不同的研究專案結果串聯起來，十分利於研究者參考。

二、運用現代科技重現原典面貌

在新興科技的運用方面，韓國學者歐希慧、周永蘇對於《高麗大藏經》知識庫建置過程所運用的現代科技做了清楚說明，即重新掃描《高麗大藏經》，製成高品質的圖檔，以重現原典的面貌，並重現蘊藏其中的珍貴史料；而會場中展示的歷史地理資訊系統，也是利用現代影像呈現佛學資料庫。二者皆是現代科技與佛教原典的巧妙結合。

三、將專業研究推向廣泛的應用層面

　　無論是日本東洋學園大學教授查理斯‧穆勒（Charles Muller）、挪威奧斯陸大學（University of Oslo）教授詹斯‧巴維克（Jens Braarvig），或是剎那搜尋工坊的葉健欣的研究，都將專業的佛學資料庫研究推向更廣泛的應用層面，也利於一般大眾的使用。由此可見，佛學研究的未來趨勢，將是「研究」與「應用」的連結。

數位佛學，拓展國際化面相

　　聖嚴師父早年即對數位佛學研究的未來充滿遠見，1998年創立的「中華電子佛典協會」，便是在師父的支持下成立。研修學院的師資，例如惠敏法師、杜正民教授等，都是協會中的主要工作人員。協會研究開發出的具體成果──「數位電子佛典集成」，目前已成為全世界許多從事漢傳佛學研究者的中文電子佛學工具；這套工具資料提供免費使用，更為漢傳佛學的研究和普及帶來重要貢獻。

　　這次的「數位佛學研究國際會議」，是研修學院自成立以來，首次舉辦的國際學術會議，對長期致力國際交流、推動佛教教育的法鼓山來說，具有相當重要的意義。而二十多位來自國內外的專家學者齊聚法鼓山互相切磋，正說明了研修學院和中華佛研所高品質的研究成果。

佛典數位化的推手：「CBETA」與「EBTI」

　　「中華電子佛典協會」是一個以漢語佛典數位化為宗旨的佛教協會。1998年2月15日成立，至2008年屆滿10週年，共完成了《大正藏》、《卍續藏》共三千六百多部經典，超過一億五千多萬字的佛典數位化工程。CBETA目前正進行多種語言整合工程，未來希望與世界佛學網路資源整合，朝向建立「整合性佛學資料庫」的目標邁進。

　　「國際電子佛典推進協議會」是一個世界性的獨立佛學機構，由多國從事佛學電子化的單位共同組成。協會在美國加州大學柏克萊分校（University of California, Berkeley）路易斯‧蘭卡斯特（Lewis Lancaster）博士籌組下，1993年4月26日成立，至今屆滿15週年。

　　EBTI最初成立的宗旨，主要是在協調各種語言輸入時，標記與編碼相容性的問題；後來因為加入的單位性質各不相同，逐漸發展成一個全方位佛教電子化的協會，討論的議題從各種語言佛典輸入、佛學工具書到佛教文物數位典藏等。繼1996、1999年後，2008年EBTI會議第三次在台灣召開，推選研修學院校長惠敏法師為執行會長，未來負責落實各項計畫。

「數位佛學研究國際會議」議程表

時間	會議主題／主持人	發表人／講題
2月16日	開幕主題演講 主持人：惠敏法師 （法鼓佛教研修學院、CBETA）	路易斯·蘭卡斯特（Lewis Lancaster，美國加州大學柏克萊分校）／走在數位人文科學的尖端（The State of the Art in Digital Humanities）
	數位辭典編纂 主持人：杜正民 （法鼓佛教研修學院）	查理斯·穆勒（Charles Muller，日本東洋學園大學）／佛學數位辭典計畫經驗談（Translation and Textual Research Through the Combined Usage of Digital Canons and Digital Lexicons：Applications of the Digital Dictionary of Buddhism） 韓普光（韓國東國大學）／《韓國佛教全書》數位化之簡介（Introduction to the Digitization of Hanguk Bulgyo Chonso） 詹斯·巴維克（Jens Braarvig，挪威奧斯陸大學）／佛教文獻同義辭辭典（Thesaurus Literaturae Buddhicae）
	漢語佛典（一） 主持人：馬德偉 （Marcus Bingenheimer，法鼓佛教研修學院）	永崎研宣（日本山口縣立大學）／SAT計畫成果概要（Outline of the Activities of the SAT Project） 落合俊典（日本國際佛教學大學院大學）／古日文佛教寫本的數位典藏：進行中的計畫與執行方式（The Digital Archives of Old Japanese Buddhist Manuscripts：Current Plans and Their Implementation） 歐希慧（韓國高麗大藏經研究所） 周永蘇（韓國首爾大學）／高麗大藏經知識庫——提高佛典閱讀效率之圖文資料庫（The Tripitaka Koreana Knowledge-base：Text-Image Database for Effective Reading of the Text）
	漢語佛典（二） 主持人：周伯戡 （台灣大學）	惠敏法師（法鼓佛教研修學院）／從「中華電子佛典協會」（CBETA）電子佛典集成到「佛學資訊學程」（BIP）及「整合型佛學數位典藏」（IBA）（From CBETA〔Chinese Buddhist Electronic Text Association〕to BIP〔Buddhist Informatics Program〕and IBA〔Integrated Buddhist Archives〕） 林光明（佛光大學宗教所佛教研究中心）／《卍續藏》之蘭札梵字研究——以CBETA提供的蘭札梵字為主（On the Ranjana Script in the Xuzangjing with Focus on the Ranjana Letters from the CBETA Database）
2月17日	印、藏語佛典（一） 主持人：馬紀 （William Magee，法鼓佛教研修學院）	葉健欣（剎那搜尋工坊）／一個開放源碼、跨平台、嵌入式的巴利三藏全文檢索系統（An Open Source, Cross-platform and Embeddable Search Engine for the Pali Tipitaka） 大衛·哲馬諾（David Germano，美國維吉尼亞大學）：藏傳經典與整合性參考資源（Tibetan Canons & Integrated Reference Resources）
	印、藏語佛典（二） 主持人：越建東 （中山大學）	釋迦明德（Min Bahadur Shakya，尼泊爾龍樹正法學院）／數位梵文佛典——展望與未來（The Digital Sanskrit Buddhist Canon：Its Prospects and Future） 彼得·史基伶（Peter Skilling，泰國曼谷）／「古貝葉資料庫」——問題與展望（The Fragile Palm Leaves Database：Problems and Prospects）
	學者回應及未來展望 主持人：大衛·哲馬諾 （David Germano，美國維吉尼亞大學）	馬克瑞（John McRae，日本佛教傳道協會）／網路版BDK藏經翻譯叢書（The Online Presentation of the BDK Tripiṭaka Translation Series） 馬汀·舒特（Morten Schlütter，美國愛荷華大學）／電子佛典在中國佛教史研究之運用與誤用（Problematizing the Digital：The Use and Misuse of Electronic Text in the Study of Chinese Buddhist History） 維習安（Christian Wittern，日本京都大學）／閱讀典籍，建構網路——透過數位典籍進行學術互動（Reading the Text, Weaving the Web：Scholarly Interactions with Digital Text）
	閉幕演講 主持人：韓普光、查理斯·穆勒（Charles Muller）	謝清俊（中央研究院）／彷若蓮花的希望——以人文願景看工程學

● 02.19

大學院單位「創辦人時間」
聖嚴師父期勉建立四環學風

聖嚴師父於2月19日下午在法鼓山園區第三大樓四樓佛堂,進行大學院「創辦人時間」開示,主題為「四種環保的法鼓校風」,約有一百多位法鼓山僧伽大學、中華佛學研究所及法鼓佛教研修學院師生參加。

聖嚴師父於開示中說明,一所學校的校風,主要是由創辦人或是校長建立起來的,並援引以校風著稱的新竹中學校長辛志平及台灣大學校長傅斯年為例指出,辛校長倡導學、行、品德的校風,並注重運動與藝術養成,在其任內培養出李遠哲博士等傑出人才;台灣大學則經由傅斯年校長的治校理念,樹立自由、平等、民主的校風,這都要歸功於校長們的努力經營與遠見。

而什麼是法鼓佛教研修學院所應具備的學風?聖嚴師父明確地指出,研修學院承襲了中華佛學研究所「立足中華,放眼天下」的基本立場,將佛法實踐於生活之中,同時依據心靈、禮儀、生活、自然等四種環保理念,建立研修學院特有的四環學風。

聖嚴師父並以日常生活細節為例,闡述四種環保實踐的要義,期勉全體師生,將四種環保運用在日常生活中,並落實成為研修學院的學風。

聖嚴師父勉勵所有法鼓山大學院的師生,在生活中實踐四環理念。

四種環保的法鼓校風

2月19日講於法鼓山園區第三大樓「創辦人時間」

◎聖嚴師父

所謂「精神講話」，就是校風。以精神來創造校風，校風就是帶動我們一屆一屆的同學或老師，往同一個方向、同一種風格前進。一所學校的校風，主要是由誰來建立的呢？可能有兩個人：一個是創辦人，創辦這所學校的人；另外一位，就是具備開創作風的校長。如果創辦人的能力不足，或者時間不夠，無法帶領學生，把校風建立或者奠定的話，那就是由校長總其責了。

台灣有兩所大家都很讚歎的學校：一是新竹中學，一是台灣大學。新竹中學的辛志平校長，一直到現在，大家都很懷念他，前中央研究院院長李遠哲先生就是在辛校長的培植下讀書。台灣大學是傅斯年校長，台灣大學本是日本的帝國大學，而傅校長把北京大學的校風帶到台灣，建立了自由、平等、民主的台大校風。那麼新竹中學的校風是什麼呢？在於學、行、品德，辛校長從身教和言教影響學生，強調品德非常重要，並且注重運動與藝術，所以從新竹中學畢業的學生都很優秀。這就和校風的建立息息相關。

建立四環校風

法鼓佛教研修學院的校風，是延續中華佛學研究所而來，我們學校基本的立場，是「立足中華，放眼天下」，這也是中華佛研所所訓提到的。另外，我們重視學以致用，並以實用為先。研究是要研究，但是也要講求實用。實用在我們的生活，實用在我們的時代。佛法要注重實用，這是我們校風的基本觀念。

另外，我們從十六年前，也就是1992年開始提倡心靈環保，提倡四種環保。以心靈環保為核心出發，落實四種環保。在此，我要求並勉勵各位師長同學，要能夠實踐四種環保。而四環是哪四種呢？

心靈環保

第一是「心靈環保」：從心做起。我們講話、行動、語言都從內心踏實地做起。不是心、口不一致，而是心所想到的，就是口中說的佛法，要把佛法實踐在日常生活中。我們學到的佛法，我們研究的佛法，是要用的，不是僅僅在做研究。研究要學以致用，一種是把研究出來的成果，以文章、演講、著書發表；另外一種是研究佛學，也要把佛法當成我們生活實踐的標準。有些人研究佛學，卻跟生活沒有關係；他們在平常生活中的表

現，不像是一個佛教徒，不像是學佛的人。因此，希望我們的研究生能夠學以致用，心口、心手、身心是一致的。不只是為了寫文章、為了將來找工作而研究，生活卻非常靡爛，如果這樣的話，我們的教育就失敗了。不僅老師失敗，整個學校也失敗。所以我希望大家能夠實踐心靈環保，從心開始。不論說話的用語、平時的身行都能學以致用，在生活中實踐佛法，這就是「心靈環保」。

禮儀環保

第二是「禮儀環保」：在我們學校裡，要非常重視禮儀。禮儀是什麼？是人與人互動時的表現，心有心儀，口有口儀，身有身儀，這就是禮儀。心儀是心靈環保。口儀是我們與人互動之間的用語，或是打招呼，或是交談，或是慰問，這些都是要用有禮貌的話、正面的話、勉勵的話，或讚歎的話，而不是指責、批評，或是一句話讓人聽了起反感，或是聽了你一句話，讓人要恨你一輩子。說話的時候，不能讓對方記恨一輩子。別人可能因你一句話，一輩子痛苦，或者覺得一輩子沒有前途、沒有希望。這些話都是口出刀劍。如果是口出刀劍，那我們要好好檢討。同學與老師之間的互動，要讓老師感受到學生是非常有禮貌、非常友善的。有一些同學對老師挑剔、指責、批評，說這位老師不認真，或老師故意找麻煩。這都是出言不遜，一定要避免！同學間的互動，若語言使用不當，那就會成為沒有人緣、不受歡迎的人。

過去法鼓山僧團裡就有這種現象。有極少數的出家眾，被所有的人排斥，因為他的表情讓人很痛苦，他說出來的話讓人痛苦；他跟人家合作的時候，叫人痛苦。而當事人認為這個環境裡所有的人，都是惡人、壞人，都是不可救藥的人，只有他一個人是好人、是聰明人、是慈悲的人。因此，要組織工作團隊時，大家就會問起，是不是和某某人同一組？當知道這個人和自己同一組時，都說我們不需要他。這種人，生活非常痛苦。不但他痛苦，團體其他人也痛苦。他希望團體為他改變，變成他所需要的人，變成他覺得很好的人，他能夠接受的人。這可能嗎？不可能。最後我對這種人說：「不能適應我們這個團體，你就離開吧！出家人就是要適應環境。不能適應這個環境，就離開。這個環境不好，不能適應你，那你就離開！」一個人若不是從內心運用佛法，也不從內心落實禮儀環保，就會讓人家感覺到痛苦，自己也不會快樂，所以請大家要特別注重口儀。

身儀是什麼呢？就是你的生活方式，你的動作、舉止、行為不要讓人感覺到不快樂、不舒服。我們的生活範圍就是這麼大，經常都會碰到面。如果碰到面，你的面部表情相當怪異，你的一舉一動也讓人家感到不舒服，你就是沒有菩提心，因為你忽略了其他人的感受。比如說打坐時，大家都圍著一塊毛巾，這塊毛巾是要蓋腿用的，但是你常常拿著毛巾掀過來掀過去，那麼坐在前後左右的人都是在乘風涼，因為你在搧風啊！你沒有注意到後面有人，左右也有人，前面也有人。如果要把毛巾披在肩上，要輕

輕地披上去，這樣沒有人知道，也不會妨礙其他人。如果大剌剌地一披一晃，那左右前後的人都受到影響了。其他的人打坐坐得好好的，你把毛巾這麼一掀，許多人都受到影響了，這個就是身儀。我們身體的動作，不能夠讓其他人感到不舒服，感到很痛苦。又譬如說大家在打坐，你要出位，出位的時候，可能把其他人的毛巾、鞋子，都踢翻了；甚至有的人，急著要上廁所，他不照著一行一行地走，有空的地方就走，讓人家覺得不舒服。我們身體的行為，主要就是不可以妨礙人，不要讓其他的人起煩惱。

由於身體的行為讓人起煩惱的例子有很多，諸如需要排隊的場合，有些人就是習慣插隊。插隊的時候，你跟他講應該要排隊，勸說時，他會回話說：「我就是這個樣子。」這樣子好嗎？不好！如果其他人也有相同的行為，那就會有糾紛了。

我們研修學院的同學，如果曾經有類似行為，以後要洗心革面，要檢點自己的行為；身體的行為、語言的行為、心裡的行為。心中想什麼，面部的表情會表露無遺。所以心中應該經常保持平穩、平和，心中有情緒，會顯現在所講的話以及動作中。我們的心很重要，要經常保持平和、慈悲、寧靜，這樣就不會把情緒發洩在其他人身上。我認識很多人，因為心中常常有情緒，所以出言都不是那麼有禮貌，連跟師父講話都會吵架。為什麼呢？因為心中有情緒。我對他們說，我們要實踐心靈環保，不要有情緒，你發洩情緒給我聽可以，發洩給別人聽，那就是吵架了。所以研修學院的同學，禮儀環保要重視身儀、口儀、心儀三種禮儀。

佛法是注重威儀的，如果一個人威儀好，這個人一定是實踐禮儀環保的。佛教徒要講威儀，出家人在出家以後要學沙彌律儀，就是我們講的「禮儀環保」。

生活環保

第三是「生活環保」。生活環保就是生活起居作息要規律，如果生活起居沒有規律，那生活就不健康，生活也是渙散的。如果個人的房間，生活環境很髒，衣服也不換，身上就會有異味，跟你生活在一起的人，就像和豬住在一起。因為你的個人生活很邋遢、很髒、很亂，床鋪很亂。因為你身上髒，所以被你用過的東西也都很髒，那麼在你之後的人要用的時候又要擦，又要洗，就會罵：「前面那個人是個豬啊！」雖然你沒有聽到，但他卻因你而造了口業。生活環保，並不一定限於我們用水、用電、用瓦斯，公共的設施要節省，還有要注意保護公用物品，譬如使用影印機，你用過以後，其他的人就不能用了，因為可能會卡紙，會少油墨，原因是你沒有好好保護公物。生活環保就是在我們的生活之中，必須要遵守公共的守則。

我們的公共物品還不少，電腦、影印機等都是，教室內、寢室裡，平常生活的周遭都有，公共的物品、用具都要保護，要愛護。不要認為這是公物，壞了沒關係，又不用賠錢。這樣是折損個人的福報。法鼓山任何一樣物品，包含吃的、用的，都是由信眾布施來的。我們所有的人，都是在用

十方信眾的布施。信眾不會隨便布施，我們也要付出代價。付出什麼代價？就是關懷的代價。還有，對外募款的時候，要用各種各樣的方式募款，否則的話，民眾不會憑空把錢送來給我們。因此，要想到「一粥一飯，當思來之不易」。

公物是屬於十方的，十方的信眾省吃儉用布施給我們、供養我們，讓我們沒有後顧之憂，可以好好讀書，努力研究。所以我們要非常小心地使用這些物品，否則，個人所有的福報都會用掉。不要以為用掉就是用掉，沒有關係。有！你折損的任何東西，都跟你的福報有關係。當福報用完，就甘盡苦來了！所以要請大家能夠小心謹慎使用物品，以上是「生活環保」。

自然環保

第四是「自然環保」，指的是我們的自然環境。現在同學們都有認養環境的清潔。環境是我們的生活環境，等同於我們的身體，也是身體的一部分。我們生活在這個環境裡，這個環境就是我們的，所以要好好地照顧我們的環境，小至個人房間，大至周圍的公園、道路。大家在清潔的時候，要注意安全，比如擦窗戶，不要爬到窗外去。自然環境還包括生物及無生物，都是自然環境，我們也要保護自然環境。

有的同學輪到他打掃時就請病假、事假，「我生病啊！」、「我有事啊！」那誰來打掃？沒有人打掃！等到下一個星期，由下一個星期的人打掃。這種人非常自私，我希望我們的同學要有奉獻的心，要有服務的心。沒有服務的心，沒有奉獻的心，就是自私自利的人，這種人將來到社會上不如意，在家庭裡不如意，到任何地方都不如意。

如何養成奉獻的心，服務的心？服務、奉獻要有一個限度，不要超過自己的意願、體能，以及時間。有時間的話，就可以服務。舉手之勞，可以服務啊！如果樓梯沒有人掃，掃一下沒有關係！但整年度都由這個人掃，其他人都不掃，這是不公平的。我們要讓願意發心服務的人能夠持續，也讓偷懶的人有機會服務奉獻。我們的環境要我們自己維護，這個觀念是要養成的。觀念養成之後，隨時隨地就會過得很快樂，隨時隨地會受到所有人的歡迎。

我希望我們的學風，是建立成為一個注重四種環保的學風。

祝福大家！

● 02.23

研修學院學士班首次招生
培養具國際視野的全方位宗教學士

惠敏法師鼓勵青年學子踴躍報考研修學院學士班,成為淨化社會的人才。

甫於2007年12月獲教育部同意成立的法鼓佛教研修學院學士班,2月23日於法鼓山園區舉辦首次招生說明會,由研修學院校長惠敏法師、學士班主任果暉法師為學子說明課程概況,有近四十人參加。

說明會上,首先由惠敏法師介紹研修學院師資、創校理念、辦學目標、課程特色與未來展望。接下來,果暉法師說明,秉持培養具備人文素養、科技整合、國際視野及宗教情懷的人才為目標,學士班課程以「戒、定、慧」三學為架構,除了提供完備的佛學課程,還規畫了弘化、禪學、儀軌及佛教藝術等四組學程,內容期能符合現代人所需。以弘化學程為例,課程便包含寺院經營管理、佛教心理學等。學生在基礎課程修畢後,便可依興趣選擇一組學程做為主修。

果暉法師並以聯合國教科文組織(United Nations Educational Scientific and Cultural Organization,簡稱UNESCO)於1989年提出提昇「倫理、道德、價值觀」的宣言,期許學士班培育出具正信價值觀的青年人才,未來做為淨化社會的清流。

法鼓佛教研修學院首屆學士班預計招收35名學生,學生修滿四年畢業後,將獲得宗教學士學位。

● 02.27

台科大校長參訪研修學院
開啟締結姊妹校契機

台灣科技大學校長陳希舜、教務長彭雲宏、人文社會學院院長林茂松等一行五人,於2月27日參訪法鼓佛教研修學院,由校長惠敏法師、行政副校長果肇法師、副校長杜正民、佛學系系主任果暉法師、研修中心主任果鏡法師等接

待，雙方於交流中初步研擬簽訂締
結姐妹校等相關事宜。

座談會上，校長惠敏法師表示，
研修學院秉承中華佛學研究所25年
的辦學基礎，為培養理論與實踐並
重、傳統與創新相融，具有國際宏
觀視野的宗教師及學術文化兼具
的人才，目前已與包括日本立正
大學、美國史丹佛大學（Stanford
University）佛學研究中心、比利時
根特大學（Ghent University）等17

雙向交流座談中，惠敏法師（右）與陳希舜校長分別提出
合作構想。

所研究單位簽訂學術交流同意書，這次與台科大締約，希冀開啟更豐富、多
元的交流合作。

陳希舜校長表示，佛法注重實踐與實修，如能將科技運用在與生命、生活
息息相關的宗教裡，更是意義非凡。他希望透過兩校的合作，結合科學與人
文，達到資源整合、科技與人文宗教互惠互利，進而達成提昇人品的願景。

座談會中，雙方並達成博士班聯合招生、遠距課程、學術講座等初步的資
源整合計畫，期待這次締盟，能建立良好互動的管道。

法鼓佛教研修學院與國際間締結學術交流一覽表

地區	締結時間	學校名稱
亞洲	2007年	中國大陸新疆塔里木大學
		中國大陸中國藏學中心
	2008年	韓國東國大學佛教學院、佛教文化研究所、電子佛典文化遺產研究所
		中國大陸南京大學中國哲學與宗教文化研究所
		中國大陸新疆塔里木大學西域文化研究所
		日本立正大學
		中國大陸山東大學宗教、科學與社會問題研究所
		中國大陸中山大學比較宗教研究所
美洲	2007年	美國史丹佛大學（Stanford University）佛學研究中心
	2008年	美國加州大學柏克萊分校（University of Calafornia, Berkeley）佛學研究中心
歐洲	2007年	比利時根特大學（Ghent University）
	2008年	英國布里斯托大學（University of Bristol）佛學研究中心
大洋洲	2007年	澳洲雪梨大學（University of Sydney）佛學研究中心
台灣	2008年	台灣科技大學

（截至2008年底）

● 03.12

惠敏法師參訪台灣科技大學
就兩校締結姊妹校事宜進行交流

研修學院與台科大代表於台科大校園內一同種下象徵兩校合作的行願樹。左起依序為台科大彭雲宏教務長、惠敏法師、陳希舜校長、研修學院杜正民副校長、果暉法師。

3月12日，法鼓佛教研修學院校長惠敏法師、副校長杜正民、佛學系系主任果暉法師等一行七人，受邀拜會台灣科技大學，與台科大校長陳希舜商討兩校締結事宜，並參觀「資訊通訊安全研究與教學中心」、「綠色建材與智慧建築中心」，以及「劇場機器人計畫」等單位。

12日適逢植樹節，在兩校校長帶領下，雙方在台科大校園中，一起種下「行願之樹」。「行願」除了代表普賢菩薩行願的大行精神之外，也代表著法鼓山「好願在人間」的年度目標。而「行願之樹」旁即是保育專家珍古德（Jane Goodall）博士所種的「希望之樹」，這兩顆樹代表著研修學院與台科大未來在學術界共同努力的希望與行願的決心。

惠敏法師此行，除確立研修學院與台科大締結姊妹校事宜，兩校並預定於4月8日研修學院週年校慶日締約，揭開國內高等學府跨領域合作的新頁。

● 03.15

僧大舉行97學年度招生說明會
邀優秀青年加入僧才培育

法鼓山僧伽大學3月15日於法鼓山園區第三大樓階梯教室，舉辦97學年度招生說明會，共有60位有志出家的青年男女參加，了解法鼓山的僧才教育願景、應考注意事項、僧團生活等事宜。

僧大院長方丈和尚果東法師、副院長果肇法師、學務長常惺法師、果勤法

師，以及教務長果稱法師共同出席說明會，為考生與家長說明僧大辦學現況。方丈和尚首先鼓勵考生，要將孝心提昇為道心、感恩心，努力學習佛法回報家人、利益眾生。接下來，透過僧大簡介影片《續佛慧命》，聖嚴

招生說明會上，僧大學僧和準考生分享應考的態度和方法。

師父也期勉考生，在進入僧大就讀後，能夠找到生命的最佳著力點，做為自己貢獻生命、提昇生命的最好方式。

說明會中，目前就讀僧大一年級的學僧們，也和準考生們分享應考態度與方法；並透過輔導法師、學僧、考生與家長的小組互動，讓考生們近距離提問各種疑惑。在法師深入講解法鼓山僧才教育的理念與國際化的遠見後，眾人更了解法鼓山推動人間淨土的大願心，也深刻體會到出家的真正意義，是在奉獻自己、成就眾生。

最後，僧大安排考生與家長參觀校內軟硬體設施，讓大家對法鼓山完備而清淨的教育環境留下深刻印象。

● 03.21

首場「法鼓公益論壇」座談會舉辦
期許法鼓大學成為社會創新基地

法鼓大學公益學院籌備處首場「法鼓公益論壇」座談會，3月21日於台大醫院國際會議中心舉行。座談會主題為「公民社會中之大學與公益」，由法鼓大學籌備處教授劉安之主持，邀請香港中文大學公民社會研究中心主任陳健民主講，與談學者包括中央大學客家學院院長江明修、暨南大學社會研究中心主任張英陣，聖嚴教育基金會董事許仁壽、台灣基督教青年會（Young Men's Christian Association，簡稱YMCA）祕書長李萍、台北大學公共行政暨政策學系教授陳金貴等人也出席論壇與現場學者交流。

曾擔任香港「廉政公署」顧問的陳健民主任，長期致力公益領域的教學和研究，他以1970年代為反貪腐而成立的香港廉政公署，以及創立廣東中山大學公

民社會研究中心的工作經驗，為法鼓大學公益學院提出多項具體建言。陳健民主任認為，大學在公益領域中具有教學、研究與支持民間非政府公益組織等多種功能，而大學本身更應以身作則支持公益，做為社會創新的基地。

江明修院長則為法鼓大學公益學院未來的發展，提出對外的「搭橋計畫」與對內的「茁壯計畫」兩個方向，「搭橋計畫」以建立一個整合各地非營利機構的平台為理想；「茁壯計畫」則以培養非營利機構的經營管理人才為目標。江院長還提到，未來公益學院應特別著重國際性交流，與國外的非營利機構與學術單位保持密切合作的關係。

張英陣主任指出大學應該要有使命，不僅創造及傳遞知識，更應以知識服務社區，教師應當是研究、教學、服務三者並重。最後，陳健民主任引用美國學者哈利‧路易斯（Harry R. Lewis）的一段話，點出當今大學「卓越卻沒有靈魂」（excellence without a soul）的情況。他表示，由聖嚴師父創辦、以「心靈環保」為核心理念的法鼓大學，未來必能為世界培養出「卓越而有靈魂」的優秀人才。

正在籌辦中的法鼓大學，預計2010年招生，2008年首先陸續舉辦五場「法鼓公益論壇」座談會，邀請國內外致力公益領域的學者，暢談大學教育與社會公益之間的互動關係，為法鼓大學公益學院未來的發展勾勒出一個定位與輪廓。

第一場「法鼓公益論壇」座談會由劉安之教授主持（左二），與談人包括陳健民（左一）、江明修（右二）、張英陣（右一）。

● 04.02～03

清雲科大中亞所參訪研修學院
進行禪修體驗與座談

4月2至3日，桃園清雲科技大學中亞研究所所長傅仁坤偕同該所孫台義教授、徐慧芳教授、王水寶教授、陳德富教授等師生二十多人，參訪法鼓佛教研修學院並進行交流，內容包括禪修體驗與座談等，由研修學院校長惠敏法師及副校長杜正民教授接待。

惠敏法師（後右七）、杜正民副校長（後右二）、果暉法師（後右六）、果鏡法師（後左三），與傅仁坤所長（後左五）等師生一行合影。

2日的活動，一行人主要進行法鼓八式動禪與基礎禪坐的練習，體驗身心放鬆的寧靜自在。

3日進行座談，由研修學院校長惠敏法師主講「中亞文化資訊時空地圖研究趨勢」，詳細介紹可運用於中亞研究的數位工具，並提到佛學研究向來偏重「冷冰冰」的文獻探討，與「熱情活潑」的中亞文化研究性質不同，希望透過雙方這次的交流，未來共同合作，讓彼此的學術相輔相成。

陳德富教授則舉英國大學對「知識型企業」（Most Admired Knowledge Enterprise）所做的評比為例，認為若有「知識型宗教」的評比，法鼓佛教研修學院將會是位於頂尖行列的優質學院。

● 04.08

研修學院創校週年慶祝大會
與台科大締結姊妹校　展現人文科技願景

法鼓佛教研修學院4月8日舉辦創校一週年校慶，慶祝大會於法鼓山園區國際會議廳舉行，主要進行與台灣科技大學締結姊妹校簽約儀式、西藏文獻微片集成館藏儀式，聖嚴師父特地出席關懷和祝福，觀禮貴賓包括教育部高等教育司

參事陳德華、台科大校長陳希舜、慈濟大學校長王本榮、法鼓山社會大學校長曾濟群，以及經國管理暨健康學院校長陳俊瑜等。

聖嚴師父在致辭時表示，研修學院最重視學生的人格與胸懷，在這裡求學有宗教的氣氛、宗教的學術，但不會有宗教的迷信；師父同時勉勵研修學院學生，要把握得天獨厚的環境，好好讀書、好好修行。

校慶的重點活動，為研修學院與台灣科技大學締結姊妹校簽約儀式。台科大為國內科技領域最優秀的學府之一，而研修學院則是富含濃厚人文氣息的宗教學院，在聖嚴師父和與會來賓的見證下，兩校校長惠敏法師與陳希舜校長完成了簽約儀式。為充分運用教學資源，以提昇學術研究、教學水準，研修學院與台灣科技大學簽署「合作要點」，合作範圍包括；1.課程、學程、輔系、雙主修等之互選；2.圖書期刊之通用；3.儀器設備之互用；4.專題研究之合作。未來兩校將進一步朝遠距教學以及其他教學資源共享的合作進行細部規畫，以提昇雙方教學品質，嘉惠學子。

校慶另外一項重要活動為「西藏文獻微片集成館藏儀式」，該儀式於兩校的簽約完成後，在圖書資訊館館長馬德偉（Marcus Bingenheimer）的引言下，簡單隆重地完成。

此外，校慶活動還安排了許多溫馨有意義的表演節目，例如由台科大機器人中心所研發的「劇場機器人」演唱了一首〈我為您祝福〉，展現台科大在科技領域上結合人文的研究成果。接著，金山國小鼓隊及石門國中陶笛隊的音樂表演，獲現場觀眾熱烈掌聲。而研修學院、中華佛學研究所法師，與漢藏班喇嘛，分別以漢語及藏語梵唄為大眾祈福。

下午，在校長惠敏法師帶領下，研修學院全校師生前往金山鄉中角灣展開別具意義的「淨灘」活動。惠敏法師表示，此舉不是一次、兩次的淨灘活動，而是一項永續的淨灘；並期勉所有師生，以「淨灘」慶祝第一個校慶，不僅樹立「心靈環保」與「自然環保」的雙重典範，更具體落實聖嚴師父「建設人間淨土」的理念。

校慶當天，聖嚴師父、研修學院校長惠敏法師、台科大校長陳希舜共同簽下兩校締結姊妹校的合約。

邁向佛教高等教育新未來

法鼓佛教研修學院歡度週年校慶

聖嚴師父期勉研修學院學生好好讀書與修行。

4月8日浴佛節,創立甫滿週年的法鼓佛教研修學院,於法鼓山園區國際會議廳舉行創校週年校慶,典禮在校長惠敏法師的致辭中揭開序幕,聖嚴師父特到場關懷與祝福,勉勵研修學院學生們把握法鼓山得天獨厚的環境,好好讀書與修行。

出色的辦學成果

身為國內第一所單一宗教研修學院,法鼓佛教研修學院創校一年來,在師生齊心努力下,已交出了亮眼的辦學和研究成績。在學術研討方面,2007年11月舉辦的「佛學研究與佛教修行」研討會,以及2008年2月舉辦的「數位佛學研究國際會議」,在國內外學界都獲得了普遍肯定。此外,2007年9月首度舉辦「大師講座」,邀請國際知名神經學家、在禪修方面深有體驗的美國密蘇里大學(University of Missouri)醫學院神經科臨床教授奧斯汀(James H. Austin)蒞校演講,更引起了廣泛迴響。

至於學術交流方面,除了承續中華佛學研究所時期締結的12所姊妹校,研修學院創校後分別又與澳洲雪梨大學(University of Sydney)、比利時根特大學(Ghent University)、美國史丹佛大學(Stanford University)、英國布里斯托大學(University of Bristol)、韓國東國大學等共八所學校締約,國際交流更加頻繁;校慶當日,也與台灣科技大學校際結盟,此舉不僅是研修學院與國內學界締結姊妹校的首例,更是單一宗教學院與科技學府締盟,讓佛法與科技相輔相成,意義重大。

此外,在研究教學上,圖資館也購入珍貴的西文資料庫及特殊版本的藏傳《大藏經》,新收藏的西藏藏經微縮膠片,更使研修學院圖資館成為藏傳佛學的大寶庫。

兼重研究與修行的課程特色

　　以「悲、智、和、敬」為校訓的研修學院，特別重視對學生人格與宗教情懷的培養，不僅將「研究與修行」並重的原則落實在教學中，並於正規佛學課程外，設立了「研修中心」協助學生深入佛教行門，除了指導學生定課與禪修，還規畫梵唄、儀軌、佛教藝術等課程供學生選修，成為研修學院一大特色。

　　出色的學術成果、完善的教學環境、富有深度的教育內涵，使研修學院碩士班於2007年4月第一次招生時，即有51位考生報考；而首屆佛教學系學士班，也將於2008年5月底舉行入學考試。

　　「佛教今日不辦教育，明日必將後悔。」1980年，聖嚴師父創立研修學院前身「中華佛學研究所」時，對台灣佛教界發出這樣的警語。在師父期盼了近三十年後，研修學院成立了，對台灣整體佛教來說是一個新的里程碑；而其出色的辦學成績，也將引領台灣佛教教育朝向現代化與國際化的目標。

永續清淨的人間淨土

　　8日下午，研修學院特地安排全校師生前往金山鄉中角灣海灘淨灘，校長惠敏法師表示，淨灘，不是擺幾個大垃圾桶，而是應該思索如何讓社區居民建立起環保意識，讓美麗的沙灘維持永續的清淨。創造一個永續清淨的人間淨土，是聖嚴師父長久以來的理想，而研修學院師生選擇以環保公益的「淨灘」方式慶祝校慶，可以說是踏出實現這個理想的第一步。

校長惠敏法師帶領研修學院師生到金山鄉中角灣展開「淨灘」，慶祝週年校慶。

法鼓佛教研修學院創校一週年大事記

時間	大事記要
2007年4月	・4月8日創校。
5月	・比利時根特大學（Ghent University）校長高文貝基（Paul Van Cauwenberge）、漢學系系主任巴德勝（Bart Dessein）來訪，開啟學術合作契機。
6月	・日本名古屋大學教授松村保壽蒞校演講。 ・故宮博物院研究員李玉珉、法國遠東學院泰國清邁中心（l'Ecole Francaise d'Extreme-Orient Center）主任噶玻迪（Louis Gabaude）蒞校參訪。 ・澳洲昆士蘭大學（Queensland University）教授白瑞德（Roderick Bucknell）蒞校演講「別譯雜阿含經的二種版本」。 ・日本龍谷大學教授桂紹隆蒞校參訪。
7月	・應中國大陸蘭州大學邀請，參加「2007絲路中段學術考察活動」，由副校長杜正民及法鼓山僧伽大學佛學院副院長果鏡法師領隊，考察唐代佛教文化地圖，並於蘭州大學研習。
8月	・日本鎌倉佛教研究學會訪問團蒞校參訪。
9月	・校長惠敏法師受邀至上海，出席「漢文大藏經國際學術會議」。
	・比利時根特大學漢學系系主任巴德勝（Bart Dessein）蒞校演講「南北方大眾部和大乘佛教的起源」。
10月	・加拿大卡加利大學（Calgary University）宗教系教授巴博（A.W. Barber）蒞校參訪。 ・副校長杜正民代表參加於美國加州大學柏克萊分校（University of California, Berkeley）舉辦之「太平洋鄰里協會2007年年會暨聯合年會」（PNC and ECAI 2007 Annual Conference and Joint Meetings），並於會議中發表論文。
11月	・舉辦首場「大師講座」，邀請國際腦神經權威奧斯汀（James H. Austin）蒞校演講「東西方心靈探索的匯集：禪與腦科學觀」。 ・副校長杜正民應邀參加「數位典藏與數位學習國家型科技計畫──數位典藏部分公開徵選計畫說明會」，並介紹研修學院執行的國科會計畫「佛教藏經數位資料庫」。 ・召開「佛學研究與佛教修行研討會」。 ・校長惠敏法師赴美參加美國宗教學會（The American Academy of Religion，簡稱AAR）年會，並於會中發表論文。 ・澳洲雪梨寂靜森林（Santi Forest Monastery）住持阿姜蘇嘉多禪師（Bhante Sujato）蒞校參訪，並舉行「部派佛教略談」座談會。 ・與美國史丹佛大學（Stanford University）締結姊妹校。
12月	・澳洲雪梨大學（University of Sydney）教授克蘭格（Edward Crangle）蒞校參訪，並交換雪梨大學資訊。 ・新疆塔里木大學教職員蒞校參訪。
2008年1月	・斯里蘭卡強帝瑪法師（Ven. Chandima）帶領斯里蘭卡兒童基金會蒞校參訪。 ・校長惠敏法師接受法國佛音頻道（Buddhachannel）專訪。 ・泰國法身寺蒞校參訪，交流辦學經驗。
2月	・研修學院與中華佛學研究所、中華電子佛典協會（CBETA）、國際電子佛典推進協議會（EBTI）共同舉辦「數位佛學研究國際會議」。 ・台灣科技大學校長陳希舜、教務長彭雲宏等蒞校參訪。
3月	・校長惠敏法師、副校長杜正民受邀參訪台灣科技大學，確立兩校締結姊妹校事宜。
4月	・舉辦創校一週年校慶系列活動，內容包括與台灣科技大學締結姊妹校簽約儀式、西藏文獻微片集成館藏儀式等。

● 04.08

圖資館典藏「西藏文獻微片集成」
豐富藏傳佛典館藏

總數達五萬七千多張的「西藏文獻微片集成」正式納入圖資館館藏，豐富了研修學院的藏傳佛典館藏。

法鼓佛教研修學院圖書資訊館於4月8日校慶上午舉辦「西藏文獻微片集成」收藏儀式，由圖資館館長馬德偉（Marcus Bingenheimer）擔任引言人，邀請社會大眾，共享法寶。

2008年初，研修學院購入日本佛教大學教授小野田俊藏畢生蒐集的「西藏文獻微片集成」，其中包括「PL480文獻保存計畫」微縮膠片，總數達五萬七千餘張。這一批微縮膠片為1970年中葉，由長島紐約州立大學石溪分校（The State University of New York, Stony Brook）完成製作，文本來源為美國賓州大學圖書館（University of Pennsylvania Library），該文獻的主要內容，除了賓州大學圖書館所收購的藏文文本之外，最珍貴的部分莫過於「PL480文獻保存計畫」所蒐集的藏文文獻，其中包括許多西藏各派大師之著作文集，有別於一般《甘珠爾》、《丹珠爾》西藏大藏經經典。

除了「PL480文獻保存計畫」的微縮膠片外，「西藏文獻微片集成」還包括了德格版、拉薩版、奈塘版及寶宮版四種版本《甘珠爾》的微縮膠片。其中，「寶宮版」《甘珠爾》在西藏藏經版本傳承譜系中，為一個重要的譜系版本。

研修學院圖資館收齊這四套佛經版本微縮膠片，不僅保存了西藏歷史、醫學、語言，以及清代中國佛教的重要文獻，同時也提供了更為豐富的藏傳佛典，供學術界及教界研究使用。

● 05.23

第二場「法鼓公益論壇」舉辦
期許法鼓大學建立教學典範

法鼓大學公益學院籌備處5月23日上午於中國文化大學博愛校區大新館舉辦第二場「法鼓公益論壇」座談會，主題為「法鼓公益論壇——公益領導與培

育」，邀請中央大學客家學院院長江明修主持，主講人為元智大學遠東講座教授許士軍，與談學者還包括清華大學通識教育中心主任沈宗瑞、亞洲大學經營管理學系教授陳瑾瑛等，共有近百位民眾聆聽。

座談會中，許士軍教授主講「非營利組織之領導與領導者」，許教授表示，從社會經濟層面的觀察，雖然國內普遍價值都認為從事非營利組織無法賺錢，看似對社會沒有益處，實則不然。他認為下一個時代的發展，著重的不是經濟問題，而是社會問題，因為社會將產生很多新問題，需要民眾投入義工行列，進而改善社會，創造有益社會的價值；他也以此次川緬救災為例，說明法鼓山能率先投入賑災，就是最好的證明。

江明修院長指出，法鼓大學公益學院的理念是要發揚「僕人式領導」，促進公民社會的成長。法鼓大學籌備處教授劉安之分享法鼓山大願興學的理念，就是要為社會的健全發展，培養兼具慈悲與智慧的領導者。

甫由歐洲返國的前台灣駐瑞士代表王世榕亦指出，領導者必須兼具智、勇、仁，即能力、勇氣與責任感；非營利組織的領導者還必須關注「正義」的課題，例如生

主持人江明修教授（右一）及與會學者許士軍（右二）、王世榕（左一）等，於第二場「法鼓公益論壇」上討論如何培育新時代公益領導人才。

命、環境、文化、社會等，這些領域都涉及基本的價值理念。他勉勵在場的年輕學子努力學習，讓自己成為有理念的公益領導人才。

沈宗瑞主任則認為，現代大學教育過度追求知識，普遍缺乏心靈教育，導致學生到了社會上只著重競爭，讓社會成為紅海戰場。他期勉法鼓大學能夠在國內建立教學典範，提供新時代需求；還特別舉起環保杯，表示這次主辦單位希望與會者能自行攜帶環保餐具，就是一種符合現代潮流的生活教育。

與會者也對法鼓大學的籌備表達深切期許，聖嚴教育基金會董事許仁壽即建議法鼓大學的師資不必局限於學術界或擁有博士學位，可讓資深且有熱情的業界人士開課講學，與年輕人分享專業理念與價值觀。陳瑾瑛教授亦希望法鼓大學的教育要兼顧研究與實務，同時讓師生成為共同學習的夥伴。

● 05.24～25

第二屆「聖嚴思想國際學術研討會」舉辦
探討聖嚴師父思想與漢傳佛教

王晴薇（左起）、羅梅如、史蒂文生、于君方、黃倩玉、俞永峰等六位學者，在最後一場座談會中，與現場聽眾進行問答。

5月24日起一連兩天，聖嚴教育基金會於台灣大學集思國際會議廳，舉辦第二屆「聖嚴思想國際學術研討會」，主題為「聖嚴思想與漢傳佛教」，邀請來自美國、歐洲與台灣等45位佛教學者參加，共發表12篇論文。聖嚴師父於25日閉幕式親臨關懷開示，共有四百多人到場聆聽。

會議的開幕式由聖基會董事楊蓓主持，並在該會董事長施建昌致辭後展開。主題演講邀請美國哥倫比亞大學（Columbia University）教授于君方主講「聖嚴法師與當代漢傳佛教」，于君方教授指出，聖嚴師父用現代人的語言來推廣佛教，並長期關注戒律改革、社會關懷等議題，對漢傳佛教現代化的發展，具有相當大的影響與貢獻，所以要研究當代漢傳佛教，師父的思想正是最好的起點。

兩天的研討會共舉行五場論壇，12篇論文內容涵蓋了思想、禪學、弘法、心理治療、性別研究等各種與當代佛教有關的議題。這次發表論文的學者，以佛學界中青輩為主，特別是清華大學副教授黃倩玉、台灣師範大學教授戴愛蓮（Elise A. DeVido）等人皆發表了跨領域的佛學研究成果。論文中也有多篇針對聖嚴思想的當代性提出精闢見解，如南華大學助理教授黃國清〈聖嚴法師對《法華經》的當代詮釋〉、法鼓佛教研修學院果暉法師與亞洲大學助理教授陳瑾瑛共同發表的〈聖嚴法師禪學思想與當代社會初探〉等；屏東商業技術學院副教授林其賢〈人間淨土思想的實踐與弘揚〉一文，則清楚論述了人間淨土思想定位、特色與價值。

25日下午的閉幕式，聖嚴師父特別蒞臨關懷，師父表示，自己並沒有高深的思想，法鼓山推廣的「心靈環保」與「人間淨土」理念，思想源頭來自《般若經》中所說的「成熟眾生，莊嚴國土」。師父感謝學者們所付出的時間與心力，並且深信透過大家的研究和努力，一定能讓心靈環保、淨化人心的目標早日達成。

以研究「聖嚴」來推動淨化世界

5月25日講於台大集思國際會議廳第二屆「聖嚴思想國際學術研討會」閉幕式

◎聖嚴師父

本來「聖嚴」這個人是默默無聞的，但是由於諸位學者的注意、研究，以及發表論文，我好像變成有了一點分量。我覺得這次的學術會議辦得非常成功，因為通常在學術會議上，學者們發表完自己的論文以後就離開了，很少會留下來直到最後。而今天，我看到很多發表論文的學者、教授都還留在現場，這是非常難得的。

這次的學術論文，一共有12篇，其中有9篇是討論我的思想，這也很難得，我非常感謝。雖然還有3篇並非以我為研究主題，但是沒有關係。其實，「聖嚴」是一個很難的題目，因為「聖嚴」不是一個很有名的人，而諸位可能平常也沒有讀過「聖嚴」的著作，所以一時之間要研究「聖嚴」，大概不容易。諸位這次來參加了研討會，聽到一些關於「聖嚴」的議題，也可以了解「聖嚴思想」是怎麼一回事。

此外，剛才在會場外，我聽到有人問起幾個問題，譬如「聖嚴對現代社會有什麼貢獻」、「聖嚴與印順法師的思想有什麼關係」等，大家不容易回答，所以等一下就由我自己來說明。

研究傳統佛教以為今用

有人把我當成學究型的人，所謂「學究」，就是專門為研究而研究的學者。能專門為研究某一項學問而花上幾十年的時間，這沒什麼不好，像印順長老可以說是這種型態的人，對於思想和學說很有貢獻。我的學術基礎不夠，卻走上了學術的路，在完成了博士學位之後，反而又變成了「不學無術」、「學非所用」！當然，我的老師是國際知名的，沒有問題；我研究的主題也沒有問題；我的學術論文更沒有問題。然而，問題是出在哪裡？就是在完成學位之後，我沒有專門在學院裡教書，也沒有專門做研究。

我的專長可能只有兩項：一是戒律學，但是這次好像沒有人討論，只有提到我倡導的菩薩戒。其實我這輩子很重視戒律學，並且專攻戒律學；我的另外一項專長，則是明末的佛教。

在明末這段期間，中國佛教出現了很多思想家，特別是四位大師：包括于君方教授研究的蓮池大師、我研究的蕅益大師，現在也有人研究憨山大

聖嚴師父於研討會閉幕式致辭，期勉學者們為淨化人心而努力。

師和紫柏大師。可是，明末這段時期並不僅僅只有這四個人，還有許多居士也非常傑出，在稍微晚一點的清初時期，中國佛教也出了不少人才。所以，明末的唯識、淨土和禪，我都研究了，而且我也準備研究明末的天台、華嚴，因為當時有許多這類的人才和著作留傳下來。

以上的說明，我想可以讓大家了解我的研究範圍和廣度。除了戒律學和明末佛教外，中觀、唯識、天台和華嚴，我都曾經講過，也出版了相關的著作：在天台方面，我寫了一本《天台心鑰——教觀綱宗貫註》，內容是研究蕅益智旭撰述的《教觀綱宗》，從中可以看出我的天台思想；此外，在華嚴方面，則出版了一本《華嚴心詮——原人論考釋》，研究的是圭峯宗密的《原人論》，從這裡也可看出我的華嚴思想。

大體來說，我的思想屬於漢傳佛教，因此，不管是哪一種學說，只要經過我，就變成了漢傳佛教的學說，譬如唯識、中觀，它是屬於印度佛教的學說，但是經過我的詮釋以後，就融入了漢傳佛教的內涵；當然也有根本就是屬於漢傳佛教的禪，可是我又把它與印度的中觀、唯識思想結合起來。所以，我並非僅僅只是研究某種思想或學說而已。尤其我並非學究型的人，不是為了研究而研究，我主要是為了讓傳統佛教與現代社會結合而研究。如果佛學只是擺在圖書館，對學者來說雖然有用，可是對整個社會而言，用處不多、影響不大。為了讓現代社會的人能夠理解、能夠運用印度或中國古代大德祖師及大居士所留下來的著作，我才研究它們，然後把它們帶回到現代社會上。因此，我們中華佛學研究所也辦了許多場國際學術會議，皆以「傳統佛教與現代社會」為主題，目的就是希望將傳統佛教的思想、理論與方法，運用在現代的社會。

我有一個學生，也是一位學者，對我說：「師父，您演講的時候，經常有成千上萬的人聽，很有魅力。」我說：「其實不是，我只是把小眾的佛法，解釋得讓大眾都能聽懂、都可以運用到生活裡去，這樣佛法淨化社會的功能就產生了。」當然我也會對小眾演講，像今天的學術會議，主要就是為了小眾而舉辦。我想請問，學術論文發表的時候，諸位能夠聽懂多少？每一篇都聽得懂？或者是只能抓住重點？每一篇論文都很長，在十五到二十分鐘之間要念完，很不容易。要是有人說他全部聽懂了，我不太相信。因為我聽學術論文發表的時候，也都很用心聽，但是有的學者念得很快，當我想要知道他究竟講什麼時，就已經念過去了。可是，如果在幾百、幾千，甚至上萬人的場合，也用念論文的方式來說法，我想大家一定

會「頻頻點頭」，為什麼？都睡著了！因為我對大眾演講的機會比較多，所以慢慢練習，讓佛教從小眾的發展成為大眾的。

我也重視實用，我們中華佛研所的所訓裡，就有「專精佛學，實用為先」兩句話。對於佛學要專精，這是第一步，然後要能夠實用。可是研究所辦的每一屆學術會議，大致上都達不成這個目標，雖然我們希望能結合傳統佛教和現代社會，但是大家發表的、提供的論文都還是傳統佛學。但是沒有關係，我們還是把主題定位在「傳統佛教和現代社會」，若是有人注意到這個主題，而且能夠配合，那很好；即使不能配合，也可以把傳統佛學複習一遍，讓我們了解傳統佛教，然後再慢慢將它與現代社會結合。

兼容小眾佛教與大眾佛教

所以，我個人重視實用，重視佛法與現代社會的結合、接軌。因此，我雖然也是一個擁有博士頭銜的學者、法師，然而我在美國不是到大學裡教書，而是教禪修。這是一個很有趣的身分，身為一個學者，卻以一位禪師的身分出現，而且做得還不錯，也寫了十幾本禪修的書。

我在美國雖然不是做研究、做學者，但在歐美還是有一些影響力。在台灣呢？我的身分也是多重的：我在研究所、大學裡教書，指導博士、碩士論文，但是我也住持寺院。後來由於跟我學習的人愈來愈多，寺院也愈來愈大，所以漸漸地推廣成為大眾佛教。

但是我並沒有放棄小眾，因為佛教還是應該要有研究學問的人，一代一代地發掘其中的好處，否則佛教會變成落伍的、低級的宗教，而沒有高層知識分子願意再去接觸。因此，法鼓山的信眾中，有許多高層知識分子，所以應該要提供他們研究的環境。我回到台灣以後，首先創辦了中華佛研所，到現在為止，已經培養了26屆的研究生。雖然往後不再招生，但是仍然持續提供老師們，也就是研究員們研究的環境。為了鼓勵國際上各地學者研究漢傳佛教，中華佛研所也投入了許多經費，推出研究漢傳佛教的計畫；同時，我們也與美國哥倫比亞大學合作，共同籌辦了「聖嚴漢傳佛教講座教授」。此外，我在法鼓山還創辦了一所單一宗教的法鼓佛教研修學院，其中包含碩士班和博士班。所以，在國內，我看起來好像是在經營大眾佛教，其實，我不但重視大眾佛教在社會上的淨化功能，也很重視小眾佛教在高層次人才上的培養。但是，如果我只專門做研究，那麼這些事業可能全都不存在，研究所、研修學院也都辦不起來了。

現在，我正在籌辦法鼓大學，可是有人覺得台灣的大學已經有一百五十多所了，而隨著台灣的出生率愈來愈低，學生的人口數也愈來愈少，為什麼還要辦大學？其實我們要辦的大學，跟其他大學不一樣，除了學院設定、課程內容不一樣，培養出來的人才也不一樣，全是根據心靈環保、根據漢傳佛教裡最重要的核心價值而規畫的。

因此，要研究我的話，僅僅根據我的幾本著作是不會清楚的，還要根據我的其他文章、談話，包括我在各種國際會議、宗教領袖會議上所發表的

言論，否則是無法了解我這個人的。

而我對社會的貢獻與影響是什麼？俞永峰（Jimmy Yu）在他的論文裡提到，我是台灣《天下》雜誌評選出來，四百年來對台灣最有影響力的五十人之一，這是不容易的，為什麼能得到這項殊榮？不是因為我有一個博士學位，而是因為我對台灣社會的貢獻。

今年（2008年）發生四川大地震時，中國大陸是不開放讓外國人去救援的，但是只准許台灣的兩個宗教團體：慈濟功德會、法鼓山，以及日本的一個救援團進入災區，從這裡就可以看出法鼓山的影響力。直到今天，我們還是一梯、一梯地派員到四川為災區的民眾服務，以後仍然會繼續為災區的重建，提供經費與人力。因此，諸位學者可能也要仔細地看關於我們的新聞報導，才能知道法鼓山對於台灣、大陸，以及國際上的影響。

我聖嚴這個人，雖然沒有變成一個非常專精於學問的人，但是也有一些好處；如果我變成專精於學問的人，有沒有用呢？還是有用哦！

「人間佛教」與「人間淨土」的差異

我想在這裡回答一個問題：我與印順法師不同的地方在哪裡？

印順長老主張的是「人間佛教」，而我主張的是「人間淨土」，兩者聽起來好像差不多，但是內涵並不相同。印順長老認為釋迦牟尼佛說法是為了人，佛教的中心是人，教化的對象是人，而不是死人，也不是對鬼、對天說，所以是「人間佛教」，因此他不講鬼、神，只講佛，而佛是指釋迦牟尼佛。他不太願意說有十方三世的佛、不念阿彌陀佛，更不想到西方極樂世界去，因為他認為阿彌陀佛大概不是釋迦牟尼佛講的，這在他的《淨土新論》中，可以看到他對於淨土的想法。所以，如果有信徒過世了，印順長老的關懷不是念阿彌陀佛，而是默默向釋迦牟尼佛祈禱。

有一次，我講「十方」，他就問我：「聖嚴法師，你講講看十方是哪裡？」我說：「上下四維，也就是東、西、南、北、東南、東北、西南、西北、上、下，總稱『十方』。」他又問我：「你是站在什麼立場講有上、下？地球在轉，哪一個方向是上？哪一個方向是下？如果說十方有諸佛，那你的腳底下有佛嗎？你的頭頂上有佛嗎？」因此，他不相信有「十方」，只相信有「八方」，而「八方」則是根據地球來講的，所以他是一種很科學的態度。

我和他不一樣，我念阿彌陀佛，也承認有十方的佛，為什麼？大乘佛法、漢傳佛教就是這樣說的。印順長老是不是漢傳佛教的？不是，他所研究、傳播的，他的信仰、信心是中觀，他批判瑜伽、唯識，只肯定中觀思想，他的一生是這樣。因此，簡單來說，印順長老不是漢傳佛教的，而我是非常重視漢傳佛教。

雖然如此，我受印順長老的影響還是非常深刻，他把我從迷信的漢傳佛教拉出來，而我因此看到了有智慧、正信的漢傳佛教。所以我講的漢傳佛教、我講的禪宗和淨土，都與歷史上的漢傳佛教有所不同，這一點諸位學者如果用心研究的話，可以看得出來。

佛教同一味──「成熟眾生，莊嚴國土」

我認為佛教是一味的，之所以會分派，主要是因為各宗各派的宗師們，其各自的思想立場不同，而我希望能夠透過我，來重新認識、介紹佛教。其實不管是站在哪一部經、哪一部論，都有其共同的目標──解脫、度眾生，就像是《般若經》不斷強調的「成熟眾生，莊嚴國土」。我歸納佛教的任何一派，最後都是同樣的一個目標──莊嚴國土，也就是莊嚴淨土，亦即我們要將現在的國土莊嚴起來，因此，我的「人間淨土」理念，就有了立足點。

此外，我們要練自己的心，就要練眾生的心，因為不僅我的心要清淨，眾生的心也要清淨，國土才能夠清淨；如果眾生不清淨，國土是無法清淨的。因此，建設人間淨土必須先提倡心靈環保，而心靈環保就是「成熟眾生，莊嚴國土」，這是佛教的兩大目標，而且是分不開的。這就是我的思想，所以我看任何一宗一派，都是一樣的。

以研究「聖嚴」來推動淨化社會、淨化人心

中國讀書人有兩句話：「路逢劍客須呈劍，不是詩人莫獻詩。」當你見到偉大的劍客、武士，要把自己收藏的寶劍呈現出來；若非見到偉大的詩人，則不需將自己的詩獻出來。而我今天見到諸位行家，所以將這些沒有人知道的事介紹出來，也可以說，我是看到了諸位的論文，覺得很感動，因為竟然有這麼多人在研究我、願意了解我，關於我的資料蒐集得滿豐富的，而且有些人對我也了解得滿深刻的。

以上所講的，或許諸位已經知道了，也或許不知道，但是用講的畢竟很有限，所以下一屆研討會還請諸位再刻意研究一下，看看聖嚴跟印順之間有什麼不一樣？聖嚴對現代社會有什麼貢獻？聖嚴的思想究竟是以什麼為中心？

諸位今天發表的論文，主要是針對一個主題來發表，下次也可以擬定不同的主題來研究。如果僅是根據我的著作、論文裡提到的某些觀念來寫也可以，任何一點都能夠把「聖嚴」這個人的一生串連起來。有的人不敢寫我，實際上寫我是最容易的，因為我沒有什麼高深的大道理，而且是一個現在正活著的人。也有人覺得寫活著的人比較難，因為顧慮到如果讚歎太多了，會被認為是阿諛；如果批評太多了，又會覺得不好意思。

其實諸位不需要全部都是批評或者都是讚歎，而是應該讚歎的地方讚歎，應該批評的地方還是要批評，這樣學問才可以成長，對我而言才有幫助。這一次的論文裡，讚歎我的很多，批評的不多，我覺得不好意思，謝謝大家對我的包容。事實上，舉辦這個研討會的目的，是要將我這個人所做的、所想的，向社會與學術界介紹，而這就是在幫我推廣淨化社會、淨化人心的目標。今天與會的有很多人是學者，或是未來的學者，因此諸位的功德很大，這並非對我個人有什麼好處，而是對我們這個世界、這個社會有很多的利益，非常感恩諸位在百忙之中來出席及參與研討會。

漢傳佛教研究新契機

第二屆「聖嚴思想國際學術研討會」成果豐碩

佛學界老中青三代研究者同聚「聖嚴思想國際學術研討會」，交換彼此研究心得。

聖嚴教育基金會於5月24至25日在台灣大學集思國際會議廳舉辦的第二屆「聖嚴思想國際學術研討會」，經由來自國內外45位學者專家的研究、對話與交流，清楚呈現聖嚴師父推動佛教現代化的努力，已賦予當代漢傳佛教嶄新的面貌。

這場以「聖嚴思想與漢傳佛教」為主題的研討會，是繼2006年第一屆「聖嚴思想國際學術研討會」，在思想學術界和宗教界引起廣大回響後，聖基會於2008年擴大舉行。兩天的研討會包括一場主題演講、五場論壇與一場學者座談。

主題演講邀請國際漢傳佛教研究權威、美國哥倫比亞大學（Columbia University）宗教系教授于君方演講「聖嚴思想與當代漢傳佛教」，于君方教授指出聖嚴師父長期致力於佛教的現代化，用淺顯的語言及符合現代人的思維來詮釋佛教經典，推動戒律改革，實踐社會關懷，並以逾百冊的著作來弘揚佛教的現代精神，加速了佛教現代化的腳步，對漢傳佛教現代化的發展，具有相當大的影響與貢獻。

研討會特色

一、多元面向的聖嚴思想

除了精闢主題演說，五場論壇中所發表的12篇論文，也都針對當代漢傳佛教發展做出深度的論述，涵蓋思想、禪學、弘法、心理治療、性別研究等議題，其中有9篇論文與聖嚴師父思想有直接關係，呈現師父思想的多元面向，包括中華佛學研究所所長果鏡法師、南華大學助理教授黃國清、法

鼓佛教研修學院佛學系系主任果暉法師與亞洲大學助理教授陳瑾瑛等人的論文；而美國普林斯頓大學（Princeton University）博士候選人俞永峰所發表的〈聖嚴法師的明末佛教研究〉一文，則將師父與明末高僧蕅益大師的思想、修行與願行等做一詳盡的比較，更藉由兩位高僧的對比，清楚呈現師父一生修行、弘法、推動教育事業與社會關懷的思想脈絡；此外，曾經編撰《聖嚴法師七十年譜》的屏東商業技術學院副教授林其賢，也發表了〈人間淨土思想的實踐與弘揚〉一文，再度深入探討師父「人間淨土」的思想對當代社會倫理發展的影響與貢獻。

二、跨領域的佛學研究

佛學結合其他社會科學的跨領域研究，是這次研討會的另一特色。例如輔仁大學助理教授張瓊文所發表的〈聖嚴法師之我執／無我論述〉一文，即運用比較文學的研究方法分析聖嚴師父的無我思想；台北大學副教授楊蓓結合佛學與心理學，深入剖析「心五四運動」；美國哈佛大學（Harvard University）博士克樓佛（Jason Clower）以新儒家學派牟宗三為例，重新檢視佛教與儒家的關係。而中央研究院助理研究員陳美華及台灣師範大學教授戴愛蓮（Elise A. Devido），均以社會學的研究方法來探討佛教的傳播與發展。

而社會學研究中常見的「質性研究方法」（Qualitative Research），亦為這次研討會中的另一討論焦點。例如比利時根特大學（Ghent University）博士古瑪莉（Esther-Maria Guggenmos）運用社會「質性研究方法」中的結構詮釋學（Structural Hermeneutics），解析台灣佛教徒在佛教現代化過程中如何自我定位的問題；醒吾技術學院助理教授辜琮瑜則運用「質性研究方法」中的行動研究方法（Action Research），試圖探討師父的禪學思想在成人教育方面的實用功效。

三、跨世代學者的參與

2008年參與研討的學者中，除了發表主題演說的于君方教授，美國堪薩斯大學（The University of Kansas）教授史蒂文生（Dan Stevenson）、美國田納西大學（University of Tennessee）教授羅梅如（Miriam Levering）等佛教界前輩，都應邀擔任論壇主持人或回應人。中生代的學者，則有法鼓佛教研修學院校長惠敏法師、中華佛研所所長果鏡法師、佛教弘誓學院昭慧法師等。論文發表人如俞永峰、克樓佛、古瑪莉等人，都是剛取得或即將取得博士學位的新生代學者，佛學界老中青三代研究者齊聚一堂，熱烈地交流彼此研究心得，充分展現當代佛學活潑的生機，同時也表徵佛學研究的薪火相傳。

深化建設人間淨土的理念

在25日閉幕式上，聖嚴師父蒞臨關懷，發表致辭。師父表示，自己不是為了單純想研究佛學而研究，因為將佛學化為艱深的論著放在圖書館的

架上，對人類社會的影響不大；而是將研究主題設定在「傳統佛教與現代社會」的面向上，研究的目的是為了讓傳統佛教與現代社會融合，讓更多的人活用佛法的智慧與慈悲，來提昇現代人的生活與品質，因而創辦法鼓山，推廣「建設人間淨土」的理念。

「聖嚴思想國際學術研討會」，正是以畢生弘揚漢傳佛教的聖嚴師父的思想行誼為切入點，深化法鼓山淨化人心、建設人間淨土的理念。另一方面，從論文的質與量而言，聖嚴思想無異是研究當代漢傳佛教的關鍵切入點；而研究聖嚴思想，也開啟了當代漢傳佛教研究的新契機。

第二屆「聖嚴思想國際學術研討會」議程

時間	論壇／講題	主持人／主講人	回應人
5月24日	【主題演講】 聖嚴思想與當代漢傳佛教	【主講人】 于君方（美國哥倫比亞大學教授）	
	【論壇一】 1. 聖嚴法師的明末佛教研究（Ven. Sheng Yen's Studies of Ming Buddhism） 2. 聖嚴法師的東南亞弘傳：新加坡與馬來西亞「道場」的成立與在地影響（Ven. Sheng Yen's Impact in Southeast Asia : the Founding of DDM in Malaysia and Singapore）	【主持人】 史蒂文生（Dan Stevenson，美國堪薩斯大學教授） 【主講人】 1.俞永峰（Jimmy Yu，美國普林斯頓大學博士候選人） 2.陳美華（中央研究院助理研究員）	1.于君方（美國哥倫比亞大學教授） 2.雷爾蔓（Linda Learman，美國波士頓大學教授） 張珣（中央研究院研究員）
	【論壇二】 1. 人間淨土思想的實踐與弘揚（"Building a Pure Land on Earth"——Origination and Development of the Thought） 2.聖嚴法師淨土思想之研究（A Study of Master Sheng Yen's Pure Land Thought） 3.聖嚴法師之我執／無我論述（Ven. Sheng Yen's Thought on Self-attachment and Selflessness）	【主持人】 蔡清彥（聖嚴教育基金會執行長） 【主講人】 1.林其賢（屏東商業技術學院副教授） 2.果鏡法師（中華佛學研究所所長） 3.張瓊文（輔仁大學助理教授）	1.黃倩玉（清華大學副教授） 林伯謙（東吳大學教授） 2.史蒂文生（美國堪薩斯大學教授） 蔡耀明（台灣大學副教授） 3.昭慧法師（佛教弘誓學院） 辜琮瑜（醒吾技術學院助理教授）
	【論壇三】 1.弘揚新儒家的學者為何需要佛教？（What Does a New Confucian Apologist Want with Buddhism） 2.當代台灣在家佛教徒的傳記自我建構分析——方法論上的問題（Analyzing Biographical Self-constructions of Lay Buddhists in Contemporary Taiwan——Methodological Questions）	【主持人】 黃倩玉（清華大學副教授） 【主講人】 1.克樓佛（Jason Clower，美國哈佛大學博士） 2古瑪莉（Esther-Maria Guggenmos，比利時根特大學博士）	1.林鎮國（政治大學教授） 羅梅如（Miriam Levering，美國田納西大學教授） 2.史蒂文生（美國堪薩斯大學教授） 越建東（中山大學助理教授）

時間	主題內容	主持人／發表人	回應人
5月25日	【論壇四】 1. 性別本質論與台灣現代比丘尼僧團的發展（Gender Essentialism and the Development of the Modern Buddhist Nuns Order in Taiwan） 2. 聖嚴法師禪學思想於佛法治療之應用初探——以社區大學成人教育為例（The Application Research about Therapeutic Buddhism for the Chan Theory of Master Sheng Yen–Focuses on the Adult Education about I-Lan Community University） 3. 聖嚴法師理念中轉化與超越——以心五四為例（An Initial Anaysis of the Transformative Process of Psychological Health in Venerable Sheng Yen's Fivefold Spiritual Renaissance Campaign）	【主持人】 惠敏法師 （法鼓佛教研修學院校長） 【主講人】 1. 戴愛蓮 （Elise A. Devido，台灣師範大學教授） 2. 辜琮瑜 （醒吾技術學院助理教授） 3. 楊蓓 （台北大學副教授）	1. 雷爾蔓 （美國波士頓大學教授） 李玉珍 （清華大學助理教授） 2. 丁敏 （政治大學教授） 羅梅如 （美國田納西大學教授） 3. 王浩威 （台大醫院精神部醫師） 俞永峰 （美國普林斯頓大學博士候選人）
	【論壇五】 1. 聖嚴法師對《法華經》的當代詮釋（Venerable Sheng Yen's Modern Interpretation on the Lotus Sutra） 2. 聖嚴法師禪學思想與當代社會初探（Master Sheng Yen's *Chan* Thought and Contemporary Society: Preliminary Exploration）	【主持人】 果鏡法師（中華佛學研究所所長） 【主講人】 1. 黃國清 （南華大學助理教授） 2. 果暉法師 （法鼓佛教研修學院） 陳瑾瑛 （亞洲大學助理教授）	1. 于君方 （美國哥倫比亞大學教授） 郭朝順 （華梵大學副教授） 2. 羅梅如 （美國田納西大學教授） 辜琮瑜 （醒吾技術學院助理教授）
	【學者座談】 研究聖嚴法師與當代佛教的方法和方向（Methodological Approaches to the Study of Contemporary Buddhism and Ven. Sheng Yen）	【主持人】 王晴薇（雲林科技大學助理教授） 【與談人】 于君方、史蒂文生、羅梅如、黃倩玉、俞永峰	

● 06.02

研修學院舉辦第二場「大師講座」
吳忠超分享宇宙演化的「成、住、壞、空」

　　法鼓佛教研修學院繼2007年11月舉辦首場「大師講座」，以「禪與科學」為題，2008年6月2日下午於法鼓山園區國際會議廳第二度舉辦「大師講座」，邀請天文物理學家、現任中國大陸浙江工業大學教授吳忠超，主講「宇宙家的宗教情懷」。研修學院校長惠敏法師、副校長杜正民及全校師生皆到場聆聽。

天文物理學家吳忠超在第二場「大師講座」中，展現科學家的宗教情懷。

　　吳忠超教授是國際知名物理學家史蒂芬‧霍金（Stephen William Hawking）唯一的亞裔學生，也是霍金多本著作的中文譯者。吳忠超教授在演講中，深入探討宇宙的演化，指出過去以「大爆炸理論」說明宇宙起源的假設，近年已經被推翻。宇宙的演化其實是一種暴脹與暴縮的過程，已經有137億年歷史的宇宙，正在經歷膨脹的階段，在這個過程中，宇宙中的物質會愈來愈稀薄、寒冷，我們的星空也一天比一天黯淡；當宇宙大膨脹到了極限後，便會開始內縮，經過數百億年擠壓縮至最小極限時，又會開始膨脹。這個反覆的演化過程，正符合佛法所說的「成、住、壞、空」原則；吳忠超教授並以科學家的視野，提出「人類該造福生命，讓我們有突破的動力」來互勉。

　　演講最後，有與會人士提問，這種宇宙論是否會造成人類宿命論？惠敏法師以佛教的觀點回應表示，如果能以佛教無我、無常的因緣法則看待，就不會產生宿命論的危機。

　　吳忠超教授此行是第一次到台灣訪問，以宇宙科學為信仰的他，認為科學家應具備宗教情懷，以敬畏自然的心從事研究，造福人類。此次，除偕同夫人拜會聖嚴師父外，也參訪法鼓山園區，對法鼓山愛護自然、建設人間淨土的理念與作為，留下深刻印象。

● 06.10

研修學院首次簽訂產學合作
與英業達共同開發佛學電子辭典

　　法鼓佛教研修學院6月10日上午於法鼓山園區國際會議廳，與英業達股份有限公司簽訂創校以來第一宗產學合作案。簽約儀式由研修學院校長惠敏法師與英業達集團董事長葉國一共同主持，方丈和尚果東法師、中華佛學研究所所長果鏡法師等親臨現場表達祝福。

　　此次合作案的主要內容為，研修學院將提供3,602部佛典資料庫給英業達公司翻譯軟體「譯典通Dr. eye」，共同開發對佛學研究具有實用價值的電子辭典，讓學習佛法、研究佛學，可以更輕鬆跨越語言的距離。

　　方丈和尚致辭時表示，這次佛學與科技的產學合作順利成功，將使現代人學佛更便利，也感謝英業達贈予12,000套「譯典通Dr. eye」推廣版的產品，提供佛教界免費使用。葉國一董事長也表示，能以「譯典通Dr. eye」為佛學界服務，為推廣佛法盡一份心力，相當令人高興。

　　身為中華電子佛典協會（CBETA）主任委員，並主持多項佛學數位計畫十餘年的惠敏法師，對這項產學合作案抱持極大的期待。法師表示，坊間現有的電子辭典雖然功能強大，但是在佛學名相方面的解釋，卻因為資料不足，無法提供有效的查詢。而CBETA超過一億四千多萬字的豐富資料庫，正好可以補上這個缺口，這項合作將有助於佛學教義的推廣與經典教義的宣揚。

　　這套佛學電子辭典，預計於2008年9月首先推出推廣版，屆時只要是「譯典通Dr. eye」的用戶，都可以在網路上免費下載推廣版的軟體。

　　此次研修學院與英業達的合作，始自多年前印順長老全集的翻譯計畫。英業達公司曾義務提供技術，希望為翻譯計畫建立一套可供參考的標準辭庫，然而這套軟體卻因商業成本考量沒有機會正式發行。多年後在雙方共同努力下，研修學院與英業達公司終於再度合作，為商業結合公益打造新契機。

研修學院校長惠敏法師與英業達集團董事長葉國一（右）簽約，共同開發電子辭典，創下佛學與科技結合新典範。

● 06.14～15

僧大佛學系舉辦畢業論文發表會
12位學僧展現研究成果

6月14至15日一連兩天，法鼓山僧伽大學於法鼓山園區階梯教室舉辦佛學系第四屆畢業生畢業論文發表會，由教務長果稱法師主持，共有12位學僧參與發表，僧大師生、論文指導老師全員出席，僧大院長方丈和尚果東法師也到場關懷開示。

方丈和尚致辭時，以盡心盡力、隨緣努力、一切阻力，都是助力、繼續努力，不要放棄、只要有願就有力的正向思惟，勉勵即將畢業的學僧，勇於承擔如來家業。

發表會上，學僧們各以30分鐘時間報告，並接受20分鐘的現場提問，最後交由僧大任課老師、論文指導老師與執事法師加以審定和評分。

這次畢業論文的主題，涵蓋範圍遍及佛像造像、經典思想、弘化、實用教學、法會空間設計等。包括常化法師的〈法鼓山的瓔珞——法像莊嚴與觀音道場的共鳴〉，以法鼓山的觀音造像為研究主題，針對法鼓山三尊觀音的歷史淵源及觀音菩薩對法鼓山的意義，做了清楚的說明。在戒律學方面，常琨法師與常用法師的〈法鼓山僧團比丘尼現況探討〉，運用質性研究的方法，針對「比丘尼戒」的精神做深入的探討；常灌法師透過文獻分析法，發表〈聖嚴法師「菩薩戒」思想之研究〉。

與弘化有關的論文，有常慶法師的〈法鼓山默照禪教學的觀念與方法之研究——一本禪修筆記書〉、常甯法師的〈心靈環保對幼童教育初探〉、常隨法師的〈「止觀禪期」中體現如來藏之探討——以中華禪法鼓宗為主〉等。

在實用教學方面，有常潤法師以聖嚴師父所授《華嚴經·淨行品》為底本

僧大師生出席佛學系第四屆畢業論文發表會。

而設計的〈數位學習課程——以淨行品為內容〉及常妙法師與常佑法師共同完成的〈永嘉大師證道歌——中心思想Power Cam呈現〉，結合佛法與科技，提供佛法教學實用的教材。另外，常恩法師所發表的〈大悲心水陸法會壇場空間設計研究〉，則主張僧眾應參與法會的空間設計，並且認為壇場設計應符合現代社會的要求；常能法師的〈找回自己——僧大生活的分享〉，則以影片方

式，呈現從在家身分轉變至出家人的蛻變過程。

在兼顧傳統佛學與現代社會需求的多元學習下，12位學僧的論文研究，豐富多元，在佛教藝術、佛門行儀、弘法修行及社會關懷等層面，皆有不錯的成果。

法鼓山僧伽大學第四屆畢業生畢業論文一覽表

學僧	論文題目	指導老師
常化法師	〈法鼓山的瓔珞——法像莊嚴與觀音道場的共鳴〉	常慧法師、施建昌老師
常琨法師 常用法師	〈法鼓山僧團比丘尼現況探討〉	果徹法師、果慨法師
常恩法師	〈大悲心水陸法會壇場空間設計研究〉	果慨法師、台北藝術大學劇場設計研究所團隊
常潤法師	〈數位學習課程——以淨行品為內容〉	果光法師、常華法師
常能法師	〈找回自己——僧大生活的分享〉	果毅法師、蔡旻霓老師
常妙法師 常佑法師	〈永嘉大師證道歌——中心思想Power Cam呈現〉	果毅法師、常慧法師
常慶法師	〈法鼓山默照禪教學的觀念與方法之研究——一本禪修筆記書〉	果元法師、果鏡法師
常隨法師	〈「止觀禪期」中體現如來藏之探討——以中華禪法鼓宗為主〉	惠敏法師、杜正民老師
常甯法師	〈心靈環保對幼童教育初探〉	果暉法師
常灌法師	〈聖嚴法師「菩薩戒」思想之研究〉	果鏡法師、證融法師

● 06.23～28

研修學院應邀參加IABS國際佛學會議
提昇漢傳佛教國際能見度 並獲下屆主辦權

6月23至28日，法鼓佛教研修學院校長惠敏法師、副校長杜正民，帶領黃繹勳、郭瑞（Eric Goodell）、馬德偉（Marcus Bingenheimer）、馬紀（William Magee）四位老師，出席國際佛教研究協會（International Association of Buddhist Studies，簡稱IABS）於美國亞特蘭大市（Atlanta）埃默里大學（Emory University）舉行的第15屆國際佛學會議，並發表論文。此行研修學院也與中華佛學研究所共同爭取到2011年第16屆IABS國際會議主辦權，為台灣佛學研究國際化開創新的里程碑。

此會議共有來自世界各地450位佛教學者參加，發表325篇論文。在由研修學院教師黃繹勳、郭瑞與美國印第安那大學（Indiana University）亞洲研究系教授馬克瑞（John McRae）召集的「中國佛教的禪定與禪宗」場次中，惠敏法師發表論文〈虛雲和尚長時住定經驗之探索〉、雲林科技大學漢學資料整理研究

參加IABS國際佛學會議的學者：後排左起為中山大學越建東老師、政治大學林鎮國老師、惠敏法師、杜正民副校長、香港中文大學姚治華老師、古瑪莉老師，前排左起為哈佛大學博士生耿晴、鄧偉仁、王晴薇老師。

所助理教授王晴薇發表〈六世紀中國佛教之大乘四念處修行〉，黃繹勳、郭瑞及馬克瑞也分別發表〈《雪竇洞庭錄》之古則用例〉、〈禪在太虛生涯中的角色〉及〈早期禪修：論天台宗的三摩地思想與唐朝禪師機鋒對答之間的關係〉等論文，研究範圍涵蓋六至二十世紀漢傳禪佛教在思想與實修各方面的發展。

此外，美國哈佛大學（Harvard University）博士克樓佛（Jason Clower）及比利時根特大學（Ghent University）博士古瑪莉（Esther-Maria Guggenmos）亦分別規畫與漢傳佛教相關的論壇，包括「20世紀中國佛學研究的復興」、「從人間佛教的基本架構重析中國與台灣佛教現代化的意義」，而在「大乘佛教」、「敦煌學研究」等論壇中，亦有多篇和漢傳佛教相關的論文，足見法鼓山在國際佛學界推動漢傳佛教研究，在這次IABS會議中已見初步成果。

另一方面，杜正民副校長受邀主持「科技與資源」場次，與馬德偉、馬紀分別針對研修學院的佛學數位研究成果發表論文，呈現該校推動漢傳佛教及佛教現代化的成果，令與會學者對研修學院推動的CBETA、整合型經錄、GIS、Second Life虛擬實境系統等各項研究，印象深刻。其中來自不丹、丹麥等佛典數位化工作才起步的學者們，對研修學院更表達佩服之意。

創立於1976年的IABS，為一國際性的佛學研究協會，每三至四年舉行一場國際會議，分別由不同地區的國家主辦，提供跨宗派佛教研究一個互動交流的平台。聖嚴師父在美國弘法時，亦是IABS創始會員之一。此次研修學院參與IABS會議發表論文，並獲下屆會議主辦權，顯示法鼓山多年來推動佛教高等教育的努力及佛學研究成果獲國際肯定。

● 07.12

中華佛研所轉型為佛學研究單位
召開校友會 回顧過去展望未來

2009年將產生最後一屆畢業生，正式轉型為佛教學術研究單位的中華佛學研究所，7月12日於北投蓮花素食餐廳舉辦夏季校友會，由所長果鏡法師主持，

共有22位校友參加。

　　會中，果鏡法師首先針對中華佛研所的現況、未來方針進行報告，並表示2009年中華佛研所成立屆滿30週年，將舉辦一系列成果紀念展，回顧圓滿推廣教育的各項階段性任務，並展望未來轉型學術研究的新視野，歡迎校友返校共襄盛舉，一起見證中華佛研所的成長。

中華佛研所舉辦夏季校友會。

　　果鏡法師表示，自2007年4月法鼓研修學院成立後，中華佛研所已停止招生，轉型為學術研究單位，致力於推廣漢傳佛教的研究目標。目前該所的研究方向鎖定在宋朝至明朝末年的佛教研究，因為目前此段時期的學術研究質量在教界研究中相對匱乏，有很大的發展空間，是國際佛學可發展的方向。

　　中華佛研所成立以來，共招生25屆，共計有兩百多位全修生及三百多位選修生就讀，在培育、提昇佛教人才方面有其貢獻。果鏡法師也鼓勵校友們持續努力，繼續在漢傳佛教研究的領域中深耕成長。

● 07.12～13

惠敏法師參加新加坡國際論壇
應邀發表論文探討「佛教與科學」

惠敏法師於研討會中，進行專題演講。

　　7月12、13日兩天，法鼓佛教研修學院校長惠敏法師受邀至新加坡，參加由蓮山雙林寺所主辦的「佛教與科學」國際論壇（Buddhism and Science Sympsium: Brain, DNA and the Metamorphosis of Life），並於會中發表演講及論文。

12日，惠敏法師首先以「生命的奧祕：人生最後的四十八小時」為題進行演講。法師在演講中指出，對一般人來說，死亡是人生最大的喪失，也是一種最痛苦的過程；但是我們也可以把它看成是人生最大的布施，也是一種最深奧的學習。

13日，惠敏法師在該論壇中發表論文〈禪法與腦科學：四念住與三重腦理論〉（Meditation and Brain Science:Four Mindful Establishments and the Triune Brain Model）」。從「四念住」與「三重腦」切入，直指人腦，明心見性；並闡述腦科學之「變動之我」與佛教之「無我」觀的關係。

主辦單位另邀請到香港大學副校長李焯芬，以及美國洛克菲勒大學（The Rockefeller University）植物分子生物學專家蔡南海與會，希望透過佛法與科學的對話，激盪出現代佛學的新活力。

此外，新加坡護法會藉著惠敏法師赴當地開會的機會，邀請法師於14日主講「佛法與科學漫談：宇宙與生命」，與當地悅眾分享佛學新視野。

● 07.16～30

僧團三學院舉辦法師領執培訓
近二十位僧大畢業學僧參加

由於法鼓山僧伽大學學僧將於畢業後領執，為此，僧團三學院於7月16至30日在法鼓山園區女寮，舉辦「2008年領執培訓」課程，講師群包括聖嚴師父、10位僧團法師、心理諮商專家鄭石岩等，有近二十位96學年度僧伽大學佛學系、第四屆僧才養成班畢業學僧參加。

這項培訓的主要目的，是為了讓即將承擔弘法任務的僧大畢業學僧，具備正確且足夠的領執心行，並培訓他們成為法會悅眾和禪修師資。其中，領執心行的相關課程有「領執行儀」、「僧倫與共住心態」、「執事的態度與技巧」、「心理諮商的方法與技巧」、「與信眾的相處之道」、「出家人的時間管理」等。

法會悅眾培訓的相關課程，包括「法鼓山法會總覽」、「梁皇寶懺法會培訓」、「三時繫念法會培訓」、「民間殯葬禮儀與佛化奠祭」等；禪修師資培訓方面的課程，則有「禪修監香暨動禪」等。

另外，還安排「法鼓山的願景、策

僧大畢業學僧在領執前都須接受培訓。

略、方法和CIS」、「三學院在僧眾領執後的角色」、「百丈院在僧眾領執後的角色」、「關懷院在僧眾領執後的角色」、「執事見習」，以及「戒律學」等課程，俾讓學僧藉此學習在法鼓山體系領執的態度與方法。

● 07.17

法鼓大學第三場「公益論壇」舉辦
結合公益與企業　開展社會多元關懷

法鼓大學籌備處於7月17日上午在台中寶雲別苑舉辦第三場「法鼓公益論壇」，主題為「公益、創新與社會企業」，邀請台北大學公共行政系教授陳金貴主持，中正大學社會福利系教授官有垣主講，與談人包括陽光社會福利基金會副執行長劉維弘、香港社區投資共享基金會主任伍甄鳳毛，由法鼓大

第三場「法鼓公益論壇」，探討「公益、創新與社會企業」，左起為劉安之、陳金貴、官有垣、伍甄鳳毛、劉維弘。

學籌備處教授劉安之主持，現場有近六十位非營利組織團隊與教育界、學術界、政商界人士與會。

這是法鼓大學籌備處繼3月與5月舉辦第一、二場「公益論壇」後，進行的第三場論壇。長期關注公益議題與社會企業研究的官有垣教授表示，社會企業各有不同的組織、需求與經營理念，但符合社會需求才是企業立足的基礎。營利固然重要，但如何將企業利益與社會公益結合，在追求營收成長之餘仍不忽略對社會的責任，是對企業經營者的一大考驗，其中的過程必須不斷創新、適應與學習。

主講者演說的內容引發與會人士廣泛提問，包括台灣非營利組織的現況、如何開發非營利組織與社會企業合作的方式、法鼓大學公益學院未來發展的著力點等問題，透過與談來賓和聽眾的互動討論，讓座談會形成一個各方交流的溝通平台。

劉安之教授表示，與會者的創意激盪出法鼓大學的前瞻視野，未來法鼓大學的教學內容，將會力求貼近社會需求，朝向為大眾謀幸福的目標前進。

● 07.25～29

首爾國際漢譯佛典新目錄建置工作坊
研修學院推動數位佛學跨國合作

7月25至29日，法鼓佛教研修學院校長惠敏法師及副校長杜正民前往韓國首爾市，參加「漢譯佛典新目錄建置工作坊」（Constructing the New Catalog for the Chinese Buddhist Canon Workshop），此工作坊召集人為美國加州大學柏克萊分校（University of California, Berkeley）教授路易斯・蘭卡斯特（Lewis Lancaster），由國際電子佛典推進協議會（The Electronic Buddhist Text Initiative，簡稱EBTI）主辦。研修學院圖書資訊館館長馬德偉（Marcus Bingenheimer）、資訊組組長洪振洲也陪同出席，並發表研修學院的工作成果。

身兼國內中華電子佛典協會（Chinese Buddhist Electronic Text Association，簡稱CBETA）主任委員的惠敏法師，在會議中代表CBETA與韓國東國大學的電子佛典推進協議會（EBTI）小組及高麗藏研究所協商未來的密切合作，諸如將CBETA資料庫與高麗藏資料庫進行整合，除使研修學院在2008年2月舉辦的「數位佛學研究國際會議」中提出的「整合型佛教數位典藏」（Integrated Buddhist Archives，簡稱IBA）計畫，獲得初步落實，並藉此機會將「整合型佛學數位資料庫」改以「國際佛學數位資料庫」（International Buddhist Archive）之名來推動國際合作。

參加「漢譯佛典新目錄建置工作坊」的與會學者合影。

惠敏法師表示，目前全世界在電子佛典方面使用漢字系統的國家，除台灣、中國大陸外，還有日、韓及越南，希望藉由這次會議，將漢字系統電子佛典進行初步整合，並計畫於2008年12月參加在越南舉行的「太平洋鄰里協會年會」（PNC 2008 Annual Conference）時，進一步討論計畫細節。

此行研修學院並與韓國佛教高等學府有多場交流。首先與2008年5月才剛締結姊妹校的東國大學，針對交換學生與訪問學者等事宜交流意見，其次也參訪高麗大學民族文化研究院，以及由韓國天台宗團體所創辦的佛教金剛大學。韓國佛教學者對於法鼓佛教研修學院在數位佛學方面的研究成果皆感讚歎，表示希望未來能有進一步的合作機會。

● 08.01

法鼓佛教學院更名案通過
為未來設校校名提供合理彈性

自8月1日起，法鼓佛教研修學院校名經校務會議、董事會通過，並報請教育部核可通過，正式更名為「法鼓佛教學院」。

法鼓佛教學院係國內第一所獲教育部核可設立的宗教學院，在創立時，因國內相關法規尚未制定周全，在校名訂定上，規範凡宗教學院均須冠以「研修」二字。而該校自2007年4月創立起，即竭力發展

法鼓佛教學院正門。

國際學術交流，卻常因校名冠以「研修」二字，而令國際（特別是日本）他校誤解該校學制為實習、補習或短期性質的學院，造成與國際他校之對等性產生混淆。

2008年3月，該校在教育部召開研訂「宗教研修學院設立辦法草案」第二次會議中，經校長惠敏法師提議，得到所有與會宗教界與教育界人士的贊同，達成如下決議：宗教研修學院及其系、所、學位學程，均應冠以該學院所屬宗教慣用之名稱，不硬性規定冠以「研修」之文字。此舉為未來設校的校名提供合理的彈性，並且免除誤解學校層級的困擾。

法鼓佛教學院為國內第一所通過校名變更行政程序的學校，為其他學校做開路先鋒，此舉將有利於未來所有宗教學院校務之長遠發展。

● 08.25

大陸齋僧功德會率團來訪
觀摩法鼓山僧才養成教育

　　為促進兩岸及國際間的僧才教育發展，中國大陸齋僧功德會淨耀長老帶領大陸佛教協會、泰國東北寺院訪問團、越南中央佛教會等高僧、居士一行七十多人，於8月25日至法鼓山園區參訪，由方丈和尚果東法師代表創辦人聖嚴師父，率同僧團副住持果暉法師及十多位負責教育及弘法的執事法師與來賓進行交流。

　　由於肯定聖嚴師父宏觀的教育理念，中國大陸齋僧功德會於24日在林口體育館舉辦的齋僧大會中，特別提撥50萬元給予法鼓山做為培養宗教師、發展僧眾教育的經費，由果暉法師代表出席接受。此次參訪之行，主要即是希望實地了解法鼓山的僧才養成方式，並體驗園區內清淨莊嚴的教育環境。

　　越南中央佛教會常務委員兼祕書長進達法師表示，此行二度來台對於法鼓山井然有序的僧團管理，印象更加深刻，認為法鼓山不僅是一座大寺院，其致力於國際佛教文化交流，將佛教積極入世的作法，亦相當令人佩服。泰國金佛寺副住持使他詹尊者則分享泰國注重科學、外語的佛學教育，期望未來能夠彼此切磋；而法鼓山三大教育所體現的法布施精神，他則會帶回泰國參考。

　　方丈和尚除代表聖嚴師父表示感謝之意，同時向來賓詳細解說目前中華佛學

方丈和尚果東法師（左四）代表聖嚴師父接待齋僧功德會一行來賓。

研究所、法鼓佛教學院、僧團三學院、法鼓山僧伽大學,乃至即將開辦的法鼓大學等法鼓山教育機構的運作狀況與設置目的,以及法鼓山三大教育理念的落實成果。最後,並將法鼓山正積極推動的「心六倫」相關文宣品及師父多本中外文著作,贈與來賓結緣。

● 08.31～09.10

佛研所、佛教學院參加新疆絲路研討會
並與塔里木大學締結姊妹校

中華佛學研究所與法鼓佛教學院組成研究考察團,於8月31日啟程赴中國大陸新疆參加9月1至3日的「中印絲路文化交流學術研討會」,研討會主題為「中印絲路文化交流時空架構之建置」,由塔里木大學主辦,中華佛研所籌備,法鼓佛教學院與清雲科技大學中亞研究所、龜茲石窟研究所共同協辦,會中發表論文共計28篇,與會人士除了海峽兩岸學者,更

惠敏法師(右三)和李志夫教授(右一)分別在會中發表論文。

有三十多位來自印度、德國、土耳其、日本、巴西、美國等地的國際學者共襄盛舉。

中華佛研所、法鼓佛教學院組成的研究考察團,包含中華佛研所所長果鏡法師、榮譽所長李志夫教授、佛教學院校長惠敏法師等一行,前述三人也於研討會中擔任主持人並發表論文。

會中,惠敏法師以「絲路文化數位化研究的足跡與展望:從數位博物館、時空資訊系統到Science 2.0」為題,發表演講,介紹法鼓佛教學院自中華佛研所時代,開展至2008年的絲路文化數位研究。此次絲路會議的順利舉行,充分展現中華佛研所、佛教學院和塔里木大學的密切合作,也為未來兩岸佛學研究奠定穩健的基礎。此外,佛教學院「中印絲路文化交流研究」計畫團隊亦於會中分享研究成果。

為發展佛學研究、學術交換與合作,法鼓佛教學院與新疆塔里木大學並於9月2日簽約締結為姊妹校,由佛教學院校長惠敏法師與塔里木大學副校長王合

理代表簽署。主要合作內容包括：促進教學研究人員互訪、提供交流學生相關課程或參與研究計畫及使用圖書館資源、促進學術出版物和資訊交流，並籌備未來雙方合作之具體形式和內容等。

研究考察團此行除了出席研討會之外，並於9月4至10日，轉赴托呼拉艾爾肯石窟、新和龜茲博物館以及庫車克孜爾千佛洞等佛教古蹟進行實地考察。

● 09.04

僧大邀請全體教師餐敘
聖嚴師父期許掌握辦學理念

法鼓山僧伽大學於北投農禪寺邀請教師及執事法師餐敘，創辦人聖嚴師父與院長果東法師出席表達對老師們的感恩，師父並再次說明僧大辦學的教育理念。包括副院長果光法師及僧大全體老師及執事法師，共有46人參加。

聖嚴師父首先感謝教師們多年來的用心，幫助法鼓山培養出許多具威儀的法師，若與他年輕時在中國大陸上海靜安佛學院時只有五位老師相比，現在法鼓山的僧伽教育，在師資和資源上都相當可觀。

此外，聖嚴師父也強調，法鼓山的僧伽教育與其他佛學院在辦學理念方面有所不同，法鼓山僧大要培養的不是鑽研佛學的研究人才，而是要培養負起弘化正信佛教願心的宗教師。師父並以基督教、天主教為例，說明兩者有許多宗教師與社會互動良好，讓人們容易親近，所以發展得很好；反觀佛教，總體缺乏與世間結合，甚至在佛學院教育的辦學目標上亦不明確。僧大則是以「培養對當代社會有用的宗教師，非佛學研究的人才」為宗旨，要與社會密切結合，讓更多人了解什麼是正信的佛教。

聖嚴師父指出，法鼓山是禪宗道場，所辦的僧伽教育以學習中華禪法鼓宗為主，期許教師們務必掌握好辦學的理念與精神，除了傳承中華禪法鼓宗，更要引導學僧創新，適應社會需要，才能做好一個真正宗教師該做的事。

聖嚴師父在餐敘中表達對僧大老師們的感恩和勉勵。

以宗教師應具備的涵養來教育學僧

9月4日講於北投農禪寺僧大教師與執事法師餐敘

◎聖嚴師父

法鼓山僧伽大學佛學院開辦已經八年了，辦校的成績有目共睹，社會各界的風評也很好，為了對諸位授課老師表示謝意與敬意，因此舉辦了這場餐敘。

以身作則　弘揚正信的佛教

僧大學生畢業、入眾以後，都有不錯的威儀，出家人僅僅以威儀就能夠感動、感化社會大眾，而能以身教、言教來感動、感化社會大眾的，即是宗教師。而僧大佛學院就是以養成未來佛教宗教師人才為目標。其實「宗教師」這個名詞，過去在中國大陸是沒有的，因為當時並不重視弘化教育。關於宗教師對社會的弘化，在基督教、天主教方面都做得很好，只有佛教是隱居起來修行。因為大部分佛教徒認為的修行，就是要一個人躲在山裡，或者住進大寺廟的禪堂裡，能真正負起社會弘化教育責任的就很少了。因為沒有弘化，所以人們多半不知道什麼是正信的佛教，什麼是非正信的佛教，只知道佛教就是拜拜，或者是超度亡靈，為亡者超度誦經、做七、做週年或三週年等。因此佛教在中國聽起來好像很普遍，事實上，並不全是正信的佛教。

法鼓佛教學院有一位楊郁文老師，曾寫過一篇〈《正信的佛教》讀後語〉，調查他在台灣任教的佛學院、佛學研究所的學生，發現他們之所以進入正信佛教團體的原因，有三分之一的人是因為看了我寫的《正信的佛教》這本書，才開始學佛、進入研究所，可見在這本書出版以前，大家可能不是很清楚什麼是真正的佛教。正信的佛教應該由誰去傳播呢？最好是出家人以身作則，到社會上去弘揚，這正是身為宗教師應該擔負的任務。

以培養佛教宗教師人才為目標

因此，我們教學的目的，就是培養佛教宗教師人才，這在台灣幾乎還沒有一所佛學院、研究所提出這樣的目標。請諸位老師不要忘記、不要放棄、也不要反對，因為如果離開了這個目標，那我們培養出來的人才，可能只會對研究學術、佛學知識有用，而對現實社會的大眾和生活沒有什麼用處。譬如我最近為了論文獎助而看了幾篇各大學宗教研究所學生寫的碩士論文，寫得都非常好，都應該得獎，但是這些論文是考據性的、是研究性的、是分析性的、是考察性的，對於要做學問、寫論文的人有用，可以

做為參考資料，但是對於當今整體社會的助益不大。從研究面來看，我們的佛學研究所及佛教學院，都是朝學術研究方向培養人才，但是僧大佛學院不同，培養的是宗教師人才，所以無論是上哪一種課程，諸位老師都要把學生導向宗教師人才這個方向，不要朝學術的、學問的、語文的這些方面培養，而把他們帶成研究性的學者。

宗教師必備的基礎養成

不過，僧大佛學院對於語文方面也很重視，雖然不一定要訓練到會說藏文、巴利文、梵文，或是能夠讀研究所的程度，只要做概略性的介紹，或是能夠查字典即可，不需要一直深入下去。但是，要具備英文的基礎語文能力，最好能夠學得很好，因為我們佛學院只有四年的時間，養成班只有兩年，要學的東西非常多，時間是不夠的。

現在我們有這麼多的老師在僧大任教，大概有四十位，師資陣容不僅說是堅強，而且非常龐大，不像過去我讀佛學院的時候，只有五、六位老師。在當時，多半的佛學院最多有十位老師就已經是不得了了，而我們這樣龐大的師資陣容，即使對現在一般的佛學院來講，也是很少見的，因此學僧要學的東西非常多，他們必須要在這四年之中，把每一門課都學好。

譬如書法，這對出家人來說很重要，如果書法寫得好，對一個宗教師而言，有著許多方便。你寫法語送人，他們會很高興，說：「這是某位老法師寫的字，特別送給我的。」而把它當成寶貝，所以要教學僧們把字練好。

另外，我們的梵唄老師特別多，但是據僧大副院長的說法，不用擔心將來會變成南腔北調，因為是一個年級一個年級地升上來，最後會整合成為法鼓山的梵唄。所以我們的梵唄老師雖多，但是所教的梵唄應該是統一的，並且愈來愈好。如果有的學僧不會唱，喉嚨也不好，那最好要教他們學會敲木魚、敲鐺子、敲鈴子、敲鼓等等。但是，並非喉嚨不好就一定不會唱誦。譬如最初我看果祺法師的喉嚨是反掉的，以為他將來大概不能夠唱誦，結果他把唱誦練起來了，現在他放焰口放得真好。所以，我們可以用他的例子來鼓勵那些喉嚨不好的學僧，說：「師父原先說果祺法師的喉嚨是反的，但是他勤練唱誦，現在他放焰口都唱得很好。」梵唄是一個宗教師基本的飯碗，希望每一個人都要學會、學好。

言教、身教並重的佛化教育

還有，我們法鼓山的宗教師，要知道法鼓山的基本理念是心靈環保，它的核心有兩句話：「提昇人的品質，建設人間淨土」，因此「提昇品質」是非常重要的。老師必須以身作則，不管是在台上或是台下，都要有威儀，否則學僧們就會有樣學樣。如果老師叼一根菸，要上台了才把菸熄掉，一下台又開始抽起來了，這就很糟糕。另外，在服裝上不需要穿得非常好，但是要整齊、清潔。這樣學僧看到老師的時候，才會覺得是很有威儀的。

我在念靜安佛學院的時候，我很佩服幾位老師，因為他們非常有威儀。其實不只法師要有威儀，居士也是一樣。在有威儀的居士之中，最具代表性的就是林子青居士。我初次見到他，心中就不禁讚歎：「真是一位了不起的居士。」他沒有什麼漂亮或者是高貴的服裝，但總是穿得整整齊齊。後來我到大陸北京時見到他，雖然那時他已經是八十多歲的人，他的衣服還是穿得整整齊齊，讓我非常佩服。

因此，老師們上講台，衣服一定要整齊，這樣無形中也是在教育學僧們，服裝要保持整齊、清潔。如果法師的衣服上有很多的菜漬、飯塊，或是有很多的圖案，不僅不好看，也會讓人笑話。因此，衣服一定要洗得乾乾淨淨的。衣服不怕破，破了只要把它補起來就好了，現在僧團裡有縫紉室，衣服破了就交給縫紉室補，否則不好看。

還有我們的頭髮，按照古叢林的規矩，是半個月剃一次，西藏則是一個月剃一次，因為他們那裡的氣候乾冷。而我們因為位在亞熱帶氣候的台灣，頭髮長了覺得不舒服，所以一個禮拜剃一次，希望也能夠要求學僧將頭髮整齊地剃乾淨。

中華禪法鼓宗是漢傳頓悟禪

我們是漢傳的禪佛教，在禪堂門口有一塊石頭，上面刻了「中華禪法鼓宗」六個大字，希望諸位老師都能夠記得。「中華禪」是漢傳佛教的禪，因此，老師們在講禪的時候，不是講《瑜伽師地論》、《俱舍論》、《成唯識論》等印度論書裡的禪，雖然印順法師講的禪，也大概都是印度論書裡面的禪，講得很好、很有次第。這不能說不對，但卻是小乘的次第禪法。而我們中華禪法鼓宗是印度佛教傳到中國本土之後發展出來的禪，是中國漢傳頓悟的禪法。

法鼓山的禪只有二門，一門是臨濟宗，另外一門是曹洞宗，都是頓悟法門。特別是曹洞宗的默照禪，這是我重新發現的，在中國大陸已經沒有默照禪。在叢林裡面，曹洞宗都是念佛，而我則是根據曹洞宗的著作，自行研究出默照禪的修法，然後自己去修、去體驗它。修了以後，自己有了體驗，才開始教人，逐漸形成中華禪法鼓宗裡面的一門禪法。所以，老師們要灌輸學僧一個觀念——我們法鼓山所傳的中華禪法鼓宗，是臨濟的話頭禪，也是曹洞的默照禪。

最近我看到《人生》雜誌的一篇人物專訪，對象是一位越南裔德國籍比丘行戒法師，他在越南出生，在德國養成，現在還住在德國。他曾經在法鼓山禪堂修學了兩年，學習禪法的過程是一項一項地修：首先修默照禪，等默照禪修到了一定程度後，接著學話頭禪。但是學話頭時又重新回到入門，從頭開始。而我們的法師也給了他很好的指導，並非今天教他修這樣，明天教他修那樣，而是要他一門深入。他修得很好，也很有信心，他說現在越南已經沒有禪宗了，所傳的都是淨土宗，都在修念佛法門，因此，他要把中華禪法鼓宗傳到德國去，傳到歐洲去。

雖然外國人都非常珍惜中華禪法鼓宗的精華，但是我們自己卻看不起自

己。在台灣或是大陸，今天強調漢傳佛教的團體很少，有很多人批評，認為漢傳佛教的團體以及教團的現象非常混亂，而在叢林之外的佛教道場以及出家人的形象、生活儀態也很低落，這樣的漢傳佛教讓人覺得沒有用處，好像是不值得學習、不值得傳承的。

傳承、創新漢傳禪佛教

可是我看從魏晉南北朝、隋唐一直延續下來，漢傳佛教的本色、經義，並不是毫無可取之處，直到明末的漢傳佛教，有蓮池大師、憨山大師、蕅益大師、紫柏大師等四位大師，清朝也有幾位大師，他們的行儀非常可佩；而近代的太虛大師、虛雲老和尚、弘一大師、印光大師，這四位大師也仍然是倡導中興漢傳佛教，為什麼到了現代，漢傳佛教就不值得學習了呢？在我看來，漢傳佛教是非常值得學習的。因此，我的宗旨，是要使法鼓山成為漢傳佛教的中心，既是研究漢傳佛教的中心，也是傳揚漢傳佛教的中心，更是將漢傳佛教弘化至世界的中心。

特別是漢傳禪佛教非常有彈性，也就是很有適應性，在任何環境、任何社會都可以適應，這是中國禪宗的特性，其他宗派並沒有這樣的適應性。譬如南傳佛教沒有這種適應性，藏傳佛教本來沒有適應性，現在因離開西藏，弘揚到西方國家，因需要而變得有適應性。而漢傳佛教本來就具有適應性。

我們法鼓山佛學院的教育是以弘揚漢傳佛教為中心，以漢傳佛教的傳承、創新為宗旨。漢傳佛教一定要創新，無論是我們現在傳承的臨濟宗和曹洞宗，都要有創新的一面，因為我們要適應歐美社會及世界的文化，才能夠在西方各國傳播，如果沒有創新的一面，不具有適應歐美文化、社會的彈性，就不能夠在歐美及世界其他地方傳播開來。所以傳播的時候，同時要有創新。

因此，要請老師們告訴學僧，法鼓山傳承的是中華禪法鼓宗，無論到哪一個地方，都要說我們傳承的是中華禪法鼓宗。至於其他印度論書裡面的禪學，我們雖然不傳，也不修，但是可以看、可以研究、可以了解。若是有人來為我們講說印度的禪，我們可以聽，但是絕對不學印度的禪，我們的宗旨是傳承與創新中華禪法鼓宗。

如此一來，當學僧們看到法鼓山禪堂門口那一塊石頭上的「中華禪法鼓宗」六個字，心裡會覺得很高興，會感覺回家了──回到我們慧命傳承的家，否則「中華禪法鼓宗」那幾個字沒有什麼意思，唯有當中華禪法鼓宗與我們的生命有確切相關時，才會有意義。

● 09.20

佛教學院主辦全國佛學論文發表
13所國內外研究生共提18篇論文

法鼓佛教學院於該校國際會議廳舉辦「第19屆全國佛學論文聯合發表會」，共有來自佛光大學、文化大學、華嚴專宗研究所、南華大學、福嚴佛學院、華梵大學、中央大學、圓光佛學院、玄奘大學及英國布里斯托大學（University of Bristol）等13所國內外大專院校的佛學研究生發表18篇論文，約有三百多人參加。

這項論文發表會的舉辦，旨在推動國內及國際佛學研究風氣，提供各地

來自各地佛學研究生於全國佛學論文聯合發表會中發表論文。

學子一個發表學術論文的園地，進而提昇國內外佛學研究的素質。

本屆是主辦單位法鼓佛教學院繼1995年及2000年中華佛研所兩度舉辦後，首次主辦這場發表會，圓滿這場台灣佛學界一年一度的盛事。

● 09.24

法鼓大學公益論壇第四場舉辦
探討如何以科技輔助公益

法鼓大學公益學院籌備處舉辦系列「法鼓公益論壇」，9月24日上午於新竹清華大學計算中心國際會議廳舉辦第四場，主題為「數位時代之社會公益」，邀請元智大學資訊管理系教授王秉鈞主持，清華大學清華學院執行長唐傳義、法鼓山慈善基金會副祕書長常法法師、開拓文教基金會執行長蔡淑芳、中央研究院資訊研究所專案經理李士傑等人參與對談，約有三十多人參加。

法鼓大學主辦這場論壇，是為順應數位科技結合社會公益的世界潮流，同時為該校公益學院計畫籌設中的「數位公益碩士學位學程」進行熱身。王秉鈞教授在開場引言中指出，法鼓大學籌設「公益學院」是台灣的一項創舉，而結合數位科技與社會公益的碩士學程，對於這個領域的發展將有很大幫助。

唐傳義執行長則以成立二十多年的清大盲友會為例，說明數位科技在推動社會公益方面可以發揮的顯著功能；過去以錄音帶來製作盲人有聲書，既耗時

又費力，但改採用數位科技、建立網路平台整合資源後，即收到了事半功倍之效。蔡淑芳執行長也表示，網路是社會工作者可以把握的重要工具，開拓基金會本身除了提供網路平台，給許多非營利組織使用，更義務協助婦女、身心障礙者、原住民等學習使用電腦與上網，增加他們獲取新知的管道。

專精數位公益的李士傑經理指出，數位公益已經超過傳統的想像與作為，在資訊串聯與整合方面，可以發揮強大的影響力，譬如有關人權、傳播權等議題，都可以透過網路平台交流整合，即便是最簡單的募款工作，都可以數位化處理；而數位公益所創造出的技術研發、協同合作、規畫發展等附加價值更為可觀。

「法鼓公益論壇」第四場由王秉鈞教授（右三）主持。

不論數位公益的作用和附加價值如何，常法法師特別強調，從事社會公益最重要的還是「關懷的心」，唯有抱持對每一個人的真心關懷，如此以科技來輔助公益，才能使科技與人文相得益彰。

● 10.15

佛教學院獲行政院兩岸交流績優團體獎
推廣優質學術交流受肯定

法鼓佛教學院榮獲行政院大陸委員會頒發「第七屆兩岸專業交流績優團體」獎項，頒獎典禮於10月15日在台大醫院國際會議廳舉行，佛教學院由主任祕書簡淑華代表校長惠敏法師出席領獎。

陸委會自1996年開始，每兩年舉辦專業交流績優團體評選，遴選範圍包括文教、法律、財經及農業等25項領域，對持續深耕兩岸專業交流具深度及廣度的優秀團體給予表揚，以期發揮示範標竿作用，

佛教學院主祕簡淑華（左三）代表接受「第七屆兩岸專業交流績優團體獎」。

藉以促進並提高兩岸專業交流的正面效益。

2008年共有105個民間團體及學校單位參選，計有學術教育、科技體育、藝文宗教、大眾傳播、經濟、法政等六類43個團體獲選為本屆績優團體，佛教學院是以「藝文宗教類」入選。

● 10.21

江西佛學院副院長應邀為僧眾演講
分享大陸佛教發展及僧教育概況

法鼓山僧伽大學於法鼓山園區女寮佛堂舉辦專題演講，邀請中國大陸江西佛學院副院長暨寶峰禪寺代理住持衍真法師主講「大陸佛教發展介紹及僧教育分享」，僧大師生及僧團法師共近九十人出席聆聽。

衍真法師於園區為僧眾介紹禪堂生活作息規範的意涵。

曾在江西真如禪寺先後擔任副寺、監院、兼任堂主，以及都監等職的衍真法師，擁有豐富的行政經驗，並曾於江西佛學院講授「叢林清規」，此次演講的重點即以禪堂生活作息的規範為主。

演講中，衍真法師提到「兩把半」的小典故，指出古代禪堂裡有一偈子：「衣單二斤半，洗臉兩把半，吃飯四句偈，過堂五觀想。」說明參禪學道者所擁有的衣物，加起來不過二斤半重；而洗臉所使用的水，也剛好可以弄濕兩次臉，可謂極盡簡樸；吃飯前要合掌持誦四句偈，並且要食存五觀，表示修道者是為辦道修業才接受供養，這是受食的態度及修持。如此的規矩和態度展現古代叢林生活的智慧，也符合現代環保的觀念，在簡樸中蘊含對自然資源的尊重，與對生命崇高境界的追求。

最後，衍真法師並分享至法鼓山參學的感想，法師感受到園區清淨、安定的氛圍；尤其讚歎接引參訪者的方式，導覽人員在過程中會引導參訪者盡量少交談，攝心、用心地感受山上的一草一木；並希望參訪者學習拋離與放下世俗的塵囂與枷鎖，充分地放鬆身心，真正地感受活在當下的那份法喜快樂。法師並

表示，希望將法鼓山接引大眾的方式推廣到中國大陸。

衍真法師為中國佛教協會會長一誠長老的弟子，這次透過龍泉寺前監院賢禪法師介紹，自10月15日起於法鼓山園區進行八天的參學。

● 10.31～11.02

佛教學院與政大合辦漢文佛典語言學研討會
國際佛學界與漢學界學者合作、交流

法鼓佛教學院與政治大學聯合舉辦「第三屆漢文佛典語言學國際學術研討會」，於10月31日至11月2日分別在政大、法鼓山園區進行。本次研討會有包括日本南山大學總合政策學部助教授梁曉虹、中國大陸南京師範大學文學院教授暨中文系主任董志翹、上海師範大學人文學院教授暨古籍研究所研究員徐時儀、長沙湖南師範大學教授李維琦等來自台灣、大陸、日、韓、比利時等地三十多位學者參加，共發表30篇論文。佛教學院校長惠敏法師、副校長杜正民教授及佛教學系系主任果暉法師也分別在會中發表論文，展現佛教學院在佛典語言學方面的研究成果。

佛典語言學傳統的研究方法，著重在原始語文與譯文的考證比對，近年來因為漢語語言學學者相繼投入，使得研究方法呈現多元化發展。在這次研討會中，漢語學者以固有的聲韻學、訓詁學等方法來研究佛典語言，佛教學者則以豐富的佛學知識加以補充，使研討成果更為豐碩。惠敏法師認為，佛學界與漢學界相輔相成的合作模式，使漢文佛典語言學的研究更得力，漢傳佛教的發展也更上一層樓。

而現代數位科技的運用，更使源自於古老傳統的佛典語言學脫胎換骨，展現出具前瞻性的現代風貌。例如惠敏法師與杜正民教授所發表的數位佛典研究成果，便讓與會學者非常讚歎；果暉法師也在第一場論壇中發表關於《安般守意經》的論文，

佛教學院與政大合辦國際學術研討會。左起為梁曉虹教授、惠敏法師、董志翹主任、徐時儀研究員、李維琦教授。

紮實的研究獲得與會學者認同。

「漢文佛典語言學研討會」自從2002年在中正大學首度舉辦以後，便帶動台灣研究佛經語言的風氣。曾經參與第一屆會議的惠敏法師認為，漢文佛典語言學經過六年的發展，研究內容更為豐富、面向更為廣泛。佛教學院希望未來能進一步與各國學者交流，使佛典語言學的研究更為進步。

會後，所有來訪學者於3日參訪法鼓山園區，圓滿此次活動。

● 11.08～12.27期間

法鼓大學「發現印度」講座開講
揭開佛教藝術發展過程與多元面貌

為提昇國內藝術與人文的精神，並培訓藝術志願工作者，法鼓大學籌備處自11月8日起至12月27日，每週六於台北中山精舍，共舉辦八場「發現印度」佛教藝術講座，邀請佛教藝術史學者包括台北藝術大學教授林保堯、致理技術學院多媒體設計系助理教授陳奕愷、文化大學史學系教授陳清香三位老師主講，每場約有六十人出席聆聽。

林保堯教授講授「聖蹟巡禮：印度佛教藝術遺址導覽」。

該項「發現印度」佛教藝術講座，內容以佛教藝術從印度到中國乃至台灣的流變為主，除介紹佛教造像在古印度的起源，也深入淺出說明佛教藝術的發展過程與多元面貌。

首場由林保堯教授主講「聖蹟巡禮：印度佛教藝術遺址導覽」，詳細介紹佛陀證得無上正等正覺的聖地——菩提迦耶正覺大塔的建築遺址、初轉法輪的鹿野苑，以及孔雀王朝阿育王敕建的「阿育王石柱」等。林教授並搭配實地的照片，讓學員們藉此感受佛教藝術之美。

第二場仍由林保堯教授主講，講題為「瑞像題解：佛教藝術圖像原理」，帶領大家認識印度佛教藝術最具代表性的佛塔與石窟，包括桑奇佛塔、阿旃陀石窟、埃羅拉石窟、卡爾利石窟、象島石窟等。林教授並更進一步以桑奇佛塔東塔門上的人物雕刻，為大家解析佛教圖像構成的原理。

配合此次「發現印度」佛教藝術講座，法鼓大學籌備處也規畫於2009年1月舉辦「發現印度」藝術行旅，由林保堯教授親自帶隊，實地探訪印度重要佛教

遺址及博物館，並進行海外田野圖照採集的義工培訓。同時於2009年3月法鼓德貴學苑開幕時，讓該次田野行旅的成果做完整的展覽呈現。而義工所拍攝採集的資料也典藏於法鼓大學佛教藝術圖照數位典藏系統中，做為法鼓大學長期的教學、研究使用。

2008年「發現印度」佛教藝術講座

日期	主題	主講者
11月8日	聖蹟巡禮：印度佛教藝術遺址導覽	林保堯（台北藝術大學教授）
11月15日	瑞像題解：佛教藝術圖像原理	林保堯
11月22日	法相緣起：探索造像歷史長河	陳奕愷（致理技術學院多媒體設計系助理教授）
11月29日	法相東傳：走過漫漫東傳佛道	陳奕愷
12月6日	黃金盛世：隋唐佛教藝術	陳清香（文化大學史學系教授）
12月13日	新生轉型：宋元佛教藝術	陳清香
12月20日	開台新啟：台灣佛教藝術	陳清香
12月27日	數位知識：走進佛教歷史田野	陳奕愷

● 11.14 11.21

佛教學院推動四環獲頒環保特優獎
受北縣環保局、行政院環保署肯定

杜正民副校長（右）代表接受環保署署長沈世宏（左）頒發的「推動環保有功學校」特優獎。

法鼓佛教學院由於長期推動「心靈環保」，並在生活教育中落實「四環學風」，11月分別獲得台北縣政府環保局評選為「台北縣97年度推動環境保護有功學校」，以及獲行政院環境保護署評定為「97年推動環境保護有功學校」特優獎。

14日，佛教學院總務組長果峙法師代表參加台北縣環保局召開的表揚記者會。21日，行政院環保署於台大醫院國際會議中心舉辦「97年度推動環境保護有功學校、教師及學生」頒獎典禮，由佛教學院副校長杜正民代表受獎，並於會後獲行政院院長劉兆玄接見。

杜正民副校長代表獲獎學校致辭時表示，法鼓佛教學院的環保作為，是從創辦人聖嚴師父所提出的「心靈環保」著手，從內心發起對生命、環境的尊重與感恩，繼而落實到日常生活中的每一個行動中。

他並說明,佛教學院位於法鼓山園區,配合園區既有的綠建築以及環保教育理念,全校教職員生在法鼓山園區以境施教的影響下,自然地養成隨時、隨處、隨念、隨手維護環境,不浪費資源的生活習慣,進而身體力行心靈、禮儀、生活、自然四種環保。

該項由行政院環保署主辦的「97年推動環境保護有功學校、教師及學生」遴選活動,自2007年9月展開評鑑,全國共有一百二十多所各級學校獲得地方政府推薦,經過環保署評鑑小組長達一年的資料審核與多次實地考察後,大專院校組共有四所學校獲獎,法鼓佛教學院是唯一榮獲特優獎項的學校。

● 11.27

法鼓人文社會學院召開董事會
聖嚴師父重申法鼓大學辦學理念

聖嚴師父在董事會中開示法鼓大學的辦學理念。

法鼓人文社會學院於11月27日在台北安和分院召開第四屆董事會第五次會議,由董事長聖嚴師父親自主持,聽取法鼓大學籌備處主任劉安之報告法鼓大學的建校進度。會議中並補選一席董事,由前台灣大學校長陳維昭獲選遞補。

法鼓大學是繼中華佛學研究所、法鼓山僧伽大學、法鼓佛教學院成立之後,圓滿法鼓山大學院教育的一環,是聖嚴師父亟盼早日完成興建的大願和悲願。

聖嚴師父在董事會中,以「談法鼓大學辦學理念」為題,進行開示。師父首先強調,法鼓大學的辦學理念必定與法鼓山的理念密切結合,也就是以「提昇人的品質,建設人間淨土」為目標,以「心靈環保」為核心主軸。

法鼓大學是法鼓山大學院教育的一環,與一般大學不同的是,該校除具備完整課程設計與師資,也同時具備大普化教育和大關懷教育的內涵,這是法鼓大學辦學的重要著力點。

聖嚴師父表示,法鼓大學將採行書苑制度,且由教職員和學生率先實踐「心六倫」、「心五四」等理念,以樹立辦學特色,進而形成良善風氣,為建設安定、和諧的社會而努力。

以「心靈環保」建構法鼓大學

11月27日講於台北安和分院「法鼓人文社會學院第四屆董事會第五次會議」

◎聖嚴師父

法鼓大學的辦學理念，一定是與法鼓山的理念密切結合。法鼓山的理念、法鼓山所做的事，就是「提昇人的品質，建設人間淨土」，以「心靈環保」為核心主軸，並透過大學院教育、大普化教育、大關懷教育三大教育來落實；例如現在我們正提倡的「心六倫」和「心五四運動」，都是屬於「心靈環保」理念的範疇。

三大教育　環環相扣

法鼓山是個辦教育的團體，提倡的是全面性教育，即三大教育；除了以大學院教育來培養人才，也希望把「心靈環保」的理念與方法廣為分享，因此又有大普化教育和大關懷教育。

聖嚴師父強調法鼓大學的辦學理念，是與法鼓山的理念密切結合。

法鼓大學雖然是大學院教育的一環，但是大普化教育和大關懷教育的內涵，不僅不能偏廢，反而更是辦學的著力點。否則，僅僅是標榜課程設計與教授師資，沒有辦法凸顯我們跟其他大學的不同，因此，大學院教育不能獨立於大普化、大關懷教育之外。

建立書苑制度　涵養學生品德

根據《天下》雜誌報導，現在台灣有幾所大學校園，學生與教職員的關係非常緊密，比如政治大學、東海大學以及清華大學，這三所學校共有的特色，就是採取書苑制度。有了書苑制度，校園不僅僅是學生向學的知識殿堂，也是師生互動及涵養品格的生活空間。

　　法鼓大學將來也會建立書苑制度。從現在起，我們就要營造出書苑生活的氣氛，雖然現在的職員和參與籌備的老師並不多，但是就從這些人開始，彼此互敬互助，互相關懷，也互相勉勵，這其實就是「心六倫」所談的倫理。現在就要開始去做，等到將來學校開學了，學生和老師就能立刻感受到這種溫馨、溫暖的書苑氛圍。

示範實踐「心靈環保」、「心五四」、「心六倫」

　　特別是我們正在提倡的「心六倫」運動，是由誰來推廣呢？是信眾，還是認同法鼓山理念的社會大眾？這些人都是，他們都很重要，但是真正的帶領人，應該從我們的教育體系開始來示範引領。

　　如果我們的教育體系不了解「心六倫」，不能實踐「心六倫」，卻要呼籲信眾和社會大眾一起力行「心六倫」，那就淪為一種口號——如果是這樣，那我們這個團體是失敗的。

　　因此，法鼓山的教育體系一定不能在「心六倫」的推廣行列中缺席，更要率先實踐「心六倫」。我希望由法鼓大學率先來推展「心六倫」！

　　我們推廣「心六倫」、「心五四運動」，其實都是屬於「心靈環保」理念的範疇，這並不是在法鼓山的教育體系之外，另外設立一個個新的主題，而是為了把教育辦好，讓學校辦學有特色，所以倡導這些生活化的理念。我們自己來做，也邀請社會大眾一起參與，讓我們的社會更祥和、更安定、更和諧。而這些理念絕對是法鼓山辦學的著力點，也是法鼓大學不同於其他學校的最大特色。

● 11.28

法鼓大學第一期建築開工
邁入實質建設階段

歷經16年的籌設，法鼓大學於11月28日下午在法鼓山園區中的學校預定地，舉辦第一期建築工程開工典禮，典禮並與第二屆大悲心水陸法會啟建灑淨共同舉辦。法會由方丈和尚果東法師主法，教育部高等教育司副司長楊玉惠、台北縣副祕書長陳嘉興、金山鄉鄉長許春財、金山醫院院長李騰龍、護法總會總會長陳嘉男、前籌備處主任曾濟群及許多學者專家與護法信眾到場祝福，約有二千多人蒞臨觀禮。

典禮中，方丈和尚帶領與會貴賓為位在法鼓大學預定地的水陸法會大壇周邊灑淨，並由廣慈長老帶領僧團法師前往校地全區灑淨，期盼水陸法會齊聚的心念與功德，讓後續工程與籌備事宜順利圓滿。

聖嚴師父雖因故不克出席，但透過錄影強調，法鼓大學辦學的理念、方向、方法以及宗旨都很明確，更有獨特的書苑制度，還有國際化的辦學目標，一定會成為一所世界級的、最好的學校。

法鼓大學籌備處主任劉安之隨後向與會來賓簡報法鼓大學的願景。劉主任表示，法鼓大學將努力朝與環境共生、推動公益、融入藝術，以及鼓舞積極人生的方向發展，同時藉著結合生活與學習的書苑教育，實踐生活禪與法鼓精神，培養兼具慈悲與智慧、有國際競爭力的領導人才。而面對全球暖化、經濟蕭條、道德式微的局勢，法鼓大學也將成為社會的良知、典範，符合未來世界發展的需要，因此創辦的意義重大。

典禮上也播出法鼓大學創立過程的紀錄影片，片中從聖嚴師父的興學悲願出發，到護法信眾全力護持、學者專家凝聚智慧，逐步勾勒出法鼓大學的創校藍圖，讓與會貴賓更加了解法鼓大學的興學目標。方丈和尚表示，建設法鼓大學是師父的心願，也是大家共同努力的目標，請大家繼續護持，早日成就法鼓大學的建設。

法鼓大學自1992年以「法鼓人文社會學院」向教育部申請設立，2004年灑淨動土，至2008年8月改以「法鼓大學」申請設校，期間歷經前後四任籌備處主任的齊心協力，以及僧俗四眾的願心願力，終於邁入實質建設階段。

劉安之主任為與會來賓簡報法鼓大學興學願景。

辦一所全人教育的國際化大學

11月28日法鼓山園區「法鼓大學開工灑淨典禮」錄影開示

◎聖嚴師父

　　我對於法鼓大學的未來，充滿了信心，而台灣以及全世界對於法鼓大學的創辦，也寄予非常深厚的期望。雖然現在社會上，大學好像多了一些，特別是台灣社會又逐漸走向「少子化」，可是因為我們辦學的方向很明確，而且非常正確，與其他學校辦學的理念、辦學的方向、辦學的方法，以及辦學的宗旨雖然不相同，但是並沒有衝突，所以將來法鼓大學一定會成為一所世界級的、最好的學校。

　　其中最特別的是，我們的學校是採取書苑制度。所謂「書苑」是什麼呢？書苑是除了上課的教室之外，學生們日常的生活環境，也就是說，學生平常是生活在書苑裡。在這種生活環境之中，有專門的老師負責輔導。而這樣優美的、特別的教育環境，雖然在世界上不是首創，但也是非常新的作法。

　　此外，國際化也是我們的目標之一。我們不僅招收台灣的學生，也能讓全世界的學子就讀，授課所使用的語文，不僅是本國語文，還要用英語或其他外國語文；而上課的地點，則不僅是在台灣，還會將學生送到國際環境中學習。如此的學習過程，相信我們的學生畢業以後，一定會是全國企業界以及政府機構，乃至全世界爭相邀聘的對象。

　　今天，是法鼓大學的開工典禮，我感到非常歡喜，相信未來的法鼓大學有非常遠大、光明的前途。這是一定會實現的，請諸位也給我們鼓勵，讓我們大家一起彼此加油。

　　阿彌陀佛！

● 12.04～06

「沉淪、懺悔與救度」研討會舉辦
佛教學院與中研院跨領域合作

沉淪、懺悔與救度：
中國文化的懺悔書寫

主辦單位：法鼓佛教學院
中央研究院中國文哲研究所

黃啟江教授（左起）、惠敏法師、廖肇亨教授、柏夷教授在會中研討懺悔和救度的關係。

12月4至6日，法鼓佛教學院與中央研究院中國文哲研究所合辦「沉淪、懺悔與救度：中國文化的懺悔書寫」國際學術研討會。三天會議分別於中研院、法鼓山園區舉行，有包括美國亞利桑那大學（The University of Arizona）宗教系教授柏夷（Stephen Bokenkamp）、美國赫伯與威廉・斯密學院（Hobart and William Smith Colleges）亞洲語文學系教授黃啟江、中研院中國文哲研究所副研究員廖肇亨等，來自台灣、中國大陸、美國、日本等地二十多位學者與會，包括佛教學院校長惠敏法師、中華佛學研究所所長果鏡法師、佛教學院教授馬紀（William Magee）等共發表20篇論文，共同展現佛教懺悔觀與懺悔法門的研究成果。

懺悔書寫與宗教、文學具有密切的關係，這次會議也廣邀佛教、道教、基督教、文學等領域的學者參與研討，多數學者以沉淪、懺悔等主題進行討論，例如柏夷教授發現，惠敏法師發表的論文〈佛教懺悔法門之逆轉：以《大方等陀羅尼經》為例〉，格外重視救度的部分。他認為這是所有宗教共有的慈悲精神的展現，並指出思考懺悔與救度的關係，可使人對罪惡背後的意義更加理解。

曾在中國大陸四川地震後趕赴當地考察的柏夷教授，看到滿目瘡痍的景象，以及在倒塌校舍中往生的學生，心中十分不忍。他認為，這樣的災難是所有人共同造成，唯有透過懺悔才能得到救贖。

惠敏法師以德國總理布蘭德特（Willy Brandt）於波蘭二次大戰受難者紀念碑前下跪致歉的故事，回應柏夷教授的看法。法師認為，正因為德國總理的懺悔，歐洲各國才得以化解戰爭的仇恨，重獲和平。懺悔，可以說是人類獲得救度的唯一機會。

這次研討會，是法鼓佛教學院繼11月與政治大學合辦「第三屆漢文佛典語言學國際學術研討會」後，再次與其他學術單位的跨領域合作。

● 12.04～06

佛教學院參加太平洋鄰里協會年會
持續推動IBA跨國整合數位佛典

12月4至7日，法鼓佛教學院副校長杜正民率領圖書資訊館館長馬德偉（Marcus Bingenheimer）、資訊組組長洪振洲至越南河內科技大學，參加「太平洋鄰里協會2008年會暨文化地圖協會、日越地理信息聯盟聯合會議」（PNC 2008 Annual Conference and Joint Meetings with Electronic Cultural Atlas Initiative and Japan-Vietnam Geoinfomatics Consortium），會中有來自美、英、日、泰、台灣等19個國家，一百多位學者發表論文。

本次會議主題為「以資訊科技確保人類生存圈的存續與創造」（Information Technology for a Sustainable and Creative Humanosphere），針對文化地圖（Cultural Atlases）、人文地理資訊系統（Humanity GIS）、數位檔案／典藏品（Digital Archives／Collections）、數位圖書館（Digital Libraries）、電子數位文化（e-Culture）與電子數位化資源（e-Resource）等議題進行討論。

杜副校長在會議中，規畫主持「整合型佛學數位資料庫（Integrated Buddhist Archive，簡稱IBA）」的場次，延續2008年2月佛教學院主辦的「數位佛學研究國際會議」的跨國合作成果，持續整合梵、藏、巴利文等藏經系統的工作，並與歐美的佛典資料庫做一連結。

此外，杜副校長亦分別於「太平洋鄰里協會（Pacific Neighborhood Consortium，簡稱PNC）」及「文化地圖協會（Electronic Cultural Atlas Initiative，簡稱ECAI）」兩個場次，分別發表論文〈佛學工具資源與藏經目錄──導向佛學數位整合資源網的概念〉（Buddhist Lexicographical Resources and Tripitaka Catalogs──towards an International Buddhist Archives Network），以及〈地理資訊系統及文化記錄於台灣佛教資料庫的運用〉（Using GIS and Culture Records in the Development of Taiwan Buddhism Database）。

太平洋鄰里協會為一區域性研究社群，自1995年成立以來，即著重數位資源的推廣，期許透過會議平台，整合太平洋沿岸地區國家的電子研究資源，促進彼此的資訊交換及流通，並分享數位研究成果與經驗傳承。

馬德偉館長（前右一起）、洪振洲組長、杜正民副校長一行三人，赴越南參加太平洋鄰里協會年會，並發表研究成果。

● 12.17

佛教學院舉辦性別平等教育座談
透過宗教間對話釐清性別迷思

　　法鼓佛教學院於12月17日舉辦「宗教研修與性別平等教育」座談會，邀請性別平等教育專家及各宗教院校代表，針對宗教學校推動性別教育提出檢討與建議，並透過宗教間的對話，釐清宗教信仰普遍存在的性別迷思；教育部高等教育司科長蔡忠益也到場聆聽各方意見。

　　佛教學院校長惠敏法師於開幕時表示，宗教教育強調人際間的平等對待，因此關於「性別平等教育」的推展更具指標意義。本次座談會探討的主題，包括「宗教研修與性別平等教育之面面觀」、「宗教學校推動性別平等教育之經驗與展望」等。

　　座談會中，在宗教與性別教育面面觀的議題上，台北教育大學教授莊明貞、清華大學副教授李玉珍、實踐大學副教授葉至誠，分別從性別意識、戒律實踐、教育政策等面向來探討。他們一致認為，建構性別平等的社會，與宗教教育的根本精神是相輔相成的。李玉珍特別點出，宗教師肩負教義詮釋的責任，使得性別教育與宗教研修的結合更形重要。

　　多位與談學者觀察到，現實的宗教仍存在以男性為主導的現象，以致一般大眾誤以為「女性少修五百年」，為此，惠敏法師立即搜尋電子佛典資料庫，證實佛教經典並無此一說法，打破「男身優於女身」的性別迷思。

　　除有性別平等教育專家與談，台灣神學院、輔仁大學神學院、一貫道崇德學院籌備處等宗教學校代表也參與討論。台灣神學院助理教授石素英、華梵大學副教授賴玉菁，則提出性別教育的推動經驗與展望。石素英並以神學院女學生和女牧師人數逐年成長為例，說明宗教學校性別平等教育的突破與成效。

座談會上，惠敏法師表示性別平等教育的推展，對宗教教育具指標意義。

● 12.21

扶輪社致贈法鼓大學樹苗
彰顯環保理念與教育精神

國際扶輪社「一人一年一樹」植樹計畫，發起捐贈法鼓大學樹苗活動，12月21日包括國際扶輪社三四八〇地區總監許章賢，以及該區20個扶輪社代表，與法鼓大學籌備處主任劉安之一起在法鼓山園區植下樹苗一批。

這次扶輪社一共捐贈了青楓和流蘇等500株樹苗，當天約有一百二十位扶輪社社員共同參與

劉安之主任（右一）與許章賢總監（右二）一起在法鼓山園區植下樹苗。

植樹活動。扶輪社以此宣導生態永續的責任，同時支持法鼓山推動自然環保、心靈環保以及教育興學的理念。

劉安之主任致辭時表示，法鼓山所推廣的自然環保，關懷的不只是自然生態的發展，更強調心靈環保的實踐，以及淨化人心的教育事業；藉著這樣的植樹活動，也可同時彰顯「十年樹木，百年樹人」的教育精神。

● 12.27

法鼓公益論壇第五場舉辦
探討全球化時代之社會參與

法鼓大學公益學院籌備處舉辦系列「法鼓公益論壇」，12月27日上午於中央大學太空及遙測研究中心，與中央大學客家學院合辦第五場，主題為「全球化時代之社會參與」，由法鼓大學籌備處主任劉安之主持，邀請美國紐約市立大學（The City University of New York）公共事務學院助理教授陳斌專題演講；並邀中國大陸北京自然之友總幹事梁曉燕、台北市北投文化基金會董事長洪德仁、耕莘文教基金會執行長曲慶浩、中華聯合勸募協會公共事務暨資源發展部

第五場「法鼓公益論壇」由劉安之主任主持。

主任黃雯祺等非營利組織負責人，針對公民社會的實務經驗進行分享。此論壇有近一百五十人出席。

這項論壇以公民社會為議題主軸，由陳斌教授從社區治理制度之改革角度，進行專題演講，他詳細分析上海與洛杉磯兩大都會，在社區治理上的差異。

四位非營利組織負責人則與大家分享實務經驗。梁曉燕總幹事指出，大陸民眾參與環保的熱情雖逐漸提高，但仍有環境資訊公開缺乏制度規範、環境訴求表達阻力大、公眾缺乏參與管道等問題，亟待克服。

洪德仁董事長則以「醫學教育與社區參與的想像」為題，分享醫學院學生在社區參與課程上的成果，強調醫學教育與社區關懷若能結合，即能建立社區導向之基層健康照護體系，讓醫學教育能在社區永續經營。

在志工發展方面，曲慶浩執行長以兩個實例說明志工發展的正向力，包括教育部推動的「終身學習列車」計畫，結合文教基金會與民間團體，以策略聯盟方式，推動全民終身學習；以及耕莘長期投入的青年志工培育，包括青年山地學習工作團、耕莘青年寫作會。以上均透過多樣化的團隊學習與社會參與平台，提昇青年人文關懷的情操與實踐。

黃雯祺主任則以「台灣聯合勸募與企業之合作」為題，分享聯勸與花旗銀行合作的成功經驗；並介紹以名人代言、利他主義理念做行銷組合等募款方式，進行行銷研究與捐款行為分析，對非營利組織的募款實務提供實質而具建設性的建議。

最後，劉安之主任以社區老人照護的例子做回應，強調人與人之間的溫暖關懷與信任關係，較科技設備的運用更根本而重要，強調要讓科技與文化在社區裡做更緊密的連結，透過各種公益團體所開展的網絡，在人文、藝術、環境與公益等領域，促進雙向互惠的交流成長與關懷實踐，這也是法鼓大學所希望扮演的教育平台角色。

公益社會的創新基地

特別報導

建設美好社會願景的第一步

籌辦中的法鼓大學，秉持「心靈環保」為核心價值理念，以契合人文精神和地球永續為基礎架構，初步規畫設立人文社會學院、環境研究學院、公益學院、藝術學院等四個學院。其中公益學院籌備處基於法鼓大學的使命與願景，2008年籌畫舉辦了共五場「法鼓公益論壇」，希望藉此連結社會的脈動與發展，為公益事業的開創與經營管理，厚植兼具人文關懷與跨領域資源整合能力的濟世人才培育。

公益學院舉辦公益論壇的另外一個目的是，學習國內外各種進步的觀念，更重要的是藉此集思廣益，廣泛結合各方的意見，為法鼓大學公益學院的學程規畫，提供更深化、更多元的觀點，奠定穩固的基礎。

五場公益論壇的主題，包括「公民社會中之大學與公益」、「公益領導與培育」、「公益創新與社會企業」、「數位時代之社會公益」、「全球化時代之社會公益」等，探討議題範圍廣泛，論述多元，透過與會來賓與聽眾的互動討論，讓論壇形成了一個溝通平台。而參與論壇的諸多學者專家，皆期許未來的法鼓大學能成為社會創新的基地，建立人心與環境淨化的典範。

在全球化的潮流下，國際間經貿互動頻繁，科技資訊發達，文化交流日增，地域概念已日益模糊。大學將不再只是提供高深的學問，而應該具體地與政府、企業及公民社會三者正面互動、相互合作，以促進社會的進步、實現社會正義，還要培養更多能改變世界的行動人才，這也正是法鼓大學公益學院的興學宗旨與理想。

聖嚴師父期望透過「大學院教育、大普化教育、大關懷教育」，達到提昇人的品質，建設人間淨土的理念。積極籌備中的法鼓大學即是實現大學院教育重要的一環，旨在培養重視心靈環保與內省價值、且有人文胸襟與遠見智

法鼓公益論壇集思廣益，連結社會脈動，為公益學院的學程規畫厚植根基。

慧，具備國際視野的高素質人才。

　　公益學院的理想雖然看似高遠，但是希望能從具體的、實際的行動提昇，讓整個社會的公民美德與公民教育能夠扎根與苗壯，深化整個社會與文化的內涵，也就是說不只是使公民社會更加卓越，也要使公民社會更具有倫理與美感。落實理想，公益論壇只是一個開始，也是實踐願景的一部分。

2008年「法鼓公益論壇」一覽表

主題	時間	主持人／主講人／主要與談人	地點
公民社會中之大學與公益	3月21日	主持人：劉安之（法鼓大學籌備處教授） 主講人：陳健民（香港中文大學公民社會研究中心主任） 主要與談人：江明修（中央大學客家學院院長） 　　　　　　張英陣（暨南大學社會研究中心主任）	台大醫院國際會議中心
公益領導與培育	5月23日	主持人：江明修（中央大學客家學院院長） 主講人：許士軍（元智大學遠東講座教授） 主要與談人：沈宗瑞（清華大學通識教育中心主任） 　　　　　　王世榕（台灣青商會歷屆總會長聯誼會召集人）	中國文化大學博愛校區大新館
公益創新與社會企業	7月17日	主持人：陳金貴（台北大學公共行政系教授） 主講人：官有垣（中正大學社會福利系教授） 主要與談人：劉維弘（陽光社會福利基金會副執行長） 　　　　　　伍甄鳳毛（香港社區投資共享基金會主任）	法鼓山台中寶雲別苑
數位時代之社會公益	9月24日	主持人：王秉鈞（元智大學資訊管理學系教授） 主講人：唐瑋（One Village Foundation創辦人） 主要與談人：唐傳義（清華大學清華學院執行長） 　　　　　　常法法師（法鼓山慈善基金會副祕書長） 　　　　　　蔡淑芳（開拓文教基金會執行長） 　　　　　　李士傑（中央研究院資訊研究所專案經理）	新竹清華大學計算中心國際會議廳
全球化時代之社會公益	12月27日	主持人：劉安之（法鼓大學籌備處主任） 主講人：陳斌（美國紐約市立大學公共事務學院助理教授） 主要與談人：梁曉燕（中國大陸北京自然之友總幹事） 　　　　　　洪德仁（台北市北投文化基金會董事長） 　　　　　　曲慶浩（耕莘文教基金會執行長） 　　　　　　黃雯祺（中華聯合勸募協會公共事務暨資源發展部主任）	中央大學太空及遙測研究中心

肆【國際弘化】

為落實對全世界、全人類的整體關懷，
透過多元、包容、宏觀的弘化活動，
經由禪修推廣、國際會議、宗教交流……
消融世間的藩籬及人我的對立與衝突，
成就普世淨化、心靈重建的鉅大工程。

法鼓禪風　廣傳國際

2008國際發展以東西方弟子同心同願，

廣傳中華禪法鼓宗禪法為主要方向。

首屆「北美發展研討會」匯聚東西方信眾，凝聚發展的共識；

方丈和尚巡迴世界各地關懷，推動「心六倫」理念；

僧團法師積極參與國際會議，

分享漢傳佛教的智慧，開展多元的和平訊息，

海外弘化，透過講經、禪修，引領海外信眾深入佛法堂奧。

東初禪寺創立邁入第30年，北美發展將邁入一個重要里程；

聖嚴師父首批西方弟子至法鼓山溯源尋根，

蘊含漢傳禪佛教承先啟後的意義；

隨著全球各地弘化的腳步，逐漸向外弘傳。

「法鼓山未來的國際發展，必須在東西方弟子雙軌並行，相輔相成的努力下，才能將法鼓山理念與中華禪法鼓宗禪法傳到西方社會。」這是僧團都監果廣法師於2008年8月「北美發展研討會」的閉幕致辭，不僅殷切期勉來自美國各州及加拿大等地東西方信眾「同心同願，承先啟後」，同時也明確點出法鼓山國際化的主要方向。

綜觀2008年法鼓山的國際弘化，以穩健的步伐朝此方向邁進。海外據點的發展，除了北美的分會道場及各共修據點持續穩定地發展之外，全球護法據點也持續成長中；馬來西亞於年中購置了永久的會址，泰國分會也開工建設共修道場。僧團因應各地需

求，以有限的人力，從台灣到海外，積極弘法關懷、領眾持修；同時，也藉由國際會議的參與，與國際間各主流宗教及各種族，建立友善的溝通橋梁，一起推動世界和平。

另一方面，2008年年中一群來自美國、墨西哥、克羅埃西亞等美歐各國的聖嚴師父早期弟子，不辭迢遙千里，前來法鼓山參學、尋根溯源，以及師父西方弟子於美國各地舉辦禪修、佛學課程等，展現了中華禪法鼓宗禪法於西方社會弘傳、漸次深化的重要軌跡。

弘化據點再開展，凝聚海外信眾

目前法鼓山於北美的弘化據點，包

括美國紐約東初禪寺、象岡道場、加拿大溫哥華道場，以及7個護法會、12個聯絡處、11個聯絡點。其中，東初禪寺是法鼓山在北美最早成立的一個據點，同時也是弘法的核心，5月17日東初禪寺創立進入第30年，是為北美佛教發展的一個重要里程。聖嚴師父在一段錄影開示中提及，法鼓山的理念與漢傳禪法在西方的弘揚，北美的道場及其護法體系扮演了重要的角色，這也是聖嚴師父在美國辛苦弘化經營近三十載的主要目的。8月間，在僧團都監果廣法師的帶領之下，假美國象岡道場召開第一屆「北美發展研討會」，將東西方信眾匯聚一堂，凝聚未來發展的共識，為的就是要繼續法鼓山在西方弘揚漢傳禪法所做的努力。

2008年馬來西亞分會及泰國分會不約而同地著手成立永久會址。為此，

3月初，護法總會輔導師果器法師親自到兩地關懷，12月再由僧團副住持果品法師，偕同國際發展處的常華法師、常文法師為馬來西亞分會新購置的道場進行灑淨啟用儀式，同時，也到泰國為正在建設中的分會道場進行查勘。

參與國際會議　推廣漢傳佛教

在參與國際會議、交流方面，僧團果禪法師、常濟法師，以及青年代表何麗純、王貞喬一行四人於3月間代表前往印度，共參加了三場由全球女性和平促進會（The Global Peace Initiative of Women，簡稱GPIW）所舉辦的國際會議，包括5至6日在新德里舉行的「GPIW青年領導培訓營」（Transformational Leadership Program）；6至10日在齋浦爾的「GPIW五週年大會」，以「為女性開創道路」為題；及12至18日在德蘭莎拉進行的「伊拉克青年論壇」。其間，僧團常悟法師並於3月8日受邀出席在美國芝加哥舉行的「第三屆佛教女性論壇」等。

在會議中，法鼓山代表與來自各國的青年領袖或東西方佛教女性修行者

常濟法師（右一）代表法鼓山參加於印度齋浦爾舉辦的「GPIW五週年大會」，各國代表共同研究如何為女性開創道路。

進行對談，討論的議題遍及教育、青年發展、環保及暴力等，為了謀求世界性的和平之道，僧團法師在會中將漢傳佛法的智慧，分享給西方世界，並透過與各國人士的交流、友善互動，彼此逐漸產生共識與凝聚力，建立了信任和友誼，更將和平的力量為之延伸。

為了將佛教和平、愛與和諧進步的思想傳達至全世界，法鼓佛教學院校長惠敏法師應邀出席5月中旬在越南河內舉行的「聯合國衛塞節暨國際會議」，會議從心靈、學術、文化與宗教四個面向，開展豐富而多元的和平訊息；並發表〈佛學高等教育於台灣之議題與挑戰〉一文，闡述台灣佛教界推動佛教高等教育的奮鬥過程及其願景。

不僅如此，惠敏法師也於6月底帶領代表團至美國亞特蘭大埃莫里大學（Emory University），參加素有「佛學奧林匹克」之稱的「IABS國際佛學會議」，除於會中召集了一場以禪宗、禪定為主題的場次，也在一場以佛學科技為主題的場次中，呈現佛教學院推動漢傳禪佛教及佛教現代化的成果；同時獲得2011年第16屆

「IABS國際佛學會議」的主辦權，實為法鼓山於國際間推廣漢傳禪佛教開創新機。

5月24日，聖嚴教育基金會於台灣大學集思國際會議廳舉辦「第二屆聖嚴思想研討會」，共有45位來自美國、歐洲與台灣學者參加，發表12篇論文。

僧團海外多元弘化不遺餘力

懷抱著悲心、願力，肩負起弘揚漢傳佛法的任務，2008年，方丈和尚、僧團法師等紛紛動身啟航弘化，行腳遍及法鼓山各海外道場。

僧團法師的弘化行程遍及美洲、亞洲各據點及澳洲護法會。美洲部分，包括紐約東初禪寺，及加州舊金山、洛杉磯、華盛頓州西雅圖、伊利諾州芝加哥、新澤西州五處分會，以及紐約州羅徹斯特市、密蘇里州聖路易市、堪薩斯市，加拿大溫哥華道場等。亞洲部分，則包含泰國、馬來西

僧團法師帶領澳洲雪梨信眾禪修，精進修行。

方丈和尚北美弘法行至洛杉磯,關懷當地信眾。

亞、新加坡、香港等各護法會。

方丈和尚果東法師並先後於5月、11月兩度赴美弘化。5月間,關懷行程包括東岸紐約、西岸洛杉磯、西雅圖,及加拿大溫哥華。繼參加東初禪寺創立屆滿30週年慶祝活動後,方丈和尚代表致贈南加州大學(University of Southern California)東亞圖書館、台北駐洛杉磯經濟文化辦事處各一套《法鼓全集》,並主持大悲懺法會及皈依典禮。於洛杉磯、西雅圖、溫哥華進行公開演講時,方丈和尚與聽眾分享以佛法安定身心的觀念,鼓勵大眾勤修戒、定、慧,保持清淨、感恩、慈悲而安定的心,便能產生智慧。

11月,方丈和尚赴美至舊金山、紐約,以推廣「心六倫」理念為主要訴求,透過公開演講說明「心六倫」的重要性及內涵,指出「心六倫」能在亂象中提供完整的倫理價值觀及正確的生活規範,期望每個人都能善用佛法自利利人。

僧團法師們在各地的弘化內容,以舉辦佛學講座、禪修活動為重點,例如2月行政中心副都監果光、常華兩位法師赴美講授《如來藏經》、《圓覺經》近一個月;6月果徹法師赴美加弘講「中觀的智慧」約兩個多月。另有果元法師到美國弘法;果毅法師、果解法師到澳洲帶領禪修等。

特別的是,象岡道場住持果醒法師於象岡指導念佛禪七,果舟法師、果增法師於新加坡護法會帶領當地的首場佛三,果興法師、常惺法師於馬來西亞蒲種修成林展覽中心主持一場禪五等,引領當地民眾體驗不同的修行方法。此外,法師們亦領眾進行法會、法器練習等共修。

多倫多分會舉辦禪三,由僧團法師指導。

海外各護法體系所推展的弘法活動相當多元,除了上述僧團法師所帶領的禪修、佛學講座、皈依、法會等,各據點也會視當地民眾所需,開發增闢具有特色的弘化方式,社區關懷活動即是一例。

2月中旬,新澤西州分會悅眾於春節假期間,前往紐布朗斯維克(New Brunswick)玫瑰山老人中心(Rose Mountain Senior Center)關懷近百位老人家。

為支援緬甸和中國大陸四川兩地救援震災,東初禪寺於5月中旬舉辦彌陀超薦法會,香港護法會於6月初於尖沙咀文化中心舉辦「大悲心起──法鼓山慈善音樂會2008」,演出獲得多方回響,收入全數捐助賑災。12月初,

溫哥華道場合唱團前往當地西區的麥當勞病童之家進行關懷,親自將歡樂及平安帶給小朋友們,道場並捐贈加幣兩千元予病童之家。

為接引青年親近佛法,2008年各道場也有嶄新作法。例如:馬來西亞護法會在4月中旬與馬來西亞佛教青年總會於吉隆坡鶴鳴寺共同舉辦「親密、孤獨與自由」生活營;5月初,香港護法會參加當地佛教黃鳳翎中學舉辦的「禪與生活」佛學座談會;溫哥華道場在8月下旬,由溫哥華法青會主辦「卓越・超越成長營」等,透過青年學子感興趣的議題及新穎的營隊活動,弘揚生活化的佛法,期使青少年對佛法心生歡喜與信心。

親子活動方面,7月10日至8月31日期間,美國護法會和東初禪寺陸續於

溫哥華道場舉辦普佛法會,法師引領信眾共修,為家人、社會大眾祈福。

舊金山分會舉辦兒童營，以活潑課程指引孩子們領受禪修生活。

象岡道場、伊利諾州芝加哥分會、密西根州聯絡處、加州洛杉磯分會、加州舊金山分會、華盛頓州西雅圖分會等地，以及加拿大溫哥華道場，共舉辦了七場親子夏令營，美國部分主要由教師聯誼會提供生活禪師資前往帶領，溫哥華道場則是首次舉辦「暑期心靈環保親子營」，內容多融合了生活禪修的內涵。

國際人士的交流與報導

9月7日法鼓山於台大醫院國際會議中心舉辦「國際關懷生命暨自殺防治論壇」活動，邀請國際防治自殺協會（International Association for Suicide Pevention，簡稱IASP）主席布萊恩‧米謝勒（Brain Mishara）與聖嚴師父進行對談。

此外，亦有各國人士親至法鼓山園區參訪、參學、交流等，包括10月間，泰國皇室禮贈法鼓山佛陀舍利與一尊釋迦牟尼佛佛像，於園區舉行安座典禮；國際著名佛教集團香巴拉（Shambhala）總裁理查‧雷奧克（Richard Reoch）拜會聖嚴師父，期望與法鼓山合作推動培養「慈悲的領導者」計畫；國際扶輪社來自世界各國的青年參學團約四十人，到法鼓山參加兩天的宗教之旅；美國長島大學（Long Island University）環球學院師生一行九人，參加園區的禪修體驗營，藉此認識了法鼓山漢傳禪佛教的內涵等，促使法鼓山國際弘化的觸角隨之延伸。

泰皇禮贈佛像，於園區進行致贈典禮，聖嚴師父向前來的泰國代表致意。

及來自墨西哥、瑞士等地的西方禪眾21人，先後至法鼓山園區參訪、拜會聖嚴師父，進行總本山的「尋根之旅」；同時也讓台灣、西方禪眾藉此機會相聚交流。師父並以建設法鼓山的艱辛過程，勉勵這些西方法子及所有西方禪眾繼續發心，讓漢傳禪佛教

西方弟子尋根　禪法傳承綿延

令人矚目的焦點是，6、7月間，先後有遠自英國、美國和克羅埃西亞等地的聖嚴師父西方法子，率領西方禪眾至法鼓山參學、尋根，感謝師父以豐富的著作及禪修指導，將幾近失傳的默照、話頭等禪修法門於西方世界弘傳。此行之於漢傳禪佛教弘傳西方、承先啟後的發展歷程，別具意義。

6月聖嚴師父的法子、亦為英國禪學會（Western Chan Fellowship）創辦人約翰・克魯克（John Crook），及另一位法子賽門・查爾得（Simon Child）等15位西方禪眾，7月包括師父的克羅埃西亞法子查可・安德列塞維克（Zarko Andricevic）、克羅埃西亞禪眾、美國香巴拉出版社（Shambhala Publications）主編史蒂芬妮・依莉莎白・蕭（Stephanie Elizabeth Shaw）

綿延發展，開花結果。

師承聖嚴師父的東西方弟子，除了在世界各地分享禪法，也應邀至法鼓山各地道場指導禪修。例如師父法子暨馬來西亞佛學院院長繼程法師，自2月起至9月底，其間陸續赴美弘化，包括於紐約象岡道場帶領兩場禪十，於東初禪寺進行一場佛學講座，至美國護法會新澤西州分會、華盛頓州西雅圖分會、加州舊金山分會、加州洛杉磯分會進行關懷；以及西方法子吉伯・古帝亞茲（Gilbert Gutierrez）於3月初，至芝加哥分會帶領二日禪修活動，西方弟子比爾・賴特（Bill Wright）於9月底在東初禪寺主講「三法印」英文講座等，與法鼓山信眾分享、交流禪修與學佛體驗與心得。

隨著聖嚴師父弟子積極於海內外弘化的步伐，漢傳禪法日漸受到國際

間媒體的注目。2008年,十多家來自歐洲和美洲的各大平面及電子媒體紛紛為法鼓山做相關報導;如英國《科茨女性》(Couttswoman)雜誌、《生活雜誌》(Living Magazine)、《長程旅遊》(Selling Long Hauit)雜誌,法國佛教網路電視「佛音頻道」(Buddhachannel)、奧地利日報《標準報》(der Standard)、巴西《星球雜誌》(Brasileiro Magazine)、日內瓦《國際社區》(Diva International)雜誌、荷蘭夏巴卡佛教網站(Shabkar:Org)、加拿大/美國源媒體(Source Media)、美國哥倫比亞CMBC經濟頻道等。在傳媒報導的同時,也直接或間接地與世界各地民眾分享漢傳禪佛教的法益。

南亞道場的增設,以及海外各護法體系的逐漸茁壯,東西方悅眾「同心同願,承先啟後」的意義昭然揭示,法鼓山法脈向外廣傳的軌跡清晰可見。

未來,祈願所有認同法鼓山理念與中華禪法鼓宗禪法的東西方信眾,本著「提昇人的品質,建設人間淨土」的理念,繼續服務奉獻、自利利人,在全球各地,逐步踏實地以法鼓山三大教育,弘揚漢傳禪法,推動社會淨化,以期共同建立和樂、富裕而安定的人類世界。

文/常華法師(國際發展處監院)

結語

2008年的國際弘化發展,有著聖嚴師父的西方首批弟子來訪尋根溯源,有著僧團法師及西方弟子於海外的積極弘化不輟,更有110位東西方悅眾於象岡道場「北美發展研討會」上,共商開創西方「中華禪法鼓宗」的新機,加上東初禪寺的邁入第30年、東

東西方悅眾齊聚象岡道場,研討法鼓山未來的國際發展。

● 01.10

德國圓覺寺方丈拜會聖嚴師父
請益佛學教育辦學經驗

德國圓覺寺方丈如典法師，偕同弟子行戒、行平、行寶法師及護法居士一行，1月10日至台北安和分院，拜會聖嚴師父及方丈和尚果東法師，請益有關佛學教育的辦學經驗。

1949年在越南出生的如典法師，1964年出家，在日本立正大學留學期間，曾與聖嚴師父有數次互動之誼。1975年，越南赤化，如典法師應越僑之邀赴德國弘法，從此展開以歐洲為據點的弘化新頁。刻在德國漢諾威市住持圓覺寺，主要弘揚淨土法門，東西方弟子兼有。其弟子行戒法師在法鼓山園區禪堂修學，對法鼓山的禪法能夠接續漢傳禪法的話頭、默照兩大活水源頭，行戒法師表達了充實受用的欣喜，希望將來能帶至歐洲弘化。

如典法師表示，德國目前約有越南僑民10萬人，華僑亦不少，因此在弘化語言上，除了基本的德文、越文之外，中文益形重要。觀察佛教在歐洲的發展，法師指出，現在漸漸有一些德國人假日不上教堂，改到佛寺共修；至於接引的法門，以禪修第一，藏傳佛教居次，再者才是亞洲各系佛教。而圓覺寺正規畫在德國籌設一處佛學教育中心，希望能汲取法鼓山多年辦學經驗，並促成雙方日後的互動交流。

德國圓覺寺方丈如典法師（右）拜會聖嚴師父，請益佛學教育辦學經驗。

● 01.16

法國「佛音頻道」專訪惠敏法師
拓展研修學院能見度

法鼓佛教研修學院校長惠敏法師於1月16日上午，在法鼓山園區接受法國佛教網路電視「佛音頻道」（網址：http://www.buddhachannel.tv）專訪，暢談創校理念以及佛典數位化的成果。

訪談中，惠敏法師除了介紹研修學院，還特別與兒童玩具熊「佛小熊」

（Buddha bear）進行「對話」。法師向「佛小熊」介紹台灣黑熊、佛陀與佛法，並教牠如何打坐。透過這次訪談，不僅讓全世界的小朋友一起認識佛陀與佛法，也進一步拓展了研修學院在國際上的能見度。

「佛音頻道」是法國新成立的佛教網路電視台，推廣網路佛學影音交流，提供法語系國家全球佛學動態與訊息。

法國「佛音頻道」專訪惠敏法師，法師與佛小熊對話，讓全世界小朋友認識佛法。

● 01.25～30

果謙法師至聖路易與堪薩斯弘法
帶領生活禪及佛學講座

美國護法會輔導師果謙法師於1月25至30日，前往密蘇里州聖路易市與堪薩斯市兩地關懷，活動包括演講、帶領生活禪及舉辦「《金剛經》的生活智慧」佛學講座等。

25日晚間，果謙法師首先在聖路易淨心書坊，以「好自在──隨處安心的祕密」為題，向聽眾說明如何運用禪的觀念與方法，紓解忙碌生活的壓力，並將壓力轉換成動力。翌日上午，法師為淨心書坊主持灑淨儀式後，進行一日禪。法師帶領三十多位學員練習法鼓八式動禪、基本禪修，及運用在生活中的動禪等。結束後，多位沒有禪修經驗的學員，首次體驗到禪修的好處，表示希望未來能再深入學習。

27及28日，果謙法師轉往堪薩斯，帶領當地信眾進行基本禪修課程，並向信眾介紹法鼓山「心靈環保」、「建設人間淨土」的理念。29及30日，法師再回聖路易淨心書坊，進行四場的「《金剛經》的生活智慧」佛學講座。法師以深入淺出的方式，解說如何將《金剛經》中的智慧落實於日常生活上，達到提昇自我、淨化社會的目的。

果謙法師此次的弘法行，由美國護法會芝加哥分會召集人李詩影以及悅眾蔡顯智協助即席翻譯。開放問答與討論的講座，讓現場有更多的互動和交流，許多初次接觸佛法的西方人士，也藉此了解漢傳佛教與佛法的智慧。

● 01.30

泰國法身寺參訪團訪問研修學院
交換佛教教育辦學經驗

果醒法師（右起）、果暉法師、惠敏法師，與泰國法身寺代表進行交流座談。

泰國法身寺兩位副住持率領泰國以及台灣道場的比丘、在家居士一行共48人，於1月30日參訪法鼓佛教研修學院，雙方針對如何建設國際化的佛學教育，進行座談交流。

法身寺與中華佛學研究所為締約單位，雙方學術互動頻仍；法鼓山僧團果暉、果元、果醒、果舫等多位法師皆曾前往修學，法身寺亦有數位僧俗弟子先後就讀中華佛研所。

這次的交流座談，由校長惠敏法師、佛學系籌備主任果暉法師共同主持。由於法身寺預計在2010年完成該寺的僧伽大學建設，而研修學院與中華佛研所的辦學成效，以及完善的軟、硬體設施，成為法身寺辦學參考的首選目標。因此在座談中，該寺代表特別針對佛學教育的國際化、專業課程的規畫及學生未來就業方向等議題，與研修學院交換意見。

● 02.06～21期間

海外各道場舉辦共修迎新春
廣邀信眾許好願、過好年

2月6至21日新春期間，除了國內各分院道場規畫系列慶祝活動外，美國紐約東初禪寺、加拿大溫哥華道場，以及亞洲地區的新加坡護法會、香港護法會、馬來西亞護法會皆舉辦新春活動，共同迎接嶄新的一年。

美洲地區，東初禪寺於2月10日初四舉行新春法會及慶典。在住持果明法師帶領下，信眾恭誦中、英文《心經》，並邀請美國同淨蘭若住持仁俊長老為大眾開示。長老勉眾用清淨身、語、意，對治貪、瞋、癡三毒，生命就會心眼全

開。新春慶典活動內容，包括美國護法會新澤西州分會鼓隊、東初禪寺西方眾組成的舞獅表演等。

溫哥華道場監院果樞法師祝福參加新春普佛法會的信眾。

加拿大溫哥華道場於2月7至9日連續三天舉行新春法會，包括普佛法會、淨土懺法會、大悲懺法會。在監院果樞法師的帶領下，信眾扶老攜幼闔家參與；法師開示新春禮懺的意義，在於捨棄過往惡習，並在新年之始許下好願，從個人、家庭開始，以至社會及全人類都能和敬平安。21日元宵節，並舉辦燃燈供佛法會。

亞洲地區，新加坡護法會於2月10日下午舉辦新春團拜聯誼會，美國紐約象岡道場住持果峻法師特地出席關懷。活動中播放聖嚴師父的新春錄影開示，透過影片，八十多位悅眾一起領受師父的新春祝福。現場並安排新加坡法青會成員演唱〈四眾佛子共勉語〉、〈純真覺醒〉與多首新春賀年歌曲，為大眾祝福。

香港護法會在2月9日舉辦新春普佛法會，共有105人參加；並響應救援中國大陸東南地區雪災災情，舉行「雪中送暖到中國」的募捐活動。馬來西亞護法會則於21日元宵節舉辦持誦〈大悲咒〉共修，會中播放《聖嚴師父的新春開示》和《法鼓山2007年大事記回顧》影片；最後，眾人共同許下新年好願，祈願因善願的推動而更精進。

2008年海外道場新春活動一覽表

區域	地點	日期	活動名稱
北美洲	美國紐約東初禪寺	2月10日	新春法會
	加拿大溫哥華道場	2月7日	新春普佛法會
		2月8日	新春淨土懺法會
		2月9日	新春大悲懺法會
		2月21日	元宵燃燈供佛法會
亞洲	香港護法會	2月9日	新春普佛法會
	新加坡護法會	2月10日	新春團拜聯誼會
	馬來西亞護法會	2月21日	新春持咒聯誼會

● 02.09～03.02期間

果光、常華兩位法師前往美國弘法
闡述《如來藏經》、《圓覺經》

2月9日起至3月2日，僧團果光法師、常華法師前往美國弘法關懷，分別在加州舊金山、加州洛杉磯、華盛頓州西雅圖、伊利諾州芝加哥、新澤西州五處分會，及紐約東初禪寺等地弘講，包括果光法師的六場「自家寶藏──如來藏經」講座、常華法師的四場「圓覺十二問」佛學講座，以及帶領禪修、悅眾座談等。

果光法師此次講題內容，主要出自聖嚴師父著作《自家寶藏──如來藏經語體譯釋》。《如來藏經》是世尊以九個譬喻說明眾生皆有佛性，但為煩惱所覆，如藏在胎內，尚未出生；所以如來出世說法，讓大家相信此法，因而精進修學，便可得解脫。法師以小組討論的方式，帶領學員分別討論不同的譬喻，以及思惟如何能顯現如來、去除煩惱；再進一步引導出師父所提出的「心五四」運動，藉由「四要」、「四感」、「四它」來去除貪、瞋、癡三毒，以「四安」莊嚴內心、提昇人品；由個人擴及環境，以「四福」改善社會環境，成就人間淨土之實踐。

常華法師的弘講內容，主要是導讀聖嚴師父的著作《完全證悟》。法師依《圓覺經》中12位菩薩向佛陀請法的過程，穿插師父書中生動活潑的故事及譬喻，以及視覺上的遊戲，來說明佛陀如何回應眾生在圓覺路上所遇到的不同層次問題。法師指出這部經的殊勝，在於「頓機眾生因此成佛，亦攝漸修一切群品」。雖然眾生的根性不同，但只要在「因地」上不斷用功，「只顧耕耘，不問收穫」，一定會走上圓覺之路。

弘講之餘，兩位法師在2月12、17日於洛杉磯分會及西雅圖分會帶領禪修，法師特以中英文進行解說，讓西方眾聞法無礙，領略禪修放鬆身心的作用。此外，法師也在各地分會與信眾進行座談，說明法鼓山的發展方向、推動理念，以凝聚海外信眾的共識與願心。

果光法師於芝加哥分會主持「自家寶藏──如來藏經」講座。

2008年果光法師、常華法師美國弘法關懷行程表

地點	時間	活動內容
加州舊金山分會	2月9日	果光法師、常華法師佛學講座，悅眾座談
加州洛杉磯分會	2月10至12日	果光法師、常華法師佛學講座，悅眾座談，帶領禪修
華盛頓州西雅圖分會	2月13至16日	果光法師、常華法師佛學講座，悅眾座談
伊利諾州芝加哥分會	2月17至18日	果光法師、常華法師佛學講座，帶領禪修，悅眾座談
新澤西州分會	3月1日	果光法師佛學講座，悅眾座談
紐約東初禪寺	3月2日	果光法師佛學講座

● 02.18

新澤西州分會關懷老人中心
接引各族裔人士親近佛法

美國護法會新澤西州分會的20位悅眾，於2月18日前往紐布朗斯維克（New Brunswick）玫瑰山老人中心（Rose Mountain Senior Center）進行關懷。

當天的關懷活動，包括傳統舞

新澤西州分會的悅眾，至「玫瑰山老人中心」進行關懷。

獅、鼓隊表演〈大鼓曲〉及〈歡天喜地〉曲目、中國民謠及英文歌曲演唱，以及播放由中國身障人士藝術團表演的《千手觀音》影片，豐富的內容獲得老菩薩們熱烈掌聲。影片後，分會召集人王九令與眾人分享觀音千手千眼的意義，是為了聞聲救苦，因為觀音菩薩是「千眼照見，千耳遙聞，千手護持」；並鼓勵老菩薩平時多稱念觀音聖號，體會觀音菩薩的慈悲精神。

新澤西州分會自2007年起，即每月兩次至該中心推廣念佛課程，接引各族裔人士親近佛法；春節期間，分會悅眾的持續關懷，更讓老菩薩們備感溫馨。分會將陸續籌畫其他活動，持續關懷老人中心，落實法鼓山的大關懷教育以及「提昇人的品質，建設人間淨土」的理念。

● 02.29～09.21期間

繼程法師至美國巡迴弘法
帶領禪修及進行佛學講座

繼程法師為新州信眾舉辦佛學講座,講解唯識心所法與日常生活的關係。

2月29日至9月21日期間,聖嚴師父的法子暨馬來西亞佛學院院長繼程法師,應邀赴美國弘法,包括至紐約象岡道場帶領兩場禪十,至東初禪寺進行一場佛學講座,以及前往美國護法會新澤西州分會、華盛頓州西雅圖分會、加州舊金山分會和加州洛杉磯分會進行關懷。

繼程法師於象岡道場帶領的兩場禪十,分別為初階默照禪十、精進話頭禪十;其中,默照禪十的參與人數達百位。之後,法師展開在美國護法會各地分會的弘講關懷。7月30日至8月1日,法師於新澤西州分會主講三場「唯識心所法與日常生活」,介紹唯識學產生的根源,並指出唯識學可幫助我們了解自己的心性,對治煩惱;8月2日,法師在新州分會帶領半日禪,並進行佛學問答,為信眾們解惑。

8月3日,繼程法師至東初禪寺講授「如來如去──歡喜看因緣」,引導大家如何把佛法實際應用於人際關係上;並指出,不當的人際關係會帶給人們許多煩惱,而禪修能提供解決問題的究竟方法。

9月,進行美西關懷行程。首先於6日在西雅圖分會帶領禪一,8日進行一場佛學講座,主題為「禪修與唯識」。12至15日,則至舊金山分會帶領默照禪一及讀書會。

弘法行程最後一站為洛杉磯分會,繼程法師陸續為當地信眾進行禪修及佛學課程,包括「禪修問答」活動,及佛學講座,講授「學佛基本態度與方法」,並針對《百法明門論》做重點提示;21日再於該地帶領一日禪,圓滿此趟美國關懷弘化之行。

2008年繼程法師至美國弘法關懷一覽表

地點	時間	活動	人數（約）
紐約象岡道場	2月29日至3月9日	初階默照禪十	100
	7月18至27日	精進話頭禪十	45
紐約東初禪寺	8月3日	生活佛法講座	120
美國護法會新澤西州分會	7月30日至8月1日	三場佛學講座	65
	8月2日	半日禪、佛學問答	40
美國護法會華盛頓州西雅圖分會	9月6至8日	禪一、佛學講座	90
美國護法會加州舊金山分會	9月12至15日	默照禪一、讀書會	40
美國護法會加州洛杉磯分會	9月18至21日	禪修問答、佛學講座、禪一	40

● 03.01～02

芝加哥分會舉辦二日禪修活動
古帝亞茲指導初階禪法

美國護法會伊利諾州芝加哥分會於3月1至2日，舉辦禪修活動，邀請聖嚴師父的西方法子吉伯・古帝亞茲（Gilbert Gutierrez）前往帶領，內容包括一場講座及兩場工作坊。

1日上午舉行「禪101工作坊」，古帝亞茲詳細解說基礎禪坐方法及禪修入門的關鍵。他指出，只要放鬆身心，就能使心不散亂，清楚覺察真我；下午進行「佛法禪法101」主題講座，古帝亞茲進一步說明佛法的基礎、禪修的方式，強調在日常生活中，時時練習保持身心的穩定與安靜，不輕易受到外境的影響，就是佛法與禪法的最好活用。第一天活動有近三十人參加。

2日進行「尋心」工作坊，約有十多位禪眾參加。古帝亞茲介紹大珠慧海禪師的禪風與教誨，說明修心之道的深入法。其間進行數次短時禪坐練習，體驗禪修法味。

心得分享時，有學員表示希望古帝亞茲有機會能夠再來芝加哥分會，帶領大家體會禪法的殊勝奧妙。

古帝亞茲於芝加哥分會帶領二日禪修。

● 03.05～06

法鼓山應邀參加GPIW青年領導培訓營
與各國青年交流分享

　　法鼓山應邀參加全球女性和平促進會（The Global Peace Initiative of Women，簡稱GPIW）於3月5至6日，在印度新德里（New Dehli）舉辦的「青年領導培訓營」（Transformational Leadership Program），由僧團果禪法師、常濟法師及青年代表何麗純、王貞喬一行四人代表與會，共約有三十多位各國青年領袖參加。

　　培訓營在當地的國際藝術村（Global Arts Village）舉行，主題為「理念實踐」（Spirit in Action），主辦單位邀請聯合國專家莫妮卡‧莎瑪（Monica Sharma）擔任主持人。來自各地的青年信仰多不相同，但透過兩天的培訓及交流，逐步體驗內在力量的強大，了解外在世界其實是內在自我的投射。

　　這次培訓營，提供青年們成長的能量，也為青年們未來領導世界奠下了基礎；對於關懷國際和平、促進世界宗教對話，具有深遠的意義。

● 03.06～10

法鼓山應邀參加GPIW五週年大會
近五百位代表為化解國際間衝突而努力

　　法鼓山應邀參加全球女性和平促進會（The Global Peace Initiative of Women，簡稱GPIW）於3月6至10日在印度齋浦爾（Jaipur）舉行的「GPIW五週年大會」，大會主題為「為女性開創道路」（Making Way for The Feminine），由僧團果禪法師、常濟法師及青年代表何麗純、王貞喬一行四人代表法鼓山出席，共近五百位各國代表齊聚一堂，就教育、青年發展、環保、暴力衝突等議題進行座談。

　　受邀出席的代表，都是長期協助以色列、巴勒斯坦、伊拉克、非洲等地區解決暴力衝突的傑出人士，包括地球憲章（Earth Charter）

「GPIW五週年大會」在印度齋浦爾舉行，各國代表齊聚一堂，討論如何「為女性開創道路」。

發起人之一的羅比·索騰爪普（Rabbi Soetendorp）、西方著名藏傳比丘尼丹津·芭默（Jetsunma Tenzin Palmo）、印度宗教領袖阿瑪（Amma, Mata Amritananda Mayi）等人。

此次大會透過五天密集的討論，與會人士獲得一致共識，未來將從教育、領導及身心靈整合三大面向，做為化解各地衝突的努力方向。

03.08

美國「第三屆佛教女性論壇」
常悟法師代表出席 分享慈悲心的培養

3月8日，法鼓山受邀出席由美國中西部佛教會（Buddhist Council of the Midwest）與德保羅大學（Depaul University）於芝加哥舉辦的「第三屆佛教女性論壇」，論壇主題為「21世紀女性的修行之路」，由僧團常悟法師代表參加，共近一百五十位東西方佛教女性修行者與會。

常悟法師（左二）在「佛教女性論壇」上，與聽眾分享如何實踐佛法。

上午的議程，由宗教學者茱迪絲（Judith Simmer Brown）進行主題演說，接著展開五場工作坊。其中一場「禪修練習」（Chan Meditation Practice）由常悟法師主持，帶領與會人士體驗禪修。

下午舉行座談，由常悟法師、南傳比丘尼琶娜瓦蒂（Venerable Pannavati）、藏傳比丘尼尼瑪·卓瑪（Venerable Khenmo Nyima Drolma）進行對談。座談中，常悟法師指出21世紀的社會非常需要慈悲，而慈悲心的培養可從善待自己，以及認識、接納真實的自我開始；透過消融自我的過程，不僅可提昇光明慈愛的本性，更能幫助自己和他人離苦得樂。有現場聽眾向法師請益如何實踐佛法？法師分享佛法改變自己生命的體驗，鼓勵大家從聞、思、修三方面修習，以「活在當下」的態度生活，就是實踐佛法的最好方式。

常悟法師會後表示，近年來美國對女性修行者有日益重視的趨向，無論在學術界、出版業或佛教界，女性領導者與修行者愈來愈多，弘法時可以考量順此趨勢，與心理學、人文藝術等社會科學領域結合發展，將漢傳佛法的智慧，分享給西方世界。

● 03.08～09

馬來西亞護法會舉辦「佛學講座」
邀請陳美華老師主講「佛教與女性」

陳美華老師在演講中，探討佛教女性地位的演變。

馬來西亞護法會於3月8日晚上，在雪蘭莪八打靈觀音亭臥佛殿舉辦佛學講座，邀請高雄醫學大學性別研究所助理教授陳美華以「佛教與女性」為題，深度剖析佛教婦女的角色地位與演變歷程，約有三十多人參加。

陳美華老師以第一位佛教女性——佛陀的養母摩訶波闍婆提爭取出家學佛的故事，透過互動問答的方式，與出席者討論二千五百年前女性要出家學佛所面對的困難；而佛陀以眾生平等為前提，基於救度一切能被度者的慈悲精神，希望讓女性也能出家修行，同時考量當時的社會狀況，便制定「八敬法」，做為女性比丘尼對男性比丘的尊重禮敬法律。陳美華老師指出，面對「八敬法」，必須要從佛教思想史的角度，回歸到當時佛陀制訂「八敬法」的時代因緣和背景，才不會對「八敬法」產生現代性的誤解。

9日，陳美華老師在馬來西亞護法會進行一場講座，主題為「人間佛教、人間淨土」，讓聽眾對法鼓山提倡人間淨土的理念有更進一步的了解。

● 03.12～18

法鼓山出席「伊拉克青年論壇」
推廣「心靈環保」 在戰亂中尋求和平

3月12至18日，法鼓山應邀參加全球女性和平促進會（The Global Peace Initiative of Women，簡稱GPIW）、美國和平學院（United States Institute of Peace，簡稱USIP）在印度達蘭莎拉（Dharamshala）舉行的「伊拉克青年論壇」，由僧團果禪法師、常濟法師及青年代表何麗純、王貞喬一行四人代表出席。論壇除了邀請35位伊國青年，還有近二十位各國際組織、專家和青年代

表，包括印度甘地非暴力和平中心、柬埔寨人權和平發展教育聯盟、巴勒斯坦心理學家、美國和平教育專家，以及伊朗、以色列、敘利亞的青年代表等，一起為伊拉克尋求和平之道。

伊拉克長年飽受戰亂，當地青年的身心長期緊繃，論壇地點選在喜馬拉雅山區的達蘭莎拉進行，各國青年代表在自然的森林景觀中，透過五天的交流分享、心靈薰陶，獲得了共識與凝聚力，也建立了信任和友誼。

法鼓山代表的參與，除了以世界宗教團體的身分，實踐對世界和平的關懷，也透過與各宗教、種族的對話，希望將「心靈環保」的理念與和平的力量帶到伊拉克，以至全世界各個角落。

參加「伊拉克青年論壇」的各國青年代表，在喜馬拉雅山區的達蘭莎拉展開交流分享。

● 03.16

新澤西州分會舉辦佛法講座
由果謙法師主講《成佛之道》

美國護法會新澤西州分會3月16日下午舉辦佛學講座，由美國護法會輔導師果謙法師講解印順長老的著作《成佛之道》。上午，果謙法師還為分會主持大悲懺法會，共約有三十多人參加。

《成佛之道》一書闡明修學佛法的次第，果謙法師以深入淺出的解說，為大家導讀書中內容，以及解說皈依三寶的意義；法師並進一步說明，應將家人也視為三寶，從對家人的關懷開始，慢慢把愛擴展到日常生活的點滴，就能實現佛法的生活化。

果謙法師於新澤西州分會主講印順長老的著作《成佛之道》。

果謙法師還以一條鎖鏈來譬喻十二因緣，說明眾生皆在生死苦海中流轉，藉此勉勵大家學習逆流而上，滅除苦因、跳脫生死；只要腳踏實地，真誠面對自己，就能踏出開悟的第一步。法師善巧解析，為大家建立了堅實的佛法觀念。

● 03.21

多明尼加大使參訪法鼓山
感謝法鼓山援多國賑災義行

多明尼加大使館公使兼參事葛瑞思（Grace Balbuena Zeller），3月21日率同嘉西亞（Martha Garcia）、許淑悅和黃昭君等四位祕書至法鼓山園區參訪。

葛瑞思公使此次參訪，主要是緣於去年（2007年）11月，多國因為颶風引發嚴重的土石流，導致眾多民眾傷亡；法鼓山慈善基金會於第一時間聯繫多國大使館，表達法鼓山和聖嚴師父的關懷之意。慈基會並於11月20日派遣義工至多國賑災，提供災區民眾生活物資，協助他們暫度難關。葛瑞思公使特地代表該國，向法鼓山助人急難的義行，表示由衷的感謝。

多明尼加大使館公使兼參事葛瑞思（中）一行人參觀開山紀念館。

在方丈和尚果東法師陪同下，葛瑞思公使此行參觀了大殿、祈願觀音殿與開山紀念館，對於法鼓山的建築留下深刻印象。雖然多國是天主教國家，但葛瑞思公使一行人對法鼓山推行的禪修活動，表示十分有興趣，紛紛請教何謂禪修，以及如何參加禪修活動等。

● 03.21～29

果毅法師、果解法師赴澳洲弘法關懷
帶領禪七及舉辦佛法講座

　　3月21至29日，僧團傳燈院監院果毅法師、果解法師前往澳洲弘法關懷，
行程包括帶領初階禪七、舉辦佛法講座等。其中禪七於21至28日在藍山地區
（Blue Mountains）進行，有近二十位東西方禪眾參加。

　　這是法鼓山第一次在
雪梨市舉辦禪七，禪七
期間正值澳洲復活節連
續假期，有別於各地的
熱鬧慶典，澳洲護法會
選擇在雪梨寧靜山區，
舉行沉澱身心的禪七，
可說別具意義。

　　在果毅法師、果解法
師帶領下，學員們七天
中規律地作息，練習數
息、禪坐，並練習將禪

果毅法師（前排右）、果解法師與澳洲禪眾們合影。

修方法運用在休息、經行等日常活動中。過程中還播放聖嚴師父的開示影片，
果毅法師並於影片後與學員進行問答，引領禪眾釐清禪修中遇到的困惑。最後
一天心得分享，許多學員表示，從活動剛開始的妄念紛飛，透過每天的練習，
逐漸感受到身心的清明與放鬆，十分期待能常常有這樣的機會相聚共修。

　　29日上午，果毅法師於雪梨分會進行一場以「心靈環保」為題的佛法講座，
讓學員更深入了解心靈環保的觀念；下午則和當地悅眾、法青會員進行座談，
感謝大家對法鼓山的護持，同時鼓勵眾人要精進修行，為提昇人品繼續努力。

● 03.26～31

果器法師至泰國、馬來西亞弘法關懷
提供講座並為新會所主持灑淨

　　護法總會輔導師果器法師於3月26至31日，前往泰國、馬來西亞進行六天的
關懷之行，行程包括為泰國護法會新會所灑淨動土儀式主法，於馬來西亞護法
會舉辦法器教學、佛學講座等。

　　26日上午，果器法師首先為泰國護法會位於曼谷市帕他那干路的新會所，主持灑淨動土儀式，泰國護法會召集人蘇林妙芬、中華民國駐泰國代表烏元彥等貴賓都出席參加，不少當地信眾及僑胞也到場觀禮。

　　果器法師開示時表示，未來新會所的成立，將能為法鼓山推廣提昇人品、建設淨土的理念增添助力，期望泰國護法會能在泰國弘揚法鼓山「提倡全面教育，落實整體關懷」的佛法精神。蘇林妙芬致辭時也說明，動土日選在觀音聖誕，是為了彰顯法鼓山為一觀音道場的殊勝意義。新會所預定於2009年8月中旬啟用，將成為一座兼具禪修功能的弘法殿堂。

　　28至31日，果器法師轉往馬來西亞護法會弘法關懷。28、30日，分別主持了菩薩戒及大悲懺「唱誦／法器／儀軌」教學；29日並以「大悲懺的意義與好處」為題，詳細解說拜懺的殊勝功德，共有40人參加；31日上午則進行法器教學，說明念佛共修儀軌與心態。

果器法師主持泰國護法會新會址動土儀式。

　　此外，30日下午，果器法師並進行了一場講座，主題為「綠色的生命——佛法與環保」，為當地民眾闡明佛法與環境保護二者的關聯及實踐方法，共約有七十多人參加。

　　一連串密集的教學、講座等活動受到熱烈回響，馬來西亞地區許多信眾皆表示受益良多。

● 04.05～06

常悟法師至舊金山弘法關懷
領眾體驗各種禪修方式

　　4月5至6日，美國紐約東初禪寺常悟法師前往加州舊金山地區進行弘法關懷，行程內容包括帶領戶外禪、半日禪、舉辦電影賞析等，分別約有二十多人參加。

　　5日，常悟法師於舊金山地區的艾德列溫郡公園（Ed Levin County Park）帶領戶外禪。法師提醒大家，要把每一步都當成第一步，拉開眼、耳、鼻、心的感官天線，專心覺受走路的感覺，安步當下，把每一步踩得牢靠，把每一步履走得

專注。

6日上午，常悟法師於護法會舊金山分會帶領初學者半日禪坐，開示禪修是從放鬆身心、體驗呼吸開始，學習享受一呼一吸之間的自然與放鬆；而在日常生活中，必須保持柔軟心與包容心，如此才能以平等的態度對待一切。下午，舉辦電影賞析，探討影片《我們懂個

常悟法師於舊金山地區的艾德列溫郡公園帶領戶外禪。

X》（*What the Bleep Do We Know！*）。常悟法師解析片中的佛法意涵，指出眼見的這個世界和真實的世界是不同的，而我們可以藉由心念的轉換，來改變對這個世界的看法，進而改變自己的人生。

● 04.05

溫哥華道場舉辦三昧水懺法會
勉眾發願奉行菩薩道

加拿大溫哥華道場4月5日舉行一場慈悲三昧水懺法會，由美國護法會輔導師果謙法師帶領，監院果樞法師擔任維那，約有一百多位美加地區信眾參與。

法會前，現場播放介紹水懺的動畫影片，果樞法師以影片內容為例，為大眾解釋經文緣起，以及普施法水的意義，正如當年迦諾迦尊者以三昧法水，洗去袁盎和晁錯的宿世冤仇；法師指出，我們也須用慈悲法水懺除以往之非、修持未來之善。果謙法師則鼓勵大家有幸參加殊勝的水懺法會，蒙受佛菩薩的慈悲加被，更應以法水洗滌往昔諸業，明因果，信因緣，使心常安住於善法中。

法會圓滿後，果樞法師不忘再三叮嚀大眾：懺悔和發願不是只有這一天，而要持守正法，生生世世奉行菩薩道。

果樞法師於三昧水懺法會上，領眾唱誦。

● 04.12～27

洛杉磯分會參加「世界日報書展」
與當地民眾分享法鼓山理念

4月12至27日，美國護法會加州洛杉磯分會參加於洛杉磯《世界日報》報社舉辦的「世界日報書展」，展出法鼓文化相關出版品及生活用品；並舉辦兩場講座，讓當地民眾認識法鼓山，分享法鼓山的理念。

兩場講座分別於13日及20日進行。13日的講座，由紐約東初禪寺常悟法師主講「快樂自己決定——由佛法闡述如何安頓身心、自在過日子的方法」，分享運用佛法來轉化心境與安頓身心的方法，法師並提供放鬆身心、微笑、廣結善緣、活在當下等四個快樂過生活的禪修方法，約有三十多人參加。

20日的講座，由法鼓山資深禪修講師毛靖主講「樂活人生的開始——禪修入門指引」，介紹禪修功能，並進行引導與示範，帶領現場聽眾體驗呼吸、練習法鼓八式動禪、七支坐法等基礎禪修方法，有近三十人參加。

書展現場，洛杉磯分會設有法鼓文化出版品展示，並展出聖嚴師父的中、英文著作，還以結緣小冊子及《法鼓》雜誌與當地讀者結緣。

● 04.17～22

果謙法師前往舊金山弘法關懷
帶領禪三及舉辦講座

4月17至22日，美國護法會輔導師果謙法師至加州舊金山進行弘法關懷，內容包括一場精進禪三及兩場佛學講座。

果謙法師於舊金山分會帶領默照禪三。

果謙法師首先於17至20日，在錫登渡假中心（Hidden Villa）主持精進禪三。精進禪三是舊金山分會重要的年度活動，法師以「默照禪」做為禪三的指導重點，配合「六妙門」——數、隨、止、觀、還、淨的修行方法，並以生活中的各種事件為例，

引領學員更深入了解「默」、「照」的觀念與運用。20日早上的戶外禪，經由果謙法師的引導，學員們學習以「直觀」來看待四周的花草樹木，體驗眼前處處生機，無一不是佛法。

21至22日，果謙法師於會所舉辦兩場「成佛之道」佛學講座，共近四十人參與聆聽。法師以福嚴佛學院厚觀法師所整理的「成佛之道」講義為綱要，逐句解說，幫助聽講者能夠了解書中的佛學名相，更得力受用。

舊金山分會表示，未來會針對信眾的需求，邀請法師開課講演，帶領大家建立正確且穩固的正知見，一同精進修習佛法。

● 04.19

馬來西亞「親密、孤獨與自由」生活營
邀請楊蓓副教授前往帶領

馬來西亞護法會與馬來西亞佛教青年總會於吉隆坡鶴鳴寺，共同舉辦「親密、孤獨與自由」生活營，邀請台北大學社會工作學系副教授楊蓓帶領，約有二百六十多人參加，其中包括二十多位新加坡護法會的信眾。

生活營採工作坊形式進行，學員每五人為一小組，楊蓓副教授引領學員將自己的生命經驗與他人分享，藉彼此間的交流互動，學會分享與用心傾聽，並敞開心扉。

楊蓓副教授指出，現代社會許多人都不能把心安在當下，也往往也沒有好好地「聽」自己的心聲，更不用說去傾聽他人的心聲，造成與自己及他人的疏離。她強調，寂寞、孤獨是正常的，只有坦然接受，才有轉化的可能。

馬來西亞護法會邀請楊蓓副教授帶領「親密、孤獨與自由」生活營。

楊蓓副教授鼓勵學員參與禪修，透過參禪打坐幫助了解自我，更強調要學會享受孤獨，因為唯有學會與自己相處，才能在與他人相處中享受親密。

活動最後，楊蓓副教授代表法鼓山贈送一套《法鼓全集》予鶴鳴寺，由住持傳聞法師代表接受。

● 04.26～27

果謙法師前往羅徹斯特弘法關懷
帶領法會及指導禪修

4月26至27日，美國護法會輔導師果謙法師前往紐約羅徹斯特弘法關懷，行程包括帶領法會、舉辦生活佛法講座、指導禪修活動等。

26日上午，果謙法師於布萊頓活動中心（Brighton Recreation Center）主持觀音法會，帶領信眾讀誦《法華經·觀世音菩薩普門品》，並引導信眾以「默照」的方法，誦念「觀世音菩薩」聖號安定自己的身心，進而學習觀世音菩薩平等觀照、慈悲救度一切眾生的精神，約有二十多人參加。

下午，果謙法師舉辦一場生活佛法講座，主題為「誰惹我生氣——禪修和情緒管理」，探討生活中的修行之道。法師強調情緒管理在現代生活中的重要性，也詳細解說「慈悲喜捨」、「四無量心」在現代人情緒管理方面的修習之道，鼓勵大眾在日常生活中活用「慈心禪」。

果謙法師與羅徹斯特的信眾合影留念。

27日，果謙法師於羅徹斯特信眾家中帶領一日禪，指導禪眾禪修的基本觀念，並一一調整禪眾的身體坐姿及方法；下午的戶外禪，則引導禪眾對環境保持不迎不拒的態度，才能輕鬆、清楚、安定和覺照。

許多信眾表示，包括法會、講座及禪修活動，讓他們練習和體悟如何將佛法運用於生活中，獲益良多，並希望法師在短期內再來羅城弘法關懷。

● 05.01～05

馬來西亞護法會舉辦禪五
果興、常惺兩位法師前往帶領

馬來西亞護法會於5月1至5日，在蒲種修成林展覽中心舉辦禪五，主題為「安頓身心、從從容容」，僧團派請果興、常惺兩位法師前往帶領，共有74人參與，大部分學員為第一次參加禪修。

此次禪五的課程內容，以「止觀」、「直觀」與「中觀」的修習方法為主，

並輔以《六祖壇經‧定慧品》的解說，加強學員們對止觀同時、定慧不二的了解。練習禪坐前，法師們特別叮嚀學員要暫時拋開俗世塵緣，把握難得的機緣和福報，善用這五天好好地安頓身心；不論行住坐臥、飲食或出坡，都要清楚地覺知每一個當下、每一個念頭。

五天的活動包括禪坐、經行，及感恩、慚愧、懺悔禮拜與觀看

學員們以小組討論方式進行禪五心得分享。

聖嚴師父的開示影片等。師父簡明扼要地介紹「止」與「觀」的修行方法，指導學員把呼吸當作所緣境，透過重複不斷地放鬆身心、體驗呼吸，慢慢把心止於一境，進而清楚地觀照念頭的起伏；在體驗身心而至統一身心的過程中，心會慢慢平靜而澄清，可以不受當前狀況的困擾，任何狀況都能做為修行的著力點。

最後一天，學員以小組討論方式進行心得分享。學員們非常感恩這次活動提供了許多受用的禪修方法，方便在生活中運用；而透過慚愧、懺悔禮拜，也滋長了心中的善念與菩提種子，十分感謝法師們的指導及眾多義工的全力協助。

● 05.01～11期間

法鼓山海外單位歡慶佛誕節
以法水淨化心靈　發菩提心

5月1至11日期間，為了慶祝浴佛節，法鼓山海外分支單位，分別舉辦以浴佛法會為主的各項慶祝活動，藉此感受身心淨化的喜悅。

在北美地區，紐約東初禪寺於5月4日上午舉行浴佛法會，邀請同淨蘭若住持仁俊長老主法。長老開示浴佛的真正意義，在於提醒自己要身心清淨，凡夫因有煩惱、執著，所以身心不淨；但若能努力修行，持五戒、修十善，必能離三惡道，甚而能成菩薩、成佛。因此，長老勉勵大家浴佛時，別忘了用戒水來洗滌身心，做一個光明清淨的人，生生世世得人身，處處利益眾生，才不失參加浴佛法會的意義。

美國護法會各地分會也各自舉辦慶祝活動，如加州洛杉磯分會5月4日於加州州立大學長堤分校（California State University Long Beach）舉辦佛誕節慶祝活動，分發法鼓山的文宣品、結緣品及《法鼓》雜誌，與民眾分享法鼓山的

溫哥華道場浴佛活動中，信眾以法水洗淨自心。

理念；加州舊金山分會於10日舉辦佛誕節暨母親節感恩祈福大悲懺法會，共有24位信眾參加。

加拿大溫哥華道場於5月11日，舉辦一年一度的浴佛法會。當天活動，安排民眾觀看浴佛節由來的影片，讓大眾了解佛誕日與浴佛的典故，並進行浴佛共修。監院果樞法師為大眾開示佛陀化世，是為教化眾生，而「浴佛」的意義，即是學習以佛陀的慈悲、智慧法水，洗淨自心，進而發無上菩提心，行菩薩道。

亞洲地區的香港護法會，先於5月1日舉行地藏法會，由僧團果旭法師、果靖法師前往帶領；4日進行浴佛法會，約有近兩百位信眾參加共修。當天還舉行一場皈依典禮，共有21位民眾皈依三寶。新加坡護法會於10日下午舉辦衛塞節祈福法會，由僧團副住持果品法師帶領，有近七十人參加。

大洋洲地區的澳洲護法會雪梨分會，5月18日參與當地於釋迦牟尼佛教中心（Sakyamuni Buddhist Centre）舉辦的浴佛節祈福感恩活動，內容包括禮拜、為往生者及世界和平祈福等。

藉著一年一度的佛誕節與母親節，海外信眾以法會慶祝活動感懷佛陀慈悲濟世的願心，也感念生命的雙重恩典。

2008年法鼓山海外分支單位佛誕節慶祝活動一覽表

區域	時間	地點（主辦單位）	主題	參加人數（約）
北美洲	5月4日	美國紐約東初禪寺	浴佛法會	150
	5月4日	美國加州州立大學長堤分校（美國護法會加州洛杉磯分會）	佛誕節慶祝活動	1,000
	5月10日	美國護法會加州舊金山分會	大悲懺法會	24
	5月11日	加拿大溫哥華道場	浴佛法會	200
亞洲	5月1日	香港護法會	地藏法會	200
	5月4日		浴佛法會	200
	5月10日	新加坡護法會	衛塞節祈福法會	70
大洋洲	5月18日	澳洲護法會雪梨分會	浴佛法會	20

● 05.13～17

法鼓山受邀出席聯合國衛塞節會議
惠敏法師、杜正民副校長代表參加

5月13至17日，法鼓山受邀出席
於越南首都河內市舉行的「2008年
聯合國衛塞節第五次國際佛教大
會」，由法鼓佛教研修學院校長惠
敏法師、副校長杜正民代表參加，
並於會中發表論文。包括國際知名
禪師一行法師及美國的菩提法師
（Ven. Dr. Bhikku Bodhi），以及來
自世界各地共近四千五百位佛教團
體代表參加。

此次大會，以「開展和平訊息」
（Forum Spreads Message of Peace）

來自世界各地近四千五百位佛教團體代表，齊聚參加「聯合國衛塞節暨國際會議」。

為論壇主旨，為期五天的議程包含心靈、學術、文化與宗教四個面向，內容豐
富多元。其中國際會議的主題為「佛教對正義、民主與公民社會的貢獻」，涵
括了家庭、社會正義、氣候變遷、佛教教育、數位佛學等各種議題。

惠敏法師於該會「佛學教育的延續與進展論壇」中發表論文〈台灣佛教高等
教育的問題與挑戰〉，陳述台灣佛教界過去二十年來推動佛教高等教育的奮鬥
經過，並以法鼓佛教研修學院為例，說明台灣佛教高等教育的願景；杜正民副
校長並於「數位時代的佛法座談會」中發表論文〈CBETA成果與未來展望：
IBA理念於數位佛學研究中的未來開展〉，介紹數位佛學的新科技運用。

聯合國於1999年12月決議將衛塞節定為國際性節日，並定名為「聯合國衛塞
節」。2008年的「聯合國衛塞節」首次移至越南舉行，是越南有史以來最盛大
的國際性佛教盛會，將佛教和平、愛、和諧與進步的思想，傳達至全世界。

● 05.17～18

美國東初禪寺創立30週年慶
北美信眾共許希望未來

5月17至18日，美國紐約東初禪寺舉辦創寺30週年慶典活動，內容包括祈福
法會、四眾座談分享、交流研習會等；聖嚴師父並以預錄開示影片，表達期許

與祝福。

17日上午，東初禪寺首先安排信眾一起觀看聖嚴師父為此次30週年慶典預錄的影片，師父引領大眾回顧東初禪寺自草創至今的演變，並鼓勵大家為東初禪寺的改建繼續努力。接下來的祈福法會，由方丈和尚果東法師主持，方丈和尚開示時，說明東初禪寺邁向國際道場的未來願景，期許眾人在和諧包容中，再創新契機。

在「四眾座談分享」中，方丈和尚與曾任東初禪寺住持的禪修中心副都監果元法師、象岡道場住持果醒法師等，以及多位跟隨聖嚴師父二十年以上的資深悅眾，也與大眾分享個人追隨師父、接觸東初禪寺，進而開啟行菩薩道的歷程。

而為了實地回顧30年的變遷和成長，東初禪寺也蒐集了大量老照片，除了布置在大殿牆面上，並設計成投影片放映，帶領信眾回味珍貴歷史。

18日的「World Café交流研習會」，由僧團常濟法師、資深悅眾俞永峰等共同主持，邀請美國哥倫比亞大學（Columbia University）宗教系教授于君方，以「漢傳佛教和聖嚴法師的人生佛教在美國的定位」為題，介紹漢傳佛教研究在西方的發展現狀。于君方教授指出，西方社會一向重視人權與人道，但聖嚴師父提倡的「人生佛教」，包括了人文、社會、心靈與生活等層面，並提供有效易懂的佛法觀念，教我們面對、解決問題，這正是師父及法鼓山最讓人攝受，也是最特殊之處。

此外，兩位聖嚴師父早期的西方學生南茜・波那迪（Nancy Bonardi）及李祺・阿謝爾（Rikki Asher），也在研習會中回顧與師父的殊勝法緣，感恩師父送他們「人生地圖」，指引他們正確的方向。

接下來的「Open Space」討論，眾人熱烈對東初禪寺未來30年的定位，提供許多寶貴意見，包括：資源及人力的整合與分享、強化網路及善用科技、從自己做起、提供多樣化的禪修活動等。活動最後，方丈和尚果東法師到場感謝大眾的熱情回應，並勉勵大家同心同願，一定可以隨願所成。

果元法師在第二天的「World Café交流研習會」中，參與討論。

迎向新未來
為人類幸福努力

5月17日美國東初禪寺「慶祝東初禪寺30週年紀念」
錄影開示

◎聖嚴師父

　　今天是東初禪寺成立30週年紀念，「東初禪寺」這個名字是對華人講的，我們對西方人常用的名稱是「禪中心」（Chan Meditation Center），而向政府登記的是「中華佛教研究所」（The Chung-Hwa Institute of Buddhist Culture），名稱是根據台灣「中華佛教文化館」的英文名字而來。因此，東初禪寺有三個名稱，通常大家叫它「禪中心」。

　　東初禪寺什麼時候開始創建？30年前，沈家楨先生邀我擔任美國佛教會副會長，同時擔任大覺寺住持。沒多久，先師東初老人圓寂了，遺囑裡交代台灣的文化館及農禪寺由我繼承，因此我回台灣後，一住就是半年。這段時間，大覺寺另外聘請一位比丘尼擔任住持。所以半年後我回到美國，便暫時去住沈家楨先生的菩提精舍。

　　我在大覺寺時有一批學生，他們從市區到長島很不方便，希望我回紐約市區。然而在市區，我沒地方住，於是在浩霖法師的東禪寺掛單一陣子；有一段時間，我也在馬路上流浪，這個地方住、那個地方住。之後，我在皇后區（Queens）林邊（Woodside）地方租了房子，住了差不多半年，後來找到柯羅娜街（Corona Ave.），買下一棟房子。

　　第一次買的房子住了差不多五年，這五年裡，人愈來愈多，於是又搬到對面一棟老房子，即現在東初禪寺所在地。過幾年又不夠住，剛好後面有戶住家要賣，我們就買下來，因此現在東初禪寺是兩棟房子。這兩棟房子要感謝魏煜展和李友琴夫婦，不論買哪一棟，都由他們貸款借我們錢，之後我們不是還他們錢，而是給他們捐款收據，所以我們買一次房子，他們夫婦便捐錢。

　　往後打禪七的人數多些時，又沒地方住了，於是我們就到上州的松林鎮（Pine Bush）買了一個地方。最初買的時候只有八十幾英畝，後來又增加30英畝，所以在上州我們又有一個象岡道場，屬於「美國法鼓山佛教會」（Dharma Drum Mountain Buddhist Association，簡稱DDMBA）。東初禪寺負責接引工作，象岡道場則是精進禪修的場所，雖然發展到現在似乎很大，但在市區仍是不夠用。

　　因此，美國護法會於2007年舉辦了幾場募款活動，募到一些善款，但距離要買一個新的地方，還差得相當遠，所以東初禪寺的遷建計畫，還在努力中。

關於東初禪寺的架構，正式向政府登記的法人有兩個：一個是東初禪寺，即禪中心；另一個是美國法鼓山佛教會（DDMBA），原是借東初禪寺為會址，現在主要的財產是象岡道場。目前我們準備以DDMBA為基礎，向聯合國申請非政府組織（Non-Government Organization，簡稱NGO）。因此，DDMBA除了提供禪修的道場，也參與國際性的活動，對於世界的和平、人類的幸福及社會的安定，將有很大的幫助。

我非常慚愧，這三年多來都在害病之中，這次東初禪寺30週年慶，應該是我要親自出席，感謝諸位菩薩三十年來的支持。現在象岡道場有兩位法師，一位是果醒法師，一位是常聞法師，還有幾位居士在照顧。東初禪寺常住人數很少，但做的事情非常多，幾位法師合作得很好，在這段時間以來，東初禪寺並不因為師父沒有在美國就停頓了，還是在繼續發展之中。

我非常歡喜，希望諸位菩薩繼續支持東初禪寺的發展。往未來看，東初禪寺將成為美東地區華人很重要的佛教道場，不僅僅是華人，對西方人來說，都一樣受歡迎。阿彌陀佛！

東初禪寺大事年表

時間	事件
1979	5月，於紐約皇后區林邊（Woodside）第68街成立「禪中心」。
	10月，於皇后區愛爾姆斯特（Elmhurst）的柯羅娜街（Corona）買下兩層樓建築物。
	11月，主要刊載聖嚴師父開示講稿的《禪通訊》雜誌（Ch'an Newsletter）創刊。
1981	5月佛誕日，愛爾姆斯特的禪中心正式啟用，中文名稱定為「東初禪寺」，英文通用名稱為「禪中心」（Chan Meditation Center）
1982	隸屬東初禪寺的紐約法鼓出版社（Dharma Drum Publication）成立，同年出版的第一本書為聖嚴師父的英文著作《佛心》（Getting the Buddha Mind）。「法鼓」一詞在美國率先使用，相較於台灣早了七年。
1986	加拿大華僑張繼成居士於東初禪寺出家，法名果元，正式加入東初禪寺，承擔法務推展工作。
1987	5月，購入斜對面的三層樓建築物。
	10月，正式啟用。
1989	6月，信眾募款購得寺後接鄰的二層樓住宅一棟。
1991	12月，舉行首屆在家菩薩戒會，授戒88位東西方男女居士。
1992	5月，代表達賴喇嘛的紐約西藏中心負責人瓊格拉仁波切，來寺參訪演講。
1993	6月，美國法鼓山護法會於東初禪寺成立。
1994	5月，舉辦首屆社會菁英禪修會。
1997	7月，於上州象岡鎮購地，成立做為禪修中心的象岡道場。
1997	10月，國際知名禪師一行法師來寺參訪。
2000	5月，首度舉辦默照禪四十九。
2001	9月，為911事件往生者舉辦祈福超度法會，並參與特別救災小組。
2002	首次於象岡道場舉辦西方禪五及念佛禪二。
2007	7月，啟建法鼓山北美地區首次梁皇寶懺法會。
2008	5月，成立30週年。

紐約東初禪寺創立30年

朝漢傳佛教國際弘化中心邁進

由聖嚴師父創立的東初禪寺，至2008年屆滿30週年了。這個位於美國紐約的弘法道場，從草創到蓬勃發展，見證了師父在西方弘法的足跡；回顧東初禪寺的歷史，也無異是一部當代漢傳佛教在西方篳路藍縷的發展史。

自1979年在紐約皇后區林邊一層出租公寓，聖嚴師父創立東初禪寺前身「禪中心」開始，至1989年期間東初禪寺歷經三次遷址、兩次增購改建，才形成後來的面貌。三十年來於寺內展開的各項法務，如禪修推廣，定期開設初級禪訓班、禪坐共修、禪一、禪三等；以及教育課程、多種佛學講座，並舉辦各種法會、公益活動，期能接引各種國籍、種族、社會階層的人士，前往修習禪修、佛法，東初禪寺儼然已是當地弘揚漢傳佛法的重鎮。

另一方面，以東初禪寺為中心，法鼓山在美國的弘化護法事業，也逐步拓展，象岡道場、美國護法會，以及各地護法分會、聯絡處、共修點，宛如開枝散葉般，在北美各個地區成長、茁壯，接引無數東西方人士親近佛法、學習佛法。

2008年創立屆滿30週年的東初禪寺，於5月17日起一連兩天舉辦系列慶典活動，除了盛大的祈福感恩法會外，還以聖嚴師父的教導和理念為基礎，舉行一場「World Café交流研習會」，與會人士經由分享對話、溝通互動，對東初禪寺的未來定位與發展提出不少建言。這場研習會的舉辦，象徵東初禪寺運用創意推廣佛法的新里程，以及朝向現代、國際化的努力。

聖嚴師父期許東初禪寺未來能與國際接軌，以非政府組織的名義參加聯合國，參與各項國際事務。站在過去奠定的基礎上，秉持師父「大悲心起」的弘法初衷，東初禪寺將扮演漢傳佛教在西方弘揚的樞紐角色，朝向國際弘化禪修中心邁進，接引更多國際人士，對促進世界和平、人類幸福做出更多的貢獻。

● 05.22～24

方丈和尚北美關懷行至洛杉磯
主持法會、與信眾分享安心觀念

5月16至28日，方丈和尚果東法師展開北美關懷行，行程遍及東岸紐約、西岸洛杉磯與西雅圖，及加拿大溫哥華。繼16至18日於紐約東初禪寺30週年慶活動圓滿後，方丈和尚於22至24日期間，至洛杉磯關懷地區信眾。

22日上午，方丈和尚代表法鼓山致贈南加州大學（University of Southern California）東亞圖書館、台北駐洛杉磯經濟文化辦事處各一套《法鼓全集》，提供閱覽典藏。下午，於洛杉磯華僑文教第二服務中心舉行記者會，講解如何於生活中運用佛法，及說明法鼓山在緬甸及中國大陸四川賑災現況。面對在場記者的即席提問，方丈和尚詳細解說。晚上並於洛杉磯分會參加悅眾聯誼，方丈和尚輕鬆地與信眾分享自己的出家因緣及經歷，現場充滿溫馨氣氛。

23日，方丈和尚接受當地KAZN AM1300中文廣播電台「好男好女」節目現場專訪，以生活中的實例，解說當面臨災難時如何保持心安、沉著應變的方法，與洛杉磯聽眾分享佛法安定身心的觀念。

24日上午，方丈和尚在分會主持大悲懺法會；下午於聖瑪利諾市大會堂（San Marino Center, San Marino City），進行一場主題為「心安就有平安」的公開演講，近三百人到場聆聽。方丈和尚鼓勵大眾，平時勤修戒、定、慧，培養良好的生活規範，保持一顆清淨、感恩、慈悲的心，面臨天災人禍時，只要能保持心靈安定，就能產生智慧，以正面認知、逆向思考來應變。

演講後，方丈和尚為現場28位民眾舉行皈依典禮，圓滿洛杉磯關懷行。

方丈和尚為洛杉磯信眾演講，分享安心觀念。

● 05.23～06.01

果元法師赴美弘法關懷
指導禪修及主持佛法講座

5月23日至6月1日，禪修中心副都監果元法師至美國芝加哥、密蘇里州聖路易市、堪薩斯州、舊金山展開弘法關懷行，為當地信眾講授佛學課程、帶領禪

修等活動。

23日晚間，果元法師於芝加哥地區參加美國護法會伊例諾州芝加哥分會舉辦的春季募款餐會，並於餐會開示說明，緬甸風災及中國大陸四川震災的受難者，是以身體的痛苦及生命的喪失顯現人生的無常，提醒大眾應深入對生命意義的探索，珍惜當下、活在當下。24日上午，於分會帶領半日禪；下午舉辦「禪修與菩薩道的關係」佛學講座，說明菩薩道的精神、特色與修行過程，勉勵大家行菩薩道，難行能行，難忍能忍，學習在禪修過程中觀照自己的心。

25日，果元法師於聖路易市的淨心書坊帶領一日禪修，內容包括禪坐、經行、睡覺禪及法鼓八式動禪等，參與學員約有三十多人，包括來自南伊利諾州大學（Southern Illinois University）留學生、美國當地的青年、青少年，以及來自台灣、越南、香港、大陸等地信眾，齊聚一堂。法師以中、英文雙語解說禪修的方法，鼓勵大家將禪法運用在日常生活中。

26至28日，果元法師轉往堪薩斯州。26日於奧佛蘭公園市（Overland Park City）指導一日初級禪修，約有二十餘位當地華僑及西方眾參加；27日於橡樹公園圖書館，與悅眾座談，解答在禪修及生活上的問題疑惑。28日至堪薩斯大學（The University of Kansas）拜訪該校宗教學院院長丹尼爾・史蒂文生（Daniel B. Stevenson），史蒂文生教授是法師舊識，一九七○年代曾於紐約追隨聖嚴師父修行。

5月29日至6月1日，果元法師至美國護法會加州舊金山分會帶領英文禪修、主持禪修講座、祈福法會等。29日在分會的禪坐共修中，分享禪修觀念和方法。30日上午主持「電影講座」，解析《天下無賊》影片中的佛法意涵；31日下午在「佛陀の微笑」禪修講座中，法師介紹「禪」的發展、演變、觀念與方法，開示「禪法」不離「佛法」，勉勵學員做到時時清楚又時時放鬆，遇到困難時則要多懺悔、發願，有近三十位信眾參加聆聽。

6月1日上午，果元法師於分會帶領一場為川緬災區民眾念佛祈福的法會，有25位信眾參加；下午舉辦英文禪修指引課程，讓西方眾能聞法無礙，同時圓滿這趟弘法之行。

果元法師於舊金山分會主持「佛陀の微笑」禪修講座。

● 05.25

方丈和尚北美關懷行至西雅圖
發表公開演講 分享「開心」觀念

方丈和尚果東法師北美關懷行，25日抵達美國西雅圖，於貝爾優市（Bellevue）的英特雷高中（Interlake High School）藝術表演中心公開演講，主題是「好願在人間，開心過生活」，該場演講由美國護法會西雅圖分會召集人陳瑋擔任引言人，出席貴賓包括駐西雅圖經濟文化辦事處處長陳俊明及僑教中心主任林士良伉儷等，約有一百多人參加。

方丈和尚在演講中，以幽默風趣的方式說明如何在生活中運用佛法。有聽眾提問，如何以因果關係看待四川大地震？方丈和尚希望大家面對災難時，要以正面思考，視受災民眾為受苦受難的大菩薩，他們為社會示現了人生的無常，他鼓勵大家平常就應彼此關懷，不要等到失去親友時才覺得遺憾。

同時，方丈和尚也和眾人分享一個重要觀念——「開心」，即面對天災人禍的考驗時，更要打「開」苦悶的「心」，往長遠看，展現光明的生命力，學習建立健康的宗教信仰，使自己有一個依靠，並從中培養處世智慧，如此自然能過得自在快樂。

方丈和尚於西雅圖分會關懷信眾。

不少聽眾表示，原本認為佛法深奧難懂，但聆聽方丈和尚演講後，發現佛法可以運用於日常生活中，感到受益良多。

● 05.27

聖嚴思想研討會學者拜會師父
請益漢傳佛教在台灣的發展現況

台北大學社會工作學系副教授楊蓓5月27日上午陪同參加第二屆「聖嚴思想國際學術研討會」的西方學者，包括美國哥倫比亞大學（Columbia University）宗教系教授于君方、美國田納西大學（University of Tennessee）

教授羅梅如（Miriam Levern）、美國波士頓大學（Boston University）人類學博士雷爾蔓（Linda Learman）、比利時根特大學（Ghent University）博士生古瑪莉（Esther-Maria Guggenmos）等，拜會聖嚴師父，請益漢傳佛教在台灣的發展問題。

前排右起為楊蓓副教授、聖嚴師父、雷爾蔓博士，後排右起為古瑪莉、于君方教授、羅梅如教授、羅如梅教授友人。

針對雷爾蔓博士對法鼓山佛化聯合婚禮的研究，聖嚴師父表示，法鼓山在1994年舉辦第一屆佛化聯合婚禮前，曾歷經三年籌備，因為傳統佛教的戒律是禁止出家眾當介紹人，但佛化家庭始於婚禮，如果寺院不能舉行婚禮，新人便沒有機會成為佛教徒。所以，法鼓山參考天主教和基督教的儀程，融合佛法的精神與儀式，首度舉辦聯合佛化婚禮，帶動社會風氣，鼓勵參與的新人不辦婚宴，以達到節約、環保的目的。

對於于君方教授提出的水陸法會研究，聖嚴師父說明，目前中國大陸和台灣的水陸法會皆是沿襲明末蓮池大師修訂的版本，民初的印光大師只寫序，並沒有更新；法鼓山目前正請學者專家研究整理傳統水陸中不合時宜及佛教精神的儀軌，希望讓整個形式更具現代意義。

最後，聖嚴師父建議未來研究聖嚴思想的學者，應跳脫傳統文獻研究的方法，運用田野調查的方式，才能從許多活動事件中了解整體思想脈絡。

● 05.27～28

方丈和尚北美關懷行至溫哥華
舉辦演講及皈依等活動

方丈和尚果東法師北美關懷行，於5月27至28日至加拿大溫哥華道場，行程除為當地信眾開示佛法，並舉辦講座、主持皈依儀式等。

27日上午，方丈和尚以「一師一門，承先啟後」為主題，為當地信眾開示；下午則與榮譽董事進行關懷聯誼。

28日，方丈和尚於道場弘講「好願在人間，歡喜過生活」，以近日中國大陸

四川震災、緬甸風災為例，說明我們所處的世間其實充滿了不確定。方丈和尚鼓勵大眾，抱持著「心安就有平安」的觀念，面對外境的苦難與挫折，只要以正面、積極的態度面對，自然會產生智慧，幫助自己成長。

方丈和尚更具體提出，要「安心」先要從「持戒」做起，常有人誤以為持戒像束縛的繩索，讓人不自在，其實這是放逸的藉口。戒是一種良好的生活規範，可以減少許多煩惱，讓人內外清淨，少欲知足，保障家庭生活的安定和社會秩序。這場演講總計有近五百位民眾參加。

方丈和尚於溫哥華道場主講「好願在人間，歡喜過生活」。

演講結束後，方丈和尚也為52位信眾主持皈依儀式，並為溫哥華道場種下一株銀杏樹。在中國佛教史中，天台三祖慧思禪師千年前也曾為福慧寺植下一株銀杏，成為弘揚佛法的千古佛樹，方丈和尚為北美信眾植樹祈福，讓大家備感歡喜與殊勝，並圓滿此次關懷行程。

● 06.06～08

西方法子暨禪眾參訪法鼓山
向聖嚴師父請益禪法

6月6至8日，聖嚴師父的傳法弟子、漢傳禪佛教中華禪法鼓宗的英國傳人約翰·克魯克（John Crook）博士，以及另一位法子賽門·查爾得（Simon Child）博士、師父隨行翻譯李世娟（Rebecca Li）等15位西方禪眾，至法鼓山園區參訪。

三天的參訪活動，主要目的為拜會聖嚴師父，感謝師父以豐富的著作及多次禪修指導，將幾近失傳的默照、話頭等禪修法門於西方世界弘傳。此外，團員們亦參訪法鼓山的各項建設，並與法鼓山僧伽大學師生進行對談；另有七位禪眾於此拜會之行中，於師父座下受三皈五戒，成為三寶弟子。

7日，一行人首先拜會聖嚴師父，向師父請益禪修上的問題。有團員問道：「如何才能將中國禪正確地傳授給西方人？」師父說明，教禪的人就像以手指月，學禪的人可隨指頭的方向看見月亮，學禪者見到月亮後還必須把一切執著

放下；至於能否了解，唯有透過自身的修行體驗才能得知。對於團員感興趣的話頭禪，師父繼而解釋：「話頭，是言語之前的意思。」言語可以表現真實，但言語本身並非真實；參話頭，參的就是言語之前的真實意、本來面目。拜會現場，團員麥珍妮（Jennie Mead）為了表

約翰・克魯克（中排右三）、賽門・查爾得（中排右四），偕同李世娟（中排右一）等15位西方禪眾，回法鼓山拜會聖嚴師父和方丈和尚。

達內心謝意，特地將親手寫的書法「無位真人」獻給師父。

8日上午，團員們則繼續參觀開山觀音公園、法華鐘、開山紀念館等地，實地體會法鼓山園區的禪悅境教。

這次前來參訪的成員，主要為英國禪學會（Western Chan Fellowship）各地分會禪修小組的帶領人，此學會為克魯克博士以聖嚴師父所傳漢傳禪法為基礎，並融合西方心理學所創。因此這次參訪，有如中華禪法鼓宗海外法子回總本山溯源，別具意義。

● 06.07

僧大邀聖嚴師父西方法子座談
分享學佛因緣與禪修體驗

聖嚴師父兩位西方法子約翰・克魯克（John Crook）博士、賽門・查爾得（Simon Child）博士，應法鼓山僧伽大學之邀，於6月7日下午在法鼓山園區與僧大師生座談，而其他西方禪眾也在場聆聽，透過李世娟（Rebecca Li）居士的翻譯，分享難得的交流體驗。

克魯克博士與查爾得博士於兩個小時的座談會中，暢談自己學佛因緣與禪修體驗，而僧大師生也紛紛把握機會提問。對於受到聖嚴師父印可之後，修行可曾出現過低潮的提問，克魯克博士認為，得到師父的印可後，修行確實會比較有信心，但這種經驗本身也是無常，不應該執著。查爾得博士則分享，師父的印可是一種肯定，但師父對他的影響不只在禪修方面，師父的開示及弘揚佛法的願力，都為他的生命帶來極大的啟發。

約翰·克魯克（右一）、賽門·查爾得（右二）、僧大師生座談，暢談
自己的學佛因緣與禪修體驗。

座談會中，另一個僧大師生感興趣的議題，是克魯克博士結合西方心理學中的溝通練習理論，進而發展出的「西方禪」（Western Chan）修行方法。這是一種專門針對西方人的需要所設計的方法，可以讓學員在正式禪修前，先釋放內在積壓的情緒、放空自我，進而找到進入禪修的路徑。

這場難得的分享與交流，讓東西方禪修者展現各自不同的體驗，對彼此的修行也帶來了莫大助益。

● 06.21～09.07期間

果徹法師赴美加弘法
巡迴弘講「中觀的智慧」

6月21日至9月7日，僧團果徹法師至美國紐約東初禪寺、加拿大溫哥華道場，及護法會加州舊金山、洛杉磯，伊利諾州芝加哥、華盛頓州西雅圖、新澤西州等各分會，展開弘法關懷之行，巡迴弘講六場主題為「中觀的智慧」的佛學課程，及帶領禪七等活動。

果徹法師此次巡迴弘講，每場為期二至十天，每次近五十位信眾參加。前兩場分別於6月21至22日、6月28日至7月6日，在舊金山分會、洛杉磯分會講授，說明「中觀學派」是以龍樹菩薩所做《中論頌》開展出來的佛教思想學派；法師輔以講義、幻燈片，講述中觀學派的源起、義理，並分享中觀智慧在生活上的運用。法師說明，「中」即「正」，為不偏不倚，客觀、超越我執之意；「觀」則是全面、仔細地「觀照」，透過觀照世事萬相的無常及緣生緣滅，進而產生「觀慧」，此智慧能幫助我們如理思惟、鞏固正知見。法師深入淺出的講說，讓聽眾對「中觀」的精義，有更全面、深度的了解。

7月11至13日，果徹法師至芝加哥分會為信眾講述《佛說大乘稻芉經》，引

述世尊藉由稻芋的生長譬喻，宣說「若見因緣，彼即見法；若見於法，即能見佛」，點出該經是以「緣起法」為中心思想。法師說明了解緣起法則，並配合禪修修行，就能讓自己的身心安定。13日並演講「中華禪法鼓宗」，介紹法鼓山漢傳禪佛教的特色，讓信眾更了解法鼓山的傳承與漢傳佛教。

7月26日至8月8日，果徹法師至加拿大溫哥華道場，除舉辦「中觀的智慧」佛學講座，並於8月1至8日帶領「精進禪七」，過程中播放聖嚴師父的開示影片，師父詳述從「止觀」到「中觀」的過程，勉勵禪眾以信心、願心、恆心、耐心將修

果徹法師於美加地區進行弘法關懷，圖為在加拿大溫哥華道場弘講「中觀的智慧」。

行帶入日常生活中，以生活體驗佛法，以佛法來釐清顛倒無明的人生，引領學員解行雙修，讓禪眾受益良多。

果徹法師此行最後一場中觀講座，於8月29日至9月7日在東初禪寺進行，由於前後時間恰好是10天，法師妙喻並期許與會學員將這次課程視為「中觀精進禪十」，並安排課前禪坐與課後記錄摘要，增進學員的學習效益。

果徹法師此次弘講行，讓北美信眾對法鼓山漢傳禪佛教的傳承，有了更深一層的認識，對於佛法也有更深入的了解。

2008年果徹法師美加弘講行程一覽表

時間	地點	活動內容	每堂平均參與人數
6月21至22日	舊金山分會	弘講兩堂「中觀的智慧」	25
6月28日至7月6日	洛杉磯分會	弘講四堂「中觀的智慧」	50
7月11至13日	芝加哥分會	弘講兩堂「佛說大乘稻芋經」、一場「中華禪法鼓宗」	30
7月18至22日	西雅圖分會	弘講五堂「中觀的智慧」	30
7月26至31日	溫哥華道場	弘講四堂「中觀的智慧」	140
8月1至8日		帶領一場禪七	30
8月11至21日	新澤西州分會	弘講四堂「中觀的智慧」	50
8月29日至9月7日	東初禪寺	弘講六堂「中觀的智慧」、一場「佛跡巡禮」	55

● 07.10～08.31期間

北美各地舉辦親子夏令營
引導學員體驗生活禪

　　7月10日至8月31日期間，美國護法會和紐約東初禪寺陸續於象岡道場、伊利諾州芝加哥分會、密西根州聯絡處、加州洛杉磯分會、加州舊金山分會、華盛頓州西雅圖分會等地，以及加拿大溫哥華道場，分別舉辦親子夏令營，共約有兩百五十多位學員參加。

　　2008年北美地區的親子夏令營，內容主要是讓學員們學習慈愛與和平、禮儀環保，培養健康人生觀、建立親子間的互動、體驗大自然的生態等。由教師聯誼會提供生活禪師資前往各地帶領，包括吳甜、蔡美枝、李素玉、廖宥臻四位老師。

西雅圖分會「兒童心靈環保體驗營」，進行托水缽。

　　廖宥臻老師帶領法鼓八式動禪、走路禪時，特別提醒學員們安定身心的要訣：「身在哪裡、心在哪裡，清楚、放鬆，全身放鬆」，並於講述托水缽的典故之後，讓學員們親自托一盛滿的水缽，練習身心專注不受干擾地將水缽托達目的地。午間用餐時，由吳甜老師帶領禪悅禪味活動，指導學員細嚼慢嚥、用心品味、感恩用食的好習慣。另外，蔡美枝老師帶領書法禪時，則搭配祥和及富有禪悅的音樂，讓每位學員親自揮毫，體會個人對書法線條、墨色的表現，以創作時不批評、不比較的書法禪精神，體會每個人的藝術創意與獨特表現。此外，另有繪本研習、風箏製作等活動，引導學員專注在趣味遊戲裡，確實體驗禪悅。

　　2008年親子營的另一項特色在於，活動安排了學員家長一同加入營隊，參與體驗禪修。其中，東初禪寺與新澤西州分會共同於象岡道場舉辦的「親子營及生活禪」，分為成人組及兒童組兩組進行，由象岡道場住持果醒法師帶領成人組，常聞法師帶領兒童組的活動，讓參與的家長們與孩子共同學習成長。

　　另外，溫哥華道場則是首次舉辦「暑期心靈環保親子營」，內容也安排了親

子共同參與的單元，如奉茶活動等，共有51位學員參加。其中，小學員們一一
向父母親行禮奉茶，體驗難得的親子互動樂趣。

2008年法鼓山海外親子心靈環保體驗營一覽表

時間	主辦單位／地點	人數
7月10日至7月13日	東初禪寺、新澤西州分會／象岡道場	75
7月19日至7月20日	伊利諾州芝加哥分會	15
7月26日至7月27日	密西根州聯絡處	28
8月2日至8月3日	加州洛杉磯分會	45
8月9日至8月10日	加州舊金山分會	25
8月16日至8月17日	華盛頓州西雅圖分會	30
8月30日至8月31日	加拿大溫哥華道場	51

● 07.17～19

新加坡護法會首次舉辦佛三
僧團果舟法師引領信眾攝心念佛

新加坡護法會於7月17至19日，在大悲佛教中心舉辦法鼓山在當地的第一場
佛三，由僧團果舟法師、果增法師帶領，約有二百五十多位當地信眾參加。

在佛三舉行前，15日，果舟法師先於新加坡護法會會所以「念佛在現代繁
忙生活中的意義」為題，與大眾分享念佛法門的益處，以及參加佛三的準備功
課，有近八十位信眾到場聆聽。

三天的內容，包括讚佛偈、繞佛、拜佛、拜懺等，在兩位法師帶領下，信眾
透過一聲聲「南無阿彌陀佛」佛號誦念，練習專注攝心，全程禁語，清楚當下
每一念、每一聲佛號。活動中，
並播放聖嚴師父針對念佛開示的
影片，片中師父指出：「以對阿
彌陀佛本誓願力的信心，以口念
心惟的至誠心，打心底起，念念
繫心的身心念佛，將念佛的功德
迴向一切眾生。」引領信眾體會
念佛法門的殊勝。

首次舉辦佛三的新加坡護法
會，為了解佛三籌備流程，4月
該會前副召集人蘇文瑞特別偕同

新加坡護法會首度舉辦佛三，引領信眾體會念佛法門。

六位念佛共修組悅眾來台，至北投農禪寺觀摩清明佛七，回新加坡後即定期練習法器以及法會流程。另外，此次佛三有十餘位台灣悅眾到場支援布置，兩地悅眾透過這場佛三建立良好情誼，也期許未來有更多交流的機會。

● 07.18～30

21位西方禪眾回總本山尋根
拜見聖嚴師父並參加話頭禪五

7月18至30日，21位美國法鼓山西方禪眾，由資深悅眾俞永峰陪同至法鼓山園區參訪，進行「尋根之旅」。其間拜見恩師聖嚴師父，並於禪堂參加中、英話頭禪五。

該參訪團成員，包括聖嚴師父的克羅埃西亞法子查可‧安德列塞維克（Žarko Andričević）、五名克羅埃西亞禪眾、美國香巴拉出版社（Shambhala Publications）主編史蒂芬妮‧依莉莎白‧蕭（Stephanie Elizabeth Shaw），及來自墨西哥、瑞士等地的禪眾。

19日，參訪團一行首先進入園區禪堂報到，展開五天的話頭禪修，實際體驗漢傳法鼓禪風，由果如法師擔任總護。25日話頭禪五結束，禪眾們則與法鼓佛教研修學院佛學系主任果暉法師、中華佛學研究所所長果鏡法師等進行交流。

26日，禪眾於法鼓山會客室拜見聖嚴師父。師父一一關懷每位禪眾，並開示「傳法」的意義，說明身為一位傳法的師父，可以傳給徒弟教法、修行方法與職位等，但「心法」卻是要靠自己體驗。

參訪團於27日前往北投農禪寺參訪，並至雲來寺與傳燈院禪修義工講師及禪坐會成員進行一場「以禪會友」的座談會，東西方禪眾透過彼此禪修心得的分享，體會到雖然環境、語言不同，但在修行方面的體驗卻一樣珍貴而難得。

西方禪眾專程回到法鼓山拜見聖嚴師父，也是一場尋根之旅。

傳法的條件與意義

7月26日於法鼓山園區會客室為西方禪眾開示

◎聖嚴師父

我在美國教禪修已經三十年了，期間還延伸到英國、克羅埃西亞、瑞士等國。然而，我個人的條件不足，沒有太大的影響力，所以在西方社會發展了這麼久，卻未能形成一股修學漢傳禪佛教的風氣。但是在這段期間，還是有三十多位西方眾一直跟著我，沒有離開，我覺得很感恩。特別是諸位都受過漢傳禪修老師的訓練，也已經開始指導禪修，從今以後，即使我再也不到美國、歐洲弘法，漢傳禪佛教也已經在歐美播下種子、扎下根了。所以，我在西方的弘法，雖然不能說是成功的，但是也不能說一點成就也沒有。

傳法是交代弘法的任務

許多人對傳法很好奇，覺得很神祕，也很光榮，其實從釋迦牟尼佛開始，傳法只是交代任務而已。什麼任務呢？就是要弟子們將已經聽懂的、學到的佛法牢牢記住，然後普遍地傳播給需要的人，這即是傳法。

能夠接受傳法任務的人，不見得都證悟了，或是已經大悟徹底。傳法有三項條件，一是對佛法要有正確的知見；二是情緒要穩定，人格要正常，並且在生活上持守清淨的原則，否則傳法不會清淨；三是要有度眾生、弘揚佛法的悲願。度眾生是慈悲心，弘揚佛法是願心，讓眾生懂得用佛法，就是傳法，況且佛法是心法，如果佛法已經與你的生命結合，你就真正在弘法傳法了！你還想要些什麼？

沒有開悟的老師也能教出開悟的學生

有的人擔心自己沒有開悟，怎麼能教禪修呢？許多人很好奇地問我：「你教禪修、傳承法，那你開悟了嗎？」我的回答很簡單：「我開悟與否是我自己的事，我能夠指導你開悟，才是重要的事。」開悟是自己的事，即使告訴你「我開悟了」，你相信嗎？如果我說「我沒有開悟」，那更糟糕，你可能跑得更快！要對自己有信心，你們的教法，也就是方法和觀念，是傳承於我，而我是傳承自漢傳佛教，我相信我的傳承沒有問題，你們也應該相信自己的傳承沒有問題，所以就不需要再問是否開悟的問題。

不要自己去悟出什麼花樣來，你所教的就是師父的教法。如果在禪修中，有人身心發生狀況該怎麼辦？很簡單，只要告訴他們：「這裡沒有鬼、沒有怪、沒有魔，因為你心裡面有雜念，或是身體本來就有病，所以

會產生幻覺、幻境，也就是妄想、幻念，只要不把它當成是真的，就沒事了。」至於背痛、腳痛，根本不成問題。

美國有位約翰・大道・盧裡（John Daido Loori）禪師，是前角博雄（Hakuyu Taizan Maezumi）禪師的弟子。前角博雄臨終時對大道說：「現在傳法的人很少，所以你要去弘法！」大道說：「我不行，我還沒有開悟！」前角博雄就對他說：「你只要去做就行了！」後來大道真的開創了一個道場，接引了不少人，雖然他那時還沒有開悟，但是他的弟子卻都覺得他開悟了。傳法、弘法的人有點類似籃球教練，他們研究打球，知道球該怎麼打，而且對打球的心理、規則及投籃技巧都清清楚楚。他可以訓練出選手來，幫助他們得到冠軍，可是自己卻無法上場比賽。好萊塢有一位武打明星李連杰，他從小接受武術訓練，得過五次全國武術比賽冠軍。有一次我問他：「你的老師得過幾次冠軍？」他說：「一次也沒得到。」

所以，弘法的人雖然懂得正確的佛法知見，以及修行的技巧和方法，但自己不一定是開悟的。所謂「開悟」是什麼？這是無法形容的，就像用手指指月亮，告訴你月亮在那裡，而你相信有月亮，就要自己去找，不能光是倚靠老師的手指。因此，即使是沒有開悟的老師，也可以指導出開悟的學生。

能夠受用佛法就是得法

很多人誤解，認為開悟可以「傳」，其實這是不可能的，必須自己去悟，悟後由老師證明。但證明並不是另外傳一樣東西給你，因為你所悟的是你本來就有的，而非老師傳的。能傳的只有教學和方法，自釋迦牟尼佛以來，所傳的法也只是這兩項，即所謂的「心法」。心法是自己對法的體驗，但這體驗不是作夢或打坐時看到什麼東西，而是煩惱減輕、慈悲心增長了。因此，若是你能夠受用佛法而得到利益，那你就已經得到心法，並不是有個「悟」，讓你一下子從老師那裡傳到自己的心裡來。

許多人會問：「開悟究竟是什麼狀況？是什麼境界？」我

禪眾（後排）圓滿話頭禪後，拜見恩師聖嚴師父。前排左起為果元法師、聖嚴師父、方丈和尚果東法師。

會說：「如果有境界、有狀況，就不是開悟了。」更明白地說，開悟是什麼也沒有，是空、無我、無心，如果心中還有一些東西讓你牽牽掛掛、上上下下的，都不是開悟，所以它是沒有辦法解釋的、無法形容的。其實是否開悟，只有自己知道，如果覺得有疑惑，再去找一個高明的老師印證一下。但是印證並不是敲一個印，而是以心印心。

師父還是凡夫，並沒有得解脫，沒有成為阿羅漢或佛，也是根據傳承來傳法。不過我的情緒是比較少一些、煩惱比較輕一些、瞋恨心比較小一些，而慈悲心比較多一些，我也覺得隨著年齡愈大、弘法的時間愈長，自己的智慧好像也更高一些，所以是逐步、逐步，漸漸地走向解脫。你們不要希望一下子就沒有煩惱，而要在學了佛法、禪法之後，你知道自己有多少煩惱，也知道自己過去煩惱很重，現在好像輕了一點，如果有煩惱的時候，就用方法來調整，這樣煩惱就會漸漸輕了。

指導他人首重發心

用佛法幫助自己，是自己在學法；說法幫助別人，這是傳法。修行不是靠腿，說法也不一定是靠嘴。印度有位禪師葛印卡（S.N. Goenka），他教授內觀禪，可是他根本不能盤坐，於是請人幫忙盤腿給弟子看。所以心很重要，如果你有心照顧、幫助初學的人，肯付出耐心來關心他們的狀況，協助並糾正他們在想法及方法上的錯誤，你就可以指導他們了。只要有人來打坐，不管是一人、兩人、三人或四人，都可以組成共修團體。

我六十歲才找到了法鼓山這塊地，當時沒有錢、沒有人力，可是一轉眼到現在二十年，法鼓山也已經建設完成，所以大家要發願。

漢傳佛教在西方扎根

聖嚴師父勉西方弟子發菩提心弘揚漢傳禪法

　　繼約翰‧克魯克（John Crook）、賽門‧查爾得（Simon Child）等15位西方禪眾於6月來訪後，7月18至30日，聖嚴師父在西方指導禪修的第一批弟子，包括師父西方法子查可‧安德列塞維克在內，以及美、墨、克羅埃西亞等國禪眾共21位，也回到法鼓山尋根溯源，讓平日相隔遙遠的西方禪眾有機會相聚交流。

　　26日上午，聖嚴師父特別於法鼓山園區第二大樓會客室接見這群西方禪眾。當師父見到幾位三十年的老弟子，難掩內心歡喜，並表示自己因為法務繁忙，無法長期待在西方推廣漢傳佛教；所幸這些年來，從美、英、瑞士到克羅埃西亞各國，有三十多位弟子緊緊追隨，透過他們的願心，漢傳佛教已日漸在西方傳播開來。師父感恩地說：「你們每一位，都是漢傳佛教的禪修老師，都在弘傳漢傳佛教的法。」

　　面對這群肩負弘揚漢傳佛教重任的首批西方弟子，聖嚴師父特別開示「傳法」的意義，說明「傳法」是從釋迦牟尼時代流傳下來的一種傳統，只是一種「任務」的傳承，並不是什麼神祕的事。接受傳法的對象，首先對佛法要有正確的認知，其次要具備平穩的性格、正常的人格、過清淨的生活，並且胸懷度眾生的悲願，用願心落實慈悲心，讓佛法與生命結合。

　　這兩批先後回到法鼓山的西方弟子，均已在海外各地弘法利生。6月來訪者，主要為英國禪學會（Western Chan Fellowship）各地分會禪修小組的帶領人，此學會為聖嚴師父法子約翰‧克魯克以師父所傳漢傳禪法為基礎，並融合西方心理學所創；7月來訪者中，2001年6月於美國象岡道場獲師父傳法的法子查可‧安德列塞維克，則於此行向師父報告他所主持的「法明佛學會」（Dharmaloka），於克羅埃西亞已購得建造佛寺的土地，未來將繼續推廣漢傳佛教，讓中國禪宗法脈於東歐扎根。

　　在師徒會談中，聖嚴師父以建設法鼓山的艱辛過程，勉勵查可及所有西方禪眾繼續發心，並對佛教在西方的發展抱持樂觀看法，相信佛教未來在西方各地必能開花結果。

　　除了拜見聖嚴師父，來訪的西方禪眾並透過參加禪修、參訪園區，以及與法鼓山僧伽大學學僧交流等一系列活動，讓東西方禪眾更了解彼此，也讓三十年來在西方響起的漢傳佛教鼓聲，回響不斷。

● 07.26

舊金山分會舉辦一日禪
邀請聖嚴師父的西方法子古帝亞茲帶領

美國護法會加州舊金山分會舉辦一日禪，邀請聖嚴師父的西方法子吉伯‧古帝亞茲（Gilbert Gutierrez）帶領，共有32人參加。其中，包括2007年曾接受古帝亞茲指導禪修的西方及亞裔人士，以及古帝亞茲10歲的兒子。

在一整天的禪修中，古帝亞茲做了深入淺出的佛

古帝亞茲（第二排左三）與禪眾合影。

法解說，並以聖嚴師父著作中所提及的「貓捉老鼠」、「冷水泡石頭」、「心如明鏡」為例，提醒大家外境都只是心的反射，須隨時有所警覺，避免為其所染著。

古帝亞茲針對緣起法則、因緣與因果等佛法觀念，亦輔以日常生活中常見的例子來進一步說明，幫助長年在西方長大的人士，更易於理解且受用。

禪修練習過程中，古帝亞茲並帶領學員在道場外的步道經行，引領眾人在快步與慢步經行間調身、調心；之後再回到禪堂打坐。最後，在彼此互勉的精進修行中，結束一日禪饗宴。

● 07.26～09.14期間

溫哥華道場二週年慶
舉辦佛學講座及園遊會活動

7月26日至9月14日期間，加拿大溫哥華道場舉辦2008年「好願在人間」週年慶系列活動，內容包括佛學講座、專題演講、禪七、青年成長營等，除監院果樞法師，還有僧團都監果廣法師、文化中心副都監果賢法師及僧團果徹法師前往主持課程及關懷，全程共近兩千人次參與。

週年慶首先進行的是，7月26、27、29、31日由僧團果徹法師主講的四場「中觀的智慧」佛學講座。法師在演說中輔以講義、幻燈片，讓信眾深入地了

果廣法師（第二排右二）與果賢法師（第二排右三）前往溫哥華道場弘法關懷，果樞法師（第二排右一）與信眾至機場接機。

解中觀學派的思想內涵。講座之後，法師緊接著於8月1至8日，帶領29位禪眾進行精進禪七。

這段期間，至北美弘化的果廣法師和果賢法師也前往關懷溫哥華道場週年慶的活動。除於8月16日，由果廣法師帶領信眾們進行慈悲三昧水懺法會，兩位法師也於17日展開演講，果廣法師主講「禪的生活」，果賢法師主講「法鼓家風——聖嚴師父行誼」。果廣法師並於19日，再以「淨土在人間」為題進行專題演講，以上每場皆有近百人與會聆聽。

另外，8月20日還有一場由僧大學務長常惺法師主講的專題演說，講題為「佛教的生死觀」，有近一百一十位民眾到場聆聽。

除了系列的講座，溫哥華道場也在週年慶中安排了接引新生代的活動，分別於8月22至24日舉辦法青「卓越‧超越成長營」，由監院果樞法師及僧團常惺法師、常一法師帶領，共有37人參加；以及8月30至31日進行「暑期心靈環保親子營」活動，由台灣護法會教師聯誼會會長吳甜、副會長李素玉，及生活禪師資蔡美枝、廖宥臻等四位老師支援，帶領生活禪和戶外禪，共有51人參加。

9月14日，溫哥華道場更舉辦了「好願在人間」週年慶園遊會，包括設置各種結緣品、食品、書籍、義賣品等攤位，並安排法鼓八式動禪、合唱團、國樂等表演，以及漢語詩詞吟唱、摸彩等項目。當天，溫哥華市市長蘇利文夫婦、國會議員陳卓愉、卑詩省省議員琳達‧蕾德（Linda Reid）、列治文市議員陳奕心及駐溫哥華台北經濟文化辦事處處長周唯中伉儷等人應邀出席，有近一千人次參加。

果廣法師為溫哥華信眾專題演講。

● 08.10～17期間

海外單位舉辦中元普度
鼓勵信眾精進修行

8月10至17日期間，法鼓山海外分支單位包括美國紐約東初禪寺、美國護法會新澤西州分會，以及香港護法會等地，舉辦中元普度法會，主要為地藏法會，共約兩百三十多人參加。

東初禪寺地藏法會由果醒法師主法。

東初禪寺的地藏法會於8月10日舉行，由紐約象岡道場住持果醒法師主法，東初禪寺住持果禪法師及果傳法師共同帶領。果禪法師鼓勵信眾專心一志，攝心唱誦；果醒法師則以《地藏經》中的「眾生起心動念，無不是業，無不是罪」，深入淺出地說明眾生的心由業力所支配，經常做不了主，因此要將心轉換成修行的工具，不做業力的工具。

果醒法師並勉勵信眾精進修行，練習以平等心、歡喜心待人接物；警覺自己的行為如貪、瞋、癡等皆起於念頭，前念後念相續，如狗自咬尾巴團團轉，讓我們不斷掉入執著輪迴的漩渦。地藏菩薩為救度一切眾生，持續給予善巧方便並且示現拔度，我們則要懂得感恩和珍惜。

同日，新澤西州分會亦舉辦地藏法會，由美國護法會輔導師果謙法師帶領；香港護法會則於8月17日舉辦「盂蘭節誦《地藏經》法會」，有近七十人參加。

● 08.21～24

北美發展研討會於象岡舉辦
擬定未來努力五大方向

8月21至24日，法鼓山於美國象岡道場舉辦「北美發展研討會」，由僧團都監果廣法師、東初禪寺前後任住持果明法師、果禪法師等10位僧團代表，法鼓

山佛教會（Dharma Drum Mountain Buddhist Association，簡稱DDMBA）、禪中心（Chan Meditation Center，簡稱CMC）、象岡道場（Dharma Drum Retreat Center，簡稱DDRC）三單位董事、護法會悅眾，及十多位西方眾的佛法師資（Dharma Teacher）等，約一百一十位來自美加的東西方信眾參加，有別於以往北美年會成員皆以美國護法會悅眾為主。

此次研討會不克出席的聖嚴師父，也特別於會前預錄開示影片，於台灣時間8月23日透過網路與美國連線，讓在場與會大眾聆聽到師父的開示與勉勵。

該研討會以「同心同願，承先啟後」為主題，全程以中、英文雙語進行，針對法鼓山未來的國際化方向進行研討。研討會議程包括：8月22日由果廣法師主講「法鼓山理念的核心價值」，並進行研討；23日由果幸法師代讀哥倫比亞大學（Columbia University）教授于君方撰寫的〈聖嚴師父與人間佛教在美國所扮演的角色〉一文，以及邀請全球女性和平促進會（The Global Peace Initiative of Women，簡稱GPIW）創辦人迪娜‧梅瑞恩（Dena Merriam）主講「北美宗教現況及佛教的角色」。

東西方信眾首次共聚一堂，為法鼓山國際化發展共商大計。

與會者並以研討形式，集思廣益歸整出未來法鼓山發展的五大努力方向，包括：確立北美發展策略、強化美國弘化師資、強化美國護法會各會團之支援與發展、積極召募培訓建構人才庫，以及重新建立新標誌以提昇法鼓山在北美的能見度等。

同心同願，
爲建設人間淨土而努力
8月23日東初禪寺「北美發展研討會」錄影開示

◎聖嚴師父

今年（2008年）是我們美國道場創建30週年，早在5月時已經舉行過紀念活動，並且發起了募款運動。而因為種種的變化，以及法鼓山在北美的成長，所以現在8月又準備要擴大舉辦一次年會。在此跟大家分享一下，我對於北美佛教發展過程的心得。

法鼓山在北美的發展歷程

我想分成幾點來說，東初禪寺最初並沒有護法會，只有信徒及學生，信徒是來參加法會的，學生則是來參加禪修的。後來因為我們在台灣創建「法鼓山世界佛教教育園區」，所以才成立了北美的護法會來募款。最早在北美的捐款，全部都要寄回台灣，而為了這個原因，於是有了「法鼓山佛教會」這一個跨國團體的成立，否則僅僅用「禪中心」（東初禪寺）的名義，是沒有辦法的。到現在為止，北美護法會一共有三十幾個據點，雖然人數多少不一，但是大家都很用心，也很熱心地為法鼓山的弘法工作而付出。

後來漸漸地覺得，在紐約市區的東初禪寺地方太小，大殿最多容納三十來人一起打坐；若是聽講經，也只能容納一百多人，空間可說是供不應求，因此我們規畫到紐約上州去買地。我們找了很久，終於找到一處基督教青年女青年會舉辦夏令營的房舍，也就是現在的象岡道場。然而，要買下那個地方，還是需要不少經費。

這塊地將近一百多英畝，其中只有一棟房子有暖氣設備，但是因為很古舊了，必須要翻新；而另外的兩棟房子，一棟是室內活動場，另外一棟是餐廳，但是只有窗子和紗窗，一到寒冷的冬天，就沒有辦法居住與活動。因此，我們花了很多的時間與金錢，將這兩棟房子整修起來，以便在冬天可以使用。這段時間，都是由果元法師照顧和整理。

五年前（2003年），象岡道場也漸漸不敷使用，於是增建了兩棟兩層樓宿舍，規畫成一人一間房，可以容納一百多人，而這也是一項大工程。我們要非常感謝、感恩所有的護法居士所給與的護持，更要特別感謝魏煜展、李友琴夫婦，他們護持了很多經費。我們東初禪寺現址有前後兩棟房子，當初購買的時候，都是向魏煜展夫婦借款，以後每年還他們一張收據，讓他們可以拿著收據去報稅，但是其實並不能全部報稅，因此大部分

的錢都是他們捐的；後來建設象岡道場時，大部分的經費也是魏煜展夫婦捐的，如此一來，我們在北美的道場才日具規模。

現在象岡道場可以容納一百多人同時打禪七，如果是辦活動，還可以容納兩百人，所以這一次活動，就是在象岡道場舉辦，參加的人數是一百多人，剛好可以住得下。以上是我們在北美發展的過程。

以支持北美道場為當前任務

目前每年象岡道場需要的經費，因為無法自給自足，必須從護法會捐助，所以本來要捐到台灣的募款，大致上都改為支持象岡道場，因此象岡道場的財產，是屬於法鼓山佛教會的。請諸位菩薩能夠在這個階段用心支持它，將來我希望象岡道場能夠自給自足。本來我還在象岡道場的時候，是沒有問題的，可以讓它自給自足，後來我害病了，在回到台灣兩年多的這個階段，象岡道場收入不多，本身不夠負擔，才需要支持。

另外，東初禪寺的經費維持還好，因為每個星期天會舉辦法會，平常有藥師法會、觀音法會等，春秋兩季及過年也能夠有收入，所以大概可以維持。而錢從哪裡來？也都是諸位護法菩薩參加活動的捐款。所以我要感恩諸位護法體系的菩薩們，也要請大家繼續來支持。

海內外同步支援推動三大教育

我們在台灣所推廣、發展的有三個體系，也就是三大教育：大學院教育、大普化教育、大關懷教育。其中，大學院教育，包括法鼓佛教學院、中華佛學研究所，以及將來的法鼓大學，都很需要經費。我們台灣也有一個勸募的護法體系，但是如果募款金額不夠的時候，在海外的護法體系也要支援、配合，有多少力量就支援多少。

另外，我們在台灣有10個基金會，包括法鼓大學、中華佛學研究所、法鼓佛教

東西方弟子和信眾一起觀看聖嚴師父的錄影開示。

學院、法鼓山慈善基金會、法鼓人文社會基金會、聖嚴教育基金會、大愛基金會、法鼓山文教基金會、法鼓山佛教基金會、中華佛教文化館等10個基金會；如果包括我們在美東的三個團體：東初禪寺、法鼓山佛教會，以及象岡道場，加起來一共有13個基金會。這13個基金會在推動什麼？推動大學院教育、大普化教育，以及大關懷教育。

譬如說我們最近到中國大陸四川救災，從5月15日開始一直到7月初，在這一、二個月的時間，總共派出了八個救援團，一個星期換一團，否則的話，救災的人員太辛苦、太累了；另外，緬甸發生風災，我們也去救災。救災是我們的一個關懷項目。

我們也推動社會的關懷，包括從前年（2006年）開始推廣的防治自殺運動。台灣去年（2007年）比起前年來，因為自殺死亡的人數，少了四百六十多人，今年我們還要持續地做。因為自殺的風潮及風氣，在全世界各地都滿嚴重的，因此這可以說是我們滿需要推動的工作；另外也正在推展一個新的運動──「心六倫」運動，這是延續「心五四」運動而推動的，包括家庭倫理、生活倫理、校園倫理、自然倫理、職場倫理，以及族群倫理，一共六個面向。為什麼叫作「心六倫」？就是從「心」開始推動倫理教育。然而，我們還在繼續地向各方面推廣「心五四」。這是大普化教育，也可以說是大關懷教育，都是由人文社會基金會來負責推廣。

另外，聖嚴教育基金會成立至今不到三年，發送出去的結緣書已經有三百多萬冊，這不簡單。過去是由佛教基金會負責，法鼓文化協助出版，後來在運作上，改由聖基會負責。此外，聖基會還支持哥倫比亞大學的「聖嚴漢傳佛學講座教授」，由該校宗教學系教授于君方擔任指導教授，今年就招收到九個博士生來專門研究中國漢傳佛教。聖嚴教育基金會也舉辦了兩屆「聖嚴思想與現代社會」國際學術會議，因為「聖嚴思想」很廣，到底跟現代社會有著什麼樣的結合？每次大概有幾十篇文章探討這個問題，而且不完全是台灣的學者參加，也有許多國際上的學者共同參與。

中華佛學研究所由果鏡法師主導、主持，推出漢傳佛教的研究專案，由全世界的漢傳佛教研究者提出研究方案，然後我們補助研究經費。其他的基金會方面，例如文基會是支持一般的文化活動；佛基會支持興辦大學，以及寺院的建築、維修。

我們在台灣有幾個新的道場正在建設當中，分別是三峽天南寺、台中寶雲寺，以及台南佳里雲集寺，請諸位能夠響應，同步往前走。我知道，東初禪寺要籌建新的道場，正在募款中，同時，我們也正在向聯合國登記申請設立一個非政府組織（NGO）、非營利事業的團體，由常濟法師來規畫、接洽這個案子。

美國看起來，真是責任重大。要建一個道場，在籌款上很不容易，像是今年5月的籌款義賣，實際上並沒有募到許多錢，距離目標還很遠，但是我相信，我有信心，像我這樣子的一個人，赤手空拳到達美國，最初是在街頭流浪、露宿街頭，三十年以後，我們今天在美國有了兩個道場，這並不簡單。我相信沒有錢還是可以做事，只要發願去做，就一定做得出來。

法鼓山法脈已向外廣傳

另外，大家可能忽略了，以為法鼓山好像只在美國和台灣兩地，其實，我在外國的弟子，還包括英國、克羅埃西亞、波蘭、瑞士，以及墨西哥等地，他們自己就有禪堂，而這都是屬於法鼓山體系下的，請不要忘掉他們。最近英國禪堂的老師，一共有六、七個人到法鼓山來朝山，來拜訪師父；7月份，俞永峰博士也曾帶我們美國的佛法教師（Dharma teacher）到法鼓山來看看本道場。請諸位也不要忘掉他們，因為他們也是我們東初禪寺的中心分子。無論是美洲、歐洲，以及中、南美洲，都有我們的弟子在那邊；還有，不是我剃度的出家弟子，像馬來西亞的繼程法師、新加坡的果峻法師，他們會在他們的國家弘法，也會到其他的國家去弘法，因此，法鼓山的法脈已經外傳了。

雖然我在台灣很少出現，可是法鼓山園區的禪堂還是經營得很好。因此，我希望、我也相信，北美的禪修道場還是會非常蓬勃地發展起來。我們團體要年輕化、要國際化、要有西方人參與，不能僅僅是華人。我們是護持者、我們是修行者，希望我們也能夠做為推廣者。

這一次的會議是研討會，名稱叫作「法鼓山北美發展研討會」，一共有三個單位來共同負責：東初禪寺、象岡道場，以及法鼓山佛教會。最中心、最主要的是東初禪寺，因為東初禪寺是我們在北美最早成立的一個據點。我在這裡祝福研討會圓滿成功，也祝福北美護法會的年會成功圓滿，阿彌陀佛！

北美發展研討會東西方與會信眾合影。

特別報導

北美發展研討會開創新機
為中華禪法鼓宗確立西方發展方向

「法鼓山未來的國際發展，必須在東西方弟子雙軌並行、相輔相成的努力下，才能將法鼓山理念與中華禪法鼓宗禪法傳到西方社會。」僧團都監果廣法師在2008年8月的北美發展研討會閉幕典禮上，勉勵110位來自美國各州及加拿大等地的東西方與會信眾，同心協力開創法鼓山國際化的未來。

由於有東西方弟子攜手努力的共識，這場堪稱法鼓山首次東西方信眾共聚一堂的發展研討會，特別之處就在於擴大參與成員。過去北美年會的成員都僅以護法會悅眾為主，2008年為朝國際化發展，除當地悅眾，還有法鼓山佛教會等三個法鼓山在美國重要弘法單位的董事、十多位西方眾的佛法師資，以及包括僧團都監和美國紐約東初禪寺前後任住持等共10位僧團法師也都代表與會。參與成員的擴增，其意義不僅只是人數和場面的壯大，主要在討論的層面和內容因此得以更為寬廣和深入，也有效提昇了研討會的成果。

例如在以「同心同願、承先啟後」為主題的研討會中，包括果廣法師主講的「法鼓山理念的核心價值」，讓遠在海外的信眾有機會再次接受法鼓山基本理念的洗禮，使他們國際化的腳步能持續堅守在法鼓山理念的根本範圍內，更穩健而踏實；還有由果幸法師代為宣讀哥倫比亞大學宗教學系教授于君方的〈聖嚴師父與人間佛教在美國所扮演的角色〉一文，讓與會者透過學者的研究分析，更廣泛而深度地理解聖嚴師父弘揚的漢傳佛教，和中華禪法鼓宗在美國的發展，以及未來可以在美國，乃至全球能夠持續發揮的功能。

另外，邀請全球女性和平促進會創辦人迪娜‧梅瑞恩主講「北美宗教現況及佛教的角色」，則讓大家經由國際人士的觀點去了解各種宗教，尤其是佛教在北美的發展動態，藉以做為研擬法鼓山漢傳佛教在該地區未來推廣弘化的重要參考。

同時，研討會本身以開放討論的形式進行也是一大特色，讓全場來自不同地區和背景的成員暢所欲言，相互激盪，也因此針對未來法鼓山在北美發展的努力重點，集思廣益歸整出五大具體目標，包括確立北美發展策略、強化美國弘化師資、強化美國護法會各會團之支援與發展、積極召募培訓建構人才庫，以及重新建立新標誌以提昇法鼓山在北美的能見度等。

這五大方向由東西方信眾共同確立，可說是本次會議擴大參與、深度研討的實質成果，為法鼓山中華禪法鼓宗開創於西方發展的新機。

● 08.28　08.30～09.01

多倫多分會舉行灑淨暨禪三
由果醒法師、常聞法師帶領

　　加拿大護法會多倫多分會於8月28日舉行共修處喬遷灑淨，由美國紐約象岡道場住持果醒法師及常聞法師主持。新灑淨的多倫多分會共修處新增設了圖書室，讓日後前往共修的信眾有更多接觸佛法書籍的機會。

　　在灑淨之後，多倫多分會於8月30日至9月1日，於艾維諾山（Mount Alverno）舉辦一年一度的禪三，仍由果醒法師及常聞法師帶領，共有26位學員參加。禪三期間，果醒法師以「與自己的約會」為楔子，引導學員透過自我接受、自我認同，展現自我本來面目，一步步進入禪修的世界。法師並說明，禪修即是「心的鍛鍊」，需要藉由不斷地練習，培養內觀與自我覺察，更要將此能力運用在日常生活中，才能一步步找回自己。

果醒法師、常聞法師前往多倫多帶領禪三，與學員們合影。

　　禪三圓滿後，兩位法師並帶領當地悅眾，接續展開監香和法器練習。

● 08.30～31

馬來西亞護法會舉辦義工營
邀請知名作家分享義工經驗

　　為感恩悅眾及義工的付出，馬來西亞護法會與法青會於8月30至31日在彭亨州文冬市武吉丁宜，合辦「遊心生活」義工營，邀請當地知名作家林艾霖擔任營隊導師，有近六十人參加。

　　義工營的課程內容，包括營隊導師經驗分享、電影欣賞與導讀、茶藝分享、戶外禪體驗等。林艾霖老師擁有多年的講課經驗，除了帶領學員進行電影欣賞與導讀，也與學員分享從事義工的心得、意義及態度。他鼓勵學員以六和敬精神與別人相處，認真做事，謹守正直和謙虛的態度。茶藝分享與戶外禪體驗等

活動，由資深悅眾帶領，引導學員練習保持身心的平穩與安定。

馬來西亞護法會希望藉由「遊心生活」義工營的舉辦，感恩義工學員的奉獻，也讓學員對未來擔任義工工作更有信心。

「遊心生活營」進行團康活動。

● 09.07～08

立正大學參學交流團來訪
拜會聖嚴師父並與佛教學院締約

日本立正大學海外參學交流團一行47人，在聖嚴師父留日好友三友健容教授的帶領下，於9月7至8日赴北投農禪寺及法鼓山園區進行「地域佛教」研究及參訪，並於拜會師父與方丈和尚果東法師時，進行法鼓佛教學院與日本立正大學兩校締結姊妹校的換約儀式，象徵兩校繼續保持友好情誼與學術交流關係。

立正大學交流團成員中，除五位教授外，其餘皆為該校大學部佛教學科和宗教學科的學生和研究生。該團於7日至農禪寺拜會聖嚴師父和方丈和尚，並進行法鼓佛教學院與日本立正大學兩校締結姊妹校的換約；8日至法鼓山園區參訪，由佛教學院副校長杜正民、佛學系系主任果暉法師帶領參觀開山紀念館、圖書資訊館等，了解法鼓山的緣起、發展過程和軟硬體建設與資源。

隨後並於園區第三大樓階梯教室進行交流，分別由佛教學院教授藍吉富介紹台灣的佛教，以及由三友健容教授介紹日本佛教，圓滿這場參學交流活動。

聖嚴師父與三友健容教授進行締結姊妹校的換約儀式。

● 09.12

新加坡護法會舉辦感恩晚宴
歡慶12週年並籌募道場建設基金

果器法師與新加坡信眾合影。

新加坡護法會於9月12日在萊佛士城市俱樂部（Raffles Town Club）以「千人千緣法鼓願——建設心靈環保的家」為主題，舉辦「大悲心起感恩晚宴」；同時慶祝成立12週年暨籌募永久道場建設基金，護法總會輔導師果器法師、護法總會副總會長周文進、馬來西亞護法會召集人林忠鴻等出席關懷，共約五百多人參加。

新加坡護法會自1996年創立起，即透過教育及關懷社會工作，積極推展法鼓山的心靈環保與漢傳禪佛教。除了例行的禪修、念佛、讀書會等，還舉辦包括1999年4月與2004年4月由聖嚴師父帶領的兩次弘法大會暨皈依大典。

至2008年為止，新加坡護法會共經歷六次搬遷，從早期的阿卡第亞花園（Arcadia Garden）、巴耳摩羅爾廣場（Balmoral Plaza）、珠光大廈、阿波羅中心、南安會館到德克斯頓路（Duxton Road）會所。而隨著信眾日多，活動規模及場次的擴增，為了讓法務的推動更加順利，護法會悅眾們在歡慶12週年慶之際，也迫切希望有一個永久的道場，這也是「大悲心起感恩晚宴」舉辦的緣起。

晚宴中的節目，包括護法會青年組獻唱佛曲，以及藝佳箏院四位古箏老師的現場演奏等；而記錄聖嚴師父行腳的影片《芒鞋踏痕》播放時，更讓現場信眾深刻感受師父的悲願。

果器法師在會中開示，闡述「大悲心起」的意義，勉勵大家開啟心中的寶山，學習如何去成就智慧、成就慈悲心，共同為我們的社會、世界，帶來更多和諧、平安、快樂與健康。

新加坡護法會並準備了「〈大悲咒〉手卷」、「聖嚴法師108自在語」及會所的弘法刊物，與大眾結緣。

● 09.13

東初禪寺舉辦中秋晚會
果醒法師帶領月光禪

　　美國紐約東初禪寺舉辦「禪心嬋月」中秋晚會，紐約市佛恩寺住持淨義法師、普照寺智隆法師等應邀參加，另有近一百五十位東西方信眾參與。

　　東初禪寺在觀音殿布置祈願水燈供信眾禮拜祈願，還安排有戶外的園遊攤位。晚會節目首先由主持人以中英文介紹與月亮有關的古老傳說，包括后羿射月、嫦娥奔月、玉兔搗藥等，勾起旅居海外信眾的思古情懷，溫暖了現場氣氛。

　　東初禪寺住持果禪法師也提到，佛教經典中常藉有形的月亮來比喻佛教的修行，眾生的本性如月飽滿皎潔、本性清淨，勉勵大家在日常生活中經常保持愉悅的心情，如此必能使心性更加清明。

　　在擊法鼓、東初合唱團演唱、太極拳表演等一連串節目之後，象岡道場住持果醒法師帶領信眾體會月光禪，並穿插有獎問答活動。果醒法師藉龍樹菩薩因觀想月亮而證入月輪三昧空性的故事，分享兩種觀想的方法，一是先眼觀月亮，將影像植入大腦後再取出，此時觀想的月亮須與真正的月亮如出一轍；另一種是猶如在等公車，眼前來去穿梭的公車就像各種妄念，無須理會，直到想等的那班公車（月亮）來為止。他還以肉做的手掌與黃金做的手掌比喻，說明妄想即妄即真，把妄想當真即是妄想，知妄想是妄想，此妄想即是真的道理，所以解脫者猶如「菩薩清涼月，常遊畢竟空」，無著無相。

東初禪寺舉辦中秋晚會，近一百五十位東西方信眾參加。

● 09.14　09.21

東初禪寺舉辦週日講座
西方弟子分享中國大陸朝聖見聞

　　美國紐約東初禪寺於9月14、21日舉辦的「週日講座」中，邀請聖嚴師父的西方弟子大衛‧史烈梅克（David Slaymaker）及李世娟（Rebecca Li）共同主

講，分享「中國佛教朝聖之旅」，約有四十多人參加。

　　這兩場講座是以分享5月22日至6月8日法鼓山西方信眾巡禮團的見聞經歷為主，該巡禮團由聖嚴師父的西方弟子，同時也是師父的法子約翰・克魯克（John Crook）博士及賽門・查爾得（Simon Child）博士共同策畫，全團共14人，大多是英國禪學會（Western Chan Fellowship）的師資，且多數從未遊訪過中國大陸，原先對佛教寺廟的印象及認知僅限於書本上的概念，因此這趟旅程為團員們帶來許多歷史文化上的震撼與感動。

　　5月22日首站參訪北京的雍和宮，此為北京市內規模最大、保存最好的寺廟，初見這座古樸的寺廟建築、豐富的人文歷史，讓許多第一次親見佛寺的團員十分感動。第二站為法源寺，是北京城內現存歷史最悠久的古剎，也是文化大革命後中國政府開放的首家佛寺，現為中國佛學院及佛教圖畫文物館之所在，以培養僧才為要。李世娟表示，法源寺非常尊崇聖嚴師父，並以師父的著作《戒律學綱要》及《印度佛教史》做為上課教材。

　　離開北京後，巡禮團陸續參訪大同雲岡石窟、五台山的顯通寺和普壽寺、南京棲霞寺、揚州高旻寺、鎮江金山寺、常州天寧寺、上海玉佛寺、寧波天童寺等，以及唯一非佛教勝地的懸空寺，並特別繞訪了聖嚴師父恩師東初老人擔任過住持的焦山寺。

　　其中，揚州高旻寺是聖嚴師父極力推薦參訪的道場，該寺以嚴謹的禪修而譽滿海內外，因此廣獲海外企業及善心人士捐助護持。該寺前任住持德林長老，曾師學來果禪師及虛雲老和尚。德林長老於開示時，殷切叮嚀團員們要將禪修落實在日常生活中，時時活在當下，以五戒十善守護身口意。

李世娟（右）及大衛・史烈梅克分享「中國佛教朝聖之旅」。

離開中國大陸之後，全團於6月6日轉至法鼓山園區拜會聖嚴師父，多數團員雖以師父教導的方法修行多年，卻是第一次親向師父請益，也因此對法鼓山心靈環保理念有進一步的理解和體會，皆認為是此行最大的收穫。

● 09.17～19

美國高中生參訪東初禪寺

法師帶領體驗禪修

9月17至19日，美國渥亞格斯預
備高中（Voyages Preparatory High
School）三個班共48位學生，分三
梯前往紐約東初禪寺參訪，並由
僧團常濟法師等帶領體驗禪修。

參訪過程中，常濟法師、常御
法師和常聞法師三位法師，特別
為第一次接觸佛法的學生們介紹
佛教、禪的修行及佛陀的事蹟和
行誼，並指導觀呼吸、靜坐和法
鼓八式動禪。

法師們為來訪學生介紹佛教和禪法。

活動中，學生們對於寺院作息、法師們的出家因緣、如何打坐等問題極感興
趣，紛紛提問。參訪結束前，東初禪寺住持果禪法師代表法鼓山，贈送每位學
生一份祝福紀念品，學校老師也贈送東初禪寺一張全體學生簽名的感恩卡，並
表示希望未來有機會再至東初禪寺學習。

● 09.28

東初禪寺舉辦佛學講座

邀請聖嚴師父的西方弟子賴特主講「三法印」

美國紐約東初禪寺舉辦週日講座，邀請跟隨聖嚴師父習禪16年的比爾・賴特
（Bill Wright）主講「三法印」，共有20人參加。

出身物理科學世家，卻選擇律師為職業的比爾・賴特，退休後一直擔任東初
禪寺的法律顧問，並自2003年起在東初禪寺擔任佛學講師。

講座中，賴特說明三法印指的是諸行無常、諸法無我、涅槃寂靜。他引述
聖嚴師父在一次禪七中的開示提到，凡相信三法印者即是真正的佛教徒，可見
三法印的重要性。他指出，對許多佛教徒來說，諸行無常是很容易理解的，因
為包括物質世界的萬象萬物和我們精神上的思緒念頭，都是時刻在變化生滅，
即是無常的體現；而諸法無我則是一般人較無法理解，但卻是三法印的核心所
在。一般人執著我的存在，從自己擁有的身體、覺受、家人、財產等立場看，

好像的確有我，但佛教所說的無我是指找不到一個恆常不變的我。

賴特指出，如果不了解無常及無我的道理，就會感受苦的事實，而苦的源頭來自愚癡；一旦了解無常與無我的實相，就能得涅槃寂靜的自在解脫。佛法教導我

比爾·賴特於東初禪寺講授「三法印」。

們斷除煩惱的根本，在於去除貪、瞋、癡三毒。雖然眾生受累劫業力影響，很難馬上做到消三毒、斷苦因，但只要將六波羅蜜（布施、持戒、忍辱、精進、禪定、智慧）運用於日常生活中，從小處著手，日積月累自能使煩惱、執著減少一些，清淨、自在多一些。

● 10.05～11.23期間

東初禪寺舉辦《法華經》講座
果傳法師主講《絕妙說法》

10月5日至11月23日，美國紐約東初禪寺每週日舉辦佛學講座，由僧團果傳法師主講《法華經》，有近八十人參加。

果傳法師根據聖嚴師父的著作《絕妙說法——法華經講要》，以及歷代祖師大德研究此經的典籍，規畫出這次系列講座的主軸。八堂課的內容包括：《法華經》概說、經題、譯者、組織等介紹，另有〈常不輕菩薩品〉單獨解說、各品簡介與法華七喻等單元。

果傳法師講經時指出，佛典浩瀚，不過一般人都認為「開悟在楞嚴，成佛在法華」，又說「不入法華，不知佛恩浩瀚」，顯見《法華經》在大乘佛教的地位，以及對學佛修行的重要性。

課程中，果傳法師以一系列中、英文講義為輔，配合投影片播放，詳解《法華經》精要，為大家勾勒出聞法地圖。

果傳法師為信眾解說《法華經》的精要，由西方信眾羅伯·威克（Robert Weick）擔任現場翻譯。

● 10.06～09

美國長島大學於園區辦禪修營
練習在生活中應用禪法

　　10月6至9日，法鼓山為美國長島大學（Long Island University）環球學院比較宗教與文化計畫課程師生一行九人，於法鼓山園區舉辦禪修體驗營，由禪修中心副都監果元法師、法鼓山僧伽大學總務長果乘法師等帶領，全程皆以英語進行教學，方丈和尚果東法師並特別接見關懷。

　　這場四天三夜的禪修體驗營，是長島大學環球學院比較宗教與文化計畫課程（Comparative Religion and Culture Program, Global College of Long Island University）的課程之一，所有學生須完成這個體驗營後方可獲得學分。課程主要包括由果乘法師指導法鼓八式動禪、走路禪、吃飯禪，果元法師指導禪修入門方法等，讓學員如實體驗禪修，並練習如何借助禪法在日常生活中面對困難和挑戰。

　　另外，並安排由僧團果祥法師主持佛學講座、常華法師帶領「傾聽的藝術」課程，法青帶領以心靈環保為主軸的「四種環保」工作坊，以及園區導覽、梵唄練習等。

　　課程中，以禪修課程最讓學員們印象深刻，多數學員表示藉此課程學習了認識自我及處理煩惱的方法，而密集的梵唄唱誦課程也讓許多學員受益良多。

長島大學師生至法鼓山園區接受禪法洗禮。

● 10.06～07

香港護法會舉辦佛一暨皈依法會
由僧團果旭、果靖兩位法師帶領

　　10月6至7日，香港護法會於寶覺中學禮堂舉辦「心六倫」講座及「佛一暨皈依法會」，由前往關懷的僧團果旭法師、果靖法師帶領，共約有兩百二十多人參加，其中有26人皈依三寶。

　　6日舉辦「心六倫」講座，首先觀看聖嚴師父開示講解「心六倫」的影片，接著由果旭法師和果靖法師帶領大家討論「心六倫」的理念和實踐方法。法師

香港護法會舉辦「佛一暨皈依法會」，由果旭法師擔任監香。

們期勉每個人守分盡責，不貪求、不揮霍；在自求多福的同時，更要懂得尊重他人、關心環境，如此社會與人心就能淨化，人人共享平安、快樂和健康。

7日則進行「佛一暨皈依法會」，由果旭法師擔任監香、果靖法師擔任維那，帶領信眾們唱誦〈讚佛偈〉、繞佛、念佛、拜佛、拜懺、大迴向等。法會結束前，果旭法師並開示大眾勤加修行，確實完成每天的功課，如拜佛、念佛。

● 10.10～14期間

果禪法師至西雅圖分會關懷
鼓勵信眾開發自身潛能

美國紐約東初禪寺住持果禪法師於10月10至14日期間，前往美國護法會華盛頓州西雅圖分會進行關懷，內容包括帶領念佛法會，參與禪坐共修及發展方向座談會等。

11日上午，果禪法師帶領當地信眾念佛共修；下午進行念佛法器執掌與梵唄課程，親自指導法器組成員練習。12日，法師則參與分會舉辦的禪坐共修，以及西雅圖分會發展方向座談會。

果禪法師此行，不斷期勉大家開發自身潛能，勇於嘗試新事物，不要安於慣性、習氣之中，而是多參與各項共修活動，不要因為不喜歡拜懺或禪坐就不願意去嘗試。

果禪法師表示，人往往遇到困難就迴避，因而喪失看清楚問題的機會，我們應有探究「為何自己不喜歡」的動力。許多未曾接觸過法器的信眾，經過法師引導，漸漸熟悉法器的使用，感受自己因勇於嘗試而獲致的新體驗。

果禪法師與西雅圖信眾進行座談會。

● 10.12

泰國皇室禮贈佛像予法鼓山
於園區大殿舉行贈送儀式

泰國皇室禮贈法鼓山一
尊釋迦牟尼佛古佛像,10
月12日於園區大殿進行贈
送儀式,由方丈和尚果東
法師、副住持果暉法師與
泰國高僧代表法剌加拉雅
(Phratham Varajaraya)、
瓦祈拉揚(Phraprom
Wachirayan)共同揭開佛
幔,約有一千多位信眾到
場觀禮。

方丈和尚(右二)、果暉法師(右一)與泰國高僧法剌加拉雅(左二)、瓦祈拉揚(左一)共同主持贈送儀式。

為慶賀泰皇拉瑪九世蒲美蓬80歲壽誕,泰國民間特別用精銅打造19尊泰國古代釋迦牟尼佛像獻給泰皇,每座金身佛像含座高126公分、寬70公分、厚45公分、重57公斤。泰皇分別轉贈給日本、斯里蘭卡、印度、美國、加拿大等19個國家,台灣方面由法鼓山獲贈。

聖嚴師父蒞臨典禮致辭表示,自己曾由泰國僧王親授泰國國立朱拉隆功佛教大學(Mahachulalongkornrajavidyalaya University)榮譽博士,感恩這次再受到泰皇重視而贈送佛像;並向全程護送佛像與舍利的泰國僧侶與信眾,表達至誠謝意。師父指出,佛教雖然有派別,但根源都來自於釋迦牟尼佛,目標也同樣是要促進世界和平。

典禮中分別進行由泰僧主法的泰式祈福法會,以及法鼓山主持的漢傳法會,過程莊嚴隆重。

● 10.12

馬來西亞護法會舉辦「心靈思源日」
信眾分享聖嚴師父的身教啟迪

馬來西亞護法會於10月12日舉辦「心靈思源日」活動,邀請法鼓佛教學院兼任助理教授陳美華演講,以及聖嚴師父的法子繼程法師分享追隨師父多年的心得,共有近兩百人參加聆聽。

當天早上，首先安排禪坐、法鼓八式動禪共修，帶領大家練習專注當下、清楚放鬆。下午則由陳美華老師以「從心靈環保到心六倫」為題，分享她對於聖嚴師父思想的體悟。她強調，應將「心靈環保」與自己的生命相結合，既感化自己又感動別人，才能彰顯其價值。

繼程法師分享自己隨聖嚴師父學習禪修的因緣。

現場聽眾也逐一分享個人如何從聖嚴師父的言行中獲得啟發，有人表示自己曾在禪修上遭遇困境，一直想逃避，後來經師父「四它」法語的啟迪，有了實踐的理念和方法，才覺得踏實。

晚上的演講，則由繼程法師向大家細述與聖嚴師父的因緣。法師提到，他在禪修上受到師父很大的啟發，在馬來西亞指導禪修時，便是依循著師父的教學方法領眾。當天的「心靈思源日」活動，就在法師的分享中圓滿。

● 10.14～16

新加坡護法會舉辦講座
陳美華老師主講聖嚴師父行誼

陳美華老師為新加坡信眾講述聖嚴師父的思想行誼。

為了讓更多信眾認識心靈環保理念，以及深入了解聖嚴師父的思想精髓，新加坡護法會於10月14至16日晚上共舉辦三場「聖嚴法師思想行誼講座」，由法鼓佛教學院兼任助理教授陳美華主講，三天共有近兩百五十人次出席聆聽。

陳美華老師亦為法鼓文化出版的《聖嚴法師思想行誼》一書七位作者之一，她在第一場主題為「法鼓山人間淨土」的講座中，首先整體性地介紹人生佛教和人間佛教的意義，並進而闡述聖嚴師父的人間淨土思想之發展，以及法鼓山如何逐步落實人間淨土理念的過程，系統化地引導信眾循序漸進了解師父的思想行誼。

第二場的主題為「從心靈環保到心六倫的思想源流」，陳美華老師除了讓信眾觀看聖嚴師父針對「心六倫」的開示影片，也鼓勵在場信眾分享自己於現實中扮演各種不同角色的倫理經驗，以及面對困難時的心境調整。她提醒大家，無論在六倫中扮演哪種角色，都要堅持守分、盡責、奉獻，這才是倫理的價值。第三場的主題為「如何將佛法運用在企業商界漩渦流裡不迷失」，講座中也透過影片與信眾分享師父和台灣企業家對談的內容，包括「企業要如何在勞資抗衡中既採寬容態度，又可以求生存？如何在產業界和職場上運用佛法和慈悲？勞資雙方如何取得平衡點？」等各項議題。

最後進行分組討論，讓信眾彼此分享扮演各種角色的甘苦。

● 10.16

香巴拉集團總裁拜會聖嚴師父
盼與法鼓佛教學院合作

國際著名佛教集團香巴拉（Shambhala）總裁理查・雷奧克（Richard Reoch），於10月16日至北投雲來寺拜會聖嚴師父，並與方丈和尚果東法師、法鼓佛教學院校長惠敏法師進行交流。

雷奧克總裁於拜訪聖嚴師父時，轉呈香巴拉總導師薩姜・米龐仁波切（Sakyong Mipham）致師父的問候信。席間，並提及香巴拉計畫推動培養「慈悲的領導者」活動，期望與法鼓山合作，而香巴拉所創立的那洛巴大學（Naropa University）也希望與法鼓佛教學院進行學術交流。

香巴拉佛教集團，是由薩姜・米龐仁波切的父親邱陽・創巴仁波切（Chǒgyam Trumgpa）所創立，自1990年由米龐仁波切接手帶領後，香巴拉逐漸成為西方世界中最大的佛教組織之一。

香巴拉總裁雷奧克至雲來寺拜會聖嚴師父。

● 10.21

聖嚴師父第一本英文傳記在美出版
威普納八年訪談寫成《雪中足跡》

聖嚴師父的第一本英文傳記
《雪中足跡》於10月出版。

聖嚴師父的第一本英文傳記《雪中足跡》（*Footprints in the Snow：The Autobiography of a Chinese Buddhist Monk*），10月21日在美國由雙日出版社（Doubleday）出版，該書作者為肯尼士‧威普納（Kenneth Wapner）。美國知名佛教季刊《三輪》（*Tricycle*）和《佛法》（*Buddhadharma*）隨即刊登相關報導。

聖嚴師父在歐美地區傳法二十多年，出版了十多本英文著作，但多以禪修開示為主，介紹自己生平的文字並不多。

這本傳記的出版緣起於2000年，當時剛接觸中國禪宗的文字工作者威普納，前往拜訪美國紐約東初禪寺，在閱讀了聖嚴師父的著作後，決定著手撰寫師父的傳記。在獲得師父同意後，威普納與師父的英文翻譯李世娟（Rebecca Li）開始合作採訪師父，歷經八年的訪談才完成此書。

在《雪中足跡》中，威普納以訪談方式，記錄了許多聖嚴師父生命中的細微故事，例如師父小時候不懂農務，最擅長的工作便是拾糞；第一次到上海看見高樓大廈，以為裡頭都住著神仙；1970年代受邀到加拿大講學，卻因語言不通而受挫失敗等。

《禪》雜誌總編輯大衛‧波曼（David Berman）表示，這本傳記裡的故事他幾乎已熟悉，但這些片段組合起來卻又像新的故事一般。此書的出版，將使得更多西方人士可藉由聖嚴師父的生命故事，而認識漢傳佛教僧侶及禪法。

● 10.25

芝加哥分會道場五週年慶
舉辦募款拍賣賑濟大陸川震

美國護法會伊利諾州芝加哥分會於10月25日舉辦道場成立五週年慶祝會，活動以「內心平靜，世界祥和」為主題，內容包括由加拿大溫哥華道場監院果樞法師帶領大悲懺法會，以及「無聲拍賣會」、音樂會、茶會等，分會並將當天的半數所得捐助中國大陸四川地震賑災，有近一百人參加。

這項週年慶祝會，首先舉辦大悲懺法會，讓信眾有精進共修的機會；接著舉行「無聲拍賣會」，拍賣由信眾所提供的商品、佛教文物、禮券等。

隨後安排豐富節目，包括太極拳、扯鈴表演，音樂會方面有西北郊中文學校少年組二胡演奏、指導老師獨奏，還有養生音樂表演、成人合唱團表演，以及豎笛、鋼琴和小提琴等演奏，內容精彩。

活動最後，進行茶會。這次週年慶募款拍賣活動，同時邀請當地華商參與，並獲得熱烈響應。

芝加哥分會舉辦週年慶音樂會。

● 11.01

溫哥華道場資助地區醫院
發揚「取之十方，用於十方」精神

為協助加拿大溫哥華的列治文醫院（Richmond Hospital）添購一部磁力共振掃描儀，加拿大溫哥華道場監院果樞法師，以及多位慈善小組悅眾等人至該醫院，代表法鼓山捐款加幣一萬元。

針對這項捐款，果樞法師曾於10月3日與九位信眾受邀前往列治文醫院參訪，實地了解該醫院包括加護病房、輸血區、零至五歲小兒心理治療中心、早產嬰兒室及生理性睡眠失調中心等設備與運作情況，並肯定磁力共振掃描儀的添購，將可使該醫院造福更多居民。

在捐款儀式後，果樞法師接受錄影訪問。訪問中除提到法鼓山提倡的心靈環保，他並表示，法鼓山僧俗四眾秉承聖嚴師父教導「取之十方，用於十方」的精神，由溫哥華道場藉此拋磚引玉，以回饋社會大眾，也呼籲大家共襄盛舉，為當地居民的健康盡一分心力。該錄影訪問安排於11月22日列治文醫院進行電視、收音機募款時播出。

果樞法師（中）代表法鼓山捐助列治文醫院。

● 11.06

聖嚴師父接受美國新聞媒體專訪
為西方人介紹禪修理念與實務

11月6日，聖嚴師父透過視訊接受美國「全國宗教新聞服務網」（National Religion News Service）的越洋專訪，訪問內容將做為該媒體推薦師父英文自傳《雪中足跡》（*Footprints in the Snow:The Autobiography of a Chinese Buddhist Monk*）一書的相關報導題材。

這項專訪由該媒體記者丹尼爾・柏克（Daniel Burke）先擬定題目，再由聖嚴師父在美國的隨行翻譯李世娟（Rebecca Li）代為以視訊方式進行訪問。專訪的內容，主要包括禪修理念與實務、面對困境時的力量來源等。

首先，聖嚴師父針對《雪中足跡》一書中所提及「禪的修行與信仰是分開的」，加以說明。師父指出，禪修主要是把心安住在某一種方法上，這個方法不一定是祈禱，也不一定來自信仰的信心，所以兩者是可以分開的。

對於一生經歷重重困難和險阻，卻總是能夠逢凶化吉、化險為夷，聖嚴師父認為這是緣於自己對修行方法的堅定信心，幫助他走過這些坎坷和波折。同時師父相信，只要隨時有佛菩薩和眾生相伴，凡事就不用擔心。

聖嚴師父也認為，修行能否進步，和有無佛學做理論基礎，並無直接關係。但如果是為了推廣佛法，或者把禪法介紹、分享給人，佛學理論還是需要的。

書中也提到，禪修可為西方人帶來好處，聖嚴師父對此說明，如果西方人不接受禪的觀念和方法，會是一項損失。因為禪不是一種知識，不是一種學問，而是一種悟性，是從自己內心透露出來的一種智慧光明；而禪修就像是一種生活的技巧、一種生活的本領，我們學了以後，對自己將是一種方便和利益。

● 11.08～16

方丈和尚前往美國弘法、推廣心六倫
勉勵大眾用佛法安心

11月8至16日，方丈和尚果東法師赴美國展開關懷弘法行，至美國東部及西部，包括舊金山、紐約、新澤西州、康乃狄克州等地，進行以「心六倫」為主軸的演講、感恩祈福晚會、聯誼會等關懷活動，並轉達聖嚴師父對美國各地信眾的感恩之意。

方丈和尚首先於8日抵達舊金山灣區，在庫伯提諾社區活動中心（Cupertino Community Hall）主講「啟動心六倫──平安和樂生活」。方丈和尚以全球經

濟、氣候暖化、戰爭、種族、宗教等問題為例，說明「心六倫」的重要性，並鼓勵大家遇到困難時切勿給自己太多壓力，也不要過度悲觀，許多事情的成就需要因緣條件具足。他期許每個人都能懷抱希望，並善用佛法來幫助他人。

在舊金山分會「一起哈佛趣」活動中，方丈和尚果東法師與近六十位信眾分享生活上的點滴。

9日，方丈和尚在美國護法會舊金山分會的桑尼維爾（Sunnyvale）道場主持祈福皈依典禮及「一起哈佛趣」活動，紐約東初禪寺住持果禪法師、國際發展處監院常華法師也到場關懷。其中，「一起哈佛趣」活動邀請當地電台主持人傑倫（Jaron）主持，活動透過傳遞抱枕、「心六倫」問答、點燃「愛心」蠟燭等，讓近六十位與會者溫馨互動。

14至16日，方丈和尚轉至紐約、新澤西州、康乃狄克州等地關懷當地信眾。除為大家說明「心六倫」運動的內涵，也代表聖嚴師父和法鼓山，感恩當地信眾的護持。

首先由駐紐約台北經濟文化辦事處處長廖港民、前任處長夏立言，以及新任紐約華僑文教中心主任呂元榮等人，邀請法鼓山於14日在經文處舉辦一場感恩晚會。晚會內容包括播放《老鼓手》、《法鼓山四川賑災記實》、《心六倫》等影片，以及新州分會鼓隊的擊鼓表演。方丈和尚在晚會上說明，「心六倫」能在現代人忙碌、快速、多元的社會步調中，提供完整的倫理價值觀及正確的生活規範。

15日，方丈和尚上午先出席於當地法拉盛喜來登飯店舉辦的「感恩祈福發願聯誼會」，向在場五十多位榮董表達感恩，並帶領大家誦念〈大悲心祈願文〉，堅定每位榮董護持之心。晚上則參加紐約東初禪寺舉辦的英語禪眾「佛法聯誼會」，與近六十位來自不同國籍的禪眾共聚。

方丈和尚16日則出席東初禪寺舉辦的「續法脈‧敘法緣」茶會，在會中向大家說明，法鼓山2009年將以「心安平安」為年度主題，藉此勉勵大家在全球金融海嘯的動盪中，以佛法轉念，即能少煩少惱，內心自在清涼。

● 11.13

香港鳳凰衛視專訪聖嚴師父
深入剖析師父及法鼓山理念

「文化大觀園」主持人王魯湘（左二）及採訪小組與聖嚴師父合影。

香港鳳凰衛視「文化大觀園」節目採訪小組及節目主持人王魯湘，於11月11至12日兩天，前往法鼓山園區拍攝外景；接著於13日上午至北投雲來寺專訪聖嚴師父，訪問主題涵蓋師父童年、出家因緣，及法鼓山園區的境教理念和僧伽教育等。

首先，王魯湘就牆上掛著一幅聖嚴師父的親筆墨寶「夕照中」做訪問開場。他發現師父將日常的黃昏夕照觀照成莊嚴的法相世界，引導人們在夕照中看到光明與希望，使他深有感觸。

專訪以問答方式進行，王魯湘除了針對聖嚴師父的幼年、出家前後的經歷，及創建法鼓山的過程進行訪問，也以此次在園區拍攝外景時的感觸，與師父交流心得。例如王魯湘提及園區讓他印象最深刻的是大殿，入口處懸掛的「本來面目」匾額，加上空闊的大殿內除了三尊佛像，別無他物，很容易讓人產生對「本來面目」的追問和反思。

聖嚴師父回應，這就是禪宗的精神，禪宗要我們問：「本來面目是誰？」也就是自性、佛性是什麼？其實，山河大地自有本來面目，世法、出世法也都不離本來面目；如果智慧清明，隨處都可以觀照，生活就在本來面目中。

「金山環保生命園區」也是採訪小組特別留意之處，王魯湘認為死亡是傳統中國人最難參破的一關，生命園區用這種形式引導人把執念「放下」，讓身體歸回大地，這觀念令他們非常響往。聖嚴師父則表示，人死後就要放下肉身，放下一切。他的師父東初老人在圓寂前也寫好遺囑，聲明死後不立墳、不設碑、不建塔，遺體火化直接把骨灰撒入大海就好了。這也是法鼓山捐地開闢植葬公園的緣起。

香港鳳凰衛視「文化大觀園」節目，以探討中國傳統文化為主題，佛教歷史文化與現況發展也是其關注焦點之一。此段專訪預定於2009年1月後的節目中播出。

● 12.06

溫哥華合唱團關懷兒童之家
用歌聲帶給病童祝福和歡樂

繼加拿大溫哥華分會法青會於2006年12月發起義賣、洗車等活動，為溫哥華西區一家專門收容癌症末期病童的「隆納德‧麥當勞之家」（Ronald McDonald's House）募款之後，溫哥華道場合唱團也於12月6日耶誕假期前，至該兒童之家進行關懷，將歡樂及平安帶給小朋友們。

溫哥華道場合唱團前往麥當勞病童之家關懷。

戴著紅白耶誕帽的合唱團團員一行共10人，在簡單的自我介紹後，團員即以吉他輕快伴奏，從一曲〈法音滿行囊〉開始，接續演唱義大利民謠、台灣民謠、耶誕歌曲，為小朋友祝福，現場氣氛熱絡而溫馨。

活動之後，道場並捐贈加幣兩千元給兒童之家，以表關懷之意。

● 12.13～14

多倫多分會歡慶十週年
果醒法師分享安心之道

12月13至14日，加拿大護法會多倫多分會舉辦成立10週年慶祝活動，由美國紐約東初禪寺住持果醒法師前往帶領，活動包括大悲懺法會、皈依儀式、佛學講座、禪修等，約有一百多人參與。

13日的慶祝活動，首先由果醒法師帶領禪修

多倫多分會10週年慶活動中，果醒法師在北約克市政府大會堂分享安心之道。

早課；接著由資深悅眾們輪流分享10年來的點滴回顧，義工們費心蒐集的許多歷史活動照片，也透過電腦投影呈現在眾人面前。

14日，信眾從各地齊聚北約克市政府大會堂（North York Civic Centre）參加大悲懺法會，由果醒法師帶領民眾持誦懺文，為過去的惡業懺悔，以淨化自己的心靈。

下午舉辦佛學講座，果醒法師以「用寧靜心擁抱世界」為題，與大眾分享《華嚴經》中「心如工畫師，能畫諸世間」的涵義，說明生命的苦樂，其實是由人們內心的心筆所畫成。法師以做夢為例指出，我們常把心中影像當做真人，而不認為是符號，這樣「以假為真」，常會增加煩惱與痛苦。其實遇到不如意時，只要接受它、處理它，所有妄想念頭都會消失。多倫多分會10週年活動就在法師的開示、信眾的提問中圓滿。

● 12.14

溫哥華舉辦禪眾歲末聯誼
勉勵東西方禪眾以禪法自利利他

加拿大溫哥華道場於12月14日舉辦「2008年度禪眾歲末聯誼會」，由監院果樞法師主持，僧團果舟法師也到場關懷，約有一百多位東西方禪眾參與。

果樞法師首先勉勵大家，學佛者要能把佛法運用在生活中，並將所學到的禪法分享出去，讓更多人獲得禪法利益。果舟法師則開示說明聖嚴師父對2009年共勉主題「心安平安」的意涵，期望大家有願有力，為目前不安的社會，注入一份安定的力量。

接下來，活動透過照片回顧2007至2008年，信眾們在道場修習禪法的歷程，並進行分組討論，分享自己的禪修心得，其中有位西方禪眾比喻禪修就如學中文一樣，需要不斷地練習，不求結果，向前就是。另有禪眾從慢步經行中體悟到進行每一件事，都應該把腳步放慢，一步步去做，內心便能喜樂自在。

果樞法師（立者右七）、果舟法師（立者右六）與溫哥華禪眾歲末聯誼會與會信眾合影。

● 12.14

東初禪寺舉辦藝術治療講座
解析禪修與藝術治療的應用

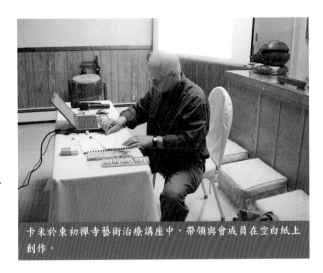

卡米於東初禪寺藝術治療講座中，帶領與會成員在空白紙上創作。

　　美國紐約東初禪寺於12月14日舉辦藝術治療講座，邀請曾向聖嚴師父習禪的藝術治療師吉拉·卡米（Giora Carmi），以「在藝術治療中直觀和覺醒療法的應用」（The Use of Intuition and Awareness for Healing in Art Therapy）為題，介紹禪修與藝術治療的運用，共有43人參與聆聽。

　　卡米自1980年起跟隨聖嚴師父學習禪修，開啟了樂於助人的心念，投入「藝術治療」工作。卡米認為，藝術不只展現個人的內在直覺，也是自我成長的一種映現。他原本是位插畫家，後來轉而研習藝術治療，擅長應用藝術幫助病人復原。

　　會場上，卡米讓學員分組在空白紙上聯手創作，任何一方都可以在圖案上增添一筆，使其完全改觀。與會者分享，透過這個練習，可以學習包容不同的看法與行為，同時清楚心念的變化，學習放下執著，尊重別人。

● 12.14

馬來西亞護法會新會所啟用
果品法師帶領大悲懺法會及皈依

　　馬來西亞護法會於12月14日舉辦新會所啟用典禮，由僧團副住持果品法師帶領，包括國際發展處監院常華法師、馬來西亞護法會信眾，以及應邀出席的馬來西亞佛教總會明吉法師，和十五碑佛寺的卡魯納薩拉法師（Venerable Karunasara）等，共有近兩百人參加。

果品法師主持馬來西亞護法會新會所啟用典禮。

典禮中，果品法師首先帶領大家唱誦〈讚佛偈〉，禮拜供佛，並感恩眾善因緣的護持，讓馬來西亞護法會得以購置永久道場。現場並安排為新道場揭開「大悲心起」經幔的儀式，法師特別解說「大悲心起」的意義，指出這四字是法鼓山園區落成開山所揭示的精神和主題，並勉勵大家能夠確實發起大悲心，奉獻社會。接著，播放法鼓山園區的簡介影片，以及聖嚴師父為「心六倫」開示的影片後，由護法會的悅眾進行揭幔儀式。隨後，由護法會合唱團演唱〈我願〉、〈如來如去〉和〈我為你祝福〉三首佛曲。

下午，進行大悲懺法會，由果品法師帶領，法師並代表聖嚴師父主持皈依典禮，共有20人皈依三寶。

● 12.15～16

馬來西亞護法會舉辦讀書會
常華法師導讀聖嚴師父著作《完全證悟》

常華法師為馬來西亞護法會信眾導讀《完全證悟》。

12月15至16日，馬來西亞護法會在新會所舉辦讀書會，由國際發展處監院常華法師導讀聖嚴師父著作《完全證悟》，該讀書會分為英文、中文兩個場次，16日的中文場出席踴躍，有近八十人參加。

常華法師首先依照聖嚴師父在《完全證悟》一書中的章次，條理分明地解說內容大要，讓信眾能確切地掌握其中要義。法師並且運用「跳舞女孩」圖片的視覺測試，請大家說出圖片中的女孩是向右轉，還是向左轉？雖然觀看相同的影像，但是每個人觀察的結果卻不盡相同。

常華法師藉此說明，即使活在同一個世界中，每個人對事情的詮釋卻都不同，一切都是由「心」所造就。經過法師深入淺出地導讀，讓學員們對此書與修證佛法有更深一層的體會。

● 12.16

《心銘》韓文版面世
聖嚴師父的禪修著作受亞洲佛教國家重視

聖嚴師父的第14本英文著作《心銘》（*Song of Mind: Wisdom from the Zen Classic Xin Ming*，中文版書名為《禪無所求——聖嚴法師的〈心銘〉十二講》），於12月16日由韓國的出版社探究社（Tamgusa Publishing）出版韓文版。

《心銘》韓文版。

這本書是聖嚴師父於1985至1988年，在美國紐約東初禪寺主持禪七期間，逐句講解牛頭法融禪師的〈心銘〉詩偈之開示集結，全書分為十二講，於2004年11月由美國香巴拉出版社（Shambhala Press）出版。

繼本書之後，探究社也計畫翻譯聖嚴師父另外兩本英文著作《信心銘》與《寶鏡無境》，顯見師父的禪修書籍不僅風行歐美，也受到亞洲各佛教國家的重視。

● 12.21

東初禪寺舉辦佛學講座
果醒法師闡析無我觀念

美國紐約東初禪寺舉辦佛學講座，由住持果醒法師以「照見五蘊皆空」為題，為近七十位民眾闡述「空」、「有」，以及因緣的奧妙關係。

演講中，果醒法師指出，「空」並不是「沒有」，而是暫時的「有」、因緣和合的「有」，而「照見五蘊皆空」即是以智慧觀照、體悟由五蘊組成的生命現象是空的。法師也說明「轉識成智」的觀念，認為人該有能力不去分別所謂「好的」或「壞的」感受。他詢問在場聽眾：「對某人有不好的印象，就代表這個人真的不好嗎？」人的種種感受都是心的作用，一個人對另一個人的觀感，都是來自記憶和經驗，與對方本身並無關係。

果醒法師在紐約東初禪寺講授「照見五蘊皆空」。

「不要把『感受』當成是『我』。」果醒法師指出,五蘊裡沒有我,但五蘊現象是存在的,當我們領會到「我是對影像生氣」,而非「我對某某人生氣」,那生氣就不會一直持續。如果能抱持這樣的心態,我們在生活裡就可以過得更自在、沒煩惱。他強調,如果心中「無我」,則五蘊便可成為度人度己的工具;如果「有我」,那「我」就會變成五蘊的工具。

講座最後,果醒法師為提問的信眾解答,為大家釐清無我的概念,並指導將佛法落實在生活中的方法。

● 12.25～28

新加坡護法會舉辦青年禪三
引導青年在動中攝心與安心

12月25至28日,新加坡護法會於當地的福海禪寺舉辦青年禪三,由普化中心副都監果毅法師以及青年發展院常一法師帶領,引導學員漸次學習自我認識、自我肯定、自我成長、自我消融,共有46位學生、一般人士參加。

禪三中,安排了禪坐、經行、法鼓八式動禪、觀看聖嚴師父的禪修開示影片等,另有茶禪、托水缽等融入日常生活的禪修練習。

進行茶禪時,果毅法師引導學員們身心放鬆,進而細心觀察、感受杯子的形狀、溫度,以及熱水倒入杯子後茶葉的變化、氣味等。學員在體會現象變化的同時,也練習了解自身的感受。進行托水缽時,學員們捧著碗至戶外經行,需經過三個關卡,考驗自己是否專注與放鬆,以及能否覺察起心動念,時刻體會活在當下的感受。

在最後的小組討論中,學員們彼此分享接觸佛法和法鼓山的因緣;其中,許多人表示是透過閱讀聖嚴師父《正信的佛教》一書,而開始親近佛法。

果毅法師(第二排右七)、常一法師(第二排右八)與參加禪三的新加坡青年,在福海禪寺合影。

大事記

記

1月 JANUARY

01.01

◆《人生》雜誌第293期出刊。

◆《法鼓》雜誌第217期出刊。

◆法鼓文化出版新書：大智慧系列《寶鏡無境：石頭希遷〈參同契〉、洞山良价〈寶鏡三昧歌〉新詮》（*The Infinite Mirror*）（聖嚴師父著，釋果醒譯）、經典人物故事系列《大師密碼U：懶惰大米袋》（鄭栗兒著，冉綾珮繪）、《大師密碼V：辯論大牛王》（鄭栗兒著，孫靜玲繪）、人間淨土系列《真正的快樂》（聖嚴師父著）。

◆《金山有情》季刊第23期出刊。

◆護法總會《護法季刊》創刊。

◆「法鼓山數位學習網」開站，將法鼓山原有的實體佛學課程及聖嚴師父早期的開示文以數位化呈現，提供民眾上網學習。

◆1至6日，北投農禪寺舉辦自2007年12月29日展開的彌陀佛七，有近五百五十人參加。

◆台南分院舉辦佛一暨八關戒齋法會，由監院果舟法師帶領，共有103人參加。

◆1月1日至2月29日，由法鼓山人文社會基金會（以下簡稱：人基會）製作的《聖嚴師父談「新時代‧心六倫」》電視帶狀節目，延續2007年10月1日起於每週一至週五下午兩點半至三點在有線電視霹靂台（11頻道）播出，每週播出單一倫理單元。

01.02

◆台北安和分院每週三下午舉辦「拈花微笑——花藝小品」課程；晚上舉辦禪訓班，每期上課四次。

◆基隆精舍每週三晚上舉辦合唱團練唱共修。

◆台中分院每週三晚上舉辦「拈花微笑」讀書會。

◆台中分院每週三下午舉辦插花班——歐式花藝；晚上舉辦兒童讀經班、插花班——池坊花藝，及合唱團練唱共修。

◆台中分院每週一晚上、週三上午舉辦禪坐共修。

◆南投德華寺每週三晚上舉辦念佛共修。

◆台南分院每週三上午、每週四晚上舉辦念佛共修。

◆台南分院每週三晚上舉辦禪坐共修。

◆高雄紫雲寺每週三下午舉辦池坊花藝班及枯木山水班；晚上舉辦筆禪書法班。

◆高雄三民精舍每週三晚上舉辦中華花藝班。

◆高雄三民精舍每週三晚上、週五上午舉辦瑜伽禪坐班。

◆台東信行寺每週三晚上舉辦念佛共修。

◆新加坡護法會每週三晚上、週日上午舉辦禪坐共修。

◆香港護法會每週三晚上舉辦太極拳練習。

01.03

◆北投中華佛教文化館（以下簡稱：北投文化館）每週四上午舉辦念佛共修。

◆台北安和分院每單月第一週週四下午舉辦初級禪訓班，每期四週。

◆台北安和分院每週四晚上舉辦禪坐共修。

◆台北安和分院每一、三、五週週四晚上舉辦拼布藝術班。

◆台北中山精舍每週四晚上舉辦念佛共修。

◆基隆精舍每月第一週週四晚上舉辦法器練習。

◆桃園齋明寺每週四晚上舉辦念佛共修。

◆台中分院每週四上午舉辦書法進階班，下午舉辦快樂讀書會。

◆台南分院每月第一週週四晚上舉辦菩薩戒誦戒會。

◆高雄紫雲寺每週四晚上舉辦素描班。

◆高雄三民精舍每週四晚上舉辦禪坐共修。

◆美國紐約象岡道場每週四晚上舉辦禪坐共修。

◆加拿大溫哥華道場每週四上午舉辦合唱團練唱共修。

◆美國護法會加州洛杉磯分會每週四晚上舉辦禪坐共修。

◆新加坡護法會每週四晚上舉辦念佛共修。

01.04

◆1月4日至4月25日，僧團弘化院佛學推廣中心（以下簡稱：佛學推廣中心）每週五晚
上於護法會中永和辦事處開辦「地藏菩薩的大願法門」佛學課程，由講師悟常法師主
講，約有二十多人參加。

◆基隆精舍每週五晚上舉辦禪坐共修。

◆桃園齋明寺每週五上午開辦插花班。

◆台中分院每週五上午、週六晚上舉辦念佛共修。

◆台中分院每週五上午舉辦書法初階班。

◆南投德華寺每週五晚上舉辦讀書會。

◆台南分院晚上舉辦講座，邀請成功大學經濟系暨政經所副教授許永河主講「學佛學
活」，有近五十人參加。

◆高雄紫雲寺每週五上午及晚上舉辦念佛共修。

◆高雄三民精舍每週五上午舉辦國畫班。

◆台東信行寺每週五晚上舉辦兒童讀經班。

◆4至6日，護法總會於法鼓山園區禪堂、國際會議廳舉辦「正副會團長、救災總指揮、
召集委員成長營」，聖嚴師父、方丈和尚東法師親臨開示，共有296位悅眾參加。

◆護法會台南佳里共修處每週五晚上舉辦念佛共修。

◆加拿大溫哥華道場每月第一週週五上午舉辦菩薩戒誦戒會。

◆加拿大溫哥華道場每月第一、三週週五晚上舉辦「相約在法青」活動，藉由輕鬆的活
動帶入佛法的觀念及禪修的方法，約有十多人參加。

◆新加坡護法會每週五晚上舉辦心靈環保課程。

◆馬來西亞護法會每週二、五晚上及週日上午舉辦禪坐共修。

◆ 馬來西亞護法會每週五晚上舉辦念佛共修，約有十多人參加。

◆ 香港護法會每週五晚上舉辦念佛共修，每月第一週週五晚上並進行菩薩戒誦戒會，約有五十多人參加。

01.05

◆ 法鼓山世界佛教教育園區（以下簡稱：法鼓山園區）每週六晚上舉辦念佛共修。

◆ 北投農禪寺每月第一週週六下午、週日晚上分別舉辦初級禪訓班，每期四週。

◆ 台北安和分院每週六下午舉辦佛畫班、兒童讀經班、禪悅瑜伽班。

◆ 台北中山精舍每週六下午舉辦排舞練習。

◆ 基隆精舍每週六上午舉辦兒童讀經班。

◆ 桃園齋明寺每週六上午舉辦親子讀經班，下午舉辦禪坐共修，晚上舉辦合唱團練唱共修。

◆ 桃園齋明寺每週六、日下午舉辦禪坐共修。

◆ 台中分院每週六上午舉辦寶山讀書會。

◆ 高雄三民精舍每週六晚上舉辦念佛共修。

◆ 台東信行寺每週六下午舉辦寧靜心鼓兒童班、寧靜心鼓成人班鼓藝練習。

◆ 國際禪坐會每週六下午於護法會劍潭共修處舉辦禪坐共修。

◆ 法鼓山基金會皈依關懷組於護法會花蓮辦事處為當地信眾舉辦「新皈依弟子——快樂學佛人」活動，主題為「念佛法門與法器介紹」，約有二十多人參加。

◆ 加拿大溫哥華道場每週六上午舉辦佛法指引讀書會，聆聽並研讀《學佛五講》有聲書，約有十多人參加。

◆ 加拿大溫哥華道場每月第一、三週週六晚上於本拿比 （Burnaby）舉辦佛法指引讀書會，閱讀聖嚴師父著作，約有二十多人參加。

◆ 美國護法會加州舊金山分會每週六下午舉辦法鼓八式動禪及禪坐共修。

◆ 新加坡護法會每週六晚上舉辦讀書會。

◆ 香港護法會每週六下午舉辦禪坐共修，晚上舉辦鈔經班。

◆ 澳洲護法會雪梨分會每月第一週週六下午舉辦讀書會，研討《心經》。

◆ 台北縣樹林海明寺、台中中天寺住持暨美國佛教會會長明光法師，下午至法鼓山園區拜會聖嚴師父，感謝法鼓文化協助編校其恩師悟明長老的兩本回憶錄《仁恩夢存》及《美遊心影》。

01.06

◆ 法鼓山於園區舉辦「第13屆佛化聯合婚禮」，主題為「菩提祝福，法囍圓滿」，聖嚴師父親臨祝福，方丈和尚果東法師代師父授三皈依，共有64對新人參加。

◆ 北投農禪寺每週日下午舉辦禪坐共修，晚上舉辦合唱團練唱共修。

◆ 北投文化館每週日晚上舉辦初階法器練習共修，有近三十人參加。

◆ 1月6日至2月4日，北投文化館每週日下午舉辦《藥師經》持誦共修。

◆ 台北安和分院每月第一週週日上午舉辦地藏法會。

◆ 1月6日至6月29日，桃園齋明寺每週日上午舉辦和喜太鼓隊鼓藝練習。

◆ 台南分院每週日晚上舉辦合唱團練唱共修。

◆高雄紫雲寺每週日晚上及每週二上午舉辦瑜伽禪坐班，單月第一週週日上午舉辦淨土懺法會。

◆台東信行寺每週日上午舉辦禪坐共修。

◆台東信行寺舉辦禪一，由監院果實法師帶領，約有十多人參加。

◆法鼓山慈善基金會（以下簡稱：慈基會）於法鼓山園區舉辦緊急救援正、副總指揮授證儀式，共有總指揮24人、副總指揮34人參加。

◆法行會中區分會於台中寶雲別苑舉行第三屆會員大會暨新任會長選舉，僧團副住持果暉法師、台中分院監院果理法師出席關懷，有近六十人參加。

◆加拿大溫哥華道場每月第一、二、三週日上午舉辦禪坐共修。

◆美國護法會加州洛杉磯分會每週日上午舉辦「佛學導讀」課程，邀請目前在佛光山洛杉磯西來大學（University of the West）攻讀博士班的性儀法師主講印順長老的著作《成佛之道》，約有二十多人參加。

◆美國護法會加州洛杉磯分會每月第一週週日上午舉辦念佛共修暨菩薩戒誦戒會，有近二十人參加。

◆美國護法會加州舊金山分會每月第一週週日下午舉辦大悲懺法會。

◆美國護法會紐約羅徹斯特聯絡處每週日上午舉辦禪坐共修。

◆美國護法會佛州奧蘭多聯絡處每月第一週週日上午舉辦禪坐共修。

◆加拿大護法會多倫多分會每週日上午舉辦禪坐共修。

◆美國護法會華盛頓州西雅圖分會每月第一週週日上午舉辦大悲懺法會。

◆新加坡護法會每週日下午舉辦法器練習共修，單週週日上午舉辦菩薩戒誦戒會。

◆6至27日，馬來西亞護法會每週日下午舉辦初級禪訓班，約有十多人參加。

◆香港護法會受深圳富士康科技公司之邀，前往該公司帶領禪修活動，內容包括基本坐姿、法鼓八式動禪、慢步經行等，共有25位員工參加。

01.07

◆台北安和分院每週一下午舉辦中華花藝課程。

◆台北中山精舍每週一晚上舉辦禪坐共修、中華花藝研習班。

◆高雄紫雲寺每週一晚上舉辦合唱團成人班練唱共修、中國結才藝班。

◆高雄三民精舍每週一晚上舉辦合唱團練唱共修。

◆1月7日至6月29日，台東信行寺每週一晚上舉辦讀書會，約有十多人參加。

◆加拿大溫哥華道場每月第一、三週週一下午進行心靈成長共修，觀看《大法鼓》或《不一樣的聲音》等聖嚴師父開示影片，約有十多人參加。

◆加拿大溫哥華道場每週一晚上舉辦佛法指引讀書會，閱讀聖嚴師父著作，約有二十多人參加。

◆加拿大溫哥華道場每週一晚上於白石鎮（White Rock）舉辦西方眾讀書會及禪坐共修。

◆馬來西亞護法會每週一晚上舉辦合唱團練唱共修。

◆香港護法會每週一晚上舉辦合唱團練唱共修。

01.08

◆北投農禪寺每週二上午舉辦讀書會，研讀聖嚴師父的著作《從心溝通》。

◆台北安和分院每週二晚上舉辦念佛共修、禪藝書法班。

◆台北中山精舍每週二上午舉辦小原流花藝班。

◆基隆精舍每週二下午舉辦書法班、晚上舉辦念佛共修。

◆南投德華寺每週二上午舉辦禪坐共修。

◆台南分院每週二下午舉辦智慧海讀書會、晚上舉辦法器練習。

◆高雄紫雲寺每週二晚上舉辦禪坐共修、鈔經班。

◆高雄三民精舍每週二上午舉辦筆禪書法班、快樂學英文班，晚上舉辦中國結藝、筆禪書法班。

◆台東信行寺每月隔週週二晚上舉辦法器教學。

◆1月8日至2月5日，大溪法鼓山社會大學（以下簡稱：大溪法鼓山社大）於至善高中開辦寒假課程，內容包括植物染布與生活禪法應用兩門課程，分別有30人、40人參加。

◆1月8日至3月2日，北投法鼓山社會大學（以下簡稱：北投法鼓山社大）於北投雲來寺、農禪寺開辦寒假課程，內容包括應景花藝設計、家庭園藝與有機農業兩門課程。

◆護法總會延續2007年12月29日展開的40場「無限祝福‧無盡關懷‧好願在人間」歲末關懷感恩分享會，8至27日期間於全台各地分院道場、辦事處及共修處進行。

◆加拿大溫哥華道場每週二上午舉辦禪門探索讀書會，研讀聖嚴師父禪修系列著作。

◆美國護法會紐約州羅徹斯特聯絡處每週二晚上舉辦讀書會。

◆香港護法會每週二晚上舉辦法器練習。

01.09

◆9至16日，僧團果建法師至泰國弘法關懷，內容包括帶領禪坐、念佛共修及讀書會等，並前往清邁頒發清貧優秀學子獎學金。

01.10

◆桃園齋明寺每月第二週週四晚上舉辦菩薩戒誦戒會。

◆10至13日，美國紐約象岡道場舉辦大專禪三，由常悟法師帶領，約有二十多人參加。

◆加拿大溫哥華道場每月第二、四週週四下午於本拿比（Burnaby）舉辦心靈成長共修，觀看聖嚴師父的開示影片《大法鼓》或《不一樣的聲音》等，約有二十多人參加。

◆德國圓覺寺方丈如典法師，偕同弟子行戒、行平、行寶法師等一行，至台北安和分院拜會聖嚴師父及方丈和尚果東法師，請益有關佛學教育的辦學經驗。

01.11

◆11至13日，台中分院舉辦彌陀佛三，由果雲法師帶領，有近三百人參加。

◆11至25日，台南分院每週五晚上開辦「學佛學活」課程，約有二十多人參加。

◆加拿大溫哥華道場每月第二至五週週五上午舉辦念佛共修。

◆加拿大溫哥華道場每月二、四週週五晚上舉辦佛法指引讀書會，閱讀聖嚴師父著作，約有十多人參加。

◆加拿大溫哥華道場每月二、四週週五晚上舉辦少年生活營，藉由輕鬆的活動帶入佛法的觀念及禪修的方法，約有十多人參加。

◆斯里蘭卡強帝瑪法師（Ven Dr. Bodagama Chandima）帶領斯里蘭卡法輪兒童基金會（Sri Lanka Dharma Child Foundation），包括來自斯里蘭卡及美國各地的七位法師，一行共22人參訪法鼓山園區，除了拜會僧團外，並與法鼓佛教研修學院（以下簡稱：研修學院）佛學系籌備主任果暉法師進行座談。

01.12

◆佛學推廣中心於高雄紫雲寺舉辦聖嚴書院96年度聯合結業典禮，共有81位初階班、13位精讀班學員完成三年學習，領取結業證書，約有四百多人觀禮祝福。

◆法鼓山園區每月第二週週六及第四週週日，舉辦總本山景觀維護日活動，帶領義工進行環保出坡。

◆北投農禪寺每週六晚上舉辦念佛共修。

◆1月12日至2月9日，台南分院每週六下午舉辦初級禪訓班，由監院果舟法師帶領，有近四十人參加。

◆高雄三民精舍每月第二週週六晚上舉辦大悲懺法會暨菩薩戒誦戒會。

◆慈基會延續2007年12月1日展開的「96年度法鼓山歲末大關懷」活動，12至26日於南投德華寺舉行，由義工將關懷物資送到關懷戶家中，並進行慰訪。

◆12至19日，禪坐會於三義DIY心靈環保教育中心舉辦初階禪七，由僧團果興法師帶領，共有33人參加。

◆加拿大溫哥華道場每月第二週週六下午舉辦大悲懺法會。

◆美國護法會加州省會聯絡處每月雙週週六上午舉辦法鼓八式動禪及禪坐共修。

◆香港護法會每月第二週週六晚上舉辦大悲懺法會。

◆澳洲護法會雪梨分會每月第二週週六上午舉辦大悲懺法會。

01.13

◆法鼓山園區每月第二週週日舉辦總本山環保清潔日。

◆台北安和分院舉辦都會佛一暨八關戒齋法會，由果傳法師帶領，約有一百七十多人參加。

◆桃園齋明寺每月第二週週日下午舉辦大悲懺法會。

◆南投德華寺舉辦禪一，由副寺果弘法師帶領，約有十多人參加。

◆台南分院於嘉義獨立山舉辦戶外禪，由監院果舟法師帶領，約有一百六十多人參加。

◆13至20日，法鼓山僧伽大學（以下簡稱：僧大）於法鼓山園區禪堂舉辦中階止觀禪七，由僧團果鏡法師帶領，共有157位研修學院學生及僧大學僧參加。

◆北投法鼓山社大於雲來寺舉辦「健康有機飲食班」學習成果展，有近一百二十人參加。

◆慈基會「96年度法鼓山歲末大關懷」活動，13日分別於高雄紫雲寺、彰化員林進行關懷，各約有五百多人、一百多人參加。

◆法鼓山基金會皈依關懷組於法鼓山園區為大新莊地區信眾舉辦「新皈依弟子——快樂

學佛人」活動，進行朝山參訪。

◆美國護法會加州洛杉磯分會上午舉辦大悲懺法會；下午舉辦禪修讀書會，研讀聖嚴師
父的著作《聖嚴法師教默照禪》，各約有二十人參加。

◆美國護法會加州舊金山分會每月第二週週日下午舉辦念佛共修。

◆美國護法會華盛頓州西雅圖分會每月第二週週日上午舉辦禪坐共修。

◆新加坡護法會每月雙週週日下午舉辦大悲懺法會。

◆美國護法會德州達拉斯聯絡處每月第二週週日舉辦禪坐共修、念佛共修。

◆香港護法會舉辦歲末感恩聯誼，有近七十人參加。

01.14

◆14至16日，僧團三學院於法鼓山園區第一大樓舉辦「法鼓山大普化教育」講師核心教
學能力培訓，共有16位法師參加。

◆台北安和分院每月第二、四週週一上午舉辦浮生半日禪。

◆台北中山精舍每月雙週週一晚上舉辦佛學讀書會。

◆加拿大溫哥華道場每月第二、四週週一下午於菲沙河谷地區（Fraser Valley）舉辦心
靈成長共修，觀看聖嚴師父的開示影片《不一樣的聲音》或《大法鼓》等，約有十多
人參加。

01.15

◆為帶動社會祥和風氣，法鼓山於台北圓山大飯店召開「好願在人間——許好願、做好
事、轉好運」記者會，聖嚴師父親臨開示，共有15家平面和電子媒體主管出席，響應
「好願在人間」運動。

◆1月15日至3月24日，法鼓文化心靈網路書店舉辦「追尋覺者的足跡——千種佛書線上
博覽會」，結合五十餘家出版社，提供讀者千種廣義佛教類書籍，希望透過多元化的
閱讀，拓展現代人的心靈視野與能量。

◆1月15日至3月18日，新加坡護法會每週二晚上舉辦瑜伽課程，有近二十人參加。

01.16

◆南投德華寺每月第三週週三晚上舉辦大悲懺法會。

◆慈基會「96年度法鼓山歲末大關懷」活動，16日於竹山安心服務站進行關懷，約有兩
百多人參加。

◆研修學院校長惠敏法師接受法國佛教網路電視「佛音頻道」（Buddhachannel；網址：
http://www.buddhachannel.tv）專訪，說明創校理念以及介紹佛典數位化的成果。

01.17

◆基隆精舍每月第三週週四晚上舉辦菩薩戒誦戒會。

◆17至20日，僧團傳燈院於土城教育訓練中心舉辦生活禪體驗營，由禪修中心副都監果
醒法師帶領，共有62人參加。

◆ 研修學院校長惠敏法師接受慈濟大愛電視台專訪，闡述四聖諦及三十七道品的要義。
◆ 前行政院院長郝柏村至台北安和分院拜會聖嚴師父，就佛教的發展與師父交換心得。

01.18

◆ 《中國時報》「開卷週報」2007年「開卷好書獎」於誠品書店台北信義店舉行贈獎典禮，法鼓文化出版的《正念戰役：從軍人到禪師的療癒之旅》（*At Hell's Gate*）一書獲「美好生活」書獎。
◆ 台北安和分院每月第三週週五下午、晚上舉辦大悲懺法會。
◆ 高雄紫雲寺每月第三週週五晚上舉辦菩薩戒誦戒會。

01.19

◆ 聖嚴師父邀請東初老人當年的弟子和信眾們，於法鼓山園區相聚，以紀念東初老人圓寂三十年和百歲冥誕，包括明宗長老尼、鑑心長老尼，方甯書教授、李志夫所長等，約有二十多人與會。
◆ 北投文化館每月農曆12日上午舉辦藥師法會。
◆ 台南分院每月第三週週六晚上舉辦大悲懺法會。
◆ 僧團傳燈院下午於北投農禪寺舉辦禪修指引課程，約有三十多人參加。
◆ 慈基會「96年度法鼓山歲末大關懷」活動，19日於東勢安心服務站進行關懷，約有一百多人參加。
◆ 19至20日，美國護法會加州洛杉磯分會參加於當地舉辦的「華人工商大展」，在會場展出法鼓文化出版品，並分送法鼓山的文宣品、結緣品及《法鼓》雜誌。
◆ 19至20日，美國護法會加州舊金山分會舉辦佛法體驗營，由美國護法會輔導師果謙法師帶領，活動內容包括禪坐共修、念佛共修暨菩薩戒誦戒會及基礎佛法講座等，有近三十人參加。

01.20

◆ 1月20日至7月20日，僧團三學院義工室於單月第三週週日舉行園區新義工工作說明會。
◆ 北投農禪寺每單月第三週週日上午舉辦淨土懺法會。
◆ 台北安和分院每月第四週週日上午舉辦藥師法會。
◆ 台中分院每月第三週週日晚上舉辦地藏法會。
◆ 20至22日，僧團青年發展院（以下簡稱：青年院）暨法鼓山世界青年會於法鼓山園區舉辦「卓越‧超越」青年成長營小隊輔培訓，由監院果毅法師、常悟法師帶領，共有17人參加。
◆ 慈基會「96年度法鼓山歲末大關懷」活動，20日於台中分院進行關懷，約有兩百多人參加。
◆ 美國護法會華盛頓州西雅圖分會每月第三週週日上午舉辦讀書會，研讀聖嚴師父的著作《學佛群疑》。
◆ 1月20日至5月18日，美國護法會德州達拉斯聯絡處每月第三週週日上午舉辦「小鼓手禪修班」，內容包括法鼓八式動禪、禪坐等。

01.21

◆21至31日,僧團傳燈院應中華電信數據通信分公司之邀,每週一至週四下午至該公司教授法鼓八式動禪,約有三十多位員工參加。

01.22

◆22至26日,青年院暨法鼓山世界青年會於法鼓山園區舉辦2008冬季法鼓山「卓越‧超越」青年成長營,內容包括「佛陀有約」佛學課程、「名人有約」演講與交流討論課程等,由監院果毅法師、常悟法師帶領,最後一天方丈和尚果東法師到場關懷,共有174位來自台灣、馬來西亞及美國的學員參加。

01.23

◆台東信行寺每月第四週週三晚上舉辦菩薩戒誦戒會。

01.24

◆法鼓山基金會皈依關懷組於護法會花蓮辦事處為當地信眾舉辦「新皈依弟子──快樂學佛人」活動,進行出坡禪。

◆法行會晚上於台北福華飯店舉辦第90次例會,邀請人基會祕書長李伸一、建築及室內設計師江建平分別主講「趣談監察權」、「高附加價值的設計趨勢」,共有98人參加。

01.25

◆北投雲來寺下午舉辦歲末拜懺法會,約有三百多位行政中心、文化中心、護法會等單位專職及義工參加。

◆高雄紫雲寺每月第四週週五晚上舉辦大悲懺法會。

◆25至30日,教師聯誼會(以下簡稱:教聯會)於三義DIY心靈環保教育中心舉辦「2008教師寒假禪修營」,由僧團果雲法師帶領,約有一百三十多人參加。

◆25至30日,美國護法會輔導師果謙法師至聖路易與堪薩斯市進行弘法關懷,活動內容包括帶領生活禪及演講等。25日晚上在聖路易淨心書坊以「好自在──隨處安心的祕密」為題,進行心靈講座,有近三十人參加。

◆韓國曹溪宗軍宗特別教區僧眾一行21人上午參訪法鼓山園區,由僧團副住持果暉法師代表接待,進行交流。

01.26

◆法鼓山園區每月第四週週六晚上舉辦大悲懺法會。

◆北投文化館每月農曆19日上午舉辦觀音法會。

◆桃園齋明寺舉辦話頭禪一,由禪修中心副都監果醒法師帶領,共有95人參加。

◆台東信行寺上午舉辦地藏法會。

◆ 僧團傳燈院每單月第四週週六下午於台北中山精舍舉辦禪修指引課程。

◆ 慈基會「96年度法鼓山歲末大關懷」活動，26日於護法會屏東辦事處進行關懷，約有一百多人參加。

◆ 研修學院下午於法鼓山園區舉辦考生輔導說明會，約有六十人參加。

◆ 法鼓山基金會皈依關懷組於法鼓山園區為大信南地區信眾舉辦「新皈依弟子──快樂學佛人」活動，進行朝山參訪。

◆ 護法會新莊辦事處與新莊法鼓山社大舉行落成灑淨暨成立典禮，方丈和尚果東法師、護法總會輔導師果器法師、新莊市市長許炳崑等蒞臨觀禮。

◆ 美國護法會輔導師果謙法師至聖路易與堪薩斯市弘法關懷，26日上午為聖路易淨心書坊主持灑淨儀式，之後並帶領一日禪，活動內容包括法鼓八式動禪、基本禪修、喝水禪、吃飯禪等，約有三十多人參加。

◆ 美國護法會加州舊金山分會舉辦禪修指引課程，約有二十多人參加。

◆ 新加坡護法會舉辦悅眾一日培訓營，課程內容包括分享法鼓山、培養清淨的身口意三儀、建立正確的義工心態等，共有40人參加。

01.27

◆ 法鼓山上午於北投農禪寺舉辦「祈福皈依大典」，聖嚴師父親臨開示，方丈和尚果東法師代師父授三皈五戒，共有1,383位信眾皈依三寶。

◆ 台北安和分院舉辦都會生活禪一，由僧團常和法師帶領，共有35人參加。

◆ 桃園齋明寺每月第四週週日下午舉辦地藏法會。

◆ 南投德華寺上午舉辦地藏法會。

◆ 即日起，台南分院每月第四週週日上午舉辦地藏法會。

◆ 高雄紫雲寺舉辦歲末感恩清潔日，活動中並進行「動中禪」的練習，約有一百多位聖嚴書院學員參加。

◆ 27至30日，台東信行寺舉辦法鼓鼓隊寒假集訓共修，內容包括禪坐、擊鼓做操與基本功及鼓譜的練習，約有六十多人參加。

◆ 1月27日至2月3日，僧大於法鼓山園區舉辦「第六屆生命自覺營」，活動最後一天，聖嚴師父親臨關懷勉勵，共有98位青年學員參加。

◆ 法鼓山基金會皈依關懷組於北投農禪寺為桃園地區信眾舉辦「新皈依弟子──快樂學佛人」活動，進行參訪。

◆ 加拿大溫華道場每月第四週週日舉辦禪一。

◆ 美國護法會輔導師果謙法師至聖路易與堪薩斯市弘法關懷，27日及28日在堪薩斯城帶領基本禪修課程，並介紹法鼓山「心靈環保」、「建設人間淨土」的理念，共約有四十多人參加。

◆ 美國護法會加州洛杉磯分會舉辦禪一，由資深禪修講師毛靖帶領，共有22人參加。

◆ 美國護法會加州舊金山分會舉辦禪一。

◆ 美國護法會華盛頓州西雅圖分會每月第四週週日上午舉辦念佛共修。

◆ 美國護法會德州達拉斯聯絡處每月第四週週日舉辦大悲懺法會、讀書會。

◆ 馬來西亞護法會舉辦「綠色的生命」活動，內容包括素食結緣、播放《不一樣的環保實踐》一書中所附「四安、四要、四感」VCD影片，有近八十人參加。

01.28

◆28至29日，北投農禪寺首次於寒假舉辦「快樂兒童禪修體驗營」，內容結合創意遊戲與禪修，共有87位學童參加。

01.29

◆聖嚴師父上午於北投雲來寺大殿，對僧團法師、全體專職精神講話，主題為「法鼓山的文化財」，全台各分院道場同步視訊連線聆聽開示，約有七百多人參加。
◆台北安和分院每月最後一週週二晚上舉辦菩薩戒誦戒會暨念佛共修。
◆美國護法會輔導師果謙法師至聖路易與堪薩斯市弘法關懷，29日及30日在聖路易淨心書坊進行四場「《金剛經》的生活智慧」佛學講座，講解如何在生活中運用《金剛經》的般若智慧，以提昇自我與淨化身心，共約有六十人參加。

01.30

◆澳洲護法會雪梨分會召集人莫靄瑜等接受澳洲東方電台廣東台專訪，在訪談中介紹法鼓山、漢傳禪佛教，並說明聖嚴師父創立法鼓山的因緣和理念。
◆泰國法身寺兩位副住持，及泰國、台灣的比丘、居士共48人至法鼓山園區參訪，並與研修學院校長惠敏法師、佛學系籌備主任果暉法師，就如何建設國際化的佛學教育進行座談。

01.31

◆僧團中午於法鼓山園區舉辦歲末圍爐，全體僧眾及僧大「第六屆生命自覺營」98位學員一起參加；下午於開山紀念館辭歲禮祖，聖嚴師父出席開示，共約有兩百多人參加。
◆預定做為未來法鼓山禪修教育中心的台北縣三峽天南寺，上午舉行大殿安樑典禮，由僧團果建法師主法，捐贈建地的邱氏家族代表、天南寺籌建主委黃平璋等出席觀禮。
◆1月31日至4月3日，台中法鼓山社會大學（以下簡稱：台中法鼓山社大）每週四晚上於台中市太平國小舉辦「鼓鼓生風——台中法鼓隊」寒假課程，約有二十多人參加。

2月 FEBRUARY

02.01

◆《人生》雜誌第294期出刊。
◆《法鼓》雜誌第218期出刊。
◆法鼓文化出版新書：輕心靈系列《南瓜法師西遊記》（*Saffron Days in L.A.*）（毘亞難陀・化普樂法師Bhante Walpola Piyananda著，方怡蓉譯）以及《祈願・許願・還

願》（法鼓文化編輯部著）。

02.02

◆聖嚴師父於法鼓山園區接受民視《台灣演義》節目主持人胡婉玲專訪，分享一生的經歷，包括童年、出家、求學、從軍，乃至日後赴日留學以及今日推動法鼓大學興學的悲願。

◆美國護法會加州舊金山分會舉辦禪修指引課程，有近二十人參加。

◆美國護法會華盛頓州西雅圖分會舉辦念佛禪一，由護法會輔導師果謙法師帶領，約有四十多人參加。

02.03

◆美國護法會華盛頓州西雅圖分會舉辦新春普佛法會，由護法會輔導師果謙法師帶領，約有四十多人參加。

02.04

◆僧團三學院於法鼓山園區禪堂舉辦監香法師培訓，由禪堂板首果元法師擔任總護法師，共有31人參加。

◆加拿大溫哥華道場舉辦除歲圍爐感恩聯誼會，約有兩百五十多人參加。

02.06

◆法鼓山園區「點燈祈願到法鼓」新春系列活動，先於大殿、祈願觀音殿舉辦感恩祈福法會，再於法華鐘樓舉辦「除夕回法鼓——禮佛撞鐘許好願」活動，有近三千人參加。

◆台中分院舉辦除夕彌陀普佛法會，有近一百人參加。

02.07

◆7至21日，法鼓山園區舉辦「點燈祈願到法鼓」新春系列活動，主題為「好願在人間」，大年初一起的活動，包括新春普佛法會、點燈祈願，及「聖嚴師父《金剛經》墨寶展」、「穿越時空的祕寶——發現地宮特展」等，總計新春期間共約有七萬名民眾上山參加。

◆7至9日，北投農禪寺舉辦新春三昧水懺法會，由禪修中心副都監果醒法師主法，共約有三千多人次參加。

◆7至11日，北投農禪寺舉辦新春園遊會，活動內容包括「環保創意，居家拾拾樂」、「佛畫書法禪藝聯展」、「科校鼠藝鬧天關」、「天廚妙供」、「放風箏」等。

◆7至9日，北投文化館舉辦新春千佛懺法會，由僧團果祥法師以台語帶領誦經，約有兩百多人參加。

◆台北安和分院、桃園齋明寺、台中分院、南投德華寺、台南分院、台東信行寺分別舉

辦新春普佛法會。

◆7至16日，台北安和分院舉辦「荷光蓮影——高樹榮居士護法攝影展」，展出以荷花為主題的攝影作品，提供義賣護持道場。

◆7至9日，桃園齋明寺舉辦新春遊園會，內容包括「佛前供燈」、「彩繪昆蟲（模型）」、「親子茶禪」等活動。

◆7至9日，高雄紫雲寺舉辦新春千佛懺法會。

◆加拿大溫哥華道場舉辦新春普佛法會，由監院果樞法師帶領，約有一百五十多人參加。

02.08

◆桃園齋明寺、台中分院分別舉辦新春大悲懺法會，各約有兩百多人參加。

◆8至9日，台南分院舉辦新春大悲懺法會，共有近四百人次參加。

◆加拿大溫哥華道場舉辦新春淨土懺法會，由監院果樞法師帶領，有近一百人參加。

02.09

◆台北安和分院、南投德華寺、台東信行寺分別舉辦新春大悲懺法會，各約有五百五十多人、四十多人、五十多人參加。

◆桃園齋明寺、台中分院分別舉辦新春三昧水懺法會，各約有兩百多人參加。

◆加拿大溫哥華道場舉辦新春大悲懺法會，有近一百人參加。

◆2月9日至3月2日，僧團果光法師、常華法師赴美國舊金山、洛杉磯、西雅圖、芝加哥、新澤西州五處分會，及東初禪寺進行弘法關懷。9日在舊金山分會進行兩場佛法講座，由果光法師主講「自家寶藏——如來藏經」、常華法師主講「圓覺十二問」。

◆香港護法會上午舉辦新春普佛法會，內容包括祈願、拜八十八佛等，共有105人參加。

02.10

◆台南分院舉辦新春佛一暨八關戒齋法會，約有一百二十多人參加。

◆高雄三民精舍舉辦新春普佛法會，約有一百一十多人參加。

◆10至17日，青年院於法鼓山園區禪堂舉辦冬季青年禪七，由監院果毅法師擔任總護法師，共有147人參加。

◆10至11日，人基會與法行會於北投農禪寺舉辦「心六倫」講座，分別邀請研修學院校長惠敏法師、板橋地方法院少年調查官盧蘇偉主講；惠敏法師以「東西南北地天」六個方位為「心六倫」進行新詮，盧蘇偉則分享「心六倫」在青少年教養上的運用。

◆護法會屏東辦事處舉辦新春大悲懺法會。

◆美國紐約東初禪寺舉辦新春法會及慶典，邀請同淨蘭若住持仁俊長老開示，約有一百五十多人參加。

◆加拿大溫哥華道場舉辦法青心靈成長講座，主題是「用心體驗，從心出發」，邀請溫哥華副市長黎拔加分享個人成長經驗，共有27人參加。

◆10至12日，僧團果光法師、常華法師至美國護法會加州洛杉磯分會進行弘法關懷，內容包括兩場佛學講座，10日下午由果光法師主講「自家寶藏——如來藏經」、11日由

常華法師主講「圓覺十二問」，12日晚間進行禪修分享。

◆新加坡護法會下午舉辦新春團拜聯誼會，前美國紐約象岡道場住持果峻法師到場關懷，並點燈祝福信眾，約有八十多人參加。

02.11

◆台灣藝術團體「雲門舞集」位於台北縣八里鄉的排演場凌晨發生大火，聖嚴師父在第一時間向雲門舞集創辦人林懷民致意，並贊助雲門災後重建。

◆護法會屏東潮州辦事處舉辦新春普佛法會。

02.12

◆台北安和分院舉辦新春菩薩戒誦戒會暨念佛共修。

◆12至24日，美國護法會加州舊金山分會每週二、四舉辦初級禪訓班。

◆北投雲來寺上午舉辦新春感恩祈福法會，約有兩百多位行政中心、文化中心及護法會等單位專職及義工參加。

02.13

◆2月13日至2月16日，僧團果光法師、常華法師至美國護法會華盛頓州西雅圖分會進行弘法關懷，內容包括13日的悅眾座談，以及兩場佛學講座，15日由果光法師主講「自家寶藏——如來藏經」，16日由常華法師主講「圓覺十二問」。

02.14

◆2月14日至5月15日，佛學推廣中心每週四晚上於護法會桃園辦事處開辦佛學課程，講解聖嚴師父著作《七覺支講記》，由講師悟常法師主講，有近四十人參加。

◆法緣會成員在會長許薰瑩帶領下，至台北安和分院向聖嚴師父拜年，共有55人參加，師父期許法緣會能夠群策群力，發揮長才，主動為法鼓山團體奉獻。

02.15

◆2月15日至3月28日，佛學推廣中心每週五晚上於護法會板橋辦事處開辦佛學課程，講解聖嚴師父著作《心的經典——心經新釋》，由講師宗譓法師主講，共有37人參加。

◆2月15日至6月27日，佛學推廣中心每週五晚上於桃園齋明寺開辦「《四十二章經》講解」佛學課程，由講師果建法師主講，有近六十人參加。

◆15至20日，研修學院、中華佛學研究所（以下簡稱：中華佛研所）、中華電子佛典協會（CBETA）與國際電子佛典推進協議會（EBTI）於法鼓山園區國際會議廳舉辦「數位佛學研究國際會議」，共有26位來自台灣、美國、日本、挪威等多國學者專家，發表論文、進行研討。

◆15至24日，護法會樹林共修處受邀參加台北縣樹林市公所主辦的「97年樹林之美——

新春嘉年華燈會」，參展主題為「好願在人間」，內容包括自製花燈展示、惜福市場、茶禪等活動，現場並有162位民眾參加護持「5475大願興學」計畫。

02.16

◆ 僧團傳燈院下午於北投農禪寺舉辦禪修指引課程，共有27人參加。
◆ 法鼓山園區舉辦燃燈供佛法會，有近一千人參加。
◆ 台北安和分院上午舉辦新春藥師法會，有近五百人參加。
◆ 台北中山精舍下午舉辦新春團拜，共有75人參加。
◆ 16至17日，法鼓山基金會皈依關懷組於法鼓山園區為潮州地區信眾舉辦「新皈依弟子──快樂學佛人」活動，進行朝山參訪。
◆ 美國護法會加州舊金山分會舉辦心靈講座，由美國護法會輔導師果謙法師主講「誰惹我生氣──禪修與情緒管理」，約有五十多人參加。
◆ 前美國紐約象岡道場住持果峻法師，偕同汐止廣修禪寺住持大慧法師及新加坡「菩提閣」信眾一行五十多人，至北投農禪寺拜會聖嚴師父；果峻法師即將前往澳洲深造碩士及博士學位，師父為其祝福。隨後，一行人至法鼓山園區參訪。

02.17

◆ 法鼓山於北投農禪寺舉辦「社會菁英禪修營第58次共修會」，由副住持果品法師擔任總護法師，聖嚴師父出席開示「好願在人間」年度願景，以及大乘禪定的修行方式，並邀請漫畫家朱德庸分享加入法鼓山的因緣，共有172人參加。
◆ 台中分院於法鼓山園區舉辦朝山參訪活動，約有八十多人參加。
◆ 法鼓山基金會皈依關懷組於法鼓山園區為中壢地區信眾舉辦「新皈依弟子──快樂學佛人」活動，進行朝山參訪。
◆ 17至24日，禪坐會於三義DIY心靈環保教育中心舉辦初階禪七，由僧團果傳法師帶領，共有47人參加。
◆ 17至18日，僧團果光法師、常華法師至美國護法會伊利諾州芝加哥分會弘法關懷，內容包括兩場佛學講座，17日下午由果光法師講解聖嚴師父著作《自家寶藏──如來藏經語體釋譯》，18日由常華法師主講「圓覺十二問」。
◆ 美國護法會加州舊金山分會舉辦大悲懺法會，由美國護法會輔導師果謙法師帶領，約有三十多人參加。
◆ 總統陳水扁上午至北投農禪寺向聖嚴師父拜年。

02.18

◆ 2月18日至7月14日，佛學推廣中心每週一晚上於護法會淡水辦事處開辦「成佛之道第五章大乘不共法」佛學課程，由講師清德法師主講，約有二十多人參加。
◆ 台南縣六甲鄉汽車保養場發生火警事件，慈基會派員前往關懷慰問往生者家屬；3月4日僧團常及法師帶領二十多位助念團義工為往生者助念。

◆美國護法會新澤西州分會上午至紐布朗斯維克（New Brunswick）玫瑰山老人中心（Rose Mountain Senior Center）舉辦新春關懷活動，關懷近百位各族裔的老菩薩，約有二十多位義工參加。

02.19

◆2月19日至6月3日，僧團弘化院每週二於法鼓山園區第三大樓舉辦2008《水陸儀軌會本》研究，約有二十多位法師參加。

◆聖嚴師父於法鼓山園區第三大樓四樓佛堂，以「四種環保的法鼓校風」為題，進行開示，共約有一百多位僧伽大學、中華佛研所及研修學院師生參加。

02.21

◆2月21日至7月3日，佛學推廣中心每週四晚上於護法會中壢辦事處開辦講解《金剛經》的佛學課程，由講師大宣法師主講，有近三十人參加。

◆北投農禪寺、桃園齋明寺、高雄紫雲寺分別舉辦元宵燃燈供佛法會，各約有四百多人、兩百多人、三百多人參加。

◆台中分院舉辦元宵觀音法會，有近兩百人參加。

◆南投德華寺舉辦元宵觀音法會，由副寺果弘法師帶領，共有25人參加。

◆台南分院舉辦元宵大悲祈願持咒法會，約有一百多人參加。

◆加拿大溫哥華道場舉辦元宵燃燈供佛法會，由監院果樞法師帶領，有近一百二十人參加。

◆馬來西亞護法會舉辦新春〈大悲咒〉持咒共修，約有四十多人參加。

02.23

◆應《聯合報》之邀，聖嚴師父與天主教樞機主教單國璽對談「真正的自由：生命尊嚴及價值」，兩位長者以其人生經驗與社會大眾分享生死之道，由記者梁玉芳、王瑞伶採訪。

◆2月23日至3月1日，法鼓山園區禪堂舉辦話頭禪七，由禪堂室主果祺法師帶領，共有52人參加。

◆僧團傳燈院每月最後一週週六下午於台北安和分院舉辦禪修指引課程。

◆慈基會「安心家庭關懷專案」北區專題研討會於北投雲來寺舉行，課程內容包括進階慰訪技巧與須知、個案研討與綜合座談等，邀請台北市社會局科員林淑文、台北市家庭暴力防治中心督導王惠宜帶領，關懷院監院果器法師亦出席關懷，共有90人參加。

◆研修學院於法鼓山園區舉辦佛學系「學士班」招生說明會，有近四十位青年學子參加。

◆23至24日，法鼓山基金會皈依關懷組於法鼓山園區為竹山地區信眾舉辦「新皈依弟子——快樂學佛人」活動，進行朝山參訪。

◆美國護法會加州舊金山分會舉辦禪一。

◆法鼓德貴學苑舉行灑淨法會，由僧團副住持果品法師主法，約有一百多人參加，預計2009年初進駐的單位，包括法鼓大學籌備處、人基會、青年院等。

02.24

◆2月24日至5月25日，北投農禪寺每月第四週週日上午舉辦地藏法會。

◆2月24日至6月15日期間，台北安和分院舉辦四場「向名醫問診」系列健康講座，邀請專家學者主講。24日進行首場，邀請台北市立聯合醫院仁愛院區家庭醫學科醫師吳岱穎主講「斤斤計較好身材──漫談健康體位」，共有37人參加。

◆桃園齋明寺每月第四週週日下午舉辦地藏法會。

◆2月24日至5月25日期間，高雄紫雲寺舉辦四場安寧療護系列課程，邀請台灣安寧緩和醫學學會理事許禮安介紹安寧療護的基本理念、教導臨終關懷的注意事項與技巧。24日進行首場，內容包括癌症早期診斷與預防、如何告知病情、心理反應與靈性需求與分享生病心情等，有近一百六十人參加。

◆研修學院推廣教育中心97年度第一期開課，共有14門課分別於慧日講堂、愛群教室、華嚴蓮社進行。

◆新加坡護法會舉辦禪一，約有二十多人參加。

◆馬來西亞護法會舉辦監香培訓課程，共有15人參加。

02.25

◆2月25日至6月23日，佛學推廣中心每週一上午於台北安和分院開辦「聖嚴書院初階二下──牛的印跡」佛學課程，由講師果毅法師主講，約有三十多人參加。

◆2月25日至6月23日，佛學推廣中心每週一下午於台北中山精舍開辦「聖嚴書院初階一下──行門簡介」佛學課程，由講師果舫法師主講，約有四十多人參加。

◆2月25日至6月23日，佛學推廣中心每週一晚上於北投農禪寺開辦「聖嚴書院精讀一上──五講精讀（一）」佛學課程，由講師溫天河主講，約有三十多人參加。

◆2月25日至6月23日，佛學推廣中心每週一晚上於高雄紫雲寺開辦「聖嚴書院初階一上──在法鼓山學佛」佛學課程，由講師常覺法師主講，約有七十多人參加。

◆2月25日至6月23日，佛學推廣中心每週一上午於高雄三民精舍開辦「聖嚴書院初階三上──菩薩戒及漢傳佛教」佛學課程，由講師果建法師主講，約有四十多人參加。

◆2月25日至6月23日，佛學推廣中心每週一晚上於護法會屏東辦事處開辦「聖嚴書院初階三上──菩薩戒及漢傳佛教」佛學課程，由講師果建法師主講，約有二十多人參加。

◆中國大陸2月初發生嚴重風雪災情，受災人數達上億人，2月25日至3月5日慈基會組代表團前往受災最嚴重的省分之一廣西省關懷，並發放救援物資。

◆助念團於澎湖馬公舉辦當地第一場佛化奠祭儀式，在關懷院監院果器法師的帶領下，包括團長鄭文烈、江元燦等12人的關懷小組前往助念，並向澎湖民眾介紹法鼓山的理念。

02.26

◆2月26日至6月24日，佛學推廣中心每週二上午於台北安和分院開辦「聖嚴書院初階一下──行門簡介」佛學課程，由講師果界法師主講，約有四十多人參加。

◆2月26日至6月24日，佛學推廣中心每週二下午於台北中山精舍開辦「聖嚴書院初階二上──學佛五講」佛學課程，由講師溫天河主講，約有二十多人參加。

◆2月26日至6月24日，佛學推廣中心每週二下午於台北中山精舍開辦「聖嚴書院精讀二下——五講精讀（二）」佛學課程，由講師戴良義主講，約有十多人參加。

◆2月26日至6月24日，佛學推廣中心每週二晚上於北投農禪寺開辦「聖嚴書院初階二下——牛的印跡」佛學課程，由講師果廣法師主講，有近七十人參加。

◆2月26日至6月24日，佛學推廣中心每週二晚上於台中分院開辦「聖嚴書院精讀一上——五講精讀（一）」佛學課程，由講師果建法師主講，約有三十多人參加。

◆2月26日至6月24日，佛學推廣中心每週二晚上於台中分院開辦「聖嚴書院精讀二下——五講精讀（二）」佛學課程，由講師林其賢主講，約有四十多人參加。

◆2月26日至6月24日，佛學推廣中心每週二上午於高雄紫雲寺開辦「聖嚴書院初階一上——在法鼓山學佛」佛學課程，由講師郭惠芯主講，約有七十多人參加。

◆法鼓山基金會皈依關懷組於護法會中永和辦事處為中永和地區信眾舉辦「新皈依弟子——快樂學佛人」活動，導讀聖嚴師父著作《正信的佛教》。

02.27

◆2月27日至6月25日，佛學推廣中心每週三上午於台北安和分院開辦「聖嚴書院初階二上——學佛五講」佛學課程，由講師常延法師主講，有近五十人參加。

◆2月27日至6月25日，佛學推廣中心每週三下午於北投雲來寺開辦「聖嚴書院96秋級初階一下——行門簡介」佛學課程，由講師果建法師主講，約有一百多人參加。

◆2月27日至6月25日，佛學推廣中心每週三晚上於北投農禪寺開辦「聖嚴書院初階一下——行門簡介」佛學課程，由講師果賢法師主講，約有八十多人參加。

◆2月27日至6月25日，佛學推廣中心每週三晚上於台北中山精舍開辦「聖嚴書院精讀三上——五講精讀（三）」佛學課程，由講師林其賢主講，約有二十多人參加。

◆2月27日至6月25日，佛學推廣中心每週三晚上於高雄紫雲寺開辦「聖嚴書院初階二上——學佛五講」佛學課程，由講師越建東主講，約有五十多人參加。

◆2月27日至6月25日，佛學推廣中心每週三晚上於高雄紫雲寺開辦「聖嚴書院初階三上——菩薩戒及漢傳佛教」佛學課程，由講師果品法師主講，約有四十多人參加。

◆2月27日至6月25日，佛學推廣中心每週三晚上於高雄三民精舍開辦「聖嚴書院初階二上——學佛五講」佛學課程，由講師郭惠芯主講，約有五十多人參加。

◆2月27日至3月26日，高雄紫雲寺每週三晚上舉辦初級禪訓班，約有三十多人參加。

◆台灣科技大學校長陳希舜、教務長彭雲宏等一行五人上午參訪研修學院，校長惠敏法師、行政副校長果肇法師、佛學系系主任果暉法師等代表接待，雙方研議締結姊妹校合作事宜。

02.28

◆2月28日至3月2日，法鼓山於園區大殿舉辦「第13屆在家菩薩戒」第一梯次，由方丈和尚果東法師、首座和尚惠敏法師、副住持果暉法師擔任尊證師，共有548人受戒。

◆慈基會於北投雲來寺舉辦「效能提昇研討會」，課程主題包括好願在人間、專案管理、奉獻與承擔、成果分享與討論等，共有74位專職及各地區的總指揮、聯絡人、慰訪員等義工參加。

02.29

◆ 2月29日至6月27日，佛學推廣中心每週五晚上於台北中山精舍開辦「聖嚴書院初階二下──探索識界」佛學課程，由講師戴良義主講，約有三十多人參加。

◆ 2月29日至4月18日，佛學推廣中心每週五晚上於護法會樹林共修處開辦「佛教入門」佛學課程，由講師果樸法師主講，有近二十人參加。

◆ 2月29日至3月28日，台北安和分院每週五晚上舉辦健康講座，邀請台安醫院營養師林子又主講「斤斤計較──體重控制」，宣導素食飲食觀念，有近五十人參加。

◆ 2月29日至3月21日，台中分院每週五晚上舉辦初級禪訓班，約有三十多人參加。

◆ 2月29日至3月9日，美國紐約象岡道場舉辦禪十，邀請聖嚴師父傳法弟子、馬來西亞佛學院院長繼程法師帶領，有近一百人參加。

3月 MARCH

03.01

◆《人生》雜誌第295期出刊。

◆《法鼓》雜誌第219期出刊。

◆ 法鼓文化出版新書：經典人物故事系列《大師密碼W──是誰在搞鬼？》（鄭栗兒著，陶一山繪）、《大師密碼X──我不是小丑！》（鄭栗兒著，林宗賢繪）。

◆ 法鼓山園區《法鼓禮讚圖》數位導覽系統正式啟用，提供民眾透過電腦數位導覽系統，深入了解作品內容。

◆ 3月1日至6月28日，佛學推廣中心每週六晚上於護法會林口辦事處開辦講解《金剛經》的佛學課程，由講師戴良義主講，有近五十人參加。

◆ 3月1日至6月28日，佛學推廣中心每週六下午於高雄紫雲寺開辦「聖嚴書院初階二上──學佛五講」佛學課程，由講師果澔法師主講，有近三十人參加。

◆ 3月1日至6月28日，佛學推廣中心每週六上午於高雄紫雲寺開辦「聖嚴書院精讀三上──五講精讀（三）」佛學課程，由講師林其賢主講，有近二十人參加。

◆ 3月1日至6月28日，佛學推廣中心每週六上午於高雄紫雲寺開辦「聖嚴書院專題二上──專題研讀（二）」佛學課程，由講師林其賢主講，約有十多人參加。

◆ 3月1日至6月28日，佛學推廣中心每週六下午於高雄紫雲寺開辦「聖嚴書院97春級精讀一上──五講精讀（一）」佛學課程，由講師林其賢主講，有近三十人參加。

◆ 3月1日至6月28日，佛學推廣中心每週六下午於高雄紫雲寺開辦「聖嚴書院精讀一上──五講精讀（一）」佛學課程，由講師林其賢主講，約有十多人參加。

◆ 僧團傳燈院下午於北投農禪寺舉辦禪修指引課程，共有32人參加。

◆ 1至9日期間，青年院舉辦五場「與法相會」活動，1日於台南分院進行首場，由常御法師、常一法師、常宗法師帶領，共有30人參加。

◆ 法鼓山基金會皈依關懷組於護法會花蓮辦事處為當地信眾舉辦「新皈依弟子──快樂學佛人」活動，內容為認識念佛法門及戶外禪。

◆僧團果光法師、常華法師至美國護法會新澤西州分會進行弘法關懷，下午由果光法師主講「自家寶藏──如來藏經」。

◆美國護法會伊利諾州芝加哥分會每月第一、三週週六舉辦念佛共修。

◆1至2日，美國護法會伊利諾州芝加哥分會舉辦禪修活動，內容包括一場講座及兩場工作坊，邀請聖嚴師父的西方法子吉伯‧古帝亞茲（Gilbert Gutierrez）帶領，分別約有十多人參加。

◆1至22日，美國護法會加州舊金山分會每週六舉辦初級禪訓班，由資深禪修講師毛靖、林博文帶領，約有三十多人參加。

03.02

◆南投德華寺舉辦地藏法會，由副寺果弘法師帶領，約有三十多人參加。

◆2至30日，台南分院每週日晚上舉辦初級禪訓班，由監院果舟法師帶領，共有52人參加。

◆慈基會於護法會屏東辦事處舉辦一般關懷員教育訓練，課程主題包括認識慈基會、人際關係與溝通等，並邀請屏東女中老師姚秀瑛主講「美力的願景──從志願服務談公民的自我實現」，有近八十位屏東地區慰訪員及一般關懷員參加。

◆法鼓山基金會皈依關懷組於台中分院為當地信眾舉辦「新皈依弟子──快樂學佛人」活動，主題為「認識法鼓山的理念與方向」，由僧團果雲法師帶領，約有四十多人參加。

◆護法總會於北投雲來寺舉辦新進勸募會員說明會，由勸募關懷組召集人梁順旭帶領，引領了解正確勸募意義與心態，共有33人參加。

◆僧團果光法師、常華法師至美國紐約進行弘法關懷，上午於東初禪寺舉辦佛學講座，由果光法師主講「自家寶藏──如來藏經」，約有六十多人參加。

◆加拿大溫哥華道場上午舉辦觀音法會，由監院果樞法師帶領，共有77人參加。

◆2至23日，加拿大溫哥華道場每週日下午舉辦初級禪訓班，由監院果樞法師帶領，共有34人參加。

◆2至23日，馬來西亞護法會每週日下午舉辦初級禪訓班，共有22人參加。

03.04

◆《法鼓山年鑑》數位版於網路上線（網址：http://www.ddm.org.tw/event/2008/ddm_history/index.htm），內容包括簡介、歷年年鑑等，提供讀者綜覽法鼓山弘化活動概況。

◆法鼓山基金會皈依關懷組於護法會中永和辦事處為中永和地區信眾舉辦「新皈依弟子──快樂學佛人」活動，導讀聖嚴師父著作《正信的佛教》。

03.05

◆5至6日，法鼓山受邀出席全球女性和平促進會（The Global Peace Initiative of Women，簡稱GPIW）於印度新德里（New Dehli）舉辦的「青年領導培訓營」（Transformational Leadership Program），由僧團果禪法師、常濟法師，以及青年代表何麗純、王貞喬一行四人參加。

◆5至26日，佛學推廣中心每週三晚上於金山法鼓山社大開辦「大悲懺法」佛學課程，

由講師果慨法師主講，約有五十多人參加。

◆3月5日至5月28日，佛學推廣中心每週三晚上於桃園齋明寺開辦佛學課程，講解聖嚴師父的著作《心的詩偈──信心銘講錄》，由講師常慧法師主講，有近三十人參加。

03.06

◆6至9日，法鼓山於園區大殿舉辦「第13屆在家菩薩戒」第二梯次，由方丈和尚果東法師、首座和尚惠敏法師、副住持果暉法師擔任尊證師，聖嚴師父於8日上午親臨開示，共有413人受戒。

◆6至10日，法鼓山受邀出席全球女性和平促進會（The Global Peace Initiative of Women，簡稱GPIW）於印度齋浦爾（Jaipur）舉辦的「GPIW五週年大會」，大會主題為「為女性開創道路」（Making Way for the Feminine），由僧團果禪法師、常濟法師，以及青年代表何麗純、王貞喬一行四人參加。

◆3月6日至7月3日，佛學推廣中心每週四晚上於台中分院開辦「聖嚴書院初階一下──行門簡介」佛學課程（A班），由講師果理法師主講，約有一百四十多人參加。

◆3月6日至6月26日，佛學推廣中心每週四上午於護法會潮州辦事處開辦「聖嚴書院初階二上──學佛五講」佛學課程，由講師果澔法師主講，約有三十多人參加。

◆台北安和分院晚上舉辦「佛陀の微笑」禪修講座，由禪修中心副都監果元法師主講，有近一百一十人參加。

◆3月6日至7月3日，台北法青會每週四晚上於台北中山精舍舉辦「法青初階佛學班（一下）」佛學課程，由輔導師常一法師主講，共有30人參加。

03.07

◆3月7日至7月25日，佛學推廣中心每週五晚上於台北安和分院開辦「學佛五講（後二講）」佛學課程，由講師清德法師主講，有近四十人參加。

◆3月7日至5月30日，佛學推廣中心每週五晚上於護法會內湖辦事處開辦講解《佛遺教經》的佛學課程，由講師大常法師主講，約有四十多人參加。

◆北投農禪寺分別於下午及晚上舉辦大悲懺法會。

◆僧團傳燈院應台北市立教育大學教育系之邀，至該校帶領禪修指引課程，共有31人參加。

◆7至15日，法鼓山園區禪堂舉辦默照禪七暨禪二，由禪堂室主果祺法師擔任總護法師，禪二有129人參加，禪七有98人參加。

◆法行會下午於台北福華飯店舉辦第91次例會，由二位副會長張昌邦、何美頤主講「尋找佛陀的故鄉」，分享印度見聞與個人修行的體會，共有100人參加。

03.08

◆法鼓山受邀參加由美國中西部佛教會（Buddhist Council of the Midwest）與德保羅大學（Depaul University）合辦，於芝加哥舉行的「第三屆佛教女性論壇」，由僧團常悟法師代表參加，共近一百五十位東西方佛教女性修行者與會。

◆3月8日至7月3日，佛學推廣中心每週六下午於台中分院開辦「聖嚴書院初階一下──

行門簡介」佛學課程（B班），由講師果雲法師主講，有近六十人參加。

◆青年院舉辦五場「與法相會」活動（1至9日期間）。8日於桃園齋明寺進行第二場，由常宗法師、常御法師帶領，共有30人參加。

◆3月8日至12月20日期間，高雄法青會於紫雲寺舉辦八場「心靈成長會客室」活動，邀請圓桌教育學苑協談中心老師劉華厚主講，8日進行首場，講題是「我了解我自己嗎？」，有近四十人參加。

◆馬來西亞護法會晚上於八打靈觀音亭臥佛殿舉辦佛學講座，主題為「佛教與女性」，邀請高雄醫學大學性別研究所助理教授陳美華主講，剖析佛教婦女的角色地位與改變歷程，約有三十多人參加。

◆早期資深護法卓明鉦、池燕美夫婦闔家，以及李清波、林素蘭夫婦等一行，至法鼓山園區拜見聖嚴師父，感恩師父當年接引學習佛法。

03.09

◆青年院舉辦五場「與法相會」活動（1至9日期間）。9日分別於北投雲來寺、台中寶雲別苑、高雄紫雲寺進行第三、四、五場，台北場由常宗法師、常一法師，台中場由監院果毅法師、常御法師，高雄場由果澔法師帶領，各有100、50人、30人參加。

◆北投農禪寺舉辦禪一，由常住法師帶領，共有105人參加。

◆台中分院於三義DIY心靈環保教育中心舉辦精進禪一，由果雲法師帶領，共有80人參加。

◆台中分院舉辦讀書會帶領人培訓活動，邀請屏東社區大學講師郭惠芯主講，共有100人參加。

◆台南分院舉辦精進禪一，由監院果舟法師帶領，共有84人參加。

◆高雄紫雲寺舉辦四場安寧療護系列課程（2月24日至5月25日期間），邀請台灣安寧緩和醫學學會理事許禮安主講。9日進行第二場，內容主題包括生命與死亡的意義、瀕死現象與處理、安寧居家療護經驗談與從安寧經驗談殯葬文化改革等，共有159人參加。

◆為推動「漢傳佛教研究」相關計畫，中華佛研所於台北安和分院舉辦「第一次漢傳佛教專案會議」，中興大學教授群及法鼓文化、聖嚴教育基金會等相關人士參與討論。

◆法鼓山基金會皈依關懷組於法鼓山園區為大新莊、石牌地區信眾舉辦「新皈依弟子——快樂學佛人」活動，進行朝山參訪。

◆護法會蘆洲共修處上午舉行新共修處啟用儀式，由關懷院監院果器法師主持灑淨，護法總會副總會長黃楚琪亦到場關懷，有近一百五十位蘆洲、新莊、三重地區信眾參加；下午新共修處內舉辦兩場講座，邀請佛像鑑定工作者吳文成、藝術治療工作者林純如演講「法相之美」、「把自己介紹出去」。

◆義工團於北投農禪寺舉辦新義工說明會，內容包括義工經驗分享、義工團各組工作性質介紹等，共有25人參加。

◆高雄法青會於紫雲寺舉辦「生活智慧禪」法青聯誼，內容包括禪修經驗分享、電影《深夜加油站遇見蘇格拉底》賞析，由僧團果澔法師帶領，共有43人參加。

◆美國護法會加州洛杉磯分會舉辦禪一，由資深禪修講師毛靖帶領，共有25人參加。

◆馬來西亞護法會於9日及13日兩天舉辦讀書會，閱讀聖嚴師父著作《智慧100》一書。

03.10

◆ 3月10日至7月7日，台北安和分院每週一晚上舉辦「生死學中學生死」佛學課程，邀請醒吾技術學院生命教育研究中心主任辜琮瑜主講，有近一百位學員參加。

03.11

◆ 11至13日，僧團三學院於法鼓山園區第一大樓舉辦「法鼓山大普化教育」講師核心教學能力培訓課程，培養各類課程的弘講師資，共有11位法師參加。

◆ 3月11日至7月29日，佛學推廣中心每週二下午於台北安和分院舉辦「地藏菩薩的大願法門」佛學課程，由講師宗譓法師主講，約近三十人參加。

◆ 中國文藝協會推薦聖嚴師父為第49屆文藝協會「榮譽文化貢獻獎」得主，11日下午，該協會理事長愚溪至台北安和分院拜會師父，邀請師父於5月4日出席文藝節慶祝大會，接受此一榮譽獎章。

◆ 華梵大學三位董事高樹榮、莊南田、李復甸至台北安和分院拜會聖嚴師父，就佛教高等教育辦學經驗進行交流。

03.12

◆ 12至18日，法鼓山受邀出席全球女性和平促進會（The Global Peace Initiative of Women，簡稱GPIW）、美國和平學院（The United States Institute of Peace，簡稱USIP）於印度達蘭莎拉（Dharamshala）舉辦的「伊拉克青年論壇」，由僧團果禪法師、常濟法師，以及青年代表何麗純、王貞喬一行四人參加。

◆ 3月12日至6月18日，佛學推廣中心每週一晚上於護法會新店辦事處開辦佛學課程，講解聖嚴師父著作《修行在紅塵——維摩經六講》，由講師常延法師主講，約有七十多人參加。

◆ 研修學院校長惠敏法師、副校長杜正民、佛教學系系主任果暉法師上午應邀參訪台灣科技大學，與台科大校長陳希舜確立兩校締結姊妹校事宜，並共同於校園內種下象徵兩校合作的行願樹。

03.13

◆ 3月13日至5月29日，高雄紫雲寺每週四上午開辦「老年生死學」課程，邀請屏東社區大學講師郭惠芯以國台雙語教學，共有36位65歲以上的老菩薩及37位陪學義工、家屬參加。

◆ 3月13日至4月10日，護法會屏東辦事處每週四晚上舉辦初級禪訓班，共有37人參加。

◆ 合唱團成立屏東分團，為全台第10個分團，並於每月第二、三、四、五週週二晚上在護法會屏東辦事處舉辦練唱共修。

03.14

◆台北法青會每週五晚上於北投農禪寺舉辦法器練習，由常宗法師帶領。

03.15

◆15至16日，青年院於台中寶雲別苑舉辦「2008年上半年台灣區分會聯合會議暨核心悅眾成長營」，由監院果毅法師帶領，透過會務交流與分享，凝聚共識，共有40人參加。

◆北投農禪寺舉辦佛一暨八關戒齋法會，有近六百六十人參加。

◆15至16日，慈基會於南投安心服務站舉辦「兒童暨青少年學習輔導專案」研討會，藉由經驗分享，加強對弱勢家庭孩童的協助與輔導，總幹事陳果開及來自全台14個地區的正副召委、正副聯絡人及地區委員共49人參加。

◆僧大上午於法鼓山園區第三大樓舉辦97學年度招生說明會，共有60位青年學子參加。

◆法行會下午舉辦成長讀書會活動，分享《祕密》一書的閱讀心得，約有二十多人參加。

◆15至22日，美國紐約象岡道場舉辦公案禪七，邀請聖嚴師父西方法子約翰‧克魯克（John Crook）、賽門‧查爾得（Simon Child）帶領，共有18人參加。

◆加拿大護法會多倫多分會上午舉辦大悲懺法會，下午進行讀書會。

03.16

◆台北安和分院舉辦四場「向名醫問診」系列健康講座（2月24日至6月15日）。16日進行第二場，邀請台北市立聯合醫院松德院區精神科主治醫師湯華盛主講「憂鬱症的認識與預防」，共有75人參加。

◆台南分院於3月16及30日、4月13及27日、5月4及18日，6月8、15及29日下午舉辦佛學講座，邀請果煜法師主講《中阿含經》，有近一百人參加。

◆高雄紫雲寺舉辦禪一，由果澔法師帶領，共有40人參加。

◆16至23日，法鼓山園區禪堂舉辦中階禪七，邀請德國圓覺寺副住持行戒法師擔任總護法師，共有65人參加。

◆教聯會於北投雲來寺舉辦動感摺紙及佛曲帶動唱研習，邀請北投農禪寺幼教組組長柯金樹帶領，有近三十人參加。

◆美國護法會新澤西州分會上午舉辦大悲懺法會，由美國護法會輔導師果謙法師帶領，約有三十多人參加；下午舉辦佛學講座，由果謙法師主講印順長老的著作《成佛之道》，有近三十人參加。

◆美國護法會加州洛杉磯分會下午舉辦「臨終關懷課程」，邀請悅眾黃彩智分享臨終陪伴關懷的方法與技巧，有近二十人參加。

03.17

◆3月17日至4月21日，佛學推廣中心每週一晚上於護法會基隆辦事處舉辦「大悲心水陸法會」講座，由講師果慨法師主講，約有五十多人參加。

◆3月17日至6月16日，佛學推廣中心於護法會新莊辦事處開辦「普賢菩薩行願讚」佛學課程，由講師悟常法師主講，約有二十多人參加。

03.21

◆法鼓大學公益學院籌備處舉辦系列「法鼓公益論壇」座談會，21日於台大醫院國際會議中心舉辦首場，主題為「公民社會中之大學與公益」，由法鼓大學籌備處教授劉安之主持，邀請香港中文大學公民社會研究中心主任陳健民主講，與談學者包括中央大學客家學院院長江明修、暨南大學社會研究中心主任張英陣，聖嚴教育基金會董事許仁壽、台灣YMCA祕書長李萍、台北大學公共行政暨政策學系教授陳金貴等人也出席論壇與現場學者展開交流，約有兩百多人參加。

◆21至23日，美國護法會華盛頓州西雅圖分會於喜貝克會議中心（Seabeck Conference Center）舉辦默照禪三，由紐約東初禪寺住持果明法師帶領，約有二十多人參加。

◆21至28日，澳洲護法會於雪梨的藍山地區（Blue Mountains Area）舉辦禪七，僧團傳燈院監院果毅法師、果解法師前往帶領，有近二十人參加。

◆多明尼加大使館公使兼參事葛瑞思（Grace Balbuena Zeller）為感謝法鼓山於2007年11月20日協助多國因風災引起的土石流災後救援，21日率嘉西亞（Martha Garcia）、許淑悅和黃昭君等四位祕書至法鼓山園區拜會聖嚴師父並參訪，方丈和尚果東法師亦出席陪同。

03.22

◆法鼓山基金會皈依關懷組於法鼓山園區為大信南地區信眾舉辦「新皈依弟子——快樂學佛人」活動，進行朝山參訪。

◆護法會屏東辦事處舉辦觀音法會，由僧團果顯法師帶領，共有142人參加。

◆加拿大溫哥華道場舉辦觀音法會，由監院果樞法師帶領，共有77人參加。

◆加拿大護法會多倫多分會舉辦禪一。

03.23

◆宜蘭縣政府主辦、法鼓山受邀協辦的「97年度宜蘭春祭法會」，23日於該縣員山福園舉行，法會主題為「好願在人間」，由僧團果興法師主法，縣長呂國華擔任主祭，有上萬名民眾參加。

◆23至30日，台東信行寺舉辦初階禪七，由僧團果會法師帶領，共有31人參加。

◆高雄紫雲寺上午舉辦觀音法會，共有260人參加。

◆慈基會於護法會新竹辦事處舉辦一般關懷員教育訓練，課程內容包括認識慈基會、人際關係與溝通等，約有四十多位新竹地區慰訪員及一般關懷員參加。

◆法鼓山基金會皈依關懷組於羅東運動公園為大同區信眾舉辦「新皈依弟子——快樂學佛人」活動，進行戶外禪。

◆法鼓山基金會皈依關懷組於法鼓山園區為三重、蘆洲地區信眾舉辦「新皈依弟子——快樂學佛人」活動，進行朝山參訪。

◆義工團於金山法鼓山社大服務中心舉辦接待組初階課程，由團長秦如芳、副團長吳麗

卿帶領，約有二十多人參加。

◆台北法青會下午於北投農禪寺舉辦半日禪共修，由輔導師常一法師帶領，共有40人參加。

◆教聯會於基隆精舍舉辦童玩DIY研習，由基隆國小退休老師李啟仁帶領，約有十多人參加。

◆美國護法會加州舊金山分會上午舉辦「大悲心起：聖嚴師父翰墨因緣」講座，邀請書法篆刻家張梅駒帶領賞析聖嚴師父的書法作品，有近三十人參加。

◆美國護法會加州舊金山分會下午舉辦禪修讀書會，研讀聖嚴師父的著作《聖嚴法師教默照禪》。

◆萬能科技大學「教師心靈文化成長研習營」一行四十多人，上午至研修學院參訪，由行政副校長果肇法師、圖資館副館長果見法師接待，佛教學系系主任果暉法師代表介紹研修學院，副校長杜正民介紹相關數位典藏專案。

03.24

◆慈基會於護法會新店辦事處舉辦一般關懷員教育訓練，課程內容包括認識慈基會、人際關係與溝通等，有近八十位台北縣地區慰訪員及一般關懷員參加。

◆美國護法會西雅圖分會舉辦佛學講座，由紐約東初禪寺住持果明法師主講淨土法門，約有二十人參加。

03.25

◆漫畫家蔡志忠偕同中國大陸上海夏商集團總裁梁正中至台北安和分院拜會聖嚴師父，請益佛法。

03.26

◆26至31日，護法總會輔導師果器法師至泰國、馬來西亞弘法關懷，活動包括為泰國護法會新會所動土儀式主法、帶領法器教學，以及舉辦佛學講座等。

◆泰國護法會舉辦新會所灑淨動土儀式，由護法總會輔導師果器法師主法，護法會召集人蘇林妙芬、外交部駐泰國代表烏元彥等皆到場觀禮。

03.27

◆27至30日，法鼓山於園區禪堂舉辦「第30屆社會菁英禪修營」，由僧團副住持果品法師擔任總護法師，聖嚴師父於首日及圓滿日到場關懷開示，共有147人參加。

◆3月27日至5月29日，人基會每週四於北投雲來寺舉辦「法鼓山人基會甘露門」第一期義工教育訓練，邀請台北市婦女新知協會理事蔡稔惠授課，並於5月開始實習；首日並舉行開課典禮，僧團果祥法師、果光法師、人基會祕書長李伸一等皆到場關懷，共有120位義工參加。

◆聖基會出版《聖嚴法師108自在語》（全球版），書中每句法語皆附有中、英、日、韓、西、印度文等六種語言。

03.28

◆ 3月28日至4月4日，北投農禪寺舉辦清明報恩佛七，有近四百人參加。

◆ 28至30日，美國紐約象岡道場舉辦初發心禪三，由法鼓山資深悅眾俞永峰帶領，共有25人參加。

◆ 28至30日，美國護法會伊利諾州芝加哥分會舉辦禪三，由紐約東初禪寺常悟法師帶領，有近二十人參加。

03.29

◆ 29至30日，慈基會於北投雲來寺舉辦「第九梯次南亞義工培訓」課程，共有16人參加。

◆ 法鼓山基金會皈依關懷組於護法會板橋共修處為海山地區信眾舉辦「新皈依弟子——快樂學佛人」活動，進行學佛指引課程。

◆ 29至30日，法鼓山基金會皈依關懷組於台東信行寺為桃園地區信眾舉辦「新皈依弟子——快樂學佛人」活動，進行參訪、禪修指引課程。

◆ 美國護法會加州洛杉磯分會舉辦禪修講座，由護法會輔導師果謙法師主講「禪與EQ」，介紹默照禪的禪修法門，共有38人參加。

◆ 澳洲護法會雪梨分會上午舉辦佛法講座，由僧團傳燈院監院果毅法師主講心靈環保，共有20人參加。

03.30

◆ 台北安和分院舉辦都會生活禪一，由常和法師帶領，共有56人參加。

◆ 3月30日至4月5日，台中分院於台中逢甲大學體育館啟建「清明報恩梁皇寶懺」，法會期間，方丈和尚果東法師、僧團副住持果暉法師皆蒞臨關懷，逢甲大學校長張保隆等師生參與拜懺，一連七天的法會分別由僧團果建法師、果興法師、果祺法師等六位法師主法，共約有六千多人次參加。

◆ 南投德華寺舉辦佛一暨八關戒齋法會，由副寺果弘法師帶領，約有十多人參加。

◆ 中華佛研所於法鼓山園區禪堂舉辦期中禪一，由所長果鏡法師帶領，共有19位學生參加。

◆ 美國護法會加州洛杉磯分會上午舉辦大悲懺法會；下午進行禪修講座，由護法會輔導法師果謙法師主講「頭頭是道」，講解話頭禪的禪修法門，共有33人參加。

03.31

◆ 3月31日至4月6日，台南分院舉辦「清明報恩地藏法會」，由僧團果建法師主法，平均每日有近兩百八十位信眾參加。

④月 APRIL

04.01

◆《人生》雜誌第296期出刊。

◆《法鼓》雜誌第220期出刊。

◆法鼓文化出版新書：人間淨土系列《覺情書》（聖嚴師父著）。

◆《金山有情》季刊第24期出刊。

◆法鼓佛教研修學院《法鼓研修院訊》第3期出刊。

◆護法總會《護法季刊》第2期出刊。

◆4月1日至7月31日，人基會辦理「法鼓山2008國際關懷生命獎」選拔活動，徵選關懷生命的個人及團體。

◆護法會屏東辦事處每月第一週週二晚上舉辦菩薩戒誦戒會。

◆曾擔任彰化縣長及前中央選舉委員會主任委員的黃石城至台北安和分院拜會聖嚴師父，就教育、人品提昇及環境保護等議題，與師父交換意見，平日也投入公益服務的黃石城在師父邀請下，承諾將協助法鼓山推廣「心六倫」及「防治自殺」運動。

04.02

◆2至3日，清雲科技大學中亞研究所所長傅仁坤偕同師生二十餘人，至研修學院參訪並進行交流，內容包括專題演講、論文發表與禪修體驗等。

04.03

◆台北安和分院晚上舉辦「佛陀の微笑──禪修講座」，由禪修中心副都監果元法師主講，共有70人參加。

◆法行會晚上於台北福華飯店舉辦第92次例會，邀請台北榮民總醫院大腸直腸外科主治醫師陳維熊、導演柯一正主講「溫柔的慈悲──菩薩行」，分享在印度拉達克（Ladakh）的見聞，共有118人參加。

◆民主進步黨主席謝長廷、總統府祕書長葉菊蘭及民進黨祕書長李應元等人拜會聖嚴師父，師父以心靈環保的三次第落實法：「信仰、理解、實踐」，與謝主席等人分享。

◆聖嚴師父的西方弟子保羅・甘迺迪（Paul Kennedy）拜會師父。甘迺迪是師父於1975年底赴美不久，即追隨師父修學禪法的弟子，也是在師父座下剃度出家的第一位西方弟子，法號果忍。

04.04

◆4至5日，高雄紫雲寺舉辦清明報恩法會，4日上午舉辦地藏法會，5日上午舉辦地藏懺法會，分別約有兩百五十多人參加。

04.05

◆ 僧團傳燈院下午於北投農禪寺舉辦禪修指引課程，共有38人參加。

◆ 5至13日，法鼓山園區禪堂舉辦默照禪九，由禪修中心副都監果元法師帶領，共有42人參加。

◆ 加拿大溫哥華道場舉辦慈悲三昧水懺法會，由美國護法會輔導師果謙法師帶領，約有一百多位美加地區信眾參加。

◆ 5至6日，美國紐約東初禪寺常悟法師至加州舊金山弘法關懷，於舊金山分會帶領戶外禪、半日禪與《我們懂個X》（What the Bleep Do We Know）電影賞析，分別約有二十多人參加。

04.06

◆ 4月6日至5月24日，北投文化館每日中午舉辦報恩月《地藏經》持誦共修，由監院果諦法師帶領，平均每天有近九十人參加。

◆ 台東信行寺舉辦清明報恩佛一，由代理監院果宜法師帶領，有近六十人參加。

◆ 法鼓山基金會皈依關懷組於台中分院舉辦「新皈依弟子——快樂學佛人」活動，主題為「如何用禪的方法來面對現代忙碌的生活，並開啟與佛相會之門？」由僧團果雲法師主講，約有四十多位中部地區信眾參加。

◆ 法鼓山基金會皈依關懷組於法鼓山園區為中正、萬華地區信眾舉辦「新皈依弟子——快樂學佛人」活動，進行朝山參訪。

◆ 美國護法會加州洛杉磯分會舉辦念佛共修及菩薩戒誦戒會，有近二十人參加。

04.07

◆ 7至28日，南投德華寺每週一晚上舉辦初級禪訓班，由副寺果弘法師帶領，共有22人參加。

04.08

◆ 8至10日，法鼓山受邀參加由中國佛教協會和中華宗教文化交流協會於北京法源寺中國佛學院共同舉辦的「2008漢傳佛教講經交流會」，由僧團常悒法師代表參加，與來自中國大陸、香港、台灣的46位法師，分別就漢傳佛教的五部經典《金剛般若波羅密經》、《心經》、《佛說阿彌陀經》、《華嚴經·普賢行願品》、《法華經·觀世音菩薩普門品》進行研討。

◆ 慈基會「安心家庭關懷專案」北區團體督導課程晚上於北投雲來寺舉行，邀請觀新心理成長諮商中心的諮商老師王鳳蕾分享隔代教養的輔導經驗，共有40人參加。

◆ 研修學院舉辦週年校慶系列活動，包括舉行研修學院與台灣科技大學締結姊妹校簽約儀式、西藏文獻微片集成館藏儀式，以及多項表演節目；聖嚴師父親臨關懷，觀禮貴賓包括教育部高教司參事陳德華、台科大校長陳希舜、慈濟大學校長王本榮、法鼓山社會大學校長曾濟群，以及經國管理暨健康學院校長陳俊瑜等。

04.09

◆ 4月9日至6月25日，佛學推廣中心每週三晚上於金山法鼓山社大開辦「普賢菩薩行願讚」佛學課程，由講師果會法師主講，約有二十多人參加。

04.11

◆ 北投農禪寺舉辦茶禪表演，邀請日本茶道宗匠及台灣茶禪學員，表演各具特色的茶道，約有七十多人參加。

04.12

◆ 12至13日，僧團弘化院參學室於法鼓山園區舉辦參學服務員培訓課程，由常參法師帶領，約有七十多人參加。

◆ 12至13日、26至27日，慈基會於北投雲來寺舉辦「第七梯次華語義工師資培訓課程」，參與學員共有13人次。

◆ 法鼓山基金會皈依關懷組於法鼓山園區為桃園地區信眾舉辦「新皈依弟子——快樂學佛人」活動，進行朝山參訪。

◆ 法鼓山基金會皈依關懷組於護法會花蓮辦事處為當地信眾舉辦「新皈依弟子——快樂學佛人」活動，進行念佛法門指引課程。

◆ 護法總會舉辦首屆「預備委員成長營」，共兩梯次，12至13日於法鼓山園區居士寮進行第一梯次，方丈和尚果東法師到場關懷開示、護法總會總會長陳嘉男出席致辭，約有一百多位「準委員」參加。

◆ 12至19日，禪坐會於三義DIY心靈環保教育中心舉辦初階禪七，由僧團果弘法師帶領，共有37人參加。

◆ 高雄法青會於紫雲寺舉辦八場「心靈成長會客室」活動（3月8日至12月20日期間），邀請圓桌教育學苑協談中心老師劉華厚主講。12日進行第二場，講題是「心想事成——目標具體化與實現」，有近四十人參加。

◆ 美國護法會加州洛杉磯分會於莎伯崙區域公園（Schabarum Regional County Park）舉辦山水禪，由紐約東初禪寺常悟法師帶領，共有48人參加。

◆ 12至27日，美國護法會加州洛杉磯分會參加於洛杉磯《世界日報》報社四樓舉辦的「世界日報」書展，展出法鼓文化相關出版品及生活用品；並於13日安排紐約東初禪寺常悟法師演講，講題是「快樂自己決定——由佛法闡述如何安頓身心、自在過日子的方法」，分享運用佛法來轉化心境與安頓身心的方法。

◆ 中山大學通識教育中心99位學生由助理教授越建東帶領，參訪高雄紫雲寺，並由監院果耀法師指導禪修體驗。

04.13

◆ 北投農禪寺舉辦禪一，由常住法師帶領，共有126人參加。

◆ 4月13日至5月25日，慈基會舉辦「第12期百年樹人獎助學金」系列頒發活動，首場於

13日上午在護法會新竹辦事處進行，關懷院常哲法師、竹東鎮長蘇仁鑑等蒞臨關懷勉勵，有近一百人參加；下午則於護法會羅東辦事處進行，約有三十多人參加。

◆慈基會於高雄紫雲寺舉辦一般關懷員教育訓練，課程內容包括認識慈基會、人際關係與溝通等，有近八十位高雄地區慰訪員及一般關懷員參加。

◆法鼓山基金會皈依關懷組於法鼓山園區為石牌地區信眾舉辦「新皈依弟子——快樂學佛人」活動，進行朝山參訪。

◆金山、大溪、台中、北投四所法鼓山社會大學分別於法鼓山園區大殿、台中分院、北投雲來寺，透過視訊現場連線，舉辦97年度春季班聯合開學典禮，方丈和尚果東法師、僧團副住持果暉法師、金山鄉鄉長許春財、萬里鄉鄉長蔡蒼明、大溪鎮鎮長蘇文生等蒞臨園區大殿觀禮，共有917人參加。

◆美國紐約東初禪寺舉辦春季地藏法會，由象岡道場住持果醒法師主法，有近一百人參加。

◆美國護法會加州洛杉磯分會上午舉辦英文禪修入門指引課程，由紐約東初禪寺常悟法師帶領，共有28人參加。

◆馬來西亞護法會舉辦講座，邀請馬來西亞攝影家丁一主講「廣告與攝影的生命體悟——在廣告創意路上與佛陀邂逅」，分享佛法對個人創作的影響，約有四十多人參加。

04.15

◆15至29日，佛學推廣中心每週二晚上於護法會中永和辦事處開辦佛學課程，導讀聖嚴師父著作《學佛群疑》，由講師陳標主講，約有三十多人參加。

◆法鼓山持續關懷印尼災後重建工作，15至21日，行政中心副都監果光法師、慈基會副總幹事林武雄帶領七人組成的關懷團，前往亞齊、棉蘭等地進行關懷工作。

04.16

◆僧團傳燈院下午於北投農禪寺舉辦禪修指引課程，共有38人參加。

04.17

◆17至20日，法鼓山於園區禪堂舉辦「第四屆社會菁英精進禪三」，由禪修中心副都監果元法師擔任總護法師，共有74人參加。

◆僧大下午於法鼓山園區環保生命園區步道舉辦朝山活動，由僧大學務長常惺法師帶領，約有二十多位男眾學僧參加。

◆17至22日，美國護法會輔導師果謙法師於加州舊金山進行弘法關懷，內容包括一場精進禪三及兩場佛學講座。其中精進禪三於17至20日在錫登渡假中心（Hidden Villa）舉辦，以聖嚴師父的「默照禪」為指導法門，共有18人參加。

04.18

◆18至20日，合唱團於法鼓山園區舉辦成長研習營，由團長李俊賢帶領，課程內容包括發聲技巧練習與演唱觀摩等，方丈和尚果東法師、關懷院監院果器法師皆到場關懷，

有近兩百三十人參加。

◆18至20日，美國紐約象岡道場舉辦身心靈成長營，由常聞法師帶領，共有22人參加。

◆越南勇源教育基金會一行十餘人，至法鼓山園區參訪，由方丈和尚果東法師代表接待，並進行交流。

04.19

◆僧團傳燈院下午於北投農禪寺舉辦禪修指引課程，共有28人參加。

◆慈基會舉辦「第12期百年樹人獎助學金」系列頒發活動，19日分別於護法會林口共修處、台南分院舉行，各有三十多人、四十多人參加。

◆19至20日，慈基會於高雄紫雲寺舉辦聯絡人成長營，總幹事陳果開到場關懷，共有45位全台地區正、副聯絡人及慰訪員參加。

◆法鼓山基金會皈依關懷組於護法會新莊辦事處為當地信眾舉辦「新皈依弟子——快樂學佛人」活動，進行學佛入門課程。

◆法鼓山基金會《大智慧過生活》校園贈書小組參與教育部於中央圖書館台灣分館舉辦的「魅力學習‧看見未來」終身學習列車活動，提供《聖嚴法師108自在語兒童繪本（二）》、《自在生活阿米力》各20本及「心靈處方籤」與捐書、換書的民眾結緣。

◆助念團下午於台北中山精舍舉辦會員分享聯誼活動「蓮池相會‧你我和他」，由副團長鄭素卿帶領，共有108人參加。

◆義工團於北投雲來寺舉辦義工專業共通課程，由團長秦如芳帶領，內容包括義工的心態、殿堂禮儀與規矩、學佛行儀等，共有161人參加。

◆台南法青會上午於台南分院舉辦「生活講座」，由青年院監院果毅法師主講「如何找尋自己人生的價值：因無所措而茫其心」，約有二十多位青年學員參加。

◆馬來西亞護法會與馬來西亞佛教青年總會於吉隆坡鶴鳴寺共同舉辦「親密、孤獨與自由」生活營，邀請台北大學社會工作學系副教授楊蓓帶領，約有兩百六十多人參加。

04.20

◆法鼓山上午於北投農禪寺舉辦「祈福皈依大典」，聖嚴師父親臨開示，由方丈和尚果東法師代師父授三皈依，共有1,312位信眾皈依三寶。

◆僧團三學院義工室於法鼓山園區舉辦接待義工工作說明會，介紹法鼓山義工精神，及接待義工的任務與意義等，約有三十多人參加。

◆台中分院於苗栗獅潭鳴鳳古道舉辦戶外禪，由果雲法師帶領，共有106人參加。

◆文基會舉辦「心靈環保列車系列活動」，於台中一中周邊商圈進行「抗暖化救地球——筷樂救地球」活動，有近四百人參加。

◆高雄法青會於高雄縣茂林谷舉辦山水禪，由僧團果澔法師帶領，共有45人參加。

◆教聯會於法鼓山園區舉辦春季一日禪，內容包括自然生態認識、禪修體驗等，有近三十人參加。

◆美國護法會加州洛杉磯分會下午於《世界日報》報社四樓舉辦專題講座，由資深禪修講師毛靖主講「樂活人生的開始——禪修入門指引」，介紹基礎禪修的方法，有近三十人參加。

◆即日起至5月11日,馬來西亞護法會每週日下午舉辦初級禪訓班,約有十多人參加。

04.21

◆僧大於法鼓山園區禪堂舉辦禪一,由僧大總務長果乘法師擔任總護,共有75人參加。

◆美國護法會輔導師果謙法師至加州舊金山弘法關懷,21至22日於舊金山分會舉辦佛學講座,講題為「成佛之道」,共有38人參加。

04.22

◆聖嚴師父上午於北投雲來寺大殿為僧團法師、全體專職和義工進行「精神講話」,從唯識學的觀點,闡明「因緣」的內容,全台各分院道場同步視訊連線聆聽開示,約有七百多人參加。

◆4月22日至10月19日期間,護法總會舉辦40場「同心同願,承先啟後」方丈和尚果東法師全台巡迴關懷行,向各地護法悅眾表達關懷。22日晚上於基隆精舍進行首場,方丈和尚並為11位新任勸募會員授證,有近一百四十位基隆地區信眾參加。

◆前行政院院長蘇貞昌偕同夫人詹秀齡至北投雲來寺拜會,並感謝聖嚴師父致贈「誠信」墨寶,蘇前院長提到今年除夕跨年撞鐘時,師父開示的「存好心、做好事、說好話」讓他十分受用;師父也邀請蘇前院長參加禪修,並到法鼓山當義工,前院長允諾接下這份任務,為社會奉獻心力。

04.23

◆法行會晚上於台北豪景飯店舉辦本年度第一次悅眾會議,聖嚴師父、方丈和尚果東法師、僧團都監果廣法師、關懷院監院果器法師等親臨與會,會長蕭萬長於會中推舉副會長張昌邦繼任會長,約有一百多人參加。

04.24

◆僧團弘化院參學室晚上於北投雲來寺舉辦「生命禮讚——由台北縣立金山環保生命園區看臨終關懷」講座,由關懷院果選法師、助念團團長鄭文烈針對環保生命園區的啟用因緣、「植存」觀念與作法、法鼓山的大事關懷等主題,進行介紹與說明,約有一百多人參加。

◆4月24日至7月17日,佛學推廣中心每週四晚上於護法會社子辦事處開辦講解《金剛經》的佛學課程,由講師清德法師主講,有近五十人參加。

04.25

◆僧團傳燈院晚上於北投雲來寺舉辦法鼓八式動禪教學課程,共有80位新皈依信眾參加。

◆4月25日至5月3日,法鼓山園區禪堂舉辦話頭禪二暨禪七,由禪堂板首果如法師帶領,禪二有72人參加,禪七有44人參加。

04.26

◆4月26日至12月27日,青年院每月第四週週六晚上舉辦「心光講堂」系列講座,26日於行政院青年輔導委員會台北青年交流中心進行第一場,邀請《45%的天堂》一書的作者劉在武和李君偉主講「尋夢大旅行」,分享在西藏的所見所聞、內心的感動,以及對生命深刻的反省,約有兩百五十多人參加。

◆4月26日至5月3日,法鼓山園區禪堂舉辦話頭禪七暨禪二,由禪堂板首果如法師擔任主七和尚並開示,禪堂板首果祺法師擔任總護法師,禪二有72人參加,禪七有44人參加。

◆26至27日,佛學推廣中心於北投雲來寺舉辦「讀書會帶領人種子初階培訓課程」,邀請資深讀書會帶領人方隆彰、戴良義帶領,共有60人參加。

◆26至27日,桃園齋明寺舉辦春季報恩法會,26日進行地藏法會、地藏懺法會,由僧團果峙法師帶領,約有一千三百多人參加;27日進行三時繫念法會,由僧團果建法師主法,約有一千兩百多人參加。

◆台東信行寺晚上舉辦大悲懺法會,由代理監院果宜法師帶領,約有七十多人參加。

◆慈基會舉辦「第12期百年樹人獎助學金」系列頒發活動。26日於北投農禪寺舉行北區聯合頒發典禮,頒贈獎助學金予北投、石牌、大板橋等14個地區的學子,慈基會總幹事陳果開、認養人代表等人到場關懷勉勵,約有五百多人參加;同日亦於護法會苗栗辦事處、嘉義辦事處及東勢安心服務站進行,共約有三百多人參加。

◆26至27日,法鼓山基金會皈依關懷組於法鼓山園區為竹山地區信眾舉辦「新皈依弟子——快樂學佛人」活動,進行朝山參訪。

◆護法總會舉辦首屆「預備委員成長營」,共有兩梯次,26至27日於三義DIY心靈環保教育中心進行第二梯次,有近一百四十位「準委員」參加。

◆法行會下午舉辦成長讀書會活動,分享《深夜加油站遇見蘇格拉底》電影及書籍的欣賞閱讀心得,約有三十多人參加。

◆26至27日,美國護法會伊利諾州芝加哥分會舉辦禪二,由紐約東初禪寺常悟法師帶領。

◆26至27日,美國護法會輔導師果謙法師於紐約羅徹斯特進行弘法關懷,內容包括帶領法會、舉辦講座等。26日上午進行觀音法會,約有二十多人參加;下午舉辦生活佛法講座,主題是「誰惹我生氣——禪修和情緒管理」,約有二十多人參加。

04.27

◆台北安和分院舉辦四場「向名醫問診」系列健康講座(2月24日至6月15日期間)。27日進行第三場,邀請台安醫院胸腔科主治醫師吳憲林主講「追根究底——醫病醫心」,有近四十人參加。

◆台北安和分院於宜蘭縣武荖坑進行山水禪,由果傳法師帶領,共有78人參加。

◆台中分院每月第四週週日下午舉辦大悲懺法會暨菩薩戒誦戒會。

◆南投德華寺舉辦舉辦禪一,由副寺果弘法師帶領,共有15人參加。

◆高雄紫雲寺舉辦四場安寧療護系列課程(2月24日至5月25日期間),邀請台灣安寧緩和醫學學會理事許禮安主講。27日進行第三場,內容主題包括臨終關懷觀念澄清、靈性照顧與靈性陪伴的探討、關於悲傷的種種——談悲傷關懷、翻身擺位技術與餵食練習等,約有一百多人參加。

◆慈基會舉辦「第12期百年樹人獎助學金」系列頒發活動，27日上午於高雄紫雲寺舉行，約有一百多人參加。

◆法鼓山基金會皈依關懷組於法鼓山園區為三重、蘆洲地區信眾舉辦「新皈依弟子——快樂學佛人」活動，進行朝山參訪。

◆美國護法會輔導師果謙法師至紐約羅徹斯特聯絡處弘法關懷（26至27日），27日指導一日禪，約有十多人參加。

◆新加坡護法會舉辦一日禪坐共修，共有45人參加。

◆再生緣生物科技公司總裁謝忠弼、何美慶伉儷及其家人，與書法家林隆達、鄭素琴伉儷，中醫師劉孝忠、徐惠玲伉儷，及台中資深護法信眾何周瑜芬的家屬等一行人至法鼓山園區拜會聖嚴師父。

04.29

◆29至30日，美國護法會伊利諾州芝加哥分會舉辦念佛、法器練習共修，由護法會輔導師果謙法師帶領，約有十多人參加。

04.30

◆馬來西亞護法會舉辦「轉動地球的佛教青年與法鼓山僧伽大學相遇」活動，由僧團果興法師主講「聖嚴法師辦法鼓山僧伽大學的悲願」，有近二十位當地大專青年參加。

5月 MAY

05.01

◆《人生》雜誌第297期出刊。

◆《法鼓》雜誌第221期出刊。

◆法鼓文化出版新書：《法鼓山佛曲集》（合唱譜）（聖嚴師父等著）、大智慧系列《智慧之劍——《永嘉證道歌》講錄》（*The Sword of Wisdom*）（聖嚴師父著，莊國彬譯）、經典人物故事系列《大師密碼Y——一百歲的年輕人》（鄭栗兒著，葉慧君、菊子繪）、《大師密碼Z——小鞋匠大冒險》（鄭栗兒著，王子麵繪）。

◆護法總會舉辦40場「同心同願，承先啟後」方丈和尚果東法師全台巡迴關懷行。5月1日晚上於護法會中永和辦事處進行第二場關懷，方丈和尚並為七位新任勸募會員授證，約有一百多位中永和地區信眾參加。

◆1至5日，馬來西亞護法會於蒲種修成林展覽中心舉辦禪五，主題為「安頓身心、從從容容」，由僧團果興法師擔任總護，共有74人參加。

◆香港護法會舉辦地藏法會，由僧團果旭法師、果靖法師自台灣前往帶領，有近兩百人參加。

05.02

◆ 2至30日，台南分院每週五晚上舉辦初級禪訓班，由監院果舟法師帶領，約有五十多人參加。

◆ 法行會於台北福華飯店舉辦第93次例會，邀請慈濟醫院大林分院腎臟科醫師蔡宏斌主講「顧腎保心安──談腎臟保健之道」，共有105人參加。

◆ 2至8日，美國紐約象岡道場舉辦初階禪三、禪五、禪七，由住持果醒法師帶領，約有十多人參加。

05.03

◆ 3至25日，僧團弘化院每週六、日於法鼓山園區舉辦「朝山‧浴佛‧禮觀音」活動，內容包括每週八場的浴佛法會、兩條路線的朝山行禪、禮拜觀音等，總計共有近四萬人次參與。

◆ 僧團傳燈院應行政院海岸巡防署海岸巡防總局北部地區機動海巡隊之邀，前往該隊舉辦法鼓八式動禪教學課程，共有35位學員參加。

◆ 僧團傳燈院下午於北投農禪寺舉辦禪修指引課程，共有31人參加。

◆ 北投文化館舉辦浴佛節慶典活動，內容包括法會與園遊會，共約有五千多人參加。

◆ 慈基會舉辦「第12期百年樹人獎助學金」系列頒發活動，3日分別於護法會員林辦事處、屏東辦事處及竹山安心服務站舉行，共約有一百七十多人參加。

◆ 法鼓山基金會皈依關懷組於護法會花蓮辦事處為當地信眾舉辦「新皈依弟子──快樂學佛人」活動，進行念佛法門、念佛禪法等課程。

05.04

◆ 聖嚴師父下午應邀出席中國文藝協會於台北市三軍軍官俱樂部舉辦的「97年文藝節慶祝大會文藝獎章頒獎典禮」，獲頒「文化貢獻獎」，並代表受獎人致感謝辭，國內藝文界人士齊聚觀禮。

◆ 南投德華寺舉辦於南投人止關舉辦戶外禪，由副寺果弘法師帶領，共有22人參加。

◆ 慈基會舉辦「第12期百年樹人獎助學金」系列頒發活動。4日於護法會新莊辦事處舉行，約有二十多人參加。

◆ 中華佛研所於法鼓山園區禪堂舉辦期中禪一，由所長果鏡法師帶領，共有九位學生參加。

◆ 護法總會於北投雲來寺舉辦新進勸募會員說明會，由勸募關懷組召集人梁順旭帶領，引領了解正確勸募意義與心態，共有26人參加。

◆ 美國紐約東初禪寺上午舉辦浴佛法會，邀請同淨蘭若住持仁俊長老開示浴佛的意義，有近一百五十人參加。

◆ 美國護法會加州洛杉磯分會於加州州立大學長堤分校（California State University, Long Beach）舉辦佛誕節慶祝活動，分發法鼓山的文宣品、結緣品及《法鼓》雜誌，與民眾分享法鼓山的理念。

◆ 香港護法會舉辦浴佛法會，由僧團果旭法師、果靖法師前往帶領，約有兩百多人參加。

05.05

◆法鼓山下午於北投雲來寺舉辦專題演講,由傳燈院禪修師資陳武雄主講「禪在當下——與身體的約會」,約有五十多人參加。

◆護法總會舉辦40場「同心同願,承先啟後」方丈和尚果東法師全台巡迴關懷行。5日晚上於北投農禪寺進行第三場關懷,方丈和尚並為六位新任勸募會員授證,約有一百多位石牌地區信眾參加。

◆香港護法會召集人郭永安、資深悅眾陳國華應邀出席當地佛教黃鳳翎中學舉辦的「禪與生活」佛學座談會,進行交流,並向該校七百多位師生介紹法鼓山的理念。

05.06

◆馬來西亞護法會舉辦專題講座,由僧團常惺法師主講「法鼓山的僧伽教育」,有近四十人參加。

05.07

◆中華佛研所於法鼓山園區第三大樓舉辦研究生佛學論文發表會,本次有兩位研究生洞鈜法師及宏育法師發表論文,共有15人參加。

05.09

◆9至17日,禪坐會於法鼓山園區禪堂舉辦默照禪二、禪七,由僧團果理法師帶領,禪二有115人參加,禪七有41人參加。

◆9至10日,泰國護法會召集人蘇林妙芬帶領五位成員,前往清萊兩所華裔子弟學校光復中學及大同中學,發放學生獎學金和學校建設基金,共有50位學子受惠。

05.10

◆北投農禪寺上午起舉辦浴佛法會及「好願素食園遊會」,並邀請北投社區大學、國軍北投醫院、北投文化基金會、北投健康促進會等單位,為民眾安排醫藥諮詢、生態介紹和文藝表演等活動;晚上由表演劇團「紙風車」演出《六倫夢幻曲》,共有近一千八百人參加。

◆台東信行寺舉辦浴佛法會,有近一百人參加。

◆慈基會舉辦「第12期百年樹人獎助學金」系列頒發活動,10日於南投安心服務站舉行,有近一百人參加。

◆高雄法青於紫雲寺舉辦八場「心靈成長會客室」活動(3月8日至12月20日期間),邀請圓桌教育學苑協談中心老師劉華厚主講。10日進行第三場,講題為「我的身心健康嗎?」,有近四十人參加。

◆美國護法會加州舊金山分會舉辦佛誕節暨母親節感恩祈福大悲懺法會,共有24人參加。

◆美國護法會華盛頓州西雅圖分會參加華盛頓大學(University of Washington)台灣學

生會於哈布隆（HUB Lawn）學生活動中心舉辦的台灣夜市小吃義賣，於現場設攤義賣小吃，還設置結緣書攤位，以《法鼓》雜誌及結緣小冊子與當地民眾結緣，共有35位義工參加。

◆新加坡護法會下午舉辦衛塞節祈福法會，由僧團副住持果品法師前往帶領，有近七十人參加。

05.11

◆法鼓山基金會、台北安和分院與法緣會於台北國父紀念館西側廣場共同舉辦「好願祈福感恩會」，活動包括音樂饗宴、園遊會等，法行會榮譽會長暨副總統當選人蕭萬長、國父紀念館館長鄭乃文及方丈和尚果東法師、護法總會總會長陳嘉男等貴賓出席參與，聖嚴師父亦於下午親臨關懷大眾，有近一萬人參加。

◆桃園齋明寺、台中分院、南投德華寺、高雄紫雲寺上午分別舉辦浴佛法會，各由監院果治法師、僧團常智法師、副寺果弘法師、僧團果建法師帶領，共約有九百四十多人參加。

◆台南分院上午於台南第二高級中學明德堂舉辦浴佛祈福平安法會，由關懷院監院果器法師主法，台南市市長許添財、台南二中校長郭伯嘉伉儷等貴賓蒞臨參與，有近一千五百人參加。

◆慈基會舉辦「第12期百年樹人獎助學金」系列頒發活動，11日分別於護法會埔里辦事處、彰化辦事處舉行，共約有九十多人參加。

◆5月3日中南半島緬甸遭受熱帶氣旋納吉斯（Nargis）重創，伊洛瓦底江（Ayeyarwady）三角洲災情慘重。慈基會啟動緊急救援系統，於11至18日派出賑災關懷團一行六人前往緬甸災區，進行第一階段的救援與關懷。

◆溫哥華道場上午舉辦浴佛法會，由監院果樞法師帶領，有近兩百人參加。

◆彰化縣政府社會局局長陳治明、彰化建國科技大學董事長吳聯星、彰化縣生命線副理事長朱金坤、南開科技大學教授林庭安、彰化縣政府社會處科長吳蘭梅及其家人等一行21人至北投雲來寺拜會聖嚴師父；吳聯星董事長對於法鼓山「心靈環保」的理念深表認同，此次特別當面向師父請教。

05.12

◆香港佛教黃鳳翎中學師生一行27人，參訪香港護法會，活動包括觀賞《三皈五戒》影片、學習法鼓八式動禪等。

05.13

◆13至17日，法鼓山受邀出席於越南首都河內市舉辦的「2008年聯合國衛塞節第五次國際佛教大會」，由研修學院校長惠敏法師、副校長杜正民等代表參加，並於會議上發表論文。

◆12日下午中國大陸四川發生芮氏規模7.8強震，造成重大傷亡，慈基會啟動緊急救援系統，於13日組成前進指揮所，並完成第一批救援義工召募；並於14日啟動賑災捐款專

戶、成立救援團隊,由副住持果品法師擔任救援團團長。

O5.15

◆ 5月15日至8月20日期間,僧團弘化院參學室於北投雲來寺舉辦四場「園區建築之美」研討課程,由建設工程處處長李孟崇主講。15日進行首場,剖析法鼓山園區的建築特色與內涵,約有八十多人參加。

◆ 12日下午中國大陸四川發生芮氏規模7.8強震,造成重大傷亡,慈基會於15至21日,派遣第一梯次救援團隊投入救災,於秀水鎮民興中學設立醫療站、展開醫療服務,並於綿陽安縣永安、桑棗、沸水等鎮捐助民生物資及捐贈美金10萬元,協助安縣蓋水塔。

O5.16

◆ 16至28日,方丈和尚果東法師至美國護法會加州洛杉磯、華盛頓州西雅圖分會及紐約東初禪寺、加拿大溫哥華進行弘法關懷。16至18日於東初禪寺帶領祈福法會、出席東初禪寺創寺30週年系列慶典活動等。

◆ 美國紐約東初禪寺晚上舉辦「彌陀超薦祈福法會」,由方丈和尚果東法師帶領十多位法師,為5月3、12日發生的緬甸風災及中國大陸四川震災往生者超度,並為傷者消災祈福,約有一百多位民眾參加。

◆ 玄奘大學副校長林博文偕同中國大陸大明寺住持能修法師等一行六人,參訪研修學院,並與校長惠敏法師就佛教辦學經驗進行交流與分享。

O5.17

◆ 聖嚴師父於北投農禪寺新簡介館接受中國電視公司、中天電視台與中華民國紅十字會總會為響應援助中國大陸四川地震災情製播「把愛傳出去」賑災晚會專訪,錄製對災區民眾的關懷與開示。

◆ 法鼓山下午於北投農禪寺舉辦三時繫念法會,為5月3、12日發生的緬甸風災及中國大陸四川震災往生者超度,並為傷者消災祈福,聖嚴師父親臨關懷,呼籲社會各界支援救災行動,全台各分院同步視訊連線,共約有三千多人參加。

◆ 僧團弘化院於法鼓山園區舉辦「梵唄法器帶領人研習營」,由監院果慨法師、果寰法師與果增法師帶領,課程主題包括介紹念佛法器儀軌與執掌、建立正確的帶領人心態等,有近四十位念佛會悅眾參加。

◆ 台南分院舉辦大悲懺法會,由監院果舟法師帶領,約有兩百多人參加。

◆ 高雄三民精舍上午舉辦浴佛法會,由僧團常覺法師帶領,約有兩百多人參加。

◆ 17至18日,慈基會於北投雲來寺舉辦緊急救援教育訓練正副總指揮成長營,以增進救災工作安全及凝聚團隊精神,有近一百五十人參加。

◆ 台中法青會於苗栗三義舉辦戶外禪,由常宗法師帶領,有近五十人參加。

◆ 17至18日,美國紐約東初禪寺舉辦創寺30週年慶典活動,17日的活動包括祈福法會、四眾座談分享等,由方丈和尚果東法師主持,聖嚴師父並以預錄影片方式引導回顧東初禪寺自草創起的種種演變,並鼓勵大眾為改建東初禪寺繼續努力。

◆ 17至19日，加拿大溫哥華道場舉辦精進禪三，由監院果樞法師帶領，有近三十位禪眾
參加。

◆ 17至18日，美國護法會加州舊金山分會參加當地亞裔工商展覽會於聖馬杜市展覽中心
（San Mateo County Expo Center）舉辦的「2008年星島工展會」，以推廣「5475大願
興學」及為川緬災區民眾募款為主題，兩天活動共募集約一千五百美元的善款。

05.018

◆ 法鼓山於北投農禪寺舉辦「社會菁英禪修營第59次共修會」，由僧團常遠法師帶領，
聖嚴師父親臨開示，主題為「法行會與菁英共修會再出發」，期勉成員找到奉獻著力
點，共有146人參加。

◆ 僧團弘化院上午於台北縣萬里、野柳、金山等地市集舉辦「太子踩街」活動，以節目
表演方式向民眾介紹浴佛節由來，展現地方關懷。

◆ 桃園齋明寺舉辦精進禪一，由監院果治法師帶領，共有70人參加。

◆ 慈基會舉辦「第12期百年樹人獎助學金」系列頒發活動，18日於台中分院舉行，有近
兩百人參加。

◆ 文基會舉辦「心靈環保列車系列活動」，於新竹公園進行「好願在人間——心靈環保
博覽會」活動，有近兩千五百人參加。

◆ 美國紐約東初禪寺舉辦創寺30週年慶典活動（17至18日）。18日常濟法師、資
深悅眾俞永峰等主持「World Café 交流研習會」，邀請哥倫比亞大學（Columbia
University）教授于君方主講「漢傳佛教和聖嚴法師的人生佛教在美國的定位」，並
針對東初禪寺未來三十年的定位，進行討論。

◆ 澳洲護法會雪梨分會參與當地於釋迦牟尼佛教中心（Sakyamuni Buddhist Centre）舉辦
的浴佛節祈福感恩活動，約有十多人參加。

◆ 18及25日，香港護法會為中國大陸四川賑災籌募善款，舉辦兩場地藏法會，共有近
四百人參加，募得善款港幣476,748元。

05.19

◆ 19至24日，中華佛研所舉辦教學評鑑，同時進行研究人員研究成果評量。

05.20

◆ 聖嚴師父上午受邀出席於台北小巨蛋舉行的中華民國第12任總統、副總統宣誓就職典禮。

05.21

◆ 加拿大溫哥華道場舉辦助念關懷課程，內容包括臨終關懷的心態認識、法器教學等，
有近四十人參加。

05.22

◆22至24日，方丈和尚果東法師至美國加州洛杉磯弘法關懷，22日上午首先於南加州大學（University of Southern California）致贈該校東亞圖書館一套《法鼓全集》；接著至洛杉磯華僑文教第二服務中心，致贈《法鼓全集》予台北駐洛杉磯經濟文化辦事處，並舉辦記者會說明法鼓山在緬甸和四川賑災的進度；晚上並於洛杉磯分會參加悅眾聯誼。

◆印度—台北協會（India-Taipei Association）會長史泰朗（T.P. Seetharam）偕家人參訪研修學院，由校長惠敏法師、佛學系系主任果暉法師，及中華佛研所榮譽所長李志夫、所長果鏡法師等接待，並參觀校園及圖書資訊館。史泰朗並允諾贈送佛陀成道處的菩提樹分株以及佛陀涅槃處的婆羅樹分株予法鼓山。

05.23

◆法鼓山第一梯次四川救援團成員榮陽醫療團隊，於台北榮民總醫院召開記者會，向台灣社會各界說明在災區救援醫療情形。

◆法鼓大學公益學院籌備處舉辦系列「法鼓公益論壇」，上午於中國文化大學大新館舉辦第二場，主題為「公益領導與培育」，邀請中央大學客家學院院長江明修主持，元智大學遠東講座教授許士軍主講，與談學者包括清華大學通識教育中心主任沈宗瑞、台灣青商會歷屆總會長聯誼會召集人王世榕等，聖嚴教育基金會董事許仁壽、法鼓大學籌備處教授劉安之、亞洲大學經營管理學系教授陳瑾瑛等人也出席論壇與現場學者展開交流，約有一百多人參加。

◆5月23日至6月1日，美國紐約象岡道場舉辦默照禪十，邀請聖嚴師父的西方法子查可・安德列塞維克（Žarko Andričević）帶領，約有十多人參加。

◆方丈和尚果東法師至美國加州洛杉磯弘法關懷，23日接受當地中文廣播電台（KAZN AM1300）專訪，分享佛法安定身心的觀念。

◆5月23日至6月1日，禪修中心副都監果元法師赴美國伊利諾州芝加哥、密蘇里州聖路易市、堪薩斯州、加州舊金山等地弘法關懷。23日晚上主持美國護法會伊利諾州芝加哥分會建設道場春季募款餐會，共募得善款近兩萬美元，半數將捐出救助四川震災，約有一百多人參加。

05.24

◆青年院「心光講堂——青年圓夢三部曲」系列講座，24日於行政院青年輔導委員會台北青年交流中心進行第二場，邀請第三建築工作室負責人謝英俊主講「建築夢的藍圖」，分享積極推動「常民建築」的心路歷程，約有兩百多人參加。

◆台南分院舉辦地藏法會，由監院果舟法師帶領，有近兩百人參加。

◆文化中心副都監果賢法師於北投雲來寺接受中國大陸東南衛視專訪，分享法鼓山援助四川震災「四安心靈重建工程」。

◆為協助中國大陸四川震災救援，24至30日，慈基會派出第二梯次四川震災救援團，於安縣秀水鎮設立醫療服務站，並於秀水鎮、平武縣平通鎮等地提供救援物資。

◆ 慈基會舉辦「第12期百年樹人獎助學金」系列頒發活動，24日於護法會新店辦事處舉行，有近三十人參加。

◆ 文基會舉辦「心靈環保列車系列活動」，於屏東縣潮州鎮新榮里周邊道路進行「清淨家園，掃我心地」活動，共有30人參加。

◆ 24至25日，聖嚴教育基金會（以下簡稱：聖基會）於台灣大學集思國際會議廳舉辦「第二屆聖嚴思想國際學術研討會」，主題為「聖嚴思想與漢傳佛教」，聖嚴師父於25日傍晚親臨會場開示，共有45位來自美國、歐洲與台灣學者專家參加，發表12篇論文，約有四百多人到場聆聽。

◆ 24至31日，禪坐會於三義DIY心靈環保教育中心舉辦中階禪七，由僧團果弘法師帶領，共有78人參加。

◆ 加拿大溫哥華道場舉辦佛一暨八關戒齋法會，由監院果樞法師帶領，共有63人參加。

◆ 方丈和尚果東法師至美國加州洛杉磯弘法關懷，24日上午於洛杉磯分會主持大悲懺法會；下午於聖瑪利諾市大會堂（San Marino Center, San Marino City）進行公開演講，主題為「心安就有平安」，有近三百人參加。

◆ 禪修中心副都監果元法師至美國護法會伊利諾州芝加哥分會弘法關懷，24日上午舉辦半日禪，約有二十多人參加；下午進行專題演講，主題為「禪修與菩薩道的關係」，有近四十人參加。

05.25

◆ 僧團傳燈院於北投雲來寺舉辦「簡單動·輕鬆禪」，內容以動禪學習為主，由監院果毅法師帶領，共有33人參加。

◆ 高雄紫雲寺舉辦四場安寧療護系列課程（2月24日至5月25日期間）邀請台灣安寧緩和醫學學會理事許禮安主講。25日進行最後一場，內容主題包括安寧療護的基本人性關懷、安寧療護的本土化模式、病人如何帶病生活等，有近九十人參加。

◆ 慈基會舉辦「第12期百年樹人獎助學金」系列頒發活動，25日於宜蘭南屏國小舉行，約有一百三十多人參加。

◆ 為協助緬甸風災救援，5月25日至6月8日，慈基會派遣第二梯次救援團前往進行救援工作，此行深入重災區之一的博格雷（Bogale）及南方瓦克馬（Wakema）、蒙炳（Monzhong）等村落提供救援物資，並關懷災區民眾。

◆ 助念團於金山法鼓山社大舉辦大事關懷服務通識課程，內容主題包括佛教生死觀探討、大事關懷服務介紹、初階法器教學等，約有三十多人參加。

◆ 義工團於北投農禪寺舉辦新義工說明會，共有35人參加。

◆ 宜蘭法青會於羅東舊寮瀑布、運動公園舉辦戶外禪，由常宗法師、常御法師帶領，約有二十多人參加。

◆ 25至26日，方丈和尚果東法師至美國西雅圖進行弘法關懷。25日於西雅圖貝爾優市（Bellevue）英特雷高中（Interlake High School）藝術表演中心進行演講，主題為「好願在人間，開心過生活」，出席貴賓包括西雅圖經濟文化辦事處處長陳俊明伉儷、華僑文教中心主任林世良伉儷等，約有一百多人參加；26日於美國護法會西雅圖分會參加悅眾座談，共有25人參加。

◆ 禪修中心副都監果元法師至美國密蘇里州聖路易市進行弘法關懷，下午於淨心書坊指

導基礎禪修課程，約有三十多位來自台灣、越南、香港、大陸等地信眾、留學生，及當地青年參加。

◆新加坡護法會舉辦佛一，約有四十多人參加。

05.26

◆26至28日，禪修中心副都監果元法師至美國堪薩斯州進行弘法關懷。26日於堪薩斯州奧佛蘭公園市（Overland Park City）進行初級禪修課程，約有二十多位當地華僑及西方眾參加；27日晚上於奧佛蘭公園市橡樹公園圖書館與當地悅眾進行座談，解答有關禪修和各種生活問題的疑惑。

05.27

◆慈基會上午於北投雲來寺舉辦中國大陸四川重建規畫籌備會議，由聖嚴師父擔任主席，法鼓山四川救援團團長果品法師、僧團都監果廣法師、行政中心副執行長果光法師、護法總會副總會長黃楚琪，及慈基會祕書長果器法師、總幹事陳果開等參加，果品法師於會中說明四川災區現況，以及法鼓山救援團在當地勘災與醫療服務的進度；慈基會提出預定在災區推行的幾項目標。

◆慈基會傍晚於北投雲來寺舉辦中國大陸四川重建規畫會議，由祕書長果器法師擔任主席，法鼓山四川救援團團長果品法師、僧團都監果廣法師、行政中心副執行長果光法師、文化中心副都監果賢法師、人文社會基金會祕書長李伸一、建設工程處處長李孟崇、台北榮民總醫院實驗外科主任陳維熊，以及法鼓山救災諮詢委員等參加。

◆慈基會晚上於北投雲來寺舉辦中國大陸四川重建工作重點討論會，法鼓山四川救援團團長果品法師、法鼓山體系主管、法鼓山救災諮詢委員，以及第一梯救援團成員等參加，討論法鼓山的賑災進度、災後重建計畫。

◆27至28日，方丈和尚果東法師至加拿大溫哥華道場進行弘法關懷期間。27日上午舉辦演講，主題為「一師一門、承先啟後」。

◆台北大學社會工作學系副教授楊蓓陪同參加第二屆「聖嚴思想國際學術研討會」的國外學者，包括美國哥倫比亞大學（Columbia University）宗教系教授于君方、美國田納西大學（University of Tennessee）教授羅梅如（Miriam Levern）、美國波士頓大學（Boston University）人類學博士雷爾蔓（Linda Learman）、比利時根特大學（Ghent University）博士生古瑪莉（Esther-Maria Guggenmos）等人前往拜會聖嚴師父，請益漢傳佛教在台灣的發展問題。

05.28

◆方丈和尚果東法師至加拿大溫哥華關懷，28日上午於溫哥華道場舉行生活佛法講座，講題為「好願在人間、歡喜過生活」，有近五百人聆聽。

◆禪修中心副都監果元法師至美國堪薩斯州弘法關懷，28日前往堪薩斯大學（The University of Kansas）拜訪該校宗教學院院長丹尼爾‧史蒂文森（Daniel B. Stevenson）教授，史蒂文森教授一九七〇年代曾於紐約追隨聖嚴師父修行。

◆美國印第安那大學（Indiana University）宗教學系博士生韓光（Erik J. Hammerstrom）參訪研修學院暨中華佛研所，並舉辦講座，講題為「民國佛教期刊文獻集成」（A Case Study in How Chinese Buddhists talked about Science in the 1920's and 1930's）。

05.29

◆法鼓山受邀參加中國大陸宗教局於四川成都寶光寺舉辦的「512汶川特大地震災區祈福追薦大法會」，由刻參與第二梯次救援工作的僧團常諦法師及常悅法師代表參加，與數百位僧俗四眾，共同為災區民眾祈福。

◆高雄紫雲寺為65歲以上長者開設的「老年生死學」課程，上午舉行結業式，由監院果耀法師頒發結業證書，共有44位學員結業。

◆5月29日至6月1日，禪修中心副都監果元法師至美國護法會加州舊金山分會進行弘法關懷。29日舉辦禪坐共修；30日晚上主持「從心看電影」活動，引導大眾觀看電影《天下無賊》，探討片中的佛法意涵；31日下午舉辦「佛陀の微笑」禪修講座，有近三十位信眾參加。

05.30

◆5月30日至6月1日，青年院於法鼓山園區舉辦「法青種子培訓營」，由監院果毅法師擔任總護法師，方丈和尚果東法師於6月1日上午出席開示關懷，共有72位學員參加。

◆為協助中國大陸四川震災救援，5月30日至6月5日，慈基會派出第三梯次四川震災救援團，於安縣秀水鎮民興中學設立醫療站，也於秀水鎮、桑棗鎮、什邡市龍居寺村捐贈物資，並派遣建築專業人員前往了解未來協助災後重建的可能性。

05.31

◆聖嚴師父獲頒美國設計與流程科學協會（Society for Design and Process Science，簡稱SDPS）設立的「李國鼎傑出經濟社會制度設計獎」，31日上午師父出席於台北中正紀念堂一樓演講廳舉行的授獎典禮，負責頒獎的李國鼎數位知識促進會理事長王昭明表示，師父因提倡建設人間淨土，並提出心五四、心六倫等優良社會理念而獲獎。

◆聖嚴師父應亞洲大學、美國設計與流程科學協會（Society for Design and Process Science，簡稱SDPS）之邀，於台北中正紀念堂一樓演講廳，與第六位登陸月球的美國太空人艾德格・米契爾（Edgar Mitchell）博士針對「宇宙的震撼」、「心識的奧祕」及「覺性，是未來世界的黎明」等三大主題，展開對談，對談由亞洲大學教授葉祖堯主持，包括台北縣文化局長李斌、財團法人資訊工業策進會執行長柯志昇、亞洲大學校長張紘炬等人在內，約有七百多人到場聆聽。

◆僧團弘化院於北投農禪寺舉辦「誦戒梵唄研習營」，課程內容包括菩薩戒儀軌流程教學與演練等，由監院果慨法師帶領，有近兩百五十位北一至北四轄區悅眾參加。

◆台南分院常及法師與義工一行六十多人，至台南市健生安養院，進行端午節關懷活動。

◆教聯會上午於北投雲來寺舉辦詩詞吟唱欣賞，邀請基隆女中退休國文老師王碧霞帶領；下午舉辦佛曲手語帶動唱研習課程，由北投農禪寺幼教組組長柯金樹帶領，共有

近四十人參加。

◆5月31日至6月21日，美國護法會加州洛杉磯分會每週六下午舉辦初級禪訓班，由資深禪修講師毛靖帶領，約有三十多人參加。

6月 JUNE

06.01

◆《人生》雜誌第298期出刊。

◆《法鼓》雜誌第222期出刊。

◆法鼓文化出版新書：大自在系列《九歲的成年禮》（*Uncovering the Wisdom of Heartmind*）（林・簡森 Lin Jensen 著，陳維武譯）、人生DIY系列《魔鏡西藏——拉薩遊學一年記》（邱常梵著）。

◆法鼓山下午於台北市台泥大樓士敏廳舉辦「安心、安身、安家、安業・重建希望」座談會，邀請曾任台灣921災後重建主任委員的現任副總統蕭萬長、台積電文教基金會董事張淑芬，以及香港「壹基金」創辦人李連杰等政商領袖與公益代言人，與聖嚴師父進行對談，共同探討如何面對災難，以及如何從「安心」、「安身」、「安家」、「安業」四個面向，為救災提供具體經驗。

◆僧團弘化院於北投農禪寺舉辦「誦戒梵唄研習營」，課程內容包括菩薩戒儀軌教學與演練等，由監院果慨法師等人帶領，有近一百位北五至北八轄區悅眾參加。

◆佛學推廣中心於北投雲來寺舉辦「讀書會帶領人種子進階培訓課程」，邀請資深讀書會帶領人方隆彰帶領，共有63人參加。

◆南投德華寺舉辦佛一，由副寺果弘法師帶領，約有三十多人參加。

◆台南分院舉辦禪一，由監院果舟法師帶領，共有73人參加。

◆台東信行寺舉辦佛一暨八關戒齋法會，由監院果宜法師帶領，有近六十人參加。

◆為協助清寒家庭改善困境，6月起，慈基會在「安心家庭關懷專案」中，增加「第二代脫貧計畫」，針對受助大專生提供工讀機會，並透過整合法鼓山體系的各項資源，舉辦心靈環保相關活動，引領受助家庭子女自我肯定，了解生活的意義。

◆中華佛研所於法鼓山園區階梯教室舉辦講座，邀請香港科技大學教授古正美主講「從經典談佛教藝術」，由所長果鏡法師主持，約有一百一十多人參加。

◆法鼓山基金會皈依關懷組於法鼓山園區為中正、萬華地區信眾舉辦「新皈依弟子——快樂學佛人」活動，進行朝山參訪。

◆助念團於護法會嘉義辦事處舉辦大事關懷服務通識課程，內容主題包括佛教生死觀探討、大事關懷服務介紹、初階法器教學等，共有59人參加。

◆禪修中心副都監果元法師至美國護法會加州舊金山分會弘法關懷，1日上午帶領一場為川緬災區民眾念佛祈福的法會，約有二十多人參加；下午並為西方眾進行英文禪修指引課程。

◆香港護法會於尖沙咀文化中心舉辦「大悲心起——法鼓山慈善音樂會2008」，演出內容包括禪鼓、男女混聲合唱、鋼琴協奏、國樂團演奏等，活動收入將全數捐助緬甸和

中國大陸四川二地救災之用,有近兩千人參與聆聽。

06.02

◆研修學院下午於法鼓山園區國際會議廳舉辦「大師講座」,邀請中國大陸浙江工業大學教授吳忠超主講「宇宙家的宗教情懷」,校長惠敏法師、副校長杜正民及全校師生共約有一百多人出席聆聽。

◆2至8日,中央大學客座教授陳榮灼參訪研修學院,由助理教授蔡伯郎接待;並於4日、5日各舉行一場講座,講題為「佛學研究方法」以及「有關安慧對實在論的駁斥──一個哲學方法的分析」,分別有近三十人參加。

06.03

◆研修學院「大師講座」主講人,中國大陸浙江工業大學教授吳忠超伉儷,前往園區拜會聖嚴師父,請益科學、宗教相關問題。

06.04

◆87位高雄縣中山高級工商職業學校高三學生在兩位老師的帶領下,至高雄紫雲寺參訪。高雄法青會為來訪學員規畫「遊戲人生」、「電影欣賞」、「禪修放鬆引導」等活動,由紫雲寺常住法師果澔法師帶領禪修,並給予佛法開示。

06.05

◆5至26日,僧團傳燈院應台灣體育大學之邀,每週四晚上於該校技擊運動技術系運動室舉辦初級禪訓班,共有14位武術班學員參加。

◆6月5日至9月8日,佛學推廣中心每週四晚上於護法會桃園辦事處開辦講解聖嚴師父著作《八正道講記》的佛學課程,由講師性禾法師主講,有近三十人參加。

06.06

◆方丈和尚果東法師受邀出席由tittot琉園企業發起的千人玻璃手印會,活動以義賣手印玻璃來為四川震災重建募款,義賣所得並全數捐給法鼓山做為四川賑災之用。

◆6至15日,僧團於法鼓山園區禪堂舉辦「結夏安居」,邀請聖嚴師父傳法弟子繼程法師帶領默照禪十,由禪修中心副都監果元法師擔任總護法師,聖嚴師父於7日晚上親臨禪堂開示,共有84位法師參加。

◆6月6日至8月22日,佛學推廣中心每週五晚上於護法會內湖辦事處開辦講解《八大人覺經》的佛學課程,由講師果樸法師主講,約有四十多人參加。

◆6月6日至8月29日,佛學推廣中心每週五晚上於護法會中永和辦事處開辦講解《八大人覺經》的佛學課程,由講師宗譓法師主講,約有四十多人參加。

◆6至10日,美國紐約象岡道場舉辦「四念住」禪五,由住持果醒法師帶領,共有15人

參加。

◆6至8日,聖嚴師父的傳法弟子約翰・克魯克（John Crook）、賽門・查爾得（Simon Child）及師父的隨行翻譯李世娟（Rebecca Li）等15位西方禪眾,至法鼓山園區參訪,7日上午拜會師父,請益禪修問題;下午則與僧大師生座談,分享學佛因緣與禪修體驗。

06.07

◆僧團傳燈院下午於北投農禪寺舉辦禪修指引課程,共有76人參加。

◆7至8日,佛學推廣中心於北投雲來寺舉辦「心靈茶會帶領人種子初階培訓課程」,課程內容包括「認識心靈茶會」、「經驗分享」、「傾聽與同理的技巧」、「團隊學習帶領技巧」等,邀請前廣達電腦資深副總經理邢智田、國防大學心理及社會工作學系講師楊美惠帶領,共有35人參加。

◆慈基會「安心家庭關懷專案」中區團體督導課程,晚上於台中寶雲別苑舉行,邀請玄奘大學社會福利系助理教授張貴傑主講「陪孩子長大的方法」,約有五十多人參加。

◆法鼓山基金會皈依關懷組於護法會花蓮辦事處為當地信眾舉辦「新皈依弟子——快樂學佛人」活動,進行念佛法門、念佛禪法等課程。

◆高雄法青會於紫雲寺舉辦八場「心靈成長會客室」活動（3月8日至12月20日期間）,邀請圓桌教育學苑協談中心老師劉華厚主講。7日進行第四場,講題為「掌握自己的命運」,約有三十多人參加。

06.08

◆新加坡護法會舉辦悅眾一日培訓課程,內容包括分享法鼓山的理念、認識正確的身口儀等,有近五十人參加。

◆馬來西亞護法會舉辦佛一,約有二十多人參加。

06.09

◆慈基會於北投雲來寺召開中國大陸四川賑災會議,由方丈和尚果東法師主持,救援團團長果品法師與各梯次團員代表都出席,交流賑災心得與救援經驗,同時討論災後重建規畫。

06.10

◆研修學院上午與英業達股份有限公司簽定創校以來首宗產學合作案,雙方將共同開發佛學專業電子辭典。簽約儀式由校長惠敏法師與英業達集團董事長葉國一共同主持,方丈和尚果東法師亦親臨現場,表達祝福。

06.11

◆ 護法總會舉辦40場「同心同願，承先啟後」方丈和尚果東法師全台巡迴關懷行。11日晚上於護法會中正萬華辦事處進行關懷，方丈和尚並為九位新任勸募會員授證，約有一百四十多位中正萬華地區信眾參加。

◆ 美國加州普莫納學院（Pomona College）宗教學系系主任智如法師參訪研修學院，並舉辦演講，講題為「藝術與考古文物對佛教歷史的探討——重想中國中古時期地藏的角色」。

06.13

◆ 為協助中國大陸四川震災救援，13至19日，慈基會派出第四梯次四川震災救援團，於秀水鎮民興中學設立醫療站，並進入北川縣羌族居地陳家壩鄉勘災。除了接續進行第一階段的安身工作，同時進行第二階段安家、安業的重建工程規畫。

◆ 慈基會協助緬甸風災災後重建，與緬甸華僑蔡豐財合作援助災區設置五組淨水設備，13日於馬基賓村（Magyi Pin Village）完成首組淨水設備的裝置，此組淨水設備將可提供潔淨的飲用水給鄰近村落約三千多位民眾使用。其餘四組也將陸續安裝至拉布達（Laputta）、米奧楊（Myaungmya）、官鼓（Kyon Ku Village）以及賓薩魯（Pin Zar Lu）四村莊。

06.14

◆ 聖嚴師父應政治大學主辦的「公共政策論壇」之邀，與天主教樞機主教單國璽於該校公共行政與企業管理中心對談「人類生命的再生與複製——倫理、宗教與法律探討」，討論複製人議題與生死之道，約有三百多人參與聆聽。

◆ 桃園齋明寺舉辦八關戒齋法會，由果治法師帶領，共有75人參加。

◆ 14至15日，僧大於法鼓山園區階梯教室舉辦「畢業製作論文發表會」，共有12位第四屆佛學系畢業學僧發表論文研究成果。

◆ 教聯會於北投雲來寺舉辦「在遊戲中遇見科學」研習課程，內容結合遊戲與科學，共有43人參加。

06.15

◆ 北投農禪寺舉辦禪一，由常涵法師帶領，共有152人參加。

◆ 台北安和分院舉辦四場「向名醫問診」系列健康講座（2月24日至6月15日期間）。15日進行最後一場，邀請市立聯合醫院仁愛院區復建科主任林峰正主講「認識骨質疏鬆症與運動概念」，共有109人參加。

◆ 桃園齋明寺下午舉辦新建禪堂、齋堂寮房灑淨開工典禮，由僧團果興法師主法，有近一百人參加。

◆ 台中分院於三義DIY心靈環保教育中心舉辦精進禪一，由果雲法師帶領，有近一百一十人參加。

◆北投法鼓山社大「健康有機飲食班」於北投農禪寺新禪堂舉辦成果發表會，有近一百二十人參加。

◆法鼓山基金會皈依關懷組於屏東保力農場為潮州地區信眾舉辦「新皈依弟子──快樂學佛人」活動，進行戶外禪。

◆法鼓山基金會皈依關懷組於法鼓山園區為基隆、石牌地區信眾舉辦「新皈依弟子──快樂學佛人」活動，進行朝山參訪。

◆6月15日至11月2日期間，護法總會舉辦六場「悅眾鼓手成長營」，15日於台中分院進行首場，課程內容包括法鼓山的理念介紹、法鼓大學的籌備現況說明等，護法總會總會長陳嘉男亦到場關懷，共有100位中部地區勸募悅眾參加。

◆助念團於護法會中壢辦事處舉辦大事關懷服務通識課程，內容主題包括佛教生死觀探討、大事關懷服務介紹、初階法器教學等，有近八十人參加。

◆美國護法會加州洛杉磯分會舉辦讀書會，研讀聖嚴師父的著作《聖嚴法師教默照禪》一書，由資深禪修講師林博文帶領，共有15人參加。

◆美國護法會加州洛杉磯分會舉辦念佛共修及菩薩戒誦戒會，有近二十人參加。

◆馬來西亞護法會舉辦精進禪一，由召集人林忠鴻帶領，有近二十人參加。

◆台灣積體電路股份有限公司董事長張忠謀、張淑芬伉儷及其英國友人至法鼓山園區拜會聖嚴師父，請益佛法與世界和平等相關問題，方丈和尚果東法師陪同餐敘。

06.16

◆16至25日，僧團於法鼓山園區禪堂舉辦「結夏安居」，由禪堂果祺法師擔任總護法師，並邀請聖嚴師父傳法弟子繼程法師帶領話頭禪十，共有148位法師參加。

◆中國大陸廣東中山大學比較宗教研究所所長馮達文等一行三人參訪研修學院，由校長惠敏法師代表接待，雙方進行交流並討論未來學術合作事宜。

06.18

◆僧團弘化院參學室於北投雲來寺舉辦四場「園區建築之美」研討課程（5月15日至8月20日期間），由建設工程處處長李孟崇主講。18日進行第二場，介紹園區建築物的多層次意涵與特色，約有八十多人參加。

◆護法總會舉辦40場「同心同願，承先啟後」方丈和尚果東法師全台巡迴關懷行。18日晚上於護法會士林辦事處進行關懷，方丈和尚並為10位新任勸募會員授證，約近一百三十位士林地區信眾參加。

06.19

◆為協助中國大陸四川震災救援，19至25日，慈基會派出第五梯次四川震災救援團，於什邡市師古鎮設立醫療站，協助當地衛生院，展開醫療及慰訪服務。

◆護法總會舉辦40場「同心同願，承先啟後」方丈和尚果東法師全台巡迴關懷行。19日晚上於北投農禪寺進行關懷，方丈和尚並為15位新任勸募會員授證，約有兩百六十多位北投地區信眾參加。

◆教聯會於北投雲來寺舉辦佛曲帶動唱整合研討課程，統一手語動作，由北投農禪寺幼教組組長柯金樹等人帶領，有近六十人參加。

06.20

◆6月20日至9月5日，佛學推廣中心每週五晚上於護法會板橋辦事處開辦佛學課程，講解聖嚴師父著作《七覺支講記》，由講師悟常法師主講，有近三十人參加。

06.21

◆北投農禪寺舉辦佛一暨八關戒齋法會，由果悅法師帶領，有近七百人參加。

◆台南分院舉辦大悲懺法會，由監院果舟法師帶領，約有兩百三十多人參加。

◆慈基會於桃園齋明寺舉辦一般關懷員教育訓練，課程內容包括認識慈基會、人際關係與溝通等，總幹事陳果開亦到場關懷，共有60位桃園地區慰訪員及一般關懷員參加。

◆助念團於護法會板橋辦事處舉辦大事關懷服務通識課程，內容主題包括佛教生死觀探討、大事關懷服務介紹、初階法器教學等，有近八十人參加。

◆義工團於北投雲來寺舉辦接待組、護勤組、醫護組進階專業課程，分別有215人、34人、23人參加。

◆高雄法青會於高雄師範大學舉辦「GO 好堂」講座，邀請行政院國家科學委員會研究員嚴定暹主講「命運好好玩」，和學員討論如何掌握自己的命運，有近七十位青年學員參加。

◆6月21日至9月7日期間，僧團果徹法師至美國護法會加州舊金山、加州洛杉磯、華盛頓州西雅圖、新澤西州四處分會及加拿大溫哥華道場、紐約東初禪寺，進行弘講關懷，主講《中觀》、《佛說大乘稻芉經》。21至22日，於舊金山分會進行二堂「中觀的智慧」佛學講座，每堂皆約有二十多人參加。

06.22

◆僧團傳燈院於北投雲來寺舉辦「簡單動‧輕鬆禪」，內容以動禪學習為主，由監院果毅法師帶領，有近四十人參加。

◆南投德華寺舉辦地藏法會，由副寺果弘法師帶領，有近二十人參加。

◆台南分院舉辦地藏法會，由監院果舟法師帶領，有近一百七十人參加。

◆台東信行寺舉辦禪一，約有十多人參加。

◆法鼓山基金會皈依關懷組於法鼓山園區為三重、蘆洲地區信眾舉辦「新皈依弟子——快樂學佛人」活動，進行朝山參訪。

◆護法總會舉辦40場「同心同願，承先啟後」方丈和尚果東法師全台巡迴關懷行。22日晚上於台北縣金山鄉金美國小進行關懷，方丈和尚並為四位新任勸募會員授證，有近一百一十位金山萬里地區信眾參加。

◆助念團於護法會新店辦事處舉辦大事關懷服務通識課程，內容主題包括佛教生死觀探討、大事關懷服務介紹、初階法器教學等，有近一百二十人參加。

◆美國護法會加州洛杉磯分會舉辦一日禪，由資深禪修講師毛靖帶領，共有27人參加。

06.23

◆6月23日至9月8日，佛學推廣中心每週一晚上於護法會基隆辦事處開辦「地藏菩薩的大願法門」佛學課程，由講師果樸法師主講，約有四十多人參加。

◆23至28日，研修學院校長惠敏法師、副校長杜正民等一行六人出席於美國亞特蘭大埃莫里大學（Emory University）舉辦的第15屆國際佛學會議（International Association of Buddhist Studies，簡稱IABS），進行主持研討、發表論文等，並與中華佛研所申請到下一屆（2011年）的主辦權。

06.24

◆僧團果徹法師至美國護法會加州舊金山分會弘講關懷，24日舉行「佛法談心——印度聖跡巡禮分享」專題講座，約有二十多人參加。

◆香港護法會應邀於佛教黃藻森小學帶領活動，內容包括佛曲帶動唱、學習數呼吸等，由召集人郭永安帶領，約有四百二十多位師生參加。

06.25

◆25至28日，法鼓山受邀參加中國大陸北京紅楓婦女心理諮詢服務中心與香港願景兒童發展基金會於香港合辦的「災後壓力症候群（PTSD）訓練課程及支援四川計畫」，由僧團果祥法師、常悅法師一行八人代表參加，並分享法鼓山在四川賑災過程的經驗。

◆僧團傳燈院於烏來內洞瀑布舉辦戶外禪，內容結合休閒與禪修，由僧團常一法師帶領，約有五十多人參加。

06.26

◆中華佛研所與美國哥倫比亞大學（Columbia University）於法鼓山園區第三大樓共同簽定「漢傳佛教專書出版」計畫，以推動漢傳佛教在西方學術界的研究出版風氣，由所長果鏡法師與哥倫比亞大學資深行政人員康婕茜（Jessie Kelly）代表簽定。

06.27

◆高雄紫雲寺晚上於三民精舍舉辦「愛書人雅聚」活動，由文化中心副都監果賢法師主講「認識法鼓文化的寶藏」，共有91人參加。

◆護法總會舉辦40場「同心同願，承先啟後」方丈和尚果東法師全台巡迴關懷行。27日晚上於護法會三重、蘆洲辦事處進行關懷，方丈和尚並為15位新任勸募會員授證，約有一百一十位三重、蘆洲地區信眾參加。

◆6月27日至7月4日，美國紐約東初禪寺於象岡道場舉辦念佛禪七，由象岡道場住持果醒法師帶領，共有30位禪眾參加。

◆中國大陸濟南市社會科學聯合會交流團一行五人，在該會主席，同時也是濟南市市委與山東大學歷史文化學院教授王良帶領下，參訪法鼓山園區，方丈和尚果東法師代表

接待，雙方並進行會談交流。

06.28

◆青年院「心光講堂——青年圓夢三部曲」系列講座，28日於行政院青年輔導委員會台北青年交流中心進行第三場，邀請2008年世界麵包大賽銀牌得主吳寶春主講「夢想實踐家」，分享經營生命的態度，有近八十人參加。

◆6月28日至11月29日，高雄紫雲寺每月最後一週週六上午舉辦「每月講談」活動，引領大眾進入閱讀的智慧寶藏，28日由文化中心副都監果賢法師主講「編輯室的修行——法鼓全集與我」，共有66人參加。

◆合唱團晚間受邀參與金色蓮花表演坊於台北中正紀念堂廣場舉辦的「送愛重建新家園——川震復原佛曲慈善演唱會」，以音聲為四川地震受難民眾及重建復原工作盡一份心力，共有74位團員參加。

◆6月28日至7月5日，美國紐約東初禪寺於象岡道場舉辦佛七，由護法會輔導師果謙法師帶領，共有35人參加。

◆6月28日至7月6日，僧團果徹法師至美國護法會加州洛杉磯分會進行弘講關懷，內容包括28至29日、7月5至6日舉辦四堂「中觀的智慧」佛學講座，每堂有近五十人到場聆聽。

06.29

◆佛學推廣中心於北投雲來寺舉辦「心靈茶會帶領人種子充電課程」，提昇學員的團隊學習帶領技巧，邀請國防大學心理及社會工作學系副教授曾麗娟帶領，共有32人參加。

◆法鼓山基金會皈依關懷組於護法會新莊辦事處為當地信眾舉辦「新皈依弟子——快樂學佛人」活動，進行「學佛Fun輕鬆」課程與戶外禪。

◆護法總會舉辦40場「同心同願，承先啟後」方丈和尚果東法師全台巡迴關懷行。29日晚上於護法會林口辦事處進行關懷，方丈和尚並為五位新任勸募會員授證，約有一百三十位林口地區信眾參加。

◆助念團於護法會新竹辦事處舉辦大事關懷服務通識課程，內容主題包括佛教生死觀探討、大事關懷服務介紹、初階法器教學等，有近四十人參加。

06.30

◆為協助中國大陸四川震災救援，6月30日至7月5日，慈基會派出第六梯次四川震災救援團，於什邡市湔底鎮龍居寺村設立醫療站，展開醫療及慰訪服務，為當地首批進駐板房（組合屋）的救援團隊。

◆中華佛研所《中華佛學學報》第21期出版。

◆研修學院推廣教育中心97年度第二期開課，共有16門課分別於慧日講堂、愛群教室、法華講堂、印儀學苑進行。

◆護法總會舉辦40場「同心同願，承先啟後」方丈和尚果東法師全台巡迴關懷行。30日

晚上於社子慈弘精舍進行關懷，方丈和尚並為七位新任勸募會員授證，約近一百一十位社子地區信眾參加。

7月 JULY

07.01

◆《人生》雜誌第299期出刊。

◆《法鼓》雜誌第223期出刊。

◆ 法鼓文化出版新書：琉璃文學系列《根本沒煩惱》（辜琮瑜著）、琉璃文學系列《我的西遊記——阿斗隨師遊天下3》（張光斗著）。

◆《金山有情》第25期出刊。

◆ 法鼓佛教研修學院《法鼓研修院訊》第4期出刊。

◆ 護法總會《護法季刊》第3期出刊。

◆ 台中分院每週二、三、五下午於台中寶雲別苑分別舉辦壓克力彩繪班、精緻紙黏土班及摩登花藝班等才藝課程。

◆ 7月1日至9月2日，大溪法鼓山社大每週二、五、六，於大溪至善高中開辦生活禪法、兒童勞作，以及中級日語、中國結班等五項暑期課程，共有近一百人參加。

◆ 7月1日至8月29日，北投法鼓山社大每週二、三、四、五、六，於北投農禪寺及雲來寺舉辦包括讀經、閱讀寫作、花藝、禪悅瑜伽、景觀維護等九項暑期兒童及成人課程，共約有一百七十多人參加。

◆ 1至4日，南投安心服務站於信義鄉同富國中，舉辦暑期兒童心靈環保體驗營，藉由禪修、圖畫、戲劇、遊戲等活動讓學員體驗佛法，有近七十位學員參加。

◆ 台北法青會晚上於台北中山精舍舉辦念佛共修，由常宗法師帶領，有近五十人參加。

◆ 1至8日，教師聯誼會於三義DIY心靈環保教育中心舉辦「教師暑假禪七」活動，有近一百一十人參加。

07.02

◆ 美國護法會加州舊金山分會舉辦書法講座，主題為「東坡空庖煮寒菜——蘇東坡〈寒食帖〉賞析」，邀請曾任台北市立教育大學語文系主任的施隆民教授主講，有近三十人參加。

07.03

◆ 僧團三學院義工室每週四晚上舉辦「誦經鈔經安身心」活動，由常先法師帶領，約有三十多人參加。

◆ 7月3日至8月7日，台北安和分院每週四晚上舉辦「發現心靈藏寶圖」都會生活課程，邀請台灣首位獲得美國九型性格學院（The Enneagram Institute，簡稱T.E.I.）認證教師

胡挹芬主講，課程包括性格測驗、分析及身心放鬆等，有近十五人參加。

◆台中法鼓山社大於惠文高中烹飪教室，舉辦「2008年春季班中式素食料理班」期末成果分享，共有45位學員及指導老師鄭錦慶參加。

◆法行會晚上於北投農禪寺舉辦第95次例會，由僧團果祥法師主講「佛法與人間關懷」，共有81人參加。

07.04

◆7月4日至8月1日，台南分院每週五舉辦初級禪訓班，由監院果舟法師帶領，共有72人參加。

◆為推動「漢傳佛教研究」相關計畫，中華佛研所於台北安和分院舉辦「第二次漢傳佛教專案會議」，邀請學者專家參與討論。

◆護法總會舉辦40場「同心同願，承先啟後」方丈和尚果東法師全台巡迴關懷行。4日晚上於台北安和分院進行關懷，方丈和尚並為16位新任勸募會員授證，約近一百五十位大信南地區信眾參加。

◆加拿大溫哥華道場舉辦菲沙河谷地區（Fraser Valley）信眾聯誼餐會，進行心得分享，監院果樞法師到場關懷，共有104人參加。

◆台北縣家庭及老人教育中心的志工在金山高中校長鍾雲英的帶領下，一行60人至法鼓山園區參訪，並由禪堂板首果祺法師帶領進行禪修體驗。

07.05

◆5至26日，台北中山精舍每週六晚上舉辦初級禪訓班，由僧團果解法師帶領，共有19人參加。

◆台南分院舉辦菩薩戒誦戒會，由監院果舟法師帶領，共有151人參加。

◆5至6日，高雄紫雲寺舉辦聖嚴書院結業活動，至台中寶雲別苑及法鼓山園區進行參學，共有260人參加。

◆僧團傳燈院下午於北投雲來寺舉辦月光禪，由禪修中心副都監果元法師帶領，共有60位禪眾參加。

◆信眾教育院於法鼓山園區為桃園地區信眾舉辦「新皈依弟子——快樂學佛人」活動，進行朝山參訪。

◆5至12日期間，青年院舉辦「一起哈佛趣」系列活動，主題為「輕鬆學佛法」。5日於桃園齋明寺、台南分院進行第一、二場，由常御法師、常一法師講授如何運用佛法來解決煩惱，分別有15人參加。

◆7月5日至9月27日，護法會基隆辦事處每週六下午舉辦基礎禪訓班，由僧團常遠法師、常學法師帶領，有近三十人參加。

◆5至6日，護法會花蓮辦事處舉辦兒童夏令營，共有24位學員參加。

◆5至6日，護法會新莊辦事處於辦事處所及法鼓山園區，舉辦「兒童自然體驗藝術創作夏令營」，共有56位學員參加。

◆加拿大溫哥華道場於5、6、13日舉辦初級禪訓班，由監院果樞法師帶領，共約有一百五十多人次參加。

◆僧團果徹法師至北美弘講，6月28至29日、7月5至6日於護法會加州洛杉磯分會進行四場「中觀的智慧」佛學講座，每場有近五十人參加。

07.06

◆7月6日至12月28日，桃園齋明寺每週日上午舉辦兒童太鼓隊鼓藝練習。
◆南投德華寺舉辦地藏法會，由副寺果弘法師帶領，有近四十人參加。
◆護法總會於北投雲來寺舉辦新進勸募會員說明會，由勸募關懷組召集人梁順旭帶領，引領了解正確勸募意義與心態，共有37人參加。
◆護法總會與台南分院共同舉辦「勸募會員成長營」，由分院監院果舟法師帶領，僧大常源法師講述法鼓山的理念，共約有一百多位南部悅眾參加。
◆香港護法會舉辦佛一，共有80人參加。
◆《聯合報》社長王文杉偕同母親謝家蘭至法鼓山園區拜會聖嚴師父。

07.07

◆7月7日至8月25日，基隆精舍每週一下午舉辦「2008暑期兒童安心班」禪修活動，由教師聯誼會禪修師資劉振鄉帶領，共有15位學員參加。
◆7月7日至12月29日，桃園齋明寺每週一上午舉辦成人太鼓隊鼓藝練習。
◆7至9日及10至12日，台東信行寺舉辦二梯次的「暑期兒童心靈探索體驗營」，共有99位學員參加。
◆為協助中國大陸四川震災救援，7至14日，慈基會派出第七梯次中國大陸四川震災救援團，該團分兩組行動，一組至四川省什邡市師古鎮進行醫療服務與關懷，共服務一千多位民眾；一組至秀水鎮等地進行相關醫療援助的會勘。
◆7月7日至9月4日，新莊法鼓山社大每週一至四舉辦電腦入門、瑜伽、兒童書法和美術等九項暑期課程，共約有兩百七十多人參加。

07.08

◆聖嚴師父於北投雲來寺大殿為僧團法師、全體專職人員進行「精神講話」，主題為「平安」及「傳承與創新」，全台各分院道場同步視訊連線聆聽開示，約有七百多人參加。

07.09

◆9至11日，法鼓山受邀出席中國大陸上海玉佛寺舉辦的「2008佛教外語人才經驗交流會」，由僧團常華法師代表參加，並以「面向世界的中國佛教」為題發表演說，分享法鼓山的國際化經驗，有近一百位來自全球各地的佛教僧俗四眾代表參與研討。
◆9至11日及13至15日，北投農禪寺舉辦兩梯次每次為期三天的「心倫理數位創意體驗營」兒童暑期活動，課程內容運用數位科技結合人文藝術，並透過電腦、音樂的學習加深學員們對心六倫的認識，共約有一百七十多位學員參加。
◆7月9日至8月27日，信眾教育院每週三晚上於金山法鼓山社大開辦「淨土法門與臨終

關懷」佛學課程，由講師果慨法師主講，約有四十多人參加。

07.10

◆護法總會舉辦40場「同心同願，承先啟後」方丈和尚果東法師全台巡迴關懷行。7月10日晚上於護法會新店辦事處進行關懷，方丈和尚並為11位新任勸募會員授證，有近一百四十位新店地區信眾參加。

◆10至13日，美國紐約東初禪寺與美國護法會新澤西州分會，於象岡道場共同舉辦「親子營及生活禪」活動，由象岡道場住持果醒法師、常聞法師等帶領，共有45位成人、30位青少年參加。

◆台灣駐紐約台北經濟文化辦事處華僑文教服務中心主任呂元榮，偕同辦事處同仁至美國紐約東初禪寺參訪，由僧團果禪法師、果傳法師以及果謙法師接待。

07.11

◆11至13日，法鼓山園區禪堂舉辦話頭禪二，由禪堂板首果祺法師帶領，共有161人參加。

◆加拿大溫哥華道場舉辦溫哥華西區信眾聯誼會，進行心得分享，監院果樞法師到場關懷，共有129人參加。

◆11至13日，僧團果徹法師於美國護法會伊利諾州芝加哥分會進行弘講關懷，內容包括11至12日舉行兩堂「佛說大乘稻芉經」、13日主講「中華禪法鼓宗」佛學講座，共約有一百二十多人參加。

07.12

◆台北安和分院與台北市開平餐飲學校合辦暑期兒童營隊「生命素養 ON THE GO」，陸續於該校及分院進行，由專業老師及安和分院監院果旭法師帶領，課程包括社會關懷、環保體驗、學習國際用餐禮儀等，有近六十位國小三、四年級學員參加。

◆12至13日，台中分院舉辦兒童禪修體驗營，內容包括戲劇、餐飲店購物遊戲等，有近一百位學員參加。

◆12至13日，台南分院舉辦兒童生活禪修體驗營，內容包括佛典故事介紹、團隊遊戲、讀經等，有近一百位學員參加。

◆青年院舉辦「一起哈佛趣」系列活動，主題為「輕鬆學佛法」。12日於北投雲來寺進行最後一場，由常御法師、常一法師講授如何運用佛法來解決煩惱，有25人參加。

◆中華佛研所於北投蓮花素食餐廳舉辦夏季校友會，由所長果鏡法師報告佛研所發展現況與未來方針，共有22位校友參加。

◆12至13日，研修學院校長惠敏法師受邀參加由新加坡蓮山雙林寺所主辦的「佛教與科學」（Buddhism and Science Symposium:Brain, DNA and the Metamorphosis of life）國際論壇，於會中進行演講，主題為「生命的奧祕：人生最後的四十八小時」，並發表論文。

◆12至13日，美國護法會加州洛杉磯分會舉辦兩場佛學講座，由中華佛研所專任研究員楊郁文主講「《阿含經》與現代生活」，共有近一百三十人次參加。

◆協助法鼓山進行緬甸風災賑災的當地台商蔡豐財與其姊蔡妙珍，至法鼓山園區拜會聖嚴師父及方丈和尚果東法師，師父勉勵利人便是利己的菩薩行，關懷院監院果器法師陪同出席。

07.13

◆台北安和分院舉辦佛一暨八關戒齋法會，由僧團副住持果暉法師帶領，共有210人參加。

◆台中分院於三義DIY心靈環保教育中心舉辦禪一，由果雲法師帶領，共有71人參加。

◆13至27日，慈基會派出第三梯次緬甸風災救援團，成員包括總幹事陳果開、副總幹事陳奕伶等一行共五人，共捐贈500萬緬幣，以及大批民生物資給該國救災委員會。

◆禪坐會於高雄紫雲寺舉辦禪一，由果澔法師帶領，共有38人參加。

◆助念團於羅東地區舉辦大事關懷服務通識課程，內容主題包括佛教生死觀探討、大事關懷服務介紹、初階法器教學等，共有130人參加。

◆美國紐約東初禪寺舉辦講座，邀請聖嚴師父早期的西方弟子，現為美國紐約市立大學皇后學院（City University of New York, at Queens College）藝術教育系主任李祺‧阿謝爾（Rikki Asher）博士以「兩條棉被，一個世界——提倡全球美術教育（Two Quilts, One World：Advocating Global Art Education）」為題，與東西方信眾分享心得。

07.14

◆7月14日至9月1日，台北安和分院每週一晚上開辦佛學課程，由講師陳琪瑛、李治華主講「遇見100%的佛陀——《華嚴經》導讀」，約有五十多人參加。

◆為協助中國大陸四川震災救援，14至21日，慈基會派出第八梯次四川震災救援團，先至師古鎮，再深入北川陳家壩鄉提供醫療服務與關懷。

◆護法總會舉辦40場「同心同願，承先啟後」方丈和尚果東法師全台巡迴關懷行。14日晚上於護法會三芝、石門辦事處進行關懷，方丈和尚並為五位新任勸募會員授證，共有52位三芝、石門地區信眾參加。

◆新加坡護法會舉辦佛法講座，由研修學院校長惠敏法師主講「佛法與科學漫談：宇宙與生命」，有近一百人參加。

◆中國佛教協會副會長根通長老帶領包括山西、雲南、河南、徐州、連雲港、北京、上海等地的10位寺院住持及宗教學者，至法鼓山園區參訪，由方丈和尚果東法師、僧團副住持果暉法師等代表接待，進行交流。

◆中國大陸行動藝術家張洹以香灰為媒材，為聖嚴師父做了一幅畫，希望贈送法鼓山。14日，由夫人胡軍軍帶來張洹的香灰畫作品集，偕同如悟法師的弟子性謙法師及寬謙法師，至法鼓山園區拜會師父。

07.15

◆聖嚴師父應邀接受華裔天才少年徐安盧的越洋電話專訪，分享自己一生中重要的轉捩點，包括貧困童年、少年出家、10年軍中生涯、二度披剃、以39歲之齡赴日本求學等歷程，以及對逆境心懷感恩的心情。

◆護法總會舉辦40場「同心同願，承先啟後」方丈和尚果東法師全台巡迴關懷行。15日晚上於護法會大同辦事處進行關懷，方丈和尚並為七位新任勸募會員授證，有近兩百二十位大同地區信眾參加。

◆15至19日，僧團果舟法師、果增法師至新加坡護法會弘法關懷，內容包括15日舉辦念佛法門的課程，由果舟法師主講「念佛在現代繁忙生活中的意義」，有近一百人參加；17至19日由兩位法師帶領佛三，有近兩百六十人參加。

07.16

◆16至30日，僧團三學院於法鼓山園區女寮，舉辦僧大應屆畢業生領執前培訓課程，有近二十人參加。

◆僧團弘化院參學室於北投雲來寺舉辦四場「園區建築之美」研討課程（5月15日至8月20日期間），由建設工程處處長李孟崇主講。16日進行第三場，解說法鼓山的永續綠建築計畫，約有八十多人參加。

◆16至21日，青年院於三義DIY心靈環保教育中心舉辦青年禪修營，由常宗法師、常御法師、常一法師帶領，共有120人參加。

07.17

◆法鼓大學公益學院籌備處舉辦系列「法鼓公益論壇」，上午於台中寶雲別苑舉辦第三場，主題為「公益、創新與社會企業」，邀請台北大學公共行政系教授陳金貴主持，中正大學社會福利系教授官有垣主講，與談人包括陽光社會福利基金會副執行長劉維弘、香港社區共享基金會主任伍甄鳳毛、法鼓大學籌備處教授劉安之等，有近六十人參加。

07.18

◆18至20日，慈基會與護法會新竹辦事處於新竹龍泉寺舉辦「2008年心靈環保暑期兒童營」，共有24位學員參加。

◆18至27日，美國紐約象岡道場舉辦親子禪修營，由住持果醒法師帶領，共有40人參加。

◆18至27日，美國紐約象岡道場舉辦精進話頭禪十，邀請聖嚴師父傳法弟子繼程法師帶領，共有45人參加。

◆加拿大溫哥華道場舉辦列治文區信眾聯誼會，進行心得分享，監院果樞法師到場關懷，共有225人參加。

◆18至22日，僧團果徹法師於美國護法會華盛頓州西雅圖分會進行弘講關懷，包括舉辦五堂「中觀的智慧」佛學講座，每堂約有三十多人參加。

◆18至30日，由資深悅眾俞永峰帶領的21位西方禪眾團，至法鼓山園區參訪，並參加話頭禪、進行禪坐心得交流，以及拜會聖嚴師父與方丈和尚果東法師。參訪團成員包括聖嚴師父克羅埃西亞法子查可・安德列塞維克（Žarko Andričević）、五名克羅埃西亞禪眾、美國香巴拉出版社（Shambhala Publications）主編史蒂芬妮・依莉莎白・蕭（Stephanie Elizabeth Shaw）及來自墨西哥、瑞士等地的禪眾。

07.19

◆ 聖嚴師父應邀接受美國作家克雷格‧查爾茲（Craig Childs）以網路視訊電話專訪，以古文物與文化為題，說明2002年法鼓山護送阿閦佛佛首復歸中國大陸山東神通寺一事之始末，由僧團常濟法師翻譯。

◆ 19至25日，法鼓山園區禪堂舉辦中英話頭禪五，由禪堂板首果如法師帶領，共有78人參加，其中有二十多位是聖嚴師父早期在海外的西方弟子。

◆ 台南分院舉辦大悲懺法會，由常及法師帶領，共有215人參加。

◆ 7月19日至8月30日，台東信行寺每週六舉辦佛學講座，由僧團果建法師主講《四十二章經》，有近四十人參加。

◆ 慈基會「安心家庭關懷專案」東區團體督導課程，晚上於護法會花蓮辦事處舉行，邀請花蓮縣社會局社工督導雷秋芳帶領研討隔代教養個案，共有25人參加。

◆ 卡玫基颱風於7月18日侵襲台灣，在中南部造成重大災情，慈基會19日起發動緊急救援，動員義工前往災區提供物資與關懷。總共於苗栗、台中、嘉義、台南、高雄、花蓮、屏東等地動員義工112人次，共關懷19,120位民眾。

◆ 護法總會舉辦40場「同心同願，承先啟後」方丈和尚果東法師全台巡迴關懷行。19日上午於台中分院進行關懷，方丈和尚並為12位新任勸募會員授證，有近兩百位台中地區信眾參加。

◆ 護法總會舉辦「同心同願，承先啟後」方丈和尚果東法師全台巡迴關懷行，19日下午於南投安心服務站進行關懷，方丈和尚並為11位新任勸募會員授證，有近一百二十位南投地區信眾參加。

◆ 護法會屏東辦事處舉辦大悲懺法會。

◆ 加拿大溫哥華道場下午舉辦觀音法會，由監院果樞法師帶領，共有89人參加。

◆ 19至20日，美國護法會於伊利諾州芝加哥分會道場舉辦心靈環保體驗營，由台灣護法會教師聯誼會會長吳甜、副會長李素玉，及生活禪師資蔡美枝、廖宥臻等四位老師帶領生活禪和戶外禪，約有十多位學員參加。

◆ 美國護法會加州洛杉磯分會於7月19日、26日，8月9、16日，9月6日，舉辦「週六禪坐共修」，平均每場約有十多人參加。

◆ 香港護法會舉辦「瑜伽小組研討會」，分享學習瑜伽的心得，共有10人參加。

◆ 19至24日，法國遠東學院（Ecole Francaise d'Extreme-Orient）駐曼谷研究中心研究員彼得‧史基靈（Peter Skilling）參訪研修學院，期間與研修學院師生做學術研究討論，並發表一場演說，講題為「巴利寫本與文獻」（Pali Manuscripts and Literature）。

07.20

◆ 法鼓山上午於北投農禪寺舉辦「祈福皈依大典」，聖嚴師父親臨開示，由方丈和尚果東法師代聖嚴師父授三皈依，共有1,461人皈依三寶。

◆ 20至24日，法鼓山園區舉辦「兒童心靈環保體驗營」，主題為「探索法寶的奇蹟」，有近兩百五十位三芝、石門、金山、萬里、基隆地區學童參加。

◆ 高雄紫雲寺舉辦觀音法會，共有360人參加。

◆助念團於護法會新莊辦事處舉辦大事關懷服務通識課程，內容主題包括佛教生死觀探討、大事關懷服務介紹、初階法器教學等，共有104人參加。

◆加拿大溫哥華道場於英屬哥倫比亞省奇里瓦克市考特斯湖（Cultus Lake, Chilliwack, B.C）舉辦山水禪，由監院果樞法師帶領，共有93人參加。

◆加拿大護法會溫哥華分會至史坦利公園（Stanley Park），參加中僑互助會舉辦的百萬人健行活動，共有33位信眾參加。

◆美國護法會加州洛杉磯分會舉辦念佛共修暨菩薩戒誦戒會，約有十多人參加。

07.21

◆21至23日，台北安和分院每日下午舉辦暑期兒童營隊「兒童禪修班」，共有72位學員參加。

◆護法總會舉辦40場「同心同願，承先啟後」方丈和尚果東法師全台巡迴關懷行。21日晚上於護法會松山辦事處進行關懷，方丈和尚並為五位新任勸募會員授證，有近一百三十位松山地區信眾參加。

07.23

◆法鼓文化下午於台北青年交流中心舉辦《阿斗隨師遊天下》系列的第三集《我的西遊記》新書分享會，邀請開放式課程計畫發起人朱學恆主持，包括媒體工作者葉樹姍、滾石集團董事長段鐘沂、台北縣政府縣長機要顧問劉忠繼、台灣證券董事長許仁壽、聖嚴教育基金會董事長施建昌等人到場分享。

◆23至29日，香港護法會參加於灣仔會議展覽中心舉辦的香港書展，在會場展出法鼓山出版品，並為當地民眾介紹法鼓山的理念。

07.24

◆法鼓人文社會學院（法鼓大學籌備處）於台北安和分院召開第四屆董事會第四次會議，由董事長聖嚴師父主持，討論並通過97學年度預算。

07.25

◆25至26日，台中分院舉辦「兒童禪修體驗營」，活動內容包括戲劇、餐飲店購物遊戲等，有近一百位學員參加。

◆25至29日，研修學院校長惠敏法師及副校長杜正民等前往韓國首爾市，參加由韓國東國大學電子佛典文化遺產研究所主辦的「漢譯佛典新目錄建置工作坊」（Constructing the New Catalog for the Chinese Buddhist Canon Workshop），為研修學院展開國際交流與發展。

◆7月25日至8月2日，法鼓山園區禪堂舉辦話頭禪九，由僧團常襄法師擔任總護法師。

◆護法會中山辦事處晚上於台北中山精舍舉辦心靈茶會活動，主題為「心情好Young——快樂生活」，共有30人參加。

07.26

◆ 7月26日至8月30日，北投文化館每日下午舉辦《地藏經》持誦共修，每日約有三十多人參加。

◆ 台北中山精舍下午舉辦禪修指引課程。

◆ 高雄紫雲寺舉辦「每月講談」活動，邀請屏東教育大學教授兼進修學院院長周德禎分享《慢行聽禪》一書的閱讀心得，共有38人參加。

◆ 青年院「心光講堂——自我超越三部曲」系列講座，26日晚上於台北聯經文化天地進行首場，邀請運長搬家公司（Steven the Mover）負責人江欲堂分享創業成功的心路歷程，約有近四十人參加。

◆ 法行會下午於北投法華講堂舉辦讀書會，邀請行政院勞工委員會技監藍福良分享《中年以後》一書的閱讀心得，共有30人參加。

◆ 26至27日，護法會淡水辦事處於淡水及金山地區，舉辦「2008年法鼓柔術暑期夏令營」，共有107位學員參加。

◆ 26至27日，護法會海山辦事處於土城教育訓練中心舉辦「2008海山區心靈環保暑期兒童夏令營」，共有90位學員參加。

◆ 護法會高雄北區辦事處晚上於左營區聯合活動中心舉辦「左營社區會員聯誼會」，感謝信眾護持「5475大願興學」計畫，高雄紫雲寺監院果耀法師出席關懷，有近一百人參加。

◆ 7月26日至8月8日，僧團果徹法師於加拿大溫哥華道場進行弘講關懷，內容包括舉辦佛學講座、帶領禪七等。26日、27日、29日及31日華道場進行四堂「中觀的智慧」佛學講座，每堂有近一百四十人到場聆聽；這項講座同時也是溫哥華道場2008年「好願在人間」週年慶系列活動的第一場。

◆ 美國護法會加州舊金山分會舉辦禪修活動，由聖嚴師父西方法子吉伯·古帝亞茲（Gilbert Gutierrez）帶領，共有32人參加。

07.27

◆ 南投德華寺舉辦禪一，由副寺果弘法師帶領，共有11人參加。

◆ 台南分院舉辦地藏法會，由監院果舟法師帶領，共有220人參加。

◆ 信眾教育院於法鼓山園區為三重、蘆洲地區信眾舉辦「新皈依弟子——快樂學佛人」活動，進行朝山參訪。

◆ 慈基會「安心家庭關懷專案」南區專題研討會於高雄紫雲寺舉行，課程內容包括進階慰訪技巧與須知、個案研討與綜合座談等，邀請高雄縣社會處社工吳姿儀、高雄縣社會處督導蔡宜芳帶領，共有60位嘉義、高雄、屏東等地區學員參加。

◆ 護法總會舉辦40場「同心同願，承先啟後」方丈和尚果東法師全台巡迴關懷行。27日上午於護法會員林辦事處進行關懷，方丈和尚並為六位新任勸募會員授證，有近一百八十位員林地區信眾參加。

◆ 護法總會舉辦「同心同願，承先啟後」方丈和尚果東法師全台巡迴關懷行，27日下午於護法會彰化辦事處進行關懷，方丈和尚並為六位新任勸募會員授證，有近一百二十位彰化地區信眾參加。

◆護法總會於高雄紫雲寺舉辦「2008年悅眾鼓手成長營──勸募小組長關懷員培訓」，紫雲寺監院果耀法師出席關懷，共有42人參加。

◆美國護法會加州洛杉磯分會舉辦一日禪，共有24人參加。

◆為籌募新道場建築基金，馬來西亞護法會舉辦「搬遷義賣會」，內容包括義賣二手生活用品、環保手工藝品、素食、佛像等，並有中醫義診，有近兩百人參加。

07.28

◆28至29日，青年院於法鼓山園區協助國際扶輪社舉辦「2008法鼓山扶輪社宗教體驗營」，由常玄法師、常御法師帶領，共有31位海內外青年參加。

07.29

◆7月29日至8月1日，台中東勢安心服務站舉辦「2008暑期心靈環保體驗營」，有近三十位學童參加。

07.30

◆30至31日，法鼓山與台北縣環境保護局低碳社區發展中心聯合舉辦「生活減碳體驗活動與研習論壇」，邀請各界環保專家針對節能減碳的議題進行研討，有近一百五十位各社區、學校、政府單位及民間團體等代表參加。30日參訪法鼓山園區，實地體驗法鼓山園區的低碳生活；31日於台北縣政府進行「低碳生活研習論壇」，法鼓大學籌備處教授劉安之於開幕式致辭，環境學院籌備處顧問呂理德亦於論壇中提出法鼓大學環境學院白皮書（草案）。

◆7月30日至8月11日，慈基會與青年院於斯里蘭卡安班南托塔（Ambalantota）台灣村聯合舉辦「法青斯里蘭卡海外服務成長營」，由青年院常宗法師帶領，為當地民眾和學童提供戶外教學、英文教學、闖關遊戲及晚會等活動，服務近八百五十人次，共有15位法青成員參加。

◆7月30日到8月1日，美國護法會新澤西州分會舉辦三場佛學講座，邀請聖嚴師父傳法弟子繼程法師主講「唯識心所法與日常生活」，共有65人參加。法師並於8月2日帶領半日禪教學和佛學問答，共有40人參加。

07.31

◆7月31日至8月2日，高雄紫雲寺舉辦中元普度法會，31日上午進行地藏法會，8月1日進行地藏懺法會，8月2日進行三時繫念法會，三天共約有兩千七百多人次參加。

◆護法總會舉辦40場「同心同願，承先啟後」方丈和尚果東法師全台巡迴關懷行。31日晚上於台北中山精舍進行關懷，方丈和尚並為九位新任勸募會員授證，有近一百七十位中山區信眾參加。

8月 AUGUST

08.01

◆《人生》雜誌第300期出刊

◆《法鼓》雜誌第224期出刊

◆法鼓文化出版新書：智慧人系列《人間此處是桃源——林子青詩文集》（林子青著）、論叢系列《經集》（釋達和譯）。

◆法鼓山「心六倫」新倫理運動，8月起邀請六位具國際知名及社會影響力的菁英，包括副總統蕭萬長、香港「壹基金」創辦人李連杰、表演工作者林青霞、蔡依林、張小燕及亞都麗緻飯店總裁嚴長壽分別擔任各倫的代言人，活動藉由電視、報章、網路、海報、公益文宣及戶外廣告託播等通路，邀請大眾響應。

◆為協助中國大陸四川震災救援，1至7日，慈基會派出第九梯次的四川救援團，團員包括台北榮民總醫院的醫療團隊和法青成員，再度深入陳家壩鄉提供醫療服務與關懷。

◆法鼓佛教研修學院報請教育部核可通過，即日起更名為「法鼓佛教學院」（以下簡稱：佛教學院）。

◆法鼓大學董事會聘請前逢甲大學校長劉安之接任籌備處主任。

◆加拿大溫哥華道場舉辦道場成立兩週年慶系列活動，1至8日進行精進禪七，由僧團果徹法師擔任總護，共有29位禪眾參加。

08.02

◆2至7日，桃園齋明寺分兩梯次舉辦兒童夏令營，共有183位國小二至六年級學員參加。

◆台中分院上午舉辦「心靈茶會」成長課程，由聖嚴書院講師林其賢帶領，共有135人參加。

◆2至3日，台中分院於三義DIY心靈環保教育中心舉辦禪二，由監院果理法師擔任總護法師，共有88位聖嚴書院學員參加。

◆台南分院舉辦菩薩戒誦戒會，由監院果舟法師帶領，共有123人參加。

◆信眾教育院於法鼓山園區為桃園地區信眾舉辦「新皈依弟子——快樂學佛人」活動，進行朝山參訪。

◆美國紐約象岡道場舉辦禪一，由常聞法師帶領，共有20人參加。

◆2至3日，美國護法會加州洛杉磯分會舉辦「2008年兒童夏令營」，由台灣護法會教師聯誼會會長吳甜、副會長李素玉，及生活禪師資蔡美枝、廖宥臻等四位老師帶領生活禪和戶外禪，共有45位學員參加。

08.03

◆3至9日，北投農禪寺啟建中元梁皇寶懺法會，聖嚴師父於9日焰口法會開始前，為大眾開示，七天共近兩萬九千人次參加。

◆美國紐約東初禪寺舉辦「如來如去，迎新送舊」常住法師執事交接儀式，卸任住持果明法師將執事交接新任住持果禪法師。交接儀式後，並舉辦生活佛法講座，邀請聖嚴師父傳法弟子繼程法師主講「如來如去──歡喜看因緣」，有近一百二十人參加。

08.04

◆4至8日，台中東勢安心服務站舉辦「2008暑期心靈環保體驗營」，有近三十位學童參加。

08.05

◆法鼓文化《人生》雜誌下午於北投雲來寺舉辦「大悲心再起──法鼓山第二屆水陸法會」座談會，由水陸法會小組成員果見法師主持，佛教學院校長惠敏法師、佛教學院副教授陳英善、僧團弘化院果慨法師、佛教學者賴信川等進行座談，分別就水陸法會的傳統、現代、未來，以及法鼓山水陸法會的時代意義，提供專業的見解與經驗分享。

08.07

◆佛教學院校長惠敏法師接受慈濟大愛電視台《大唐西域記》節目製作小組專訪，訪談內容包括佛教史上第一、四次集結的重要性及其對玄奘大師、中國佛教發展的影響，與《維摩詰經》對中國在思想、文學、藝術等方面的深遠影響。

08.08

◆8至9日，台東信行寺舉辦中元普度地藏法會，有近六十人參加。

◆為協助中國大陸四川震災救援，8至13日，慈基會派出第十梯次的四川救援團，團員包括衛生署署立台中豐原醫院的醫療團隊和法青成員，再度至安縣秀水鎮建立醫療站，看診人數達三千一百多人次；並勘察未來重建衛生院及學校的建築用地。

08.09

◆9至10日，台中分院於三義DIY心靈環保教育中心舉辦精進禪二，由果雲法師帶領，共有95人參加。

◆台南分院舉辦大悲懺法會，由監院果舟法師主持，約有兩百多人參加。

◆9至10日，美國護法會加州舊金山分會舉辦「2008兒童夏令營」，由台灣護法會教師聯誼會會長吳甜、副會長李素玉，及生活禪師資蔡美枝、廖宥臻等四位老師帶領生活禪和戶外禪，共有25位學員參加。

08.10

◆由宜蘭縣政府主辦、法鼓山受邀協辦的「97年度宜蘭秋祭法會」，10日於該縣員山福園舉行，法會主題為「好願在人間」，由關懷中心副都監果器法師主法，縣長呂國華

擔任主祭，有近八千名民眾參加。

◆北投農禪寺舉辦禪一，由常住法師帶領，有近一百五十人參加。

◆桃園齋明寺舉辦中元普度法會，由監院果治法師帶領，約有一百五十多人參加。

◆台中分院於台中寶雲別苑舉辦社會菁英半日禪，由監院果理法師帶領禪坐、法鼓八式動禪等，共有35人參加。

◆南投德華寺舉辦中元普度地藏法會，由副寺果弘法師帶領，有近七十人參加。

◆台東信行寺舉辦中元普度三時繫念法會，有近九十人參加。

◆南區法行會於高雄紫雲寺舉辦半日禪，由禪堂板首果祺法師帶領，共有20人參加。

◆護法會屏東辦事處舉辦中元地藏法會，由僧團常覺法師帶領，有近一百五十人參加。

◆美國紐約東初禪寺舉辦孝親報恩中元地藏法會，由象岡道場住持果醒法師主法，有近一百二十人參加。

◆美國護法會新澤西州分會舉辦地藏法會，由護法會輔導師果謙法師帶領，共有35人參加。

◆美國護法會加州洛杉磯分會舉辦大悲懺法會，約有十多人參加。

◆馬來西亞護法會舉辦〈大悲咒〉持咒共修，共有20人參加。

◆日本愛知大學副教授葛谷登與台灣友人至北投雲來寺拜會聖嚴師父，葛谷教授目前正為師父著作《明末佛教研究》一書進行日文翻譯，特地向師父請益該書內容。師父惠贈日文版《聖嚴法師學思歷程》、《天台心鑰──教觀綱宗貫註》及《華嚴心詮──原人論考釋》等著作。

08.11

◆11至21日，僧團果徹法師於美國護法會新澤西州分會進行弘講關懷，內容包括四堂「中觀的智慧」佛學講座，每堂有近五十人參加。

08.12

◆護法總會舉辦40場「同心同願，承先啟後」方丈和尚果東法師全台巡迴關懷行。12日晚上於護法會新莊辦事處進行關懷，護法總會輔導師果器法師、護法總會總會長陳嘉男、副總會長楊正雄共同出席，方丈和尚並為七位新任勸募會員授證，有近一百二十位新莊地區信眾參加。

08.14

◆14至18日，青年院於法鼓山園區舉辦2008夏季法鼓山「卓越‧超越」青年成長營，主題為「真正的快樂──OPEN！」，聖嚴師父於16日親赴會場關懷，並以「如何做自己的主人翁」為題開示，共有219位來自台灣、香港、韓國、中國大陸北京等地的青年參加。

◆14至17日，僧團副住持果品法師、台北大學社會工作系系主任楊蓓，與張老師基金會七位講師組成心理重建工作團，前往中國大陸四川什邡市舉辦三場「抗震救災心理重建交流座談會」，分別邀請什邡市的醫護人員、學校教師以及災區義工各約一百人參

與交流。

◆8月14日至9月6日，法鼓佛教學院圖資館館長馬德偉（Marcus Bingenheimer）至尼泊爾加德滿都大學（Kathmandu University），與「脆弱貝葉基金會」（Fragile Palm Leaf Foundation）洽談合作協議，並與「藍毗尼國際研究所」（Lumbini International Research Institute）達成圖書交換協議。

08.15

◆北投農禪寺晚上舉辦中元普度地藏法會，有近五百人參加。

◆護法會中山辦事處於台北中山精舍舉辦「心靈茶會」活動，主題為「心情好Young——健康的身心」，共有18人參加。

08.16

◆16至17日，台中分院舉辦中元普度報恩地藏法會，約有一千一百多人次參加。

◆台南分院下午於台南第二高級中學舉辦「中元普度瑜伽焰口施食法會」，由僧團果建法師擔任金剛上師，16位僧團法師及監院果舟法師等帶領，約有一千兩百多位信眾參加。

◆高雄紫雲寺舉辦「助理監香培訓」，由僧團果澔法師帶領，共有18人參加。

◆僧團傳燈院於北投農禪寺舉辦禪修指引課程，共有68人參加。

◆僧團副住持果品法師代表法鼓山捐贈善款，透過中國大陸四川「什邡大學生志願者協會」，救助當地251戶貧困家庭，每戶200元人民幣，並捐贈協會5,000元人民幣，由該會會長蕭勇代表接受。

◆慈基會於護法會花蓮辦事處舉辦緊急救援教育訓練課程，課程藉由模擬演練強化救災專業技能，有近二十位學員參加。

◆助念團於護法會大同辦事處舉辦大事關懷服務通識課程，內容主題包括佛教生死觀探討、大事關懷服務介紹、初階法器教學等，有近八十人參加。

◆加拿大溫哥華道場舉辦道場成立兩週年慶系列活動，16日舉行慈悲三昧水懺法會，由僧團都監果廣法師帶領，約有一百二十多人參加。

◆16至17日，美國護法會華盛頓州西雅圖分會舉辦「兒童心靈環保體驗營」，由台灣護法會教師聯誼會會長吳甜、副會長李素玉，及生活禪師資蔡美枝、廖宥臻等四位老師帶領生活禪和戶外禪，有近三十位學童參加。

08.17

◆法鼓山下午於北投農禪寺舉辦「社會菁英禪修營第60次共修會」暨法行會第96次例會，由僧團男眾副都監果興法師帶領，會中並由第九屆菁英禪修營成員，同時也是台北榮民總醫院實驗外科主任陳維熊分享 「四川賑災日誌——人性的光輝與生命的福報」，聖嚴師父亦蒞臨關懷及開示，共有187人參加。

◆信眾教育院於法鼓山園區為中壢地區信眾舉辦「新皈依弟子——快樂學佛人」活動，進行朝山參訪。

◆由僧團副住持果品法師、台北大學社會工作系主任楊蓓，與張老師基金會七位講師

組成的心理重建工作團，至中國大陸四川省什邡市重災區紅白鎮，舉辦「心五四」交流與家戶關懷，共關懷三百多戶當地村民。

◆美國紐約東初禪寺舉辦生活佛法講座，由象岡道場住持果醒法師主講「煩惱及菩提」，有近八十人參加。

◆加拿大溫哥華道場舉辦道場成立兩週年慶系列活動，17日進行兩場演講，分別由僧團都監果廣法師主講「禪的生活」、文化中心副都監果賢法師主講「法鼓家風——聖嚴師父行誼」，每場皆有近百人參加。

◆美國護法會加州洛杉磯分會舉辦禪修書籍導讀，進行《聖嚴法師教默照禪》一書閱讀心得分享與討論，共有15人參加。

◆馬來西亞護法會舉辦禪一，共有12人參加。

◆香港護法會舉辦「盂蘭節誦地藏經法會」，有近七十人參加。

◆廣達電腦公司董事長林百里偕同廣達文教基金會執行長楊秀月，至北投農禪寺拜會聖嚴師父。

◆高雄縣縣長楊秋興、縣政府民政局宗教禮俗科科長蔡振坤等一行，由高雄地區資深悅眾廖得雄陪同，至北投農禪寺拜會聖嚴師父。

08.18

◆僧團副住持果品法師，由中國大陸四川省宗教局局長王增建陪同，至彭州市參訪中國大陸唯一的高級尼眾人才養成學院「四川尼眾佛學院」，期能增加兩岸僧伽教育交流。隨後並轉往位於丹景山鎮雙松村的三昧禪林勘災，捐贈20萬人民幣，協助重建。

◆18至19日，護法會中山辦事處分別在台北中山精舍、大同大學舉辦「2008童心藝術生活禪體驗營」，共有46位學員參加。

08.19

◆加拿大溫哥華道場舉辦道場成立兩週年慶系列活動，19日由僧團都監果廣法師進行專題演講，講題為「淨土在人間」，有近一百人參加。

08.20

◆僧團弘化院參學室於北投雲來寺舉辦四場「園區建築之美」研討課程（5月15日至8月20日期間），由建設工程處處長李孟崇主講。20日進行最後一場，詳介禪堂、祈願觀音殿及大殿等各建物的設計過程，約有八十多人參加。

◆僧團傳燈院應邀至位於台北縣的勝德國際研發股份有限公司，為該公司員工舉辦禪修指引課程，共有20人參加。

◆僧團副住持果品法師應邀參加中國大陸四川省佛教界於什邡羅漢寺，為512四川地震遇難者舉辦的百日超度大法會。

◆加拿大溫哥華道場舉辦道場成立兩週年慶系列活動，20日由僧大學務長常惺法師進行專題演講，講題為「佛教的生死觀」，有近一百一十人參加。

08.21

◆僧團副住持果品法師代表與中國大陸四川省安縣秀水鎮第一中心小學及秀水中心衛生院，分別簽訂援建協議書，協助重建秀水一小校園及衛生院建築設施。

◆21至24日，法鼓山北美地區護法會暨相關單位於美國紐約象岡道場舉辦「北美發展研討會」，主題為「同心同願，承先啟後」，包括10位僧團法師及近一百一十位來自美國各州及加拿大等地的東西方悅眾參加。

08.22

◆僧團弘化院於北投雲來寺舉辦「2008大悲心水陸法會之展望」講座，由監院果慨法師主講，有近五十位法師、專職、專任義工參加。

◆22至24日，北投文化館舉辦中元地藏法會，共約有一千兩百七十多人次參加。

◆信眾教育院於北投雲來寺舉辦「讀書會帶領人種子充電課程」，邀請《聽見西藏》一書作者邱常梵，分享佛法在生活中的運用，共有56人參加。

◆8月22至9月26日，信眾教育院每週五晚上於護法會桃園辦事處開辦「大悲懺法」佛學課程，由講師果慨法師主講，約有九十多人參加。

◆僧團副住持果品法師一行前往中國大陸四川省北川縣陳家壩鄉，捐贈50頂帳篷、油布。

◆加拿大溫哥華道場舉辦道場成立兩週年慶系列活動，22至24日進行法青「卓越‧超越成長營」活動，由監院果樞法師、僧大常悒法師及青年院常一法師帶領，共有37人參加。

08.23

◆23至24日，僧團三學院義工室於法鼓山園區第一大樓副殿舉辦「新進義工初階成長營」活動，內容包括介紹法鼓山法脈法源、道場行儀、佛門戒律、心靈環保理念等，共有65人參加。

◆台北安和分院與台北市開平餐飲學校合辦暑期兒童營隊「生命素養ON THE GO」，陸續於該校及分院進行，由專業老師及安和分院監院果旭法師帶領，課程包括社會關懷、環保體驗、學習國際用餐禮儀等，有近五十位國小五、六年級學童參加。

◆23至30日，法鼓山園區禪堂舉辦初階禪七，由僧團女眾副都監果舫法師帶領，共有137人參加。

◆青年院「心光講堂——自我超越三部曲」系列講座，23日於台北聯經文化天地進行第二場，邀請苗栗全人學校登山老師歐陽台生分享個人登山和超越顛峰的經歷，有近九十人參加。

◆護法總會舉辦40場「同心同願，承先啟後」方丈和尚果東法師全台巡迴關懷行。23日上午於台南分院進行關懷，方丈和尚並為23位新任勸募會員授證，有近一百八十位台南地區信眾參加。

◆護法總會「同心同願，承先啟後」方丈和尚果東法師全台巡迴關懷行，23日下午於護法會嘉義辦事處進行關懷，方丈和尚並為三位新任勸募會員授證，有近一百三十位嘉義地區信眾參加。

◆桃園法青會於桃園齋明寺舉辦「桃園法青午茶趣」活動，進行禪修體驗，共有27人參加。

◆香港護法會舉辦「第二屆法鼓山大悲心水陸法會」說明會，由僧團常性法師、常御法師主講，有近六十人參加。

08.24

◆8月24日至11月16日期間，北投農禪寺於週日上午共舉辦九場「學佛Fun輕鬆」活動，課程內容包括學佛行儀、禪修、念佛、拜懺等，由護法會各會團悅眾帶領，總共有近六百人次的初學佛者參加。

◆桃園齋明寺舉辦慈悲三昧水懺法會，由監院果啟法師帶領，有近四百人參加。

◆台南分院舉辦中元地藏法會，由監院果舟法師帶領，共有188人參加。

◆高雄紫雲寺舉辦「志心圖書館義工成長課程暨聚餐聯誼」活動，由監院果耀法師帶領，共有17人參加。

◆信眾教育院於法鼓山園區為三重、蘆洲地區信眾舉辦「新皈依弟子──快樂學佛人」活動，進行朝山參訪。

◆台中法青會下午於台中分院舉辦英文讀書會，研讀聖嚴師父的英文著作《禪的智慧》（*Zen Wisdom*），共有17人參加。

◆高雄法青會下午於高雄紫雲寺舉辦「法音宣流──法器認識」講座，內容包括法器的認識、法器的介紹、法器的實際操作練習等，由僧團常覺法師指導，共有16人參加。

◆護法總會舉辦40場「同心同願，承先啟後」方丈和尚果東法師全台巡迴關懷行。24日上午於護法會豐原辦事處進行關懷，方丈和尚並為10位新任勸募會員授證，有近一百三十位豐原地區信眾參加。

◆護法總會舉辦「同心同願，承先啟後」方丈和尚果東法師全台巡迴關懷行，24日下午於護法會苗栗辦事處進行關懷，方丈和尚並為六位新任勸募會員授證，有近一百二十位苗栗地區信眾參加。

◆護法會潮州辦事處舉辦中元地藏法會，由僧團果澔法師帶領，有近一百人參加。

◆助念團於國泰人壽景美教訓中心舉辦大事關懷服務通識課程，內容主題包括佛教生死觀探討、大事關懷服務介紹、初階法器教學等，共有120人參加。

◆義工團於北投農禪寺舉辦新義工說明會，活動內容包括義工經驗分享、義工團各組工作性質介紹、團長祝福等，共有18人參加。

◆新加坡護法會舉辦禪一，有近四十人參加。

◆香港護法會舉辦禪一，約有四十多人參加。

08.25

◆護法總會舉辦40場「同心同願，承先啟後」方丈和尚果東法師全台巡迴關懷行。25日上午於宜蘭羅東信義社區進行關懷，方丈和尚並為21位新任勸募會員授證，有近一百三十位羅東地區信眾參加。

◆馬來西亞護法會舉辦「大悲心水陸法會」悅眾說明會，由僧團常性法師主持，共有40人參加。

◆中國大陸齋僧功德會淨耀長老帶領大陸佛教協會、泰國東北寺院訪問團、越南中央佛教會等高僧、居士一行七十多人，至法鼓山園區參訪，由方丈和尚果東法師代表創辦人聖嚴師

父，率同僧團副住持果暉法師及十多位負責教育及弘法的執事法師與來賓進行交流。

08.26

◆ 8月26日至9月4日，僧大舉辦97年度新生講習，由副院長果光法師主持，共有3位男眾新生，11位女眾新生參加。

◆ 8月26日至12月23日，信眾教育院每週二晚上於台中分院開辦「聖嚴書院精讀一下——五講精讀（一）」佛學課程，由講師林其賢主講，有近八十人參加。

08.28

◆ 加拿大護法會多倫多分會舉行喬遷灑淨，由美國紐約象岡道場住持果醒法師、常聞法師主持。

08.29

◆ 8月29日至9月7日，僧團果徹法師於美國紐約東初禪寺進行弘講關懷，內容包括8月29至31日、9月5至7日舉辦六場「中觀的智慧」佛學講座，每場有近六十人參加。

08.30

◆ 僧團於法鼓山園區大殿舉行剃度典禮，聖嚴師父為得戒和尚，教授阿闍黎由方丈和尚果東法師擔任，共有5位男眾受沙彌戒，13位女眾受沙彌尼戒；另有行同沙彌3位、行同沙彌尼11位。

◆ 南投德華寺舉辦端午節關懷活動，關懷埔里獨居老人，並進行義剪及發放物資，由副寺果弘法師帶領，共關懷45戶關懷戶。

◆ 高雄紫雲寺舉辦「每月講談」活動，邀請高雄海洋科技大學通識中心副教授黃志盛導讀聖嚴師父的著作《覺情書》，並以自身佛化家庭的經驗分享情緒管理的心得，約有六十多人參加。

◆ 8月30日至2009年1月10日，信眾教育院每週六上午於高雄紫雲寺開辦「聖嚴書院精讀三下——五講精讀（三）」佛學課程，由講師林其賢主講，約有二十多人參加。

◆ 8月30日至2009年1月10日，信眾教育院每週六中午於高雄紫雲寺開辦「聖嚴書院專題二下——專題研讀（二）」佛學課程，由講師林其賢主講，約有二十多人參加。

◆ 8月30日至2009年1月10日，信眾教育院每週六下午於高雄紫雲寺開辦「聖嚴書院精讀一下——五講精讀（一）」佛學課程，由講師林其賢主講，有近二十人參加。

◆ 法鼓文化於台北金石堂信義店金石書院舉辦三場「插畫達人系列講座」，8月30日進行首場，邀請《大師密碼A～Z——經典人物故事系列》插畫家含仁分享插畫的幕後製作過程，有近九十人參加。

◆ 慈基會於北投雲來寺舉辦聯絡人成長營，副祕書長常法法師到場關懷，並分享四川賑災工作心得，約有九十多位全台地區正、副聯絡人及慰訪員參加。

◆ 助念團於護法會中永和辦事處舉辦大事關懷服務通識課程，內容主題包括佛教生死觀

探討、大事關懷服務介紹、初階法器教學等，共有98人參加。

◆30至31日，加拿大溫哥華道場舉辦「暑期心靈環保親子營」活動，由台灣護法會教師聯誼會會長吳甜、副會長李素玉，及生活禪師資蔡美枝、廖宥臻等四位老師帶領生活禪和戶外禪，共有51人參加。

◆8月30日至9月1日，加拿大護法會多倫多分會於艾維諾山（Mount Alverno）舉辦禪三，由美國紐約象岡道場住持果醒法師帶領，共有26人參加。

◆新加坡護法會舉辦「第二屆法鼓山大悲心水陸法會」說明會，由僧團常性法師主講，有近六十人參加。

◆30至31日，馬來西亞護法會與法青會於彭亨州文冬市武吉丁宜舉辦義工營「遊心生活營」，活動包括茶藝、戶外禪等，邀請當地作家林艾霖擔任營隊輔導師，共有54人參加。

08.31

◆僧團傳燈院於北投雲來寺舉辦「簡單動輕鬆禪」活動，由監院果毅法師帶領，共有50人參加。

◆8月31日至9月6日，中華佛研所與佛教學院組成研究考察團，至中國大陸新疆參與「中印絲路文化交流研究國際會議暨考察活動」，並與塔里木大學締結姊妹校。佛教學院校長惠敏法師、中華佛研所榮譽所長李志夫等也於塔里木大學主辦的「中印絲路文化交流時空架構之建置」絲路會議中發表論文。

◆護法總會舉辦40場「同心同願，承先啟後」方丈和尚果東法師全台巡迴關懷行。31日上午於新竹科學園區禪修園進行關懷，方丈和尚並為16位新任勸募會員授證，有近一百二十位新竹地區信眾參加。

◆護法總會舉辦「同心同願，承先啟後」方丈和尚果東法師全台巡迴關懷行，31日下午於護法會中壢辦事處進行關懷，方丈和尚並為14位新任勸募會員授證，有近一百三十位中壢地區信眾參加。

◆高雄南區榮譽董事會於大崗山高爾夫球場，舉辦「南區榮董聯誼Fun鬆禪聯誼會」活動，由禪修中心副都監果元法師帶領，紫雲寺監院果耀法師到場關懷，共有94人參加。

◆護法會屏東辦事處舉辦佛一，有近二十人參加。

◆助念團於桃園齋明寺舉辦大事關懷服務通識課程，內容主題包括佛教生死觀探討、大事關懷服務介紹、初階法器教學等，有近一百五十人參加。

◆台南法青會於虎頭埤水庫舉辦戶外山水禪，共有31人參加。

◆護法會屏東辦事處舉辦佛一。

◆美國護法會加州洛杉磯分會舉辦半日禪，有近三十人參加。

◆美國護法會加州洛杉磯分會舉辦學佛行儀課程，邀請在洛杉磯西來大學（University of the West）就讀博士班的性儀法師指導，有近三十人參加。

◆信眾教育院於北投雲來寺舉辦「心靈茶會帶領人種子充電課程」，邀請前廣達電腦資深副總經理邢智田帶領，提昇學員人際互動的技巧，約有二十多人參加。

9月 SEPTEMBER

09.01

◆《人生》雜誌第301期出刊。

◆《法鼓》雜誌第225期出刊。

◆法鼓文化出版新書：智慧人系列《鴻雁千里寄故人──林子青書信集》（林子青著）、人間淨土系列《工作好修行》（聖嚴師父著）。

◆法鼓佛教學院《法鼓佛教院訊》第5期出刊。

◆1至3日，僧團三學院於法鼓山園區國際宴會廳舉辦初階禪訓班師資培訓課程，共有17位法師參加。

◆9月1日至12月22日，信眾教育院每週一晚上於護法會新莊辦事處開辦佛學課程，講解聖嚴師父著作《48個願望──無量壽經講記》，由講師宗謙法師主講，約有二十多人參加。

◆1至10日，佛教學院校長惠敏法師率領該校師生、中華佛研所同仁一行三十多人至中國大陸新疆，參加「中印絲路文化交流研究國際會議」。該會議由中華佛研所籌備、中國大陸新疆塔里木大學主辦，法鼓佛教學院與清雲科大中亞研究所、龜茲石窟研究所共同協辦。

◆僧團果徹法師至美國紐約東初禪寺弘講關懷，1日舉辦生活佛法講座，主講「佛跡巡禮」，共有51人參加。

09.02

◆9月2日至2009年1月13日，信眾教育院每週二下午於台北安和分院開辦講解聖嚴師父著作《福慧自在──金剛經生活》佛學課程，由講師悟常法師主講，有近六十人參加。

◆護法總會舉辦40場「同心同願，承先啟後」方丈和尚果東法師全台巡迴關懷行。2日晚上於護法會桃園辦事處進行關懷，方丈和尚並為22位新任勸募會員授證，有近一百一十位桃園地區信眾參加。

09.03

◆方丈和尚果東法師受邀出席「點燈文化協會」於台北亞都麗緻飯店舉辦的第一屆「點亮生命之燈」頒獎典禮，並轉達聖嚴師父的祝福。

◆9月3日至2009年1月14日，台北安和分院每週三晚上開辦「印度佛教史」課程，邀請佛光大學人文社會學院宗教系副教授藍吉富主講，約有五十多人參加。

◆9月3日至12月31日，信眾教育院每週三上午於台中分院開辦「聖嚴書院初階一上──在法鼓山學佛」佛學課程，由講師郭惠芯主講，約有一百五十多人參加。

◆9月3日至12月24日，信眾教育院每週三晚上於護法會新店辦事處開辦講解《八大人覺經》佛學課程，由講師清德法師主講，約有四十多人參加。

◆9月3日至12月31日，信眾教育院每週三晚上於台中分院開辦「聖嚴書院初階一上──

在法鼓山學佛」佛學課程，由講師郭惠芯主講，有近一百五十人參加。

◆3至24日，美國紐約東初禪寺每週三晚上，舉辦梵唄課教學，內容包括梵唄學理、法器板眼認識、唱誦方法等，由住持果禪法師主講，約有十多人參加。

◆加拿大溫哥華道場於3、10、17、24日上午舉辦初級禪訓班，由監院果樞法師帶領，共有23人參加。

◆日本富山縣曹洞宗五位住持與居士至法鼓山園區參訪，由僧團果舫法師代表接待，進行交流。

09.04

◆9月4日至10月9日，台北安和分院每週四晚上舉辦「發現心靈藏寶圖」都會生活課程，邀請台灣首位獲得美國九型性格學院（The Enneagram Institute，簡稱T.E.I.）認證教師胡挹芬主講，課程包括性格測驗、分析及身心放鬆等，有近三十人參加。

◆台東信行寺應邀為遷移至第一棒球場的台東縣環境保護局進行搬遷灑淨，由監院果密法師帶領，約有包括台東環保局員工等三十多人參加。

◆僧大上午於北投農禪寺新禪堂舉辦老師與執事法師餐敘，由副院長果光法師帶領，聖嚴師父與方丈和尚果東法師出席表達對老師的感恩，僧大全體老師、執事法師共有46人參加。

◆9月4日至2009年1月1日，信眾教育院每週四晚上於台中分院開辦「聖嚴書院初階二上──學佛五講」佛學課程，由講師果理法師主講，約有一百五十多人參加。

◆9月4日至11月20日，信眾教育院每週四晚上於北投農禪寺開辦講解《金剛經》佛學課程，由講師辜琮瑜主講，約有五十多人參加。

◆護法總會舉辦40場「同心同願，承先啟後」方丈和尚果東法師全台巡迴關懷行。4日晚上於護法會淡水辦事處進行關懷，方丈和尚並為兩位新任勸募會員授證，有近一百一十位淡水地區信眾參加。

09.05

◆9月5日至2009年1月16日，信眾教育院每週五晚上於台北安和分院開辦佛學課程，講解聖嚴師父著作《絕妙說法──法華經講要》，由講師戴良義主講，有近九十人參加。

◆5至12日，僧大於法鼓山園區禪堂舉辦期初禪七，由副院長果光法師帶領，僧大全體執事法師及學僧共98人參加。

09.06

◆9月6日至10月12日期間，法鼓山於全台共舉辦13場「2008佛化聯合祝壽」活動，6日於北投農禪寺進行首場，農禪寺監院果燦法師到場關懷，共有220位壽星出席，約有四百二十多位護法會北一轄區信眾及家屬參加；同日並於永和中興安養堂進行，共有20位中永和地區壽星出席。

◆僧團三學院義工室於法鼓山園區第二大樓舉辦「2008大悲心水陸法會之展望與回顧」說明會，由義工室室主賴寶秀主講，共有110人參加。

◆6至27日，台北安和分院於每週六舉辦「舞動肢體——探所心靈」成長課程，邀請台安醫院表達性藝術治療中心治療師楊琇玲帶領，共有12人參加。

◆台南分院舉辦菩薩戒誦戒會，由監院果謙法師主持，有近百人參加。

◆6至27日，台北中山精舍每週六晚上開辦初級禪訓班，由僧團常和法師帶領，有近二十人參加。

◆南投德華寺於寺院周遭舉辦環保淨街活動，由副寺果弘法師帶領，共有10人參加。

◆僧團傳燈院於北投農禪寺舉辦禪修指引課程，共有33人參加。

◆信眾教育院於法鼓山園區為桃園地區信眾舉辦「新皈依弟子——快樂學佛人」活動，進行朝山參訪。

◆9月6日至2009年1月3日，信眾教育院每週六下午於台中分院開辦「聖嚴書院初階二上——學佛五講」佛學課程，由講師果雲法師主講，有近六十人參加。

◆人基會主辦的「國際關懷生命獎」於台北市圓山飯店國際會議廳舉行頒獎典禮，個人慈悲獎由高雄市生命線協會主任吳信安獲得；個人智慧獎由關渡麗景管理委員會副主任委員陳明里獲得；團體獎大願獎由社團法人中華民國工作傷害受害人協會獲得。特殊貢獻獎是由國際防治自殺協會（International Association for Suicide Prevention，簡稱IASP）主席布萊恩‧米謝勒（Brian Mishara）博士獲得。頒獎人為聖嚴師父、天主教樞機主教單國璽、前監察院院長錢復及布萊恩‧米謝勒等，有近三百二十人參加。

◆護法總會舉辦六場「悅眾鼓手成長營」（6月15日至11月2日期間），6日於高雄紫雲寺進行第二場，課程內容包括法鼓山的理念介紹、法鼓大學的籌備現況說明等，由文化中心副都監果賢法師、法鼓大學籌備處主任劉安之、《聖嚴法師禪學思想》一書作者辜琮瑜等授課，約有九十多位高屏地區悅眾參加。

◆台北法青會於台北縣坪林金瓜寮溪舉辦山水禪，約有四十多人參加。

◆台南法青會與慈基會20位成員前往台南縣關廟天宮育幼院，關懷院童。

◆台南法青會於台南分院舉辦電影欣賞活動，放映電影《深夜加油站遇見蘇格拉底》，約有十多人參加。

◆美國紐約象岡道場舉辦禪一，由常聞法師帶領，有近二十人參加。

◆美國護法會華盛頓州西雅圖分會舉辦禪一，邀請聖嚴師父傳法弟子繼程法師帶領，有近四十人參加。

◆香港護法會舉辦「第二屆法鼓山大悲心水陸法會」說明會，有近二十人參加。

09.07

◆法鼓山於台大醫院國際會議中心舉辦「國際關懷生命暨自殺防治論壇」活動，邀請聖嚴師父與國際防治自殺協會（International Association for Suicide Prevention，簡稱IASP）主席布萊恩‧米謝勒（Brian Mishara），針對自殺防治的策略與佛法如何協助防治自殺工作進行對談，行政院衛生署自殺防治中心執行長江弘基、法鼓山僧團副住持果暉法師等應邀到場做專題發表，內政部部長廖了以也親臨與會。

◆台中分院舉辦佛一暨八關戒齋法會，由監院果理法師帶領，共有310人參加。

◆南投德華寺舉辦佛一暨八關戒齋法會，由副寺果弘法師帶領，共有26人參加。

◆僧團傳燈院於北投雲來寺舉辦「Fun鬆一日禪」活動，由監院果毅法師帶領，共有93人參加。

◆護法總會舉辦40場「同心同願，承先啟後」方丈和尚果東法師全台巡迴關懷行。7日下午於台北市文山區景興圖書館進行關懷，方丈和尚並為九位新任勸募會員授證，有近一百三十位文山地區信眾參加。

◆護法總會舉辦六場「悅眾鼓手成長營」（6月15至11月2日期間）。7日於台南分院進行第三場，課程內容包括法鼓山的理念介紹、法鼓大學的籌備現況說明等，由文化中心副都監果賢法師、法鼓大學籌備處主任劉安之、《聖嚴法師禪學思想》一書作者辜琮瑜授課，有近六十位台南地區悅眾參加。

◆台中法青會於台中寶雲別苑舉辦「法青悅眾聚會」活動，由常宏法師帶領，約有二十多人參加。

◆美國護法會加州洛杉磯分會舉辦大悲懺法會，有近二十人參加。

◆7至8日，日本立正大學海外參學交流團共47人在聖嚴師父留日好友三友健容教授的帶領下，至北投農禪寺及法鼓山園區進行地域佛教研究及參訪，並拜會師父與方丈和尚果東法師；法鼓佛教學院與日本立正大學兩校並締結姊妹校的換約儀式，象徵兩校繼續保持友好情誼與互助交流的關係。

09.08

◆9月8日至2009年1月12日，信眾教育院每週一晚上於台北安和分院開辦佛學課程，講解聖嚴師父著作《修行在紅塵——維摩經六講》，由講師辜琮瑜主講，約有七十多人參加。

◆9月8日至2009年1月5日，信眾教育院每週一晚上於北投農禪寺開辦「聖嚴書院精讀一下——五講精讀（一）」佛學課程，由講師溫天河主講，約有三十多人參加。

◆9月8日至2009年1月5日，信眾教育院每週一上午於台北安和分院開辦「聖嚴書院初階三上——菩薩戒及漢傳佛教」佛學課程，由講師果高法師主講，約有三十多人參加。

◆9月8日至2009年1月5日，信眾教育院每週一下午於台北中山精舍開辦「聖嚴書院初階二上——學佛五講」佛學課程，由講師果選法師主講，約有四十多人參加。

◆9月8日至2009年1月12日，信眾教育院每週一晚上於護法會淡水辦事處開辦「地藏菩薩的大願法門」佛學課程，由講師悟常法師主講，近三十人參加。

◆9月8日至2009年1月5日，信眾教育院每週一晚上於台南分院開辦「聖嚴書院精讀一上——五講精讀（一）」佛學課程，由講師林其賢主講，約有五十多人參加。

◆9月8日至2009年1月5日，信眾教育院每週一晚上於高雄紫雲寺開辦「聖嚴書院初階一下——行門簡介」佛學課程，由講師郭惠芯主講，有近六十人參加。

◆9月8日至2009年1月5日，信眾教育院每週一上午於高雄三民精舍開辦「聖嚴書院初階三下——自家寶藏」佛學課程，由講師張瓊夫主講，約有四十多人參加。

◆9月8日至2009年1月5日，信眾教育院每週一晚上於護法會屏東辦事處開辦「聖嚴書院初階三下——自家寶藏」佛學課程，由講師張瓊夫主講，約近三十人參加。

◆護法總會舉辦40場「同心同願，承先啟後」方丈和尚果東法師全台巡迴關懷行。8日於宜蘭安康托兒所進行關懷，方丈和尚並為11位新任勸募會員授證，有近八十位宜蘭地區信眾參加。

◆美國護法會華盛頓州西雅圖分會舉辦佛學講座，邀請聖嚴師父傳法弟子繼程法師主講「禪修與唯識」，有近五十人參加。

09.09

◆9月9日至2009年1月6日，信眾教育院每週二上午於台北安和分院開辦「聖嚴書院初階二上──學佛五講」佛學課程，由講師常華法師主講，約有五十多人參加。

◆9月9日至2009年1月6日，信眾教育院每週二下午於台北中山精舍開辦「聖嚴書院精讀二下──五講精讀（二）」佛學課程，由講師戴良義主講，約有二十多人參加。

◆9月9日至2009年1月6日，信眾教育院每週二晚上於台北中山精舍開辦「聖嚴書院初階二下──探索識界」佛學課程，由講師溫天河主講，約有三十多人參加。

◆9月9日至2009年1月6日，信眾教育院每週二上午於高雄三民精舍開辦「聖嚴書院初階一下──行門簡介」佛學課程，由講師常覺法師主講，有近六十人參加。

◆護法總會舉辦40場「同心同願，承先啟後」方丈和尚果東法師全台巡迴關懷行。9日於護法會內湖辦事處進行關懷，方丈和尚並為10位新任勸募會員授證，有近一百二十位內湖地區信眾參加。

◆馬來西亞護法會舉辦新會所灑淨儀式，由關懷中心副都監果器法師主法，共有30人參加。

09.10

◆10至11日，僧團三學院於法鼓山園區第一大樓舉辦「高階管理躍進計畫」培訓課程，邀請凱創管理顧問有限公司顧問張震球主講，共有24位法師參加。

◆9月10日至2009年1月7日，信眾教育院每週三上午於台北安和分院開辦「聖嚴書院初階二下──牛的印跡」佛學課程，由講師果毅法師主講，有近五十人參加。

◆9月10日至2009年1月7日，信眾教育院每週三上午於高雄三民精舍開辦「聖嚴書院初階二下──心的經典」佛學課程，由講師張瓊夫主講，約有六十多人參加。

◆9月10日至2009年1月7日，信眾教育院每週三晚上於北投農禪寺開辦「聖嚴書院初階二上──學佛五講」佛學課程，由講師果賢法師主講，有近一百人參加。

◆9月10日至2009年1月7日，信眾教育院每週三晚上於台北中山精舍開辦「聖嚴書院初階三下──五講精讀（三）」佛學課程，由講師林其賢主講，有近三十人參加。

◆9月10日至2009年1月7日，信眾教育院每週三晚上於金山法鼓山社大開辦「聖嚴書院初階一上──在法鼓山學佛」佛學課程，由講師常慧法師主講，有近九十人參加。

◆9月10日至2009年1月7日，信眾教育院每週三晚上於高雄紫雲寺開辦「聖嚴書院初階二下──心的經典」佛學課程，由講師張瓊夫主講，有近五十人參加。

◆9月10日至2009年1月7日，信眾教育院每週三晚上於高雄紫雲寺開辦「聖嚴書院初階二下──探索識界」佛學課程，由講師越建東主講，約有六十多人參加。

◆護法總會舉辦40場「同心同願，承先啟後」方丈和尚果東法師全台巡迴關懷行。10日於護法會海山辦事處進行關懷，方丈和尚並為17位新任勸募會員授證，有近兩百位海山地區信眾參加。

◆馬來西亞護法會舉辦中秋聯誼會，有近一百人參加。

09.11

◆9月11日至2009年1月8日，信眾教育院每週四晚上於北投農禪寺開辦「聖嚴書院初階

一上——在法鼓山學佛」佛學課程,由講師戴良義主講,約有一百多人參加。

◆ 9月11日至2009年1月8日,信眾教育院每週四晚上於護法會新莊辦事處開辦「聖嚴書院初階一上——在法鼓山學佛」佛學課程,由講師常懿法師主講,約有七十多人參加。

◆ 9月11日至2009年1月8日,信眾教育院每週四晚上於護法會中壢辦事處開辦「地藏菩薩的大願法門」佛學課程,由講師悟常法師主講,約有四十多人參加。

◆ 9月11日至2009年1月8日,信眾教育院每週四上午於護法會潮州辦事處開辦「聖嚴書院初階二下——心的經典」佛學課程,由講師果謙法師主講,有近四十人參加。

◆ 9月11日至2009年1月8日,信眾教育院每週四晚上於護法會宜蘭辦事處開辦「聖嚴書院初階一上——在法鼓山學佛」佛學課程,由講師果會法師主講,約有八十多人參加。

◆ 馬來西亞護法會舉辦悅眾關懷活動,由關懷中心副都監果器法師帶領,護法總會副總會長周文進也到場關懷,共有30人參加。

09.12

◆ 9月12日至2009年1月9日,信眾教育院每週五晚上於護法會海山辦事處開辦「聖嚴書院初階一上——在法鼓山學佛」佛學課程,由講師果會法師主講,約有七十多人參加。

◆ 法行會每週五上午於台中寶雲別苑開辦「農禪生活實驗課程」,帶領學員在日常生活中實踐農禪精神,共有15人參加。

◆ 12至15日期間,美國護法會加州舊金山分會與美國菩提學會(Mahabodhi Society of USA)於該學會舉辦兩場佛學講座,邀請聖嚴師父傳法弟子繼程法師主講《小止觀講記》,共有四十多人參加。

◆ 新加坡護法會於萊佛士城市俱樂部(Raffles Town Club)舉辦「大悲心起感恩晚宴」,並同時慶祝成立12週年暨籌募永久道場建築基金,關懷中心副都監果器法師、護法總會副總會長周文進、馬來西亞護法會召集人林忠鴻等到場關懷,共約有五百多人參加。

09.13

◆ 台東信行寺與台東縣愛樂協會聯合舉辦「中秋節祈福法會暨音樂會」,由常玄法師帶領法會,有近一百八十人參加。

◆ 9月13日至2009年1月10日,信眾教育院每週六下午於高雄紫雲寺開辦「聖嚴書院初階二下——心的經典」佛學課程,由講師果建法師主講,有近三十人參加。

◆ 9月13日至12月13日,台中法青會隔週週六於台中分院舉辦「法音宣流——法器共修」活動,由常湛法師帶領,有近二十人參加。

◆ 美國紐約東初禪寺舉辦「禪心嫦月」中秋晚會,節目包括「擊法鼓」、東初合唱團演唱、太極拳表演等,包括紐約市佛恩寺住持淨義法師、普照寺智隆法師皆應邀出席,有近一百五十位東西方信眾參加。

◆ 美國護法會加州舊金山分會舉辦默照禪一,邀請聖嚴師父傳法弟子繼程法師帶領,約有二十多人參加。

◆ 香港護法會舉辦「第二屆法鼓山大悲心水陸法會」說明會,有近二十人參加。

◆澳洲護法會雪梨分會舉辦「生命自覺營」簡介活動，由僧團常續法師主講，共有20人參加。

09.14

◆法鼓山於全台舉辦13場「2008佛化聯合祝壽」活動。14日於高雄紫雲寺進行，共有30位壽星出席，約有三百多人參加。

◆9月13日辛樂克颱風侵襲全台，造成嚴重水患，慈基會啟動緊急救援系統，分別於宜蘭礁溪、台北土城、台中后里等地進行關懷與協助。

◆佛教學院上午舉辦第一屆學士班和第二屆碩士班新生入學開學典禮，學士班、碩士班分別有13名、17名新生入學。

◆美國紐約東初禪寺於14及21日舉辦「週日講座」，邀請聖嚴師父西方弟子李世娟（Rebecca Li）及大衛‧史烈梅克（David Slaymaker）主講「中國佛教朝聖之旅」，約有四十多人參加。

◆加拿大溫哥華道場舉辦「好願在人間」週年慶園遊會，包括溫哥華市市長蘇利文伉儷、國會議員陳卓瑜、卑詩省省議員琳達‧蕾德（Linda Reid）、列治文市委陳奕心及駐溫哥華台北經濟文化辦事處處長周唯中伉儷等人應邀出席，有近一千人參加。

◆香港護法會舉辦地藏法會，有近九十人參加。

◆總統馬英九下午至法鼓山園區拜會聖嚴師父，對法鼓山推動生命關懷、提昇人品等行動表達肯定。

09.16

◆9月16日至2009年1月13日，信眾教育院每週二晚上於北投農禪寺開辦「聖嚴書院初階三上——菩薩戒及漢傳佛教」佛學課程，由講師果徹法師主講，有近八十人參加。

◆僧大於法鼓山園區第三大樓階梯教室舉辦97學年度開學暨畢業典禮，由院長果東法師主持，共有全體學僧及執事法師102人參加。

09.17

◆17至19日，僧團三學院於法鼓山園區第二大樓國際宴會廳舉辦「初階管理精進計畫」培訓課程，共有30位僧團法師參加。

◆9月17日至2009年1月14日，信眾教育院每週三下午於北投雲來寺開辦「聖嚴書院初階一上——在法鼓山學佛」佛學課程，由講師常諦法師主講，約有三十多人參加。

◆美國護法會加州舊金山分會舉辦讀書會，邀請聖嚴師父傳法弟子繼程法師帶領，約有二十多人參加。

◆17至19日，美國渥亞格斯預備高中（Voyages Preparatory High School）三個班共48位學生，分三梯次前往美國紐約東初禪寺參訪，由僧團常濟、常御、常聞三位法師帶領禪修。

09.18

◆ 美國護法會加州洛杉磯分會舉辦「禪修問答」活動，邀請聖嚴師父傳法弟子繼程法師主持，共有40人參加。

09.19

◆ 9月19日至2009年1月16日，信眾教育院每週五晚上於台北中山精舍開辦「聖嚴書院初階三上——菩薩戒及漢傳佛教」佛學課程，由講師果悅法師主講，約有三十多人參加。
◆ 19至20日，美國護法會加州洛杉磯分會舉辦佛學講座，邀請聖嚴師父傳法弟子繼程法師講授「學佛基本態度與方法」及《百法明門論》重點提示，共有60人參加。

09.20

◆ 9月20日至11月9日期間，僧團弘化院於北、中、南各分院、辦事處舉辦72場「第二屆大悲心水陸法會」說明會，說明法會內容概要及其承先啟後的精神。
◆ 9月20、27、28日及10月5日，僧團弘化院於台南分院舉辦「第二屆大悲心水陸法會」講座，內容主題包括「水陸法會概介」、「外壇概覽」、「總壇儀軌概說」、「承先啟後的水陸法會」四大項。
◆ 台南分院舉辦大悲懺法會，由常及法師主持，有近兩百五十人參加。
◆ 20至27日，台東信行寺舉辦初階禪七，共有43人參加。
◆ 20至27日期間，青年院舉辦三場「與法相會」活動，20日於北投雲來寺進行首場，由常宏法師、常一法師主講「如何安住法鼓山」，共有45人參加。
◆ 慈基會「安心家庭關懷專案」中區專題研討會於南投安心服務站舉行，課程內容包括進階慰訪技巧與須知、個案研討與綜合座談等，邀請南投縣社會局督導吳志柏、南投縣生活重建協會社工督導陳正益帶領，有近六十人參加。
◆ 慈基會於護法會三重共修處舉辦緊急救援教育訓練課程，課程藉由模擬演練強化救災專業技能，約有四十多位三重地區救災中心成員參加。
◆ 文基會舉辦「心靈環保列車系列活動」，於屏東市建豐路、豐年街、瑞光路綠蔭大道進行「清淨家園、掃我心地」活動，共有56人參加。
◆ 護法總會舉辦40場「同心同願，承先啟後」方丈和尚果東法師全台巡迴關懷行。20日於高雄紫雲寺進行關懷，方丈和尚並為25位新任勸募會員授證，有近兩百一十位高雄地區信眾參加。
◆ 佛教學院舉辦「第19屆全國佛學論文聯合發表會」，共有來自佛光大學、華嚴專宗研究所、中央大學等13所大專院校的佛學研究生，發表18篇論文，約有三百多人參加。
◆ 法行會於北投農禪寺舉辦禪坐共修，由僧團副住持果品法師帶領，共有50人參加。
◆ 護法會中山辦事處於台北中山精舍舉辦「心靈茶會」活動，由悅眾分享夫妻相處之道，約有二十多人參加。
◆ 美國紐約東初禪寺在當地皇后區約考伯‧利斯（Jacob Riis）公園的牙買加（Jamaica）海灘，舉辦海灘戶外禪，由常聞法師帶領，約有二十多位東西方禪眾參加。

09.21

◆法鼓山於全台舉辦13場「2008佛化聯合祝壽」活動。21日於護法會潮州辦事處進行，共有80位壽星出席，有近一百四十人參加。

◆僧團三學院於法鼓山園區舉辦「法鼓山接待義工工作說明會」，由弘化院常修法師帶領，共有102人參加。

◆僧團三學院與僧大於法鼓山園區國際宴會廳合辦World Café討論會，主題研討「中華禪法鼓宗」，總召集人為果光法師，由果毅法師、常華法師主持，約有五十多位僧團法師參加。

◆桃園齋明寺舉辦大悲懺法會，由監院果啟法師帶領，有近一百二十人參加。

◆台南分院舉辦精進佛一，由監院果謙法師帶領，有近九十人參加。

◆高雄三民精舍舉辦禪一，由高雄紫雲寺監院果耀法師帶領，共有46人參加。

◆信眾教育院於台中分院舉辦「新皈依弟子——快樂學佛人」活動，主題為「認識法鼓山的理念與方向」，由僧團果雲法師帶領，約有四十多位台中地區信眾參加。

◆慈基會於護法會中壢辦事處舉辦緊急救援教育訓練課程，課程藉由模擬演練強化救災專業技能，約有二十多位中壢地區救災中心成員參加。

◆文基會舉辦「心靈環保列車系列活動」，於台北縣林口頂福巖森林步道進行「親近自然，清淨大地」淨山活動，有近五十人參加。

◆護法總會舉辦六場「悅眾鼓手成長營」（6月15日至11月2日期間）。21日於北投雲來寺進行第四場，課程內容包括法鼓山的理念介紹、法鼓大學的籌備現況說明等，由僧團都監果廣法師、法鼓大學籌備處主任劉安之等授課，護法總會總會長陳嘉男也到場關懷，共有205位北一、北二轄區悅眾參加。

◆台中法青會下午於台中分院舉辦英文讀書會，研讀聖嚴師父的英文著作《禪的智慧》（Zen Wisdom），共有12人參加。

◆美國護法會加州洛杉磯分會舉辦一日禪，邀請聖嚴師父傳法弟子繼程法師帶領，共有42人參加。

◆9月21日至11月16日，美國護法會德州達拉斯聯絡處每月第三週週日上午舉辦「小鼓手禪修班」，內容包括法鼓八式動禪、禪坐等。

09.22

◆22至28日，方丈和尚果東法師率領「法鼓山大陸佛教聖蹟巡禮團」，前往中國大陸北京廣濟寺、法源寺、靈光寺等聖蹟進行參訪，期望藉此促進法鼓山與大陸佛教界的互動，此行共有62位僧團綱領執事法師及資深悅眾參加。

◆9月22日至11月9日，桃園齋明寺每日下午舉辦《地藏經》持誦共修，由監院果啟法師帶領，共約有一千多人次參加。

09.23

◆佛教學院邀請醒吾技術學院生命教育研究中心主任辜琮瑜演講，講題為「心靈探索與生命書寫課程」，約有五十多人參加。

09.24

◆法鼓大學公益學院籌備處舉辦系列「法鼓公益論壇」，9月24日上午於新竹清華大學國際會議廳舉辦第四場，主題為「數位時代之社會公益」，邀請元智大學資訊管理系教授王秉鈞主持，清華大學教授唐傳義、法鼓山慈善基金會副祕書長常法法師、開拓文教基金會執行長蔡淑芳、中央研究院資訊所專案經理李士傑等人參與對談，約有三十多人參加。

◆韓國通度寺律學院一行18人，在慧南長老帶領下，至法鼓山園區參訪，由僧團常應法師接待、導覽。

09.26

◆台東信行寺應邀至三和國民小學舉辦法鼓八式動禪教學，由監院果密法師帶領，共有15位該校家長會成員參加。

◆9月26日至2009年1月2日，信眾教育院每週五晚上於護法會內湖辦事處開辦「普賢菩薩行願讚」佛學課程，由講師果樸法師主講，有近四十人參加。

◆9月26日至2009年1月9日，信眾教育院每週五晚上於護法會中永和辦事處開辦講解《四十二章經》佛學課程，由講師宗譓法師主講，有近四十人參加。

09.27

◆台北中山精舍舉辦禪修指引課程，共有22人參加。

◆9月27日至11月29日，高雄紫雲寺與聖嚴書院合作開辦「兒童好學堂」佛學課程，由二十多位聖嚴書院初階班學員組成的教學義工群帶領，共有31位國小四至六年級學童參加。

◆高雄紫雲寺舉辦「每月講談」活動，邀請東光國小老師陳源湖導讀聖嚴師父的著作《是非要溫柔》，有近五十人參加。

◆27至28日，僧團傳燈院於三義DIY心靈環保教育中心舉辦助理監香培訓，由禪堂板首果祺法師等帶領，共有130人參加。

◆青年院「心光講堂——自我超越三部曲」系列講座，27日於台北聯經文化天地進行第三場，邀請周大觀文教基金會第11屆全球熱愛生命獎章得主林睦卿，分享自己抗癌的經歷與心路，有近四十人參加。

◆青年院舉辦三場「與法相會」活動（20至27日期間）。27日分別於桃園齋明寺、台南分院進行，分別由青年院常一法師、常妙法師，以及常宏法師主講「如何安住法鼓山」，各有25人、20人參加。

◆法鼓文化於台北金石堂信義店金石書院舉辦三場「插畫達人系列講座」，27日進行第二場，邀請《大師密碼A～Z——經典人物故事系列》插畫家王子麵分享插畫製作的心路歷程，約有五十多人參加。

◆文基會舉辦「心靈環保列車系列活動」，於台北市大安區富陽自然生態公園進行「親近自然，清淨大地」淨山活動，有近六十人參加。

◆文基會舉辦「心靈環保列車系列活動」，於台北縣三峽鳶山進行「親近自然，清淨大地」淨山活動，有近一百二十人參加。

◆教聯會於北投雲來寺舉辦年度教育訓練課程，以及書法禪研習活動，約有二十多人參加。
◆美國紐約東初禪寺進行初級禪訓課程，邀請美國紐約市立大學皇后學院（City University of New York, at Queens College）藝術教育系主任李祺・阿謝爾（Rikki Asher）帶領，有近二十人參加。
◆美國護法會加州洛杉磯分會舉辦英文禪修指引課程，邀請聖嚴師父的西方法子吉伯・古帝亞茲（Gilbert Gutierrez）帶領，有近二十人參加。

09.28

◆法鼓山於全台舉辦13場「2008佛化聯合祝壽」活動。28日於護法會員林辦事處進行，共有50位壽星出席，有近一百七十人參加。
◆僧團三學院於法鼓山園區第一大樓舉辦「人際管理技巧」課程，共有21位法師參加。
◆信眾教育院於法鼓山園區為三重、蘆洲地區信眾舉辦「新皈依弟子──快樂學佛人」活動，進行朝山參訪。
◆美國紐約東初禪寺舉辦週日講座，邀請聖嚴師父西方弟子比爾・賴特（Bill Wright）主講「三法印」，全程以英語進行，共有20人參加。
◆美國護法會加州洛杉磯分會舉辦「念佛暨菩薩戒誦戒會」，共有15人參加。
◆美國護法會加州洛杉磯分會舉辦「心六倫」研習活動，共有22人參加。
◆新加坡護法會舉辦佛一，共有45人參加。
◆TVBS董事長梁乃鵬、梁文端伉儷，及總經理楊鳴、監察人許瑜容等人拜會聖嚴師父。梁董事長向師父請益佛法中的因果道理，並希望和法鼓山合製安定人心、祥和社會的節目或廣告。師父感其發心，樂見其成。

09.29

◆9月29日至10月1日，僧團三學院於法鼓山園區國際宴會廳舉辦初階禪訓班師資培訓課程，共有22位法師參加。
◆9月29日至10月28日，台北安和分院每日中午舉辦《藥師經》持誦共修，共有近一千三百人次參加。

09.30

◆佛教學院舉辦97學年度第一學期「創辦人時間」，聖嚴師父為全校師生開示。

10月 OCTOBER

10.01

◆《人生》雜誌第302期出刊。

◆《法鼓》雜誌第226期出刊。

◆法鼓文化出版新品：智慧人系列《白雲深處一禪僧——林子青傳記文學集》（林子青著）、般若方程式系列《科學家的佛法體驗》（歐陽彥正著）、論叢系列《禪宗典籍《五燈會元》研究》（黃俊詮著）、2009年平安湯桌曆。

◆《金山有情》第26期出刊。

◆護法總會《護法季刊》第4期出刊。

◆高雄紫雲寺應邀為大華國小教師舉辦禪修指引課程，由常覺法師帶領，包括校長柯福淵有近五十位教師參加。

◆10月1日、8日、23日、30日，僧團傳燈院應邀至中華航空公司學佛社帶領法鼓八式動禪教學，共有30位員工參加。

10.02

◆法鼓山於全台舉辦13場「2008佛化聯合祝壽」活動。2日於護法會屏東辦事處進行，有100位壽星出席，約有一百三十多人參加。

◆台北縣縣長周錫瑋率領縣府團隊一行八十多位局處主管代表，至法鼓山園區參訪，了解法鼓山綠建築的設計理念。聖嚴師父於中午餐敘時出席，與來訪貴賓分享法鼓山的素食特色，並藉助園區低碳節能的環境進行減碳體驗。

10.03

◆10月3日至11月7日，台南分院每週五晚上舉辦初級禪訓班，由監院果謙法師帶領，共有40人參加。

10.04

◆法鼓山於全台舉辦13場「2008佛化聯合祝壽」活動。4日分別於台北安和分院、護法會社子辦事處進行，分別有108位、41位壽星出席，各有近兩百五十人、一百三十人參加。

◆4至25日，僧團弘化院每週六於台中分院舉辦「第二屆大悲心水陸法會」講座，內容主題包括「水陸法會概介」、「外壇概覽」、「總壇儀軌概說」、「承先啟後的水陸法會」四大項，共有近四百人次參加。

◆4至25日，台北中山精舍開辦初級禪訓班，由僧團常和法師帶領，共有16人參加。

◆10月4日至11月1日，桃園齋明寺每週六上午舉辦初級禪訓班，由監院果啟法師帶領，共有58人參加。

◆4至5日，僧團傳燈院於三義DIY心靈環保教育中心舉辦法鼓八式動禪義工講師培訓，由禪修中心副都監果元法師帶領，共有81人參加。

◆信眾教育院於法鼓山園區為桃園地區信眾舉辦「新皈依弟子——快樂學佛人」活動，進行朝山參訪。

◆羅東合唱團於羅東鎮立養護所舉辦「妙音讚頌三寶歌」重陽敬老演唱會，為養護所內60位老菩薩演唱，包括觀禮者以及合唱團員共有近一百四十人參加。

◆美國紐約東初禪寺舉辦初階禪修課程，邀請美國紐約市立大學皇后學院（City University of New York, at Queens College）藝術教育系主任李祺‧阿謝爾（Rikki Asher）帶領，共有15人參加。

◆美國紐約象岡道場舉辦禪一，由禪修講師大衛‧史賴麥克（David Slaymaker）帶領，共有20人參加。

10.05

◆法鼓山於全台舉辦13場「2008佛化聯合祝壽」活動。5日分別於台北中山精舍、基隆文化中心、護法會彰化辦事處、台東信行寺進行，共有583位壽星出席，有近一千六百二十多人參加。

◆台中分院舉辦「心靈環保讀書會」成長課程，邀請資深讀書會帶領人方隆彰帶領，共有73人參加。

◆信眾教育院於法鼓山園區為宜蘭地區信眾舉辦「新皈依弟子──快樂學佛人」活動，進行朝山參訪。

◆10月5日至12月14日，慈基會舉辦「第13期百年樹人獎助學金」系列頒發活動，首場於護法會基隆辦事處舉行，有近六十人參加。

◆文基會舉辦「心靈環保列車系列活動」，於基隆市立文化中心進行「好願在人間──心靈環保博覽會」活動，有近兩千五百人參加。

◆文基會舉辦「心靈環保列車活動」，於北投農禪寺周邊社區進行「清淨家園，掃我心地」活動，有近八十人參加。

◆護法總會舉辦六場「悅眾鼓手成長營」，5日於北投農禪寺進行第五場，課程內容包括法鼓山的理念介紹、法鼓大學的籌備現況說明等，由僧團都監果廣法師、法鼓大學籌備處主任劉安之等授課，護法總會總會長陳嘉男也到場關懷，共有175位北四、北五轄區悅眾參加。

◆榮譽董事會於北投雲來寺舉辦「法鼓山榮譽董事──禮聘‧感恩‧聯誼會」，主題為「悲願‧共榮」，聖嚴師父特別蒞臨致辭，並由方丈和尚果東法師代表師父頒發聘書給158位歷年來已圓滿，但尚未領取聘書的榮董，法鼓大學籌備處主任劉安之亦出席，介紹法鼓大學的創建理念和目標。

◆5至19日期間，合唱團舉辦三場「2008年法鼓法音教師巡迴列車」關懷成長營，5日於台中分院進行首場，共有130位來自苗栗、豐原、員林、台中合唱團團員參加。

◆10月5日至11月23日，美國紐約東初禪寺每週日開辦講解《法華經》的「法華經‧菩薩行」佛學講座，由僧團果傳法師主講，約有八十多人參加。

◆美國護法會加州洛杉磯分會舉辦大悲懺法會，有近二十人參加。

10.06

◆6至9日，法鼓山於園區應邀為美國長島大學（Long Island University）環球學院師生一行九人舉辦禪修體驗營，由禪修中心副都監果元法師、僧大總務長果乘法師等帶領。

◆香港護法會舉辦「心六倫」講座，由僧團果旭法師、果靖法師主講，有近四十人參加。

10.07

◆ 聖嚴師父上午於北投雲來寺大殿，對僧團法師、全體專職精神講話，主題為「回顧過去，展望未來」，全台各分院道場同步視訊連線聆聽開示，約有七百多人參加。

◆ 香港護法會舉辦「佛一暨皈依法會」，由僧團果旭法師、果靖法師帶領，共有180人參加，其中有26人皈依。

◆ 前南印度色拉寺住持洛桑屯越仁波切至法鼓山園區，拜訪中華佛研所所長果鏡法師與榮譽所長李志夫。

10.08

◆ 8至10日，僧大於法鼓山園區禪堂舉辦期中初階禪三，由總務長果乘法師擔任總護法師，共有86位學僧參加。

10.09

◆ 聖嚴師父應中華航空公司董事長魏幸雄之邀，至中華航空教育訓練中心進行專題演說，主題為「生活在希望中」，約有一百五十多位華航一、二級主管參加。

◆ 台南安平精舍舉辦地藏法會，由台南分院監院果謙法師帶領，共有246人參加。

10.10

◆ 10至17日，北投農禪寺舉辦彌陀佛七，有近四百五十人參加。

◆ 台南安平精舍舉辦啟用灑淨法會，由關懷中心副都監果器法師主法，方丈和尚果東法師出席關懷。台南市市長許添財、台南二中前校長郭伯嘉、台南市民政處處長戴鳳隆，以及精舍的場地提供者方財源伉儷等蒞臨致賀，共約有四百多位民眾參加。

◆ 10至12日，台東信行寺舉辦「心靈環保秋之旅」活動，由常玄法師帶領至史前館、卑南大土川水利公園等地進行知性之旅，共有55人參加。

◆ 為援助緬甸風災災區重建，法鼓山在援建哈朗他亞第一小學（Hlaing Thar Yar SoPoS 1 State Primary School）、丹閣綜合學校（Thanlyint Pyin Thaung Village State Middle School）工程營建之前，於10至20日，慈基會副祕書長常法法師偕同法鼓山建設工程處總工程師陳治由等前往緬甸仰光市，實地進行環境的勘察、評估，並了解當地營建法規，以加快學校重建速度。

◆ 10至14日，美國紐約東初禪寺住持果禪法師前往美國護法會華盛頓州西雅圖分會弘法關懷，行程包括11日帶領念佛法會、講授念佛會法器執掌與梵唄課程；12日參與分會舉辦的禪坐共修，以及帶領座談會，說明法鼓山全球弘法概況等。

◆ 10至13日，加拿大溫哥華道場舉辦精進禪三，由監院果樞法師帶領，共有24人參加。

10.11

◆ 僧團三學院於法鼓山園區舉辦「法鼓山交通義工工作說明會」，有近四十人參加。

◆11至15日,法鼓山園區禪堂舉辦初階禪五,每日安排半天的「戶外出坡禪修」,由僧大禪學系學僧常乘法師擔任總護法師,共有18人參加。

◆護法總會舉辦40場「同心同願,承先啟後」方丈和尚果東法師全台巡迴關懷行。11日上午於護法會潮州辦事處進行關懷,活動先為辦事處舉辦喬遷灑淨儀式,由護法總會輔導師果器法師主法,方丈和尚並為五位新任勸募會員授證,有近兩百位潮州地區信眾參加。

◆護法總會舉辦「同心同願,承先啟後」方丈和尚果東法師全台巡迴關懷行,11日晚上於護法會屏東辦事處進行關懷,方丈和尚並為11位新任勸募會員授證,有近一百一十位屏東地區信眾參加。

◆馬來西亞護法會於馬來西亞新紀元學院,與大馬族群研究中心、大馬佛教青年總會等,聯合主辦國際學術研討會,主題為「那一代的足跡:馬來西亞漢傳佛教僧侶研究」,共有100人參加。

◆玄奘大學講座教授羅宗濤、陳靜雅伉儷,台北教育大學生命教育所所長陳錫琦、陳淑香伉儷,以及政治大學中文系副教授丁敏及夫婿俞雨霖等一行,至法鼓山園區拜會聖嚴師父,請益佛法中的生命教育問題。

10.12

◆泰國皇室禮贈法鼓山佛陀舍利與一尊釋迦牟尼佛佛像,10月12日於法鼓山園區舉行安座典禮。由方丈和尚果東法師、僧團副住持果暉法師與泰國高僧代表法剌加拉雅(Phratham Varajaraya)、瓦祈拉揚(Phraprom Wachirayan)共同揭開佛幔,聖嚴師父亦蒞臨致謝。

◆法鼓山於全台舉辦13場「2008佛化聯合祝壽」活動。12日於蘇澳港邊社區進行最後一場,共有50位羅東地區壽星出席,有近一百四十人參加。

◆台中分院於東勢林場舉辦戶外禪,由果雲法師帶領,共有60人參加。

◆慈基會於高雄紫雲寺舉辦「安心家庭關懷專案團體督導課程暨南區緊急救援教育訓練」,內容包括救災心得交流、個案研討及分組演練等,邀請高雄縣社會處督導吳素秋、內政部消防署組長許哲銘,分享慰訪技巧的能力、救災專業技能,有近八十位南部地區救災中心成員及慰訪人員參加。

◆馬來西亞護法會舉辦「心靈思源日」活動,內容包括禪修體驗和演講活動等,由佛教學院兼任助理教授陳美華主講「從心靈環保到心六倫」,以及邀請聖嚴師父傳法弟子繼程法師分享追隨師父多年的心得,共有近兩百人參加。

◆中國大陸北京大學哲學系教授陳來、楊穎伉儷,由東海大學中文系副教授朱湘鈺等陪同,至法鼓山園區拜會聖嚴師父,請益佛學問題。

◆廣達電腦公司董事長林百里及其子林宇輝,偕同廣達文教基金會執行長楊秀月,至法鼓山園區拜會聖嚴師父,請益佛法。

10.13

◆內政部於台大醫院國際會議中心,舉辦「96年度興辦公益慈善及社會教化事業績優宗教團體表揚大會」,由內政部部長廖了以主持。財團法人法鼓山佛教基金會、法鼓山

農禪寺及中華佛教文化館三個單位同時榮獲績優獎，由農禪寺監院果燦法師及文化館代表鑑心長老尼代表受獎。

10.14

◆ 14至16日，新加坡護法會每日晚上舉辦「聖嚴法師思想行誼」講座，由佛教學院兼任助理教授陳美華主講，共約有兩百五十人次參加。

◆ 前《菩提樹》雜誌發行人朱斐老居士及前台中蓮社社長王炯如居士，偕同台中光壽學院、菩提仁愛之家等一行近四十人，上午參訪法鼓山園區，下午至台北安和分院拜會聖嚴師父。師父感念朱斐老居士協助東初老人校稿，並感謝朱老居士居中引介，促使沈家楨居士護持師父完成日本留學學費。

◆ 14至22日，加拿大多倫多大學（University of Toronto）那爛陀佛學研究學院（Nalanda College of Buddhist Studies）創辦人司汪達・史固那西利（Suwanda H. J. Sugunasiri）參訪佛教學院，並與校長惠敏法師、副校長杜正民等進行交流討論。

10.15

◆ 佛教學院獲行政院大陸委員會頒發「第七屆兩岸專業交流績優團體」獎項，頒獎典禮於台大醫院國際會議廳舉行，由主任祕書簡淑華代表受獎。

10.16

◆ 聖嚴師父於北投雲來寺錄製《大法鼓》節目，從情緒管理、生命無常、整體大環境低迷等面向，開示安心之道。

◆ 16至19日，法鼓山於園區禪堂舉辦第五屆「社會菁英精進禪三」，由禪堂板首果祺法師擔任總護，聖嚴師父並於19日親自前往關懷和開示，共有63人參加。

◆ 美國護法會加州洛杉磯分會舉辦禪坐共修，由東初禪寺住持果禪法師帶領，共有16人參加。

◆ 國際著名佛教集團香巴拉（Shambhala）總裁理查・雷奧克（Richard Reoch），至北投雲來寺拜會聖嚴師父，雷奧克總裁轉呈香巴拉總導師薩姜・米龐仁波切（Sakyong Mipham）致師父的問候信；香巴拉計畫推動培養「慈悲的領導者」活動，表示期望與法鼓山合作，而香巴拉所創立的那洛巴大學（Naropa University）也希望與法鼓佛教學院進行學術交流。

10.17

◆ 護法總會舉辦40場「同心同願，承先啟後」方丈和尚果東法師全台巡迴關懷行（4月22日至10月19日期間）。17日於台中勞工育樂中心進行關懷，方丈和尚並為三位新任勸募會員授證，有近兩百八十位中部海線地區信眾參加。

◆ 美國紐約東初禪寺舉辦電影欣賞活動，觀賞影片《如何料理生活》（How to Cook Your Life），由蘭德利・漢仁（Lindley Hanlon）帶領，探討片中的佛法意涵，共有16

人參加。

◆美國紐約東初禪寺舉辦西方禪修活動，邀請聖嚴師父西方法子賽門・查爾得（Simon Child）帶領，共有16人參加。

◆17至26日，中國大陸江西佛學院副院長兼教務長、江西省寶峰禪寺代理住持衍真法師，參訪佛教學院、中華佛研所等教育單位。期間旁聽佛教學院碩士班課程，並與校長惠敏法師交流討論兩岸佛教教育議題。

◆華梵大學教授仁朗法師等一行四人，參訪佛教學院，並與校長惠敏法師及中華佛研所榮譽所長李志夫進行學術交流。

◆韓國曹溪宗通度寺佛學院一行共32人至法鼓山園區參訪，由僧大男眾學務長常惺法師、常隨法師代表進行交流。

10.18

◆僧團傳燈院於北投農禪寺舉辦禪修指引課程，共有56人參加。

◆慈基會舉辦「第13期百年樹人獎助學金」系列頒發活動，18日分別於東勢安心服務站、台南分院舉行，各約有七十多人、八十多人參加。

◆護法總會舉辦40場「同心同願，承先啟後」方丈和尚果東法師全台巡迴關懷行。18日於台東信行寺進行，方丈和尚並為三位新任勸募會員授證，有近一百一十位台東地區信眾參加。

◆18至25日，禪坐會於三義DIY心靈環保教育中心舉辦中階禪七，由僧團果理法師帶領，共有95人參加。

◆合唱團舉辦三場「2008年法鼓法音教師巡迴列車」關懷成長營，18日於北投農禪寺進行，共有98位台北、基隆、羅東、桃園、台北縣海山地區等地合唱團團員參加。

◆高雄法青會於紫雲寺舉辦八場「心靈成長會客室」活動（3月8日至12月20日期間），邀請圓桌教育學苑協談中心老師劉華厚主講。18日進行第五場，講題為「為自己而活的智慧」，約有三十多人參加。

◆加拿大溫哥華道場舉辦觀音法會，由監院果樞法師帶領，共有80人參加。

◆18至19日，美國護法會加州洛杉磯分會舉辦悅眾培訓成長營，由東初禪寺住持果禪法師帶領，進行義工心得分享及法器教學，有近五十人次參加。

10.19

◆10月19日至11月9日，僧團弘化院每週日於北投農禪寺舉辦「第二屆大悲心水陸法會」講座，內容主題包括「水陸法會概介」、「外壇概覽」、「總壇儀軌概說」、「承先啟後的水陸法會」四大項。

◆高雄紫雲寺舉辦佛一暨八關戒齋法會，由僧團果興法師主法，共有161人參加。

◆台東信行寺舉辦佛一暨八關戒齋法會，共有68人參加。

◆信眾教育院於北投雲來寺舉辦「心靈茶會帶領人種子充電課程」，邀請國防大學心理及社會工作學系講師楊美惠帶領，提昇學員傾聽能力與技巧，有近二十人參加。

◆信眾教育院於台中分院舉辦「新皈依弟子──快樂學佛人」活動，主題為「認識法鼓山的理念與方向」，由僧團果雲法師帶領，有近五十位台中地區信眾參加。

◆慈基會舉辦「第13期百年樹人獎助學金」系列頒發活動，19日於台中分院舉行，有近一百八十人參加。

◆護法總會舉辦40場「同心同願，承先啟後」方丈和尚果東法師全台巡迴關懷行。19日於護法會花蓮辦事處進行最後一場關懷，方丈和尚並為九位新任勸募會員授證，共有65位花蓮地區信眾參加。

◆合唱團舉辦三場「2008年法鼓法音教師巡迴列車」關懷成長營，19日於台南分院進行最後一場，共有40位高雄、台南、屏東等地合唱團團員參加。

◆台中法青會於台中分院舉辦法青回饋日活動，由台中法青義工在百年樹人獎助學金頒發活動中，擔任小隊輔等工作，共有17位法青參加。

◆台南法青會於台南安平精舍舉辦生活講座，邀請漸凍人蕭建華分享生命故事，以其感人的生命故事啟發法青悅眾，共有80人參加。

◆教師聯誼會於北投雲來寺舉辦佛曲帶動唱帶領人研習課程，有近五十位護法會北一至北四轄區信眾參加。

◆美國護法會加州洛杉磯分會舉辦念佛共修暨菩薩戒誦戒會，由美國東初禪寺住持果禪法師帶領，共有26人參加。

◆中國大陸江西省寶峰禪寺代理住持衍真法師至法鼓山園區拜會師父，請益佛教教育及提昇僧眾素質等問題。

◆政治大學校長吳思華偕同教務長蔡連康等一行四人至法鼓山園區拜會聖嚴師父，商討在政大設立「法鼓人文講座」事宜，並希望在政大校園推廣「心六倫」觀念。

10.20

◆慈基會「安心家庭關懷專案團體督導課程暨南區緊急救援教育訓練」，於高雄紫雲寺舉行，首次結合慰問關懷和急難救助課程，邀請高雄縣社會處督導吳素秋、內政部消防署組長許哲銘，分享慰訪技巧的能力、救災專業技能，約近八十人參加。

10.21

◆聖嚴師父應國防部之邀，於國防大學舉辦的「國軍97年重要幹部研習會」中發表演說，主講「心六倫與生命價值」，包括國防部部長陳肇敏、參謀總長霍守業、國防大學校長曾金陵以及近三百位國軍高階將領出席聆聽。

◆聖嚴師父的第一本英文傳記《雪中足跡》（*Footprints in the Snow：The Autobiography of a Chinese Buddhist Monk*），在美國出版，作者為威普納（Kenneth Wapner）。美國知名佛教季刊《三輪》（*Tricycle*）和《佛法》（*Buddhadharma*）隨即刊登相關報導。

◆法鼓大學籌備處於台北天母農訓會議中心舉辦「教務發展會議」。

◆僧大於法鼓山園區女寮佛堂舉辦專題演講，邀請中國大陸江西佛學院副院長暨寶峰禪寺代理住持衍真法師主講「大陸佛教發展介紹及僧教育分享」，僧大師生及僧團法師共有近九十人參加。

10.22

◆台北市社會局於富德復育園區「詠愛園」舉辦「觀自然——台北市故市民聯合植存典禮及彌陀法會」，法鼓山參與協辦，共同推動合乎環保觀念的「環保自然葬」。方丈和尚果東法師受邀主持法會，並與市長郝龍斌共同代表進行植存儀式。

◆中國大陸普陀山佛教協會一行共15人，在道光長老帶領下參訪法鼓山園區，由僧大學務長常悟法師等代表進行交流。

◆美國聖母大學（Madonna University）東亞語文學系佛學講座教授羅伯特・基米羅（Robert M. Gimello）參訪佛教學院，並舉行專題演講，講題為「大器晚成：華嚴宗在遼朝統治下的持續傳承與發展」（Late Bloomings：The Persistence and the Growth of Huayan Buddhism under the Liao），由雲林科技大學漢學整理資料研究所助理教授王晴薇翻譯。

10.24

◆大溪法鼓山社大於至善高中科技大樓舉辦2008年第二學期第一次自治幹部會議，由社大校長曾濟群主持，共有各班幹部代表及工作人員13人參加。

◆為協助中國大陸四川震災救援，10月24日至11月1日，慈基會派出第11梯次的四川救援團，前往北川縣陳家壩鄉金鼓村設置醫療站，進行義診。

◆美國紐約東初禪寺舉辦英文佛法講座，主題為「佛法弘揚在西方——新式表達」，邀請聖嚴師父西方法子賽門・查爾得（Simon Child）主講，共有27人參加。

10.25

◆25至26日，桃園齋明寺舉辦秋季報恩法會，25日舉行地藏法會、地藏懺法會，由僧團果峙法師帶領；26日舉行三時繫念法會，由僧團果建法師主法，共有近四千五百人次參加。

◆台南分院舉辦精進禪一，由監院果謙法師帶領，共有53人參加。

◆高雄紫雲寺舉辦「每月講談」活動，邀請台灣安寧緩和醫學學會理事許禮安醫師導讀聖嚴師父的著作《歡喜看生死》，有近五十人參加。

◆青年院舉辦「心光講堂——靈活做人三部曲」系列講座，25日於行政院青年輔導委員會台北青年交流中心進行首場，邀請《地圖上的藍眼睛》一書作者杜蘊慈、黃惠玲分享絲路之旅相互扶持的經歷與心得，有近七十人參加。

◆法鼓文化於台北金石堂信義店金石書院舉辦三場「插畫達人系列講座」，25日進行最後一場，邀請《大師密碼A～Z——經典人物故事系列》插畫家菊子分享插畫的幕後製作過程，約有四十多人參加。

◆慈基會舉辦「第13期百年樹人獎助學金」系列頒發活動，25日於竹山國小舉行，約有一百多人參加。

◆24至26日，護法總會於法鼓山園區禪堂舉辦「從心發光・重新發光」召委成長營，方丈和尚果東法師、護法總會總會長陳嘉男到場關懷。活動由果毅法師擔任總護法師，有近一百八十位來自全台的正副會團長、轄召和召委參加。

◆ 台北法青會於北投農禪寺舉辦「哈佛Party——佛化萬聖節」活動，由台北分會輔導法師常一法師帶領，引用聖嚴師父著作《如何不怕鬼》內容，闡述如何以佛法的觀點看待鬼道眾生，共有37人參加。

◆ 美國護法會伊利諾州芝加哥分會舉辦道場成立五週年慶祝會，以「內心平靜，世界祥和」為主題，活動內容包括大悲懺法會、拍賣籌款、音樂會、茶會等，分會並將當天的半數收入捐助中國大陸四川地震賑災，有近一百人參加。

◆ 美國護法會加州洛杉磯分會舉辦英文禪修指引課程，邀請聖嚴師父的西方法子吉伯・古帝亞茲（Gilbert Gutierrez）帶領，有近二十人參加。

10.26

◆ 台南安平精舍舉辦生活講座，邀請中國大陸中醫醫學院醫學博士張俊斌主講「心六倫」，共有86人參加。

◆ 僧團傳燈院於北投雲來寺舉辦生活禪一，由常遠法師帶領，共有45人參加。

◆ 信眾教育院於法鼓山園區為三重、蘆洲地區信眾舉辦「新皈依弟子——快樂學佛人」活動，進行朝山參訪。

◆ 台中法青會下午於台中分院舉辦英文讀書會，研讀聖嚴師父的英文著作《禪的智慧》（Zen Wisdom），共有12人參加。

10.27

◆ 27至29日，法鼓山園區禪堂為住商不動產公司舉辦禪三，由禪修中心副都監果元法師擔任總護，有近一百人參加。

◆ 東華大學教育學院院長吳家瑩，率領該校老師等一行九人，參訪佛教學院，並參觀圖資館、國際會議廳等，對於校舍建築規畫符合環保理念，給予好評。

10.28

◆ 國防部總政戰局副局長陳克難中將下午前往拜會聖嚴師父，請益佛法；師父當場書寫《心經》經題相贈。

10.30

◆ 慈基會舉辦「第13期百年樹人獎助學金」系列頒發活動，30日於護法會石牌辦事處舉行，約有二十多人參加。

10.31

◆ 10月31日至11月2日，法鼓山園區禪堂舉辦初階禪二，由僧團常嶺法師擔任總護，共有138人參加。

◆ 10月31日至12月26日，信眾教育院每週五晚上於台南安平精舍開辦講解《八大人覺

經》佛學課程，由講師許永河主講，約有五十多人參加。

◆10月31日至11月3日，佛教學院與政治大學於法鼓山園區與政治大學校區聯合舉辦「第三屆漢文佛典語言學國際學術研討會」，共發表30篇論文，約有三十多位日、韓、比利時及中國大陸、台灣等各國學者參加。

◆加拿大溫哥華道場舉辦淨土懺法會，由監院果樞法師帶領，共有49人參加。

11月 NOVEMBER

11.01

◆《人生》雜誌第303期出刊。

◆《法鼓》雜誌第227期出刊。

◆法鼓文化出版新書：智慧掌中書系列《用寧靜心擁抱世界》（新版）（聖嚴師父著）。

◆1至22日，台北中山精舍每週六晚上舉辦初級禪訓班，由僧團常和法師帶領，有近八十人次參加。

◆台南安平精舍舉辦大悲懺法會，由台南分院監院果謙法師帶領，共有122人參加。

◆1至2日，僧團傳燈院於三義DIY心靈環保教育中心舉辦生活禪體驗營，由美國紐約象岡道場住持果醒法師帶領，共有82位禪眾參加。

◆信眾教育院於法鼓山園區為桃園地區信眾舉辦「新皈依弟子——快樂學佛人」活動，進行朝山參訪。

◆11月1日至12月27日，信眾教育院每週五晚上於桃園齋明寺開辦講解《佛說大乘稻芉經》佛學課程，由講師果徹法師主講，有近一百人參加。

◆慈基會舉辦「第13期百年樹人獎助學金」系列頒發活動，1日分別於護法會北投辦事處、雙和辦事處、屏東辦事處及南投安心服務站舉行，共約有三百三十多人參加。

◆護法總會於北投雲來寺舉辦「5475大願興學心得分享茶會」，聖嚴師父出席開示，共有225位勸募超過百人的信眾參與分享勸募心得。

◆台南法青會上午於台南分院舉辦幹部聯誼，下午於成功大學第三演講堂舉辦心靈茶會及電影欣賞，觀賞影片《飛行少年》，共有18人參加。

◆11月1至22日，教師聯誼會每週六於北投雲來寺舉辦繪本研習課程，每場有近三十人參加。

◆為協助溫哥華地區醫院列治文醫院（Richmond Hospital）添購磁力共振掃瞄儀，加拿大溫哥華道場監院果樞法師等代表法鼓山，捐款加幣一萬元給該醫院，為當地居民的健康盡一份心力。

◆加拿大護法會多倫多分會舉辦一日禪，有近二十人參加。

11.02

◆法鼓山上午於北投農禪寺舉辦「祈福皈依大典」，聖嚴師父親臨開示，由方丈和尚果東法師代師父授三皈五戒，共有1,289人皈依三寶。

◆僧團三學院義工室於法鼓山園區第一大樓舉辦「婦幼安全防身須知」課程，共有15人參加。

◆台東信行寺舉辦禪一，由常玄法師帶領，共有12人參加。

◆信眾教育院於台中分院為當地信眾舉辦「新皈依弟子——快樂學佛人」活動，主題為「如何用禪的方法來面對現代忙碌的生活」，由僧團果雲法師帶領，資深悅眾進行學佛心得分享，共有15人參加。

◆慈基會舉辦「第13期百年樹人獎助學金」系列頒發活動，2日分別於嘉義身心障礙綜合園區、高雄紫雲寺舉行，各約有兩百七十多人、九十多人參加。

◆護法總會舉辦六場「悅眾鼓手成長營」，2日於北投農禪寺進行最後一場，課程內容包括法鼓山的理念介紹、法鼓大學的籌備現況說明等，由僧團都監果廣法師、法鼓大學籌備處主任劉安之等授課，護法總會總會長陳嘉男也到場關懷，共有135位北三、北六、北七轄區悅眾參加。

◆美國護法會加州洛杉磯分會舉辦大悲懺法會，有近二十人參加。

◆11月2日、9日，12月7日、14日，美國護法會加州洛杉磯分會舉辦初階佛學課程，每場約有二十多人參加。

◆台北縣淡水鎮鄧公國小師生一行181人，在校長李永霈帶領下，至法鼓山園區參訪，體驗園區的環保生態環境。

11.03

◆慈基會舉辦「第13期百年樹人獎助學金」系列頒發活動，3日於大同辦事處舉行，約有三十多人參加。

11.04

◆台南安平精舍舉辦初級禪訓班，由台南分院監院果謙法師帶領，共有77人參加。

◆慈基會舉辦「第13期百年樹人獎助學金」系列頒發活動，4日於桃園菓林國小舉行，約有二十多人參加。

11.05

◆慈基會舉辦「第13期百年樹人獎助學金」系列頒發活動，5日於台東信行寺舉行，有近三十人參加。

11.06

◆聖嚴師父接受電視節目《點燈》專訪，追憶剛因病往生的知名漫畫家老瓊，並為其念佛祝福。老瓊曾參加法鼓山菁英禪修營，師父讚歎她有慧根，勤奮學法；老瓊病後曾表示感謝師父的教導，成為病中最大的精神支柱。

◆聖嚴師父接受美國「華盛頓全國宗教新聞社」（National Religion News Service）越洋視訊專訪，訪題為針對師父英文傳記《雪中足跡》（*Footprints in the Snow：The*

Autobiography of a Chinese Buddhist Monk）一書內容所擬，包括向西方世界說明「禪修」與「信仰」的區別、「禪修」的法益與「因緣」等問題，由資深悅眾李世娟（Rebecca Li）翻譯。

◆11月6日至12月18日，台北安和分院每週四晚上舉辦「發現心靈藏寶圖」都會生活課程，邀請台灣首位獲得美國九型性格學院（The Enneagram Institute，簡稱T.E.I.）認證教師胡挹芬主講，課程包括性格測驗、分析及身心放鬆等，共有30人參加。

◆慈基會舉辦「第13期百年樹人獎助學金」系列頒發活動，6日分別於護法會新店辦事處、豐原辦事處舉行，各約有三十多人、二十多人參加。

11.08

◆8至16日，方丈和尚果東法師至美國舊金山、紐約地區進行弘法關懷。8日於舊金山灣區庫伯提諾社區活動中心（Cupertino Community Hall）演講，主題為「啟動心六倫——平安和樂生活」，約有一百四十多人參加；9日在美國護法會加州舊金山分會桑尼維爾（Sunnyvale）道場主持祈福皈依典禮和青年院「一起哈佛趣」活動，共有15人皈依，東初禪寺住持果禪法師、國際事務組常華法師也出席關懷，約有一百二十多人參加。

◆僧團三學院義工室於法鼓山園區第一大樓舉辦水陸法會通識課程，主題為「義工的心態」，由義工室室主賴寶秀帶領，共有410人參加。

◆8至9日，台中分院於法鼓山園區禪堂舉辦菁英禪二，由監院果理法師帶領，共有45人參加。

◆11月8日至12月27日，法鼓大學籌備處每週六於台北中山精舍舉辦系列「發現印度」佛教藝術講座，邀請國內知名佛教藝術史學者林保堯、陳清香、陳奕愷老師，主講佛教藝術從印度到中國乃至台灣的流變，平均每場約有六十人參加。

◆僧團傳燈院於北投農禪寺舉辦禪修指引課程，共有30人參加。

◆僧團傳燈院於北投雲來寺舉辦「Fun鬆一日禪」活動，由僧團常遠法師帶領，共有73人參加。

◆美國紐約象岡道場舉辦禪一，由禪修師資、聖嚴師父西方弟子李世娟（Rebecca Li）帶領，共有30人參加。

◆德國漢堡大學（Hamburg University）教授無著比丘（Bhikkhu Anālayo），至法鼓山園區拜會聖嚴師父，請益佛教在西方發展問題。

11.09

◆法鼓山下午於北投農禪寺舉辦「社會菁英禪修營第61次共修會」，由僧團副住持果品法師帶領，法師並於會中分享參與「四川賑災與重建」心得，聖嚴師父亦蒞臨關懷及開示，共有187人參加。

◆僧團三學院義工室於園區第二大樓國際宴會廳，舉辦香積組水陸勤務進階培訓活動，由僧團果質法師帶領，共有80人參加。

◆台中分院舉辦精進禪一，由監院果雲法師帶領，共有102人參加。

◆南投德華寺舉辦佛一暨八關戒齋法會，由副寺果弘法師帶領，有近二十人參加。

◆ 台南安平精舍舉辦地藏法會，由台南分院監院果謙法師帶領，共有92人參加。

◆ 慈基會分別於北投雲來寺、台北中山精舍舉辦緊急救援教育訓練課程，課程藉由模擬演練強化救災專業技能，各約有九十多位、五十多位中山地區、北投與石牌地區救災中心成員參加。

◆ 慈基會舉辦「第13期百年樹人獎助學金」系列頒發活動，9日分別於中山精舍、護法會文山共修處、板橋辦事處、林口辦事處、中壢辦事處、新竹市師範附屬實驗小學、潮州辦事處等七地舉行，共約有五百二十多人參加。

◆ 護法總會與高雄紫雲寺共同舉辦「勸募會員成長營」，由文化中心副都監果賢法師、法鼓大學籌備處主任劉安之為信眾解說聖嚴師父興學的大願，以及法鼓大學創立的理念，紫雲寺監院果耀法師及護法總會總會長陳嘉男也到場關懷，共有152人參加。

◆ 護法總會於北投雲來寺舉辦新進勸募會員說明會，由勸募關懷組召集人梁順旭帶領，引領了解正確勸募意義與心態，共有32人參加。

11.11

◆ 佛教學院於法鼓山園區召開董事會，聖嚴師父以董事長身分出席，另有今能長老、果品法師、果暉法師、果廣法師、李志夫教授等人出席，會議由校長惠敏法師主持。

◆ 已故台塑集團創辦人王永慶遺孀李寶珠女士闔家至法鼓山園區拜會聖嚴師父，師父開示不同宗教信仰對往生者的祝禱，有一共通點，即是祝福往生者能夠前往「這個世界以外的最好國度」，而此國度，對佛教而言，是西方極樂世界，在基督宗教來講則是天國。

11.12

◆ 教育部於台北市青少年育樂中心舉辦「97年度教育部表揚推展社會教育有功團體及個人獎」頒獎典禮，法鼓山體系以推動「心六倫」運動、宣導自殺防治，並設立「國際關懷生命獎」等成果受到肯定，獲頒「97年度社教公益獎」，由法鼓山人文社會基金會祕書長李伸一代表受獎。

◆ 國防部於國防大學復興崗校區舉辦「國軍自我傷害防治論文發表會」，法鼓山人文社會基金會受邀協辦，並在會中支援展出珍惜生命成果展，以及相關的觀摩交流活動，約有兩千人次參加。

◆ 中國大陸北京大學東方學研究院院長王邦維教授至北投雲來寺拜會聖嚴師父，師父邀請王教授參與漢傳佛教相關學術講座的審查工作，共同推廣漢傳佛教。

11.13

◆ 香港鳳凰衛視「文化大觀園」節目採訪小組，至北投雲來寺專訪聖嚴師父，訪談內容包括師父的成長背景、出家因緣，以及創立法鼓山體系的過程等。

11.14

◆僧團傳燈院於法鼓山園區舉辦戶外禪，由僧團常欽法師帶領，共有73人參加。

◆14至17日，慈基會副總幹事鄭文烈至緬甸仰光市，在觀音山達本禪寺從法法師、台商陳專益與翁特特的翻譯及協助下，代表法鼓山與緬甸基礎教育部簽訂學校重建案合約。重建項目包括哈朗他亞第一小學（Hlaing Thar Yar SoPoS 1 State Primary School）及丹閘綜合學校（Thanlyint Pyin Thaung Village State Middle School），並於12月1日動工，預計2009年4月上旬完工。

◆佛教學院獲台北縣政府環保局遴選為「97年推動環境保護有功學校」，且是全國大專院校組唯一特優學校，上午由總務組長果峙法師代表受邀至台北縣政府參加表揚記者會。

◆高雄法青會於紫雲寺舉辦八場「心靈成長會客室」活動（3月8日至12月20日期間），邀請圓桌教育學苑協談中心老師劉華厚主講。14日進行第六場，講題為「成就一生」，有近二十人參加。

◆方丈和尚果東法師美國弘法關懷，14至16日前往紐約，關懷當地及新澤西州、康乃狄克州等地信眾，除說明「心六倫」運動內涵，方丈和尚也代表聖嚴師父和法鼓山感恩當地信眾的護持。

◆美國紐約東初禪寺於駐紐約台北經濟文化辦事處舉辦感恩晚宴，邀請參加過2007年東初禪寺遷建道場募款餐會的護法大德出席，由方丈和尚果東法師親臨關懷，共有60人參加。

◆14至15日，美國紐約象岡道場舉辦禪二，由常聞法師帶領，共有15人參加。

◆14日及28日，香港護法會香積組成員應邀至寶覺中學，指導學生烹調素食，共有31位學生參加。

11.15

◆桃園齋明寺舉辦佛一暨八關戒齋法會，由監院果啟法師帶領，共有142人參加。

◆11月15日至12月20日，台中分院每月第三週週六上午於寶雲別苑舉辦「每月講談」活動，引領大眾進入閱讀的智慧寶藏，15日由文化中心副都監果賢法師主講「法鼓全集與我」，有近兩百位民眾參加。

◆台南分院舉辦大悲懺法會，由監院果謙法師帶領，共有218人參加。

◆僧團傳燈院於北投雲來寺舉辦「法鼓八式動禪五週年慶」活動，由禪修中心副都監果元法師、美國象岡道場住持果醒法師帶領，共有182位法鼓八式動禪義工講師及學員參加。

◆慈基會於南投安心服務站舉辦緊急救援教育訓練課程，課程藉由模擬演練強化救災專業技能，約有七十多位中部地區救災中心成員參加。

◆慈基會舉辦「第13期百年樹人獎助學金」系列頒發活動，15日於護法會羅東辦事處舉行，有近三十人參加。

◆美國紐約東初禪寺上午於法拉盛喜來登飯店舉辦榮董感恩會，由方丈和尚果東法師親自主持，約有五十多人參加。晚上則於道場為西方禪眾舉辦佛法聯誼會，方丈和尚到場關懷，約有六十多人參加。

◆加拿大溫哥華道場舉辦佛一暨八關戒齋法會，由監院果樞法師帶領，共有43人參加。

◆香港《文匯報》社長張國良伉儷，及《文匯報》駐福建辦事處主任黃若紅、《東方日報》主筆王善勇、香港新聞工作者協會副祕書長焦惠標等一行，上午至法鼓山園區拜會聖嚴師父，師父鼓勵來訪者體驗禪修的法益。

11.16

◆高雄紫雲寺於高雄縣扇平森林遊樂區舉辦戶外禪一，由常覺法師帶領，共有66人參加。

◆慈基會舉辦「第13期百年樹人獎助學金」系列頒發活動，16日於護法會新莊辦事處舉行，有近七十人參加。

◆台中法青會於台中分院舉辦「哈佛party──團體動力學」活動，邀請專業社工師謝云洋帶領，透過有趣的團體動力遊戲，引導學員體驗自己在生活中的角色，並認識團體動力的運作，有近二十人參加。

◆美國紐約東初禪寺舉辦皈依典禮及「續法脈‧敘法緣」茶會，由方丈和尚果東法師帶領，共有10人皈依，75人參加。

◆美國護法會加州洛杉磯分會舉辦電影禪活動，放映影片《佐賀的超級阿嬤》，共有15人參加。

◆馬來西亞護法會舉辦精進禪一，共有20人參加。

◆澳洲護法會雪梨分會舉辦佛學講座，邀請聖嚴師父法子果峻法師以英語講解《六祖壇經》，共有28人參加。

◆由中國大陸廈門市南普陀寺、虎溪岩寺等十多所寺院組成的「廈門市佛教協會」一行18人，在該協會理事長暨南普陀寺方丈則悟法師帶領下，至法鼓山園區參訪，並拜會聖嚴師父，請益佛教高等教育的辦學經驗。

11.18

◆僧團傳燈院應邀至台北市立五常國中，為該校教師及家長指導法鼓八式動禪，約有十多人參加。

◆人基會於北投農禪寺舉辦「心六倫」專題演講，由副祕書長陳錦宗主講。

11.20

◆20至22日，法鼓山僧伽大學男眾學務長常惺法師代表法鼓山，至中國大陸福建省廈門市南普陀寺參加由中國大陸的中華文化交流協會、國家宗教局、中國佛教協會主辦的「災難危機與佛教慈善事業暨第二屆宗教與公益事業論壇」，並以「心安就有平安──以災民需求為中心的法鼓山四川賑災經驗分享」發表演說，之後並接受鳳凰衛視採訪，介紹法鼓山的救災理念。

◆20至27日，為發揮水陸法會普化教育功能，僧團水陸法會籌備小組特別規畫水陸法會特展與十壇巡禮活動，每天都有近七百位民眾參加。

◆台南分院舉辦地藏法會，由監院果謙法師帶領，共有246人參加。

◆20至24日，佛教學院校長惠敏法師至美國出席由哈佛大學（Harvard University）

主辦之「中國歷史傳記數據庫國際專題討論會」（First International Workshop on Biographical atabases for China's History）。

11.21

◆佛教學院獲行政院環境保護署頒發「97年推動環保有功學校」特優獎項，頒獎典禮於台大醫院國際會議中心舉行，由佛教學院副校長杜正民代表受獎。佛教學院也是唯一榮獲特優獎項的學校。

◆人基會於台北安和分院舉辦「心六倫」專題演講，由副祕書長陳錦宗主講。

◆21至23日，美國紐約象岡道場舉辦禪三，由常聞法師帶領，共有11人參加。

◆21至23日，新加坡護法會舉辦「兒童佛學三天生活營」，共有28位學童參加。

◆香港護法會至志蓮中學推廣心靈環保理念，為學生講解四它（面對它、接受它、處理它、放下它）的涵義與運用方法，有近兩百位學生出席聆聽。

11.22

◆22至23日，法鼓山與中國大陸四川省安縣縣政府於該縣秀水高中，共同舉辦「心理重建與生命教育」交流座談會，包括法鼓山僧團副住持果品法師、四川省宗教局局長王增建、安縣副縣長劉勝軍、台辦主任陳躍、教體局副局長張勝明等均到場關懷，座談會由台北大學社會工作系系主任楊蓓主持，當地約近一百二十位中小學教師參加。

◆香港護法會至麗瑤護老院關懷長者，有近五十位義工參加。

11.23

◆信眾教育院於法鼓山園區為三重、蘆洲地區信眾舉辦「新皈依弟子──快樂學佛人」活動，進行朝山參訪。

◆信眾教育院於法鼓山園區為基隆地區信眾舉辦「新皈依弟子──快樂學佛人」活動，進行戶外禪。

◆慈基會舉辦「第13期百年樹人獎助學金」系列頒發活動，23日於宜蘭縣安康體能教室舉行，約有一百三十多人參加。

◆美國護法會華盛頓州西雅圖分會舉辦七週年慶感恩活動，內容包括募款義賣及聯誼餐會，共有50人參加。

◆里仁事業股份有限公司一行45人至法鼓山園區參訪，並進行員工自強活動。

11.25

◆聖嚴師父與國際知名保育專家珍古德（Jane Goodall）應邀出席台北縣政府主辦的「打造台北縣Eco-City」環境教育成果展，並於縣政府國際會議廳展開「大悲心起：與地球生命體的深層對話」座談；台北縣縣長周錫瑋、台北縣各級學校校長及環境教育相關專家學者到場聆聽。

◆中國大陸廣東中山大學比較宗教研究所榮譽所長馮達文率領該校教授等一行六人，參訪佛教學院，並與校長惠敏法師就未來兩校合作項目，進行交流討論。

11.27

◆法鼓人文社會學院（法鼓大學籌備處）於台北安和分院舉辦第四屆董事會第五次會議，由董事長聖嚴師父親自主持，聽取籌備處主任劉安之報告法鼓大學建校進度。

11.28

◆11月28日至12月5日，法鼓山於園區啟建第二屆「大悲心水陸法會」，聖嚴師父於法會期間親臨各壇場關懷，除各界賢達，台北縣鄰近鄉鎮代表包括金山鄉鄉長許春財、萬里鄉長蔡蒼明、三芝鄉長花村祥、石門鄉長梁玉雪等近三百名鄉親亦共同參與，法鼓山也主動為鄉親們設置消災及超薦總牌位。師父並於11月29日三大士焰口法會，及12月5日送聖儀式中為大眾開示，八天七夜的法會中，動員八千多人次的義工，約有五萬多位信眾參與共修。

◆法鼓大學第一期建築下午於法鼓山園區法鼓大學預定地舉行開工灑淨典禮，與第二屆大悲心水陸法會灑淨儀式同時展開，由方丈和尚果東法師主法，教育部高教司副司長楊玉惠、台北縣政府副祕書長陳嘉興、金山鄉鄉長許春財、金山醫院院長李騰龍、護法總會總會長陳嘉男、前籌備處主任曾濟群校長，以及多位學者專家與護法信眾，共約有兩千多人到場觀禮。

◆11月28日至12月7日，美國紐約象岡道場舉辦默照禪十，由聖嚴師父西方法子克羅埃西亞的查可‧安德列塞維克（Žarko Andričević）帶領，共有17人參加。

◆11月28日至12月4日，澳洲護法會雪梨分會舉辦禪四及禪七，由聖嚴師父法子果峻法師帶領，各有11人參加。

11.29

◆高雄紫雲寺舉辦「每月講談」活動，29日邀請屏安醫院院長黃文翔導讀聖嚴師父的著作《禪的智慧》，共有31人參加。

◆國際知名刑事鑑識專家李昌鈺伉儷在護法總會副總會長葉榮嘉伉儷陪同下，至法鼓山園區拜會聖嚴師父。

11.30

◆青年院「心光講堂——靈活做人三部曲」系列講座，30日於行政院青年輔導委員會台北青年交流中心進行第二場，邀請年輕志工達人沈芯菱，分享她自14歲起開始從事公益的經歷與心得，有近三十人參加。

◆法鼓山協助緬甸仰光省丹閞（Thanlyin）的丹閞綜合學校重建工程舉辦開工儀式，邀請長期協助法鼓山緬甸重建工作的仰光市觀音山達本禪寺從法法師，代表法鼓山表達對學校師生的祝福。

◆馬來西亞護法會舉辦生活講座，由資深悅眾杜忠全主講「從個人角度談理論消融與生活實踐」，有近一百人參加。

12月 DECEMBER

12.01

◆《人生》雜誌第304期出刊。

◆《法鼓》雜誌第228期出刊。

◆法鼓文化出版新書：智慧人系列《一花一葉一如來──林子青佛學論著集》（林子青著）、智慧人系列《小止觀講記》（繼程法師著）、大視野系列《太虛──人生佛教的追尋與實現》（*Toward a Modern Chinese Buddhism:Taixu's Reforms*）（白德滿Don A. Pittman著，鄭清榮譯）、人生DIY系列《雨季後的彩虹──一位年輕女子的海外義工730天》（曾維莉著）。

◆法鼓佛教學院《法鼓佛教院訊》第6期出刊。

12.04

◆聖嚴師父於北投雲來寺接受有線電視頻道年代新聞節目《聚焦360度》專訪，闡述心六倫和心安平安之道。

◆4至6日，佛教學院與中央研究院合辦國際學術研討會，主題為「沉淪、懺悔與救度：中國文化的懺悔書寫」，三天會議分別於中研院、法鼓山園區舉行，有來自台灣、中國大陸、美國、日本等地二十多位學者與會，共發表20篇論文。佛教學院校長惠敏法師、中華佛研所所長果鏡法師、佛教學院助理教授馬紀（William Magee）等也發表論文，公開其關於佛教懺悔觀與懺悔法門的研究成果。

◆4至7日，佛教學院副校長杜正民、圖資館館長馬德偉（Marcus Bingenheimer）等至越南河內市的河內科技大學（Hanoi University of Technology，簡稱HUT），參加太平洋鄰里協會（Pacific Neighborhood Consortium，簡稱PNC）2008年年會暨聯合會議。

12.05

◆本日為「國際志願服務日」，台中市政府於行政院中部聯合服務中心表揚績優志工，由市長胡志強頒獎並授旗，法鼓山台中分院也接受授旗表揚；並有分院義工李雪玉、王孝娟等榮獲銀質與銅質獎章。

◆中國當代重要思想家韋政通先生捐贈約五千冊人文社會學類中外文圖書、期刊，以及個人手稿予法鼓大學典藏。

◆美國紐約東初禪寺舉辦「電影與心」系列活動，5日播放紀錄片《禪修兄弟》（The Dhamma Brothers），觀賞後進行心得分享，共有14人參加。

12.06

◆ 僧團傳燈院於北投農禪寺舉辦禪修指引課程，共有26人參加。

◆ 信眾教育院於法鼓山園區為桃園地區信眾舉辦「新皈依弟子——快樂學佛人」活動，進行朝山參訪。

◆ 為持續提供斯里蘭卡南亞海嘯災區醫療服務，6至17日，慈基會派遣第七次醫療團隊前往可倫坡（Colombo）西北方三個地區米努萬戈答村（Minuwangoda）、威延戈答村（Veyangoda）、安比普沙（Ambepussa），以及漢班托塔（Hambantota）台灣村健康服務中心展開為期12天的醫療義診服務。

◆ 12月6日至2009年3月14日，人基會每週六於金車教育中心舉辦「心六倫種子教師培訓」第一期課程；6日的始業式，方丈和尚果東法師出席勉勵學員，人基會祕書長李伸一、副祕書長陳錦宗也到場關懷，共有43位學員參加。

◆ 高雄法青會於紫雲寺舉辦八場「心靈成長會客室」活動（3月8日至12月20日期間），邀請圓桌教育學苑協談中心老師劉華厚主講。6日進行第七場，講題為「親近恐懼」，有近二十人參加。

◆ 加拿大溫哥華道場合唱團至當地西區的麥當勞病童之家（Ronald McDonald House Charities）進行關懷，以歌聲和音樂慰訪孩童，共有10位團員參加，溫哥華道場並捐贈病童之家加幣兩千元。

◆ 美國護法會加州洛杉磯分會舉辦英文禪修指引課程，邀請聖嚴師父的西方法子吉伯‧古帝亞茲（Gilbert Gutierrez）帶領，共有24人參加。

12.07

◆ 12月7日至2009年1月31日，桃園齋明寺和喜太鼓隊每週一舉辦初級禪訓課程，由禪修講師李彰奇帶領，共有35人參加。

◆ 法鼓山協助緬甸哈朗他亞（Hlaing Thar Yar）地區的哈朗他亞第一小學（Hlaing Thar Yar SoPoS 1 State Primary School）重建工程舉辦開工儀式，邀請長期協助法鼓山緬甸重建工作的仰光市觀音山達本禪寺從法法師，代表法鼓山表達對學校師生的祝福。

◆ 人基會於桃園齋明寺舉辦「心六倫」專題演講，邀請前行政院消費者保護協會督導組組長林芳忠主講，約有一百五十多人參加。

◆ 美國護法會加州洛杉磯分會舉辦大悲懺法會，約有十多人參加。

12.08

◆ 8至10日，僧團三學院於法鼓山園區第一大樓舉辦「核心弘講培訓」課程，主題為「弘講之基本能力」，共有12位新領職僧眾及僧大禪學系學僧參加。

12.09

◆ 9至10日，慈基會受邀參與由財團法人台灣兒童暨家庭扶助基金會主辦的「國際傳愛‧攜手合作——2008年國際援助研討會」，活動於台灣大學凝態科學暨物理學館國

際會議廳進行，由總幹事陳果開代表參加，並於會中發表〈國際援助服務中的志工運用〉論文。

12.10

◆ 為關懷偏遠地區需要幫助的家庭，法鼓山大愛文教基金會和慈基會合作，補助國內偏遠地區中、小學學生獎助學金；10日由慈基會副祕書長常法法師和大愛基金會成員至台北縣石碇鄉和平國小、石碇高中，進行獎助學金的頒發。2008年全台共有56所中小學，316位學生接受補助。

◆ 行政院研究發展考核委員會主辦「2008網際營活獎」評選，法鼓山數位學習網以網站內容、影響力及經營管理等項目優異，獲頒「優質網站獎」第二名。而法鼓山人文社會基金會也藉由網路媒介宣導自殺防治、提倡心六倫等理念，獲頒「網路內容貢獻獎」。

12.11

◆ 聖嚴師父、方丈和尚果東法師至三峽關懷興建中的天南寺，完成建築群外觀的天南寺刻正展開室內裝修及環境美化工程。僧團都監果廣法師、營建院監院果懋法師、百丈院監院果治法師，以及天南寺工程委員會主任委員黃平璋、劉偉剛等均到場陪同。捐地並護持興建的邱春木之子邱仁賢除隨行解說，並發願盡全力成就天南寺於2009年落成啟用。

12.13

◆ 12月13日至2009年1月11日，北投文化館每日下午舉辦《藥師經》持誦共修。

◆ 桃園齋明寺舉辦歲末冬令關懷活動，內容包括誦經及太鼓隊、太極劍、古箏演奏等表演，由監院果啟法師帶領，共有157戶、660人接受關懷。

◆ 南投德華寺於寺院附近街道舉辦環保淨街活動，由副寺果弘法師帶領，約有十多位義工參加。

◆ 13至20日，法鼓山園區禪堂舉辦初階禪七，由禪堂板首果祺法師擔任總護法師，共有145人參加。

◆ 12月13日起至2009年1月25日期間，慈基會舉辦「2008歲末大關懷」系列活動，首站於北投農禪寺展開，之後陸續在法鼓山園區、桃園齋明寺、台中分院、南投德華寺、台南分院、高雄紫雲寺，以及南投、東勢、竹山安心服務站等十個據點舉辦，除了提供物資，並舉行祝福念佛法會或生活佛法分享等活動，共約有一千八百多戶受到關懷與協助。

◆ 13至14日，加拿大護法會多倫多分會舉辦成立10週年慶祝活動，由美國紐約東初禪寺住持果醒法師前往帶領，活動包括大悲懺法會、皈依儀式、佛學講座、禪修，以及才藝募款同樂會和經驗分享等。

◆ 馬來西亞護法會舉辦心靈環保體驗營，由僧團副住持果品法師帶領，為信眾闡述心五四理念的意涵，共有60人參加。

12.14

◆台中分院於寶雲別苑舉辦兒童禪修體驗營，以團體遊戲和專題課程引導學員認識佛門生活禮儀，共有40位學童參加。

◆台中分院舉辦中部地區義工歲末聯誼，有近兩百人參加。

◆慈基會於護法會潮州辦事處舉辦緊急救援教育訓練課程，課程藉由模擬演練強化救災專業技能，有近七十位屏東、潮州地區救災中心成員參加。

◆慈基會舉辦「第13期百年樹人獎助學金」系列頒發活動，14日於護法會彰化辦事處舉行，有近五十人參加。

◆義工團於北投農禪寺舉辦新義工說明會，接引新皈依信眾加入義工行列，共有28人參加。

◆美國紐約東初禪寺舉辦「藝術治療」講座，邀請曾跟聖嚴師父習禪的藝術治療師卡米（Giora Carmi）主講，約有四十多人參加。

◆加拿大溫哥華道場舉辦「2008年度禪眾歲末聯誼會」，由監院果樞法師帶領，僧團果舟法師也到場關懷，共有116位東西方禪眾參加。

◆美國護法會加州舊金山分會舉辦阿彌陀佛聖誕法會，有近三十人參加。

◆馬來西亞護法會舉辦新會所啟用祈福典禮，以及大悲懺法會，由僧團副住持果品法師帶領，共有200人參加。

12.15

◆15至16日，馬來西亞護法會舉辦讀書會，由國際發展處監院常華法師帶領導讀聖嚴師父著作《完全證悟》，該讀書會分為中文、英文兩個場次，中文場有近八十人參加。

12.16

◆聖嚴師父的第14本英文著作《禪無所求——聖嚴法師〈心銘〉十二講》（*Song of Mind : Wisdom from the Zen Classic Xin Ming*），出版韓文版。

◆16至30日，僧團傳燈院應台北市八頭里仁協會之邀，每週二上午至北投社會福利服務中心舉辦法鼓八式動禪及禪修指引課程，共約有三十多人次參加。

12.17

◆台北市民政局於台大醫院國際會議廳舉辦「96年度績優宗教團體表揚大會」，北投農禪寺及中華佛教文化館因推廣社會教育及關懷社區有功，同時獲獎，由農禪寺監院果燦法師及文化館住持鑑心長老尼代表接受副市長吳清基所頒發的獎座。

◆17至31日，僧團傳燈院每週三下午應邀至中壢萬能科技大學，為該校教職員舉辦法鼓八式動禪教學活動，共有近一百二十人次參加。

◆佛教學院舉辦「宗教研修與性別平等教育」座談會，針對宗教學校推動性別教育提出檢討與建議。除邀請台北教育大學教授莊明貞、清華大學副教授李玉珍、實踐大學副教授葉至誠等性別平等教育專家與談，也邀請台灣神學院、輔仁大學神學院、一貫道崇

德學院籌備處等宗教學校代表參與討論，教育部高教司科長蔡忠益到場聆聽各方意見。

12.19

◆ 法鼓山於北投雲來寺舉辦「職場倫理」專題演講，邀請擔任「心六倫」運動之「職場倫理」代言人，也是亞都麗緻飯店總裁的嚴長壽主講，由法鼓大學籌備處主任劉安之擔任引言人，包括僧團法師、專職與義工等共約兩百多人出席聆聽。

◆ 法行會於台北圓山飯店國際會議中心舉行九週年慶祝晚會，主題為「感恩與承擔」，僧團副住持果品法師、果暉法師到場關懷，約有四百六十多位成員出席。以電影《海角七號》榮獲金馬獎最佳男配角的馬如龍伉儷也共襄盛會。

◆ 美國護法會佛州奧蘭多聯絡處舉辦佛學講座，由美國佛羅里達州州立大學（Florida State University）宗教系助理教授俞永峰主講「禪的核心」，共有20人參加。

◆ 國際傑人會世界總會一行11人由總會長俞美美帶領至法鼓山園區參訪，並拜會方丈和尚果東法師。

12.20

◆ 20及27日，台北中山精舍舉辦初級禪訓班，共有20人參加。

◆ 12月20日至2009年1月10日，桃園齋明寺每週六舉辦初級禪訓班，由監院果啟法師帶領，約一百二十多人參加。

◆ 台中分院於寶雲別苑舉辦「每月講談」活動，邀請中央研究院歐美研究所副所長單德興分享翻譯、閱讀聖嚴師父著作《禪的智慧》（Zen Wisdom）的心得，共有180人參加。

◆ 僧團傳燈院於北投雲來寺舉辦「Fun鬆一日禪」活動，由僧團常欽法師、常嶺法師帶領，共有105人參加。

◆ 台北法青會於台北中山精舍，舉辦「法青修行日——念佛共修會」活動，由常灌法師帶領，共有45人參加。

◆ 美國護法會佛州奧蘭多聯絡處舉辦一日禪，由美國佛羅里達州州立大學（Florida State University）宗教系助理教授俞永峰帶領，共有13人參加。

◆ 高雄法青會於紫雲寺舉辦八場「心靈成長會客室」活動（3月8日至12月20日期間），邀請圓桌教育學苑協談中心老師劉華厚主講，20日進行最後一場，講題為「如何學會情緒平衡」，有近二十人參加。

12.21

◆ 南投德華寺舉辦精進禪一，由副寺果弘法師帶領，約有十多人參加。

◆ 信眾教育院於法鼓山園區為中壢地區信眾舉辦「新皈依弟子——快樂學佛人」活動，進行朝山參訪。

◆ 慈基會舉辦「2008歲末大關懷」系列活動（12月13日起至2009年1月25期間），21日於法鼓山園區進行。活動由僧團副住持果暉法師帶領祈福法會，方丈和尚果東法師親臨關懷，台北縣社會局局長李麗圳、金山鄉鄉長許春財、基隆市社會處處長曾煥卿，

以及法鼓山慈基會會長王景益等到場觀禮，共有來自基隆及台北縣北海四鄉的285戶
民眾出席。

◆慈基會於護法會新莊共修處舉辦緊急救援教育訓練課程，課程藉由模擬演練強化救災
專業技能，有近六十位新莊地區救災中心成員參加。

◆扶輪社「一人一年一樹」植樹計畫，發起捐贈法鼓大學樹苗活動，支持法鼓山推動自
然環保、心靈環保及教育興學理念。21日，扶輪社3480地區總監許章賢及該區20個扶
輪分社代表，至法鼓山園區與法鼓大學籌備處主任劉安之一起植下青楓和流蘇等五百
株樹苗。

◆人基會於台東信行寺舉辦「心六倫」專題演講，由祕書長李伸一主講，有近一百人參加。

◆台中法青會下午於台中分院舉辦英文讀書會，研讀聖嚴師父的英文著作《禪的智慧》
（Zen Wisdom），並請外國學員擔任課座講師，分享不同宗教的觀點，共有16位學員
參加。

◆美國紐約東初禪寺舉辦佛學講座，由住持果醒法師主講「照見五蘊皆空」，有近七十
位信眾參加。

◆美國護法會佛州奧蘭多聯絡處舉辦佛經研讀活動，主題為「《六祖壇經》──無相
論」，由美國佛羅里達州州立大學（Florida State University）宗教系助理教授俞永峰
帶領，共有15人參加。

12.23

◆為援助中國大陸四川安縣秀水衛生院及秀水第一中心小學重建，方丈和尚果東法師率
團親赴四川主持動土典禮，四川省宗教局及安縣政府多位代表及秀水鎮數千位鎮民均
到場觀禮。典禮後，方丈和尚赴什邡馬祖鎮視察安心服務站預定地點。僧團副住持果
品法師並先於22日，率領僧團法師前往重建基地舉行灑淨儀式。

◆新加坡護法會舉辦佛學講座，由僧團常一法師主講「做好心靈環保，人生更自在」，
共有80人參加。

12.24

◆南投德華寺於日月潭舉辦戶外禪，由副寺果弘法師帶領，約有二十多人參加。

12.25

◆25至28日，新加坡護法會於當地的福海禪寺舉辦青年禪三，內容包括禪坐、經行、法鼓
八式動禪、茶禪、托水缽等，由普化中心副都監果毅法師帶領，共有46位青年參加。

12.26

◆方丈和尚果東法師應邀參加由台北經營管理研究院基金會、《經濟日報》和台北市立
圖書館共同舉辦的「重振信心走出經濟蕭條論壇」，並以「重燃信心面對未來」為
題，發表專題演說，約有一百多位政商代表出席聆聽。

◆26至28日，台中分院舉辦精進佛三，由果雲法師帶領，約有一百多人參加。

◆26至28日，僧團傳燈院於三義DIY心靈環保教育中心首辦禪訓班二日營，由禪修中心副都監果元法師帶領，共有90人參加。

◆26至28日，法鼓山園區禪堂舉辦禪二，由僧團果會法師擔任總護，共有80人參加。

◆12月26日至2009年1月2日，法鼓山園區禪堂舉辦默照禪七，由禪堂板首果祺法師擔任總護法師，共有86人參加。

◆12月26日至2009年1月4日，美國紐約象岡道場舉辦話頭禪十，由住持果醒法師帶領，共有20人參加。

12.27

◆法鼓山大愛文教基金會榮獲台北縣政府教育局頒發「2008社會教育有功團體獎」，頒獎典禮於縣政府大禮堂進行，由台北縣教育局局長劉和然頒獎，僧團男眾副都監果興法師代表受獎。

◆27至28日，高雄紫雲寺舉辦慈悲三昧水懺法會，由僧團果建法師主法，共有近一千人次參加。

◆青年院「心光講堂——靈活做人三部曲」系列講座，27日於行政院青年輔導委員會台北青年交流中心進行第三場，邀請表演工作者廖嘉琛分享現實人生的經歷與心得，有近三十人參加。

◆慈基會於北投農禪寺舉辦「安心家庭關懷專案」成果分享會，由副祕書長常法法師主持，農禪寺監院果燦法師到場關懷，共有66人參加。

◆法鼓大學公益學院籌備處舉辦系列「法鼓公益論壇」，上午於中央大學太空及遙測研究中心，與中央大學客家學院合辦第五場，主題為「全球化時代之社會參與」，由法鼓大學籌備處主任劉安之主持，邀請美國紐約市立大學（The City University of New York）公共事務學者陳斌教授，進行專題演講；並邀請中國大陸北京自然之友總幹事梁曉燕、台北市北投文化基金會董事長洪德仁、耕莘文教基金會執行長曲慶浩、中華聯合勸募協會公共事務暨資源發展部主任黃雯祺等非營利組織負責人，針對公民社會的實務經驗進行分享，有近一百五十人參加。

◆台南法青會於安平精舍舉辦「暖呼呼湯圓會——法青歲末聯誼」活動，共有17人參加。

◆高雄法青會於三民精舍舉辦「法青聚會」活動，共有16人參加。

12.28

◆南投德華寺舉辦地藏法會，由副寺果弘法師帶領，共有35人參加。

◆由高雄縣鳥松鄉主辦、高雄紫雲寺規畫承辦的「人行廣場禪公園」將於2009年1月落成啟用，紫雲寺為此舉辦一系列熱身活動，包括戶外寫生比賽、植樹、紙風車劇團戲劇演出「心六倫」等，約有兩百多位大小朋友參加。

◆信眾教育院於法鼓山園區為三重、蘆洲地區信眾舉辦「新皈依弟子——快樂學佛人」活動，進行朝山參訪。

◆28至31日，慈基會副總幹事鄭文烈至緬甸仰光勘察援建的哈朗他亞第一小學（Hlaing Thar Yar SoPoS 1 State Primary School）及丹閜綜合學校（Thanlyint Pyin Thaung

Village State Middle School）工程進度，並拜訪緬甸當地法師、台商蔡豐財夫婦、陳專益夫婦與營建商等，感謝他們對法鼓山緬甸賑災的協助。

◆人基會於台南分院舉辦「心六倫」專題演講，由祕書長李伸一主講。

12.29

◆中國大陸湖南省南獄、衡陽等地區寺院方丈和尚，以及西蓮淨苑法師等一行三十多人，參訪佛教學院，由校長惠敏法師接待；並舉行「湖南與台灣佛教教育現況與發展」座談會，進行交流。

12.30

◆30日至31日，馬來西亞護法會參加由馬來西亞佛教總會雪隆分會、千百家佛教居士林及古晉佛教居士林於武吉加裏爾舉辦的「萬心萬緣圓萬人願」祈福大會的書展，共有20位義工參加。

◆美國德州佛教會會長暨德州浴佛寺開山淨海長老，由美國佛教會會長明光法師、常亮法師陪同，前往拜會聖嚴師父。淨海長老與師父是同鄉，也是師父於日本立正大學的同窗。

12.31

◆台中分院舉辦跨年祈福晚會，有近一百六十人參加。

◆美國紐約東初禪寺舉辦跨年〈大悲咒〉持咒共修。

◆新加坡護法會舉辦歲末祈福法會，共有70人參加。

【附錄】

法鼓山2008年各地主要法會暨場次一覽表

名稱	地區	地點	場次	小計	總計
除夕撞法華鐘法會	北區	法鼓山世界佛教教育園區	1	1	1
普佛法會	北區	法鼓山世界佛教教育園區	1	3	8
		台北安和分院	1		
		桃園齋明寺	1		
	中區	台中分院	1	2	
		南投德華寺	1		
	南區	台南分院	1	2	
		高雄三民精舍	1		
	東區	台東信行寺	1	1	
三昧水懺法會	北區	北投農禪寺	3	5	8
		桃園齋明寺	2		
	中區	台中分院	1	1	
	南區	高雄紫雲寺	2	2	
千佛懺法會	北區	北投中華佛教文化館	1	1	2
	南區	高雄紫雲寺	1	1	
元宵燃燈供佛法會	北區	法鼓山世界佛教教育園區	1	3	4
		北投農禪寺	1		
		桃園齋明寺	1		
	南區	高雄紫雲寺	1	1	
地藏懺法會	北區	桃園齋明寺	2	2	15
	中區	中部海線辦事處	12	12	
	南區	高雄紫雲寺	1	1	
地藏法會	北區	北投農禪寺	9	33	92
		北投中華佛教文化館	1		
		台北安和分院	12		
		桃園齋明寺	11		
	中區	台中分院	13	19	
		南投德華寺	6		
	南區	台南分院	11	33	
		高雄紫雲寺	8		
		嘉義辦事處	2		
		潮州辦事處	12		
	東區	台東信行寺	7	7	
三時繫念法會	北區	北投農禪寺	1	3	6
		桃園齋明寺	2		
	南區	台南分院	1	2	
		高雄紫雲寺	1		
	東區	台東信行寺	1	1	

名稱	地區	地點	場次	小計	總計
浴佛法會	北區	法鼓山世界佛教教育園區	1	5	11
		北投農禪寺	1		
		北投中華佛教文化館	1		
		台北安和分院	1		
		桃園齋明寺	1		
	中區	台中分院	1	2	
		南投德華寺	1		
	南區	台南分院	1	3	
		高雄紫雲寺	1		
		高雄三民精舍	1		
	東區	台東信行寺	1	1	
藥師法會	北區	北投中華佛教文化館	12	24	24
		台北安和分院	12		
觀音法會	北區	北投中華佛教文化館	12	24	31
		中壢辦事處	12		
	中區	台中分院	1	1	
	南區	高雄紫雲寺	2	5	
		嘉義辦事處	3		
	東區	台東信行寺	1	1	
彌陀法會	中區	苗栗辦事處	12	12	12
淨土懺法會	北區	北投農禪寺	7	7	13
	南區	高雄紫雲寺	6	6	
大悲懺法會	北區	法鼓山世界佛教教育園區	11	72	238
		北投農禪寺	8		
		台北安和分院	8		
		桃園齋明寺	10		
		桃園辦事處	11		
		中壢辦事處	12		
		新竹辦事處	12		
	中區	台中分院	11	83	
		南投德華寺	12		
		中部海線辦事處	12		
		豐原辦事處	12		
		彰化辦事處	12		
		員林辦事處	12		
		南投辦事處	12		

名稱	地區	地點	場次	小計	總計
大悲懺法會	南區	台南分院	12	55	(238)
		高雄紫雲寺	7		
		嘉義辦事處	12		
		潮州辦事處	12		
		屏東辦事處	12		
	東區	台東信行寺	4	28	
		宜蘭辦事處	12		
		花蓮辦事處	12		
大悲心水陸法會	北區	法鼓山世界佛教教育園區	1	1	1
梁皇寶懺法會	北區	北投農禪寺	1	1	2
	中區	台中分院	1	1	
菩薩戒誦戒會	北區	台北安和分院	12	150	262
		桃園齋明寺	11		
		基隆精舍	9		
		北投辦事處	12		
		石牌辦事處	12		
		大同辦事處	12		
		松山辦事處	12		
		海山辦事處	12		
		新莊辦事處	12		
		金山萬里辦事處	22		
		新竹辦事處	12		
		桃園辦事處	12		
	中區	台中分院	10	46	
		彰化辦事處	12		
		員林辦事處	12		
		南投辦事處	12		
	南區	台南分院	11	32	
		高雄紫雲寺	9		
		屏東辦事處	12		
	東區	台東信行寺	10	34	
		宜蘭辦事處	12		
		花蓮辦事處	12		

名稱	地區	地點	場次	小計	總計
念佛共修	北區	法鼓山世界佛教教育園區	43	1,230	2,356
		北投農禪寺	41		
		北投中華佛教文化館	47		
		台北安和分院	49		
		台北中山精舍	48		
		基隆精舍	46		
		桃園齋明寺	39		
		淡水辦事處	49		
		石牌辦事處	48		
		三重蘆洲辦事處	50		
		士林辦事處	22		
		社子辦事處	50		
		大同辦事處	38		
		松山辦事處	38		
		中正、萬華辦事處	50		
		內湖辦事處	51		
		海山辦事處	48		
		新店辦事處	53		
		中永和辦事處	50		
		文山辦事處	45		
		新莊辦事處	50		
		林口辦事處	50		
		桃園辦事處	28		
		中壢辦事處	27		
		新竹辦事處	83		
		金山萬里辦事處	41		
		三芝石門辦事處	46		
	中區	台中分院	98	498	
		南投德華寺	50		
		豐原辦事處	50		
		中部海線辦事處	50		
		苗栗辦事處	50		
		彰化辦事處	50		
		員林辦事處	50		
		南投辦事處	100		

名稱	地區	地點	場次	小計	總計
念佛共修	南區	台南分院	98	495	(2,356)
		高雄紫雲寺	92		
		高雄三民精舍	40		
		嘉義辦事處	50		
		高雄南區辦事處	91		
		潮州辦事處	94		
		屏東辦事處	30		
	東區	台東信行寺	36	133	
		宜蘭辦事處	25		
		羅東辦事處	48		
		花蓮辦事處	24		
藥師經共修	北區	北投中華佛教文化館	60	90	90
		台北安和分院	30		
地藏經共修	北區	北投中華佛教文化館	79	128	211
		桃園齋明寺	49		
	中區	南投辦事處	12	36	
		彰化辦事處	12		
		員林辦事處	12		
	南區	高雄南區辦事處	47	47	
大悲咒共修	中區	彰化辦事處	12	12	12
佛一	南區	台南分院	2	2	3
	東區	台東信行寺	1	1	
佛三	中區	台中分院	1	1	2
	南區	台南分院	1	1	
佛七	北區	北投農禪寺	2	2	2
佛一暨八關戒齋法會	北區	北投農禪寺	2	6	17
		台北安和分院	2		
		桃園齋明寺	2		
	中區	台中分院	1	5	
		南投德華寺	4		
	南區	台南分院	3	4	
		高雄紫雲寺	1		
	東區	台東信行寺	2	2	
佛二暨八關戒齋法會	北區	桃園齋明寺	1	1	1
祈福皈依大典	北區	北投農禪寺	4	4	4

各項主要法會全年場次

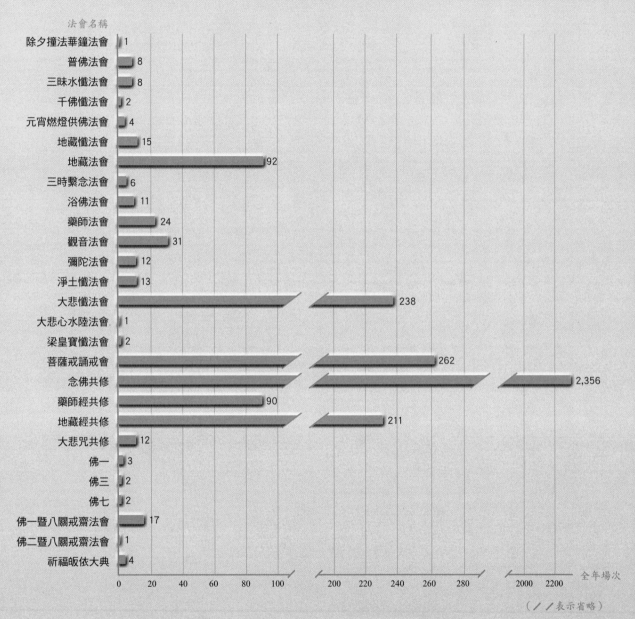

法會名稱

法會	場次
除夕撞法華鐘法會	1
普佛法會	8
三昧水懺法會	8
千佛懺法會	2
元宵燃燈供佛法會	4
地藏懺法會	15
地藏法會	92
三時繫念法會	6
浴佛法會	11
藥師法會	24
觀音法會	31
彌陀法會	12
淨土懺法會	13
大悲懺法會	238
大悲心水陸法會	1
梁皇寶懺法會	2
菩薩戒誦戒會	262
念佛共修	2,356
藥師經共修	90
地藏經共修	211
大悲咒共修	12
佛一	3
佛三	2
佛七	2
佛一暨八關戒齋法會	17
佛二暨八關戒齋法會	1
祈福皈依大典	4

全年場次

0　20　40　60　80　100　200　220　240　260　280　2000　2200

（∕∕表示省略）

法鼓山2008年各地主要禪修活動暨場次一覽表

◎針對有禪修經驗者（主要為禪堂主辦）

活動名稱		地點	日期	場次	合計
禪二	初階禪二	法鼓山世界佛教教育園區	10／5～10／7、12／26～12／28	2	3
	話頭禪二	法鼓山世界佛教教育園區	7／11～13	1	
禪三	初階禪三	法鼓山世界佛教教育園區	10／27～29、10／31～11／2	2	2
禪五	初階禪五	法鼓山世界佛教教育園區	8／31～9／4、10／11～10／15	2	3
	話頭禪五	法鼓山世界佛教教育園區	7／19～7／25	1	
禪七	初階禪七	法鼓山世界佛教教育園區	8／23～8／30、12／13～12／20	2	16
		三義DIY心靈環保教育中心	1／12～1／19、2／17～2／24、4／12～4／19	3	
		台東信行寺	3／23～3／30、9／20～9／27	2	
	中階禪七	法鼓山世界佛教教育園區	3／16～3／23	1	
		三義DIY心靈環保教育中心	5／24～5／31、10／18～10／25	2	
	默照禪七	法鼓山世界佛教教育園區	12／26～2009／1／2	1	
	默照禪七暨禪二	法鼓山世界佛教教育園區	3／7～3／15、5／9～5／17	2	
	話頭禪七	法鼓山世界佛教教育園區	2／23～3／1、5／18～5／25	2	
	話頭禪七暨禪二	法鼓山世界佛教教育園區	4／25～5／3	1	
禪九	默照禪九	法鼓山世界佛教教育園區	4／5～4／13	1	2
	話頭禪九	法鼓山世界佛教教育園區	7／25～8／2	1	

各項主要禪修活動全年場次

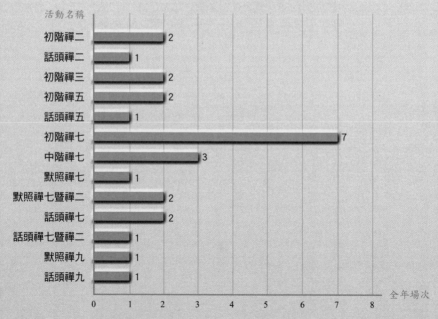

◎針對初學者（傳燈院主辦）

活動名稱	地點	為期時間	場次
禪修指引	北投農禪寺	每場約二小時	12
簡單動・輕鬆禪	北投雲來寺	每場約八小時	3
生活禪一	北投雲來寺	每場約八小時	1
Fun鬆一日禪	北投雲來寺	每場約八小時	3
月光禪	北投雲來寺	每場約四小時	1
戶外禪	台北縣烏來內洞 法鼓山世界佛教教育園區	每場約八小時	共2場
生活禪體驗營	土城教育訓練中心 三義DIY心靈環保教育中心	每期約二～四天	共2場
禪訓班二日營	三義DIY心靈環保教育中心	二天	1
助理監香培訓	三義DIY心靈環保教育中心	每場約八小時	1
法鼓八式動禪義工講師培訓	三義DIY心靈環保教育中心	每場約八小時	1

◎國際禪坐會

活動名稱	地點	時間	場次
國際禪坐共修	劍潭共修處	週六14：00～17：00	全年共38場
國際禪一	劍潭共修處	每月最後一週週六	全年共10場（2月、11月暫停）

◎由各地分院舉辦

活動名稱	地區	地點	場次	小計	總計
禪修指引	北區	台北安和分院	11	17	17
		台北中山精舍	6		
初級禪訓班	北區	北投農禪寺	11	34	56
		台北安和分院	16		
		台北中山精舍	4		
		基隆精舍	2		
		桃園齋明寺	1		
	中區	台中分院	8	9	
		南投德華寺	1		
	南區	台南分院	6	12	
		高雄紫雲寺	6		
	東區	台東信行寺	1	1	
禪坐共修	北區	北投農禪寺	46	1,141	2,035
		台北安和分院	50		
		台北中山精舍	50		
		基隆精舍	46		
		桃園齋明寺	50		
		淡水辦事處	49		
		石牌辦事處	48		
		三重蘆洲辦事處	50		
		士林辦事處	22		
		社子辦事處	50		
		大同辦事處	50		
		中正、萬華辦事處	50		
		內湖辦事處	52		
		海山辦事處	48		
		新店辦事處	52		
		中永和辦事處	50		
		文山辦事處	45		
		新莊辦事處	50		
		林口辦事處	50		
		桃園辦事處	51		
		中壢辦事處	52		
		新竹辦事處	43		
		金山萬里辦事處	42		
		三芝石門辦事處	45		

活動名稱	地區	地點	場次	小計	總計
禪坐共修	中區	台中分院	100	450	(2,035)
		南投德華寺	50		
		豐原辦事處	50		
		中部海線辦事處	50		
		苗栗辦事處	50		
		彰化辦事處	50		
		員林辦事處	50		
		南投辦事處	50		
	南區	台南分院	49	250	
		高雄紫雲寺	50		
		高雄三民精舍	43		
		嘉義辦事處	50		
		潮州辦事處	47		
		屏東辦事處	11		
	東區	台東信行寺	48	194	
		宜蘭辦事處	50		
		羅東辦事處	48		
		花蓮辦事處	48		
冬令禪二兒童營	北區	北投農禪寺	1	1	1
半日禪	北區	台北安和分院	23	23	23
禪一	北區	北投農禪寺	8	18	37
		台北安和分院	7		
		桃園齋明寺	3		
	中區	台中分院	4	8	
		南投德華寺	4		
	南區	台南分院	3	8	
		高雄紫雲寺	3		
		高雄三民精舍	2		
	東區	台東信行寺	3	3	
禪二	中區	台中分院	2	2	2
戶外禪（山水禪等）	北區	台北安和分院	3	3	8
	中區	台中分院	2	4	
		南投德華寺	2		
	南區	台南分院	1	1	

◎針對特定對象

主辦單位	活動名稱		地點	日期	場次	總計
僧團	禪十	默照禪十	法鼓山世界佛教教育園區	6／6～6／15	1	2
		話頭禪十		6／16～6／25	1	
法鼓山僧伽大學	禪一	僧大禪一	法鼓山世界佛教教育園區	4／21	1	4
	禪三	初階禪三		10／8～10／10	1	
	禪七	初階禪七		9／5～9／12	2	
		中階止觀禪七		1／13～1／20		
台中分院	禪二	台中菁英禪二		11／8～11／9	1	1
專案祕書室	禪三	菁英禪三		4／17～4／20、10／16～10／19	2	3
		第30屆社會菁英禪修營		3／27～3／30	1	
教師聯誼會	禪五	教師寒假禪修	三義DIY心靈環保教育中心	1／25～1／30	1	2
	禪七	教師暑假禪七		7／1～7／8	1	
青年發展院	禪一	山水禪	台北、宜蘭、桃園、台中、台南、高雄各地	3／9、4／27、5／17、5／25、6／8、8／31、8／31、9／6、	共8場	12
		生活智慧禪	高雄紫雲寺	3／9、11／9	2	
	禪七	青年禪七	法鼓山世界佛教教育園區	2／10～2／17	1	
	青年禪修營		三義DIY心靈環保教育中心	7／16～7／21	1	
法鼓山人文社會基金會	禪三	住商實業股份有限公司三日禪坐共修	法鼓山世界佛教教育園區	10／27～10／29	1	1

法鼓山2008年各地佛學推廣課程開課暨人數一覽表

課程			地區	地點	講師	開課日	週數	人數
聖嚴書院	初階一上（新班）	在法鼓山學佛	北區	北投農禪寺	戴良義	9月11日	18	101
				北投雲來寺（專職班）	常諦法師	9月17日	18	32
				金山法鼓山社大	常慧法師	9月10日	18	86
				海山辦事處	果會法師	9月12日	18	73
				新莊辦事處	常慧法師	9月11日	18	75
			中區	台中分院（甲班）	郭惠芯	9月3日	18	152
				台中分院（乙班）	郭惠芯	9月3日	18	149
			南區	高雄紫雲寺	常覺法師	2月25日	18	80
				高雄三民精舍	郭惠芯	2月26日	18	79
			東區	宜蘭辦事處	果會法師	9月11日	18	84
	初階一下	行門簡介	北區	北投農禪寺	果賢法師	2月27日	18	99
				北投雲來寺（專職班）	果建法師	2月27日	18	126
				台北安和分院	果界法師	2月26日	18	57
				台北中山精舍	果舫法師	2月25日	18	51
			中區	台中分院（甲班）	果理法師	3月6日	18	166
				台中分院（乙班）	果雲法師	3月8日	18	93
			南區	高雄紫雲寺	郭惠芯	9月8日	18	59
				高雄三民精舍	常覺法師	9月9日	18	59
	初階二上	學佛五講	北區	北投農禪寺	果賢法師	9月10日	18	98
				台北安和分院	常延法師	2月27日	18	57
				台北安和分院	常華法師	9月9日	18	53
				台北中山精舍	溫天河	2月26日	18	38
				台北中山精舍	果還法師	9月8日	18	43
			中區	台中分院（甲班）	果理法師	9月4日	18	154
				台中分院（乙班）	果雲法師	9月6日	18	60
			南區	高雄紫雲寺（岡山班）	果澔法師	3月1日	18	32
				高雄紫雲寺（紫雲班）	越建東	2月27日	18	60
				高雄三民精舍	郭惠芯	2月27日	18	66
				潮州辦事處	果澔法師	3月6日	18	40
	初階二下	牛的印跡	北區	北投農禪寺	果廣法師	2月26日	18	81
				台北安和分院	果毅法師	2月25日	18	38
				台北安和分院	果毅法師	9月10日	18	50
		探索識界		台北中山精舍	戴良義	2月29日	18	36
				台北中山精舍	溫天河	9月9日	18	33
		心的經典	南區	高雄紫雲寺（岡山班）	果建法師	9月13日	18	29
				高雄紫雲寺（紫雲班）	張瓊夫	9月10日	18	50
				高雄三民精舍	張瓊夫	9月10日	18	61
				潮州辦事處	果謙法師	9月11日	18	40

課程			地區	地點	講師	開課日	週數	人數
聖嚴書院	初階三上	菩薩戒及漢傳佛教	北區	北投農禪寺	果徹法師	9月16日	18	81
				台北安和分院	果高法師	9月8日	18	34
				台北中山精舍	果悅法師	9月19日	18	31
			南區	高雄紫雲寺	果品法師	2月27日	18	53
				高雄三民精舍	果建法師	2月25日	18	54
				屏東辦事處	果建法師	2月25日	18	28
	初階三下	探索識界	南區	高雄紫雲寺	越建東	9月10日	18	65
		自家寶藏		高雄三民精舍	張瓊夫	9月8日	18	47
				屏東辦事處	張瓊夫	9月8日	18	27
	精讀一上	五講精讀（一）	北區	北投農禪寺	溫天河	2月25日	18	40
			中區	台中分院	果建法師	2月26日	18	49
			南區	台南分院	林其賢	9月8日	18	56
				高雄紫雲寺	林其賢	3月1日	19	31
	精讀一下	五講精讀（一）	北區	北投農禪寺	溫天河	9月8日	18	32
			中區	台中分院	林其賢	8月26日	18	78
			南區	高雄紫雲寺	林其賢	8月30日	18	19
	精讀二上	五講精讀（二）	北區	台北中山精舍	戴良義	2月26日	18	25
	精讀二下	五講精讀（二）	北區	台北中山精舍	戴良義	9月9日	18	22
			中區	台中分院	林其賢	2月26日	18	38
	精讀三上	五講精讀（三）	北區	台北中山精舍	林其賢	2月27日	18	30
			南區	高雄紫雲寺	林其賢	3月1日	19	22
	精讀三下	五講精讀（三）	北區	台北中山精舍	林其賢	9月10日	18	28
			南區	高雄紫雲寺	林其賢	8月30日	18	20
	專題二上	專題研讀（二）	南區	高雄紫雲寺	林其賢	3月1日	19	12
	專題二下	專題研讀（二）	南區	高雄紫雲寺	林其賢	8月30日	18	22
佛學弘講	佛法概論	學佛群疑導讀	北區	中永和辦事處	陳標	4月15日	3	35
		佛教入門		樹林共修處	果樸法師	2月29日	8	21
	定學	心的詩偈──信心銘講錄	北區	桃園齋明寺	常慧法師	3月5日	13	17
	慧學	七覺支講記	北區	海山辦事處	悟常法師	6月20日	12	26
				桃園辦事處	悟常法師	2月14日	14	30
		八正道講記		桃園辦事處	性禾法師	6月5日	16	23
		心的經典──心經新釋		海山辦事處	宗德法師	2月15日	7	29
		金剛經		北投農禪寺	韋琮瑜	9月4日	12	54
				社子辦事處	清德法師	4月24日	12	42

課程			地區	地點	講師	開課日	週數	人數
佛學弘講	慧學	金剛經	北區	林口辦事處	戴良義	3月1日	18	39
				中壢辦事處	大宣法師	2月21日	18	33
		福慧自在——金剛經生活		台北安和分院	悟常法師	9月2日	19	57
		修行在紅塵——維摩經六講		台北安和分院	辜琮瑜	9月8日	19	63
				新店辦事處	常延法師	3月12日	14	74
		佛遺教經		內湖辦事處	大常法師	3月7日	13	42
		四十二章經		中永和辦事處	宗讚法師	9月26日	16	39
				桃園齋明寺	果建法師	2月15日	20	46
		八大人覺經		內湖辦事處	果樸法師	6月6日	12	46
				中永和辦事處	宗讚法師	6月6日	13	40
				新店辦事處	清德法師	9月3日	17	41
			南區	台南安平精舍	許永河	10月31日	9	54
		絕妙說法——法華經講要	北區	台北安和分院	戴良義	9月5日	19	81
		普賢菩薩行願讚		內湖辦事處	果樸法師	9月26日	15	40
				新莊辦事處	悟常法師	3月17日	14	21
				金山法鼓山社大	果會法師	4月9日	12	21
		48個願望——無量壽經講記		新莊辦事處	宗讚法師	9月1日	17	21
		地藏菩薩的大願法門		台北安和分院	宗讚法師	3月11日	21	28
				基隆辦事處	果樸法師	6月23日	18	32
				淡水辦事處	悟常法師	9月8日	19	30
				中永和辦事處	悟常法師	1月4日	17	23
				中壢辦事處	悟常法師	9月11日	14	44
	其他	成佛之道	北區	淡水辦事處	清德法師	2月18日	22	22
		學佛五講		台北安和分院	清德法師	3月7日	22	33
		大悲懺法		桃園辦事處	果慨法師	8月22日	6	83
				金山法鼓山社大	果慨法師	3月5日	4	21
		大悲心水陸法會講座		基隆辦事處	果慨法師	3月17日	6	53
		淨土法門與臨終關懷		金山法鼓山社大	果慨法師	7月9日	8	37
		佛說大乘稻芉經		桃園齋明寺	果徹法師	11月1日	8	100

法鼓山2008年各地佛學推廣課程班數統計一覽表

	活動名稱		北區	中區	南區	東區	小計	合計
聖嚴書院	初階一上	在法鼓山學佛	6	2	2	0	10	
	初階一下	行門簡介	4	2	2	0	8	
	初階二上	學佛五講	5	2	4	0	11	
	初階二下	心的經典——心經新釋	0	0	4	0	4	47
		牛的印跡	3	0	0	0	3	
		探索識界——八識規矩頌講記	2	0	0	0	2	
		自家寶藏——如來藏經語體譯釋	0	0	0	0	0	
	初階三上	菩薩戒及漢傳佛教	3	0	3	0	6	
	初三階下	心的經典——心經新釋	0	0	0	0	0	
		牛的印跡	0	0	0	0	0	
		探索識界——八識規矩頌講記	0	0	1	0	1	
		自家寶藏——如來藏經語體譯釋	0	0	2	0	2	
	精讀一上	五講精讀（一）	1	1	2	0	4	14
	精讀一下	五講精讀（一）	1	1	1	0	3	
	精讀二上	五講精讀（二）	1	0	0	0	1	
	精讀二下	五講精讀（二）	1	1	0	0	2	
	精讀三上	五講精讀（三）	1	0	1	0	2	
	精讀三下	五講精讀（三）	1	0	1	0	2	
	專題一上	專題研讀（一）	0	0	0	0	0	2
	專題一下	專題研讀（一）	0	0	0	0	0	
	專題二上	專題研讀（二）	0	0	1	0	1	
	專題二下	專題研讀（二）	0	0	1	0	1	
	專題三上	專題研讀（三）	0	0	0	0	0	
	專題三下	專題研讀（三）	0	0	0	0	0	
		小計	29	9	25	0	63	63
佛學弘講	佛法概論	正信的佛教	0	0	0	0	0	2
		學佛群疑	1	0	0	0	1	
		佛教入門	1	0	0	0	1	
	戒學	律制生活	0	0	0	0	0	0
		戒律學綱要	0	0	0	0	0	
		菩薩戒指要	0	0	0	0	0	
	定學	聖嚴法師教默照禪	0	0	0	0	0	1
		禪修菁華集	0	0	0	0	0	
		心的詩偈——信心銘講錄	1	0	0	0	1	

		活動名稱	北區	中區	南區	東區	小計	合計
佛學弘講	慧學	四聖諦講記	0	0	0	0	0	28
		四弘誓願講記	0	0	0	0	0	
		四如意足講記	0	0	0	0	0	
		四正勤講記	0	0	0	0	0	
		五根五力講記	0	0	0	0	0	
		六波羅蜜講記	0	0	0	0	0	
		七覺支講記	2	0	0	0	2	
		八正道講記	1	0	0	0	1	
		心的經典——心經新釋	1	0	0	0	1	
		金剛經	4	0	0	0	4	
		福慧自在——金剛經生活	1	0	0	0	1	
		修行在紅塵——維摩經六講	2	0	0	0	2	
		探索識界——八識規矩頌講記	0	0	0	0	0	
		自家寶藏——如來藏經語體譯釋	0	0	0	0	0	
		佛遺教經	1	0	0	0	1	
		四十二章經	2	0	0	0	2	
		八大人覺經	3	0	1	0	4	
		絕妙說法——法華經講要	1	0	0	0	1	
		天台心鑰——教觀綱宗貫註	0	0	0	0	0	
		普賢菩薩行願讚	3	0	0	0	3	
		48個願望——無量壽經講記	1	0	0	0	1	
		慈雲懺主淨土文	0	0	0	0	0	
		念佛生淨土	0	0	0	0	0	
		聖嚴法師教觀音法門	0	0	0	0	0	
		地藏菩薩的大願法門	5	0	0	0	5	
	其他	成佛之道	1	0	0	0	1	7
		學佛五講	1	0	0	0	1	
		大悲懺法	2	0	0	0	2	
		大悲心水陸法會講座	1	0	0	0	1	
		淨土法門與臨終關懷	1	0	0	0	1	
		佛說大乘稻芉經	1	0	0	0	1	
小計			37	0	1	0	38	
總計			66	9	26	0	101	

聖嚴書院全年開課班數

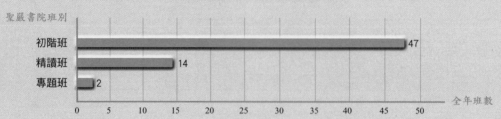

聖嚴書院班別

初階班　47
精讀班　14
專題班　2

全年班數

佛學弘講全年開課班數

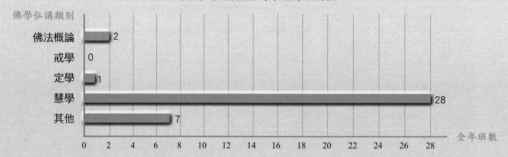

佛學弘講類別

佛法概論　2
戒學　0
定學　1
慧學　28
其他　7

全年班數

◎法鼓山2008年各地佛學推廣課程班數暨人數統計

課程	新開班數	新班人數	總計班數	總計人數
聖嚴書院	14	1,087	63	3,684
佛學弘講	0	0	38	1,541
合計	14	1,087	101	5,225

法鼓山2008年教育成長活動概況

◎讀書會

地區	舉辦地點	時間	討論書目
北區	北投農禪寺	週二09：30～11：30	《覺情書》
	台北安和分院	每月第二、四週週四19：00～21：00	《真正的快樂》、《工作好修行》
	台北中山精舍	每月第二、四週週一19：00～21：00	《絕妙說法——法華經講要》
	中正萬華辦事處	每月第二、四週週五19：30～21：30	《真正的快樂》
		每月第一、三週週四19：30～21：30	《牛的印跡》
	松山辦事處	每月第一、三週週四10：00～11：30	《正信的佛教》
	文山辦事處	每月第一、三、五週週五19：30～21：30	《祈願・發願・還願》
		每月第二、四週週五19：30～21：30	《生與死的尊嚴》
	新店辦事處	週四09：30～11：30	《學佛群疑》
	海山辦事處	每月第一、三週週四19：30～21：30	《從心溝通》
	中永和辦事處	每月第二、三週週四20：00～22：00	《成佛之道》第二章〈聞法趣入〉
		每月第一、三週週三21：00～22：00	《人行道》
	淡水辦事處	週三19：30～21：30	《禪的世界》、《正信的佛教》
	大三重辦事處	週二19：30～21：30	《智慧一百》
	林口辦事處	每月第四週週二13：00～15：00	「高僧小說」系列書籍
	新莊辦事處	週四19：00～21：00	《2000年行腳》
	桃園辦事處	週五19：00～21：00	「智慧掌中書」系列書籍
	苗栗辦事處	週五19：30～21：30	《從心溝通》
	中壢辦事處	週五19：30～21：00	《真正的快樂》
	蘆洲共修處	週四19：30～21：30	《人行道》
中區	台中分院	週三19：30～21：30	《佛教三經切要》、《四十二章經》
		週四14：00～16：00	《正信的佛教》、《真正的快樂》
		週六09：30～11：30	《放下的幸福》
	南投德華寺	週五19：30～21：00	《念佛生淨土》
	員林辦事處	週三19：30～21：30	《動靜皆自在》、《從心溝通》
	嘉義辦事處	週四19：30～21：30	《學佛群疑》
南區	台南分院	週二14：00～16：00	《智慧一〇〇》
	高雄紫雲寺	每月第二、、四週週六09：30～11：30	《禪無所求》
	高雄三民精舍	每月第四週週五15：00～17：00	《覺情書》
		每月第二週週五09：00～11：00	《正信的佛教》
		週四14：00～16：00	《找回自己》
	高雄前金辦事處	每月第一週週四19：30～21：30	《真正的快樂》
	屏東辦事處	週二09：00～10：30	《方外看紅塵》
		週三19：30～21：30	《禪的智慧》
	潮州辦事處	週一19：30～21：30	《從心溝通》
	佳里共修處	週三19：00～21：00	《人行道》
東區	台東信行寺	週一19：30～21：30	「智慧掌中書」系列書籍
	宜蘭辦事處	每月第一、三週週一19：30～21：30	《正信的佛教》
	花蓮辦事處	每月第一、三週週一09：00～11：00	《親密、孤獨與自由》

活動名稱		地區	舉辦地點	時間	備註
合唱共修		北區	北投農禪寺	週日19：00～21：00	1/6、2/10、3/30、4/6、6/8暫停
			基隆精舍	週三19：00～21：00	
			桃園齋明寺	週六19：00～21：00	
		中區	台中分院	週三19：30～21：30	
		南區	台南分院	週日19：00～21：00	
			高雄紫雲寺	週一19：00～21：00	
			高雄三民精舍	週一19：00～21：00	
法器練習		北區	基隆精舍	週四19：00～21：00	
		中區	台中分院	週六14：00～16：00	3/15、3/22、4/5、4/12、4/19、5/3、5/10、5/24、6/7、6/14、6/21舉行
		南區	台南分院	週二19：00～21：00	
		東區	台東信行寺	週二19：30～21：30	
和喜太鼓		北區	桃園齋明寺	週日09：00～12：00	
寧靜心鼓	兒童班	東區	台東信行寺	週六14：30～16：00	2/9、3/22、5/10暫停
	成人班			週六16：00～17：30	
禪藝課程	兒童寫作班	北區	台北安和分院	週六9：30～11：30	
	兒童讀經班	北區	台北安和分院	週六14：00～15：30	
			桃園齋明寺	週六9：30～11：00	
		中區	台中分院	週三19：30～20：40	
	兒童讀古書、美語	北區	基隆精舍	週六09：00～12：00	
	鍵盤彈奏班		台北安和分院	週六16：00～17：30	
	瑜伽	北區	台北安和分院	週六14：00～15：30	
		南區	台南分院	週一19：00～20：30	
			高雄三民精舍（瑜伽禪坐）	週三19：30～21：30 週五09：00～11：00	
	花藝（中華、歐式、池坊）	北區	台北安和分院（中華）	週一13：30～15：30	
			台北安和分院（歐式）	週三13：30～16：00	
			台北安和分院（池坊）	週四13：30～15：30	
			台北中山精舍（小原流）	週二10：00～12：00	
			台北中山精舍（中華）	週一19：00～21：00	
			桃園齋明寺	週五9：00～10：30	
		中區	台中分院（歐式）	週三14：00～16：00	
			台中分院（池坊）	週三19：00～21：00	
		南區	高雄紫雲寺（池坊）	週三14：00～16：00	
			高雄三民精舍（中華）	週三19：00～21：00	

活動名稱		地區	舉辦地點	時間	備註
禪藝課程	中國結	南區	高雄三民精舍	週二19：00～21：00	
	素描班	南區	高雄紫雲寺	週四19：00～21：00	
	佛畫班	北區	台北安和分院	週六14：00～16：00	
	書法班	北區	基隆精舍	週二14：00～16：00	
			台北安和分院	週二19：00～21：00	
		中區	台中分院（初階）	週五09：00～12：00	
			台中分院（進階）	週四09：00～12：00	
		南區	高雄紫雲寺	週三19：00～21：00	
			高雄三民精舍	週二09：00～11：00 週二19：00～21：00	
	枯木山水	南區	高雄紫雲寺	週三14：00～15：30	
	拼布藝術班	北區	台北安和分院	週四19：00～21：00 （每月第一三五週）	
	太極拳	北區	桃園齋明寺	週二09：30～11：00	
國畫班		南區	高雄三民精舍	週二09：00～11：00	
排舞班		北區	台北中山精舍	週六14：30～16：30	
能量健身營		南區	台南分院	週一19：30～21：00	

法鼓山社會大學2008年開課概況

校區別	課程類別	課程名稱	課程數	學員人數
金山校區	人文休閒	哈達瑜伽、兒童瑜伽、禪悅瑜伽、繪畫基礎入門、兒童創意美術、國畫山水（一、二）、琉璃創作、數位攝影初級班、數位攝影進階班、親子閱讀劇場、禪藝教室——插花班、拼布入門班、濕地保育解說員培訓初階班、太極自然氣養生內功、食在有趣——點心飲料DIY	16	541
	生活技能	生活美語（一、二）、快樂學日文（一、二）、養生保健藥膳、素食簡餐、素食料理——花開富貴、素食好料理——輕鬆做年菜、素食養生藥膳餐、環保素食餐、素食宴客菜、社區電腦教室（春季班、秋季班）、外籍配偶生活電腦輔導班、基礎電腦（二）、電腦實用技能班（影像處理）、基礎影像剪輯、植物染入門、POP海報人才養成、2008地方特色工藝輔導——金包里磺溪頭多角化社區工藝扶植計畫	20	579
	生命關懷	週日電影院——從心看電影、中醫與生活、暑期生活快樂營、兒童卡內基訓練營、畫畫真快樂、話畫——自我療癒法、菩賢普薩行願讚、淨土法門與臨終關懷、禪坐共修——止觀入門、禪坐共修、默照禪	12	408
	農作栽培	盆栽綠世界	1	12
北投校區	人文休閒	應景花藝設計、家庭園藝與有機農業、植物奧祕盆中天地、數位攝影、禪悅花藝（基礎班、進階班）、布解風情——創意拼布、禪悅瑜伽、經絡養生瑜伽、義工養成——景觀維護、兒童瑜伽、心靈SPA——兒童讀經班、兒童嘉年華、童言童語——閱讀寫作（基礎班、進階班）	17	519
	生活技能	認識日文、素食烘焙、素芳齋——料理輕鬆做、實用英語會話、中西點烘焙雙享班、生活應用電腦、悅眾成長營——網路生活記事、音響入門、會場音響DJ養成、水電修護DIY、居家安全DIY、簡易木工DIY、兒童點心DIY	14	374
	生命關懷	健康有機飲食、中醫與生活、太極拳與養生（入門班、進階班）、禪修與壓力調適、健康養氣道	9	576
新莊校區	人文休閒	紙藤編織環保班、哈達瑜伽、兒童瑜伽、兒童書法、兒童美術、拼布入門班、樹脂土創意捏塑班、繪畫欣賞與習作基礎班、快樂繪本生活營、禪悅花藝、盆栽綠世界、中國功夫健身防身親子初階班、素食簡餐、攝影最基礎	14	393
	生活技能	電腦入門、電腦進階與應用、法律與生活、網路行銷企畫、生活美語	5	286
	生命關懷	話畫——自我療癒法、話畫——自我成長班	2	36
大溪校區	人文休閒	體適能瑜伽、舒活美麗瑜伽提斯、植物染布班、生活美學——鑲嵌飾品設計、中國結、生活魔法屋、資源回收再利用——廢棄物製作童玩、快樂兒童捏捏樂	8	227
	生活技能	快樂學日語、初級日語、中級日語、影像處理與網頁設計（含部落格建置）、網頁設計及部落格建置、創意素食點心、素食宴客菜	7	279
	生命關懷	把綠帶回家——悠遊盆中天地（進階班）、中醫與生活——經絡推拿與養生、暑假Fun輕鬆——生活禪法、生活禪法應用班、佛教入門、由佛教中的孝道經典談家庭倫理、禪與《心經》（初階班、精進班）	8	180
台中校區	生活技能	日文基礎會話、美工基礎繪圖、長青初階電腦班、數位攝影與應用藝術、中菜素食料理、法律與生活	6	245
	生命關懷	健康保健——中醫養生、鼓鼓生風——法鼓隊（初階班、進階班）	3	150
合計			142	4,805（人次）

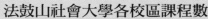

法鼓山社會大學各校區課程數

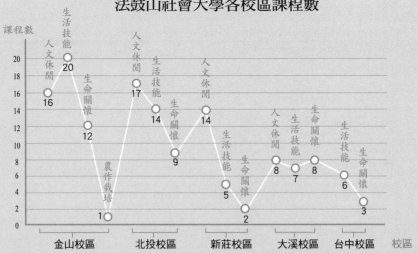

法鼓山社會大學各校區課程學員人數

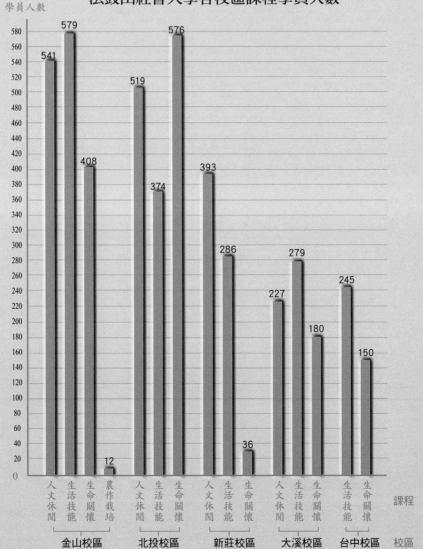

法鼓文化2008年出版品一覽表

出版月份	書名
1月	• 《大師密碼U——懶惰大米袋》（經典人物故事系列／鄭栗兒著，冉綾珮繪） • 《大師密碼V——辯論大牛王》（經典人物故事系列／鄭栗兒著，孫靜玲繪） • 《寶鏡無境——石頭希遷〈參同契〉、洞山良价〈寶鏡三昧歌〉新詮》（*The Infinite Mirror*）（大智慧系列／聖嚴師父著） • 《真正的快樂》（人間淨土系列／聖嚴師父著）
2月	• 《南瓜法師西遊記》（*Saffron Days in L.A.*）（輕心靈系列／毘亞難陀·化善樂法師Walpola Piyananda著） • 《祈願·許願·還願》（法鼓文化編輯部著）
3月	• 《大師密碼W——是誰在搞鬼？》（經典人物故事系列／鄭栗兒著，陶一山繪） • 《大師密碼X——我不是小丑！》（經典人物故事系列／鄭栗兒著，林宗賢繪）
4月	• 《覺情書——聖嚴法師談世間情》（人間淨土系列／聖嚴師父著）
5月	• 《法鼓山佛曲集（合唱譜）》（梵唄系列／聖嚴師父等著） • 《智慧之劍——〈永嘉證道歌〉講錄》（*The Sword of Wisdom*）（大智慧系列／聖嚴師父著） • 《大師密碼Y——一百歲的年輕人》（經典人物故事系列／鄭栗兒著，葉慧君、菊子繪） • 《大師密碼Z——小鞋匠大冒險》（經典人物故事系列／鄭栗兒著，王子麵繪）
6月	• 《九歲的成年禮》（*Uncovering the Wisdom of Heartmind*）（大自在系列／林·簡森Lin Jensen著） • 《魔鏡西藏》（人生DIY系列／邱常梵著）
7月	• 《根本沒煩惱》（琉璃文學系列／辜琮瑜著） • 《我的西遊記——阿斗隨師遊天下3》（琉璃文學系列／張光斗著）
8月	• 《經集》（論叢系列／釋達和譯） • 《人間此處是桃源——林子青詩文集》（智慧人系列／林子青著）
9月	• 《工作好修行》（人間淨土系列／聖嚴師父著） • 《鴻雁千里寄故人——林子青書信集》（智慧人系列／林子青著）
10月	• 《禪宗典籍《五燈會元》研究》（論叢系列／黃俊詮著） • 《白雲深處一禪僧——林子青傳記文學集》（智慧人系列／林子青著） • 《科學家的佛法體驗》（般若方程式系列／歐陽彥正著） • 2009年平安湯桌曆
11月	• 《用寧靜心擁抱世界（新版）》（智慧掌中書系列／聖嚴師父著，菊子繪）
12月	• 《一花一葉一如來——林子青佛學論著集》（智慧人系列／林子青著） • 《小止觀講記》（智慧人系列／繼程法師著） • 《太虛——人生佛教的追尋與實現》（*Toward a Modern Chinese Buddhism: Taixu's Reforms*）（大視野系列／白德滿Don A. Pittman著） • 《雨季後的彩虹——一位年輕女子的海外義工730天》（人生DIY系列／曾維莉著）

法鼓山2008年主要結緣品出版暨推廣據點數量統計

◎結緣品出版一覽表

出版月份	品名
1月	《建立全球倫理》
3月	《皈依三寶的意義》增訂版、《佛教的修行方法》增訂版、《因果與因緣》增訂版、《方外看紅塵——家庭溝通篇》、《聖嚴法師108自在語（第一集）》全球版（註1）
6月	《方外看紅塵——社會關懷篇》
7月	《世界盡頭的光明——聖嚴法師與戴維斯博士的對話》、《真正的自由——聖嚴法師與單國璽樞機主教的對話》、《真正的自由——聖嚴法師與單國璽樞機主教的對話》DVD、《坐禪的功能》增訂版
8月	《建立全球倫理》英文版
9月	《方外看紅塵——自我成長篇》、《用四安重建希望家園》、《家庭美滿與事業成功》增訂版、《生與死的尊嚴》增訂版
10月	《聖嚴法師108自在語（第二集）》全球版
11月	《聖嚴法師108自在語（第一集）》全球版B（註2）
12月	2009年掛曆

備註：
1.《聖嚴法師108自在語》全球版收錄的語文包括中文、英文、日文、印度文、西班牙文、韓文等六種語文。
2.《聖嚴法師108自在語》全球版B收錄的語文包括中文、英文、法文、泰文、越南文、德文、印尼文等七種語文。

各縣市結緣品推廣據點數量

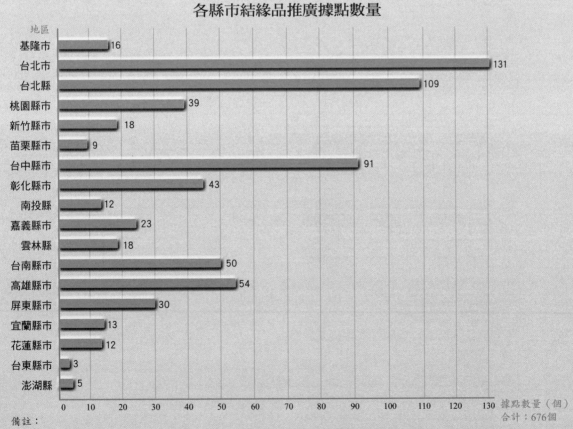

備註：
1. 以法鼓山體系外所設據點為主，不包括法鼓山全台各分院、道場、辦事處及安心服務站等。

大關懷教育

法鼓山慈善基金會百年樹人獎助學金歷年發放人次統計

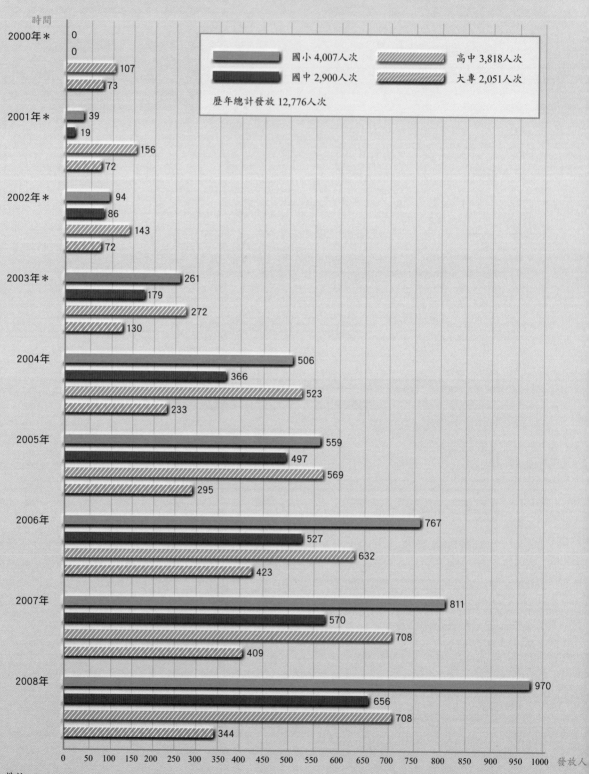

備註：

1.＊表示所發放獎學金對象主要為台灣921震災災區民眾。

法鼓山慈善基金會歷年關懷列車及三節關懷人次統計

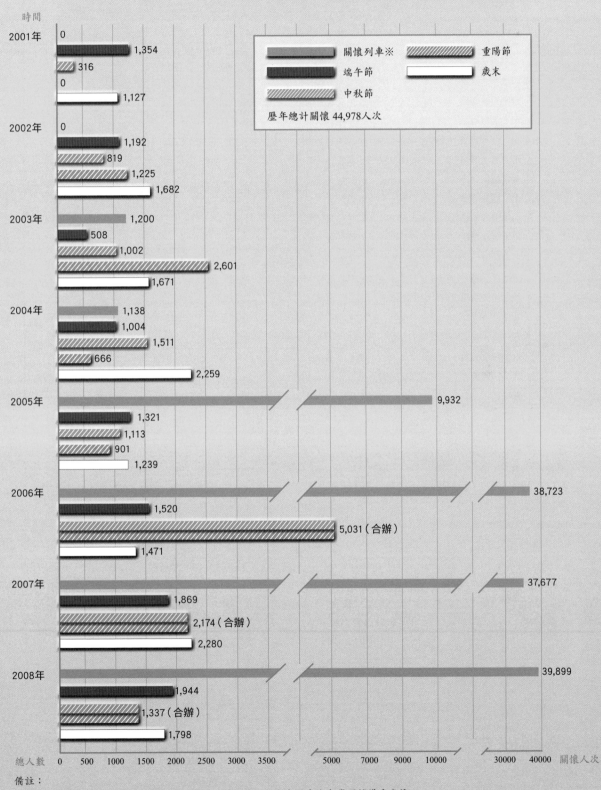

備註：
1. 關懷列車內容包括：機構關懷、北投老人送餐服務，及兒童暨青少年學習輔導專案等。

法鼓山慈善基金會2008年開辦學習輔導課程一覽表

地區	關懷對象	上課地點	學生人數（每次約）	教師/義工人數	關懷人次
宜蘭市	國小生	南屏國小	40	14	800
宜蘭市	國小生	宜蘭國小	20	12	400
台北市中山區	國小生	中山精舍	9	5	810
台北市大同區	國小生	大同共修處	7	5	420
台北市文山區	國小生	文山區社會福利服務中心	10	6	500
台北縣新莊市	國小生	新莊共修處	5	3	200
台北縣板橋市	國小生	板橋共修處	7	5	420
台北縣土城市	國小生	土城慈園幼稚園	7	5	420
台北縣樹林市	國小生	樹林共修處	7	5	280
台北縣雙和地區	國小生	雙和共修處	4	4	240
台北縣雙和地區	國小生	雙和共修處	12	4	720
台北縣林口市	國小生	林口辦事處	6	2	201
台北縣林口市	國小生	文華國小	6	3	240
新竹縣	國小生	潮山國小	12	7	480
桃園縣中壢市	國小生	弘化懷幼院	50	5	2,000
台中縣東勢鎮	國小生	東勢安心服務站	18	2	720
台中縣東勢鎮	國小生	東勢安心服務站	15	5	600
台中縣東勢鎮	國中生	東勢安心服務站	15	2	600
台中縣東勢鎮	國中生	東勢安心服務站	15	3	600
台中市	國小生	錦平社活動中心	40	5	1,600
台中市	國小生	雙龍國小	35	5	280
嘉義市	國小生	嘉義辦事處	12	5	1,080
嘉義市	國小生	嘉義辦事處	12	5	1,080
合計			364	117	14,691

法鼓山慈善基金會2008年緊急救援工作一覽表

◎台灣

發生日期	事件	動員人次	關懷人次
1月14日	台北市安東街火警事件	2	2
1月15日	高縣路竹民宅大火事件	5	35
1月27日	台南市安南區誤踩油門撞傷事件	2	--
1月29日	高雄過港隧道車禍事件	4	5
2月15日	桃園龍潭一氧化碳中毒送醫事件	2	--
2月18日	台南修車廠火警事件	30	15
2月19日	台北縣深坑一氧化碳中毒事件	2	10
2月19日	高雄工安事件	7	25
2月28日	基隆一氧化碳中毒事件	2	10
3月2日	台南新榮中學校車車禍事件	1	--
3月8日	中國醫藥大學附設醫院 CO_2 迷昏事件	7	15
3月14日	屏東縣長治鄉車禍事件	8	10
3月15日	嘉義公車對撞小貨車事件	5	20
3月30日	新竹寶山鄉車禍事件	30	15
4月5日	台東太麻里車禍事件	3	--
4月21日	泰山高中校車車禍事件	3	--
4月24日	濱海公路車禍事件	4	5
5月25日	新莊社區大樓火警事件	3	20
5月31日	中山高12車連環撞車事件	1	--
5月31日	樂山林道墜谷事件	8	10
6月5日	中壢民宅氣爆事件	10	10
7月3日	台南縣東山鄉兒童溺水事件	5	5
7月16日	卡玫基颱風——苗栗地區關懷	5	10
7月16日	卡玫基颱風——台中地區關懷	35	15,000
7月16日	卡玫基颱風——嘉義地區關懷	5	5
7月16日	卡玫基颱風——台南地區關懷	40	15
7月16日	卡玫基颱風——高雄地區關懷	13	1,070
7月28日	鳳凰颱風——花蓮地區關懷	6	20
7月28日	鳳凰颱風——屏東地區關懷	8	3,000
8月5日	台東小客車撞遊覽車車禍事件	8	15
8月22日	台北市登革熱事件	28	1,000
8月27日	谷關車禍事件	3	5
8月28日	南投中潭公路車禍事件	8	10
9月14日	辛樂克颱風——宜蘭地區關懷	6	30
9月14日	辛樂克颱風——土城國際社區土石流事件	6	55
9月14日	辛樂克颱風——北投地區關懷	3	5
9月14日	辛樂克颱風——士林地區關懷	1	5
9月14日	后豐大橋斷橋事件	113	35

發生日期	事件	動員人次	關懷人次
9月15日	辛樂克颱風——新竹縣五峰鄉物資捐贈	14	75
9月15日	豐丘明隧道坍塌事件	17	50
9月16日	南投仁愛鄉救助關懷行動	10	4,200
9月16日	南投縣仁愛鄉受災戶屋舍毀損補助事件	9	280
9月29日	薔蜜颱風造成台中女子摔倒死亡事件	3	5
10月13日	屏東枋寮鄉車禍事件	17	20
11月8日	北二高遊覽車翻覆事件	31	61
11月30日	台中縣石崗鄉火場傷亡事件	2	3
11月30日	台中市掩埋場工程意外事件	14	16
12月4日	花蓮一死二傷車禍事件	3	4
12月6日	台中清泉崗車失靈義消1死3傷事件	3	5
12月14日	屏東車禍事件	7	4
12月16日	南迴公路車禍事件	12	6
合計		574	25,221

◎海外

事件	動員時間	動員人次	關懷人次	說明
菲律賓土石流孤兒就學專案	1月1日至12月31日	2	61	七年專案，第三年執行
南亞賑災專案——斯里蘭卡	1月1日至12月31日	702	25,191	五年專案，第四年執行
南亞賑災專案——印尼	1月1日至12月31日	115	6,062	五年專案，第四年執行
中國大陸廣西雪災救援	2月25日至3月5日	6	19,201	
緬甸風災救援	5月11日至12月31日	66	67,150	共派出5梯次救援團
中國大陸四川賑災專案	5月15日至12月31日	403	184,822	共派出11梯次救援團
合計		1,294	302,487	

法鼓山慈善基金會2008年專案推廣概況

一、南亞海嘯賑災重建專案

1. 斯里蘭卡關懷成果

名稱	關懷人次
斯里蘭卡安心服務站慰訪關懷	1,779
斯里蘭卡健康服務中心醫療服務	8,216
台灣村兒童課輔課程	10,994
台灣村電腦職訓課程	648
台灣村英文課程	333
法鼓山第七梯次斯里蘭卡義診服務團	2,399
合計	24,389

2. 印尼關懷成果

名稱	關懷人次
印尼安心服務站慰訪關懷	539
華語推廣方案	4,750
南亞義工培訓	23
華語教師培訓	26
合計	5,338

二、安心家庭關懷專案

1. 專案執行概況：

　　服務案家所面臨的「家庭問題」分析如下（各案家幾乎均面臨兩種以上的問題）：

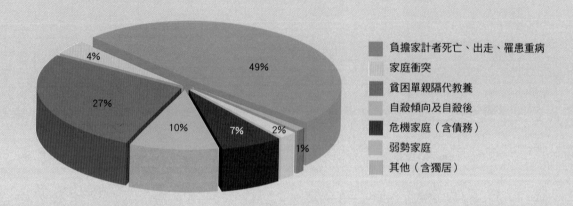

- 負擔家計者死亡、出走、罹患重病
- 家庭衝突
- 貧困單親隔代教養
- 自殺傾向及自殺後
- 危機家庭（含債務）
- 弱勢家庭
- 其他（含獨居）

2. 歷年每月服務案家數量

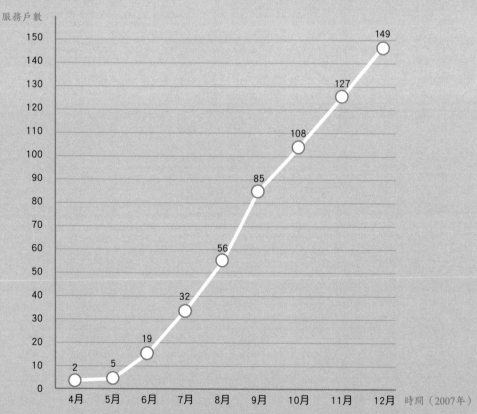

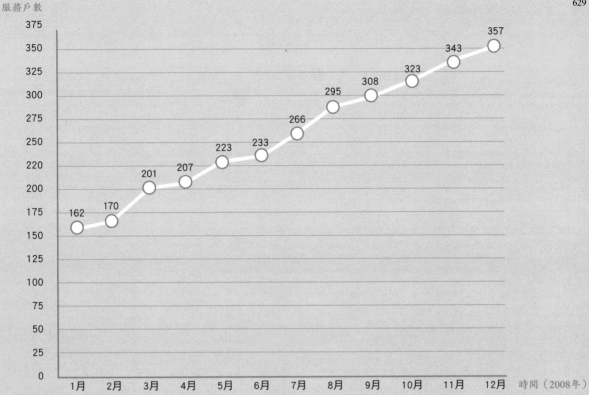

服務戶數

3.「第二代脫貧計畫」執行成果（自2008年6月起）

活動名稱	場次	參與人數
生活體驗營	1	45
學習護照活動	3	150
心靈環保營隊	4	266
「心六倫」心靈講座	2	102
參與法鼓山各地區營隊	5	40
合計		603

三、歷年個案
（透過各地醫院社工室、地區社福中心及民間機構轉介）慰訪工作統計

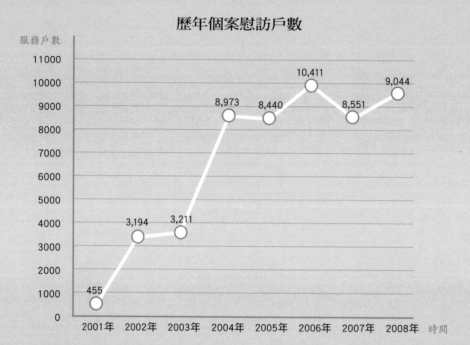

歷年個案慰訪戶數

四、各項教育訓練統計

教育訓練活動	場次	參與人次
一般關懷員訓練	5	342
緊急救援教育訓練	10	650
聯絡人成長營	2	120
安心家庭關懷專案團體督導	4	203
安心家庭關懷專案專題研討會	3	215
安心家庭關懷專案成果分享會	1	70
專職效能提昇研討會	1	73
合計	26	1,673

大學院教育

中華佛學研究所2008年課程表

◎96學年度第二學期

年級	必/選修	印度佛學組 課程名稱	授課老師	中國佛學組 課程名稱	授課老師	西藏佛學組 課程名稱	授課老師
一年級	共同必修	漢傳佛教史專題（II）					黃繹勳
		西藏佛教史專題（II）					劉國威
		西文佛學資料導讀	郭瑞（Eric Goodell）	西文佛學資料導讀	郭瑞	西文佛學資料導讀	郭瑞（Eric Goodell）
		佛學日文（II）	見弘法師	佛學日文（I）	見弘法師	佛學日文（I）	見弘法師
	必修					西藏佛教認知學導讀（II）	廖本聖
各年級共同選修	本組必修（他組選修）	阿含經研究（II）	楊郁文	中國淨土思想研究（II）	果鏡法師	修心思想專題	馬紀（William Magee）
		瑜伽梵典研究（II）	惠敏法師	法華專題	陳英善	宗義研究	馬紀（William Magee）
		梵語文獻導讀	見弘法師	菩薩道專題	陳英善	西藏語言學	馬紀（William Magee）
		中觀學派原典研究（II）	見弘法師	禪學專題	黃繹勳		
		巴利語佛典研讀（II）	莊國彬	元代禪宗典籍專題	黃繹勳	西藏因明思想專題（I）	雪歌仁波切 廖本聖
		上座部論書研究（II）	莊國彬	《攝大乘論》研究（II）	蔡伯郎	藏文佛典專題	雪歌仁波切 廖本聖
		巴利語文法	莊國彬	《俱舍論》研究（II）	蔡伯郎		
	共同選修	漢譯佛典研讀：《維摩經》第五品					高明道
		實用佛教文獻學：文獻、目錄					高明道
		佛教歷史與哲學專題（II）					馬紀（William Magee） 馬德偉（Marcus Bingenheimer）
資訊學程	必修	XML進階班					馬德偉（Marcus Bingenheimer）
		佛學資訊、工具與技術（I）					馬德偉（Marcus Bingenheimer）
	選修課	佛教數位文獻學					杜正民
		關連資料庫管理					洪振洲
		Linux系統於個人PC的應用					洪振洲

◎97學年度第一學期

分類	必/選修	印度佛學組 課程名稱	授課老師	中國佛學組 課程名稱	授課老師	西藏佛學組 課程名稱	授課老師
各年級	共同必修	漢傳佛教史專題（I）					果鏡法師
		西藏佛教史專題（I）					劉國威
		英文佛學資料選讀	馬德偉(Marcus Bingenheimer)	英文佛學資料選讀	馬德偉(Marcus Bingenheimer)	英文佛學資料選讀	馬德偉（Marcus Bingenheimer）
		佛學日文（I）	見弘法師	佛學日文（I）	見弘法師	佛學日文（I）	見弘法師
	必修					藏文佛典導讀（I）	廖本聖
						佛教方法學	馬紀（William Magee）
各年級共同選修	本組必修（他組選修）	《大乘莊嚴經論》〈神通品〉梵典研究	惠敏法師	淨土三經一論研究	果鏡法師	藏傳佛學研究方法（I）	馬紀（William Magee）
		印度文獻研讀	見弘法師	禪觀專題	陳英善	道次第思想研究（I）	馬紀（William Magee）
		中觀思想專題研討（I）	見弘法師	法界觀專題	陳英善	西藏佛教認知學專題（I）	馬紀（William Magee）
		巴利佛典研讀（I）	莊國彬	禪學專題（I）	果鏡法師		
		巴利文獻研究（I）	莊國彬	人本欲生經專題	果暉法師	藏傳大乘思想研究（I）	雪歌仁波切
		阿含經研究（I）	楊郁文	真諦唯識思想專題（I）	蔡伯郎	西藏中觀思想專題（I）	雪歌仁波切 廖本聖
				《阿毘達磨俱舍論·定品》研究（I）	蔡伯郎		
	共同選修	漢譯佛典專題：《寶積經》第十四會					高明道
		實用佛教文獻學：版本·斠讎					高明道
資訊學程	必修	佛學資訊、工具與技術（II）					洪振洲
	選修	佛教資訊學專題					杜正民

中華佛學研究所、法鼓佛教學院2008年師資簡介

◎專任師資名單

姓名	職稱	最高學歷	任教科目
惠敏法師	教授	日本國立東京大學文學博士	・《大乘莊嚴經論》〈神通品〉梵典研究 ・三學精要研修 ・思考與表達
杜正民	教授級專業技術人員	中華佛學研究所結業	・佛教資訊學專題 ・弘化專題研修（I） ・如來藏（僧大） ・知識管理（僧大）
見弘法師	助理教授	日本國立九州大學文學博士	・日文佛學論著選讀（I） ・印度文獻研讀 ・中觀思想專題研討（I）
馬紀 （William Magee）	助理教授	美國維吉尼亞大學宗教研究	・認知學專題（I） ・道次第思想專題（I）
蔡伯郎	助理教授	中國文化大學哲學博士	・真諦唯識思想專題（I） ・《阿毗達磨俱舍論・定品》研究（I）
莊國彬	助理教授	英國布里斯托大學神學與宗教研究系博士	・印度佛教史專題（I） ・巴利語佛典研讀 ・巴利文獻研究
馬德偉 （Marcus Bingenheimer）	助理教授	德國烏茲堡大學宗教史系文學博士	・英文佛學資料導讀 ・佛學資訊、工具與技術（I）
廖本聖	副教授級專業技術人員	淡江大學化學研究所碩士 中華佛學研究所畢業	・藏文佛典導讀（I） ・藏傳大乘佛教思想研究（I）（翻譯） ・西藏中觀思想專題（I）（翻譯）
果暉法師	助理教授	日本立正大學文學博士	・人本欲生經專題（I） ・禪修專題研修 ・高僧行誼（I）
果鏡法師	助理教授	日本京都佛教大學文學研究所博士	・儀軌專題研修 ・宋明禪學專題 ・淨土三經一論研究 ・漢傳佛教史專題（I）
果肇法師	副教授級專業技術人員	中興大學企業管理系學士	・朝暮定課 ・服務學習
洪振洲	助理教授	台灣科技大學資訊管理系博士	・開放式文書處理實作

◎兼任師資名單（校外單位兼課者）

姓名	職稱	最高學歷	任教科目
楊郁文	教授級專業技術人員	高雄醫學院醫學系畢業	・阿含經研究（I）
陳英善	副教授	中國文化大學哲學博士	・禪觀專題 ・法界觀專題
高明道	副教授級專業技術人員	中國文化大學中國文學研究所碩士	・實用佛教文獻學 ・漢譯佛典研讀 ・佛典漢語
宗玉媺	助理教授	德國漢堡大學哲學博士	・梵文文法
雪歌仁波切	助理教授級專業技術人員	格魯派三大寺頭等格西	・藏傳大乘佛教思想研究（I） ・西藏中觀思想專題（I）
陳炯彰	教授	英國雷斯汀大學博士	・世界文明史
林正常	教授	美國明尼蘇達大學博士	・體育（I）
藍吉富	副教授	東海大學歷史研究所結業	・漢傳佛教史
方怡蓉	講師	台灣師範大學英語系碩士	・大一英文
金子恭久	講師級專業技術人員	美國明尼蘇達州立大學運動生理系博士	・日文
果元法師	副教授級專業技術人員	加拿大喬治布朗學院電機系畢業	・禪修（I）
果廣法師	副教授級專業技術人員	法鼓山三學研修院	・戒律學綱要
果理法師	助理教授級專業技術人員	中興大學企業管理系學士	・禪定學概論
果慨法師	助理教授級專業技術人員	東南工專畢業	・梵唄與儀軌（I）
常延法師	講師	佛光人文社會學院宗教學研究所碩士	・佛教入門

中華佛學研究所2008年畢業生名單

姓名	畢業論文題目	指導老師
林宜靜	無垢友空性思想之特徵——以《聖般若波羅蜜多心要廣釋》「色即是空，空即是色，空不異色，色不異空」	見弘法師 廖本聖
黃健原	校園禪修教育的理論與實踐——以法鼓山教師聯誼會成員在國民中小學施行禪修推廣的現況為例	陳英善 謝穎慧
見驤法師	「菩薩有敗壞之相」考——以《迦葉品》為主	高明道
陳淑珠	顯現、理解與現證——以格魯派「七部量論入門」、「認知學」、「宗義」著作之四種境認識論為中心	馬紀（William Magee） 廖本聖
見甯法師	《觀無量壽經》所反映的修行生活	高明道
道陀法師	徹悟禪師之生平行儀與淨土思想的研究	陳英善
法洲法師	從佛教的物質文化窺探其解脫文化——以《巴利律》「比丘尼戒·捨懺第20條」為主	惠敏法師
圓信法師	清辨與經量部之認識論比較研究	惠敏法師
李貴蘭	慧苑判教思想之研究——以《續華嚴經略疏刊定記》為主	陳英善
周艾綸	從宋代默照禪探討諸宗融合的實踐——以宏智正覺為主，真歇清了為輔	陳英善
陳佩蕙	永明延壽理事圓融觀與菩薩道實踐	陳英善
楊喻翔	以賽局理論及其模擬實驗詮釋布施波羅蜜之利他效應	惠敏法師 蔡瑞煌
王瑞鄉	初期佛教慈悲喜捨的修習與解脫之間的關係	楊郁文 越建東

中華佛學研究所歷屆校友攻讀博士課程名單

（依屆次排序）

姓名	就讀學校	備註
梅迺文	美國威斯康辛大學（University of Wisconsin）	已取得博士學位
惠敏法師	日本東京大學	已取得博士學位
鄧克銘	日本東京大學	已取得博士學位
厚觀法師	日本東京大學	修畢博士課程
陳宗元	日本九州大學	修畢博士課程
郭瓊瑤	日本名古屋大學	修畢博士課程
何俊泰	印度德里大學（University of Delhi）	修畢博士課程
高正哲	美國亞歷桑那大學（University of Arizona）	修畢博士課程
開智法師	日本龍谷大學	修畢博士課程
黃舒眉	日本京都大學	修畢博士課程
天常法師	美國華盛頓大學（University of Washington）	修畢博士課程
曾德明	德國波昂大學（Universität Bonn）	已取得博士學位
莊國彬	英國布里斯托大學（University of Bristol）	已取得博士學位
宗玉媺	德國漢堡大學（Universität Hamburg）	已取得博士學位
證融法師	日本龍谷大學	已取得博士學位
林純瑜	德國波昂大學（Universität Bonn）	已取得博士學位
純因法師	美國亞歷桑那大學（University of Arizona）	已取得博士學位
關則富	英國牛津大學（University of Oxford）	已取得博士學位
道興法師	台灣輔仁大學	就讀中
黃國清	台灣中央大學	已取得博士學位
越建東	英國布里斯托大學（University of Bristol）	已取得博士學位
德範法師	德國慕尼黑大學（Universität München）	就讀中
梅靜軒	荷蘭萊登大學（Leiden University）	論文修改中
陳紹韻	澳洲昆士蘭大學（Queensland Univesity）	已取得博士學位
張瓊夫	澳洲昆士蘭大學（Queensland Univesity）	論文修改中
周柔含	日本立正大學	已取得博士學位
祁崇溥	台灣海洋大學	就讀中
修優法師	美國西來大學（University of the West）	就讀中
如碩法師	台灣中央大學	就讀中
振法法師	台灣華梵大學	已取得博士學位
法源法師	台灣大學	就讀中
道陀法師	台灣輔仁大學	就讀中
楊喻翔	台灣政治大學	就讀中

法鼓佛教學院2008年佛教學系課程表

◎碩士班96學年度第二學期

科目中文名稱	科目英文名稱	必／選修	授課語言	授課老師
印度佛教史專題（Ⅱ）	Topics on the History of Indian Buddhism（Ⅱ）	必修	中文	莊國彬
阿含經研究（Ⅱ）	Agama Studies（Ⅱ）	選修	中文	楊郁文
巴利語文法	Introduction to Pali Grammar	必修	中文	莊國彬
梵語文獻導讀	Introduction to Sanskrit Literature	選修	中文	見弘法師
瑜伽梵典研究（Ⅱ）	Studies in Sanskrit Literature of Yogacāra（Ⅱ）	選修	中文	惠敏法師
中觀學派原典研究（Ⅱ）	Studies in the Texts According to the Madhyamaka School（Ⅱ）	選修	中文	見弘法師
梵語寫本文獻研究	Reading in Sanskrit Manuscripts	選修	中文	宗玉媺
漢傳佛教史專題（Ⅱ）	Seminar on the History of Chinese Buddhism（Ⅱ）	必修	中文	黃繹勳
元代禪宗典籍專題	Seminar on ChanTexts in the Yuan Dynasty	選修	中文	黃繹勳
禪學專題	Seminar on Chan Buddhism	選修	中文	黃繹勳
菩薩道專題	Studies on Bodhisattva-caryā	選修	中文	陳英善
法華專題	Studies on Fa-hwa	選修	中文	陳英善
《俱舍論》研究（Ⅱ）	Topic on *Ābhidharmakośaśastra*	選修	中文	蔡伯郎
《攝大乘論》研究（Ⅱ）	Studies on *Mahāyāna-saṃ parigraha-śastra*	選修	中文	蔡伯郎
中國淨土思想研究（Ⅱ）	Seminar on Chinese Pure Land Thought Research	選修	中文	果鏡法師
漢傳佛教專題	Seminar in Chinese Buddhism	選修	中文	果暉法師
西藏語言學	Tibetan Linguistics	選修	英文	馬紀（William Magee）
宗義研究	Studies on Tenets	選修	英文	馬紀（William Magee）
修心思想專題	Seminar on Lojong	選修	英文	馬紀（William Magee）
西藏因明思想專題（Ⅱ）	Seminar on Hetu-vidya Thought（Ⅱ）	選修	藏語中文	雪歌仁波切、廖本聖
藏文佛典專題	Seminar on Tibetan Buddhist Texts	選修	藏語中文	雪歌仁波切、廖本聖
西藏佛教認知學專題（Ⅱ）	Seminar on Cognition in Tibetan Buddhism（Ⅱ）	必修	中文	廖本聖
西藏佛教史專題（Ⅱ）	Seminar on the History of Tibetan Buddhism（Ⅱ）	必修	中文	劉國威
佛學資訊、工具與技術（Ⅰ）	Buddhist Informatics, Tools and Techniques（Ⅰ）	必修	中文	馬德偉（Marcus Bingenheimer）
佛教數位文獻學	Digital Textuality in Buddhist Studies	選修	中文	杜正民
Linux系統於個人PC的應用	Linux on the Desktop	選修	中文	洪振洲
關連資料庫管理	Relational Database Management	選修	中文	洪振洲
朝暮定課研修	Study and Practice in Morning and Evening Services	必修	中文	果肇法師
三學精要研修	Study and Practice in the Essentials of the Three Studies	必修	中文	惠敏法師

科目中文名稱	科目英文名稱	必／選修	授課語言	授課老師
佛教歷史與哲學專題（II）	Topics on Buddhist History and Philosophy（II）	選修	中文	馬紀（William Magee）、馬德偉（Marcus Bingenheimer）
實用佛教文獻學：文獻、目錄	Practical Philology : Texts and Catalogues	選修	中文	高明道
漢譯佛典研究：《維摩經》第五品	Readings in Chinese Buddhist Translations:VKN Ch. 5	選修	中文	高明道
英文佛學資料導讀	Guided English Readings in Buddhist Studies	必修	中文英文	郭瑞（Eric Goodell）
日文文法（II）	Introduction to Japanese Grammar（II）	必修	中文日文	藍碧珠
梵文文法（II）	Introduction to Sanskrit Grammar（II）	必修	中文梵文	宗玉媺

◎碩士班97學年度第一學期

科目中文名稱	科目英文名稱	必／選修	授課語言	授課老師
印度佛教史專題（1）	Topics on the history of Indian Buddhism（I）	必修	中文	莊國彬
巴利文佛典研讀（1）	Reading in Pali Buddhist texts（I）	選修	中文	莊國彬
巴利文獻研究（1）	The Study of Pali literature（I）	選修	中文	莊國彬
印度文獻研讀	The Study of Indian Literature	選修	中文	見弘法師
中觀思想專題研討（1）	Seminar in the Madhyamaka Thoughs（I）	選修	中文	見弘法師
《大乘莊嚴經論》〈神通品〉梵典研究	The study of Sanskrit text: the Prabhava chapter of *Mahayanasutralankara*	選修	中文	惠敏法師
阿含經研究（1）	Agama Studies（I）	選修	中文	楊郁文
漢傳佛教史專題（1）	Seminar on History of Chinese Buddhism（I）	必修	中文	果鏡法師
淨土三經一論研究	Seminar on Pure Land Sutras and Treatise	選修	中文	果鏡法師
宋明禪學專題（1）	Seminar on Chan Texts in the Song and Ming Dynasty（I）	選修	中文	果鏡法師
禪觀專題	Seminar on the Theory of Contemplation	選修	中文	陳英善
法界觀專題	Seminar on the Theory of Dharmadhātu	選修	中文	陳英善
《人本欲生經》專題	*Seminar on the Renben yusheng jing*	選修	中文	果暉法師
真諦唯識思想專題（1）	*Topic on the Thoughts of Paramārtha*（I）	選修	中文	蔡伯郎
《阿毗達磨俱舍論·定品》研究（1）	Topic on *Abhidharmakośaśāstra*（I）	選修	中文	蔡伯郎
西藏佛教史專題（1）	Seminar on the History of Tibetan Buddhism（I）	必修	中文	劉國威
藏文佛典導讀（1）	Guided Reading of Tibetan Buddhist Texts（I）	必修	中文藏文	廖本聖
藏傳佛學研究方法（1）	Tibetan Buddhist Methodology（I）	必修	英文藏文	馬紀（William Magee）
藏傳大乘思想研究（1）	Tibetan Mahayana Buddhist Studies（I）	選修	中文藏文	雪歌仁波切廖本聖
西藏中觀思想專題（1）	Topic on the Thought of Tibetan Middle Way School（I）	選修	中文藏文	雪歌仁波切廖本聖
佛教認知學專題（1）	Seminar of Cognition of Buddhism（I）	選修	英文	馬紀（William Magee）
道次第思想研究（1）	Seminar of Lamrim（I）	選修	英文	馬紀（William Magee）
佛學資訊、工具與技術(1)	Buddhist Informatics, Tools and Techniques（I）	必修	中文	馬德偉（Marcus Bingenheimer）
佛教資訊學專題	Seminar on Buddhist Informatics	選修	中文	杜正民
腳本文言入門	Introduction to Scripting Languages	選修	中文	洪振洲
人文資訊學導論	An Introduction to Cultural Informatics	必修	中文	謝清俊

科目中文名稱	科目英文名稱	必／選修	授課語言	授課老師
佛學資訊、工具與技術（II）	Buddhist Informatics, Tools and Techniques（II）	必修	中文	洪振洲
朝暮定課研修	Study and Practice in Morning and Evening Services	必修	中文	果肇法師
三學精要研修	Study and Practice in the Essentials of the Three Studies	必修	中文	惠敏法師
禪修專題研修	Study and Practice in Meditation	選修	中文	果暉法師
儀軌專題研修	Study and Practice in Rituals	選修	中文	果鏡法師
弘化專題研修	Study and Practice in Preaching and Teaching Ministry	選修	中文	杜正民
宗教學專題	Seminar on World Religions	必修	中文	張家麟
實用佛教文獻學：版本‧斠讎	Practical Philology:Textual Criticism	選修	中文	高明道
漢譯佛典專題（I）	Readings in Chinese Buddhist Translations（I）	選修	中文	高明道
佛教歷史與哲學專題（I）	Topics in Buddhist History and Philosophy（I）	選修	英文	馬紀（William Magee）、馬德偉（Marcus Bingenheimer）
藏文文法	Tibetan Grammar	必修	中文藏文	廖本聖
梵文文法	An introduction to Sanskrit Grammar	必修	中文	宗玉媺
日文佛學論著選修讀（I）	Advanced Japanese Reading in Buddhist Texts（I）	必修	中文	見弘法師
日文文法	Introduction to Japanese grammar（I）	必修	中文	藍碧珠
英文佛學資料選讀	Selected English Language Readings in Buddhist Studies	必修	中文	馬德偉（Marcus Bingenheimer）

◎學士班97學年度第一學期

專業必修	行門必修	通識必修	通識選修
戒律學綱要	禪修（I）	大一英文	世界文明史
高僧行誼（I）	朝暮定課（I）	開放式文書處理實作	日文
禪定學概論	梵唄與儀軌（I）	思考與表達	佛典漢語
漢傳佛教史	服務學習（I）	體育（I）	
佛教入門		法鼓講座	

法鼓佛教學院推廣教育中心2008年開課概況

◎第一期課程：2月底至6月初

課程名稱	授課老師	地點
根本佛教的佛學活用	楊郁文	慧日講堂
禪養生瑜伽	簡淑華	華嚴蓮社
應用佛教心理學	許書訓	愛群教室
《法華經》之思想、實踐與弘傳	藍吉富	
成佛之道	藍吉富	
《中觀寶鬘論》	洛桑滇增堪布	
善財求道記與生死境界	陳琪瑛、李治華	
老子《道德經》憨山註	梁寒衣	
佛教哲學諮商	尤淑如	
氣功與健身	謝其修	
日文閱讀	鐘文秀	
梵文閱讀	鐘文秀	
藏語會話及宗教用語學習	索南格列喇嘛	
佛學英文《佛陀的啟示》	陳紹韻	

◎第二期課程：6月底至10月初

課程名稱	授課老師	地點
根本佛教的佛學活用	楊郁文	慧日講堂
禪柔瑜伽	簡淑華	印儀學苑
應用佛教心理學	許書訓	法華講堂
日本佛教	藍吉富	愛群教室
《寶性論》	洛桑滇增堪布	
禪修與哲學諮商（心靈與思惟的對話指南）	尤淑如	
《楞嚴經》與禪	李治華	
老子《道德經》憨山註	梁寒衣	
唯識學集訓班	陳一標	
超越愛別離：從早期佛典的喪親個案談起	陳紹韻	
佛法、心靈療癒與視覺文化	道興法師	
藏語初階	索南格列喇嘛	
日文閱讀	鐘文秀	
梵文閱讀	鐘文秀	
梵文初階（密集班）	鐘文秀	
日文初階（密集班）	鐘文秀	

◎第三期課程：10月中至2009年1月中

課程名稱	教師	地點
根本佛教的佛學活用	楊郁文	慧日講堂
應用佛教心理學	許書訓	法華講堂
大藏經概論	藍吉富	愛群教室
《寶性論》	洛桑滇增堪布	
《楞嚴經》與禪	李治華	
《入菩薩行論》	馬君美	
心靈造佛工程——亞洲佛教藝術	郭祐孟	
佛教哲學諮商	尤淑如	
藏語進階	索南格列喇嘛	
佛學英文心類學	馬紀（William Magee）	
梵文閱讀	鐘文秀	
日文閱讀	鐘文秀	

法鼓山僧伽大學97學年度課程表

◎佛學系

學年				一	二	三	四
慧業	解門		戒	戒律學（一）	戒律學（二）	戒律學（三）	戒律學（四）
			定	禪學（一）	禪學（二）	禪學（三）	禪學（四）
		慧		高僧行誼	高僧行誼	高僧行誼	高僧行誼
				世界佛教史導論（一）	世界佛教史導論（二）	世界佛教史導論（三）	世界佛教史導論（四）
				阿含導讀	三大系導讀	唯識學 中觀學 如來藏（三選一）	天台學 華嚴學 淨土學（三選一）
				佛法導論（一）	佛法導論（二）	漢傳佛教經論導讀	
					法鼓全集導讀	二課合解	
		通識教育			電腦應用（選）		
					寫作與報告		畢業製作
				通識課程（一）思考與表達	通識課程（二）知識管理	通識課程（三）弘講理論與實務	通識課程（四）宗教師教育
					英文會話	英文——法鼓山的理念	英文佛典導讀
				動禪	書法禪		
	行門			禪修（一）精進修行	禪修（二）精進修行	禪修（三）精進修行 默照 話頭（二選一）	禪修（四）精進修行
				梵唄與儀軌（一）	梵唄與儀軌（二）	梵唄與儀軌（三）	梵唄與儀軌（四）
				出家行儀（一）	出家行儀（二）	出家行儀（三）	出家行儀（四）
福業				作務與弘化（一）	作務與弘化（二）	作務與弘化（三）	作務與弘化（四）
				班會	班會	班會	班會

◎僧才養成班

學年				一	二
慧業	解門		戒	戒律學（一）	戒律學（二）
					戒律學（三）
			定	禪學（一）	禪學（二）
		慧		高僧行誼	高僧行誼
				世界佛教史導論——中國佛教史	三大系導讀
				阿含導讀	《法鼓全集》導讀
				佛法導論（一）	佛法導論（二）
		通識教育		通識課程（一）思考與表達	通識課程（二）知識管理
				動禪	書法禪
	行門			禪修（一）精進修行	禪修（二）精進修行
				出家行儀（一）	出家行儀（二）
				梵唄與儀軌（一）	梵唄與儀軌（二）
福業				作務與弘化（一）	作務與弘化（二）
				班會	班會

◎禪學系

學年			一	二	三	四	五	六
慧業		戒	戒律學（一）	戒律學（二）	戒律學（三）	戒律學（四）	戒律學 禪林實訓（一）	戒律學 禪林實訓（二）
		定	禪學（一）	禪學（二）	禪學（三）	禪學（四）（禪宗禪法）默照——默照禪（上）話頭——話頭禪（下）	禪修方法研討（一）	禪修方法研討（二）
	解門	慧	高僧行誼	高僧行誼	高僧行誼	高僧行誼	高僧行誼	高僧行誼
			世界佛教史導論（一）——中國佛教史	世界佛教史導論（二）	世界佛教史導論（三）——禪宗法脈	監香培訓／動禪培訓 初級禪訓師資培訓——見習·實習	小參培訓／總護培訓——見習、實習（從初階禪七開始）	主七法師培訓——見習、實習（從初階禪七開始）
			阿含導讀	三大系導讀	唯識學 中觀學 如來藏（三選一）	天台學 華嚴學 淨土學（三選一）	如來藏經與禪 圓覺經與禪 唯識與禪	禪門修證指要研讀、禪門驪珠集研讀
			佛法導論（一）	佛法導論（二）				
				法鼓全集導讀	禪宗經論導讀			
		通識教育	通識課程（一）思考與表達	通識課程（二）知識管理	通識課程（三）弘講理論與實務	通識課程（四）宗教師教育		
				電腦應用			公文、書信、知識管理、報告寫作	寺院經營管理、佛教與現代社會
				英文（一）	英文（二）	英文（三）		
			動禪	書法禪				
	行門		禪修（一）	禪修（二）	禪修（三）	禪修（四）	禪修（五）	禪修（六）
				行解交流	行解交流	行解交流	行解交流	行解交流
			梵唄與儀軌（一）	梵唄與儀軌（二）	梵唄與儀軌（三）	梵唄與儀軌（四）	專案培訓	專案培訓
			出家行儀（一）	出家行儀（二）	出家行儀（三）	出家行儀（四）	出家行儀（五）	出家行儀（六）
福業			作務與弘化（一）	作務與弘化（二）	作務與弘化（三）	作務與弘化（四）	作務與弘化（五）	作務與弘化（六）
			班會	班會	班會	班會	班會	班會

法鼓山僧伽大學97學年度師資簡介

姓名	職稱	學經歷	本年度教授課程
聖嚴師父	創辦人 專任教授	日本立正大學博士 法鼓山創辦人	・創辦人時間 ・高僧行誼
果東法師	院長	法鼓山方丈和尚	
果光法師	副院長 教務長 專任助理教授	美國俄亥俄州立大學博士 曾任法鼓山行政中心副都監 法鼓山僧團三學院監院	・禪修 ・禪學——大乘禪法
果肇法師	副院長 女眾部學務長 專任副教授	中興大學企業管理系學士 法鼓佛教學院行政副校長	・宗教師教育 ・菩薩戒
果稱法師	教務處課務、註冊組組長 專任講師	逢甲大學會計系學士 曾任法鼓山佛學推廣中心室主 法鼓山僧團女眾部僧值	・出家行儀 ・禪修
常悾法師	男眾部學務長 專任講師	中興大學社會系學士 法鼓山僧伽大學佛學院畢業	・出家行儀 ・中國佛教史
常源法師	男眾學務處規畫組組長 專任講師	法鼓山僧伽大學佛學院畢業 曾任法鼓山青年發展院室主	・出家行儀 ・戒律學
果崝法師	男眾部學務處輔導組組長 專任講師	曾任法鼓山僧團總務組組長 法鼓佛教學院總務組組長	・出家行儀 ・戒律學
常隨法師	男眾學務助理 兼任講師	中央大學碩士 法鼓山僧團男眾部副僧值	・禪學
果通法師	專任講師	曾任法鼓山僧伽大學女眾學務處輔導組組長 法鼓山僧團女眾部副僧值	・出家行儀 ・戒律學
果迦法師	女眾學務處輔導組組長 專任講師	台北商專畢業 曾任法鼓山齋明寺監院	・出家行儀 ・戒律學
果乘法師	總務長 專任講師	美國底特律大學碩士 曾任美國東初禪寺監院	・出家行儀 ・禪修
果解法師	專任講師	曾任法鼓山僧伽大學女眾學務助理	・出家行儀 ・戒律學
常慧法師	女眾學務處規畫組組長 專任講師	中華佛學研究所畢業 曾任法鼓山佛學推廣中心室主	・師父禪修方法研討 ・出家行儀 ・禪宗法脈 ・禪學 ・禪修
惠敏法師	兼任教授	日本東京大學博士 曾任中華佛學研究所副所長 法鼓佛教學院校長	・思考與表達方法 ・印度佛教史
杜正民	兼任教授	中華佛學研究所結業 法鼓佛教學院副校長	・如來藏 ・知識管理
果徹法師	專任助理教授	中華佛學研究所畢業 曾任法鼓山僧團教育院監院	・中觀學 ・禪學——話頭 ・比丘尼戒 ・禪修
果暉法師	專任助理教授	日本立正大學博士 法鼓山副住持	・四分比丘戒

姓名	職稱	學經歷	本年度教授課程
純因法師	兼任助理教授	美國亞利桑那大學博士	・阿含經導讀 ・漢傳佛教諸宗導讀
果元法師	兼任副教授	加拿大喬治布朗學院電機系學士 曾任法鼓山東初禪寺住持 法鼓山禪修中心副都監兼禪堂堂主	・禪修——默照
果建法師	專任助理教授	政治大學法律系學士 曾任法鼓山齋明寺監院	・梵唄與儀軌
果鏡法師	兼任助理教授	日本佛教大學博士 曾任法鼓山僧團都監 中華佛學研究所所長	・淨土學
蘇南望傑	兼任助理教授	日本佛教大學博士課程	・西藏佛教史 ・日本佛教史
陳瑾瑛	兼任助理教授	美國聯合研究學院畢業 亞洲大學助理教授	・英文
戴良義	兼任助理教授	美國東密西根大學碩士 法鼓山佛學推廣中心專任講師	・弘講理論與實務 ・學佛五講
常智法師	兼任講師	輔仁大學碩士 曾任法鼓山國際事務組組長	・戒律學
果理法師	兼任助理教授	中興大學企業管理系學士 台中分院監院	・禪學
果廣法師	兼任副教授	法鼓山僧團都監	・佛法導論
果慨法師	兼任助理教授	東南工專畢業 曾任法鼓山僧伽大學女眾學務處規畫組組長 法鼓山僧團弘化院監院	・梵唄與儀軌 ・二課合解
果毅法師	兼任講師	中興大學中文系學士 曾任法鼓山文化中心副都監 法鼓山普化中心副都監	・禪學——漢傳佛教禪觀 ・《法鼓全集》導讀
大常法師	兼任講師	中華佛學研究所畢業 法鼓山佛學推廣中心講師	・天台學 ・中國佛教史
方怡蓉	兼任講師	中華佛學研究所畢業 台灣師範大學英語系碩士	・英文 ・寫作與報告

大學院各校所歷年畢業生人數統計

| 中華佛學研究所畢業 | 113人 |
| 法鼓山僧伽大學畢業 | 84人 |

◎中華佛學研究所

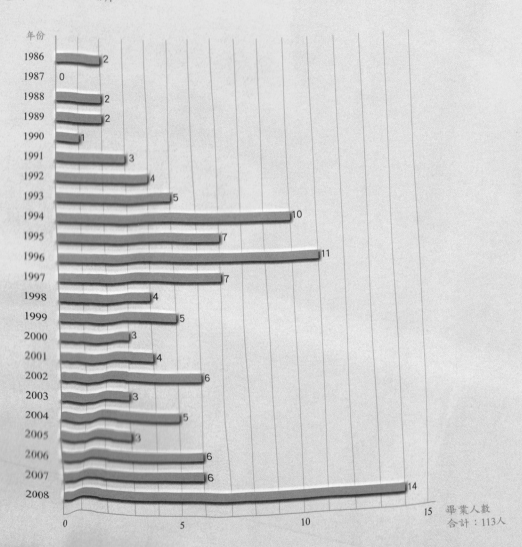

畢業人數
合計：113人

2008
法鼓山年鑑

648

◎法鼓山僧伽大學

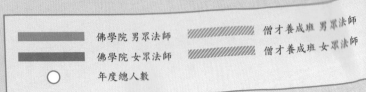

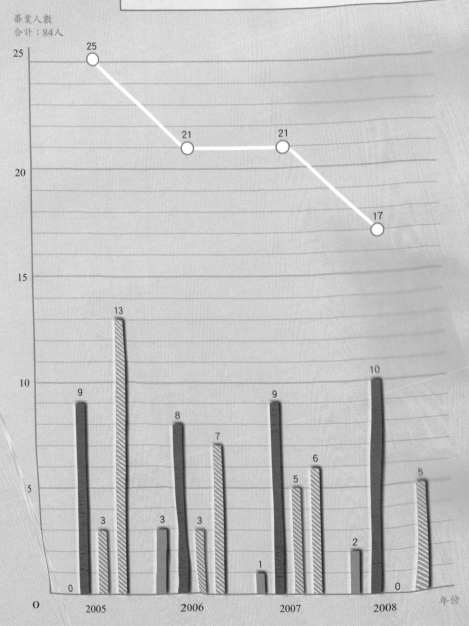

法鼓山人文社會基金會2008年「法鼓人文講座」開課概況

◎亞洲大學（台灣）

講座主題	主講人	職銜
筆舞墨定——書法的動靜涵養	張炳煌	淡江大學教授
人生必到的十個地方	眭澔平	媒體工作者
台灣當代藝術——從現代到後現代的過渡	黃光男	台灣藝術大學校長
佛陀、孫子與宮本武藏——留一隻眼睛看自己的人生哲學	葉祖堯 呂克明	美國奧斯汀德州大學教授 亞洲大學資工系主任
登月之旅我學到什麼	艾德格・米契爾 （Edgar Mitchell）	第六位登陸月球的太空人
古代的智慧，現代的思維	恆實法師 葉蕾蕾	美國加州柏克萊聖寺住持 美國費城藝術大學教授
文學與感覺	羅宗濤	玄奘大學講座教授

◎廣州中山大學（中國大陸）

講座主題	主講人	任職
1949-2002年大陸禪宗研究的方法論	洪修平 楊維中	中國大陸南京大學哲學系教授 中國大陸南京大學哲學系教授
對現象學與唯識學所理解的深層心識結構的比較研究	倪梁康	中國大陸中山大學現象學研究所教授
佛教唯識宗「煩惱」的基本性質——心理學概念與倫理學概念之辨	劉宇光	中國大陸復旦大學哲學學院副教授
相對否定與絕對否定，否定與肯定的關係及宗喀巴否定自性的方法論	褚俊杰	中國大陸中國藏學研究中心研究員
法藏秋畫像	陳金華	加拿大英屬哥倫比亞大學亞洲系教授
漢語文獻中保留的法稱之前印度有關陳那的討論——以「佛地經論佛地經論」為例	丹・勞斯特豪斯 （Dan Lausthous）	美國哈佛大學訪問教授
論熊十方與唐君毅在劉戢山「意」與「誠意」觀上的討論與分歧	郭齊勇	中國大陸武漢大學教授
窺基「成唯識論述記」中述及的遮論詮理論	桂紹隆	日本京都龍谷大學教授
漢譯唯識典籍中的轉依思想研究	周貴華	中國大陸中國社會科學院哲學研究所副教授

◎南京大學（中國大陸）

講座主題	主講人	任職
概念疊加與構式整合——肯定否定不對稱的解釋	江藍生	中國大陸中國社會科學院研究員
魯迅「國民性」的深刻性、困境與實際後果	林毓生	美國威斯康辛大學麥迪森校區歷史系教授
文藝科學的方法論問題——兼論人文學科方法論	錢中文	中國大陸中國社會科學院榮譽學部委員
說煙：幻想的借代	宇文所安（Stephen Owen）	美國哈佛大學東亞系與比較文學系教授
富裕佃農——英國現代化的先驅	侯建新	中國大陸天津師範大學歷史文化學院院長
中西歷史比較若干問題	侯建新	中國大陸天津師範大學歷史文化學院院長
中國思想史研究的展望	方光華	中國大陸西北大學副校長
書山有路：許地山的生平與治學	李焯然	新加坡國立大學中文系與社會學系主任
明代文人的魏晉想像	李焯然	新加坡國立大學中文系與社會學系主任
中國學術思想史中的學派問題	張豈之	中國大陸清華大學教授
為學與為道	胡孚琛	中國大陸中國社會科學院哲學研究所研究員
21世紀的新道學文化戰略——中國道家文化的綜合創新	胡孚琛	中國大陸中國社會科學院哲學研究所研究員

大學院各單位專任教師2008年對外發表研究論文一覽表

姓名	職稱	論文名稱或學術著作	發表處（活動名稱／主辦單位／地點／發表時間）
惠敏法師	校長	〈佛教高等教育於台灣之議題與挑戰〉（Issues and Challenges in Buddhist Higher Education in Taiwan）	第五屆聯合國衛塞節國際佛教大會（The Fifth United Nations Day of Vesak）／聯合國（United Nations）／越南河內／5月13至17日
		〈盧雲和尚長時住定經驗之探索〉（Inquiry of Master Xuyun's Experiences of Long-dwelling in Samadhi）	第15屆國際佛教研究協會國際佛學會議（The XVth Congress of the International Association of Buddhist Studies）／國際佛教研究協會（International Association of Buddhist Studies，簡稱IABS）／美國亞特蘭大市（Atlanta）埃默里大學（Emory University）／6月23至28日
		〈絲路文化數位化研究的足跡與展望：從數位博物館、時空資訊系統到Science 2.0〉	中印絲路文化交流研究國際會議／中國大陸新疆塔里木大學／中國大陸新疆塔里木大學／9月2至3日
		〈禪法與腦科學：四念住與三重腦理論〉（Meditation and Brain Science:Four Mindful Establishments and the Triune Brain Model）	「佛教與科學」（Buddhism and Science Symposium:Brain, DNA and the Metamorphosis of life）國際論壇／新加坡蓮山雙林寺／新加坡蓮山雙林寺／7月12至13日
		〈運用「N元自然語言模型」探究佛教文獻詞彙與文體特徵——以《法華經》為例〉	第三屆漢文佛典語言學國際會議／政治大學、法鼓佛教學院／法鼓佛教學院／10月31日至11月3日
		〈「中國歷代高僧時空資料庫」〉（A Spatio-temporal Database of Eminent Monks in China）	中國歷史傳記數據庫國際專題討論會（First International Workshop on Biographical Databases for China's History CBDB）／哈佛燕京學社（Harvard-Yenching Institute）／美國哈佛大學（Harvard University）／11月20至24日
		〈佛教懺悔法門之「逆轉」情節：以《大方等陀羅尼經》為例〉	「沉淪、懺悔與救度：中國文化的懺悔書寫」的國際學術研討會／中央研究院中國文哲研究所、法鼓佛教學院／法鼓佛教學院／12月4至6日
杜正民	教授級專業技術人員	〈經錄計畫及最早期之佛典漢譯入門——國際佛教史料典藏之一例〉（Jinglu Project and A Guide to the Earliest Chinese Buddhist Translations--An Example for International Buddhist Archives）	漢譯佛典新目錄建置工作坊（Constructing the New Catalog for the Chinese Buddhist Canon Workshop）／國際電子佛典推進協議會（The Electronic Buddhist Text Initiative，簡稱EBTI）／韓國東國大學／7月27日
		〈漢文佛典之數位化〉（The Digitization of Chinese Buddhist Texts）	預備會議（Forthcoming Conferences）／佛教大學國際協會（International Association of Buddhist Universities，簡稱IABU）／泰國朱拉隆功大學（Mahachulalongkornrajavidyalaya University）／9月13至15日
		〈佛學工具資源與藏經目錄——導向佛學數位整合資源網的概念〉（Buddhist Lexicographical Resources and Tripitaka Catalogs——Towards an International Buddhist Archives Network）〈地理資訊系統及文化記錄於台灣佛教資料庫的運用〉（Using GIS and Culture Records in the Development of Taiwan Buddhism Database）	太平洋鄰里協會2008年會暨文化地圖協會、日越地理信息聯盟聯合會議（PNC 2008 Annual Conference and Joint Meetings with Electronic Cultural Atlas Initiative and Japan-Vietnam Geoinfomatics Consortium）／太平洋鄰里協會（Pacific Neighborhood Consortium，簡稱PNC）、文化地圖協會（Electronic Cultural Atlas Initiative，簡稱ECAI）、日越地理資訊協會（Japan-Vietnam Geoinfomatics Consortium，簡稱JVGC）／越南河內科技大學（Hanoi University of Technology）／12月4至6日

姓名	職稱	論文名稱或學術著作	發表處（活動名稱／主辦單位／地點／發表時間）
馬紀 （William Magee）	助理教授	〈建構實相：般若經典及中觀論〉（Structuring Reality: Perfection of Wisdom Sutras and the Treatise on the Middle）	塔爾圖東方學（Studia Orientalia Tartuensia）第三冊《人本精神之經文及大乘經典》（Humanistic Base Texts and the Mahayana Sutras）（塔爾摩‧庫耳瑪Tarmo Kulmar主編，塔爾圖東方學中心Centre for Oriental Studies出版，2008年）
		〈藏傳佛教的四種力量：清淨之道的次第〉（The Four Powers of Tibetan Buddhism:Steps on the Path to Purification）	「沉淪、懺悔與救度：中國文化的懺悔書寫」國際學術研討會／中央研究院中國文哲研究所、法鼓佛教學院／台灣法鼓山園區國際會議廳／12月6日
		〈虛擬世界之藏語教學〉（Teaching Tibetan in Virtual Worlds）	第15屆國際佛教研究協會國際佛學會議（The XVth Congress of the International Association of Buddhist Studies）／國際佛教研究協會（International Association of Buddhist Studies）／美國亞特蘭大埃莫里大學（Emory University）／2008年
		〈藏語子音方塊〉（The Cube of Tibetan Consonants）	維吉尼亞大學西藏研究生座談會（University of Virginia Tibetan Graduate Student Seminar）／美國維吉尼亞大學（University of Virginia）／維吉尼亞州夏洛蒂斯維爾（Charlottesville）／2008年
莊國彬	助理教授	〈評《一切有部之阿毗達磨》〉（Sarvāstivāda Abhidharma）	《中國文哲研究集刊》第33期／中央研究院中國文哲研究所出版／9月
果暉法師	助理教授	〈《安般守意經》格義上的新發現〉（『仏說大安般守意經』における「本文」と「註」の解明）	《法鼓佛學學報》第三期／法鼓佛教學院／12月
果鏡法師	助理教授	〈慈雲遵式的沉淪‧懺悔‧救度之思想〉	「沉淪、懺悔與救度：中國文化的懺悔書寫」國際學術研討會／中央研究院中國文哲研究所、法鼓佛教學院／台灣法鼓山園區國際會議廳／12月6日
李志夫	榮譽所長	〈試探中國北方草原部族在西域，在中印文化交流史上之重要性〉	中印絲路文化交流學術研討會／中國大陸塔里木大學／中國大陸新疆／9月1至3日

國際弘化

法鼓山2008年海外分會、聯絡處定期共修活動一覽表

◎美洲

分會/聯絡處	時間	項目
美國紐約東初禪寺	週一19：30～21：00	念佛共修
	週二19：00～21：45 週六全天	禪坐共修
	週三19：30～21：00	梵唄課
	週四19：30～21：00	太極拳
	週日	電影討論、大法鼓、講經、講座
	每月最後一週週一	八十八佛共修
	週日（2/10）	新年法會
	週日（4/13、8/10）	地藏法會
	週日上午（5/4）	浴佛法會
	週日下午（8/17、8/24、9/21、10/5、11/2、11/23、11/30）	觀音法會
	週日下午（9/14、10/12、11/9、12/14）	大悲懺法會
	週日下午（9/28、10/26、11/30、12/28）	菩薩戒誦戒會
	（6/27～7/4）	念佛禪七
	（7/10～7/13）	親子營及生活禪
美國象岡道場	週四晚上19：00～21：00	禪坐共修
	（6/6～6/10）	四念住禪五
	（7/18～7/27）	親子禪修營
	（7/18～7/27）	話頭禪十
	（2/29～3/9、5/23～6/1、11/28～12/7）	默照禪十
美國護法會──東北轄區		
紐約州長島聯絡處	每週四19：00～21：00	禪坐共修
	每月一次	佛學講座
佛蒙特州聯絡處	每月第二週或第三週週六13：00～17：00	禪坐共修、讀書會
美國護法會──中大西洋轄區		
新澤西州分會	每月第一週週日09：30～12：30	精進半日禪
	每月第一週週日13：30～15：30	禪心談心
	每月第二週週日10：45～12：30	念佛法會
	每月第三週週日10：45～12：30	大悲懺法會
	每月第三週週日13：30～15：30	心靈拾緻
	每月第三週週五19：30～21：30	《金剛經》讀書會
	每月第四週週日10：45～12：30	《金剛經》持誦共修
	每月第四週週日13：30～15：30	《大法鼓》讀書會
紐約羅徹斯特聯絡處	每週二19：30～21：30	讀書會
	每週日08：00～12：00	禪坐共修
賓州聯絡處	每週日09：30～12：00	法鼓八式動禪、禪坐、觀看聖嚴師父開示影片

分會/聯絡處	時間	項目
美國護法會——南部轄區		
德州達拉斯聯絡處	每月第二週週日10：00：15：00	禪坐、念佛
	每月第二週週日10：00：16：00	大悲懺法會、佛法開示、讀書會
佛州奧蘭多聯絡處	每月第一週週六09：00～12：00	禪坐共修，佛學研討（英文為主）
佛州天柏聯絡處	週六07：30～08：00	太極班
	每月第二週週六14：30～16：30	讀書會
美國護法會——中西部轄區		
伊利諾州芝加哥分會	每週六07：30～08：30	健身韻律舞蹈
	每週日08：30～11：30	「禪」工作坊
	每週日11：30～12：30	瑜伽或太極拳課程
	每月第一、三週週六中午11：00～13：30	念佛共修及法器練習
	每月第四週週日13：30～16：00	中文讀書會
密西根州聯絡處	每月第三週週六14：30～16：30	禪坐共修
美國護法會——西部轄區		
加州洛杉磯分會	週四19：00～21：30	禪坐共修
加州舊金山分會	週五19：30～21：30	合唱共修
	週六10：00～11：30	基礎太極共修
	週六11：30～13：00	瑜伽共修
	週六14：30～17：00或 週日09：12：00	法鼓八式動禪暨禪坐共修
	隔週週三19：30～21：30	讀書會
	每月最後一週週六全天	一日禪
	每月第一週週日13：30～15：30	大悲懺法會
	每月第二週週日13：30～15：30	念佛共修
	每月第三週週日13：30～15：30	菩薩戒誦戒會
加州省會聯絡處	每月雙週週六09：30～11：00	初級禪修課程
華盛頓州西雅圖分會	每月第一週週日10：00～12：00	大悲懺法會
	每月第二週週日09：00～12：00	禪坐共修
	每月第二週週五19：30～21：30	生活談心
	每月第三週週日10：00～12：00	讀書會
	每月第四週週日10：00～12：00	念佛共修

◎北美洲──加拿大

分會/聯絡處	時間	項目
法鼓山溫哥華道場	週一18：30～20：30 週六10：00～12：00 隔週週六14：00～16：00	佛法指引課程
	週一18：30～20：30	西方眾讀書會及禪坐
	隔週週一12：30～14：30 隔週週四12：30～14：30	心靈察站
	每週二10：00～12：00	禪門探索讀書會
	每週四10：00～12：00	合唱共修
	每週五（除第一週外）10：00～12：00	念佛共修
	隔週週五18：30～20：30	佛法指引讀書會
	隔週週五19：00～21：30	相約在法青
	隔週週五18：30～20：30	少年生活營
	每週日09：30～12：00	禪坐共修
	每月第一週週五10：00～12：00	菩薩戒誦戒會
	每月第二週週六14：00～16：30	大悲懺法會
	每月第四週週日全天	禪一
加拿大護法會		
多倫多分會	每週三19：00～21：00 每週日10：00～12：00	禪坐共修
	每月第一週週六09：30～16：30	禪一
	每月一次二小時	粵語讀書會、英語讀書會、國語讀書會
	每季一次三小時	初級禪訓班（英語）

◎亞洲

分會/聯絡處	時間	項目
新加坡護法會	週三19：30～21：30 週日09：30～11：30	禪坐共修
	週四19：30～21：30	念佛共修
	週五19：30～21：30	心靈環保課程
	週六14：00～18：30	法器練習
	每月第一、三週週日13：30～15：30	菩薩戒誦戒會
	每月第二週週日13：30～15：00	大悲懺法會
馬來西亞護法會	週一20：00～22：00	合唱團練唱
	週二20：00～22：00 週日09：30～12：00	中文禪坐共修
	週四20：00～22：00	念佛共修
	週五20：00～22：00	英文禪坐共修
	週六20：00～22：00	瑜伽班
	每月第一週週日13：00～18：00	中文初級禪訓班

分會/聯絡處	時間	項目
香港護法會	週一19：30～21：30	合唱團練唱
	週二19：30～21：30	法器練習
	週三19：30～21：30	太極班
	週四19：30～21：30	動禪研習班
	週四19：30～21：30	初級禪訓班
	週五19：30～21：30	念佛共修
	週六15：00～17：00	禪坐共修
	週六17：30～19：45	初級瑜伽班
	週日19：30～21：00	法青禪鼓
	每月第二週週六	大悲懺法會

◎大洋洲

分會/聯絡處	時間	項目
澳洲護法會		
雪梨分會	週六14：30～16：30	《心經》讀書會
	週日09：00～11：00	禪坐共修、佛學講座、禪訓班
	每月第二週週六10：00～12：00	大悲懺法會

法鼓山2008年參與暨舉辦之國際會議一覽表

時間	會議名稱	主辦單位	國家	地點	主要代表參加人
2月15至20日	數位佛學研究國際會議	法鼓佛教研修學院、中華佛研所、中華電子佛典協會（CBETA）、國際電子佛典推進協議會（EBTI）	台灣	法鼓山園區國際會議廳	法鼓佛教學院校長惠敏法師
3月5至6日	青年領導培訓（Transformational Leadership Program）	全球女性和平促進會（The Global Peace Initiative of Women，簡稱GPIW）	印度	新德里（New Dehli）	僧團果禪法師、常濟法師，及青年代表何麗純、王貞喬
3月6至10日	GPIW五週年大會（主題：「為女性開創道路」）	全球女性和平促進會（The Global Peace Initiative of Women，簡稱GPIW）	印度	齋浦爾（Jaipur）	僧團果禪法師、常濟法師，及青年代表何麗純、王貞喬
3月8日	第三屆佛教女性論壇	美國中西部佛教會（Buddhist Council of the Midwest）、德保羅大學（Depaul University）	美國	芝加哥（Chicago）	僧團常悟法師
3月12至18日	伊拉克青年論壇	全球女性和平促進會（The Global Peace Initiative of Women，簡稱GPIW）、美國和平學院（The United States Institute of Peace，簡稱USIP）	印度	達蘭莎拉（Dharamshala）	僧團果禪法師、常濟法師，及青年代表何麗純、王貞喬
5月13至17日	聯合國衛塞節暨國際會議	聯合國	越南	河內	法鼓佛教學院校長惠敏法師
5月24至25日	第二屆聖嚴思想研討會（主題：「聖嚴思想與漢傳佛教」）	聖嚴教育基金會	台灣	台灣大學集思國際會議廳	聖嚴師父與45位來自美國、歐洲與台灣學者專家
6月23至28日	第15屆國際佛教研究協會國際佛學會議（The XVth Congress of the International Association of Buddhist Studies）	美國亞特蘭大埃莫里大學（Emory University）	美國	亞特蘭大埃莫里大學（Emory University）	法鼓佛教學院校長惠敏法師、副校長杜正民等六人
9月1至6日	中印絲路文化交流研究國際會議	中華佛學研究所籌備、中國大陸新疆塔里木大學主辦	中國大陸	中國大陸新疆塔里木大學	中華佛學研究所榮譽所長李志夫、所長果鏡法師、法鼓佛教學院校長惠敏法師
9月7日	國際關懷生命暨自殺防治論壇	法鼓山	台灣	台大醫院國際會議中心	聖嚴師父、國際防治自殺協會主席米謝勒（Brian Mishara）
10月31日至11月3日	「第三屆漢文佛典語言學」國際學術研討會	法鼓佛教學院、國立政治大學	台灣	法鼓山園區、國立政治大學	法鼓佛教學院校長惠敏法師、副校長杜正民、佛教學系系主任果暉法師
12月4至6日	「沉淪、懺悔與救度：中國文化的懺悔書寫」國際學術研討會	法鼓佛教學院、中央研究院中國文哲研究所	台灣	法鼓山園區、中央研究院	法鼓佛教學院校長惠敏法師、中華佛學研究所所長果鏡法師、法鼓佛教學院教授馬紀（William Magee）

法鼓山全球聯絡網

【全球各地主要分支道場】

【國內地區】
■北部

法鼓山世界佛教教育園區
電話：02-2498-7171
傳真：02-2498-9029
20842台北縣金山鄉三界村7鄰半嶺14-5號

農禪寺
電話：02-2893-3161
傳真：02-2895-8969
11268台北市北投區大業路65巷89號

中華佛教文化館
電話：02-2891-2550；02-2892-6111
傳真：02-2892-5501
11246台北市北投區光明路276號

雲來寺（行政中心、文化中心）
電話：02-2893-9966
傳真：02-2893-9911
11244台北市北投區公館路186號

法鼓德貴學苑
電話：02-2191-1020
　　　（青年發展院）
電話：02-2191-1015
　　　（法鼓山人文社會基金會）
電話：02-2191-1011
　　　（法鼓大學籌備處）
10044台北市中正區延平南路77號

安和分院
（大安、信義、南港辦事處）
電話：02-2778-5007~9
傳真：02-2778-0807
10688台北市大安區安和路一段29號10樓

齋明寺
電話：03-380-1426；03-390-8575
傳真：03-389-4262
33561桃園縣大溪鎮齋明街153號

中山精舍（中山辦事處）
電話：02-2591-1008
傳真：02-2591-1078
10451台北市中山區民權東路一段67號9樓

基隆精舍（基隆辦事處）
電話：0932-071-645；02-2426-1677
傳真：02-2425-3854
20045基隆市仁愛區仁五路8號3樓

北投辦事處
電話：02-2892-7138
傳真：02-2388-6572
11241台北市北投區溫泉路68-8號1樓

士林辦事處
11162台北市士林區中正路335巷6弄5號B1

社子辦事處（慈弘精舍）
電話：02-2816-9619
11165台北市士林區延平北路五段29號1、2樓

石牌辦事處
電話：02-2832-3746
傳真：02-2872-9992
11158台北市士林區福華路147巷28號

大同辦事處
電話：02-2599-2571
10367台北市大同區酒泉街34-1號

南港辦事處（設於台北安和分院）
電話：0921-611-906
傳真：02-2727-4361
10688台北市大安區安和路一段29號10樓

松山辦事處
電話：02-2713-3497
10572台北市松山區民生東路五段28號7樓

中正萬華辦事處
電話：02-2305-2283；0928-010-579
傳真：02-2307-3288
10878台北市萬華區萬大路239號4樓

內湖辦事處
電話：02-2793-8809
11490台北市內湖區民權東路六段123巷20弄3號1樓

文山辦事處
電話：02-2935-3640
傳真：02-8935-1858
11687台北市文山區興隆路二段27號3樓

海山辦事處
電話：02-8951-3341
傳真：02-8951-3341
22067台北縣板橋市三民路一段120號7樓

淡水辦事處
電話：02-2629-2458；0912-871-112
25153台北縣淡水鎮新民街120巷3號

三重蘆洲辦事處
電話：02-2986-0168
傳真：02-2978-8223
24145台北縣三重市正德街61號4樓

新店辦事處
電話：02-8911-3242
傳真：02-8911-2421
23143台北縣新店市中華路9號3樓之一

中永和辦事處
電話：02-2231-2654
傳真：02-2925-8599
23455台北縣永和市中正路417號10樓

新莊辦事處
電話：02-2994-6176
傳真：02-2994-4102
24242台北縣新莊市新莊路114號

林口辦事處
電話：02-2603-0390；0935-577-785
傳真：02-2602-1289
24446台北縣林口鄉中山路91號3樓

金山萬里辦事處
電話：02-2408-2593
傳真：02-2408-2554
20841台北縣金山鄉仁愛路61號

三芝石門辦事處
電話：02-2636-7752
傳真：02-2636-5163
25241台北縣三芝鄉公正街三段10號

桃園辦事處
電話：03-302-4761；03-302-7741
傳真：03-301-9866
33046桃園縣桃園市大興西路二段105號12樓

中壢辦事處
電話：03-281-3127；03-281-3128
傳真：03-281-3739
32448桃園縣平鎮市環南路184號3樓之一

新竹辦事處
電話：03-525-8246
傳真：03-523-4561
30042新竹市林森路231號11樓D室

苗栗辦事處
電話：037-362-881
傳真：037-362-131
36046苗栗縣苗栗市大埔街42號

三義DIY心靈環保教育中心
電話：04-2223-1055；037-870-995
傳真：037-872-222
36745苗栗縣三義鄉廣盛村八股路21號

■中部

台中分院（台中辦事處）
電話：04-2255-0665
傳真：04-2255-0763
40756台中市西屯區市政路37號

德華寺（埔里安心服務站）
電話：049-242-3025；049-242-1695
傳真：049-242-3032
54547南投縣埔里鎮清新里延年巷33號

海線辦事處
電話：04-2662-5072；04-2686-6622
傳真：04-2686-6622
43655台中縣清水鎮鎮南街53號2樓

豐原辦事處
電話：04-2524-5569
傳真：04-2515-3448
42054台中縣豐原市圓環西路141號2樓

彰化辦事處
電話：04-711-6052
傳真：04-711-5313
50049彰化縣彰化市中山路二段2號10樓

員林辦事處
電話：04-837-2601；04-831-2142
傳真：04-838-2533
51042彰化縣員林鎮靜修東路33號8樓

南投辦事處（南投安心服務站）
電話：049-239-2363；049-239-2365
傳真：049-239-1414
54044南投縣中興新村中學西路106號

東勢安心服務站
電話：04-2588-1337
傳真：04-2577-3942
42341台中縣東勢鎮東蘭路26-11號

竹山安心服務站
電話：049-264-5456
傳真：049-263-0747
55768南投縣竹山鎮桂林里加正巷7之2號

■南部

台南分院（台南辦事處）
電話：06-220-6329；06-220-6339
傳真：06-226-4289
70444台南市北區西門路三段159號14樓

台南安平精舍
電話：06-298-9050
70848台南市安平區永華路2段248號7樓

紫雲寺
電話：07-732-1380轉11、12
　　　07-731-2310
傳真：07-731-3402
83341高雄縣鳥松鄉鳥松村忠孝路52號
（原大埤路19號）

三民精舍（高雄北區辦事處）
電話：07-380-0848
傳真：07-396-6260
80767高雄市三民區建安街94號1、2樓

嘉義辦事處
電話：05-2760071；05-2764403
傳真：05-276-0084
60072嘉義市林森東路343號3樓

高雄南區辦事處
電話：07-241-4513；07-241-1864
傳真：07-241-0048
80144高雄市前金區自強二路45號

屏東辦事處
電話：08-738-0001
傳真：08-738-0003
90055屏東縣屏東市建豐路2巷70號1樓

潮州辦事處
電話：08-789-8596
傳真：08-780-8729
92045屏東縣潮州鎮和平路28號7樓

■東部

信行寺（台東辦事處）
電話：089-225-199；089-225-299
傳真：089-239-477
95059台東縣台東市更生北路132巷36
或38號

宜蘭辦事處
電話：039-332-125
傳真：039-332-479
26052宜蘭縣宜蘭市泰山路112巷8弄
18號

羅東辦事處
電話：039-571-160
傳真：039-561-262
26549宜蘭縣羅東鎮純精路三段38號

花蓮辦事處（花蓮安心服務站）
電話：03-834-2758
傳真：03-835-6610
97047花蓮縣花蓮市光復街87號7樓

【海外地區】

■美洲America

美國紐約東初禪寺
（紐約州紐約分會New York Chapter, NY）
Chan Meditation Center
TEL：1-718-592-6593
FAX：1-718-592-0717
E-MAIL：chancenter@gmail.com
ddmbaus@yahoo.com（紐約州紐約分會）
WEBSITE：http://www.chancenter.org
ADDRESS：90-56 Corona Ave., Elmhurs NY
11373, U.S.A.

美國紐約象岡道場
Dharma Drum Retreat Center
TEL：1-845-744-8114
FAX：1-845-744-8483
E-MAIL：ddrc@dharmadrumretreat.org
WEBSITE：
http://www.dharmadrumretreat.org
ADDRESS：184 Quannacut Rd., Pine Bush
NY 12566, U.S.A.

美國護法會
Dharma Drum Mountain Buddhist Association
（D.D.M.B.A.）
WEBSITE：http://www.ddmusa.org

◎東北部轄區North East Region
紐約州長島聯絡處
Long Island Branch, NY
WEBSITE：http://longisland.ddmusa.org
ADDRESS：P.O.BOX 423 Upton, NY 11973
U.S.A.

康州聯絡處
Connecticut Branch
TEL：1-203-972-3406
E-MAIL：contekalice@aol.com

佛蒙特州聯絡處
Vermont Branch
TEL：1-802-658-3413
FAX：1-802-658-3413
E-MAIL：juichulee@yahoo.com
WEBSITE：http://www.ddmbavt.org

◎中大西洋轄區Mid-Atlantic Region
新澤西州分會
New Jersey Chapter
TEL：1-732-549-7134
FAX：1-732-957-0563
E-MAIL：chiuwang@msn.com
WEBSITE：http://www.ddmba-nj.org
ADDRESS：789 Jersey Ave. New Brunswick
NJ 08901, U.S.A.

賓州聯絡處
Pennsylvania Branch
TEL：1-814-867-9253
E-MAIL：ddmbapa@gmail.com
WEBSITE：http://www.ddmbapa.org/

◎南部轄區South Region
德州達拉斯聯絡處
Dallas Branch, TX
TEL：1-817-226-6888；1-972-660-5971
FAX：1-817-274-7067
E-MAIL：ddmba_patty@yahoo.com
WEBSITE：http://dallas.ddmusa.org

佛州奧蘭多聯絡處
Orlando Branch, FL
TEL：1-407-671-6250
E-MAIL：chihho2004@yahoo.com
WEBSITE：http://orlando.ddmusa.org

佛州天柏聯絡處
Tampa Branch, FL
TEL：1-727-393-9588
E-MAIL：skau@tampabay.rr.com
WEBSITE：http://tampa.ddmusa.org

◎中西部轄區Mid-West Region

伊利諾州芝加哥分會
Chicago Chapter, IL
TEL：1-773-907-9853
FAX：1-773-907-9853
E-MAIL：ddmbachicago@gmail.com
WEBSITE：http://www.ddmbachicago.org
ADDRESS：1234 North River Rd. Mt
Prospect, IL 60056, U.S.A.

密西根州聯絡處
Michigan Branch
TEL：1-517-332-0003
FAX：1-517-332-0003
E-MAIL：lkong2006@gmail.com
WEBSITE：
http://www.geocities.com/ddmbami/

◎西部轄區West Region

加州洛杉磯分會
Los Angeles Chapter, CA
TEL：1-626-350-4388
E-MAIL：ddmbala@gmail.com
WEBSITE：http://www.ddmbala.org/
ADDRESS：9674 Telstar Ave. # C El
Monte, CA 91731, U.S.A.

加州舊金山分會
San Francisco Chapter, CA
TEL：1-408-272-9380
E-MAIL：ddmbasf@gmail.com
WEBSITE：
http://www.ddmbasf.org/ddmbasf2/
ADDRESS：1153 Bordeaux Dr #106
Sunnyvale, CA 94089, U.S.A.

加州省會聯絡處
Sacramento Branch, CA
TEL：1-916-681-2416
E-MAIL：ddmbasacra@yahoo.com
WEBSITE：
http://sacramento.ddmusa.org

華盛頓州西雅圖分會
Seattle Chapter, WA
TEL：1-425-957-9495
FAX：1-425-828-2646
E-MAIL：christinelin00@hotmail.com
WEBSITE：http://seattle.ddmusa.org
ADDRESS：14028 Bel-Red Rd., Suite
205 Bellevue, WA 98007, U.S.A.

加拿大溫哥華道場
（溫哥華分會 Vancouver Chapter）
Dharma Drum Mountain Vancouver
Center
TEL：1-604-277-1357
FAX：1-604-277-1352
E-MAIL：info@ddmba.ca
WEBSITE：http://www.ddmba.ca
ADDRESS：8240 No.5 Rd. Richmond,
B.C. V6Y 2V4, Canada

加拿大護法會
Dharma Drum Mountain Buddhist
Association（D.D.M.B.A.）

多倫多分會
Toronto Chapter
TEL：1-416-855-0531
E-MAIL：contact@ddmba-ontario.ca
WEBSITE：
http://www.ddmba-ontario.ca/news.php
ADDRESS：154 Poyntz Ave. Toronto
ON M2N 1J4 Canada

■亞洲Asia

新加坡護法會
Singapore Branch
TEL：65-6735-5900
FAX：65-6224-2655
E-MAIL：ddrum@singnet.com.sg
WEBSITE：http://www.ddsingapore.org/
ADDRESS：100A, Duxton Rd. 089544
Singapore

馬來西亞護法會
Malaysia Branch
TEL：60-3-7960-0841
FAX：60-3-7960-0842
E-MAIL：ddmmalaysia@gmail.com
WEBSITE：http://www.ddm.org.my
ADDRESS：Block B-3-16, 8 Ave., Pusat
Perdagangan Sek.8, Jalan Sg. Jernih,
46050 Petaling Jaya, Selangor Malaysia

香港護法會
Hongkong Branch
TEL：852-2865-3110
FAX：852-2591-4810
E-MAIL：info@ddmhk.org.hk
WEBSITE：http://www.ddmhk.org.hk
ADDRESS：香港九龍荔枝角永康街
23-27號安泰工業大廈B座二樓205室
Room 205 2F, Block B, Alexandra
Industrial Building 23-27 Wing Hong St.
Lai Chi Kok, Kowloon Hong Kong

泰國護法會
Thailand Branch
TEL：66-2-713-7815；66-2-713-7816
FAX：66-2-713-7638
E-MAIL：ddmbkk@hotmail.com
ADDRESS：1471. Soi 31/1 Pattnakarn
Rd. 10250 Bangkok Thailand

■大洋洲Oceania

澳洲護法會
Australia Branch
雪梨分會
Sydney Chapter
TEL：61-4-131-85603
FAX：61-2-9283-3168
E-MAIL：ddmsydney@yahoo.com.au
WEBSITE：http://www.ddm.org.au
ADDRESS：Lucy Garden, 413-425
Beamish St., Campsie NSW 2194
Australia

■歐洲Europe

盧森堡聯絡處
Luxembourg Liaison Office
TEL：352-400-080
FAX：352-290-311
E-MAIL：ddm@chan.lu
ADDRESS：21, AV. Pasteur L-1233
G.D. De Luxembourg

【教育事業群】

法鼓山僧伽大學
電話：02-2498-7171
傳真：02-2408-2492
網址：http://sanghau.ddm.org.tw
20842台北縣金山鄉三界村七鄰半嶺
14-5號

法鼓佛教學院
電話：02-2498-0707轉2364～2365
傳真：02-2408-2472
網址：http://www.ddbc.edu.tw
20842台北縣金山鄉西勢湖2-6號

法鼓佛教學院‧推廣教育中心
電話：02-2773-1264
傳真：02-2751-2234
網址：http://ddbctw.blogspot.com
11688台北市大安區忠孝東路四段124-6
號7樓B

中華佛學研究所
電話：02-2498-7171
傳真：02-2408-2492
網址：http://www.chibs.edu.tw
20842台北縣金山鄉三界村七鄰半嶺
14-5號

法鼓大學籌備處
電話：02-2311-1105；02-2191-1011
網址：http://www.ddc.edu.tw
10044台北市中正區延平南路77號
6-10樓

法鼓山社會大學服務中心
（新莊法鼓山社會大學）
電話：02-2994-3755；02-2408-2593～4
傳真：02-2994-4102
網址：http://www.ddcep.org.tw/
24241台北縣新莊市新莊路114號

金山法鼓山社會大學
電話：02-2408-2593～4
傳真：02-2408-2554
20841台北縣金山鄉仁愛路61號

大溪法鼓山社會大學
電話：03-387-4372
傳真：03-387-4372
33557桃園縣大溪鎮康莊路645號

台中法鼓山社會大學（暫停）
電話：04-2255-0665轉212、213
傳真：04-2255-0763
40756台中市西屯區市政路37號

北投法鼓山社會大學
電話：02-2893-9966轉6135、6141
傳真：02-2891-8081
11244台北市北投區公館路186號

【關懷事業群】

法鼓山社會福利慈善事業基金會
電話：02-2893-9966
傳真：02-2893-9911
網址：http://charity.ddm.org.tw
11244台北市北投區公館路186號

法鼓山人文社會基金會
電話：02-2191-1015
傳真：02-2311-6350
網址：http://www.ddmthp.org.tw/
10044台北市中正區延平南路77號5樓

聖嚴教育基金會
電話：02-2397-9300
傳真：02-2393-5610
網址：http://www.shengyen.org.tw
10056台北市中正區仁愛路二段56號